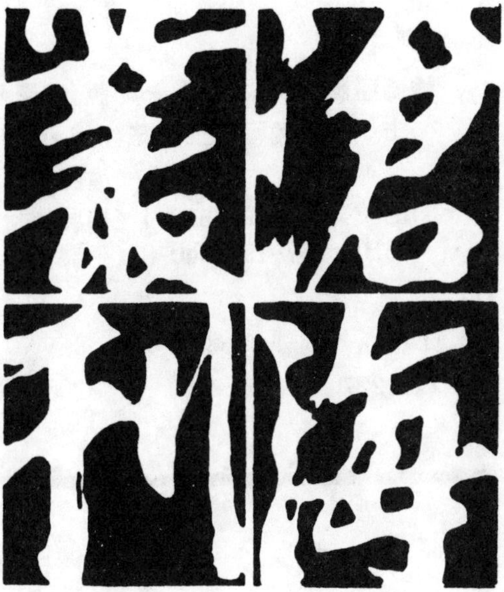

論語體認

姚式川 著

東大圖書公司印行

國立中央圖書館出版品預行編目資料

論語體認／姚式川著.--初版.--臺北
市：東大發行：三民總經銷，民82
面；　　公分. --(滄海叢刊)
ISBN 957-19-1539-4（精裝）
ISBN 957-19-1540-8（平裝）

1.論語—批評，解釋等
121.227　　　　　　　　82007907

著　者　姚式川
發行人　劉仲文
著作財產權人　東大圖書股份有限公司
總經銷　三民書局股份有限公司
印刷所　東大圖書股份有限公司
復興店／臺北市復興北路三八六號六樓
重慶店／臺北市重慶南路一段六十一號
郵　撥／〇一〇七一七五——〇號
初　版　中華民國八十[illegible]年十[illegible]月
編　號　E 03018①

論　語　體　認
編　號　E 03018①
東　大　圖　書　公　司

基本定價　拾　肆　元
行政院新聞局登記證局版臺業字第〇一九七號

ISBN 957-19-1539-4（精裝）

論語體認

孔祥楷

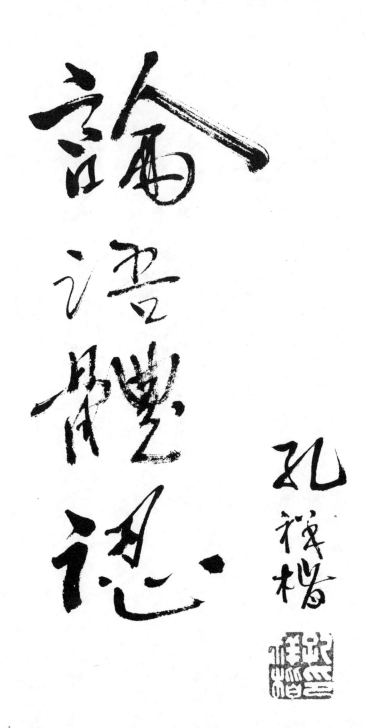

自序

一

孔子是一位有世界意義和影響的偉大思想家和教育家，《論語》則是記述孔子和他部分弟子的言行，在孔子逝世後，由門弟子及再傳弟子相與編次而成的一部不朽著作——千古奇書。時代產生並造就了孔子成為偉大思想家，《論語》則充分展現了孔子的偉大思想。

謂之為「不朽」，是因為《論語》所展現的孔子思想，其中絕大部分蘊涵真知卓識，雖迄今已二千餘年，猶熠熠生輝，閃耀出智慧的光芒。謂之為「千古奇書」，是因為《論語》所蘊涵的真諦，見仁見智，代有大儒注釋、疏證，可謂巨著浩瀚如海；而孔子歿後，儒分八派，更各所發揮，且其中一些篇章，縱後儒終一生探索其精義，猶感意所難盡；至於由不同觀點而引發思想界的爭辯，則至今難求共識者，數也不少，其中為尤著者，如「夫子之言性與天道，不可得而聞也」，孔子死後，墨翟、莊周昌言天，孟軻、荀卿昌言性，孟主「性善」，荀主「性惡」等，都足說明「千古奇書」之為奇，當非誇張之言。

如實說：以列七十二賢之首的顏淵——孔子最心愛的門生——如此「聞一以知十」的聰明才智，和「簞食瓢飲不改其樂」的探求態度，尚且有「仰之彌高，鑽之彌堅，瞻之在前，忽焉在後……雖欲從之，末由也已」之嘆，則後儒之欲窮其道之真諦、奧蘊，又豈容易！

特別是，《論語》內容廣泛，思想深邃，所闡述的孔子學說，其精華部分，不但今天仍具強大生命力，即在明天，直至遙遠的將來，也仍然會具強大生命力，能為提高全民族和全人類的道德素質而發揮積極作用；而且，它所表現的，大多是人同此心，心同此理，反映了人類社會所共同嚮往的美好品德，為古今中外所同然的精神。如：

子張問行。子曰：「言忠信，行篤敬，雖蠻貊之邦行矣。言不忠信，行不篤敬，雖州里行乎哉？」（十五・五）

這說明：「忠、信、篤、敬」四種美好德性，是人人所嚮往，人人所歡迎。因而前者可以走遍天下，後者卻寸步難行。以此例彼，則一個「不仁、不義、不智、不信、又無禮」的人，應該說，到任何一個時代，任何一個社會，都是扔貨！沒有不被人們所鄙夷、不齒，甚至唾棄的！因此，經後儒改造了的，所謂人倫「五常」的仁、義、禮、智、信，按《論語》原義回復，是完全可以古為今用。

其實，人際的和睦共處，羣體的歡愉同樂，都有一些必須共同遵守，相互約束的道德規範。這是基於人性、理性所形成的共識，諸如：溫、良、恭、儉、讓等等德目，均為人心之相同、相通，正直的人絕不會因為境遇的困厄而違心改變，更不會因為權勢或暴力的強制而泯心屈從！

這該正是孔子偉大思想所以超越時空而永放光彩，也正是人們喜讀《論語》歷二千年而經久不衰的箇中原因吧！

二

事實上，從漢武帝採納董仲舒「罷黜百家，獨尊儒術」後，儒術取得獨尊地位，《論語》也就被歷代帝王欽定為人人必讀的經典，明清兩代更以朱熹《四書集注》取士。這樣，孔子學說成為長達二千餘年封建社會的正統思想，也就不足為奇；而其中許多有益的箴言、警句、醒世之語，經過人們世世代代的實踐和潛移默化，逐漸積澱而成我們中華民族獨具特色的傳統和風尚，更可謂源遠流長！如：好客、好學、謙遜、禮讓、寬容厚道、事君以忠、事親以孝、交友以信、人際以和、重義輕利、尊師重道、敬業樂羣、言行如一等等，有的融化為民風習俗的生活準則，有的成為自覺遵守的道德規範，更有的是在「三軍可奪帥也，匹夫不可奪志也」，「志士仁人無求生以害人，有殺身以成仁」等格言的薰陶、哺育下，昇華而成「富貴不能淫，貧賤不能移，威武不能屈」這永遠值得自豪的民族氣節，高尚情操，和岸然屹立的硬骨頭精神！

到今天止，這仍然是我們民族作為一個正直、有為的有識之士所仰慕、所追求，並終生為之砥礪、陶冶的精神境界和修養所在。

而孔子以對人生的深邃洞察，提出了以仁為思想核心，以禮為行為準則的道德規範體系：表現在為政治國安邦是關心平民，行「仁政德治」；施教培育賢才是「有教無類」；為人立身處世是以仁為綱，「自天子以至庶人，壹是皆以修身為本」《大學》，就更為恢宏博大了！

可以說：一部《論語》所蘊涵的主要內容，其實質就是如何為人，如何修身，如何使自己成為一個具有高尚道德，所謂人字大寫的「人」。這樣的人，同情、關心人民，己立立人，己達達人，「達則兼善天下，不達則獨善其身」，至少做一個精神豐盈，有益於社會的人。

從這個意義說：孔子偉大思想的主旋律是一種規範型的「人學」，即闡發如何堂堂做人的學問。其設想具體而微，周詳、細密、完整；其所見高瞻遠矚，至深、至廣、至遠；其所言慎思明辨，坦誠、懇切、真摯。

也正是從這個意義說：孔學對西方工業發達國家面臨「原子巨人與倫理侏儒」矛盾所產生的一系列社會問題，是能夠提供有探索意義，可以從中吸取智慧，作為補偏救弊的借鑑。現實亦正是這樣：在西方社會，一方面是高科技一日千里發展，繁榮昌盛，豐富的物質財富和應有盡有的生活享受同步前行，儼然天之驕子；另一方面，有些人則唯個人至上，金錢萬能，人欲橫流與日俱增，色情泛濫未有已時，而相當一部分人的內心世界、精神狀態，卻不同程度存在空虛、貧乏感，從而導致一些人的頹廢、墮落，甚至走上犯罪深淵，給社會帶來麻煩和不安寧。

這就不能不引起西方社會的關注和憂慮，有的飽學之士且已喊出：回頭二千五百年以前，從孔子那裡去尋找智慧。並預言二十一世紀將是亞洲儒學文化圈的時代等等，的是遠見卓識。

應該說：現在已是到了能夠重新認識孔子的時代了！

三

當然，要重新認識孔子，非一日之功，需得花大力氣：一是經歷了「五四」時期「打倒孔家店」的大風暴，孔子的偉大思想和形象都被嚴重地扭曲和損害了；二是注釋《論語》義理的巨著汗牛充棟，以現代人的生活節奏和氣質、喜好、興趣等因素，可能很少有人會去啃這樣的大部頭著作，如何普及？

所幸，經過近七十年的歷史性反思，許多有識之士已逐漸認識到：由於與儒術定於一尊地位的同時，孔子被逐漸神化了，儒學的某些方面被後儒改造了，因而當時對那些禁錮人們思想的、形形色色的封建舊禮教，諸如「三綱五常」、「三從四德」、「從一而終」、貞節牌坊，以及假道學、偽君子之類的醜惡現象，進行一次狂飆暴洪式的大滌蕩，不僅是完全必要的，而且隨著時間的推移和實踐的檢驗，也為實事求是重新評價，還孔子的布衣面貌創造了條件。只是如果僅止於少數學者從事學院式的研究，固然有助於研究水平的提高，為不可或缺；但就根本說，當前更為重要和迫切的，則是人們的重新認識和道德素質的普遍提高。而這，首先需要一部既有可讀性，又具一定水平的通俗讀本；否則，提高只是一句空話，擔心人們道德素質的下降，也不過徒憂而已！

我是浙江東陽南上湖人，在鄉風崇尚孝道、講信守義、人人尊師好學這環境的薰陶下，自幼喜讀《論語》，但囫圇熟背，不求甚解。要真正有所理解，還是在經歷了半個世紀風風雨雨的人生實踐後，經過重新反覆精讀，進行了甚至是逐字、逐句、逐章、逐篇地反覆琢磨，細細體會玩味其中所蘊涵的精義，這才有了比較全面的理解，和較為深刻的認識，從而萌發了要把這些感受寫下來的強烈願望。

正是懷著這強烈願望，並深信孔子偉大思想必將為全人類所重新認識的堅定信念，我在十分艱苦的條件下，以苦行僧的生活態度，和以探索《論語》真諦為樂的精神狀態，八年如一日，默默地、辛勤地耕耘在這園地上，終於寫成了本著作。可以說：「八年辛苦不尋常」，它是我由「知之、好之」到「樂之」這境界，經過不懈努力獲致的一點心得體會，藉以拋磚引玉，企期能在普及工作上起一點那怕是漣漪作用吧，於願已足！

四

然則，面對古今卷帙千萬的《論語》注釋巨著：究竟該以何種方式闡釋，才能更為讀者所喜愛並得益呢？我別無選擇，不能不另闢蹊徑，作了大膽的探索：

一、重予結構：把《論語》原二十篇約五百章（本朱熹《四書集注》），按不同義理，別為十章。體例是：先「原文」、次「譯文」、又次「注釋」，而後以「按」形式逐章闡釋表述，最後偶例「備考」，引古籍中有關事例作疏證，末附「孔子弟子簡介」及「論語原文與本書章節對照表」，以便查考。

在研究方法上，這可能是一個有創新意義的突破：從形式上看，它違離了舊注「重義理的注釋，重名物的考證，重文字的訓詁」的傳統模式；但，就實質言，通過不同義理作了以類相從的重予結構，反能有條理、有系統、有層次，而又鮮明地顯示出《論語》的豐富蘊涵，既表述了孔子的偉大思想，又展現了孔子為人的崇高形象，更能清晰而又一目瞭然地辨識出哪些是至今仍然閃耀出智慧的光輝，具有強大生命力，可以古為今用的精華。重予結構本身，就是一個極為細緻的分類相從工作，需要反覆比較和深刻理解其中奧蘊，方始有成。這樣，不僅使青年一代能夠了解孔子偉大思想和學說的內容，以及所以成為長達二千多年封建社會正統思想的箇中原因，也可以讓國外人士能夠概知中國文化傳統的源遠流長，及其精神所在。

二、通過「按」語，以體認方式表述，既可以開濶視野，方便選擇內容，更能將身受、耳聞、親見的各類衆生相，和形形色色的人性、心態放到一定位置加以比照、鑒察，就更凸顯出孔子洞察人生的深邃，燭照心迹的隱微，令人拍案叫絕。譬如：有關君子、小人道德差別的學說：前者品德崇高，有如巍巍高山，讓人景仰不已；後者人品卑下，卻似一具發霉軀殼，使人作嘔難於自己。二千五百年前，孔子時代如此，今天一樣，且更過之；中國存在，外國也不例外；可以說，舉凡同類人相比，同層次互量，縱二千五百年以後的將來，這種道德差別，猶恐莫能外！

孔子，這位封建時代的思想巨人，其智慧、其灼見，超越時空界限竟至於無盡期、永恆，能說不偉大？能說思想過時了，是迂腐？為什麼不能吸取其智慧，作為運用於時世的借鑒呢？正如日本九州大學名譽教授岡田武彥先生在〈孔學的運用〉一文中所說「……究竟到什麼時候才能產生萬世不易的注釋書呢？與其如此，也許倒不如很好地理解《論語》的宗旨，體認自得其中所敘

述的道德而運用於時世。」（《孔子研究》一九八九年第三期第二八頁）

這別具一格的闡釋方式，如能較好地體現《論語》真諦於萬一，而有益於讀者，則幸甚！幸甚！

三、寫作上，我力求探索其中本意、精義，深入淺出，把它寫得文字通俗易懂，文筆流暢易讀，多一點情趣，具可讀性；也儘可能擺脫舊格套、陳濫調，少一些說教，使具中學文化程度的人，都能人手一册，既可增長才識，又能發人深思，迪人智慧，在重視個人德養方面起一點催化作用。如果說：因本著作而能在普及工作和提高人們道德素質方面發揮點積極作用，進而在全人類重新認識孔子偉大思想上作出自己的菲薄貢獻，那就萬幸萬幸了！

只是限於才識和水平，不免會有片面，甚至錯誤之見，懇望廣大讀者和儒學大師們不吝賜教並匡正。感甚！幸甚！

五

最後，借本書出版機會，謹向曾經給我以大力支持和幫助的傅春齡先生，傅允文、夏志平、趙海平、昌雪峰同學致衷心謝忱：他們或關懷、鼓勵，或提供大量有關圖書，或代查資料、謄抄、校核，甚至襄資複印等等。特別是：承香港中文大學副校長金耀基先生無微不至的關懷，更在百忙中鼎力薦介出版，感情厚誼、高風雅德，不僅充分體現了「故舊不遺」（他先尊春山公是我青年時的忘年之交）這優良傳統的高尚品德；而且更表現了弘揚孔子思想，擴廣中國文化的責任感，這道義相助的精神風貌，尤彌足珍貴！謹致最真摯、最深情的謝忱。

其實，這正是他雙親身傳言教之所賜，也正如金先生自己所說：他們的慈愛、寬厚與公正使我永遠感到人生的豐富。從雙親的身上，我體認到中國傳統文化有其永不可磨的價值。（《從傳統到現代·自序》第四一頁）

這「有其永不可磨的價值」，實際上，正是蘊指儒學而言。因此，這就從一個側面說明：孔學的許多方面，特別是在培育子女成才強調重視德養上，始終具有十分誘人的魅力，不僅能為天下父母所贊賞，也必然能為全人類所重新認識。

一九九三年十月一日於上海

凡例

一、《論語》二十篇約五百章，按不同義理重予結構，別爲十章。

二、體例是：先「原文」，次「譯文」，又次「注釋」，而後以「按」形式，用以闡發《論語》眞諦，最後偶列「備考」，引古籍中有關言語和事例作參證。

三、別爲十章係按分類相從方法，每章則是同類相從，然後分幾個方面作有系統、有層次的敍述。

四、原文前的編號爲該章重予結構的順序，原文後的編號，是《論語》篇章的序次，如（七•二八），爲第七〈述而篇〉的二八章，卽〈互鄉章〉（按朱熹《四書》定本編次）；至於原文後偶列（參閱三•51），則是指參閱本書第三章〈施教〉第51則，蓋已有，或另有闡發。

五、凡原文前無編號的，均已有「按」語可作參考。

論語體認　目次

第三章 施教

第八章　君子、聖人、賢者、成人、善人、有恆者、士……六八九

第九章 天命觀……七九九

第十章 對孔子的評論……八三七

【附錄】

第一章　爲人

孔子名丘，字仲尼，春秋時代魯國陬邑（今山東省曲阜東南）人。生於西元前五五一年夏曆八月二十七日，卒於西元前四七九年夏曆二月二十一日，享年七十三歲。他是我國古代偉大的思想家和教育家，也是我國儒家學派的創始人。

孔子的祖先是宋國的貴族，他的五代祖因宋國發生內訌而逃奔魯國避禍，才成爲魯國人。父親叔梁紇是魯國陬邑大夫。孔子三歲喪父，靠母親勤勞儉樸維持貧困生活。在賢母顏徵在的嚴格教導下，孔子「十五而志於學」，自幼「爲兒嬉戲，常陳俎豆，設儀容」，不但好學，而且從事各種低賤勞動；十六、七歲，母親去世，更是獨力謀生，並曾做過委吏（管理倉庫）和乘田（放牧牛羊）等小吏。正如孔子自己所說：「吾少也賤，故多能鄙事」。

孔子從小勤學好問，刻苦自勵，在「而立」之年時，就已全面地學習並掌握了當時貴族必須學的「禮、樂、射、御、書、數」這初級「六藝」的基本功夫，還對高級的「六藝」，卽漢以後尊爲「六經」的《詩》、《書》、《禮》、《樂》、《易》、《春秋》的內容和精神實質，做到了系統地學習、掌握和融會貫通。

三十歲時，孔子收徒講學，第一個創辦私學。對各種各樣的人，孔子是「有教無類」，只要「自行束脩以上，吾未嘗無誨焉」。孔子以他誨人不倦的偉大精神，培育了大批德才兼備的人才。所謂「弟子號稱三千，身通『六藝』者七十二人」。從創辦私學開始，一直到去世爲止，孔子一生孜孜不倦地從事教書、育人的工作，成效卓著，功績巨大，堪稱「爲人師表」的典範。

五十一歲，孔子做中都宰（縣長），接著升任司空（主管建築），五十二歲又做了約三年的大司寇（主管司法），並行攝相事三個月。最後，因魯國國君和執政的季桓子接受了齊國的女樂，迷於聲色而不聽朝政，孔子棄官離魯。自此，孔子帶了一批弟子訪問列國，遊說諸侯，推行「仁政德治」的政治主張，尋求仕進的機會以行道。

其間，孔子到過衞、陳、宋、曹、鄭、楚等國，雖然歷經艱難險阻，到處碰壁，而且也沒有得到任用；但，孔子始終堅信自己的信念，從不動搖，並且爲之終身奮鬪不懈。

六十八歲，孔子結束了長達十四年形同流浪的奔波生涯，回到了魯國故里。按說這時已年近古稀，風塵僕僕之餘，應該安度晚年了；但，孔子依舊是「發憤忘食，樂以忘憂，不知老之將至」，把晚年的全部精力，投身到教書、培育賢才，和整理古文獻工作中去。

被後人尊稱的「六經」：《詩》、《書》、《禮》、《樂》、《易》、《春秋》，是研究我國古代思想文化史、政治社會史等的珍貴史料，也是世界上極富學術價值的瑰寶。孔子爲「六經」的整理、核定、編纂，付出了巨大的心力，爲「六經」的傳播和保存作出了不朽的歷史功績。

孔子晚年，隨著夫人、兒子和弟子——特別是七十一歲時，最得意的門生顏回的去世，七十二歲時，倚爲左右手的子路，又相繼離開人間，給他精神上的打擊是極爲沉重的，心靈上的傷痛，更是難以癒合和消失。就在這悲悲切切的情況下，西元前四七九年夏曆二月二十一日，一代哲人——孔子與世長辭。

死後，許多弟子都來送葬，並爲孔子服喪三年，子貢則結廬於墓旁，又守喪三年才悽悽離去。

孔子，這位生長在封建社會的思想巨人、偉大的教育家，他以自己精深廣博的學問，高尚無私的品德，和誨人不倦的教育精神，贏得了弟子們如此衷心的愛戴，如此眞誠的情誼，確實是前無古人，以後恐怕也很少來者。通覽全部《論語》，孔子師弟子間的眞摯情誼，猶歷歷如見，世世爲人們謳歌；孔子循循善誘，誨人不倦的精神，更是昭昭在前，代代爲人民傳頌；而思想展現的眞知卓識，其中許多篇章帶有普遍眞理意義，永遠啓迪人們發憤向上，而不受時間、空間的局限，可以及於永恆。

因此，孔子之所以受到世世代代人們的崇敬和景仰，實非偶然；贊譽之爲「萬世師表」，更非過譽、溢美之辭。

一、少也賤

（1）大宰❶問於子貢❷曰：「夫子聖者與？何其多能也！」子貢曰：「固天縱❸之將聖❹，又多能也。」子聞之，曰：「大宰知我乎？吾少也賤，故多能鄙事。君子多乎哉？不多也。」（節錄九・六）

【譯文】

太宰向子貢問道：「孔子是個聖人吧！爲什麼這樣多能呀？」子貢說：「這本來是天意縱使他成爲一個大聖人，又縱使他這樣多能的呀！」孔子聽到了這話，說：「太宰哪裏知道我呢？只因爲我少時貧賤，所以多能，幹些鄙賤的技藝藉以謀生。君子會幹這麼多技藝嗎？不會多的呀！」

【注釋】

❶大宰：大讀太。太宰，官名。此指吳國的太宰嚭，但無確證。❷子貢：姓端木，名賜。孔子學生。參閱後附「孔子弟子簡介」。❸縱：讓，使。❹將聖：大聖。將：大。

【按】

太宰所問，是認為多能是聖；子貢所答，卻認為這是「天意使然」，把孔子褒揚、昇高而神化了；孔子則返歸眞實，既不認為多能是聖，是什麼「天意使然」，而且，更不認為自己是聖。

「大宰知我乎？吾少也賤，故多能鄙事。」這句蘊涵無限辛酸，而又沒有表露出來的潛臺詞，其實就是說：你太宰何嘗了解我呢？我只是因為少時貧賤，曾經遭受了人間世多多少少的冷漠、歧視、白眼和恥笑！為了生活，我不能不依靠自己的發憤、自勵，和刻苦努力，頑強地去學習並熟練地掌握各種技藝，以便從事鄙賤的勞動，藉以謀生。

孔子如此坦率、眞切地道出了自己「少也賤」的身世，在當時那等級森嚴的封建宗法社會，那特別崇尚門第、身分的世俗眼光下，該需要具有何等非凡的勇氣和膽識！

而如此謙遜，不加矯飾地返歸眞實，在當時孔子已贏得承認，公認是「聖者」的情況下，這又需要具有何等非凡的坦蕩胸懷！

正是因為「少也賤」，所以孔子「多能鄙事」；也正是因為「少也賤」，所以孔子能更加接近平民，了解平民，從而深刻地同情平民的疾苦，使自己懂得應該如何為人，如何志於道以實現「仁政德治」的政治理想。

因此，任何出身貧寒、微賤的家庭環境，或者遭遇某種不幸而含冤受屈的人，絕不能以此就自卑，就唉聲嘆氣而無所作為；更不應該以此就自暴自棄，甚至甘心墮落到卑躬屈膝，去乞求別人的憐憫、施捨。相反，越是經受苦難、不平，甚至冤屈，就越要把它作爲激勵自己發憤圖強，鍾鍊堅強意志，培養高尚情操的好機遇。

這應該是本則啓示人們的應有之義，也是一個有志氣人的應有表現。

（2）牢❶曰：「子云：『吾不試❷，故藝。』」（節錄九・六）

【譯文】

子牢說：「孔子說：『我沒有被大用於世，所以能學得許多技藝。』」

【注釋】

❶牢：琴牢。孔子學生。參閱後附「孔子弟子簡介」。❷試：用。

【按】

「不試」，就是說：不被任用，或者沒有被任大用——其實，都屬於：或者自己的才藝沒有被人所理解和賞識，或者自己本身無才藝可以爲人所用。孔子的態度是「故藝」，即以發憤忘食的精神去學習，去向人請教，直到能熟練地掌握各種技藝；而且求諸己，儘量從自己本身尋找不被任用的原因，加以匡正改進，所謂「不患人之不己知，患其不能也。」（十四・三二）「君子病無能焉，不病人之不己知也。」（十五・一八）等等。

因此，對任何人來說，如果自己也際遇到「不試」的境況，那麼：一、不怨天尤人；二、從自己的德才方面找出差距和存在的問題；三、發個狠心，堅決從自己感興趣的某個方面深入攻研下去，一年、二年、五年、十年，甚至數十年如一日，以頑強的意志和毅力，堅持不懈。

這樣，「世上無難事，只怕有心人」，是總能夠成才，也一定會被人理解、賞識，能擔當大任的。

二、好學

(3) 子曰：「十室之邑，必有忠信如丘者焉，不如丘之好學也。」

（五・二八）

【譯文】

孔子說：「十戶人家居住的小邑，其中一定有像我這樣資質忠心、誠實和守信的人，不過不能像我這樣的好學罷了！」

【按】

孔子一生最感欣慰，並引以自豪的是自己學而不厭的好學態度。好學，在孔子來說，有如空氣、水分一樣，已經成了須臾不可離的人生習慣了。雖說好學是人人理解，人人可學，但要做到像孔子那樣學而不厭，卻不是人人都能學到手的。這正是孔子難能可貴和令人景仰不已的原因；也正是孔子所以能成爲廣博精深的大學問家、偉大的思想巨人，和教育家的關鍵所在。

至於忠信，孔子認爲：這美德是人與生俱有的資質，「必有忠信如丘者焉」，這是很自然的。不過，「玉不琢，不成器」，縱使再好的璞玉，再好的資質美德，如果不經過琢磨，不經過好學深求，是仍然難以成器、成德，也難以成爲有用之才的。如孔子所說：「好仁不好學，其蔽也愚；好知不好學，其蔽也蕩；好信不好學，其蔽也賊；好直不好學，其蔽也絞；好勇不好學，其蔽也亂；好剛不好學，其蔽也狂。」（十七・八）雖說所指「六言」都是美德，但如果不好學，經過琢磨，也會帶來嚴重弊端，走向美德的反面，成爲惡行，同樣，忠也會變爲「愚忠」。

本則，從自述中所流露的欣然自慰和引以自豪之情，可說溢於言表。這不是倨傲，而是孔子的坦誠和自謙：意卽別人稱許他「多能」，贊譽他是「聖者」，說什麼「天意使然」，說什麼「生而知之」，其實，都是對自己的過譽！孔子自己最清楚，也最了解是「學而知之」，「好古，敏以求之」，完全得益於好學！「好學」，可以使自己多能，可以使自己日日進德：既有益於立身行事，更有利於從政爲民，治國安邦。全部《論語》，在這方面的論述，可說亦是一以貫之的，這「一」就是學！

（4）葉公❶問孔子於子路❷，子路不對。子曰：「女❸奚不曰：『其為人也，發憤忘食，樂以忘憂，不知老之將至云爾。』」（七．一八）

【譯文】

葉公向子路問孔子的爲人，子路不知怎樣回答，回來告訴孔子。孔子說：「你爲什麼不這樣說：『他的爲人呀！發憤爲學，連飯也忘了吃，學而心上感到快樂，一切憂愁都忘記了，連自己老境快要到來，也不知道了！如此而已。』」

【注釋】

❶葉公：楚國大夫。姓沈，名諸梁，字子高，封地在葉城（今河南省葉縣南），人稱葉公。
❷子路：姓仲名由，又稱季路。孔子學生。參閱後附「孔子弟子簡介」。❸女：通「汝」，你。

【按】

上則，孔子自述「好學」，本則，則自述「爲人」。其實，爲人指的就是爲學之樂：樂到可以「忘憂」，可以「不知老之將至」，眞可說是：其樂融融，其樂無窮。

前者，孔子引以自豪的是自己的爲學態度爲常人所不及；後者，孔子引以欣慰的是自己好學的程度，也已到了常人所不容易理解和想像的境界。

爲了學能有所得，孔子「發憤忘食」；由於學已有所得、獲益，嚐到了甜頭，孔子以至於「樂以忘憂」。這之間的關係是：志於學引來了「發憤」，「發憤」帶來樂趣；反過來，樂趣更促進了發憤；因而發憤→樂→更加發憤→愈益樂，如此往復不已，也就不覺時光的流逝，縱然衰老境況的將要到來，也不知道了！

這就是孔子的爲人，也卽好學不厭的精神：一種永遠樂觀，永遠進取，永遠堅定不移、自強不息，所謂「苟日新，日日新，又日新」，生命之樹長青的精神！

以此精神，執著地去追求自己的理想、信仰，諸如攀登某項科學事業的頂峰，爭取突破某個理論的權威，或者從事教育、文化、藝術如音樂、美術、戲曲、文學，以及探索宇宙的奧秘……等等，只要專心致志，發憤努力，全力以赴，並且持之以恆，同樣也會到了廢寢忘食的程度，一當學有所得、獲益，嚐到了甜頭，更會到「樂以忘憂」和「不知老之將至」的境界。古今中外歷史上許許多多學有所成，以自己傑出的成就贏得全世界人民贊頌而名垂史册的政治家、科學家、教育家、文學家、藝術家、戲曲家……不都是這樣經歷過來的嗎？

寥寥二十字，把孔子一生發憤爲學，孜孜爲學，活到老，學到老，學而不厭，樂而忘憂，樂而不知老之將至的志趣，以及爲人的通達、樂觀態度，豪邁氣概，都極爲生動、形象地展現出來了。雖迄今已二千五百餘年，而孔子的風貌、情態，猶依稀可以想像而得。

（5）子曰：「若聖與仁，則吾豈敢？抑為之不厭，誨人不倦，則可謂云爾已矣。」公西華❶曰：「正唯弟子不能學也。」（七・三三）

【譯文】

孔子說：「如果說到聖人與仁，那我怎麼敢當！我只不過在這方面從不厭煩地學，從不知疲倦地教，那我可以算得是這樣的。」公西華說：「正是在這點上，是我們弟子所不能學到的。」

【注釋】

❶公西華：姓公西，名赤，字子華。孔子學生。參閱後附「孔子弟子簡介」。

【按】

由於當時有人稱孔子爲聖人，而且很有仁德，因此，孔子特意表明自己不敢擔當此盛名，說自己只不過在這方面從不懈怠地努力去做，從不知疲倦地盡心竭力去教而已。

這是孔子不企求稱聖與仁之名，而甘居「不厭不倦」之實的自謙態度。其實，孔子畢生學而不厭，誨人不倦的精神，正如子貢所說：「學不厭，智也；教不倦，仁也。仁且智，夫子既聖矣。」（《孟子・公孫丑》）也正如公西華說的：恰恰正是在這點上，是弟子們一輩子所無法學到的。

其極爲難能和可貴處在於：努力學問方面，孔子是永遠前進，從不知滿足，不知厭煩；在孜孜誨人方面，孔子則是竭盡心力，從不知疲勞，不知厭倦。不但求知爲學如此，求能達到聖與仁的境界如此，即使從政、施教等的一切事情也都如此。這既是對「學而不厭，誨人不倦」的自負，亦正是孔子的自謙：越是最自謙的，亦就是孔子所最自負的。

這就是孔子的爲人和德養的爐火純青處！

從下面備考所記，亦可以從一個側面說明：孔子知弟子之深，其實正是孔子學而不厭，誨人不倦的結果。

【備考】

《列子・仲尼篇》曰：子夏問孔子曰：「顏回之爲人奚若？」子曰：「回之仁賢於丘也。」曰：「子貢之爲人奚若？」子曰：「賜之辯賢於丘也。」曰：「子路之爲人奚若？」子曰：「由之勇賢於丘也。」曰：「子張之爲人奚若？」子曰：「師之莊賢於丘也。」子夏避席而問曰：「然則四子者何爲事夫子？」曰：「居！吾語汝：夫回能仁而不能反；賜能辯而不能訥；由能勇而不能怯，師能莊而不能同。兼四子之有以易吾，吾弗許也。此其所以事吾而不貳也。」

（6）子曰：「君子食無求飽，居無求安，敏於事而愼於言，就有道

而正焉，可謂好學也已。」（一・一四）

【譯文】孔子說：「君子在飲食上，不講究吃好；在居住上，不講究舒適；做事勤快，說話謹愼；又能親近有道德的人，向他虛心求正，這樣也可以算是好學的了。」

【按】「食無求飽，居無求安」，是說對生活上的要求不高，是低標準：只求其能過得去而已，絕不講究吃、住，貪求精美舒適。孔子認爲能這樣，也可說是邁向好學的一個方面了。因爲志於學的人，他沒有閑暇的時間，也無意在起居飲食方面去操心，浪費精力；他在充實、豐富自己的精神生活方面，有自已的執著追求和主旋律，以及自得其樂的生活節奏！

孔子「飯疏食，飲水，曲肱而枕之，樂亦在其中矣」（七・一五）是這樣，顏回「一簞食，一瓢飲，在陋巷。人不堪其憂，回也不改其樂」（六・九）也是這樣；推而廣之，及於古今中外歷史上一切有成就的科學家、文學藝術家……等人，何嘗不都是這樣！

這是一些：生活低標準，事業高要求，孜孜不倦，好學不厭，幾十年如一日，令人景仰不已的人間精英！

而志不在學，盡在住房、飲食上下工夫，一意追求「安樂窩」的舒適、豪華，和宴席上的奇珍、異味的人，他們不可能有好學的志趣和雅興，自然也不會付出巨大的精力去探求學問事業，更談不上什麼「發憤忘食，樂以忘憂」的切身感受。如果沒有在其他事業方面努力、下工夫，那麼這是一些胸無大志，渾渾噩噩，推日頭下山的混世人而已！兩者，無論在道德修養、思想境界，或者事業的成就上，其差距都是無法以道里計的。

(7) 子曰：「學而時習之，不亦說❶乎？有朋自遠方來，不亦樂乎？人不知而不慍❷，不亦君子❸乎？」(一．一)

【譯文】

孔子說：「學了能經常反覆地去溫習它，不是很高興的嗎？有朋友從遠道而來，不是很快樂的嗎？別人不了解我，也不怨恨，不眞是一位有修養的君子嗎？」

【注釋】

❶說：同「悅」，高興，愉快。 ❷慍：怨恨，怒。 ❸君子：上則與本則均指道德高尚的人。

【按】

本則，是孔子自述一生爲學的經歷中，三種不同的「樂」的境界：

一、「學而時習之，不亦說乎？」是說學了要經常地、按「時」去溫習。這樣，才能把學的內容，融會貫通，加深理解，達到「溫故知新」，更上一層樓的境地；而且，通過「時習」，還常常會得到豁然開朗，通徹大悟，帶來新的發現和新的啓示，讓你拍案叫絕。這種由「時習」而領悟的內心喜悅，確不是未曾身歷過其境的人所能理解和體會的——這，難在「時」，就是說，要做到按「時」地去溫習，實在不是容易事！這是孔子「十有五而志於學」後的初學階段。

二、「有朋自遠方來，不亦樂乎？」是孔子學有所得，已經收徒講學，在「三十而立」以後的階段。這時，經常有衆多的志同道合的人，所謂「有朋自遠方來」，或者以文會友，或者慕名求教，互相切磋學問，共同砥礪品德，取長補短。在孔子來說，眞是如與世間賢人共聚之那樣，實在是人生一大樂事，難在「樂」——這境界，同樣不是未曾切身體會過的人所能理解的。

以後，這句話也就逐漸成爲我們偉大民族好客的淵源：只要「有朋自遠方來」，不管是近是遠，是至親還是宿敵，是相識還是不相識，或者是國內還是國外，我們都表示「不亦樂乎」的態度，而且縱使處在極端困難條件下，也總是以懇切、至誠，十分友好、熱情地給予款待。

好客，作爲我們民族的美好傳統，不但我們引以自豪，而且更贏來了世界人民的賞識、羨慕、尊敬和贊頌。

三、「人不知而不慍」，難在「不慍」。是孔子「五十而知天命」以後，進入更高層次的「爲學之樂」的境界。這時候，孔子的學問、道德修養等都已到了極高的水平：不但德性、信念堅定，品格、情操高尚，而且自信極強，自知亦極深，在任何情況下，孔子都能以反求諸己，盡其在我的態度來對待一切人和事。因此，上不怨天，下不尤人，自然是「人不知而不慍」。

孔子一生重在教，教又重在學，學則更重在學爲人之道。本則所指「爲學之樂」的三種不同境界，其實，亦正是三種「爲人之樂」的高尚境界。雖說時代不同，爲學的具體要求亦不一樣，但仍然會際遇「時習」中的悅與不悅，「有朋來」時的樂與不樂，和「人不知」處境中的慍與不慍的問題，這就有待於自己德養提高的程度了！

（8）子曰：「吾嘗終日不食，終夜不寢，以思，無益，不如學也。」（十五・三〇）

【譯文】

孔子說：「我曾經整天不吃，整夜不睡，去苦苦思量，仍然是沒有什麼收益，還不如去讀書學習爲好。」

【按】

現實中，也正是這樣：爲了探討或解決某一個問題，一些人總是閉門獨思、靜思，甚至苦苦而思，冥冥而想，但這種脫離羣衆，脫離實際的苦思勁，縱然「不食、不寢」，而且還孤芳自賞，也是枉思而徒勞無益，既不切合實際，也解決不了問題；猶如自我封閉在象牙之塔，或者陷入空想的死胡同一樣，是沒有出路的。

「學而不思則罔，思而不學則殆。」（二·一五）只有學思結合，通過向書本學，向羣衆學，向歷史、古人學，才能吸取前人、別人的經驗教訓，避免走彎路、冤枉路；才能從理論上得到根據，開拓並發展而成爲自己的新觀念；才能從已經得到的印證和啓示中，使自己不成熟、不合理，或者零碎、片面的東西，演進而爲成熟、合理，完整、全面；也才能從展示的各種可供選擇的情況下，挑取最佳的決策方案。

「以思，無益，不如學也。」這應該成爲學習上的一條座右銘。

(9) 子曰：「吾十有❶五而志於學，三十而立❷，四十而不惑，五十而知天命❸，六十而耳順，七十而從心所欲，不踰❹矩❺。」（二·四）

【譯文】

孔子說：「我十五歲時，有志於讀書做學問，三十歲立身處世感到有把握了，到四十歲能通達一切事理，不再有迷惑，五十歲知道什麼是天命，做到不怨天、不尤人，六十歲凡聽到的一切，都能辨別出眞假、是非，不再感到違逆不順，七十歲能隨心所欲，心裏怎麼想就怎麼做，也不會超越規矩法度。」

【注釋】

❶有：同「又」。❷立：指立身處世有把握。❸天命：此指人生一切當然的道義和職責。❹踰：超越。❺矩：規矩、法度。

【按】

這是孔子自述一生從十五歲志於學開始，每一個階段所達到的思想境界，和隨著年歲而日益長進的各個階程。

「三十而立」，為其第一個階程，是指學有所得：無論立身、處世，都能按照當時的道德規範、行為準則行事，做到人際關係的應付裕如，可以站穩腳跟了。這個階程，孔子已在學業和道德修養上打下堅實基礎，為以後的施教、從政創造了良好條件。

「四十而不惑」，為其第二個階程，是指對外界一切事物的是非、曲直、善惡、臧否、逆順、安危、禍福等等，都能以自己所學，通達事理之窮，明澈究竟，不會被迷惑了。

「五十而知天命」，為其第三個階程，是指縱使「而立」、「不惑」，但世事紛紜、複雜，人心不同如其面，越是志向高，奮勉前進，越會際遇困難、厄境，這些既非人力所能預知，亦非人事所能克服，就需知天命之學。

天命，是指人生一切當然的道義與職責。既然是道義與職責，則在認準自己的信念後，一切求諸己，盡其在我，猶如置身於「唯天知我」的境界。這是孔子存於內心的一種至高無上的極爲堅強的信仰，比起不惑，就更高一層的境界了！

「六十而耳順」，爲其第四個階程，是由知天命而通悟到外界一切違逆不順，或者怨怨、恨恨的人和事，其實都有各自不同的原因。這樣，就要既明於自己，也能理解別人：對己，應該重在盡自己的道義職責，嚴於律己；對人，則重在理解他所以違逆不順的境遇、心情，恕以待人。這樣，也就對人的違逆、背理，感到可以寬諒，聽起來耳順了，也就更覺得施教和「己立立人，己達達人」的重要了！

「七十而從心所欲，不踰矩」，爲其第五個階程，是指思想上已到了：舉凡心中所想，行事所爲，無不合乎情理、道義、行爲準則，而進入「不踰矩」，達到自由王國的精神境界！學問而至於此化境，也可以想見孔子道德修養之完善，人格的崇高和偉大了！

上面五個階程：「而立」、「不惑」，應該是人人可以奮勉學好、做好，有一分努力，就會有一分收穫；而「知天命」、「耳順」、「從心所欲，不踰矩」，就不容易，更不能隨意仿效和比擬了。

比如：「知天命」，對於一個力求上進，而且發憤努力，自尊、自強、自愛的人，卻偏偏屢遭不幸，一生坎坷，而又無法解釋這不幸遭遇之所由來，那麼，如果只歸責於「天命」，則必然會心灰意懶、消極，甚至沉淪，「看破紅塵」，出家做和尚，落髮爲尼姑，不想再有所作爲了；而且，如果憤懣、怨恨之極，更容易走向墮落，甚至鋌而走險，自我毀滅，這就實在不足取了！

而且至於「耳順」，常常是反面而學，對世間一切違逆、不順，或者歪門邪道之事，採取睜隻眼、閉隻眼，不聞不問，甚至是裝聾作啞的態度，認為天下事，無所謂順與不順，都只是那麼一回事而已。因而變得什麼都耳順、圓滑、世故，成為「鄉愿」式的老好人！

而「從心所欲，不踰矩」，如果只取前半句而捨棄後半句，那麼，不是「不踰矩」，而是違規越矩，藉「來日不多」而隨心所欲，任所欲為，不僅難保晚節，而且聽其發展，必將成為「老而不死，是為賊」的害人蟲。

因此，「畫虎不成反類犬」，像這類事情就不是隨便可學，更不是隨便可以仿效的。

三、志於道

(10) 子曰：「志於道，據於德，依於仁，游於藝。」（七・六）

【譯文】

孔子說：「立志在道，據守在德，依倚在仁，游習在藝。」

【按】

本則所舉，雖說是孔子教學的四個條目，實際也是孔子通過實踐的人生總結。就是說，一個人首先要在思想上立志於行道；而要行道於世，就必須有高尚的道德作爲依據；這樣，人與人之間的相處，亦不會違離仁道，「仁者愛人」，更能由親親之愛而及於愛社會、愛國家、愛天下一切人。藝卽六藝，指當時的禮、樂、射、御、書、數，爲人生所必需。只有熟練地掌握這六藝，才能使自己具有眞才實學的本領，如同魚之在水，亦可以有俯仰自如的顯身之樂了。

(11) 子曰：「參❶乎！吾道一以貫❷之。」曾子曰：「唯❸。」子出，門人❹問曰：「何謂也？」曾子曰：「夫子之道，忠恕而已矣。」(四・一五)

【譯文】

孔子說：「參呀！我平時所講的道，可以用一個概念貫串起來。」曾子說：「是的。」孔子出去後，在座的同學問道：「這是什麼意思呀？」曾子說：「老師的道，只忠恕二字便是了。」

【注釋】

❶參：姓曾名參，尊稱曾子，孔子學生。參閱後附「孔子弟子簡介」。❷貫：貫通，貫串。❸唯：直應叫唯。指自己明白所說意思，不再問。❹門人：指孔子的門人，卽弟子。

（12）子貢問曰：「有一言❶而可以終身行之者乎？」子曰：「其恕乎？己所不欲，勿施於人。」（十五・二三）

【譯文】

子貢問道：「有沒有一個字可以終身奉行它的呢？」孔子說：「大概只有一個恕字吧！凡是自己不願要的，不要把它拿來施給別人。」

【注釋】

❶一言：古人稱一字爲一言。

【按】

上則，孔子說的「吾道一以貫之」，並沒有作正面的闡釋，這「一」究竟指什麼？曾子的領悟是「忠恕而已矣」。忠，是盡己之心以待人；恕，是推己之心以及人。前者，應該是對人忠，對上忠，對友忠；後者，則是本則所說的「己所不欲，勿施於人」。這兩者指的雖說是行事，其實，都是本於人的內心。因此，忠恕之道，也就是仁道。「吾道一以貫之」，所以不言仁而言忠恕，是因爲忠恕二字，更能使人通曉明白，而且也樂於為羣衆所接受，能下功夫力行。特別是恕，可以不受任何環境和條件的約束，幾乎是人人可學、可行，時時、事事、處處都能盡心學，盡力行，孔子認為可以「終身行之」的最好品德。

事實也正是這樣：如果推己及人，將心比心，能設身處地為別人想一下，那麼，自己都不願要，甚至是厭惡的東西，硬去施給別人，別人會樂意嗎？比如：我不願，而且厭惡別人對我傲慢無禮、蠻橫不講理，而自己卻以這樣態度強施之於別人；我不能容忍別人對我的人格加以侮辱，而自己卻依仗權勢，恣意侮辱別人的人格，這能不激起別人的憤慨和反抗？可以說：這是人同此心，心同此理。

「是故君子有諸己，而後求諸人；無諸己，而後非諸人。所藏乎身不恕，而能喻諸人者，未之有也。」（《大學‧傳九章》）

這種「己所不欲，勿施於人」，即推己及人的觀念，無形中，把所有的人，不論富與貧，貴與賤，或者有權勢與無權勢，君上與平民，都視作平等的人，等同起來了！無疑，這直接、間接地提高了平民百姓的地位，也反映了歷史的巨大進步。

當然，要眞正做到己所不欲，勿施於人，並不是容易的事，非得經受一番思想鬪爭不可。如，現實中經常可以看到：有的不是與人方便，而是給人困難；有的是只許自己放火，橫行霸道，卻不准別人漫步小徑；有的是憑藉權勢，把非人的境遇強加給別人，以設置圈套或者指使人陷害等方式，坑人受過含屈，自己卻在一邊獰笑。而在羣體關係中，如果調人，有的以鄰為壑，給對方輸送庸才、懶漢；如果易貨，有的則調包，把報廢物資矇混了事等等。

這些，不都是「己所不欲，勿施於人」的背向表現嗎！

(13) 子曰：「賜也！女以予為多學而識之者與？」對曰：「然，非與？」曰：「非也，予一以貫之。」(十五·二)

【譯文】孔子說：「賜呀！你以爲我是多多地學習而一一記在心的嗎？」子貢回答說：「是呀──難道不是這樣嗎？」孔子說：「不是的。在多學中，我是有個『一』來貫串著的。」

【按】上則，「一以貫之」，之指道；本則，「一以貫之」，之指學。道通過學而求得，學的目的，則在求道的眞諦，以便行道於世。

無論道或學，都有個「一」來貫串它：道的一以貫之是忠恕；而學，則是孔子整個思想的核心──仁。不過，就學而說：首先必須多學，不多學則知識貧乏、空虛、淺薄，沒有東西可以貫；其次，多學必須求一貫，不一貫，雜亂無章，難以融會貫通，亦難以掌握精華，成不了道。這猶如今天所說：讀書不多，固然談不上淵博精深的學問，即使博覽羣書，無書不讀，而如果沒有主攻目標，或者不專心致志於自己所追求的某個項目，同樣也會雜亂無章，成不了自己的學說、流派，或創見，而一事無成！

當然，這一以貫之的「一」，究竟是道指忠恕，學指仁，還是指其他？見仁見智，就各有不同的論述了。

(14) 子路曰：「願聞子之志。」子曰：「老者安之，朋友信之，少者懷之。」(節錄五·二六)

【譯文】

子路說：「希望聽到老師您的志願。」孔子說：「我願對老年人，能使他們安寧；對朋友，能使他們信任；對少年人，能使他們對我有懷念。」

【按】

「老者安之」，是指讓社會上所有老年人，在物質和精神生活方面都有妥善的安頓，能無憂無慮地安度晚年；「朋友信之」，不但讓朋友信任我，更要讓社會上所有朋友之間都能互相信任，沒有猜疑，沒有仇恨，互諒互讓，互敬互愛；「少者懷之」，是指愛護、關懷少年，教育、引導他們都能幸福、健康地成長，有美好的理想，和遠大的抱負。

這宏願惠及老、中、少，卽上一代、同一代，以及下一代。可以說，都周詳地思慮到了。

這豈只是仁者，簡直是聖人的胸懷和境界了！姑不說志在全社會之人，卽使就個人所接近的而言：如果能夠眞正做到起碼使自己的老父母能安（孝敬），進而對接觸到的老者儘量幫助創造條件，使他們安（至少不妨礙老者的安）；對朋友眞誠無欺，言而有信；對小輩兒孫們慈愛而不是溺愛，關懷而不是冷漠，教育而不是放任，更不是變相摧殘，進而對接觸到的少年做到愛護、關懷、教育、引導，幫助他們茁壯地成長爲一個有理想、有志氣、有教養的人才。

這在現實中，就已經是一個有好的品德和有教養的人，算是很不錯了！

其實，孔子的志願「老者安之，朋友信之，少者懷之」，與《禮記・禮運篇》「老有所終，壯有所用，幼有所長」的主張，幾乎如出一轍。這正是孔子立志所要推行的「道」，也是「大道之行也，天下爲公」的大同思想。孔子高度贊頌的「博施於民而能濟衆」（六・二八），實際上是天下爲公的具體化；而一心要推行的仁政德治理想，只是孔子作爲小康社會的一個近期的政治目標。

儘管孔子的仁政德治理想，始終沒有能實現，也儘管孔子的大同思想，是天眞、不切實際，當時是根本不可能實現的；但孔子堅信自己的信念（道）是眞理，並爲之奮鬪終身，始終沒有動搖過。其情、其志，不但難能可貴，更是令人景仰不已！

（15）子曰：「朝聞道，夕死可矣。」（四・八）

【譯文】

孔子說：「早上聽到眞理，晚上死去也願意。」

【按】

這是孔子表現在「志於道」方面，視眞理爲人生所必須，須臾不可離的精神，爲追求眞理而「只爭朝夕」的精神。有了這種精神，就可以在探求眞理的道路上，雖歷經艱難險阻而始終無憂無懼，在捍衛眞理的關鍵時刻，縱身遭刀斧之脅時，猶視死如歸；有了這種精神，懦怯的會變得堅強、勇敢，頹廢的會變得振作、向上，從而煥發出靑春的光輝，勇往直前，所謂「生命雖可貴，眞理更難求；若能朝聞道，夕死也心甘。」

（16）子曰：「三軍可奪帥也，匹夫不可奪志也。」（九·二五）

【譯文】

孔子說：「三軍的統帥可以被人奪去，一個普通平民立定的志向，卻是誰也不能強迫他改變的。」

【按】

這表現了一個人有骨氣，即立定了的志向，是任何力量也改變不了、奪不走的：無論是敵人的屠刀和絞架的脅逼，也無論是高官厚祿、聲色之樂的誘惑，或者是窮愁潦倒、貧病交加的煎熬，都不能改變，或者動搖自己所立定的志向和信仰，這也就是說，人的思想和意志是很難征服的。

這是孔子肯定了人的價值，所體現出的人的自主意識和獨立人格的得到確認，亦即所謂「人不可奪志」的高尚情操、氣節和它的可貴處。同時，也正是孟子所說「富貴不能淫，貧賤不能移，威武不能屈」（《孟子·滕文公上》），並由此而逐漸形成我們民族引以自豪的不屈精神！上則，「朝聞道，夕死可矣」，是指有了這種精神，懦怯的會變得堅強勇敢，頹廢的會變得振作向上。本則，則不僅意味著人的價值和自主意識的進一步提高和得到增強；同時，也意味著一個有獨立人格的眞正的人，更應該自強、自尊、自愛，來維護並堅守自己立定的志向。

「三軍可奪帥也，匹夫不可奪志也」，所體現出的堅強意志、高尚節操和豪邁氣概，是鼓舞人們立志圖強，勇敢有爲，激勵人們蔑視權勢、淫威的精神力量，也是我們民族幾經危難而始終沒有被異化，是我們國家今天走上世界之林、繁榮昌盛的思想基礎。

孔子這句擲地有聲，閃爍著智慧光輝的格言箴語，給我們民族文化習俗的影響是深遠的，意義更是偉大的。

(17) 子曰：「歲寒，然後知松柏之後彫❶也。」(九・二七)

【譯文】

孔子說：「到嚴寒的季節，才知道松柏樹是最後凋零的。」

【注釋】

❶彫：同「凋」，凋零。

【按】

這是通俗易曉，至今爲老幼皆知的名言醒語。孔子以松柏喻指世間一切人等，無論是帝王將相、才子佳人，或者平民百姓、芸芸衆生，只有經歷嚴峻的考驗，才能認識一個人的人格高下，是英雄、還是狗熊？是虎豹、還是蟲豸？是眞金、還是黃銅？所謂「士窮見節義，世亂識忠臣」，也所謂「疾風知勁草，路遙識馬力」，歲寒，然後知松柏之後凋。

一語之喻，其義無窮。這既是孔子高尚情操的寫照，也是激勵人們像松柏那樣傲視霜雪，挺然屹立，對它那種岸然骨氣的熱情贊頌！歷代許多詩人、文學家、藝術大師們常以此謳歌那些歷經貧賤而始終不與世俗同流的人們，許多志士仁人更以此砥礪終身！人們嚮往和景仰的也正是這松柏長春，傲然挺拔的精神！

我們中華文化歷久常新，源遠流長；我們民族的氣節、情操，凜然不屈，高尚堅貞。無疑，這一語之喻的影響該也是深遠的吧！

(18) 在陳絕糧❶，從者病，莫能興。子路慍見曰：「君子亦有窮乎？」子曰：「君子固窮❷，小人窮斯❸濫❹矣。」(節錄十五・一)

【譯文】

孔子在陳國被圍而斷絕了糧食，跟從的弟子都餓病了，起不來。子路心中不高興地來見孔子，說：「君子也有這麼窮的嗎？」孔子說：「君子雖窮，但能夠安守其道而不變；至於小人窮困，那就會胡作非爲了。」

【注釋】

❶在陳絕糧：孔子周遊列國時，因故曾被陳國人包圍，絕糧七天。❷固窮：二解：一、君子固有窮時。二、君子窮則益固。卽：雖窮，能安守其道而不變。今從二。❸斯：就。❹濫：如水放溢，四處橫流、泛濫。此指胡作非爲。

【按】

這是孔子篤志於道的一個最好印證。即：縱使身遭意外困厄，在絕糧七天的異常情況下，孔子依然弦歌不輟，表現了「窮而不困，憂而意不衰也，知禍福終始而心不惑也」的精神。這種始終堅信自己的信念（道）而安寧不變的樂天知命態度，這種越是艱危，越是經受考驗，志益堅，意愈強的發憤、有所作為的態度，正如上則所說：「歲寒，然後知松柏之後彫也」，就充分顯示了「士窮見節義」的一副傲然骨氣，該是多麼高尚的情操。

至於小人，如果際遇這等境況，恐怕不是牢騷滿腹，怨天尤人，就一定要被「貧賤所移，富貴所淫，威武所屈」而胡作非為，或者變節屈膝，無所忌憚了！所謂小人喻於利，難耐貧困，這在現實中，可說是屢見不鮮的。

正如孔子說：「由不識，吾語汝。汝以知者必用邪？王子比干不見剖心乎？汝以忠者為必用邪？關龍逢不見刑乎？汝以諫者為必用邪？伍子胥不磔姑蘇東門外乎？夫遇不遇者，時也；賢不肖者，材也；君子博學深謀不遇時者多矣，何獨丘也哉！君子之學，非為通也，為窮而不困，憂而意不衰也，知禍福終始而心不惑也。夫賢不肖者，材也；為不為者，人也；遇不遇者，時也；死生者，命也。今有其人不遇其事，雖賢，其能行乎？苟遇其時，何難之有？故君子博學深謀，修身端行以俟其時。」（《荀子．宥坐》）

【備考】

《莊子．讓王篇》曰：孔子窮於陳蔡之閒，七日不火食，藜羹不糂，顏色甚憊，而弦歌於室。顏回擇菜，子路子貢相與言曰：「夫子再逐於魯，削迹於衞，伐樹於宋，窮於商周，圍於陳蔡。殺夫子者無罪，藉夫子者無禁，弦歌鼓琴未嘗絕音，君子無恥也若此乎？」顏回無以應，入告孔子。孔子推琴喟然而嘆曰：「由與賜，細人也，召而來，吾語之。」子路子貢入。子路曰：「如此者，可謂窮矣。」孔子曰：「是何言也！君子通於道之謂通，窮於道之謂窮。今丘抱仁義之道以遭亂世之患，其何窮之爲？故內省而不窮於道，臨難而不失其德。天寒既至，霜雪既降，吾是以知松柏之茂也。陳蔡之隘，於丘其幸乎？」孔子削然反琴而弦歌；子路扢然執干而舞。子貢曰：「吾不知天之高也，地之下也。古之得道者，窮亦樂，通亦樂，所樂非窮通也，道德於此，則窮通爲寒暑風雨之序矣。」

(19) 子曰：「篤信好學，守死善道。危邦不入，亂邦不居。天下有道則見，無道則隱。邦有道，貧且賤焉，恥也！邦無道，富且貴焉，恥也！」(八・一三)

【譯文】

孔子說：「堅定的信念和好學的精神，才能堅執固守，以至於死，去很好地貫徹自己的信念(道)。不進入政局危險的國家，不居住動亂不安的國家。天下政治清明，就出來做官，政治黑暗就隱居不仕。國家政治清明，自己卻貧賤無所表現，這是恥辱；國家政治黑暗，自己卻富貴榮華，無可守之節，這也是恥辱。」

【按】

「篤信好學，守死善道」，是孔子一生行動實踐的眞實寫照，也是他高尚情操的具體表現。它昭示人們：篤信而後能好學，好學而後更加篤信。不僅對「道」如此，卽對任何事物有關眞理的探索，都無不如此。就是說：無論政治、經濟、文化、科學、藝術等事業的追求，只有堅信自己的信念是眞理，這才能有「學而不厭」的好學精神；有好學精神，就一定會對自己的信念加深鑽研，理解得更加透徹，從而更加熱愛、更加信仰。如此互爲影響，反覆不已，也必然會更加執著地去追求，做到「守死善道」，俯仰無愧。

歷史上許許多多爲國家的完整和民族的生存而英勇不屈、視死如歸、慷慨就義的民族英雄；敢於爲民請命而無畏地走向刑場、絞架的志士仁人，爲攀登高峰或者某項事業的偉大成就而奉獻畢生精力，甚至生命的科學家、藝術大師們，不都是這種篤信好學，死守善道精神，在不同歷史條件下的繼承和發揚嗎？不都是這種優良傳統的可歌可泣的具體表現嗎？

孔子堅信自己的信念（道）是眞理，是必勝的。因此，在任何艱難險阻和困危情況下，都始終不動搖；卽在「道之不行，已知之矣」，「仁政德治」的理想最終還是無法實現時，也仍然表現了樂以忘憂，不知老之將至的樂觀主義精神和豪邁氣概，而從事教育和古文獻的整理工作。

「篤信好學，守死善道」，是至今仍然閃耀著智慧之光和浩然之氣的偉大精神，孔子一生正表現了這種精神。

至於「危邦不入，亂邦不居」，「有道則見，無道則隱」，儘管在當時的歷史條件下，是可以理解的，無可厚非的；但，比起上面那種不避艱險，無懼危難，勇往直前積極進取的濟世精神，就不免有「明哲保身」，帶點不足取的消極因素了。

而「邦有道，貧且賤焉，恥也；邦無道，富且貴焉，恥也」，這就涉及一個人有沒有高尚品德、情操、才能，以及是否有仁心的問題了！

設想一下：國家政治清明時，作爲一個從政行道的人，卻甘居貧賤，無所作爲。這說明什麼問題呢？說明這從政者不是一個碌碌無能的庸才，就準是個胸無點墨，沒有政治理想，也無高尚情操的思想懶漢。

設想一下：國家政治黑暗時，作爲一個正直的從政行道的人，就應該挺身而出；或者諍言進諫，規勸君上爲民行事；或者秉公爲政，盡一己之力；或者退隱，淡泊以明志。可是，並非如此：忍令平民百姓遭殃遭禍、民不聊生，而自己卻不聞不問，竟至於「富且貴」，而這「富且貴」，恰恰又是結黨營私，依仗權勢，魚肉百姓，貪贓枉法，搜刮民膏而得，如何不感到可恥！

前者是「邦有道」，自身力無可行之道，等於是尸位素餐！後者則是「邦無道」，自身心無可守之節，無異是行屍走肉，給人民雪上加霜。孔子疾惡如仇，認爲都是可恥的，特別是後者，恥中之尤，其情其行更爲任性，更爲卑劣！

歸根結底，這是檢驗一個從政者，是否對人民具有仁心的根本問題。

(20)子曰：「邦有道，危❶言危行；邦無道，危行言孫❷。」(十四‧四)

【譯文】

孔子說：「國家政治清明，說話正直，行為正直；國家政治黑暗，行為正直，說話卻應該謙遜。」

【注釋】

❶危：正，指正直。❷孫：同「遜」，謙遜。

【按】

不論邦有道、無道，孔子都要求人們「危行」，即：行為正直不阿，秉公無私，為人方方正正，循規蹈矩；而在政治不清明，特別是如果處暴虐無道的君王統治下，平民百姓只能「道路以目」時，就要求在言語上謙順一些，少發牢騷，少說怪話和偏激的言論——這倒不是為了怕什麼，而是擔心危言會召禍，猶如雞蛋之於石頭，徒然帶來損害，而又無損於暴君的一根毫毛，實在沒有這個必要。當然，如果能由正直不阿的「危言」而一石激起千層浪，或者有損，甚至動搖暴虐統治的根本，那麼，民不畏死，何以死懼之，必然會有志士仁人率先作「危言」的。歷史上不乏這類事例，並且概都是可以驚天地而泣鬼神的。

四、貧富觀

(21)子曰：「富與貴，是人之所欲也，不以其道得之，不處也。貧與賤，是人之所惡也，不以其道得之❶，不去也。」（節錄四·五）

【譯文】

孔子說：「富貴和地位，是人人都想要的；但如果不用正當的方法去得來，君子是不安處這富貴的。貧與賤，是人人都厭惡的；但如果不用正當的方法去擺脫它，君子是不去擺脫這貧賤的。」

【注釋】

❶得：當是「去」字之誤。

【按】

貧富、貴賤，是每一個社會都存在的客觀現實；慕富貴，嫌貧賤，也是人們所見的世俗常情。但，對於持何種態度，用什麼方法去求得富貴，擺脫貧賤的問題，卻是關係著一個人的道德情操，也影響著一個民族、國家的素質、骨格和風尚的大問題。

如果說，見利忘義，見財起意，用不正當的方法，而且不擇手段地去謀求富貴，即「不以其道」得之猶心安理得，泰然自若；而周圍羣衆，社會輿論，也置若罔聞，不加疑問，只是見「富與貴」，就一味羨慕，嘖嘖稱譽，甚至恭維、奉承；那麼，影響所及，人人競相效尤，都可以昧著良心而不顧別人死活去謀求暴利和富貴了。由此而引起人們的道德敗壞，精神滑坡，給社會、民族和國家帶來的後果，都將是極端可悲，難於設想的。

對這問題，孔子的態度，卻是斬釘截鐵，十分明朗的：富與貴，不以其道得之，不處也；貧與賤，不以其道得之，不去也。

語音鏗鏘，擲地有聲；語意堅決，傲骨凜然！這是多麼豪邁的氣概，又是多麼崇高的境界！

【備考】

《孟子．離婁下》曰：齊人有一妻一妾而處室者，其良人出則必饜酒肉而後反。其妻問所與飲食者，則盡富貴也。其妻告其妾曰：「良人出，則必……而未嘗有顯者來，吾將瞯良人之所之也。」蚤起，施從良人之所之，徧國中無與立談者。卒之東郭墦間，之祭者，乞其餘；不足，又顧而之他——此其爲饜足之道也。其妻歸，告其妾曰：「良人者，所仰望而終身也，今若此！」與其妾訕其良人，而相泣於中庭，而良人未之知也，施施從外來，驕其妻妾。由君子觀之，則人之所以求富貴利達者，其妻妾不羞也，而不相泣者，幾希矣！

(22) 子曰：「飯疏食，飲水，曲肱而枕之，樂亦在其中矣。不義而富且貴，於我如浮雲。」(七．一五)

【譯文】

孔子說：「吃著粗飯，喝著生水，彎著胳膊當枕頭，樂趣亦就在這裏面了。用不正當手段得到的財富和地位，對我來說，就像空中的浮雲一樣。」

【按】

上則，「富與貴……不以其道得之，不處也」；本則，「不義而富且貴，於我如浮雲」。由「不處也」到「如浮雲」，其蘊涵也就更進一層了。「不處也」，是說用不正當手段取來的富貴，於心難安，於理難得；「如浮雲」，是說自己根本就沒有做不義的事，也不想做不義的事，自然對外界的富與貴，猶如浮雲之在天，我之在地，兩相無緣。

有「如浮雲」的坦蕩胸懷和豁達寬宏的心志，而後能曲肱而枕之，樂亦在其中矣的情趣；有這淡泊、怡然自樂的情趣，也必然能超然物外，有如浮雲的心志，從而更加執著地去追求自己的信仰、理想和事業。

這是孔子對自己志趣、骨格、氣節和情操等高尙風貌的自賞和自信，也是錘鍊我們民族由積淀而形成「富貴不能淫，貧賤不能移，威武不能屈」素質的所由來。

（23）子曰：「富而可求也，雖執鞭❶之士，吾亦為之。如不可求，從吾所好。」（七·一一）

【譯文】

孔子說：「富貴如果可以用正當合理的方法求得，那麼，卽使是替人執鞭的賤職，我亦願意去幹。如果不能用正當合理的方法求得，那麼，還是幹我所愛好的事情。」

【注釋】

❶執鞭：拿著鞭子給大官開路的賤職，卽下等差役。

【按】

富有可求而得，有不可求而得。前者合乎道義，是指用正當合理的方法去求得的財富。孔子認爲這樣，縱使「執鞭」那樣卑微的賤職，亦願意去幹。因爲它是以自己的勤勞和汗水去求取相應的酬報，光明磊落，理直氣壯，沒有什麼可以感到丟臉，或羞恥的，更不應受到冷眼和鄙視。這蘊涵著：卽使卑賤的職業、技藝，也絕不是低人一等，也絕不應該自卑的；如果由此而勤勞、節儉致富，那麼，它遠比「不義而富且貴」要高尚、要光榮得多。

後者不合乎道義，是指用不正當合理的手段去謀取財富：如經商則投機倒把，以劣充優，損人利己；如從政則依仗權勢，魚肉人民，假公濟私；如承辦工程，則偸工減料，尅扣盤剝，坑人害人，無所不爲等等。孔子認爲這都是見利不思義，屬不可求而得的不義財富，在孔子來說是「如浮雲」一樣，根本無緣，因而理直氣壯地說：還是「從吾所好」爲是。

這亦正是孔子高尚情操的所在。

(24) 子華使於齊，冉子❶為其母請粟❷。子曰：「與之釜❸。」請益，曰：「與之庾❹。」冉子與之粟五秉❺。子曰：「赤之適齊也，乘肥馬，衣輕裘。吾聞之也，君子周❻急❼不繼❽富。」原思❾為之宰❿，與之粟九百，辭。子曰：「毋⓫，以與爾鄰里鄉黨⓬乎？」（六·三）

【譯文】

子華出使到齊國去，冉有為他母親請養米。孔子說：「給她六斗四升吧！」冉有請增多一些。孔子說：「再加二斗四升吧！」冉有給了她穀子八百斗。孔子說：「公西赤這次到齊國去，乘著肥馬駕的車子，穿著又輕又暖的皮袍。我聽說：君子周濟那有緊急需要的窮人，而不必再去幫助那富有的人。」原思當孔子總管，孔子給他俸米九百斗。原思推辭多了。孔子說：「不要推辭！你有多餘，可以給家鄉的窮人嘛！」

【注釋】

❶冉子：姓冉，名求，字子有，亦稱冉有。孔子學生。參閱後附「孔子弟子簡介」。❷粟：穀子，小米。❸釜：古代量名，六斗四升為一釜。❹庾：二斗四升為一庾。❺秉：十六斛為一秉，十斗為一斛。五秉為八百斛。❻周：周濟，補其不足。❼急：窮固、急迫。❽繼：接濟，續其有餘。❾原思：名憲，字子思。孔子學生。參閱後附「孔子弟子簡介」。❿宰：大夫家的總管。當時，孔子仕魯國司寇，原思在孔子家當總管。⓫毋：禁止。指孔子命原思勿推辭。⓬鄰里鄉黨：古代以五家為鄰，二十五家為里，一萬二千五百家為鄉，五百家為黨。此指原思家鄉的窮人。

【按】

本則表明了孔子在斟酌處理貧富家庭出身弟子的俸祿上，或者在教誨弟子的方式、方法的態度和內容上，都是發人深思，廸人智慧，十分感人的。如：

一、子華家中富裕，本無需多加給養，因此，冉子代請粟時，孔子少給。原思家庭貧寒，孔子斟酌具體情況，給以粟九百斛，相當於一個上士的俸祿，可以說是比較豐厚的。對原思，孔子是體卹之情摯；對子華，孔子是義理之寓意深。這旣重義理，又非輕財利，該亦兼及人情了！

二、冉子請求增加，孔子並未直言相拒，而是稍稍加了一點；對冉子的私意多給，也沒有嚴詞指責，只是以古語，用「吾聞之也」的語氣，委婉地正面啓發他要周濟急難，同情貧窮，抱雪中送炭的態度，而不要學世俗那種「錦上添花」去幫助富人。所謂「求人須求大丈夫，濟人須濟急時無」。這種雍容通達，寬宏大度的誨人態度，比起嚴厲的批評，當面的訓斥，無疑，只會更發人深思，更暖人心，感人肺腑！

三、對原思嫌俸祿多，要推辭的態度，孔子卻說：「毋！以與爾鄰里鄉黨乎？」「毋！」這近於命令的口吻，是對原思推辭心態的理解和贊賞，更是對他貧寒境遇的關懷和慰勉！意思是說：爲什麼要推辭呢？從家庭情況而言，你不能推辭；從擔負工作應得的酬勞而言，你也不必推辭！何況，卽使俸祿稍爲豐厚了一點，如果有多餘的話，就不能拿一些給鄉里中的窮人嗎！如原思，可謂有財苛已不知用；冉求則斂財繼富爲人用。前者辭之不當，乃不會用財；後者與之不當，是爲財所用：皆未得用財之道，把財置之無用之地；獨孔子能知用財之道，而不爲財所用，分別根據弟子的不同情性和特點，作不同的教育內容和方法，亦可謂「因材施教」的藝術運用了！

孔子對弟子了解之深，體諒之摯，設想之詳，以及對鄉親窮人的關切、同情之誠，其實，都在「毋」字中展現無遺了！

（25）子曰：「貧而無怨難，富而無驕易。」（十四・一一）

【譯文】

孔子說：「在貧困中能做到沒有怨言，是很難的；而在富裕環境中做到不驕傲，就比較容易。」

【按】

貧而無怨難，從客觀說：一方面是具體的實際問題，如要吃沒吃，要穿沒穿，要住只是蝸牛殼那樣的尺寸之地等等；另一方面是外界環境的影響問題，如聲、色、財、利的誘惑，世俗勢利眼的歧視、恥笑、冷諷、熱嘲等等。處此境遇，心態失卻平衡，在主觀上自然難於做到安於貧困。不安則生怨，怨則牢騷、怪話，直至怨天尤人；而如果這貧困是由於遭到意外不測的無妄之災，那麼，只能自嘆命苦；而如果是因為受冤屈，或者被人陷害，那麼，就更難於做到無怨了！

至於富而無驕易，是與貧而無怨難相比較而言。因為富，至少不再存在貧時可以隨時誘發怨的各種客觀條件；但，如果不注意自我修養，在世俗的阿諛、奉承和贊揚聲中，同樣也會飄飄然、昏昏然，擺闊氣、擺威風，容易滋生「唯我獨尊」，「老子有錢能使鬼推磨」的思想，從而恃富而驕，盛氣凌人，侮辱欺壓別人等等。因此，貧而無怨固然難，富而無驕，其實亦非容易。這就有待於自己立志爲學，加強自我道德修養了！

(26) 子貢曰：「貧而無諂，富而無驕，何如？」子曰：「可也，未若貧而樂，富而好禮者也。」(節錄一・一五)

【譯文】

子貢說：「貧窮而能不去諂媚、奉承別人，富而能不驕傲自大，這樣的人怎麼樣？」孔子說：「也算不錯了，不過還不如貧窮而仍然樂於道，富裕而又謙遜好禮的人。」

【按】

人處貧窮境遇，不免總有向人求借、請託的事情，也不免會有因爲囊中羞澀而感到自卑挺不直腰的心態。因此，能夠做到「貧而無諂」，保持一個人的尊嚴、骨格，絕不因貧窮而低聲下氣去阿諛、奉承人，亦絕不因貧窮而彎腰俯首去討好、乞求人。這是很不容易，也十分難能可貴的。

但，對這樣難能可貴的美好品德，孔子僅許以「可也」，認爲還不是最高標準，僅知自我克制做到有守而已，必須進一步要求達到「貧而樂」，即「樂道」的境界。只有這樣，才能忘乎外界一切貧富的影響而有所作爲。

孔子「不義而富且貴，於我如浮雲」，和「飯疏食，飲水，曲肱而枕之，樂亦在其中矣」，是這種境界；顏回「一簞食，一瓢飲，人不堪其憂，回也不改其樂」，亦是這種境界；猶如今天說的執著地追求眞理、理想，執著地追求某項事業的偉大成就，或者攀登某項科學的頂峰，而變賣一切財物，而窮愁潦倒，也仍然耐得住世俗人們的冷嘲、熱諷，仍然執著地追求而不改其樂。這比起「貧而無諂」，顯然就達到更高的境界了！

同樣，人處富貴境遇時，也不免因爲富，就有所恃；有所恃，也就財大氣粗，忘乎所以，變得驕橫無禮，傲慢凌人，淫奢無忌。因此，能夠做到「富而無驕」，實在也非容易事，屬難能可貴的。

但，對這樣也屬難能可貴的美好品德，孔子也只是許以「可也」，認爲同樣不是最高標準，僅知自我克制做到有守而已，還必須進一步要求達到「富而好禮」的境界。只有好禮，才能樂於順理行事，樂於平等待人，才能將心比心；才能忘乎外界一切貧富的影響而有所作爲。

因此，雖說「無諂、無驕」是人的美德，但不經過切、磋、琢、磨的學問之功，仍然難於達到「樂道、好禮」的最高境界。這就啓示人們：切切不可安於小有成，安於小得志，而應該自勉自勵，力求更上一層樓。

五、自謙

(27)子絕四：毋❶意❷，毋必，毋固，毋我。(九・四)

【譯文】

孔子平時杜絕四種毛病：不主觀臆測，不絕對武斷，不固執己見，不自以為是。

【注釋】

❶毋：同「無」。❷意：同「臆」，臆測。

【按】

臆測、武斷、固執、自以為是，是一般人的痼疾頑症。它是以「我」為核心表現出來的一種自我膨脹的極端心態。要杜絕這四種頑症，是需要在道德的自我修養上狠下功夫，化大氣力的。

本則記孔子平時立身、行事、處世的態度，是弟子們經過長時間的詳審細察，默然記下的眞實情況。從這裏，既可以概見孔子的為人，也可以想見弟子知老師之深，和所以衷心愛戴老師、景仰老師情意誠摯的原因。

一、毋意，就是說不主觀臆測。這意味著首先要對別人持信任態度，相信別人同自己一樣，都是對人忠誠、信實、可靠；對事勤奮、認眞、努力，應該信任的。任何對別人無端懷疑的主觀臆測，都是既不相信別人，也不相信自己的表現，而且最終定會發展成爲信任危機，導致不幸的後果。孔子襟懷坦蕩，對人不存芥蒂，對事不抱成見，因而，自然「毋意」。

二、毋必，就是說不武斷——其實，任何形式的絕對肯定，或絕對否定；說必定要做到這樣，或必定不要做到那樣，都是迷信自己的一種極端表現：它旣沒有給對方留有餘地，也沒有爲自己安排一個通權達變的臺階，因而常常會給人以難堪，也給自己下不了臺。事實上，天下一切事物隨時隨地，甚至每分每秒都在變，要求一個固定的不變的模式是不可能的。孔子深通這變易的道理，當然力求能適變、能應變，如用之則行，舍之則藏，就是毋必。

三、毋固，就是說不固執己見。這旣要根據已變化了的具體情況，調整自我意識；而且還要勇於及時修正，或改變自己的主張和決定。孔子在從政方面表現的「無可無不可」和「可行可止」的態度，亦正是毋固，卽不固執己見，能通權達變的例證。

四、毋我，就是說不自以爲是，不唯我獨尊。孔子一生儘替人著想，專爲事操心，從沒有把自己看得獨一無二，所謂「唯我是從」，更沒有如今天說的「沒有我，地球就不轉了」的狂妄思想。孔子最尊重別人，也最相信羣衆。心目中，他只知有道，不存有我！

孔子所表現的「毋意，毋必，毋固，毋我」四種心態，其實還是經過弟子的詳審細察，才默然記下的眞實情況。這就從一個側面反映了孔子平時立身、行事、處世所表現的「四毋」態度，眞有如對待生活中的必需品那樣，習以爲常，顯得那麼自然、平凡，沒有絲毫的做作！而這，其實正是孔子的學問修養眞正到了家的感人和偉大處！

(28) 子曰：「文莫❶，吾猶人也。躬行君子，則吾未之有得。」(七·三二)

【譯文】

孔子說：「努力，我是和別人差不多的。做一個躬身力行的君子，那我還沒有能達到這境界。」

【注釋】

❶文莫：二解：一、以「文」字斷句，「莫」作疑詞，意即：文或猶人，行則不逮。二、忞慔的假借。說文：忞，強也。慔，勉也。文莫：猶言黽勉、努力的意思。

【按】

「文莫，吾猶人也」，其實，孔子一生學而不厭，誨人不倦，其發憤努力的程度，簡直是百倍千倍於常人，哪會是差不多呢！

而自謙說「躬行君子，則吾未之有得」。也正如下面幾則所說，孔子對自己黽勉終生，努力自強不息，特別是那「發憤忘食，樂以忘憂，不知老之將至」的精神，已遠遠高於君子所能達到的標準，到了入聖的境界了！

自謙，正是孔子為人的一個突出的、永遠值得人們學習的美德。

(29)子曰：「君子道者三，我無能焉。仁者不憂，知者不惑，勇者不懼。」子貢曰：「夫子自道也。」（十四．三〇）

【譯文】

孔子說：「君子借以成德之道有三：仁德的人不憂慮，聰明的人不迷惑，勇敢的人不畏懼。我都沒有能做到。」子貢說：「這正是老師稱道他自己呀！」

【按】

「自謙者我」，孔子經常語自己為「無能焉」，「未之有得」，「則吾豈敢」，「無知也」等等。

在子貢看來，孔子日夜思慮的是如何行仁道以濟世，執著追求的是推行「仁政德治」為平民百姓。這就是先天下之憂而憂，從無個人的憂慮，正是「仁者不憂」；孔子明道，到四十而不被外界事物所迷惑，正是「知者不惑」；孔子見義勇為，「知窮之有命，知通之有時，臨大難而不懼者，聖人之勇也。」（《莊子．秋水》）正是「勇者不懼」。

子貢深知老師之德高、道深，學問精深博大：君子借以成德的仁、知、勇都是充分具備了的，因而說這正是「夫子自道也」的自謙之辭。而且，正由於自謙，孔子從不自滿，從不認為自己了不起，因而也就能日日進德，達到了崇高的道德境界。

【備考】

《莊子．秋水篇》曰：孔子曰：「……我諱窮久矣，而不免，命也；求通久矣，而不得，時也。當堯舜而天下無窮人，非知得也；當桀紂而天下無通人，非知失也：時勢適然。夫水行不避蛟龍者，漁父之勇也；陸行不避兕虎者，獵夫之勇也；白刃交於前，視死若生者，烈士之勇也；知窮之有命，知通之有時，臨大難而不懼者，聖人之勇也。由處矣，吾命有所制矣。」無幾何，將甲者進，辭曰：「以為陽虎也，故圍之。今非也，請辭而退。」

附：子曰：「若聖與仁，則吾豈敢？抑為之不厭，誨人不倦，則可謂云爾已矣。」公西華曰：「正唯弟子不能學也。」（七．三三）（參閱一．5）

（30）子曰：「默而識❶之，學而不厭，誨人不倦，何有於我哉！」

(七・二)

【譯文】

孔子說：「把看到聽到的，默默地記在心裏；勤奮學習，從不厭煩；教導別人，從不疲倦。這三件事，對我有何困難呀？」

【注釋】

❶識：志，記住。

【按】

本則所舉三事，在孔子來說，已是做到日日、月月、年年如此，習以爲常了。常人之所難，甚至一輩子也學不到手的事，而孔子卻習以爲常，視作很平凡的普通事。這猶如攀登某一高峰，常人化九牛二虎之力，還到不了半腰，而孔子則如履平地那樣輕而易舉地登上了山巔，這因爲平時練就一身過硬功夫，很自然地展現出來了。

於此，也可想見孔子學問道德修養之高。

(31)子曰：「出則事公卿，入則事父兄，喪事不敢不勉，不爲酒

困，何有於我哉？」（九・一五）

【譯文】

孔子說：「出外事奉公卿、大臣；入門事奉父母、兄長；有喪事，不敢不盡心盡力去辦；飲酒不要被酒醉倒，這些，對我有什麼困難呢？」

【按】

本則所指四事，其實，在孔子來說，也是做到時時、處處、事事如此，視爲日常生活和爲人行事所應當做的分內之事。當然，這些日常極普通、極平凡的事，所以指出，其意在希望人人能自勉做到：出外事奉公卿大臣，就要敬上，規規矩矩地把工作做好；入家門事奉父兄，就得按照家庭一個成員的身分，做好成員自己應該做的事，不要因爲從政當官，回到家就可以擺官架子，該做不做，也不要因爲在家受慈愛慣了，就可在工作單位撒嬌發嗔，不該爲而爲；至於遇到親朋好友有喪事或遭際不幸事故，就應該盡心給予安慰、資助和幫忙，周急濟困；而喝酒，絕對不能被酒所迷，成爲酒糊塗，更不能喝醉，否則酒後失態，或發酒瘋，不僅貽笑大方，令人厭惡，而且滋生事端，就樂極生悲了。

這四件事，看起來不難，但要眞正做到，而且成爲習慣，實在亦非易事。「何有於我哉」，既是孔子的自謙，更是自負和自信；而且，所最自謙的，亦正是孔子所最自負和自信的。這就是孔子的爲人，也就是他表現出的最高心德。

(32)子曰：「述❶而不作❷，信而好古，竊❸比於我老彭❹。」

(七·一)

【譯文】

孔子說：「只傳述先王之道而不自制作，篤信而且愛好古文化，私下我把自己比作老彭。」

【注釋】

❶述：傳述。❷作：制作，創新。❸竊：私下。❹老彭：人名。殷朝的一位賢大夫。

【按】

「述而不作」，是孔子對先王之道的古文化只傳述而不制作創新的謙辭，表示自己沒有背離先王之道，也沒有僭越，更不敢僭越；同時也蘊含了對當時現實的某種程度的不滿，正如《漢書·儒林傳》所說：「周道既衰，壞於幽厲，禮樂征伐自諸侯出，陵夷二百餘年而孔子興。以聖道遭季世，知言之不用而道不行，於是敍《書》則斷〈堯典〉；稱《樂》則法〈韶〉舞；論《詩》則首〈召南〉。綴周之禮，因《魯春秋》，舉十二公行事，繩之以文武之道，成一王法，至獲麟而止。蓋晚好《易》，讀之韋編三絕而爲之傳，皆因近聖之事以立先王之教。故曰：述而不作，信而好古。」

「信而好古」，實質上是「崇古」的同義詞。歷史上，用「表述」而發思古之幽情，借以諷今、非今、諫今的，也代有其人。但「述而不作」作爲孔子治學上的一種態度或方法來說，它曾長時期影響著後世學者在研究古今經典著作或前人學說時，往往懷著無批判的崇古態度，在「述」上下工夫，而不能創發新論，以致古代許多有作爲的思想家，窮畢生精力也只能在述而不作中，虛度過自己的一生年華。

應該說：「述而不作」在一定時期，諸如思想啓蒙，或者正處在時代變革的轉折口，它不但是不可少的，而且也是卓有成效的。但如果把它奉爲圭臬，過分熱中於「述而不作」，那麼，縱使一個資分極高，十分有才華的人，也會在只知陳述，而不能、或不敢制作新見的環境中成爲思想懶漢，或者僵化到明知某些經典著作中的某些章節有極大錯誤，也故爲巧辯、僞飾，甚至把一些正確的創新制作，也指斥爲「離經叛道」，當作「毒草」來批判或者剷除了！

就今天說：我們正生活在一個科學日新月異、日益繁榮昌盛，各種學術思想萬紫千紅、大放異彩的偉大的變革時代。因此，我們需要的是面向未來，探測未來；更需要是大膽的創新，大膽的制作，而不是謹小愼微和宥於「述而不作」，只知道模仿、陳述而已！

附：子曰：「我非生而知之者，好古，敏以求之者也。」（七．一九）（參閱三．7）

（33）子曰：「蓋有不知而作之者，我無是也。多聞，擇其善者而從之，多見而識之，知之次❶也。」（七・二七）

【譯文】

孔子說：「大概有全然無知而妄自憑空創作的吧！我卻不是這種人。能多多地聽聞，選擇其中好的來依從它，能多多地見識，把它記在心上。這樣，也是次一等的知識了。」

【注釋】

❶次：次一等，指學而知之比生而知之要次一等。

【按】

本則，是說孔子並沒有像有些人那樣的態度：自己一無所知，就要憑空妄自創新製作起來。

這亦正是孔子的自謙。因爲孔子通過「多聞多見」，擇善而從，默而記下的材料：一方面「好古，敏以求之」，一方面「溫故而知新」，從中選精擷華，將其融會貫通，就已經創制自己獨具卓識的見解，用以立言明道，傳授於弟子。因此，應該說並非是「不知而作」，而是「有知而作」，而且作的是具有眞知灼見的創新。

所說的「多聞」，是指從古人的嘉言善行、好的制度、方法等等中，擇其善者而從之；「多見」，是指從近處所見的是非、善惡等等中，默默地記在心頭。前者傳述，後者備作參考。既是孔子「知」之所由來，亦以此告勉弟子學問求知入門的方法。

下面所附雖說亦爲孔子的自謙之辭，但主要在說明「知之爲知之，不知爲不知，是爲知也」。意卽：爲人做學問要不虛僞、不矯飾、不做作，抱虛心求實的態度，從正反兩方面向求問者啓發扣問，使其心裏開悟得竅。

附：子曰：「吾有知乎哉？無知也。有鄙夫問於我，空空如也，我叩其兩端而竭焉。」（九・七）

（參閱三・60）

六、從善如流

（34）子曰：「三人行，必有我師焉。擇其善者而從之，其不善者而改之。」（七・二一）

【譯文】

孔子說：「幾個人同在一起走路，其中必定有值得做我老師的人：選擇他們的優點加以學習，發現他們的缺點，則作為借鑒而改正自己。」

【按】對任何人，都可以從正反兩個方面提供自己學習和借鑒的優缺點；任何時候、任何場合遇到的任何事情，都可以作如是觀。

本則是孔子「學無常師」，虛懷若谷的好學遷善精神，是值得人們大大發揚光大和學習的一種精神。所以說「必有我師」，關鍵在於自己有沒有從善如流的態度。這不僅表現在謙虛、誠懇，敢於承認別人都有優點、長處；而且還要有「不恥下問」，放下架子甘當小學生的氣度，和不嫉妒別人優點、長處的胸懷。

這樣，不僅是「三人行，必有我師焉」，即三人遊、三人弈……舉凡有人羣處，都可以從正反兩方面學到有益的東西。問題是自己能否善於發現別人的閃光點和洞察別人的私心眼。

比如乘公共汽車，可以看見有的溫文爾雅，講文明禮貌，並且助人為樂，尊老，敬婦，扶幼；而有的卻出言不遜，滿嘴的污言穢語，粗野、自私，橫行霸坐。又比如，面對歹徒作惡行兇：有的見義勇為，挺身而出，幫助制服罪犯；有的卻見義不為，視而不見，害怕惹身。又比如，面對落水者的求救，有的袖手旁觀，冷若冰霜，有的卻對救人者惡語相向，甚至乘危敲詐……見死不救等等。當然，也有是毅然入水救扶，十分感人的。

這些生活中經常遇到的衆生相：有高尚，有卑下；有勇敢，有懦怯；有善良、富人性，有醜惡、喪失人性，不都是能夠借以爲師，作爲借鑒，進行自我反思嗎！「金無足赤，人無完人」。任何人都應該正視並承認：自己既不可能是一個十全十美的完人，別人亦決不是一個沒有優點可供自己學習的白痴！「嘉言善行，勝過金銀」，「他山之石，可以攻錯」，這正是本則「三人行，必有我師焉」給我們的最好啓示。

（35）子曰：「見賢思齊焉，見不賢而內自省也。」（四・一七）

【譯文】

孔子說：「看見賢德的人，就想向他看齊；看見不賢德的人，就反躬自省有沒有和他一樣的毛病。」

【按】

看見賢德的人，就想向他看齊，希望自己亦有此賢德，這是從善如流；看見不賢德的人，就反躬自省，是否亦有此不賢德，這是疾惡如仇。兩者都是迫切要求上進，渴望改正缺點的好表現。

所說賢與不賢：不僅指時人、現實中的人，亦指書籍中讀到的中外古人；不僅指親見的，亦指聽到的，或傳聞的。這樣，見識多，觸及面廣，啓示深，長進快，得益也更多了。這樣，在人際關係中，無論賢與不肖，都可以從他們的正反兩方面得到教益。可以說，是上則「三人行，必有我師焉」的進一步闡發。

當然，也有那麼一些人，不但見賢不思齊，見不賢而不自內省；相反，還會見賢而生妒心，進行諷刺、挖苦，甚至謾罵、打擊。而對不賢的人，由於臭味相投，有某些共同的認識和嗜欲、癖好，也就把癰疽當寶貝，大加贊賞而模仿、學習。這樣，無異把自己封閉在自我欣賞的牢籠裏，永遠得不到長進，直到以損德害己而告終。

(36) 孔子曰：「『見善如不及，見不善如探湯❶。』吾見其人矣，吾聞其語矣。『隱居以求其志，行義以達其道。』吾聞其語矣，未見其人也。」(十六・一一)

【譯文】

孔子說：「『看見有好的行爲，就像自己來不及那樣，要努力趕上；看見有不好的行爲，就像把手探入滾湯那樣，趕快避開。』我看見這樣的人了，也聽見這樣的話了。『能退而隱居以求保全自己的志向，能進而行義以求實現自己的主張。』我聽見過這樣的話了，但沒有看見過這樣的人。」

【注釋】

❶湯：指沸水。

【按】

人是應該有這麼一點精神和緊迫感的：看到好的、善的，就像自己生怕來不及追上去那樣，迫不及待地要努力學習趕上它；看到不好、不善的，就像把手伸進沸水裏那樣，生怕燙壞了手趕快避開，馬上縮手。

這是一種「從善如流」、努力進取向上的精神，一種「疾惡如仇」，敢於勇士斷臂的精神。有了這麼一點精神，縱然人生坎坷，不盡如意，也決不會頹廢；有了這麼一點緊迫感，事事、時時、處處勉勵自己，鞭策自己，就能永遠發憤前進，自強不息。

「吾見其人矣，吾聞其語矣」，孔子贊賞這種「從善如流，疾惡如仇」，專門學好，絕不學壞的爲人態度；而對「隱居以求其志，行義以達其道」的人，卻總感到只見其隱，而從未見其出仕作濟世之用，表示的不勝遺憾之意——當然，其根源在於當時昏君統治所造成的天下無道局面導致賢者的隱居。因此，這也正是孔子對當時天下無道所表示的深切憂慮和憤懣不平。

(37)曾子曰：「吾日三省吾身。為人謀而不忠乎？與朋友交而不信

乎？傳❶，不習乎？」（一・四）

【譯文】

曾子說：「我每天常常再三反省自己：替人辦事有不竭盡心力的嗎？與朋友相交，有不講信用的嗎？我所傳授於人的，有不是我日常講習的嗎？」

【注釋】

❶傳：二解：一、師傳之於己。二、己傳之於人。按上文「為人謀」，「與朋友交」推論，該是指己之傳人。

【按】

雖說所反省的三件事，都可以從客觀反映中省察而知，但是否做到竭盡心力？做到信實可靠？做到是經常講習過的傳授？也確實不是他人所能知道，更不是別人強使之就能這樣做的。這只有、也只能通過自己的反省和審察才能大徹大悟，才能提高到自覺的程度。

這也是從善如流所要達到的思想境界，值得人們作為自勉的。

（38）子曰：「德之不修，學之不講，聞義不能徙，不善不能改，是

吾憂也。」（七・三）

【譯文】

孔子說：「品德不注意修養，學問不精勤講習，聽到合乎義理的事，不能遷而從之去做，知道有了不善的，也不勇於改正。這些都是我感到憂慮的。」

【按】

所舉「德修、學講、義徙、不善改」四者，都是人人能自勉，亦應該很好自勉去努力做的。做的關鍵在學。不學，或者學而不精、不深、不透，則難於融會貫通，得益不多，長進不大；如此，「聞義」也不能遷善，「見義」也不能勇為；即使知道自己有不善，也不能勇於改過；這樣，自然談不上個人的道德修養，也成不了一個有德養的人。而如果人人都「德之不修，學之不講，聞義不能徙，不善不能改」，而且成為全國的風尙，那可怎麼得了！

這正是孔子所擔憂的：憂民、憂國、憂天下、憂民族文化的瀕臨衰敗、頹廢，無可救藥！

七、疾惡如仇

（39）原壤❶夷俟❷。子曰：「幼而不孫弟❸，長而無述❹焉，老而不死，是為賊❺。」以杖叩其脛❻。（十四・四六）

【譯文】

原壤前伸兩腿，箕踞著等待孔子。孔子說：「你年幼時不孝不悌；長大了又一無成就，爲後輩所稱述；老了還偷生著不死，你這眞是一個無益於世的害人蟲！」孔子用手杖敲了幾下他的小腿。

【注釋】

❶原壤：魯國人，孔子的故人。據說他母親死後，孔子幫他治喪，他卻站在棺材上唱起歌來了。

❷夷俟：箕踞著等待，不出迎、亦不正坐。夷：臀坐地，前伸兩腳，形如箕，稱箕踞。故人認爲這樣坐是傲慢無禮的表現。俟：等待。❸孫弟：同「遜悌」，指孝悌。❹無述：無所稱述，指無成就爲後輩所稱述。❺賊：偷生的意思，指無益於世的害人蟲。❻脛：膝上叫股，膝下叫脛，即小腿。

【按】

原壤是孔子的故人，可能是一位放蕩不羈、玩世不恭的狂士。對這樣一位「小時既不守孝悌之禮，長大了又放肆、傲慢，無所建樹，不爲後輩稱述」的老朋友，孔子嚴厲斥之爲苟且偷生，活著是虛度年華，無益於世的害人蟲，當也不爲過。

其實呢，這樣放蕩不羈、玩世不恭、傲慢無禮的人，不管處在哪一個時代和社會，應該說：都是不會受到人們歡迎的。

(40) 宰予❶晝寢。子曰：「朽木不可雕也，糞土❷之牆不可杇❸也。於予與何誅❹！」子曰：「始吾於人也，聽其言而信其行。今吾於人也，聽其言而觀其行。於予與改是。」（五·一〇）

【譯文】

宰予有一天白晝睡覺。孔子說：「腐朽的木頭不能雕刻，污穢的牆壁不能粉飾，對宰予這樣的人，還有什麼可以責備的呢？」接著孔子又說：「從前我對於人呀，聽了他的話，就相信他的行事；而現在，聽了他的話，還得看看他的行事是否對了。我對於宰予呀，不得不改變我的態度。」

【注釋】

❶宰予：字子我，亦稱宰我。孔子學生。參閱後附「孔子弟子簡介」。❷糞土：穢土。❸杇：泥刀。❹誅：指責備。

【按】

宰予與子貢同列「言語」科的優秀生，是孔子的高弟子，能言善辯，遇事有自己的主見，並具獨創精神。但對他的晝寢，孔子卻提到「朽木不可雕也，糞土之牆不可杇也」的原則加以指斥，認爲這是宰予意志消沉、懶散，不可教誨的表現。

《論語》中，像如此嚴厲的批評，實在是少見的。這是否因爲宰予平時有自由散漫、不拘小節、好高騖遠等的不良習氣，或者其他什麼原因才引起孔子的如此「苛責」，因無史實可供稽考，也只能存疑了！

不過，孔子爲人疾惡如仇，縱然是如此嚴厲的批評，也絲毫沒有影響對宰予的評價。孔子贊賞、器重並充分肯定其才華，把他列爲「言語」科的優秀生，並且位在子貢之上，就是一個最好的說明。

而宰予，同樣如此：既沒有因苛責而表現出洩氣、怨氣的情緒，也沒有由此而萌發對老師的不滿，或者失去敬愛的感情。如一次宰予和子貢議論老師時，就曾說：「以予觀於夫子，賢於堯舜遠矣。」（《孟子・公孫丑上》）這說明宰予知老師之深，亦崇敬、愛戴老師之情摯了。

至於「聽其言」後，是應該信其言，還是觀其行的問題，無論就古今而言，都應該是「聽其言而觀其行」，決不是「聽其言而信其言」。因爲這涉及是否言行一致的問題：它不是小事，或者無足輕重的一般性問題，而是大事，關係如何爲人的一個帶根本性的原則問題。只是由於孔子自己極重言行一致，因而也深信別人也必定言行一致，所以失之天眞，信人太過了！

（41）季氏❶富於周公❷，而求也為之聚斂❸而附益❹之。子曰：「非吾徒也，小子❺鳴鼓而攻之可也！」（十一・一六）

【譯文】

季氏比周天子王朝的周公還富有，而冉求呀！還幫助他搜刮去增加財富。孔子說：「冉求不是我的學生了！弟子們，你們可以大張旗鼓地去聲討他好了！」

【注釋】

❶季氏：季孫氏，魯國大夫。當時的實際掌權者。❷周公：一說指周公旦；一說指周王朝的公卿。❸聚斂：積聚和收集財富，指搜刮。❹附益：增加。❺小子：指弟子。

【按】

孔子反對厚斂，反對苛政；而季氏以諸侯國卿大夫地位專權，竟至富於周公。這說明搜刮民脂民膏之多。

冉求當時任季氏大夫家總管，善理財，猶「爲之聚斂而附益之」。這無異是爲虎作倀，「助紂爲虐」！就不能不引起孔子的怒火中燒：「非吾徒也，小子鳴鼓而攻之可也！」等於是在動員弟子羣起而攻，向冉求開火——當然，矛頭所在，應該是針對當權的季孫大夫的：批評冉求越厲，攻擊季氏也就越深，而同情平民百姓的苦難也更切！這既體現了孔子「輕徭、薄賦」的仁政德治思想，也展現了孔子剛正不阿、疾惡如仇的浩然正氣。

而對冉求的批評儘管如此嚴厲，但對他的評價卻絲毫不受影響：孔子屢屢贊賞、器重，並充分肯定他的政治才能，列爲「政治」科的優秀生，位在子路之上。至於冉求，則始終崇敬、愛戴老師，而且，據《左傳》記載：孔子遊說列國，形同流浪十四年後，還是由於冉求的說服季氏，才迎回魯國安度晚年的。

(42) 孔子曰：「求！君子疾夫，舍曰欲之，而必為之辭。」（節錄十六・一）

【譯文】

孔子說：「求呀！君子正是討厭那些不說自己貪欲，而偏要尋找借口來掩飾的人。」

【按】

現實中，總有那麼一些人：明明心裏很想要這個東西，卻又裝模作樣地故意說，這東西如何如何不好，派不了用場等等，因而不要。可是，一待人家都不要，或者不注意時，他卻千方百計尋找一個借口，編了一套十分動聽的理由，說這東西怎麼怎麼，讓人們相信，只有他才最適合使用這東西等等。

這是一種僞善！

用在政治上，他是欲取故捨：權術！用在人際關係上，則是先毀後取：手段！都是極不道德的。

孔子說君子就是厭惡這種態度，其實，人人都應該厭惡這種態度！

（43）子路使子羔❶為費❷宰。子曰：「賊夫人之子！」子路曰：「有民人焉，有社稷❸焉，何必讀書，然後為學？」子曰：「是故惡夫佞❹者。」（十一·二四）

【譯文】子路荐子羔去當費縣縣長。孔子說：「這是害了那個青年人了。」子路說：「那裏有老百姓可治理，有社稷鬼神可奉祀，都可以學，何必一定要讀書才算是學習呢？」孔子：「所以我厭惡那些利舌善辯的人。」

【注釋】

❶子羔：姓高名柴，字子羔。孔子學生。參閱後附「孔子弟子簡介」。❷費：今山東省費縣西北。❸社稷：社，土神。稷，穀神。二者共祀於一壇。❹佞：指利舌善辯。

【按】

當時子羔尚年輕，無論學業、人生閱歷或思想認識等，都沒有成熟，如過早地就讓他輟學從政，在孔子看來，實在是害了他。這猶如今天，一些做父母的，爲了貪圖眼前一點小利，或者迫於生計和某種不可告人的原因，就讓子女棄學從商、從工、從農，甚至去做童工等。這不僅害了子女，也摧殘了他們的身心，對社會也是不利的。如果說還要振振有詞地說什麼「工作，走上社會，就都是學習」，那麼，這種「不讀書有理」的謬論，同樣也會被孔子嚴厲地批評爲「利舌巧辯」的佞者的！

同樣，以此類推：比如，當老師的，不盡師道，誤人子弟；做醫生的，不重醫德，玩忽人命；搞人事、組織，或政審工作的，不負責任，視人的政治生命爲兒戲；負責政法工作的，唯集團和上級命令是從，弄權枉法，草菅人命；還有，如當營業員的，服務態度惡劣，或者「走後門」、「賣大戶」等等，明知不對，如果仍然硬要找出歪理來遮羞，欲蓋彌彰，那麼，不被人們厭惡、唾棄，嚴厲批評爲強嘴頂辯、利舌巧飾的佞者，那才怪呢！

（44）子貢曰：「君子亦有惡乎？」子曰：「有惡。惡稱人之惡者，惡居下流而訕❶上者，惡勇而無禮者，惡果敢而窒❷者。」曰：「賜也，亦有惡乎？」「惡徼❸以為知者，惡不孫以為勇者，惡訐❹以為直者。」（十七・二四）

【譯文】

子貢說：「君子對人也有厭惡的事嗎？」孔子說：「有厭惡的。厭惡愛好宣揚別人壞話的人；厭惡處在下位而誹謗上位的人；厭惡勇敢而無禮的人；厭惡剛愎自用而不通事理的人。」孔子又說：「賜呀！你亦有厭惡的事嗎？」子貢說：「我厭惡抄襲別人的東西，自以爲聰明的人；厭惡不懂謙遜，自以爲勇敢的人；厭惡攻發別人的陰私，自以爲正直的人。」

【注釋】

❶訕：誹謗。舊本無「流」字。❷窒：阻塞不通。❸徼：抄襲。❹訐：攻擊揭發別人的陰私。

【按】

所厭惡的各色各樣的人，其實都是現實生活中經常可以見到、聽到，爲人們所鄙夷、不屑的人。對這類人，就要如同對待仇敵一樣厭惡它，口誅之，筆伐之，使其銷聲匿跡。因爲這類人，能量大、影響廣，絕不能等閒視之。比如：

第一種，「稱人之惡者」：東串門，西走戶，專愛道人之短，有的借以貶低別人，抬高自己；有的故爲喧染，幸災樂禍，唯恐別人不倒楣；有的繪聲繪色，添鹽加醋，總是提供笑料挖苦人等等，可以說：嘴尖、皮厚、刻薄，是一些毫無仁厚之心的人。

第二種，「居下流而訕上者」，這樣的人：或者道聽塗說，牽強附會，以是爲非；或者鑽制度、手續上的空子，橫生事端，大做文章等等。可以說：無空不鑽，有縫便插，專抓上位者一點芝蔴就擴大而爲西瓜，唯恐上位者不垮臺、不威信掃地，是一些心懷叵測的人。

第三種，「勇而無禮者」，恃勇而無理、無禮，小則欺凌闖禍，大則稱孤道寡；有的橫行霸道，有的爲盜作惡，是一些不知天高地厚的魯夫莽漢。

第四種，「果敢而窒者」，則是剛愎自用，任性固執；如：有的桀驁不馴，難以理喻；有的一意孤行，無法情曉，如此而行，不以爲武斷，反認爲是有魄力，究竟「魄力」之意何如，狂妄者又不知所云。

第五種，「徼以爲知者」，如：有的「文抄公」，有的鸚鵡學舌，有的拾人牙慧，不以爲愚，反以爲知。可笑、可憐，又復可憎。

第六種，「不孫以爲勇者」，如：眼睛長在額角上，明知自己腹中空空，斗大字不識一個，情理不通半點，卻偏要傲慢，強勝人；也明知別人比自己能幹、高尚，可就是不服人。這種不以「不遜」爲粗野，反以之爲勇，認爲自己狠，有種氣的人，又豈只無知可憐而已，說不定還要栽筋斗，付出慘重的代價。

第七種，「訐以爲直者」：揭人陰私，道人之短，攻人生理缺陷等等，不以此爲不道德、爲卑鄙，卻反以此爲正直、光彩，發揚正氣，這就眞不知人間公道、公德爲何事的糊塗蛋了。

任何一個疾惡如仇的人，都會對這類各色各樣的人，表示極大厭惡。這應該是理所當然的。

八、言行一致

(45) 子曰：「二三子❶以我為隱乎？吾無隱乎爾！吾無行而不與二

三子者，是丘也。」（七・二三）

【譯文】

孔子說：「你們以爲我對你們有所隱匿不教的嗎？我沒有什麼隱藏的呀！我平常的行爲沒有什麼不向你們公開的。這就是我孔丘的爲人。」

【注釋】

❶二三子：諸位，幾個人。此指學生們。

【按】

「知無不可與人言，行無不可與共見」。孔子不僅盡自己所知以教弟子，所謂「知無不言，言無不盡」；而且躬身力行，平時爲人處世的一言一語，一舉一動，都是表裏如一，毫無保留，也是弟子們所共見的。

「吾無行而不與二三子者，是丘也」，言切，意深，情摯：既是孔子坦誠無隱地對待弟子的態度，也是孔子爲人光明磊落、坦蕩無私胸懷的表現。它與「十室之邑，必有忠信如丘者焉，不如丘之好學也。」（五・二八）同爲孔子最自負、自慰，也最感自豪的。

當然，本則之所以著重提出「行」字：一方面是針對弟子懷疑自己，可能還有保留、隱匿著沒有全部教誨的想法；一方面亦用以啓示弟子不要盡在「言」上求高遠，而應在「行」上求篤實，見功底。因爲只有行篤實，言才可信，無行自亦無言。因此，求言必先重行，如果學而求「好高騖遠」，則「行」必眼高手低，流於浮淺、不扎實。

孔子做開心扉，坦誠告弟子以「吾無隱乎爾！」可謂「以其昭昭，使人昭昭」，弟子能不感奮？能不更加鞭策進德日上！

(46) 子曰：「古者言之不出，恥躬❶之不逮❷也。」(四・二二)

【譯文】

孔子說：「古人不肯輕易把話說出口，因爲怕自己行爲趕不上，那是可恥的。」

【注釋】

❶躬：自身。❷不逮：趕不上。

【按】

如果能夠擔心自己的行爲追不上說出的話，而感到可恥，那麼，他一定會「訥於言而敏於行」(四・二四)，也一定不會說空話，不會輕率表態，不會隨便承諾——縱然表態，或者承諾了，也一定會一旦許下諾言，縱然一死，也要把它辦到，絕不食言。

（47）子貢問君子。子曰：「先行其言而後從之。」（二・一三）

【譯文】

子貢問怎樣才是一個君子。孔子說：「先實現心中想說的話，然後才把話說出來。」

【按】

對言和行，從來就有各種不同的表現形態：

一、先行後言，就是行在言先，言隨行後，即做了才說。這是言行關係中最好的態度，值得大大提倡的態度。

二、先言後行，就是言在行先，行隨言後，即說了就做——當然，這「行」，絕不是言過其行的「行」，而是不打折扣、一老一實、按說的去做，絕不走樣。這是言行關係中，也不失爲是次一等的態度。

三、行而不言，就是做了嘉行善事也不留名，不張揚出去。這當然是再好不過，稱得上崇高的精神境界，萬中難挑一了！不過做了好事留了名，讓對方表示感激和繫念之情，亦屬人情之常；特別是做了關係別人命運的大好事，如果不留名，反使受益者遍尋無著而日夜思念，實在於心難安，亦所不忍。因此，留名並非釣譽，應該同樣視為是難能可貴的。

四、言而不行，或者言而過其行，言與行掛不上號等等，這是言行關係中列為末等，表現最差的態度了。如：有的說過算過，言而不行；有的乾脆哄哄人，根本不想做；也有是言而過其行，言語的巨人，行動的矮子，或言十而行一，常常是吹牛、說大話，說的是天花亂墜，行的卻風馬牛，毫不相關等等，實在等而下之，應該感到羞恥的。

孔子嚴於律己，自己正是一個言行一致，表裏如一，一絲不苟的「先行其言而後從之」的實踐家。

附：子曰：「君子恥其言而過其行。」（十四·二九）（參閱八·5）

九、過則勿憚改

(48) 子曰：「……過則勿憚改。」（節錄一·八）

【譯文】

孔子說：「……有了過錯，就不要害怕改正。」

【按】

除了在娘肚子裏的胎兒和停止心臟跳動的死人，人總歸難免要犯錯誤的。既然難免，就「過而勿憚改」，勇敢地承認它、改正它，並且吸取教訓，所謂「過而能改，改了也就好了」。

問題是能否如此爽朗、坦率，和勇敢地去承認錯誤，並改正錯誤呢？看看生活中的現實，並不是都能這樣的。比如：有的強調客觀，大錯化小，小錯化了，自欺欺人；有的文過飾非，或者乾脆「背起牛頭不認贓」；也有是迫不得已承認了錯誤，可就是藉口這、藉口那而不改；或者躲躲閃閃，拐彎抹角，「千呼萬喚始出來，猶抱琵琶半遮面」，就是怕痛怕改；當然，偶或也有個別「老油條式」的檢討販子：當面痛哭流涕，背後卻嘻嘻哈哈者有之，言不由衷，東扯葫蘆西扯瓢，抱無所謂態度者有之，或者大錯不犯，小錯不斷，今天檢討，明日照舊等等。這才是下則所說的「過而不改，是謂過矣」。如此一而再，再而三的犯過錯，往往會從偶而犯錯到屢屢犯錯，從無意犯錯到明知故犯，越犯越大，越大就越橫下一條心，因而越陷越深，終致難以自拔，斷送一生前程！

因此，認眞、嚴肅地對待自己的過錯，擺正這方面的態度，堅決做到「過則勿憚改」，這對自己道德素質的提高，高尚品德的培養，是至關重要的一環。

(49) 子曰：「過而不改，是謂過矣。」（十五・二九）

【譯文】

孔子說：「有了過錯而不改，這才真說得上是過錯了。」

（50）子貢曰：「君子之過也，如日月之食焉。過也，人皆見之。更也，人皆仰之。」（十九·二一）

【譯文】

子貢說：「君子的過錯，好比日蝕、月蝕一樣：他犯錯，人人都看得見；他改正了，人人都仰望著他。」

【按】

縱使一個有高尚品德的人，也不免會有犯過錯的時候。不過，由於他本來就不是出於有意，而且心地光明磊落，道德修養高，因此，他不怕有過錯，也不會加以掩蓋，文過飾非，不但能夠毫不含糊地、坦率地公開承認自己的過錯，而且更能夠勇敢地，公開改正自己的過錯。這樣做，豈只不會降低威信，相反，只會更加提高威信；豈只不會被人卑視，相反，只會更加受人尊敬。猶如日蝕月蝕時，人們都看得見，也都仰望著它恢復光明：正是因爲人們相信「日月之食焉」，那只是暫時的，而日月的光輝卻是永恆的；暫時的「食焉」，絲毫無損於它永恆的光輝。人們的期望是這樣，君子人的風度也正是這樣。

而一個道德修養比較差的人，就不是這樣了：他顧慮這、顧慮那，既擔心丟失面子，又怕失去威信，因而對自己的錯誤，躲躲閃閃，文過飾非，總是不肯勇敢地面對現實承認錯誤，更不願坦誠地正視現實改正錯誤。這樣，人們對他，也就不是仰望的態度，而是鄙夷的神色了！

(51)陳❶司敗❷問：「昭公❸知禮乎？」孔子曰：「知禮。」孔子退，揖巫馬期❹而進之，曰：「吾聞君子不黨❺，君子亦黨乎？君取❻於吳為同姓❼，謂之吳孟子❽。君而知禮，孰不知禮？」巫馬期以告。子曰：「丘也幸，苟有過，人必知之。」(七・三〇)

【譯文】

陳司敗問：「昭公知禮嗎？」孔子說：「知禮。」等到孔子出去，陳司敗向巫馬期作揖，請他走近自己，說：「我聽說君子不偏私，君子也會偏私嗎？魯君從吳國娶了一位夫人，是同姓之女，稱她爲吳孟子。如果魯君算知禮，還有誰不知禮呢？」巫馬期把這些話告訴孔子。孔子說：「我丘呀，也很幸運。只要有了過錯，人家一定會知道。」

【注釋】

❶陳：陳國。❷司敗：官名，卽司寇，主管司法的官。❸昭公：魯國的國君。❹巫馬期：姓巫馬，名施，號子期，孔子學生。參閱後附「孔子弟子簡介」。❺黨：此指偏私。❻取：同「娶」。❼同姓：魯國君是周公的後代，姓姬。吳國君也姓姬，爲同姓。按當時禮法，同姓不能結婚。❽吳孟子：昭公夫人，姓姬，本應稱吳姬。因禮法，同姓不婚，昭公諱之，便稱吳孟子。

【按】

「丘也幸，苟有過，人必知之」，這表現了：

一、對待批評的態度，孔子是「聞過則喜」，責己嚴，一切求諸己；

二、對批評的內容，雖然孔子有自己的看法，但沒有正面提出，只說有人說他偏私，這是他的幸運：旣不爲自己辯解，也不替昭公掩飾；而且，孔子回答「知禮」，是就昭公的整個爲人而言，並不知道陳司敗所問是「君娶於吳爲同姓，謂之吳孟子」這具體事件。

因此，應該說：並不存在偏私問題。再，就當時的禮俗說，陳司敗是心懷叵測，故問，實屬唐突失禮。而孔子對此，旣不正言指出，亦不自白爲魯君諱，只是說：自己很幸運，只要有一點過錯，別人就會指出來。

這種坦然反求諸己的態度，既委婉又嚴正，充分展現了孔子心地的光明和氣度的寬容；而對陳司敗來說，縱然傲慢無禮，但聽到孔子的話後，恐怕亦會為自己故問的唐突、魯莽，而感到自愧的吧！

(52) 子曰：「加我數年，五十以學《易》❶，可以無大過矣。」

（七・一六）

【譯文】

孔子說：「再增加我幾年，讓我五十歲去學《易經》，就可以沒有大的過錯了。」

【注釋】

❶易：又稱《易經》，古代占卜用的一部書。

【按】

《易》是窮理盡性，講求事物變化的一部古代占卜用的書。《史記・孔子世家》中說的：「孔子晚而喜《易》，序〈象〉、〈系〉、〈象〉、〈說卦〉、〈文言〉。讀《易》，韋編三絕。曰：『假我數年，若是，我於《易》則彬彬矣。』」這說明孔子對《易》是下過一番苦功，深入進行鑽研過的。但，本則中幾個有關問題，如爲什麼必須到五十歲才學《易》？爲什麼學《易》可以無大過？孔子常以《詩》、《書》、《禮》、《樂》等教弟子，爲何獨沒有教《易》？因無資料可供參考，都很難得到解釋，只能存疑。

不過，從「可以無大過矣」語，仍然能想見孔子「躬自厚」，嚴於律己的態度，已是習以爲常，很自然的事了。

(53) 子曰：「已矣乎！吾未見能見其過而內自訟❶者也。」（五·二七）

【譯文】

孔子說：「算了吧！我沒有看見過一個能看到自己的過錯而又能在內心責備自己的人！」

【注釋】

❶自訟：自責。

【按】

在道德修養方面，孔子特別重視內自省、內自訟等。內自省是指事後，或者定時、定期的自我省察，省察這一天，或這一階段的思想、言行、處事等有否錯誤，以期達到有則改之，無則加勉的目的，也卽所謂防患於未然，猶如今天說的：先打個預防針。這方面，如曾子所說「吾日三省吾身」（一・四），孔子所說「見不賢而內自省也」（四・一七），「內省不疚，夫何憂何懼」（十二・四）等。

內自訟則是指在「見其過」的情形下，通過自我省察、檢討後，還要求在內心進行痛切的自責，能夠引以爲恥。這樣，知恥近於勇，也就會勇於面對現實，正視錯誤，改正錯誤。

可是，一般的人並不是這樣的態度：明明錯誤擺在那裏，他就是裝作看不見，或者繞開不想看見——縱然不得已承認看見了，也總是把錯誤推諉給客觀，或者進行自我辯解，如前則提到的各種不同的借口和理由。這就不能不引起孔子「已矣乎」的感慨了！

特別是，顏淵不幸夭折後，能像他那樣「不遷怒，不貳過」的人，實在難有再見，因而發出「吾未見能見其過而內自訟者也」之嘆。

十、日常生活

下面是滙記孔子的爲人，主要是上自行君臣之禮，下至終老闕里，居住鄉里時的起居、飲食、衣著、齋祭、饋送等日常生活的情況。雖說瑣屑、謹嚴，但也可以從中窺見孔子一切依禮而行的平實態度，以及學問、修養、容色、辭氣、情性、意態等的風貌。

下面均爲〈鄉黨篇〉所滙記，間亦有〈述而篇〉四章。〈鄉黨篇〉舊不分章，分十七節，最後別加〈山梁雌雉〉一章。

(一) 行君臣上下之禮

(54) 孔子於鄉黨❶，恂恂❷如也，似不能言者。其在宗廟朝廷，便便❸言，唯謹爾。(十・一)

【譯文】

孔子在家鄉，容貌溫和、謙順，好像不大會說話似的。但在宗廟或朝廷時，就要詳問、明辯，顯得很健談，只是很謹慎罷了。

【注釋】

❶鄉黨：古代一萬二千五百家爲鄉，五百家爲黨。此指家鄉，兼指孔子生地陬邑和後遷曲阜之闕里而言。❷恂恂：溫和、恭順。❸便便：同「辯辯」，此指明辯、健談。

【按】

本則記孔子居家鄉時，對鄉親、同宗、同族人所表現的謙恭、隨和態度：既沒有「智者、賢者」自居的架子，也沒有什麼忘乎所以，鄙夷鄉親的「忘本」情態。這同那些所謂「衣錦還鄉」者所表現的傲慢、妄自尊大等，那眞有如天壤之別了。

而在宗廟、朝廷等大典、大禮、大政之所在就不是這態度，而是說話明白、不含糊，又健談、明辯是非，只是很謹愼罷了！

(55) 朝，與下大夫❶言，侃侃❷如也。與上大夫言，誾誾❸如也。君在，踧踖❹如也，與與❺如也。(十・二)

【譯文】

孔子在朝廷，當與下大夫交談時，顯得溫和而又歡樂；當與上大夫交談時，顯得正直而尊敬；國君臨朝時，顯得恭恭敬敬，像有點拘束不安的樣子，走起路來徐徐而行，既不緊張，也不鬆弛，顯得很安詳。

【注釋】

❶大夫：諸侯下面的一個等級，分上大夫（卿）和下大夫。❷侃侃：溫和而歡樂的樣子。❸誾誾：正直而尊敬的樣子。❹踧踖：恭敬而不安的樣子。❺與與：徐徐，指行步安詳。

【按】

本則記孔子在朝廷中的不同態度：對國君恭敬，但心中有點不安；對上大夫尊敬，但很正直，不競不絿，不失之卑；對下大夫則隨和，無話不談，顯得熱情、歡樂，不狎不傲，不失之亢。表現出來的君臣、上下之禮極有分寸：既合乎禮，又不卑不亢，恰如其分。

(56)君召使擯❶，色勃如❷也，足躩❸如也。揖所與立，左右手，衣前後，襜❹如也。趨進，翼如也。賓退，必復命，曰：「賓不顧❺矣。」(十·三)

【譯文】

國君召孔子作擯相迎接賓客，孔子的容色就變得莊重起來，腳步也加快。他對同立的其他擯相作揖，向左或向右拱手，衣服前後擺動，整齊不亂。由中庭快步前走時，就像鳥兒展翅一樣。賓客走了後，他必定向國君回報說：「賓客已走遠了，不再回頭了。」

【注釋】

❶擯：同「儐」。負責接待賓客的官員。❷色勃如：容色變得莊重起來。❸躩：二說：一、舉足戒懼，的，猶言如臨深淵。二、快走，指不暇閑步。二說都表示竦然敬意。❹襜：整齊。❺

顧：回頭。

(57)入公門，鞠躬❶如也，如不容。立不中門，行不履閾❷。過位❸，色勃如也，足躩如也，其言似不足者。攝齊❹升堂，鞠躬如也，屏氣❺似不息者。出降一等，逞❻顏色，怡怡❼如也。沒階，趨，翼如也。復其位，踧踖如也。(十．四)

【譯文】

孔子走進朝廷大門，必定小心謹愼，好像那大門容不得自身一樣。他不站在門中間，亦不把腳踩在門限上。經過國君坐位時，容色一定變得莊重起來，腳步也加快。說話像氣不夠的樣子。提起衣服的下襬升堂時，必定小心謹愼，憋住氣像不呼吸一樣。待退下堂出來，下了一級臺階，臉色便舒展起來，呈現出和悅的樣子。下完臺階到平地，便快步向前，像鳥展翅一樣。再經過君位時，又顯得恭敬不安的容色了。

【注釋】

❶鞠躬：指小心謹愼。❷閾：門限。❸位：指國君的坐位。❹攝齊：提起衣裳的下襬。❺屏氣：指憋住氣。❻逞：舒展。❼怡怡：和悅。

(58)執圭❶，鞠躬如也，如不勝。上如揖，下如授❷，勃如戰色❸，足蹜蹜❹如有循❺。享禮❻，有容色。私覿❼，愉愉❽如也。(十．五)

【譯文】

孔子出使鄰國行聘問禮時，拿著圭顯得很恭敬謹愼的樣子，好像力量不夠似的。所執的圭與心齊，上不過揖，下不過授，戰戰兢兢，兩足邁不開的樣子，好像沿著一定的道路上走似的。獻禮物時，才現出和暢的容貌。以私人身分和外國君臣會面，才恢復平常和悅的顏色。

【注釋】

❶圭：玉器：此指出使鄰國時，大夫所執的代表國君的圭。❷上如揖，下如授：指所執的圭與心齊，上不過揖，下不過授。❸戰色：戰戰兢兢的容色。❹蹜蹜：兩足邁不開的樣子。❺循：沿。❻享禮：指使者獻禮物的儀式。❼覿：相見。❽愉愉：和顏滿容。

【按】

這三則都是記孔子在「入朝」時，或者「君召擯相」、「執圭」出使鄰國時，在不同的場合表現的不同容色，諸如舉止、心態、情緒、氣貌等等，可說是一舉手，一投足，都從容中道，嚴格按照禮儀行事。稍一「過之」，或「不及」，也會影響亢卑不當而貽笑大方。如此繁瑣的禮節，雖說爲弟子所記，但究竟是實有其事，還是孔子所設想以教弟子的概要？就有待作進一步的考證了。

(59) 君賜食，必正席先嘗之。君賜腥❶，必熟而薦❷之。君賜生，必畜之。侍食於君，君祭先飯。疾，君視之，東首，加朝服拖紳❸。君命召，不俟駕行矣。(十·一三)

【譯文】

國君賜給熟食，一定擺正席位先嘗它。國君賜給生肉，一定要煮熟了先供奉祖先。國君賜給活的，一定飼養起來。侍奉國君吃飯，在國君舉行飯前祭禮時，就先嘗一嘗表示敬意。遇疾病，國君來看望時，孔子就把頭朝向東邊表示迎接，身上加披朝服，還拖上一條大帶。國君有命召他時，不等侍僕駕車，就徒步先行了。

【注釋】

❶腥：指生肉。❷薦：供奉。❸加朝服拖紳：指臥病不能穿朝服束帶，故加朝服於身，又引大帶於上。紳：束在腰間的大帶。

【按】

無論君賜食物，賜生肉，賜活牲，或者侍食，君視疾，君命召等等，孔子都是恭恭敬敬，忠心耿耿的。特別是遵循君臣之禮所表現出的忠君尊王思想，尤其顯著、突出，幾乎到了無可逾越，難以改變的地步！歷代封建帝王正是借助於這一點，並利用人們無限崇敬孔子的深厚感情，有意識地極力拔高，更有意識地宣揚他的忠君尊王思想，用來鞏固封建王朝的統治。這方面，是孔子始料所不能及的。

(二) 飲食、衣著

(60) 食不厭❶精，膾不厭細。食饐而餲❷，魚餒而肉敗❸，不食。色惡❹，不食。臭惡❺，不食。失飪❻，不食。不時❼，不食。割不正，不食。不得其醬，不食。肉雖多，不使勝食氣❽。唯酒無量，不及亂。沽酒市脯❾，不食。不撤薑食，不多食。祭於公，不宿肉❿。祭肉不出三日，出三日，不食之矣。食不語，寢不言。雖疏食⓫、菜羹⓬、瓜⓭，祭，必齊⓮如也。(十·八)

【譯文】

吃飯不因米精就多吃，吃肉不因肉切得細就多食。食物經久變味餿臭了，魚肉腐爛了，不吃。食物變色了，不吃。變味了，不吃。烹調生熟失度，不吃。不到該吃時，不吃。不按一定方法宰割的肉，不吃。調味的醬醋不合適的，不吃。席上的肉雖多，但吃的份量不超過飯食。只有酒不加限量，但不及醉而止。只做得一夜的酒，市上買來的乾肉，都不吃。吃完了，薑不撤除，但不多吃。參加公家的祭祀，領得的祭肉不留過夜，就分給人了。自己家裏的祭肉，保存不超過三天，過了三天，就不吃。吃飯和就寢時，都不說話。即使是粗飯、蔬菜湯、瓜類，臨食前也一定要先祭祀，態度嚴肅恭敬。

【注釋】

❶不厭：二說：一、不嫌。二、厭，饜足。不厭，指不飽食。從後。❷饐、餲：都是指食物經久而餿臭。❸餒、敗：魚之爛自內出叫餒，肉之腐自外入叫敗。❹色惡：食物變色。❺臭惡：食物變味。❻失飪：烹調生熟失度。❼不時：不到該飲食的時候。❽食氣：飯料。❾脯：乾肉。❿不宿肉：不把肉留過夜。⓫蔬食：粗食。⓬菜羹：用菜和米屑做的羹。⓭瓜：一說作「必」字。⓮齊：指嚴肅、恭敬。

【按】

孔子享年七十三歲，比當代同齡人的平均壽命高二十餘歲。應該說，是很長壽的了。雖說這有衆多因素：如胸襟豁達，心情開朗，樂觀，所謂「樂以忘憂，不知老之將至」；又如孔子喜好活動，且能熟練掌握射、御等技藝，所謂「生命之樹常青，重在活動」等。但，孔子良好的飲食、衞生習慣，無疑也是長壽的一個重要因素。

從本則所記許多「不食」的習慣中，有些是一般人所能做到的，如食物因變色、變味、餿臭、腐爛而不食；但，對「不時，不食」，「肉雖多，不使勝食氣」，「市脯，不食」等，就不是容易做到了。這也就是說，在飲食方面要做到定時、定量，不暴食、不偏食，不使副食如肉等超過主食等，沒有堅強的意志和毅力，沒有持之以恆的決心，是根本不可能做到習以爲常的。這些良好的飲食衞生習慣，即在今天，也仍然值得很好的提倡。

(61) 君子❶不以紺緅❷飾，紅紫不以為褻服❸。當暑，袗❹絺❺綌❻，必表❼而出之。緇衣❽羔裘，素衣麑❾裘，黃衣狐裘。褻裘長，短右袂❿。必有寢衣⓫，長一身有半。狐裘之厚⓬以居⓭。去喪無所不佩。非帷裳，必殺之。羔裘玄冠⓮不以弔。吉月⓯，必朝服而朝。(十．六)

【譯文】

孔子平時不用紅青色和玄色的布來做衣領和袖之邊，不用紅和紫色的布做便服。在夏天時，穿麻布單衣，但出外必加上衣。黑色上衣，內配黑色的羔羊皮袍；白色上衣，內配白色的麑皮袍；黃色上衣，內配黃色的狐皮袍。平日在家穿的皮袍稍長，右邊的袖子短一點。睡覺一定要有寢衣，長一身又半。冬天常用貉的厚毛皮做坐墊。喪事過後，大帶上沒有一天不佩玉器的。除非朝祭用正幅帷裳，其餘所穿衣裳，一定要裁邊。弔喪不穿黑色羔羊皮袍，不戴黑色帽子。每年正月歲首，一定穿著朝服上朝去。

【注釋】

❶君子：此指孔子。❷紺：深青透紅，是禮服的顏色。緅：玄色透紅。這類顏色，均為祭服用。❸褻服：平時在家穿的便服。❹袗：單衣。此用作動詞，指穿單衣。❺絺：細麻布。❻綌：粗麻布。❼表：指上衣。❽緇衣：緇，黑色。衣，上衣。古人服裝，毛向外，外加上衣。上衣的顏色與皮袍的毛色相稱。緇衣是朝服，素衣是凶服，黃衣是臘祭之服。❾麑：小鹿，毛白色。❿袂：袖子。右邊的袖子稍短，便於做事。⓫寢衣：猶今之睡衣。⓬狐貉之厚：狐皮貉皮之毛厚。⓭居：坐墊。⓮玄冠：黑色帽子。古制：喪主素色，吉主玄色，吉凶異服。⓯吉月：指正月，即始月。

【按】

本則記孔子衣服的裁製、式樣、顏色，以及因時、因地、因事、因禮而不同的穿著：如夏有夏衣，冬有冬衣，朝有朝服，喪有喪衣，睡有寢衣，居家則便衣，外出加上衣等等，不但極為講究，而且禮制之嚴和繁瑣，實非今日所能想像。

應該說，這是可以理解的：因為孔子時代距今已二千五百餘年，時代不同，禮儀不同，風習衣著等更顯得各異，今日之看過去，猶如五百年以後之看今日某些「超」什麼的，恐怕亦難於想像，情況是一樣的。不過，有一點應該肯定，並且引起注意的是：本則所記原是就孔子所親行展現的事實，不言孔子而言「君子」，則說明並非孔子所標奇立異，而是一般君子所共同，皆如斯穿著，無足爲奇的。

(62) 齊❶，必有明衣❷，布。齊必變食❸，居必遷坐❹。(十·七)

【譯文】

遇齋戒時，一定要有浴衣，用布做的。齋戒時定要改變平時的飲食，居住也一定要遷移臥室。

【注釋】

❶齊：同「齋」，齋戒。古人在祭祀前必齋戒。❷明衣：沐浴後穿的浴衣。❸變食：改變平時的飲食，指不飲酒，不吃葷。❹遷坐：指從內寢（內室）遷移到外寢（外室），不與妻妾同房。

【按】

古人臨祭必先齋戒，齋戒時也必須做到：不飲酒、不吃葷，不與妻妾同房。以此表示內心的虔誠、恭敬；也以此寄託對祖先沒有忘本的懷念之忱。

(三)日常生活

(63)子之燕居❶，申申❷如也，夭夭❸如也。(七·四)

【譯文】

孔子在家閒居時，看上去，容態舒展，神色愉悅。

【注釋】

❶燕居：閒居。❷申申：舒展的樣子。❸夭夭：指心情愉悅的樣子。

(64)子溫而厲，威而不猛，恭而安。(七·三七)

【譯文】

孔子的神態：溫和中帶嚴厲，威嚴但不凶猛，對人恭敬，但安詳、自然。

【按】

上則記孔子在家閒居時，展現出的神態是悠閒、舒暢，輕鬆而又愉悅。這是由於孔子有自己的堅強信念和執著追求，並且滿懷信心，始終達觀，沒有一點個人的憂愁感，由此而展現的坦蕩胸懷，和達到的思想境界。

本則，同樣記孔子學問修養表現在外的容色神態：一、溫和中帶端莊、嚴肅，這就使人感到親切、可敬，但不容放肆，也不敢輕慢；二、威嚴，是學問修養到家的自然流露，表現出胸有城府，眼光犀利銳敏，炯炯有神，似能窺見人的心靈底蘊，使人感到有一股神聖不可侵犯的凜然正氣，但絕無凶猛暴戾之色，更無望而生畏之態；三、對人恭敬，出於內心的眞誠，既不做作，也不呆板，或者過之近於諂，因而活潑、自然，心裏也感到安詳。

這同一般人表現的：溫和，但嘻嘻哈哈不嚴肅，容易流於「鄉愿」式的老好人；威嚴而過了頭，往往顯得凶猛，使人望而生畏，不易爲人接近；對人恭敬，但常是做作，叫人不自在，令人作嘔。就完全不一樣了！

這是孔子「修於內而發於外」，逐漸習以爲常達到這境界的。學問修養而達於此境界，也可以想見其克己之功的不同凡響了。

（65）入大廟❶，每事問。（十・一四）（參閱六・8）

【譯文】孔子進太廟，每件事都要問這問那，問個明白。

【注釋】

❶大廟：祭祀開國之君的廟，即太廟。此指周公廟。周公旦是最初受封而未到任的魯國國君。

【按】

「每事問」，是孔子勤學好問，虛心、認眞求知的好態度，即在今天，也仍然值得很好學習和發揚的。這種態度不僅是讀書、求知、做學問所需要，也是從事任何一項工作，諸如搞科研、文學藝術、醫學，或者某項大工程的調查論證，某個政策的徵詢、研究等等，都是不可缺少的；特別是作爲決策的最高領導層，就更需要有這種「每事問」的態度，即放下架子以甘當小學生的眞誠態度去向別人請問求教。這就會使掌握的情況更全面、更深入，利弊得失的考慮更周詳、更正確，從而作出的決策，自然更能符合人民利益，更及時，更不容易失誤。

(66) 席❶不正，不坐。（十・九）

【譯文】

坐席沒有擺端正，就不坐。

【注釋】

❶席：坐席。古人沒有椅子和凳子，坐在鋪於地面的席子上。南北向，以西爲上；東西向，以南爲上，此席之正。

【按】

「席不正，不坐」雖說在當時是合乎禮的表現，但，禮是隨時代的變化而變化的，這樣的「行爲準則」，自然已經早早被人民所廢棄了。不過，如果延伸作爲一種「坐有坐姿」的良好習慣來說，今天無妨引導、教育青少年應該「不端，不坐」，即：坐端正，挺直胸脯，保持一定的視距，避免患近視，也用以防止背駝。這不僅直接關係著青少年的正常發育和健康成長，也影響著我們民族體質的提高，應該說，還是值得提倡的。

下則「寢不尸」，是指睡眠的方式，不應該直挺著四肢，像死尸一樣。這既不合乎科學衞生，也不雅觀，而且是一副懶散習氣的樣子，更令人厭惡。因此，提倡或者教育子女「寢不尸」，亦不是無意義的。

「居不容」，則是指平時閒居家庭中，不必過於裝得像做客人那麼一副嚴肅、端莊的神態，這樣可以生活得輕鬆、自如、愉快、無拘無束，既富人情味，又有益於身心健康，又何樂不爲？還有如前面所記「食不言，寢不語」，這良好的生活習慣，其實不僅有益於個人的身體健康，亦是羣體生活中所應該遵守的公共道德。

總之，這些不顯眼的生活瑣事，我們的祖祖先先，代代相傳，總是身傳言教，面垂耳提教育兒孫要「坐有坐相，立有立姿，行有行規，睡有睡態，吃有吃樣，喝有喝狀」，認爲這些都是一個人有教養的起碼表現，也是區別是文明還是粗野，有無家教的重要標誌。而這，其實也正是我們偉大民族具有良好的衞生習慣和重視精神文明的傳統體現。

（67）寢不尸，居不容❶。見齊衰者，雖狎❷必變。見冕❸者與瞽❹者，雖褻❺必以貌。凶服❻者式❼之。式負版❽者。有盛饌❾，必變色而作❿。迅雷風烈必變。（十·一六）

【譯文】

睡眠不直挺四肢，仰臥著像個尸，家居時，不要像作客時那樣儀容。遇見穿喪服的人，雖是平素親近的人，也一定要變容色表示哀悼。遇見戴絻和瞎了眼的人，雖是常見的人，也一定要在容貌上表示不安。坐在車上，看見穿喪服的人，總要站起來用手扶著車前橫木表示同情。遇見背負著國家圖籍的人，也同樣要表示敬意。遇見有豐盛的筵席宴請時，更要改變神色站起來表示致謝。遇見迅雷、大風，也一定要改變容色，表示不安。

【注釋】

❶居不容：二說：一、容作儀容，家居不裝出儀容。二、容作客，家居不必像作客那樣莊敬。❷狎：平素親近的人。❸冕：作絻，指喪服。❹瞽：眼睛瞎。❺褻：常見、熟識。❻凶服：二說：一、送死人的衣服；二、喪者之服。❼式：同「軾」，車前扶手用的橫木。此指俯伏在橫木上，表示尊敬或同情。❽負版：二說：一、背負國家圖籍或戶籍册。二、負版疑作負販。承上句，意即其人雖爲負販之賤，亦式之，表示敬意。❾盛饌：豐盛的筵席。❿作：站起來。

(68) 子見齊衰❶者，冕衣裳❷者與瞽者，見之，雖少必作；過之，必趨❸。（九・九）

【譯文】

孔子看見穿喪服的人，以及穿輕喪服和瞎了眼的人，遇見時，即使是年輕，孔子也一定要從坐席上站起來，如果走過他們面前，也一定快步疾行。

【注釋】

❶齊衰：古代用麻布做的喪服。❷冕衣裳：冕作「絻」，亦喪服。較齊衰爲輕。衣，上衣。裳：下服。❸趨：快步走，表示敬意。

【按】

上則和本則都是記孔子平時凡遇見穿喪服、有喪事在身，或者有生理缺陷、瞎了眼的人，總要改變容色，對他們的不幸表示深切的哀戚。這種發自內心的哀戚之情，實際上，也就是仁心，卽孟子所說的「惻隱之心」，或者如今天說的「同情心」。具有同情心的人，每當遇到別人遭遇天災、人禍，或意外不幸而身臨厄運，極端困境時，總會產生一種責任感，想以自己的行動來援助不幸者的心願，正如「禹思天下有溺者，猶己之溺也；稷思天下有飢者，猶己之飢也」一樣，也往往會由此生發成爲「先天下之憂而憂，後天下之樂而樂」的偉大胸懷。

儘管這都是些瑣屑小事，有人可能認爲並無足稱道，其實，這正是人際關係所最需要的，視之爲最可寶貴的。而要達到像孔子那樣極自然、隨時隨地流露出來的眞情態度，那實在不是一朝一夕，或者三年五載就能見功底的。

設想一下：如果對別人的不幸遭遇，你不是同情、憐憫、關懷，而是冷淡、麻木，幸災樂禍；對有喪事在身的人，你不是表示哀戚，致沉痛之意，而是嘻嘻哈哈，大唱大舞；對有生理缺陷的人，如瞎子、瘸子等，你不是惻隱、憫人，設法幫助，而是譏刺、諷嘲、取樂，如對駝背的人，挖苦他，說什麼「坐似彎弓少一弦，眠如心字少三點，最苦百年身死後，棺材只好用橢圓」等等，這該是多麼殘忍！將心比心，你這算什麼人心！

又如，「有盛饌」，你不對主人的好客和給予的盛宴款待，起立表示致謝，卻是踞坐一邊，傲慢無禮，這能不被人視之為無家教，或者被人語之為白痴？

(69) 子食於有喪者之側，未嘗飽也。子於是日哭❶，則不歌。（七・九）

【譯文】

孔子在有喪事的人旁邊吃飯，從來未曾吃飽過。在這一天，如果弔喪哭了，那麼就不再唱歌。

【注釋】

❶哭：指弔喪。

【按】

「未嘗飽也」，是說從來未曾吃飽過，並非偶然如此。「則不歌」，是說平時也從來絃歌不輟，只是由於這一天弔過喪，就廢止不唱了。前者因食於有喪者之側，哀戚之情深，食不甘美，難於下嚥，自然「未嘗飽也」；後者餘哀縈縈於懷，無意為樂，自然「則不歌」了！

這正說明孔子惻隱之心是時時、處處隨客觀境遇而表現在日常生活中，習以為常，並認為是平凡的分內事。孔子的學問修養之高，就在這「平凡」兩字。

(70) 子與人歌而善，必使反之，而後和之。（七．三一）

【譯文】

孔子同別人一起唱歌，如果別人唱得好，他一定請他再唱一遍，然後跟他一起唱。

【按】

孔子愛好音樂，弟子默而記下他平時「與人歌」的情況，說明這決不是孔子偶而為之，而是有廣泛的生活情趣，經常如此的。之所以一定要請其再唱而後和之，其實，正是孔子樂於以此勉勵善歌者更上一層樓的一種方式。因為作為歌者來說，能夠得到一個愛好音樂、而又有很深造詣的人之賞識，實在是一種莫大的鼓勵和安慰！這猶如今天，在某個公開演出中，觀衆對演出者報之以熱烈的掌聲，並由衷地歡呼「再來一個」時，作為歌唱家或者表演藝術家，同樣會感到無比的安慰，情節和心態都是一樣的！

(71)師冕❶見，及階，子曰：「階也。」及席，子曰：「席也。」皆坐，子告之曰：「某在斯，某在斯。」師冕出，子張❷問曰：「與師言之，道與❸？」子曰：「然。固相❹師之道也。」(十五．四一)

【譯文】

師冕來見孔子，走近臺階，孔子說：「這是臺階了。」走近坐席，孔子說：「這是坐席了。」等大家坐定，孔子告訴師冕說：「某人坐在這邊，某人坐在那邊。」師冕辭別出去後，子張問道：「剛才和師冕這樣說，也是道嗎？」孔子說：「是的，這正是扶助瞎眼樂師的方法呀！」

【注釋】

❶師冕：樂師，名冕。古代樂師都是盲人。❷子張：姓顓孫，名師，字子張。孔子學生。參閱後附「孔子弟子簡介」。❸與：前一「與」字是「和」，後一「與」字同「歟」，疑問詞。❹相：指扶助，幫助。

【按】

古代樂師都是盲人，孔子對待他們：語辭懇切，禮待周到，態度誠摯，十分感人。不僅對樂師如此，卽對一切遇見的盲人都如此。上面幾則所記「見冕者與瞽者，雖褻必以貌」（十・一六）等，就足以說明。

這是做人的態度，亦是人際關係中，特別是幫助有生理缺陷的殘疾人的應有態度。對於那些專事戲弄、嘲笑、挖苦殘疾人，以爲取樂的人來說，該不無鞭策、啓迪作用吧！

(72) 子釣而不綱❶，弋❷不射宿❸。（七・二六）

【譯文】

孔子亦釣魚，但不用大網繫多鈎而釣。亦射鳥，但不射歸巢歇宿的鳥。

【注釋】

❶綱：大索。用大索繫住網，橫斷水流，再在網上繫許多魚鈎而釣。❷弋：古人以生絲繫箭而射。❸宿：指歸巢歇宿的鳥。

【按】

孔子有多方面的人生樂趣，如射、御、樂、釣等。但射、釣，其志並不在求多得，因此，「釣而不綱，弋不射宿」。

釣與射，其實目的不同，情趣亦各異：釣時心境恬靜、專一，聚精會神注視著浮標，由魚貪食餌物而上鈎到釣上，是一個由驚喜、緊張到獲取成果的過程，樂趣無窮；而「綱魚」就不但沒有垂釣的閒情逸致和樂趣，相反卻由於貪求捕多，多了還欲求更多而成爲思想負擔，因此也就索然無味了。

「弋不射宿」，其實，射飛鳥與射宿鳥，樂境亦不一樣：喜好狩獵的人射飛鳥，與其樂於得到飛鳥，無寧說是中的後，更快慰於自己射擊技藝的高超；而射宿鳥，就決不是這種滋味了！說實在，射已經歸巢歇宿的鳥，總像是乘其解除戒備時的偷襲行爲，不但顯不出英雄本色的豪邁氣概而感到婉惜，同時也會爲自己心理上的懦怯而覺得羞愧！因此，對於射擊技藝高超的人來說，「弋不射宿」，該是極自然的一種人生樂趣和高尚境界！

也因此，「釣而不綱，弋不射宿」，是否亦蘊含那麼一點不忍之心？或者說把這不忍之心，推而及於一切人，亦就是一種仁愛之心呢？見仁見智，這就任由各人的想像、理解和體認了！

(十·一七)　(73)升車，必正立，執綏❶。車中，不內顧，不疾言，不親指。

【譯文】

孔子上車時，必定先站端正，然後兩手把著扶手帶上去。在車中，不回頭看，不高聲說話，不擧起手來東點西指。

【注釋】

❶綏：上車時用的扶手帶。

【按】

本則記孔子上車，以及車中的擧止、態度：前者「執綏」，是爲了安全，不怕一萬，只怕「萬一」；後者所說的「不內顧，不疾言，不親指」這三不態度，雖說時間已跨越過二十五個世紀，二千五百年，但所指深遠，簡明、扼要，切實、易行，無妨借鑒之作爲今天「乘車準則」，該亦會行之有效的吧。而如果不是這樣：比如有的人在車上不安分，兩隻眼睛，直溜溜地老是回頭東張西望，或者盡盯著別人的某個部位，就很可能會引起旁人的懷疑，認爲不是「小偷、扒手」，就至少是個手腳不乾淨，或者色情狂的人。也有的人在車上老是神經質地大喊大叫，或者放肆地胡言亂語，也很可能會引起旁人的議論，認爲不是沒教養的粗野人，就一定是第六根神經錯放了位置。再，也有是莫名其妙地指指劃劃，或者點點戳戳，無疑也會帶來旁人的厭惡，甚至責罵他不是有「毛病」，就準是個「十三點」式的白痴！

這些，難道就不該引起自己的注意！

（74）廄焚。子退朝，曰：「傷人乎？」不問馬。（十·一二）

【譯文】

馬房失火。孔子退朝回家來，急問：「傷人了嗎？」但沒有問馬怎樣？

【按】

透過「傷人乎？」這問話的焦急態度和懇切語氣，就十分生動、形象地從一個側面勾勒出孔子在得知馬房失火後，首先想到的是人的安全。也就是說：孔子心目中，人是最可寶貴的。這話蘊含了不但承認了一切人都是平等的，而且無形中突出了人的權利、人的尊嚴，同樣都是平等，應該得到重視的。這在當時那樣等級森嚴的歷史條件和那樣鄙視下等人的社會環境下，無疑是具有強烈的人民意識，對社會歷史起了偉大的進步作用的，因而絲毫不能低估它給後世帶來的深遠影響！

（四）禮待鄉朋

（75）鄉人飲酒，杖者❶出，斯出矣。鄉人儺❷，朝服而立於阼階❸。（十·一〇）

【譯文】

同鄉人一起飲酒，待老人離席出去後，也就離去了。逢鄉人舉行迎神驅鬼的儀式時，便穿著朝服立在家廟東邊的臺階上。

【注釋】

❶杖者：指老人。❷儺：古代一種迎神驅鬼的風俗。❸阼階：東邊的臺階，主人站在那裏迎送賓客。

【按】

本則記孔子居住家鄉時，表示的敬老和尊重鄉里風俗、尊重羣衆的至誠態度。

「杖者出，斯出矣」，其實，不僅僅止於同鄉人一起飲酒時做到這樣，應該推及於一切場合，諸如看戲、聽音樂、觀賞各種比賽，以及乘車、購物、買票等等，都能表示敬老的態度，讓老人、長者先我而行，而且養成一種習慣。這樣，民風敦厚，人際關係也必然和諧融洽了！

(76) 問人於他邦，再拜而送之。康子❶饋藥，拜而受之，曰：「丘未達❷，不敢嘗。」（十・一一）

【譯文】

托人向其他諸侯國的友人問好，必定對受托的人再拜而送別。季康子贈送藥品來問候，孔子拜謝後收下，說：「我還不知道這藥的藥性，暫時不嘗了。」

【注釋】

❶康子：即季康子。姓季孫，名肥。魯哀公時卿大夫。 ❷達：了解、通達。

【按】

孔子托人向朋友問好，對受托人要再拜而送：一以表示衷心感謝之忱；二以表示對所問候友人的眞誠。如此鄭重其事，如此深情厚意，今天讀來，猶感孔子對「友情重如山」的態度，難能可貴，令人景仰不已！

「丘未達，不敢嘗」，亦是孔子表示對饋贈人的感激之忱。都可以從中概見孔子交友的誠篤、厚實。

(77) 朋友死，無所歸❶，曰：「於我殯❷。」朋友之饋，雖車馬，非祭肉不拜。(十·一五)

【譯文】

朋友將死，沒人管，孔子說：「病中在我處寄居，死了在我處停柩吧！」朋友有饋送，即使貴重如車馬，只要不是祭肉，孔子接受時都不拜。

【注釋】

❶無所歸：無親屬可歸，指無人管。❷殯：死者殮在棺裏，暫時放在屋內等待埋葬，叫殯。

【按】

此則與《禮記·檀弓》所記「賓客至，無所館，夫子曰：『生於我乎館，死於我乎館。』」該是同屬一事，是指朋友病危時，孔子迎他到家居住，死了亦在家中停柩，由孔子料理喪事。從這一具體事例中，可以看出孔子對待朋友的眞誠態度，眞可說是做到仁義之至極了。

至於「非祭肉不拜」，是因為古人「朋友有通財之義」，雖貴重如車馬，自無需行下拜之禮；而饋送祭肉就涉及大禮，應該把饋送者所祭祀的祖先，視之如自己的祖先那樣，表示尊敬和追念。此亦可想見孔子對朋友之誠和禮儀之周。

(五) 時哉之嘆

(78) 色❶斯舉❷矣，翔❸而後集❹。曰：「山梁❺雌雉❻！時哉！時哉！」子路共❼之，三嗅❽而作❾。（十・一八）

【譯文】

鳥感覺四周色勢有異，就一舉向上飛起，飛翔回旋後，才飛下停在樹上。孔子說：「山梁上那母野鷄知危而去，它也懂得識時務呀！懂得識時務呀！」子路聽了，肅然起敬拱手，那母野鷄驚視幾次後，展翅飛去了。

【注釋】

❶色：顏色，色勢。此指四周色勢有異。　❷舉：向上飛起。　❸翔：飛翔，周旋。　❹集：指鳥停在樹上。　❺梁：水上架木作渡。　❻雉：野鷄。　❼共：同「拱」。　❽嗅：鳥驚視狀。

❾作：飛起。

【按】

對這一則的理解，見仁見智，可以說人言言殊；而放在〈鄉黨篇〉末，其義更是奧妙無窮，可謂千古妙文。蓋孔子一生，從十五志於學，三十而立，四十而不惑到七十不踰矩，其間從政則可行可止，可久可速；施教則學而不厭，誨人不倦，無不得乎時中；而後又歷十四載周遊列國，奔波游說形同流浪，歷經千磨萬難，受盡艱難險阻，猶「篤信好學，守死善道」，對自己的信念堅信不渝，始終是「天下有道，丘不與易也」的態度。

最終在家鄉，終老闕里：無論起居、飲食、衣著等日常生活，也無論行上下君臣之禮，或對鄉親友朋的言行、舉止、儀態等，都是以禮自守，謹愼、持重、平實、謙和、恭順，始終是「恂恂如也」，「怡怡如也」，展現了豁達、舒暢、愉悅的神情風貌，而且，時時、處處表露無遺。

「山梁雌雉，時哉！時哉！」觸景生情，情以景抒；借景抒情，情隨景染。這是孔子看到雌雉悠閒自得，逍遙自在而發的感嘆。這感嘆是就雉之「翔而後集」，藉以告慰自己呢？還是勉勵人們：小小雌雉尚且識時務，懂得悠閒自樂於僻靜處所，環顧萬物之靈的人們，爲什麼不能亦來共同創造一個「大道之行也，天下爲公」的安樂環境呢？

抑或如孔子寫《春秋》，「終筆於獲麟」，處那樣的同一意境，是對「道之不行」所抒發的傷感，甚或隱憤呢？

這千古妙文，「時哉！」之嘆的蘊涵，究何所指，就有待於見仁見智者的細細玩味和悠悠遐思了！

第二章 爲 政

孔子的爲政思想，其核心是從西周「敬德保民」發展而成的「仁政德治」。它既要求最高領導的爲政者率先敬守道德準則，身體力行，加強自我道德修養，所謂「其身正，不令而行；其身不正，雖令不行」；更要求當權的爲政者對下實行「保民」政策：輕徭、薄賦、省刑，「庶、富、教」。

這就是說：一切政令應該從惠民、富民、信民、化民出發，正如堯舜「禪讓」時所告誡的：「天之曆數在爾躬，允執其中！四海困窮，天祿永終……萬方有罪，罪在朕躬。」（二十・一）雖說這有利於爲政者的長治久安，但從根本上說，卻是以人民利益爲其前提。這對促進社會生產和老百姓的安定，以及人際關係的和睦相處，應該說，都是至關重要，並且影響深遠的。

因此，孔子提出的政治主張，其中有許多是具有眞知卓識，到今天仍然閃爍著智慧之光，不但能夠爲我們所用，也能夠爲任何社會制度的國家所借鑒。

至於政治理想則是力求實現西周的小康社會。「吾從周」，就是孔子一生爲之奮鬥的近期政治目標，即文武、周公之治所達到的繁榮、昌盛和安定的盛世景象。而長遠的、或者說政治理想的最高境界，則爲堯舜時代的大同社會。只是由於堯舜時代距春秋畢竟已很遠，且又無典章、文物等可供稽考，就只能「仲尼祖述堯舜」（《中庸》），對傳統中的上古原始社會所表現在人與人之間彼此平等、相愛關係，理想化作爲對未來的美好憧憬加以宣傳了！而對西周，卻是「憲章文武」，努力效法，力求實行它的政治制度，以及禮樂、文化精神等等。

一、政治理想

（一）憲章文武

（1）子曰：「周監❶於二代❷，郁郁❸乎文❹哉！吾從周。」（三・一四）

【譯文】

孔子說：「周朝是借鑒夏、商二代的演變進而建立起來的。它的一切禮樂制度，是多麼豐富、繁盛和光輝呀！我主張遵從周朝的制度。」

【注釋】

❶監：同「鑒」，借鑒。❷二代：指夏商二代。❸郁郁：豐富、繁盛。❹文：指禮樂制度。

【按】

周朝是文、武、周公以兵力手段消滅殷王朝，由奴隸社會向初期封建社會過渡，而建成的領主制封建社會。從人類社會發展史來說，它是一次質的飛躍。正如資本主義社會替代封建社會制度一樣，是向上的、進步的、欣欣向榮、生機勃勃的。

「吾從周」，是孔子從夏、商、周三代的典籍、文物、禮樂制度中，通過博學、好古、敏求而得出的結論，認爲周朝「郁郁乎文哉」，是經過有所損益，集夏、商二代精華的大成。因此，最嚮往西周，最崇拜周公。孔子畢生爲之奮鬥，想要達到的近期政治目標——小康社會，也正是文、武、周公時代的「敬德保民」等發展而成的「仁政德治」理想。

「吾從周」，是指從周朝的德政中擇善而從，它既不是盲目照搬，更非泥古不化，而是孔子「溫故」的心得，從中求得有所發揮的「新知」。因此，謂之爲創新或者制作，其實，並不爲過。

(2)顏淵❶問為邦,子曰:「行夏之時❷,乘殷之輅❸,服周之冕❹,樂則〈韶〉❺、〈舞〉❻。放❼鄭聲❽,遠佞人❾。鄭聲淫,佞人殆。」(十五·一〇)

【譯文】

顏淵問如何治理國家。孔子說:「推行夏代的曆法,乘坐殷代的車子,戴周代的帽子,樂舞就演奏〈韶〉樂、〈舞〉樂,放棄鄭國的樂曲,疏遠好諂媚、奉承的小人。因為鄭國的樂聲過於淫樂,容易沉溺,好奉承的小人很危險,容易被迷惑。」

【注釋】

❶顏淵:顏回,字淵。孔子早年學生,最爲孔子所深愛。參閱後附「孔子弟子簡介」。❷時:指曆法。夏朝曆法合於農時,現在用的農曆,就是夏曆。❸輅:車子。殷代的車子質樸。❹冕:禮帽。周代的禮帽華而不靡,貴而不奢。❺韶:舜時樂曲。❻舞:同「武」,周武王時樂曲。❼放:捨棄,放棄。❽鄭聲:鄭國流行的民間樂曲。鄭聲靡幻,容易沉溺忘返。❾佞人:指喜好用花言巧語奉承、諂媚人的小人。

【按】

顏淵所問是如何治理國家，孔子所答，乍看，好像與此關係不大，甚至是風馬牛不相關；其實，細審，卻是關係國家盛衰命運，蘊涵了一個原則問題，即：不管是朝代的更換，還是社會的變革，在文化傳統的繼承問題上，既不能墨守成規，盲目崇古，更不應割斷歷史，甚至否定歷史，而應該是對過去取其精華，去其糟粕。這就是說，只要對人民有益、有用的東西，都該把它拿來，發揚光大。孔子所答，正體現了這點。

比如：「行夏之時」，是因爲夏朝創立的曆法，按節氣行事，更適合、方便老百姓的農耕，這是重民事。今天我們所用的農曆，就是夏朝的曆法，我們最富民族特色，又最受人民喜愛的春節，歷幾千年不衰的傳統節日，亦正是夏曆的遺風，就足以說明。

「乘殷之輅」，是由於到殷商時，交通已漸發達，特別是殷的車子比夏朝、周朝堅實、樸素，提倡乘殷輅是崇尚質樸。「服周之冕」則是因周朝的帽子華貴，但不奢靡，推行之是風尚重文。音樂採用韶、舞，是教民陶冶情性，而對當時帶有靡靡之音的鄭聲，因容易引人沉溺，主張舍棄；至於對那些喜好諂媚、討好的小人則要疏遠，以免被迷惑，這都是引導百姓振奮精神、向上，所謂親賢臣、遠小人、重教化等等。概括說來，其實亦正是「富之、教之」的治國大計、方針，關係國家盛衰的大事。

因此，孔子所答，也從一個側面展示了孔子「吾從周」，並非照搬西周舊制，泥古、固執不化，而是擇「利民」而從，擇「善」而從，在「從周」的名義下，建設一個自己所理想的社會。

（3）公山弗擾❶以費❷畔❸，召，子欲往。子路不說，曰：「末之也已❹，何必公山氏之之也❺！」子曰：「夫召我者，而豈徒哉？如有用我者，吾其為東周❻乎！」（十七．五）

【譯文】

公山弗擾據費邑反叛季氏，來召孔子，孔子打算前去。子路心中不高興，說：「沒有地方去就算了，何必到公山氏那裏去呢？」孔子說：「那來召我的，難道只是空召我的嗎？如果眞有人要用我，我不能把它建設成一個東方的周王朝嗎！」

【注釋】

❶公山弗擾：卽公山不狃，季氏家臣。　❷費：季氏的私邑，今山東省費縣。　❸畔：同「叛」，指反叛季氏。　❹末之也已：是說沒有地方去就算了。末：沒有。之：往，去。已：止，算了。　❺何必公山氏之之也：是「何必之公山氏之也」的倒裝。前一個「之」字，起賓語提前作用，無解；後一個「之」字，動詞：去、往。　❻爲東周：一說，言與周道於東方；一說，言必興起西周之盛。

【按】

孔子最反對僭禮，最反對犯上作亂；可是，對公山弗擾的召他，卻打算應召前去，而且明確表示：應召前去的目的是要在東方興建起一個像西周一樣繁榮、昌盛、安寧的國家。看起來，這簡直是不可思議的，也屬荒唐可笑的。其實，這正好從一個側面反映了：

一、孔子最嚮往西周，認爲西周的一切禮樂制度，相對說：都是最完美的，人際關係也是最融洽協調的。因此，一意欲求復興周道，實行仁政德治的理想，是始終堅定不移的。

二、孔子認爲天下無不可爲的事，如果未到不可爲就率先引退而不爲，這是無志氣，是懦夫，是不知命！孔子相信自己的政治理想是合乎道義、正確的；也相信自己的政治才能，不論何時、何地、何人，只要眞能用他，是能夠有所作爲，把周道興建在東方的。意即不至於文、武、成、康之盛，絕不止也。

這正是孔子對自己的政治信仰和才能的堅強自信！

(4) 周有大賚❶，善人是富。「雖有周親，不如仁人❷。」「百姓有過，在予一人。」(節錄二十・一)

【譯文】

周武王滅紂後，受天大賜，善人特別多。他說：「縱然紂王多至親近戚，還不如多仁人更好！」他又說：「百姓如有過錯，都該由我一個人來承擔。」

【注釋】

❶賚：賞賜。❷雖有周親，不如仁人：文武王深知縱然多至親近戚，也不如多仁人更好，故能多治臣、善人。周親：至親近戚。

【按】

「雖有周親，不如仁人」，是說至親近戚縱多，還不如多仁人更爲可靠，更能使人民安康幸福，使國家長治久安。正是因爲能如此用心，所以周初特別多善人，對善人的大加賞賜和任賢的政策，更顯得十分英明，能特別得人心。如姜太公八十遇文王，得以重用，就決不是簡單的一件事。正如《荀子・君道篇》說的：夫文王非無貴戚也，非無子弟也，非無便嬖也。倜然乃舉太公於州人而用之，豈私之也哉？以爲親邪？則周姬姓也，而彼姜姓也；以爲故邪？則未嘗相識也；以爲好麗邪？則夫人行年七十有二，齫然而齒墮矣。然而用之者，夫文王欲立貴道，欲白貴名，以兼天下，而不可以獨也。

於此，可以想見周初：君是明君，相是賢相，由輔佐大臣到一般的官吏，該都是「善人、仁人」，呈現了賢才、能人當政的一派好風尚！

「百姓有過，在予一人」，更體現出明君仁民愛物的高尚德性和功歸於民，過攬爲己的偉大胸懷。再聯繫下面二則提到的「予有亂（治）臣十人」、「周有八士」等情況，也可以想見處文武、周公時代的朝廷裏，上上下下，眞是人才濟濟，應該是一片空前興旺的盛況景象了！

孔子之所以無限嚮往西周，無限崇敬文武、周公，之所以執著地「吾從周」，執著地要推行仁政德治，這也該是其中的一個因素吧！

（5）舜有臣五人而天下治。武王❶曰：「予有亂臣❷十人❸。」孔子曰：「才難，不其然乎？唐虞之際❹，於斯為盛，有婦人❺焉，九人而已。三分天下有其二❻，以服事殷。周之德，可謂至德也已矣。」（八・二〇）

【譯文】

舜有賢臣五人，就達到了天下大治。周武王說：「我有輔佐治理天下的大臣十人。」孔子說：「古人說：『人才難得』，不正是這樣嗎？唐堯、虞舜之後，以周武王時代人才最興盛，而且其中還有一位是婦女，只能說九人而已。（又說）把天下三分，文王有了二分，但仍然以臣的態度事奉殷紂王，周朝的德，眞可以稱爲德中的最高標準了。」

【注釋】

❶武王：卽周武王，姓姬，名發，西周的開國君主。❷亂臣：治國之臣。亂：古「治」字。

❸十人：指周公姬旦，召公姬奭，姜太公尚等。❹唐虞之際：傳說堯在位時叫唐；舜在位時叫虞。此指唐堯虞舜之後。❺婦人：傳說指武王的妻子。當時，婦女不正式參加朝廷。❻三分天下有其二：指殷朝末年，紂王無道，周文王的勢力很大，天下歸順他的諸侯已有三分之二。

【按】

要達到天下至治，舜靠賢臣五人：禹、稷、契、臯陶、伯益；武王則靠治臣十人——其中一人還是婦女，武王的妻子輔佐求賢審官，選賢任能，只能說僅九人而已！「唐虞之際，於斯爲盛」，以西周人才之多，統治之久，也不過依靠核心領導的十人就開創了立國八百年的根基。這就足以說明不論平定、或者治理天下，只要明君能慧眼識人，把眞正的人才選拔、擢升到最高決策的領導層，是一定能夠平治天下而達到至治的目的。只是這樣的眞正的人才，正如孔子所說：「才難」，實在太難得了！因爲縱觀幾千年的封建統治，常常是昏君庸主當道，不是有奇才賢相而遇不到聖君明主，就是有明君聖主卻遍是將相庸碌無能。如此互相影響、制約，導致眞正人才的難於發現、培養和擢升，或者是被嫉恨、糟蹋，甚至屈死。因此，如何創造條件，如何採取措施，使眞正的人才得以發現、大用，應該是任何一個爲政者的重要課題。

至於「周之德，可謂至德也已矣」，是指在人心所向，「三分天下有其二」的情況下，文王仍然以至誠態度事奉殷紂王，這是「如文王者，其大道仁，其小道惠。三分天下而有其二，敬人

無方，服事於商。既有其衆，而反失其身，此之謂仁。」（《逸周書・太子晉》）

又如《呂氏春秋・行論篇》說的：昔者紂爲無道，殺梅伯而醢之，殺鬼侯而脯之，以禮諸侯之廟，文王流涕而咨之。紂恐其畔，欲殺文王而滅周。文王曰：「父雖無道，子敢不事父乎？君雖不惠，臣敢不事君乎？孰王而可畔也？」

其忠、其仁如此，自可謂至德了！

（6）周有八士❶：伯達、伯适，仲突、仲忽，叔夜、叔夏，季隨、季騧。」（十八・一一）

【譯文】

周朝有八個著名的士：伯達、伯适，仲突、仲忽，叔夜、叔夏，季隨、季騧。

【注釋】

❶八士：一說，一母四對孿生子，都是賢人。一說，卽周武王時之尹氏八士。（《逸周書》）

【按】

本則所記八士，雖生平事迹不詳，但可藉以了知當時社會安定、繁榮、昌盛，風尙習俗也多謹厚，向上，因此英才蔚起，頗多有志之士。這也就說明西周初，文、武、周公都率先敬守道德準則，做到「敬德保民」，任賢，獎勉善人，是一個「民知睦」、「頌聲興」，所謂「成康之際，天下安寧，刑錯（措）四十餘年不用」（《史記・周本紀》）的社會環境和政治局面，是孔子所一心嚮往的。

再，聯繫〈微子篇〉孔子盛贊「殷有三仁焉」（十八・一），「逸民」（十八・八），「八樂官四散」（十八・九）等，大約是後學弟子有感於世道日衰，編者藉思念古賢士，附此所表示的無限慨嘆。

（7）子曰：「泰伯❶，其可謂至德也已矣！三以天下讓❷，民無得而稱焉❸。」（八・一）

【譯文】

孔子說：「泰伯，他眞可以稱得上有最高仁德的人了。他多次把天下讓給季歷，老百姓實在找不到合適的詞句來贊頌他。」

【注釋】

❶泰伯：周太王古公的長子。次仲雍，三季歷。季歷生子昌，有聖德。太王想把君位傳給三子季

歷，以便轉傳給姬昌。泰伯為了順從父親意願，與二弟仲雍避逃於吳。後來季歷立為君，傳位姬昌，就是周文王。他的兒子姬發（周武王）後來滅了殷商，遂統一天下，是為西周。❷三以天下讓：泰伯知道父親有立姬昌之心，故逃讓，這是讓國；其後，文王、武王卒以得天下，故又稱之為讓天下。三：多次。❸民無得而稱焉：指泰伯之讓，無事迹可見，他是心在讓，止於避逃，而無讓的事迹，孔子贊頌之為「讓德」。相傳泰伯避逃吳國後，以採藥為名，後又斷髮文身，終於沒有再回來。

【按】

泰伯是長子，按照古代宗法社會的規矩，王位要傳給長子。可是泰伯對這可以享受人間世最高權位、榮譽和財富的君位繼承問題，卻是選擇了避逃出走，隱姓埋名，甚至佯狂、斷髮、文身不歸的態度，以此來成全父親想立三弟季歷為君的意願，以便能傳君位給有聖德的昌（文王）。這行為本身，不僅在當時是大大值得稱頌的孝行；而且立志讓賢，孝行的本身，更是為了讓君位能傳給昌，以便讓昌在殷紂王暴虐無道，民不聊生時，能領導奪取天下，匡救百姓。這就更是值得稱頌的德行。

歷史也正證明了這點：文、武、周公最終以武力埋葬了殷王朝的暴虐統治，建設成為一個「郁郁乎文哉」的西周，為歷史開創了一個新紀元，周朝政權持續了約八百年。

泰伯這種悄悄地、無聲無息地棄天下如敝屣，薄帝王而不為，而且沒有留下任何事迹的「讓君位、讓天下」的行爲，孔子認爲是一種「隱德」，並給這「隱德」以極其崇高的評價，贊頌之爲人類的「至德」——仁德中的最高境界，是再也沒有比這更高尚的了！

事實上，爲了老百姓的利益，帝王可以不當，富貴權勢可以不要，正義事大，餓死事小，還有什麼能比這樣的道德境界更高尚的呢！

（8）周公謂魯公❶曰：「君子不施❷其親，不使大臣怨乎不以❸。故舊無大故，則不棄也。無求備於一人。」（十八·一〇）

【譯文】

周公告誡魯公說：「君子不要疏遠自己的親屬，不要使大臣怨恨他不被重用，過去的親朋、同僚，如沒有大的過失，就不要捨棄他，不要對一個人求全責備。」

【注釋】

❶魯公：周公的兒子伯禽。這是受封去魯國時，周公告誡他的話。❷施：同「弛」。指疏遠，忘棄。❸不以：不任用。以：用。

【按】

這是魯國人傳誦周公對兒子伯禽受封去魯國時所告誡的話。從這裏，既可以想見周公的爲人和他的爲政態度；同時，亦可以概知孔子所以如此景仰、崇敬周公的其中一個原因。

這諄諄告誡的四個方面，其實，正是周公以樹人立論，作爲治魯的家法囑咐魯公善自爲之，必須堅決遵守的。這不僅體現了爲君者對臣屬和親朋故舊的至情至理，可以作爲「在上位者」和從政者應該共同遵從的原則；而且也無妨列爲一個人立身處世，或者人際關係的行爲準則。特別是「無求備於一人」，對作爲在上位者的君子來說，尤其顯得重要，它是治國、任人之大略，關係著國家盛衰的大事，是決不能等閒視之的。

正如《晏子春秋・問上篇》所說：景公問晏子曰：「古之莅國治民者，其任人何如？」晏子對曰：「地不同生，而任之以一種，責其俱生，不可得；人不同能，而任之以一事，不可以責徧成……故明王之任人，任人之長，不彊其短；任人之工，不彊其拙：此任人之大略也。」「故人有厚德，無問其小節；而有大譽，無疵其小故。自古及今，五帝三王未有能全其行者也。是故君子不責備於一人。」

不過，是不是在上位的君子都能做到這任人之大略了呢？顯然，遠非如此。如《淮南子・氾論篇》所說：「今人君論其臣也，不計其大功，總其略行，而求其小善，則失賢之數也……今志人之所短，而忘人之所修，而求得賢乎天下，則難矣……以人之小過揜其大美，則天下無聖王賢相矣。」

因此，無求備於一人，實在是通情達理，只會更加激勵人們發憤向上，更加鞭策人們把工作做好，更加促進人們正視缺點，改正錯誤。「金無足赤，人無完人」，應該說，這是能夠充分調動人的積極因素，發揮所長的深得人心的態度，也是今天仍然值得我們大大發揚的精華所在。特別對那些動輒愛對下屬吹毛求疵，甚至在吹毛求不到疵的情況下，仍然要「求全責備」的大小領導來說，確實值得很好的借鑒，用以鞭策自己的。

在緬懷孔子教誨，弟子所以追記之者，實有感於周公所謂「不施」、「不棄」、「無求備於一人」等語，已不復能見，又安能不爲之慨嘆萬端！

【備考】

《孔叢子・居衞篇》曰：子思居衞，言苟變於衞君曰：「材可將五百乘。君任軍旅率與帥同，得此人，則無敵於天下矣。」衞君曰：「吾知其材可將。然變也嘗爲吏，食人二鷄子，以故弗用也。」子思曰：「夫聖人之官人，猶大匠之用木也。取其所長，棄其所短。故杞梓連抱而有數尺之朽，良工不棄，何也？知其所妨者細也。今君取處戰國之世，選爪牙之士，而以二卵專棄干城之將，此不可使聞於鄰國者也。」衞君再拜曰：「謹受教矣。」

（9）子曰：「禹❶，吾無間然❷矣！菲飲食而致孝乎鬼神，惡衣服而致美乎黻冕❸，卑宮室而盡力乎溝洫❹。禹，吾無間然矣。」（八・二一）

【譯文】

孔子說：「禹，我對他是無可批評的了。他自已的飲食非薄，而祭祀孝敬鬼神卻很豐盛；自已穿的衣服破舊，而祭祀時的禮服、帽等卻很華美；自已住的宮室卑陋，而對溝渠水道，卻盡力修治。禹，我對他是無可批評的了。」

【注釋】

❶禹：夏朝的開國君主。傳說他在治水利方面，由於為人民立了大功，因此，帝位由舜禪讓給他。❷間然：批評、非難、挑剔。間：空隙。❸黻冕：古代祭禮時所穿的衣服和戴的帽子。
❹溝洫：溝渠，田間小道。

【按】

禹自奉極薄，雖說吃的很壞，可是為老百姓向鬼神祈求賜福的祭祀，卻極為豐盛；儘管穿的衣著十分惡劣，破破爛爛，而對祭祀時穿戴的禮服、禮帽等卻非常講究。前者事奉鬼神有如祭祀祖先，極為虔誠盡心，故謂之「致孝」；後者表現於外，極盡美輪美奐，使人愉悅，因而謂之「致美」。至於住的宮室，茅次土階，很是簡陋，但對興修水利，疏通河道，開鑿溝渠，營造田間小道等等，卻是竭盡全力，特別是傳說中關於禹治洪水的事迹，說他帶領百姓跋涉奔波，輾轉南北，「三過家門而不入」，歷十三年，終於治好水患，爲百姓造大福，澤庇千秋萬代。

總之，禹自奉極薄，嚴於律己，過的始終是艱苦樸素，有如道士、苦行僧的生活；而對人民，則是竭盡心力，不辭勞累辛苦。孔子深贊他這種孜孜爲人民，克己爲百姓的公而無私精神。「禹，吾無間然矣」，可以說，禹是一心一意地眞正做到了先天下之憂而憂的聖王，再還有什麼可以批評指責的呢？

(二) 祖述堯舜

孔子根據傳說，把堯舜時代的氏族社會互相平等相愛的人際關係加以美化，稱之爲「大同」，又把「大同」作爲自己嚮往中的最高政治理想，而加以宣傳。

怎樣的社會，才可以謂之爲「大同」呢？

孔子曰：「大道之行也，天下爲公，選賢與（同「舉」）能，講信修睦。故人不獨親其親，不獨子其子，使老有所終，壯有所用，幼有所長，矜寡孤獨廢疾者皆有所養。男有分，女有歸。貨，惡其棄於地也，不必藏於己；力，惡其不出於身也，不必爲己。是故謀閉而不興，盜竊亂賊而不作，故外戶而不閉，是謂大同。」（《禮記·禮運》）

這就是經過孔子美化了的堯舜時代的社會情景，也正是孔子所憧憬的最高政治理想。儘管有人認爲這段文字出於漢初儒家之手，不能代表孔子思想；但，它與《論語》中，孔子贊頌堯舜盛德和所表述的政治理想，其內容實質，基本上是一致的。因此，它反映了孔子的眞實思想，應該說是較爲可信的。

至於孔子這「大同」思想，雖說很多人都認爲是天眞、不切實際的，是幻想、無法實現的，但，也應該給予肯定：它「確在一定程度上反映了被壓迫人民的願望與要求，朦朧地指明了人類未來發展的方向」（匡亞明《孔子評傳》第二五五頁）。而且，就當今世界的總趨勢看：民主潮流不可逆轉，科學技術日新月異，日益昌明發達，到了令人瞠目結舌的程度，而各國開明的當權者和關心人類命運的政治家又競相提倡並奉行公正、道義、合理，重人民福利、民主等等，從而使得這人類未來發展的方向——大同社會，有可能隨著時代的大步前進，而呈顯出實現它的希望。就是說：它也許不是幻想，更不是絕對不可能實現的——當然，這就有待於全人類的共同努力和爭取了！

因此，也應該承認：遠在二千五百年以前，在那樣的生產關係和社會歷史條件下，孔子從「仁」的人本思想出發，竟能展現出如此「天下爲公」的理想社會景象，描繪出如此美好未來的人類生活圖景，不能不令人嘆爲觀止，景仰不已！

孔子，作爲人類歷史上一個偉大的思想巨人，他是應該感到驕傲的，我們中華民族，也應該借以自豪的。世世代代人民如此尊敬他，懷念他，無疑，這也該是原因之一吧！

上面，「憲章文武」中，孔子把文、武、周公時代稱之爲「小康」，並作爲近期政治理想而爲之奮鬥終身。那麼，又是怎樣的社會，才可以謂之爲「小康」呢？特附錄如下，以供參考：

今大道既隱，天下爲家，各親其親，各子其子，貨力爲己。大人世及以爲禮，城郭溝池以

爲固，禮義以爲紀，以正君臣，以篤父子，以睦兄弟，以和夫婦，以設制度，以立田里，以賢智勇，以功爲己。故謀用是作，而兵由此起。禹、湯、文、武、成王、周公，由此其選也。此六君子者，未有不謹於禮者也；以著其義，以考其信，著有過，刑(型)仁講讓，示民有常，如有不由此者，在勢者去，衆以爲殃。是謂小康。(《禮記．禮運》)

(10)堯曰❶：「咨！爾舜❷！天之曆數❸在爾躬，允❹執❺其中❻，四海困窮，天祿永終。」舜亦以命禹。曰：「予小子❼履❽敢用玄牡❾，敢昭告于皇皇后帝，有罪不敢赦。帝臣不蔽，簡❿在帝心。朕躬有罪⓫，無以萬方。萬方有罪，罪在朕躬。」……

謹權⓬量⓭，審法度⓮，修廢官，四方之政行焉。興滅國，繼絕世，舉逸民，天下之民歸心焉。所重：民食，喪，祭。寬則得衆，信則民任焉，敏則有功，公則說。(節錄二十．一)

【譯文】

堯說：「嗳！你舜呀！上天安排的曆數，帝位要落在你身上了！你要眞心誠意地保持那中正的治國方針。如果四海的老百姓都陷於窮困的境地，那麼，上天賜給你的這份祿位，也就永遠完結了。」舜禪位時，也把這話告誡禹。

商湯也說：「我小子履大膽地用黑公牛來祭祀，敢明白地告訴皇皇在上的天帝：對有罪的人，我決不輕易赦免，您天帝的臣僕，他們的善惡，我也決不掩飾，您心裏是很明白的。如果我自身有罪，不要因此牽連，累及四面八方的百姓，而四面八方的百姓有罪，都應該歸罪在我身上。」

謹愼審定秤斗量具，丈尺律度，力求做到統一、公平，重新修立廢棄了的官職，天下的政令就容易推行了；復興滅亡了的國家，接續已斷絕了的世族，擧拔任用隱逸在野的人才，天下百姓就歸心了！

爲政者所當看重的是：民食、喪葬、祭祀三件大事。在上位者能寬宏大量，就容易得人心；能言而有信，就會得到人民的信任；能勤快地工作，就會取得功績；能公正處事，就會使人心悅誠服。

【注釋】

❶堯曰：以下是堯禪讓帝位時的致詞。堯：傳說中的遠古聖君。堯把帝位讓給舜，後來舜又讓給禹，是歷史上傳爲美德的「禪讓」。❷舜：傳說中的遠古聖君。❸天之曆數：指帝位相繼的次序。❹允：眞誠，眞心誠意。❺執：保持。❻中：中正之道，指正確的治國方針。❼予小子：是占卜時的自稱，意即天帝的兒子（天子）。❽履：商湯的名字。❾玄牡：黑色的

公牛。⑩簡：明白。⑪朕躬有罪：這段話是商湯戰勝夏桀以後，向天禱雨，爲民請罪之辭。《呂氏春秋》曰：湯克夏，天大旱，五年不收。湯以身禱於桑林，曰：「余一身有罪，無及萬方。」朕：我。從秦始皇開始，專用作帝王自稱。⑫權：稱輕重的秤。⑬量：量容積的斗斛。⑭法度：卽律度。律謂十二律，度謂丈尺。凡定制有限節者皆稱法度。

【按】

這是《論語》最後篇的一則，總敍堯、舜、禹、湯、文、武如何治理天下的命辭。辭意懇切、誠摯、感人。綜括說來，其主旨是：身爲帝王，執掌天命，不論是誰，心裏都要裝有老百姓，都要天下爲公，而不是爲私。所謂「不偏不黨，天下蕩蕩」（《書》），堯舜正是這樣：「貴爲天子，富有天下，不私其子孫」，堯將帝位讓於舜，舜亦讓於禹。不僅自己如此，也要求人臣如此，能行大公於天下：「治官事則不管私家；在公門則不言貨利；當公法則不阿親戚；奉公舉賢，則不避仇讎；忠於事君，仁於利下；推之以恕道，行之以不黨。」（《說苑・至公》）

這也就是說：作爲帝王，要眞心誠意，全心全意爲老百姓著想：如果老百姓遭際天災人禍，應該承擔下來，歸罪到自己一人身上，功不歸己，過不諉人，胸懷坦蕩；如果不能讓老百姓富裕，過安康的幸福生活，一直讓他們處在貧困窮苦中，那麼，「天祿永終」，統治者也該完蛋結束了！

總之，對任何時代的任何國家、民族，或者社會集團的執政者來說：「心裏要裝有老百姓，要行大公於天下」，都要把它視之爲關係人心向背，統治久暫的頭等大事來借鑒。

至於自「謹權量，審法度，修廢官」以下，雖說沒有「子曰」字，但作爲孔子的政治觀，即爲政之道的大綱來說，基本上是互相一致的，而且散見於全部《論語》中。因此，分別於下面各則中體認，加以闡發。

【備考】

《呂氏春秋．去私篇》曰：堯有子十人，不與其子而授舜，舜有子九人，不與其子而授禹，至公也。晉平公問於祁黃羊曰：「南陽無令，其誰可而爲之？」對曰：「解狐可。」平公曰：「解狐非子之讎邪？」對曰：「君問可，非問臣之讎也。」平公曰：「善。」遂用之，國人稱善焉。居有間，平公又問祁黃羊曰：「國無尉，其誰可而爲之？」對曰：「午可。」平公曰：「午非子之子邪？」對曰：「君問可，非問臣之子也。」平公曰：「善。」又遂用之。國人稱善焉。孔子聞之，曰：「善哉祁黃羊之論也！外舉不避讎，內舉不避子，祁黃羊可謂公矣。」（事出《左傳．襄公三年》）

《呂氏春秋．貴公篇》曰：昔先聖王之治天下也必先公，公則天下平矣，平得於公……天下非一人之天下也，天下之天下也。陰陽之利，不長一類；甘露時雨，不私一物；萬民之主，不阿一人。天地大矣，生而弗子，成而弗有。萬物皆被其澤，得其利，而莫知其所由始。此三皇五帝之德也。

(11) 子曰：「大哉！堯之為君也。巍巍乎！唯天為大，唯堯則❶之。蕩蕩❷乎！民無能名焉。巍巍乎！其有成功也。煥❸乎！其有文章❹。」（八・一九）

【譯文】

孔子說：「偉大呀！像堯這樣作爲君子的人。多麼崇高呀！只有天能那麼高大，只有堯能效法天，與天相比。他的恩德多麼廣大呀！百姓眞不知道該怎樣來稱頌他了。多麼偉大呀！他當時所取得的功績。多麼光輝呀！他當時所制訂的禮樂制度。」

【注釋】

❶則：效法、準則。❷蕩蕩：空廣、廣大。指恩德廣大。❸煥：光輝。❹文章：指禮樂、典章制度。

【按】

上古時代，天被認爲是主宰世界，支配人類命運的至上神：它對普天之下的老百姓是無分彼此，廣施恩惠，大公無私的。「四時行，萬物生」，這正是天的至公和大德，亦正是百姓最崇敬、最畏懼、和最稱頌的。

堯，作為君主，他的道德、品格、氣度等都是特別高尚、宏大的。孔子稱頌為：只有他能夠與天相比擬，做到行大公於天下；特別是傳說中，堯開創了歷史上以帝位禪讓給舜的先例，更為千秋後代所傳頌。正如《史記．五帝紀》之所贊：「帝堯者，放勳。其仁如天，其知如神……堯知子丹朱之不肖，不足授天下，於是乃權授舜。授舜則天下得其利而丹朱病，授丹朱則天下病而丹朱得其利。堯曰：『終不以天下之病而利一人』，而卒授舜以天下。」

這真可說是「此人君之公也。夫以公於天下，其德大矣。萬姓之所戴，後世之所則也。」（《說苑．至德》）

堯所說的「終不以天下之病而利一人」，該是多麼偉大的寬闊胸懷！孔子以如此激動心情，高度贊頌了堯的禪讓美德，就因為揖讓傳賢是「大道之行也，天下為公」，大同之治。而孔子正是以「大同」社會作為自己政治理想的最高境界嚮往著的。

「大哉！堯之為君也。巍巍乎！唯天為大，唯堯則之。」可謂發自肺腑的贊頌語。

【備考】

《孟子．滕文公上》曰：「堯以不得舜為己憂，舜以不得禹、皋陶為己憂。分人以財謂之惠，教人以善謂之忠，為天下得人者謂之仁。是故以天下與人易，為天下得人難。」

（12）子路曰：「願聞子之志。」子曰：「老者安之，朋友信之，少者懷之。」（節錄五．二六）

【譯文】

子路說：「希望也能聽聽老師的志願。」孔子說：「我願對老者，能使他們都安寧，對朋友，能使他們都相信，對少年，能使他們都懷念。」

【按】

本則是弟子侍坐時，在談了各自的志向後，子路提出「願聞子之志」，希望也能聽聽老師的志向。

孔子表述了自己的志願：「老者安之，朋友信之，少者懷之。」幾乎是把老、壯、少三代人都包括進去，願望他們能各得其所。可以說，是〈大同篇〉「老有所終，壯有所用，幼有所長，矜寡孤獨廢疾者皆有所養」理想的實現。

而要達到這境界，首先是對老者的孝敬，對朋友的誠實、無欺、言而有信，對少年的慈愛有恩惠。也只有眞正做到這樣，然後才談得上「老者安之，朋友信之，少者懷之」。這就是說：必須我心先有別人，即有人我一體之仁，而後別人也會相感應，在心中有我，與我無隔閡。

工夫與效驗成正比：越是心中對別人仁的工夫深，則別人對自己無隔閡的效驗越大。關鍵在於自己仁的境界，這就有待於自己的學養之功了！

正是志願老、壯、幼三代人使之都能各有「所終、所用、所長、所養」，因而人際間呈現出一片融洽、歡樂、蓬勃向上的景象，也就是十分自然的事。

這是聖者的胸懷和境界。

(13) 子貢曰：「如有博施於民而能濟衆，何如？可謂仁乎？」子曰：「何事於仁？必也聖乎？堯舜其猶病諸！」（節錄六・二八）

【譯文】

子貢說：「如果有人能對老百姓廣泛地施惠並周濟大衆，這怎麼樣？可以算是仁了嗎？」孔子說：「豈止於仁而已！必定是聖人了吧！堯舜還怕感到力量不足哩！」

【按】

「博施濟衆」，是說廣泛地施惠於老百姓，普遍地周濟大衆。這應該說，等於行大公於天下，已是「大道之行也，天下爲公」的具體化了！

倘使眞能做到如此，那也就達到了大同社會的境界，「不獨親其親，不獨子其子」，充滿人類之愛，而且「老有所終，壯有所用，幼有所長，矜寡孤獨廢疾者皆有所養」，即讓老年人能夠壽而善終，樂而正寢；壯年人能夠力有所用，氣有所使；幼年人能夠得到慈愛、教育，健康成長；那些孤苦無依，喪失生活能力的殘廢有病的人也能夠不被遺棄，得到照顧，該是多麼美好的圖景！

只是如此好事，從來古難全，實在太難做到了！因爲茲事體大，且又無限量、無止境，縱使有德有位如聖君堯舜，恐怕也會感到力不從心，困難重重吧！「何事於仁」，從而孔子明確作了「仁」的界說是「己欲立而立人，己欲達而達人」，並指出比仁更高一層次，那就是「聖」的境界。意即還是平實一些爲更好。

(14)子曰：「無為而治❶者，其舜也與！夫何為哉？恭己正南面而已矣。」(十五・四)

【譯文】

孔子說：「自己不做什麼，而能治理好國家的，大概只有舜吧！他做了些什麼呢？只不過自己恭恭敬敬，端正地坐在南邊天子的位子上罷了。」

【注釋】

❶無爲而治：指舜能以自己的盛德感化人民，並且任用賢人，自己不必每事躬親。

附：舜有臣五人❶而天下治。（八・二〇）

【注　釋】❶舜有臣五人：傳說是指禹、稷、契、皋陶、伯益等五人。

【按　語】這兩則都是指舜善於得天下賢才而用。如禹的治水，稷的教民稼穡，契的教化人民，皋陶的審理訴訟，伯益的焚山澤以驅禽獸等等。這樣，賢者在位，能者在職，各司其事，職責分明，既充分發揮了各賢臣的才幹，又無需事事躬親，使自己陷入猶如今日所說的「辛辛苦苦的事務主義」泥坑。

因此，領導、統率得宜、有方，自然可以「無爲而治」，可以「恭己正南面而已矣」！應該說：這是知人善任，任官得人的結果。

所謂「無爲」，其實，並非百事不爲，乃是無爲而無所不爲，是由於上下層層節制，互相負責，左右個個分工，又彼此合作所展現的，在管理上達到的最高境界。

當然，眞正做到「無爲而治」，還需要爲人君的，不但有知人、識人的慧眼、洞察力，有任賢舉能的膽識、睿智；而且更應該具有信而不疑，見才不妒的偉大胸懷和寬宏的氣度。

(15)子曰：「巍巍乎！舜禹之有天下也，而不與❶焉。」(八・一八)

【譯文】

孔子說：「多麼崇高偉大呀！如舜禹這樣有此天下，好像自己不參預一樣。」

【注釋】

❶不與：舜禹有天下，淡然自處，好像自己不參預一樣。與：參預。

【按】

堯禪讓舜，舜亦禪讓禹，就禪讓者說，是兩位聖君不以天下私：誰賢德，有才能，有大功於人民，就把帝位禪讓給誰。這正是「大道之行也，天下爲公」。

至於就被禪讓者說，舜禹之所以被授給帝位，有此天下，並不是因爲事前他們心有所求，更不是他們憑借不正的心術和手段；而是由於他們的賢德、才能，特別是不辭勞苦、竭盡心力，孜孜不倦地爲人民造福，有大功於人民，從而贏得人民的愛戴和堯舜的莫大信任。因此，應該說，是順乎天理，合乎人情，理所宜然的結果。

而且，被授給帝位，有此天下後，舜禹沒有因功績而自滿、自傲，而昏昏然，也沒有由此而私天下於一己：他們始終是一如既往的任賢、舉能，忘我地竭盡心力爲人民興利、除弊、造福；特別是，有大功如此，舜禹淡然自處，並不以帝王的權勢爲可貴。「舜禹之有天下也，而不與焉」，孔子贊頌舜禹對於自己事業的成功，「只如一點浮雲過目」，好像自己不曾參預一樣，感到很淡然。「巍巍乎！」這該是多麼崇高偉大呀！

二、爲政以德

(16)子曰：「為政以德，譬如北辰❶，居其所而衆星共之❷。」

(二·一)

【譯文】

孔子說：「用道德教化爲主來治理國家，就好像天上的北極星一樣，安處在它的位置上，讓衆星環繞著它旋轉了。」

【注釋】

❶北辰：北極星。　❷衆星共之：喻國君受到人民的擁戴。共：同「拱」，環繞。

【按】

「政」指政治。政治爲管理衆人的事。由於管者與被管者均爲人，因此，管者的素質、學養就顯得特別重要，孔子答魯哀公問政時說的「故爲政在人」，就是指此。它原是孔子「人治」思想的首要觀點。而人治的臧否，則在於國君的明暗賢愚，所謂「上明則政平，上暗則政險。君賢者其國治，君不能者其國亂……故君人者欲安，則莫若平政愛民矣……欲立功，則莫若尙賢使能矣。」（荀子語）

本則，「爲政以德」是「爲政在人」的具體落實，旨在促使處主宰地位的國君，應該以自己崇高的德性作爲一切領導的表率，並以此教化百姓。這樣「譬如北辰，居其所而衆星共之」，人民自然也都擁戴，並跟著君上的方向行動了！

正是這樣，加強自我修養，不僅是做人的需要，也是「修己以安人、安百姓」的需要，歸根結蒂，更是爲政者長治久安的需要！

(17) 子曰：「道❶之以政，齊❷之以刑，民免而無恥。道之以德，齊之以禮，有恥且格❸。」（二·三）

【譯文】

孔子說：「用政法命令來引導、治理老百姓，用刑罰來整齊、約束老百姓，老百姓只是勉強地克制自己不去犯罪，但沒有羞恥之心。如果用道德教化來引導、治理老百姓，用禮來整齊、約束老百姓，老百姓不但感到做壞事可恥，而且能自覺地向所要求的規格去做。」

【注釋】

❶道：同「導」。引導、治理。❷齊：整齊、約束。❸格：到；規格。

【按】

上則，指的是爲政的指導思想，本則，則進一步指出：重道德教化、主禮治的治國方針，比起用強制性的行政命令和嚴刑峻法，要更爲有效，更能得民心。正如孟子說的「善政不如善教之得民也。善政，民畏之；善教，民愛之。善政得民財，善教得民心。」（《孟子・盡心上》）遠在二千五百年以前，孔子就獨具見地提出了兩種對立的治國方針：「道之以政，齊之以刑」和「道之以德，齊之以禮」；而且明確指出會導致的兩種不同結果。前者強調「政、刑」，不遵從就加以懲罰，老百姓在殘暴的統治和奴役下，縱使不得已而屈從，也只是「民免而無恥」，僅僅爲了逃避刑罰，但並不感到羞恥。後者強調「德、禮」，通過道德教化，讓老百姓懂得道理，再以禮制規範，就能夠做到心悅誠服「民有恥且格」。

這實在是孔子的一個偉大創見！

歷史上，樂於以刑殺爲威的秦始皇，在「六王畢，四海一，蜀山兀，阿房出」這樣不可一世的顯赫聲勢下，做「始皇帝」美夢，想「二世、三世，以至於萬世」，永遠地統治下去；可是，曾幾何時，「戍卒叫，函谷舉，楚人一炬，可憐焦土！」（唐李牧〈阿房宮賦〉）僅僅十餘年，秦王朝卻很快被陳勝、吳廣揭竿而起的熊熊烈火所毀滅了！

這充分說明：「無道德之教，仁義之化以綴天下之心，任刑罰以爲治，信小術以爲道」（劉向〈戰國策敍〉），雖說可以起到一時的震懾作用，但終究如同肥皂泡，難於長治久安的，充其極，老百姓也只不過勉強地不去犯罪而已，並無羞恥之心；而用道德教化，讓老百姓通過自我修養，由被迫的、強制性的約束，變爲內在的自覺要求，這只會大大激發人的自尊意識和知恥心，很自然能達到「有恥且格」的目標了！

而且，「齊之以禮」，把本來作爲貴族階層專享的、「不下庶人」的「禮」，推廣而及於老百姓，無疑，這對提高庶人的地位，和打破「禮不下庶人」的傳統，應該說是具有積極意義的。因此，縱在高揚民主、法治和科學的今天，對「爲政以德」，或者「道之以德」，採取積極的相應措施，培養人民具有高尚的道德情操、品德等等，仍然是至關重要，絲毫不能忽視的問題。

三、治國之道

(18) 子貢問政。子曰：「足食，足兵，民信之矣。」子貢曰：「必不得已而去，於斯三者何先？」曰：「去兵。」子貢曰：「必不得已而去，於斯二者何先？」曰：「去食。自古皆有死，民無信不立。」（十二．七）

【譯文】

子貢問怎樣治理政事。孔子說：「先求充足民生最需的糧食，再求充實保衞國家的軍備，老百姓自然信任政府了。」子貢說：「如果萬不得已，一定要去掉一項，那麼，在這三項中，哪項爲先？」孔子說：「去掉軍備。」子貢說：「如果又萬不得已，一定要再去掉一項，那麼，在這二項中，又哪項爲先？」孔子說：「去掉糧食。自古以來，人哪有不死？但，如果無信，人民不信任政府，那麼，國家也站立不住，其羣體也不存在了！」

【按】

「民以食爲天」，沒有「足食」，人民的肚子吃不飽，就難於生存；「國以軍爲柱」，沒有「足兵」，國家的安全無依靠，不免挨打受凌辱，甚至滅亡。

因此，只有倉廩充足，軍備充實，才能使人民信任政府。可以說：「足食，足兵」是「民信之矣」的前提和先決條件；食、兵、信三者是立國的根本，治國的大政、方針。「去兵」和「去食存信」，都是在這立國的根本和治國的大政、方針基礎上，遇「必不得已而去」的特定情況下作出的抉擇。

「去兵」，按現代語說，就是麵包、黃油比大砲、槍彈更爲需要：「寧因黃油去大砲，決不爲大砲去黃油」。這對國力貧弱，不勝軍備負擔，或者對那好大喜功，窮兵黷武的統治者來說，無疑是一劑清醒良藥，它具有鮮明的人民性。

「去食存信」，是孔子告誡爲政者：從長遠觀點看，「信」比「食」更爲重要，更具戰略意義，應該十分重視取信於民——不僅施政綱領、大政、方針要符合人民利益，而且說一不二，一切政策、措施都應是能夠兌現的，對人民有惠，讓人民看得見的。只有這樣，才能眞正取得人民的信任；也只有眞正取得人民的信任，才能贏得民心，立於不敗之地。

「民信」，是令行禁止，團結人民，上下同心同德，克服一切困難，建設國家的可靠保證，是戰勝一切災禍，抵禦外來侵略，保衛國家獨立和人民安全、取之不盡的力量源泉！

得民信，就是得民心，無往而不勝利；失民信，亦即失民心，就處處碰壁、受挫折、遭災難。「民無信不立」，一個得不到人民信任的統治者，是不可能長治久安而不被人民所推翻的。歷史上，縱然像秦始皇在「六王畢，四海一」那樣一統天下時的顯赫聲勢，和鼎盛不可一世的情況下，由於暴虐無道，得不到人民的信任，亦即失卻民心，因而僅僅十餘年，最終還是難逃覆滅的命運，被人民的起義埋葬了！歷史就是這樣的無情，封建皇朝的盛衰、興亡規律，就是如此的不可逆轉！

因此，在「必不得已而去」的特定情況下，三者之中的「足食，足兵」可以作權宜的調整而去兵、而去食；但「民信」則絕無商酌餘地，是始終不能，也不應該去掉。這是立萬世之經，也正是孔子獨具慧眼所作的政治遠見，到今天仍然無可置疑，值得爲政者所重視。

當然，這只是問題的一個方面，即對爲政者來說：「民無信不立」，其實質是影響及於人心的向背，應該把取信於民作爲立國的思想指導，大政的根本。

而另外一個方面，即對人民來說：「民無信不立」，在「食」與「信」問題上，處臨變時，應該教育人民寧可「去食」，亦不可「無信」。蓋人皆有信，則羣體同心同德，即使暫時節食，甚至無食，終將有食；如果人均無信，則羣體離心離德，也必相率爭食，最終是有食也會變成無食，同歸於盡。因此，應該把信作爲個人的立身之本。

(19) 子張❶問於孔子曰：「何如斯可以從政矣？」子曰：「尊五美，屏四惡，斯可以從政矣。」子張曰：「何謂五美？」子曰：「君子惠而不費，勞而不怨，欲而不貪，泰而不驕，威而不猛。」子張曰：「何謂惠而不費？」子曰：「因民之所利而利之，斯不亦惠而不費乎？擇可勞而勞之，又誰怨？欲仁而得仁，又焉貪？君子無衆寡，無小大，無敢慢，斯不亦泰而不驕乎？君子正其衣冠，尊其瞻視，儼然人望而畏之，斯不亦威而不猛乎？」子張曰：「何謂四惡？」子曰：「不教而殺謂之虐，不戒視成❷謂之暴，慢令致期❸謂之賊❹。猶之與人也，出納之吝，謂之有司❺。」（二十・二）

【譯文】

子張問孔子說：「怎樣才可以從事治理政治呢？」孔子說：「尊崇五種美德，屏除四種惡政，這樣就可以從事治理政治了。」子張說：「什麼是五種美德？」孔子說：「在上位的君子要做到：一、惠而不費；二、勞而不怨；三、欲而不貪；四、泰而不驕；五、威而不猛。」子張說：「怎樣算是惠而不費呢？」孔子說：「看看老百姓在哪方面可以得利，就誘導他們在那方面去得利，這不就是叫老百姓得惠而自己並不耗費嗎？選擇老百姓可以幹的事情叫他們幹，又有誰會怨恨呢？你想行仁道，就盡量在這方面去做，哪還會有什麼貪欲呢？一個在上位的君子，不管對方人多人少，勢力大還是小，都不敢怠慢自己，這不就是泰而不驕嗎？一個在上位的君子只要衣冠整齊，瞻視尊嚴，態度莊重，使人望了生敬畏之心，這不就是威嚴而不兇猛嗎？」子張說：「哪些是四種惡政呢？」孔子說：「不事先進行教育就加殺戮，這叫做虐；不事先告戒人，就要求立即成功，這叫做暴；下達可以緩慢執行的政令，到期限又硬不通融，這是有意害人，就叫做賊；同樣是要給予人的東西，但在出納之際，卻又吝嗇，捨不得給人，這就像是一個度量狹窄的小管家之所為了。」

【注釋】

❶子張：姓顓孫，名師，字子張。孔子學生。參閱後附「孔子弟子簡介」。❷不戒視成：不先告戒，臨事責令成功。❸慢令致期：緩於先，急於後，導致誤期限，又硬不通融。❹賊：害人。❺有司：專管某項事情的小官吏。此指度量狹小、吝嗇。

【按】

本則在〈堯曰篇〉後，是繼歷敍堯、舜、禹、湯、文王、武王所以治天下之道，孔子又以答子張問政，全面地闡發了帝王為治之道的各個方面，並把它歸納之為「尊五美，屏四惡」。而為政者果真能做到這尊五美，屏四惡的政治環境，那麼，也真可以說是從政的典範，達於聖王的境界了！

「尊五美，屏四惡」，其實質：一是好仁而去不仁，二是惠民而非殘民。好仁必然惠民，惠民者一定尊五美；不仁一定殘民，殘民者必然會有四惡。前者從積極方面為統治者正面提供行仁政的各種前提和條件，冀其有所遵循；後者以反面為戒，從消極方面為統治者指出四惡的表現形式，告誡自我遏制：目的都是為了爭取贏得民心，以利長治久安。

因此，這應該尊崇的五種美德和必須屏除的四種惡政，不但可以作為為政者治理國家的思想指導原則、大政、方針，更應該成爲每一個從政者躬身力行的處事準則。

比如：一、「惠而不費」：讓人民多得到些好處、實惠，所謂「施予厚，稅賦薄」，「因民之所利而利之」，國家既不費一分錢，而且「百姓足，君孰與不足」（十二．九），民富國強，又何樂而不惠民？當然，不仁者當道，由於好大喜功等原因，就常常會幹出一些國家所費巨大，而民財又被搜刮一空，其結果則是「費而不惠」的蠢事，這就眞是勞民傷財，徒令人民憤憤然了！

二、「勞而不怨」：如果眞是「擇可勞而勞之」，或者如《荀子．富國篇》所說：「古人使民，夏不宛暍，冬不凍寒；急不傷力，緩不後時。事成功立，上下俱富，而百姓皆愛其上」，那麼，有誰會怨？問題是：無論歷史，或者現實，總有那麼一些昏君、暴君和當權者偏偏是「擇不可勞而勞之」，諸如，使民不以時，違誤農事，役民無償，老少無依無靠，而且動輒呵斥鞭打，視同囚犯，哪有不怨！

三、「欲而不貪」：每個人都有欲，只是欲有內、外之分，有知足、不知足之別。心所欲在仁，則處處知足，就不貪；欲在財色、權勢，則常感不滿足，則必貪，而且貪欲永無止境，必然導致惡性膨脹，直至走向墮落、毀滅，所謂「人心不足蛇吞象」。

四、「泰而不驕」，是就心態而言。意卽胸襟要寬濶，氣度要宏大：不因對方是小、寡就傲慢而欺侮別人；亦不因對方是衆、大，就故爲怠慢，或者有意惹是生非來表示自己的「剛正」，這樣，容易得人和，亦容易取得人民的信任。

五、「威而不猛」：「威」不是讓人感到恐懼、害怕，而是使人產生由衷地尊重、敬愛，而又覺得凜然不可侮慢的感情；而「猛」則令人感到畏懼、膽顫心驚，儼然有如魯夫莽漢，甚至是兇神惡煞！有威者裝不了猛，猛者也矯飾不成威，這是修養功底的自然流露，絕非假裝做作所能成。

至於「四惡」之必須摒除，即就今天而言，亦是完全符合人民利益，是正義的、進步的。而在二千五百年以前，孔子就能如此明確地提了出來，說明孔子不僅具有強烈的人民意識，而且更兼有非凡的膽識！委實是十分難能可貴的。

這四種惡政，其實只有那無視人民權利，爲所欲爲的暴君，才會加以施行。推己及人設想一下：「不教而殺」，猶恐怖政策，誰能信服？「不戒視成」，有如突然襲擊，哪有如此蠻橫？「慢令致期」，是玩弄政令，明明責任在上，還要施罰於下，這能說不是害人？「出納之吝」，該給不給，無異尅扣，未免小家子氣派，過於刻薄了！

「五美」而謂之爲「尊」，就必須奉若神明，出於至誠，竭盡忠信；「四惡」而名之曰「屏」，則更應視如蛇蠍，除惡務盡，使之不加乎民。一「尊」一「屏」，法戒昭然！

(20) 子曰：「道❶千乘之國❷，敬事而信，節用而愛人，使民以時❸。」(一・五)

【譯文】

孔子說：「治理一個擁有千輛兵車的大國，要認眞嚴肅地對待一切政事，講信實；節約財用，愛護人民；使用民力時，更要照顧他們的生產時間，不違農時。」

【注釋】

❶道：治理。❷千乘之國：擁有千輛兵車的大國。古時四匹馬拉的車，一輛叫一乘。❸以時：按時，指不違農時。時：農時。

【按】

本則列舉治理千乘大國之道的三個方面，其實都是要求爲政者心存仁德，立足於老百姓，一切從人民利益出發施政、處事。如：

一、敬事而信：對待任何政事都要嚴肅、認眞，不驕傲、不欺詐，做到言而有信，說了的話要兌現，決定做的事不拖延、不推諉。

二、節約財用，多多體卹人民、愛護人民，反對舖張浪費，更反對窮奢極侈，每一個從政者應該「一飯一粥當思來處不易，一絲一縷恆念物力維艱」。

三、使民以時：遇有役使老百姓，要愛惜民力，不耽誤農時。

這些正如姜太公回答周武王所問時說的：「治國之道，愛民而已……故善爲國者，遇民如父母之愛子，兄之愛弟，問其飢寒，爲之哀；見其勞苦，爲之悲。」（《說苑．政理》）

愛民是爲了得民心，民心之得失，亦卽政權之得失：得民則興，失民則亡，概無例外。過去，在漫長的封建社會裏，老百姓常稱地方的縣官爲「父母官」，而這些地方官中，確實也不乏孜孜爲民，所謂「愛民如子」，或者「當官不爲民作主，不如回家賣紅薯」的父母官而受到百姓的愛戴，而受到後世的傳頌。而今，時代大大前進了，人民也當家作了主人了，一切爲政者、從政者，不論地位高低，職務權力大小，都是人民的公僕、勤務員了。因此，如果說「公僕」之對主人，爲官而不清廉公正，處事而不認眞、負責，態度而不誠實、守信，對國家財物又不珍惜、愛護，使民更不以時，常常糟蹋民力，暴殄天物，借公奢靡，揮霍無度，而且反僕爲主，高高在上，恃權驕橫，欺壓良善等等，那麼，這就不是什麼治國之道的表現，而是禍國、殃民的反映了！能不引爲鑒戒和反思？

【備考】

《荀子．君道篇》曰：君者，民之原也。原淸則流淸，原濁則流濁。故有社稷者而不能愛民，不能利民，而求民之親愛己，不可得也；民不親不愛而求其爲己用，爲己死，不可得也；民不爲己用，不爲己死，而求兵之動，城之固，不可得也；兵不動，城不固，而求敵之不至，不可得也；敵至而求無危削，不滅亡，不可得也；危削滅亡舉積此矣，而求安樂，是狂生者也。狂生者不胥時而落。

(21)仲弓❶為季氏❷宰❸,問政。子曰:「先❹有司❺,赦小過,舉賢才。」曰:「焉知賢才而舉之?」子曰:「舉爾所知,爾所不知,人其舍諸?」(十三・二)

【譯文】

仲弓做了季氏的家臣,問怎樣治理政事。孔子說:「先教導下面的辦事人員,寬赦犯了小過失的人,多舉用有賢德、有才能的人來擔任各項工作。」仲弓說:「怎麼知道哪些人賢德有才能而舉用呢?」孔子說:「只要舉你所知道的,你所不知,難道別人還會把他埋沒嗎?」

【注釋】

❶仲弓:姓冉,名雍,字仲弓。孔子學生。參閱後附「孔子弟子簡介」。❷季氏:季孫氏,魯國大夫。❸宰:家臣。❹先:教導,責成。❺有司:負責某項具體事務的官吏。

【按】

「先有司」，任何政事都要先責成下面有司，做到各盡其責，責有所歸。這樣，自然有條不紊，不亂。

「赦小過」，同下面「寬則得衆」，應該是對有小過者的基本政策和原則。它不但是上位者十分重要的領導品質，也是從政者各級大小領導所應該具有的政治德性。這要求領導者要胸襟寬濶，器度宏大，能理解人，諒解人，容得下人。歷史上許多留有政績的名臣，都有這種器度：他們對犯有過錯的人，充其量私下開導一番，指出其過錯，但公開則把過錯攬爲自己。這只會更加激勵他們同心同德，發憤前進。

「舉賢才」，是孔子「爲政」思想中的一個重要內容，也正是治國九經之一的「尊賢」。雖說一個國家政治的良窳、好壞，關鍵在君上的賢明，但更有賴於賢能忠良之臣的輔佐。蓋「爲政在人」，如果在上者能知人善用，使「賢者在位，能者在職」，那麼「尊賢使能，俊傑在位，則天下之士皆悅而願立於其朝矣」，國家自當走向繁榮、昌盛，興旺、發達。

因此，孔子提出了「舉賢才」的政治主張。是針對統治階級貴族世襲和「任人唯親」，完全相反的一種方針，即「任人唯賢」。

任人唯賢，或者說選賢舉能，其本身就是衝破貴族世襲壟斷政治的禁錮，爲平民通過爲學，「學而優則仕」，參預政治提供了條件。這不僅爲貴族政治注入了新鮮血液，更由此而爲後世的「尚賢、尊賢、舉賢、任賢」樹立了風尚，是影響極爲深遠的政治遠見。歷史上，特別是那些開明、有雄才大略，而且敢於作爲的君王，都無不憑借此而成就大業；即在今天，如何完善「舉賢才」、「任賢才」的一套制度措施，爲賢才的成長、脫穎而出和施展才能，開闢寬濶的暢通之路，該亦是一個重要課題，值得探討的。

至於「焉知賢才而擧之」的問題，正如《漢書・劉向傳》說得好：「……古賢人在上位，則引其類而聚之於朝；在下位，則思與其類俱進。在上則引其類，在下則推其類。故湯用伊尹，不仁者遠而衆賢至，類相致也。」

「尊賢」而形成風尙，則何愁賢才之不能擧？

(22) 仲弓問子桑伯子❶，子曰：「可也，簡❷。」仲弓曰：「居❸敬而行簡，以臨其民，不亦可乎？居簡而行簡，無乃大簡乎？」子曰：「雍之言然。」(節錄六・一)

【譯文】

仲弓問子桑伯子這個人如何呢？孔子說：「還可以。他辦事不煩瑣。」仲弓說：「如果平時居心嚴肅、認眞，而辦事又不煩瑣，由這樣的人來治理百姓，豈不很好嗎？如果平時居心簡單、馬虎，而辦事亦簡單了事，豈不是太草率了嗎？」孔子說：「雍的話說得對。」

【注釋】

❶子桑伯子：魯國賢人，事迹不詳。❷簡：簡約，不煩瑣。❸居：居心。

【按】

從仲弓所說「居敬」和「居簡」的一字之別中，就可以概括看出：他不但是一個有政治頭腦，有政治才能，而且仁存於心，能處處爲百姓著想的政治家。因爲居心「敬」和「簡」，表現的心態不一樣，其結果也完全不相同：前者立足於對百姓「敬」，卽嚴肅、認眞的態度來治理國家，就必定能處處、時時、事事，設身處地爲人民著想，辦起事來也必定能處處、時時、事事將心比心給百姓方便，從而做到不煩瑣，爲政清廉，「上不煩，則民不擾」，所謂「治民貴簡」；而後者就決不是這樣了：「居簡」的人，存心馬虎、潦草，大而化之的態度來對待百姓，自然處處、時時、事事爲私利著想，辦起事來，也必然是草率、敷衍、苟且了事，成爲「便民不足，擾民有餘」的害民「官」了！這樣，百姓如何不蒙受災難呢！

看起來，僅是敬和簡的一字之別，而其表現的心態，和由此帶來的後果，卻是不可同日而語，或者以道里計的。

（23）孔子曰：「……寬則得衆，信則人任焉。」（節錄十七・六）

【譯文】

孔子說：「……能寬大，便易得衆心，能守信，便得人信任。」

【按】

身居上位的君王，應該具有「大道容衆，大德容下」（《說苑・君道》）的氣度和宏量。在治國的大政、方針，以及具體政策方面，諸如政治、經濟、法令、制度，或者文化、習俗、生活等等，都要深入體察民情，理解民心，寧可寬厚，更寬厚些，不要隨心所欲，朝令夕改，更不要憑好惡，濫施刑罰。這不僅身居上位者應該如此，即身居下位的各級領導和一切從政者，都應該具有這德性。

總之，「寬則得衆」，寬宏大度就能夠得到大衆的擁護、愛戴，使上下同心同德，使國家發達、昌盛，使人民安康、幸福。而如果居上不寬，那麼，找岔尋疵，下屬動輒得咎，賢者受辱，能者含屈，而阿諛、奉迎、不肖者卻得到重用、受寵，老百姓自然也就多災多難了！

（24）葉公❶問政。子曰：「近者說，遠者來。」（十三・一六）

【譯文】

葉公問怎樣治理國家，孔子說：「政治清明，近的人歡悅，遠的人聞風來附。」

【注釋】

❶葉公：楚國大夫，姓沈，名諸梁。

【按】

「近悅遠來」，是爲政者治理國家所要達到的總目標，也是人民對爲政者作出斐然政績所表示的無聲贊頌！

如果爲政清廉，輕徭、薄賦，庶富教，處處爲人民著想，讓人民受惠、得利，給人民帶來安樂和幸福，那麼，近者被其澤而喜悅，個個笑逐顏開；遠者聞其風而仰慕，必人人投奔前來，又何愁贏不得民心，得不到信任？

因此，這也無異告誡爲政者：一切政策措施都應該是爲人民的利益，都應該堅定不移地朝「近悅遠來」這總目標，努力求其實現。只有這樣，才能保持著國家的繁榮昌盛，保持著人民的幸福安樂，保持著社會的長治久安。否則，「近者不悅」，甚至怨聲載道，「遠者不來」，更且幸災樂禍，那就不是什麼「不悅」的問題，而是將由此發展，最終會導致統治者的「天祿永終」這嚴重後果了！

因此，雖說這是給爲政者設想的總目標，但它關係著人們的凝聚力，和人心的向背，直接影響著統治者的存續關鍵。可以說，它是孔子從「仁」出發，以人民利益爲前提而提出的、具有強烈人民意識的政治遠見，高瞻遠矚的爲政者能無借鑒之！

【備考】

《孟子・公孫丑上》曰：尊賢使能，俊傑在位；則天下之士，皆悅而願立於其朝矣。市，廛而不征，法而不廛；則天下之商，皆悅而願藏於其市矣。關，譏而不征，則天下之旅，皆悅而願出於其路矣。耕者，助而不稅；則天下之農，皆悅而願於其野矣。廛，無夫里之布；則天下之民，皆悅而願爲之氓矣。信能行此五者，則鄰國之民，仰之若父母矣……如此，則無敵於天下。無敵於天下者，天吏也。然而不王者，未之有也。

（25）子夏❶為莒父❷宰，問政。子曰：「無欲速，無見小利。欲速則不達，見小利則大事不成。」（十三・一七）

【譯文】

子夏做莒父縣縣長，問怎樣治理國家。孔子說：「不要求速成，不要只顧小利。想求速成，反達不到目的；只顧小利，就辦不成大事。」

【注釋】

❶子夏：姓卜，名商，字子夏。孔子學生。參閱後附「孔子弟子簡介」。❷莒父：魯國城邑，今山東省莒縣境內。

【按】

任何事物都有各自的發展規律，誰如果違背它、超越它，「想當然」地去一味蠻幹，或者憑一廂情願的主觀願望，去力求速成，是沒有不栽筋斗，也沒有不受客觀規律的懲罰的。大如政治、軍事、經濟、文化、教育等方針、政策的制訂、執行，小如某項具體工程的施工，某個教學方案的實施，或者諸如速成識字、超趕某個尖端科學等等，如果不考慮事物內在規律的能否掌握、運用，就貿貿然把幻想當作理想去求其速成，並且提出什麼不切實際的口號、行動綱領、急功好利的實施方案等，其結果必然導致政治上戰略決策的失誤，經濟上的宏觀失控，生態環境上的不平衡，不但達不到預期的目標，而且勞民傷財，甚至付出了極爲慘重的代價，給人民帶來不幸。這種事例，無論歷史上，或者現實，都曾經屢屢發生，是應該引爲教訓的。

至於「見小利則大事不成」，更是普遍。雖說思想上對這句名言都容易體會認識，但，一遇到實際，就往往爲小利而遮住視野，「見小利」而忘乎所以，昏昏然而迷失大方向，昏昏然而看不見長遠利益、全局利益；縱然看見也顧不得了。這樣，不但辦不成大事，而且胸襟寬濶不了，鼠目寸光，視野也遠不了，自然也永遠成不了大業！

這是孔子告誡一切爲政者：應該有遠大的眼光，著眼於長遠的大目標，切不可急功好利，只求短期行爲。可以說，這是一條帶有普遍意義的從政原則：它既能爲所有執政者所借鑒，也能爲有志於成就大事業的人參考和黽勉！

(26) 子張問政。子曰：「居之無倦，行之以忠。」(十二·一四)

【譯文】

子張問怎樣治理政事。孔子說：「身居職位上，心無厭倦、不懈怠；推行政事要出以忠心。」

【按】

這猶如今天所說的「全心全意地爲人民服務」：身居公僕地位，勤勤懇懇，對工作不怠慢、不厭倦；爲人民辦事，忠心耿耿，盡心盡力，誠實、守法，不欺詐。

其實，豈只從政者的態度應該如此，任何一行一業的工作人員，亦應該有「居之無倦，行之以忠」的態度。作爲職業道德，雖然各行各業有各自的特色，但，這方面應該是職業道德的基礎，都得共同遵從的。

(27) 子言衛靈公❶之無道也，康子❷曰：「夫如是，奚而不喪❸？」

孔子曰：「仲叔圉❹治賓客，祝鮀治宗廟，王孫賈治軍旅。夫如是，奚其喪？」（十四・二〇）

【譯文】

孔子說到衛靈公的昏庸無道。季康子說：「既然如此，爲什麼衛靈公仍能不失其位呢？」孔子說：「有仲叔圉替他接待賓客，祝鮀替他管理宗廟，王孫賈替他統率軍旅之事，這樣，又怎麼會失去君位呢？」

【注釋】

❶衛靈公：衛國國君。❷康子：季康子，魯國大夫。❸不喪：此指不失其位。❹仲叔圉：卽孔文子（參閱四・10）。與祝鮀、王孫賈都是衛國大夫。

【按】

本則是說衛靈公雖然貪婪、荒淫，是一個昏庸無道的君王，但他之所以仍然能保持君位而不垮臺，就因爲他能「舉賢才」，善於知人而用。除本則提到的三位大夫外，還有如「直哉，史魚！」「君子哉，蘧伯玉！」（十五・六）等，亦卽孔子經常說的「衛國多君子」。

這說明：

一、孔子評論人物站得高、看得遠，決不「攻其一點，不及其餘」，抓住缺點，否定全面。就是說，縱然衞靈公昏庸無道，也絕不以此就不承認他善於知人而用的所長。

二、人才關係國家命運：得人而治，國運昌盛；失人而治，國運衰敗、直至滅亡。衞靈公在這問題上，眞可說做到了知人善任，幾乎在所有關鍵部門都任用了第一流的賢才，如外交由仲叔圉負責（治賓客），內政、文教由祝鮀負責（治宗廟），國防、軍事由王孫賈負責（治軍旅），尊重他們、信任他們，讓他們充分發揮才能。這樣，自然可以穩坐君王寶座，而無須擔憂垮臺了！而且，賢者當權，必然是賢者引賢、薦賢，就更是一派清廉的好風尚了！這是任人唯賢帶來的結果。

因此，衞靈公之「奚而不喪」，無它，蓋在能愛賢、尊賢、任賢。是一般君王所不易做到的。

【備考】

《說苑．尊賢篇》曰：魯哀公問於孔子曰：「當今之時，君子誰賢？」對曰：「衞靈公。」公曰：「吾聞之，其閨門之內姑姊妹無別。」對曰：「臣觀於朝廷，未觀於堂陛之閒也。靈公之弟曰公子渠牟，其知足以治千乘之國，其信足以守之，而靈公愛之。又有士曰王林，國有賢人，必進而任之，無不達也。不能達，退而與分其祿，而靈公尊之。又有士曰慶足，國有大事，則進而治之，無不濟也，而靈公說之。史鰌去衞，靈公邸舍三月琴瑟不御，待史鰌之入也而後入。臣是以知其賢也。」

(28)定公❶問：「一言而可以興邦，有諸❷？」孔子對曰：「言不可以若是其幾❸也。人之言曰：『為君難，為臣不易。』如知為君之難也，不幾乎一言而興邦乎？」曰：「一言而喪邦，有諸？」孔子對曰：「言不可以若是其幾也。人之言曰：『予無樂乎為君，唯其言而莫予違也。』如其善而莫之違也，不亦善乎？如不善而莫之違也，不幾乎一言而喪邦乎？」(十三·一五)

【譯文】

定公問：「一句話就可以興盛國家，有嗎？」孔子回答說：「說話可不能這樣的期望呀。有人說：『做君難，做臣亦不容易。』如果知道做君難，就兢兢業業工作，這不幾乎是一句話就可以興盛國家了嗎！」定公問：「一句話就可以喪國，有嗎？」孔子回答說：「說話可不能這樣的期望呀。有人說：『我對做君沒有什麼可以感到高興的，唯一高興的是我說了的話沒有人敢違抗。』如果說的話對，而沒有人敢違抗，這不亦很好嗎！如果說的話不對，而沒有人敢違抗，這不幾乎是一句話就可以喪國了嗎！」

【注釋】

❶定公：魯國國君。❷諸：「之乎」的合音。❸幾：二解：一、接近。二、期望。從二。與下文「不幾乎」的幾，意義不同。

【按】

如果想到「做人君」的，不但要執掌芸芸衆生的生死、禍福的命運，而且還要擔負國家盛衰、興亡的責任，這樣，「爲君難」，也就會成爲兢兢業業，竭心盡力，治理好國家的動力，「一言可以興邦」，能使國家前途無量了！

同樣，如果「爲臣的」能自知「爲臣不易」，這就必定會勤勤懇懇、謙遜謹愼，敬於政事，忠於職守，做到全身心的孜孜爲民了！

嚴重的問題是，總有那麼一些民賊、獨夫的人君，沾沾自樂於「唯其言而莫予違也」的自我陶醉中。這就是說：他們對臣民操生殺予奪之權，他們的話是沒有人敢違抗的；他們可以指鹿爲馬，可以以黑爲白，胡說八道；他們更可以胡作非爲，爲所欲爲，無所不爲。

在這樣的思想指導下，他們就根本不可能理解這句話可以導致人亡、政息、邦喪的嚴重後果。這是一些不見棺材不下淚，非到上絞架、斷頭臺是絕不會放下屠刀的暴君。這不正是孔子說的「不幾乎一言而喪邦乎？」從這角度說：孔子思想上是堅決反對獨裁的。

古今中外的無數歷史史實，都無情地證明了這一點：任何視民如草芥的君王和爲政者，最終都是被人民視之如芻狗而被打倒！

【備考】

《說苑．君道篇》曰：師經鼓琴，魏文侯起舞，賦曰：「使我言而無見違。」師經援琴而撞文侯，不中，中旒，潰之。文侯謂左右曰：「爲人臣而撞其君，其罪如何？」左右曰：「罪當烹。」提師經下堂一等。師經曰：「臣可一言而死乎？」文侯曰：「可。」師經曰：「昔堯舜之爲君也，唯恐言而不違；桀紂之爲君也，唯恐言而人違之。臣撞桀紂，非撞吾君也。」文侯曰：「釋之！是寡人之過也。」

（29）子曰：「為命❶，裨諶❷草創❸之，世叔討論之，行人❹子羽脩飾❺之，東里❻子產潤色之。」（十四．九）

【譯文】

孔子說：「鄭國制訂政策、法令，先由裨諶起草，再經世叔討論提供意見，然後由外交官子羽修飾斟酌字句，最後是東里子產在詞藻上潤色完成。」

【注釋】

❶命：一說指外交辭命。一說指政策法令。❷裨諶：與世叔、子羽、子產都是鄭國賢大夫。❸草創：此指先寫一草稿，定其大意。❹行人：外交官。❺修飾：此指增損其字句，使其大意益臻完善、明顯。❻東里：地名，在今鄭州市。為子產所居之地。

【按】

「為政者」有關一切政策、法令的制訂，一切文告、外交辭命的草擬，都關係著國家的盛衰存亡、老百姓的禍福命運，關係著「近悅遠來」。因此，應該充分考慮到人民的利益，審愼訂擬。鄭國的賢相子產在這方面所採取的愼而又愼的態度，就特別體現了這精神。

通過這鄭重其事的「為命」態度，一方面可以想見鄭國當時人才濟濟的盛況是既多又賢，而工作更是極端嚴肅、認眞；另一方面亦可以推知子產之善於知人而用，善於用人所長的特點，正如《左傳・襄公三十一年》所說：「子產之從政也，擇能而使之。馮簡子能斷大事；子大叔美秀而文；公孫揮（字子羽）能知四國之為，而辨於其大夫之族姓班位貴賤能否，而又善為辭令；裨諶能謀，謀於野則獲，謀於邑則否。鄭國將有諸侯之事，子產乃問……而告馮簡子使斷之。事成，乃授子大叔（世叔），使行之以應對賓客，是以鮮有敗事也。」

(30)子曰：「聽訟❶，吾猶人也。必也使無訟乎！」（十二・一三）

【譯文】

孔子說：「聽訟辭以斷案，我同別人是差不多的。不過，在我，一定要教化老百姓，使不發生訴訟案才好。」

【注釋】

❶聽訟：聽其訟辭以判斷曲直。

【按】

公正無私地審斷案件的是非曲直，固然是審理訴訟的主要目標，但，還不應該僅止於此。「法令者，治之具；而非制治清濁之源也。昔天下之網嘗密矣；然姦僞萌起，其極也，上下相遁，至於不振……故曰：『聽訟吾猶人也，必也使無訟乎！』」（《史記・酷吏列傳》）正是孔子提出的通過仁政德治的方法，對老百姓進行「道之以德，齊之以禮」的教化，使人際間和睦相處，從根本上消除引起訴訟的因素。所謂「無訟」，就是指化其意於辭先，正如《潛夫論・德化》所說「民親愛則無相害傷之意，動思義則無姦邪之心。若夫此者，非法律之所使也，非威刑之所彊也，此乃教化之所致也。」

（31）子曰：「如有王者，必世❶而後仁。」（十三．一二）

【譯文】

孔子說：「如有一位聖明君王興起，也必經過三十年時間，才能使仁政行於天下。」

【注釋】

❶世：古代以三十年爲一世。

（32）子曰：「苟有用我者，朞月而已可也，三年有成。」（十三．一〇）

【譯文】

孔子說：「如果有人能用我，一年的時間便好了。若經過三年，定會有成功。」

【按】

本則爲有指而發。蓋「魯用孔子，至三月而魯大治」，便是「朞月而已可也」的效驗，非自負語。至於「世而後仁」，則是指要把過去已被習染的不良風尚，逐漸教化使老百姓都能改變過來，歸向仁厚，這不但需要有安定的社會基礎，有很好的文化教育；還需要有隔世隔代、三十年時間的努力，方始有成。就是說：要行仁政於天下，沒有一世的努力經營，是難於見功效，難於望其速成的。

（33）子曰：「齊一變，至於魯。魯一變，至於道。」（六・二二）

【譯文】孔子說：「齊國的政治一變革，可以達到和魯國一樣的水平；魯國的政治一變革，就可以達到行仁政的大道了。」

【按】這是孔子重王道、輕霸道，重仁政、輕刑治的思想實質。因為魯國為周公伯禽的封地，一向重教化；民風政俗崇尚禮和信，比較敦厚、質樸；齊國為姜太公的封地，素重武政；民風驍勇，急功好利，比較浮誇、多詐。儘管當時齊強魯弱，但孔子仍然認為魯國的政風優於齊國。「齊一變，至於魯」，是說僅僅可以達到魯國這樣的民風政俗的基礎；而「魯一變，至於道」，就可以達到行「仁政德治」這王道境界了！顯然，孔子更偏愛崇尚於王道的仁政。

(34)子曰：「魯衛之政，兄弟❶也。」(十三・七)

【譯文】

孔子說：「魯、衞兩國的政事，就像是兄弟一樣。」

【注釋】

❶兄弟：魯國是周公後代的封地，衞國爲康叔後代的封地。倆人本來是兄弟，兩國的政事亦相似，有如兄弟。

【按】

其實，當時魯衞兩國的衰亂亦相似。孔子借以表示無限感慨，旣嘆其衰，又惜其不振起，蓋有感於周公康叔之遺風猶在，仍寄其有望之深意。

(35)哀公❶問社❷於宰我，宰我對曰：「夏后氏以松，殷人以柏，周人以栗。曰：使民戰栗。」子聞之，曰：「成事不說，遂事不諫，旣往不咎。」(三・二一)

【譯文】

哀公問宰我關於社的事。宰我回答說：「夏后氏用松樹為社，殷人用柏樹，周人用栗樹。又說：用栗樹是要使老百姓戰慄，對政府有畏懼。」孔子聽到後，說：「已完成的事，不須再說了；已實行的事，也不須再規勸了；已過去的事，也不必再追究了。」

【注釋】

❶哀公：姓姬，名蔣，魯國的國君。「哀」是諡號。❷社：土地神。此指土地神的神主（木製的牌位）。

【按】

「成事不說，遂事不諫，既往不咎」，都是同一意義：指已經過去的事，縱然有點過錯，也就算了，不必再說、再追究了！

這是否為孔子對周人用栗樹做「社主」事，表示的一種不敢苟同的看法？因為「社主」在當時代表著國家，起某種象徵作用。如果說周選用栗樹是意在「使民戰栗」，讓老百姓感到恐懼，這顯然是有失偏頗的；而文武、周公之治，又是孔子心嚮往之，所最崇拜、最敬仰的。因此，對已經過去的事，不得已而作如此觀，所謂「成事不說，遂事不諫，既往不咎」，雖說也包含了某些慨嘆，但更體現了對歷史的寬容精神——而如果將此寬容精神，推而及於人際關係，那麼，對一些因特殊情況而「木已成舟」，或者「生米已煮成熟飯」事件的處理，必然會更加合乎情理，更加激勵當事人的發憤努力，勇往直前。

應該說，這不僅是明智的，也且與人爲善的。

(36) 曾子曰：「愼終❶追遠❷，民德歸厚矣。」（一．九）

【譯文】

曾子說：「愼重地料理父母親的喪事，虔誠地祭祀追念祖先，這樣就可以使老百姓的道德風尚日趨於淳厚了！」

【注釋】

❶終：死。此指父母逝世的喪禮。 ❷追遠：追念祖先。此指祭祀。遠：指祖先。

【按】

孔子之所以極重視喪葬、祭祀之禮，並不是相信人死後有靈魂存在，也不認爲祭祀祖先可以求福庇蔭；而是借此表示對死者的哀戚之情，也借此緬懷祖先創業之維艱，來激勵後輩繼續奮進的志向；同時，更借此窺測人的內心世界，是否富有仁心和良知。

儒家不提倡宗教信仰，但「愼終、追遠」的風尙，卻比宗教信仰更具深遠影響，也更有權威。這種民風習俗的形成，既不依賴宗教信仰，更不憑借統治權力，而是根源於人子孝心所表現出來的對去世父母的眞情。這眞情，超過人間功利：對死者既不能知情，對生者亦無實利可圖，也就顯得這眞情的可貴。

我們中華民族逐漸形成的敦厚民風和淳樸習俗源遠流長和紮根之深，是任何宗教信仰所難取代和達到的。這正是我們偉大民族，雖歷經危難，甚至衰亡，而始終不被外來民族所同化，雖西方宗教屢屢傳入，而終難紮根於我們民族的淵源所在。

愼終所以盡人子最後的孝情，追遠則爲緬懷祖先，永誌不忘的厚意。果人盡如此，則民情習俗、道德風尙必日趨敦厚淳樸了。

（37）子曰：「……君子❶篤於親，則民興於仁。故舊不遺，則民不偷❷。」（節錄八・二）

【譯文】

孔子說：「……在上位的人，如果能厚待親長，老百姓就會興起仁厚的風尙；在上位的人，如果不遺棄與他有故舊的人，老百姓的民風就不會薄情。」

【注釋】

❶君子：此指在上位的人。❷偸：薄情。

【按】

上則，「愼終追遠」，是就「喪葬之禮，所以教仁愛也」（《大戴禮記．盛德》）而言，因爲「喪葬之禮廢，則臣子之恩薄，而倍死忘生者衆矣。」（《禮記．經解》）因此，也就根本談不上「民德歸厚」，而是「民德趨薄」了！

本則，是說只有在上位的人率先「篤於親」，率先作出榜樣，不遺棄故舊友好，這才能使老百姓興於仁厚的風尚，使老百姓不會薄情。事實也正是這樣：「上有好焉者，下必有甚焉者矣。」（《孟子．滕文公》）

這兩則蘊涵相近，都是指如何形成好的道德風尚而言。實際上，任何國家、民族，要形成一個良好的道德風尚，是並不容易的，它需要幾代人，甚至幾十代人的努力，而且還必須是合乎情性的，樂於爲人民所接受的；否則，依靠大呼隆，速成，或者依靠沒有人情味的說教、硬灌輸，是經不起時間和困難環境的考驗，形不成好的道德風尚的。

（38）或❶謂孔子曰：「子奚不為政？」子曰：「《書》❷云：『孝

乎惟孝，友於兄弟。』施於有政，是亦爲政，奚其爲爲政？」（二・二一）

【譯文】

有人對孔子說：「你爲什麼不從事政治呢？」孔子說：「《尚書》上說：『孝呀，只有孝，才能友愛及於兄弟。』把這種精神影響到政治上去，這也就是從事政治。爲什麼一定要出仕才算是從事政治呢？」

【注釋】

❶或：有人。❷書：指《尚書》。

【按】

本則給「爲政」的表現形式和內涵，都賦予了新的意義。就是說：從仕固然是「爲政」，即使不從仕，只要自己的一言一語、一舉一動能影響到政治上去，同樣也是「爲政」。舉凡在家能孝父母的人，也一定能敬兄愛弟；處理家政井然有序，能「齊家」的，自然也能進而有「治國、平天下」的才能。此中義理，其實都是一樣的。

四、何爲則民服

(39) 哀公❶問曰：「何為則民服？」孔子對曰：「舉❷直錯❸諸枉❹，則民服。舉枉錯諸直，則民不服。」(二·一九)

【譯文】

哀公問道：「如何做才能使老百姓服從？」孔子回答說：「舉用正直的人，放置在邪曲人的上面，老百姓就會服從；舉用邪曲的人，放在正直人的上面，老百姓就不服了。」

【注釋】

❶哀公：魯國國君。姓姬，名蔣。「哀」是諡號。❷舉：選拔，舉用。❸錯：同「措」，放置。❹枉：邪曲。

【按】

「何爲則民服」，是任何一個執政者都應該重視，並正確對待，很可加以探討的問題。因爲歸根結蒂，它最終將涉及人心的向背，關係著國家的盛衰，人君的存亡——當然，如果執政者「視民如草芥」，心目中根本沒有老百姓，那麼，縱然再探討，也是挽救不了暴君的覆亡命運的。本則，孔子提出的「舉直」，還是「舉枉」，其實，只是影響「民服」，還是「民不服」的一個因素而已；但，它對造成社會的良好風氣卻起著關鍵作用。因為「舉直錯諸枉」，把那些剛正不阿，公忠體國，能急人民之所急，想人民之所想，在羣衆中起表率作用的賢人（直）提拔加以重用，放置在邪曲人之上，那麼，必然是正氣上升，邪氣下降，直者揚眉，孜孜為民，不但民服，枉者亦不能不服。這樣，在倡率、引導社會走上良好道德風尚的同時，也逐漸把枉曲的人改造過來，從而為實現天下大治創造了條件。

而「舉枉錯諸直」，把那些一意為私，工於阿諛、奉迎，善於察顏觀色，投君所好的小人（枉）提拔加以重用，放置在正直人之上，那麼，這樣的邪曲小人，「一旦權在手，就把令來行」，他們瞞上、壓下，作威作福，為所欲為，又無所不為，就必然大大汚染、毒化社會風氣，使直者怨、民情憤，則又豈只止於「則民不服」而已！

因此，孔子提出的「舉直」、還是「舉枉」，其實質在要求為政者的君王，不僅個人喜直惡枉，率先作出榜樣，更要求執政的領導層，作為一個領導集體都能喜直惡枉，共同起表率作用。這樣，眞正使「舉直錯諸枉」成為一個用人的制度，一個良好的道德風尚，「則民服」，自不待言說了！

其實，就廣義，或者某種意義說：舉凡存在有「領導和被領導」、「管理和被管理」的任何部門、任何單位中，也都會有「何爲則民服」的問題，卽如何讓被領導、被管理者心悅誠服，充分發揮他們的聰明才智和積極性，則「舉直」還是「舉枉」，在很大程度上，恐怕仍然是一個關鍵。如謂不信，則在現實中，凡「舉枉錯諸直」的部門，「則民不服」，幾乎是普遍存在的一個現象和規律，就足以說明，並値得深思了！

(40) 樊遲……問知。子曰：「知人。」樊遲未達。子曰：「舉直錯諸枉，能使枉者直。」樊遲退，見子夏，曰：「鄉❶也，吾見於夫子而問知，子曰：『舉直錯諸枉，能使枉者直』，何謂也？」子夏曰：「富者言乎！舜有天下，選於衆，舉臯陶❷，不仁者遠矣。湯有天下，選於衆，舉伊尹❸，不仁者遠矣。」（節錄十二．二二）

【譯文】

樊遲……問怎樣才是知。孔子說：「知人。」樊遲聽了沒有明白。孔子說：「舉用正直的人，放置在邪曲人之上，也能使枉曲的人正直了。」樊遲退出來，去見子夏，說：「剛才我見老師，請問怎樣才是知？老師說：『舉用正直的人，放置在邪曲人之上，也能使枉曲的人正直了。』這話是什麼意思呀？」子夏說：「這話的涵義是多麼豐富呀！舜有了天下，在衆人中挑選出臯陶來舉用他，那些不仁的人就都遠離了。湯有了天下，在衆人中挑選出伊尹來擧用他，那些不仁的人也就都遠離了！」

【注釋】

❶鄉：同「嚮」。從前，此指剛才。❷皐陶：傳說是舜的賢臣，公正無私，執法如山，深得民心。❸伊尹：商湯的賢相。傳說湯死後，放太甲，使之思過；及其改過，又迎而復位，皆一秉大公，順乎民意。

【按】

本則列擧二個歷史史實，用以說明「擧直錯諸枉，能使枉者直」的涵義該是多麼豐富，多麼具有深意！因此，也就無異爲上則作了注解，其義更明。

所擧史實：皐陶是舜的賢臣，爲人公正無私，是一個執法如山，深得大衆信仰的人。舜把他從衆人中選擧出來，加以重用，讓他負責行政、司法工作。自此而後，稱霸逞兇的人逐漸匿迹了，寃枉、委屈的事少了，壞人、不仁的人也都遠離，或者被教化過來了！

而伊尹則是商湯的賢相，原爲「耕於有莘之野，而樂堯舜之道焉」，是一個非常清廉，又極富責任感的人。「湯三使往聘之」，把他從衆人中選擧出來，加以重用。先幫助湯伐夏救民，湯死後又把犯了過錯的太甲（太子太丁的兒子）流放到桐，使之悔過自新，經過三年做到存心仁愛時，又迎之復王位。孟子贊譽之為「伊尹，聖之任者也」（意即：伊尹是聖人中特別富於責任感的人）。

這正如《左傳・宣公十六年》曰：晉侯請於王，以黻冕命士會將中軍，且為太傅，於是晉國之盜逃奔於秦。羊舌職曰：「吾聞之：禹稱善人，不善人遠：此之謂也夫。」

（41）季康子❶問：「使民敬，忠以勸❷，如之何？」子曰：「臨之以莊，則敬。孝慈，則忠。舉善而教不能，則勸。」（二・二〇）

【譯文】

季康子問：「要使老百姓敬上、忠上，和加倍努力，應該怎麼辦？」孔子說：「你對老百姓莊重、嚴肅，老百姓自然會敬上，你讓老百姓都能孝順父母，慈愛幼小，老百姓自然會忠上；你選拔、薦舉他們中間的善人，並教育幫助他們中間不能的人，老百姓自然會互相勉勵，加倍努力了。」

【注釋】

❶季康子：魯國大夫。姓季孫，名肥，「康」是謚號。他是魯哀公時最有權力的人。 ❷勸：勉勵、努力。

【按】

康子所問，意在責民；孔子所答，卻令反己。前者一「使」字，意氣驕橫之態，躍然如見；後者三「則」字，理直義正之辭，肅然起敬。言簡意賅，可謂得綱要之最。

一、問：「使民敬，如之何？」答：「臨之以莊，則敬。」

這意思是：如果你對民不莊重、不嚴肅、不恭敬，那麼，縱然對上敬，也只是身不由己，不得已罷了。因爲在人際交往中，「敬人者，人恆敬之」，而且，「敬」的本身，就應該是一種對等的、互相感應的關係：如果你對別人無禮，又何能指望別人給你好面孔呢？

二、問：「使民忠，如之何？」答：「孝慈則忠。」

這同樣提醒，只有平時就要重視提倡、推崇，並且獎掖社會上孝老、慈幼的好風尙；批評、直至懲辦那些遺棄，甚至虐待父母、摧殘幼兒的人。這樣，「孝慈則忠」，也就自然成爲風尙了！否則，一個對自己的尊親尙且不孝、不敬、不慈、不愛，既無人性，又無仁心的人，又如何能忠於君上、忠於國家和忠於人民呢？

三、問：「使民勸，如之何？」答：「舉善而教不能，則勸。」

這，也必須在上位者對「舉善教不能」方面，切切實實作出政績和榜樣，能讓人民看得見、信得過。這樣，既鼓勵、獎掖、薦舉了善人，又教育幫助了不能的人，也就容易形成一個人人樂於發憤向上，互相勉勵，努力求才進德的好風氣。

「人要臉，樹要皮」，在一個能夠，並且都樂於「舉善教不能」的良好風尚和環境下，誰又甘願做一個「不能」，甚至是沒有出息的二流子、浪蕩兒呢？

(42) 樊遲請學稼。子曰：「吾不如老農。」請學為圃。曰：「吾不如老圃。」樊遲出，子曰：「小人哉！樊須也！上好禮，則民莫敢不敬。上好義，則民莫敢不服。上好信，則民莫敢不用情。夫如是，則四方之民襁負其子而至矣，焉用稼？」(十三·四)

【譯文】

樊遲請教怎樣學種莊稼。孔子說：「我不如老農。」又請教怎樣學管理園圃。孔子說：「我不如老園圃。」樊遲出去後，孔子說：「樊遲呀！眞是一個小人了！在上位者，只要能好禮，老百姓就沒有人敢不尊敬；在上位者，只要能合理辦事，老百姓就沒有人敢不服從；在上位者，只要誠實、守信，老百姓就沒有人敢不說眞情實話。如果能做到這樣，四面八方的老百姓就會背負他們的小孩來投奔，又何必自己去學種莊稼呢？」

【按】

雖說這是孔子就樊遲問「學稼」、「學圃」所作的回答，但亦可以從中悟出一個道理：只要在上位者能「好禮（敬誠）、好義（講道理）、好信（守信）」，老百姓是不會不尊敬，不會不服從，也不會不說眞情實話，可以說，對上是絕對忠誠的。

當然，這也無異告誡在上位的爲政者：如果「不好禮、不好義、不好信」，本身是一個「視民如草芥」的暴君，那麼，老百姓的「不敬、不服、不用情」，也該是理所當然的。言外之意是：這樣的君上也該到了自食其果、天祿永終的時候了！

治理國家，其實亦正是這樣：如果身居上位者眞正做到了「好禮、好義、好信」，那麼，政治清明，百姓愛戴，人心歸順，上下同德，不但近者悅，而且遠者來，四面八方的老百姓都會聞風仰慕，爭相扶老負幼前來依附。這樣，從事農稼的人日益增多，耕地面積亦日益開闢，又何必操心沒人種莊稼、種蔬菜，栽果樹、栽花草呢？

後儒有說，「焉用稼」，是孔子輕視農業勞動，看不起「稼」和「爲圃」。也有說，本則重點在「上好禮……則民莫敢不……則四方之民……」，並不在「學稼」和「學爲圃」：有前者的「上好」，自然就無須操心「稼」；而無前者這條件，縱「學稼」，也難於溫飽。因此，關鍵還是在告誡爲政者必須重視自身道德修養所起的表率作用。

（43）子曰：「上好禮，則民易使也。」（十四・四四）

【譯文】

孔子說：「在上位者喜好按禮法行事，那麼，老百姓就容易聽從差使。」

【按】

「爲政者」與平民百姓之間的關係，在幾千年的封建社會裏，都是統治者與被統治者的關係。從統治者的角度說：哪一個朝代，任一個君上，都存在「何爲則民服」，「何爲則民易使」的問題。就是說：如何才能使老百姓相對地心悅誠服，或者馴順一些，能聽從差使等等。而就被統治者本身的利害關係說：則是正眼看看統治者是怎樣態度來對待平民百姓的？比如：一、統治者是好禮、好信，還是相反？二、處理一切政事，是合乎道理，還是不合？三、「其養民也」是有恩惠，還是沒有？四、差使老百姓是有償勞動，還是無償？

本則和下面所附的三則，都是孔子對統治者提出的嚴格要求。因爲「爲政在人」，只有統治者眞正做到以仁愛待人，處處、時時、事事從利民、惠民、仁民、化民出發，這才談得上民易使、民易服的問題。

這是孔子從仁出發，立足於人民，爲老百姓說的話，透過字裏行間，可以感到其中蘊含的一句潛臺詞是：如果你統治者沒有做到這些，或者根本無視這些，那麼，老百姓同樣會不敬、不服，不用情、不易使，叫你下不了臺的，其後果就要統治者自己去考慮了！

附：孔子曰：「君子學道則愛人，小人學道則易使也。」（節錄十七·四）

孔子曰：「惠則足以使人。」（節錄十七・六）

子謂子產：「有君子之道四焉……其養民也惠，其使民也義。」（五・一六）

（44）子曰：「出門如見大賓，使民如承大祭。」（節錄十二・二）

【譯文】

孔子說：「出門去工作要像接待貴賓一樣認眞，差使老百姓要像承當重大祭祀那樣謹愼。」

【按】

前一句敎人處世之道：對任何人都要像接待貴賓那樣，做到彬彬有禮，誠誠懇懇，恭恭敬敬，尊重別人。這是內修養之功而見之於外的。

後一句是告誡爲政者：差使老百姓要像承當重大祭祀那樣，心懷虔誠，態度嚴肅，這就一定會兢兢業業，愼而又愼地去使用民力：旣不隨心所欲，濫加役使，糟蹋民力；也不任意驅使老百姓去幹無償勞動，而且，由於居心敬、虔誠，就不會頤指氣使，不會盛氣凌人——其實，這也就是內心的仁，自然能深得民心了！

（45）子曰：「民可使由之，不可使知之。」（八・九）

【譯文】

孔子說：「老百姓可以使他們按照我們所指導的去做，不可以使他們知道爲什麼要那樣去做。」

【按】

後儒對本則的涵義，歷來有很大的爭議：貶之者認爲這是孔子鄙視勞動人民的愚民政策，因而據以大張撻伐；褒之者則竭力爲之辯解，但又較牽強；也有認爲應如《孟子‧盡心上》所說，是「行之而不著焉，習矣而不察焉，終身由之而不知其道者，衆也」的意思（指不可能在「使由之」前都必須家喻戶曉，讓老百姓知道）；還有認爲圈點句讀應該是：「民可，使由之；不可，使知之」等等。總之，分歧很大。

不過，如果僅據本則的片言數字就認定是孔子鄙視勞動人民的「愚民」政策，則是缺乏說服力，而且憤激太過，也不是求實的態度。

姑就孔子一生從事教育，以「有教無類」（十五‧三八）而言：孔子招徒講學不僅無分貧富、貴賤、智愚，而且只要「自行束脩以上，吾未嘗無誨也」，始終是以誨人不倦的態度，竭盡心力使弟子們能對所學暢曉、明白，融會貫通，以此而論，能說孔子有半點點「不可使知之」的意向？特別是孔子的很多高弟子如顏回、閔子騫、仲弓、原憲、子路、曾參，以及冉伯牛、冉有等，都出身貧賤，孔子不但無絲毫鄙視之意，相反卻十分器重、厚愛，把他們培養成爲德才兼備的人才，並且極力推薦，使他們出仕從政。以此而論，能說孔子有些許許鄙視勞動人民的態度？縱覽全部《論語》，既看不出孔子有鄙視勞動人民之言，也看不出有「不可使知之」之行，則貶之者認定孔子有「愚民」政策而大張撻伐，必欲打倒之的態度，顯然是不公正的，亦是與孔子的教民、化民原則不相稱的。此其一。

二、僅僅根據本則的片言數字，就全部否定《論語》二十篇約五百章一萬字。這種攻其一點，不及其餘的作法，實在是偏急太過，不是實事求是的。

三、而況所據本則的片言數字，乃由不同的圈點句讀而引起：既然可以如本則之句讀，那麼，亦可以作如下的圈點「民可，使由之；不可，使知之」。這就成爲完全相反的解釋了。

四、退一步而言，縱然如本則之句讀，亦不一定就得扣上「愚民」政策的帽子。因爲卽使在今天這樣科學昌明、民主風行的社會，恐怕也難於做到事事都要「使知之」，那麼，在二千五百年以前的封閉式社會，「民可使由之，不可使知之」，何嘗不是老百姓「行之而不著焉，習矣而不察焉，終身由之不知其道」的一種現象呢？更何況，對「可」和「不可」，還有文字上的不同解釋，正如郭沫若所說：

但要說「民可使由之，不可使知之」爲愚民政策，不但和他「教民」的基本原則不符，而在文字本身上的解釋也是有問題的。「可」和「不可」，本有兩重意義，一是應該不應該；二是能夠不能夠。假如原意是「應該不應該」，那便是愚民政策；假如僅是「能夠不能夠」，那只是一個事實問題。人民在奴隸制時代沒有受教育的機會，故對於普通的事都只能照樣做，而不能明其所以然，高級的事理自不用說了。原語的涵義，無疑是指後者，也就是「百姓日用而不知」的意思。舊時的注家多採取這種解釋。（《十批判書．孔墨的批判》）

五、政者，正也

(46) 季康子問政於孔子。孔子對曰：「政者，正也。子帥以正❶，孰敢不正？」（十二．一七）

【譯文】

季康子向孔子問怎樣治理政事。孔子回答說：「政就是正的意思。您率先帶頭走正道，在下的誰敢不走正道？」

【注釋】

❶帥：同「率」。率領，帶頭。

【按】

「政者，正也」，是政治上一句至今仍然閃爍出智慧光輝的至理名言。所謂「上樑不正下樑歪」，如果在上者率先端正自己走正道，在下的誰敢不端正，不走正道？儘管這是在二千五百年以前，還是處在初期領主制的封建社會時提出的，但它所蘊涵的卻是帶有普遍意義的眞理，是具有無限生命力的智慧結晶；它所起的作用和影響，也都是無可估量的。

「政者，正也」的定義：淸晰、明確，有深度、廣度，更有新意，不但極大地豐富了政治的內涵，也指明了它的方向。可以說，在任何時代都具有它無限政治活力的現實意義。特別對那違背人民意志的當權者來說，就不能不多多地思考如何率先帶頭走正道的問題。因此，這思想不僅在過去符合人民利益，是進步的；卽在今天，甚至將來，也仍然符合人民利益，是促進社會進步的。它超越時、空界限，對任何社會制度的每一個國家和民族的「爲政者」來說，都應該是可供學習和發揚的。

【備考】

《說苑．反質篇》曰：齊桓公謂管仲曰：「吾國甚小而財用甚少，羣臣衣服輿馬甚汰，吾欲禁之，可乎？」管仲曰：「臣聞之：君嘗之，臣食之；君好之，臣服之。今君之食也，必桂之漿，衣練紫之衣，狐白之裘，此羣臣之所以奢泰也。《詩》云：『不躬不親，庶民不信。』君欲禁之，胡不自親乎？」桓公曰：「善。」於是更制練白之衣，大帛之冠，朝，一載而齊國儉也。

（47）季康子患盜，問於孔子。孔子對曰：「苟子之不欲，雖賞之不竊。」（十二·一八）

【譯文】

季康子憂慮魯國多盜賊，向孔子求問該怎麼辦？孔子回答說：「如果您自己不想貪求更多的財貨，縱然您懸賞盜竊，老百姓也不會去盜竊。」

【按】

「苟子之不欲，雖賞之不竊」。可謂快人快語，一針見血的醒君良言！其實呢，豈僅「患盜」問題，也豈僅下則「子爲政，焉用殺」問題，舉凡世間事，類皆如此，所謂「上有好焉者，下必有甚焉者矣」（《孟子·滕文公》）。比如：

一、上好奉迎：下必阿諛、諂媚成風，蹓鬚拍馬之徒遍天下；而且手法之巧，工計之卑，都到了可以嘆爲觀止的境地。

二、上好財利：下必孳孳謀利，進而見利忘義，見財起意；或投機倒把，損公害人；或爲賊爲盜，殺人越貨等等，也就無所不爲了！

三、上好女色：下必競相誘以美女，縱情恣樂；也有甚至以妻女爲引，趨附求榮求利，恬不知恥，直不知人間羞恥爲何事。

四、上徒虛名：下必互爲標榜，競相吹捧；文過飾非，欺世盜名；只求外表，不圖務實。從此，民風習於浮滑矣。

五、上好悠閑：下必尚清淡，胸無大志，言不及義；飽食終日，無所用心；上班工作，報紙一張，香茗一杯，悠哉遊哉，怡然自得，其樂無窮。

六、上好大喜功：下必弄虛作假，瞞上欺下，浮誇成風：一面是高呼聖君在上，皇恩浩蕩；一面卻殘酷壓下，百姓遭殃！

七、上好弄權：下必勾心鬪角，互相排擠，傾軋猜疑：或告密、誣陷、暗害；或藉口有因，濫殺無辜，「順我者生，逆我者亡」，從此，國無寧日，民則多災多難矣。

總之，上好一尺，下必一丈；上好一丈，下必擴而百丈矣！

孔子的回答，其知害之深，可謂入木三分；而知害之明，則猶洞若觀火。這對當權的季康子來說，無異是當頭的棒喝，無情的鞭撻，箇中辣痲、苦澀滋味，也只有自已知道了！

當然，這也從一個側面說明身居上位的爲政者，無論是一舉手、一投足，或者一言一語，以及個人的好惡等等，都涉及自身的道德修養，更關係著民命和國家的盛衰，是千萬不可玩忽兒戲的。

(48) 季康子問政於孔子，曰：「如殺無道，以就有道，何如？」孔子對曰：「子為政，焉用殺？子欲善而民善矣。君子之德，風。小人之

德，草。草，上之風，必偃❶。」（十二．一九）

【譯文】

季康子向孔子問怎樣治理政事，說：「如果殺掉無道的人，來成全有道的人，如何？」孔子回答說：「您治理政事，何必要用殺人的辦法？您想做好事，老百姓自然就會跟著做好事。在上位人的品德好比風，在下位人的品德好比草。風加到草上，草必然會隨著風倒向一邊。」

【注釋】

❶上之風必偃：風加在草上，草必仆倒。上：作「尙」。加的意思。偃：仆倒。

【按】

季康子是魯哀公時執有最大權力的大夫。上面三則都是孔子對他問政的回答。從行文看，只是屬論政方面的無可辯駁的政見觀點而已；但從蘊涵的內在意義，卽現代語說的潛臺詞著眼，卻是頗具諷諫意味，十分發人深思的，也是會使季康子不免感到汗顏的。比如：

「子帥以正，孰敢不正？」其中沒有說出的潛臺詞就是：正是您本身沒有帶頭走正道，因而影響在下者的不走正道，以及社會風氣的不正，這能去責怪誰呢？

「苟子之不欲，雖賞之不盜。」其潛臺詞就是：正由於在上位者的您，私欲太多，過於貪求財貨，因而上行下效，就無怪乎在下的人要多盜竊了。這是咎由自取，活該！「子爲政，焉用殺？子欲善而民善矣。」其潛臺詞也正是：幹麼要採用殺人的辦法！「民不畏死，奈何以死懼之」，您不用道德來感化，不採取措施消除犯罪根源，卻以殺戮辦法進行威懾，這能行得通、壓得住嗎？

其實呢，您本身心想行善，則老百姓自然會跟著向善。而現在，正是由於您沒有對人民進行很好教化，沒有從根本上爲向善創造條件，因此，這完全是您本身的過失，能歸罪於老百姓嗎？「堯舜行德則民仁壽，桀紂行暴則民鄙夭。」這是很自然的，是事物的必然，猶如《說苑·貴德篇》所說：故天子好利則諸侯貪；諸侯貪則大夫鄙；大夫鄙則庶人盜。上之變下，猶風之靡草也。

從這些回答中，可以想見季康子當時的情態，該是多麼汗顏，又是多麼惶愧！而孔子那剛正不阿，表現出既委婉、又嚴正的凜然正氣，又是多麼令人肅然起敬！

至於「君子之德，風。小人之德，草。草，上之風，必偃」，同樣是一句至今仍然閃爍出智慧光輝的至理名言。

無數歷史史實證明了這一點，它昭示人們：要造就一個國家、民族，或者一個時代的好政風，需要經過幾代大政治家（在古代爲聖君明王）的艱苦卓絕的努力；而要毀棄它，則只要一代暴君的虐政，就可以蕩然無存！

我們民族每一個朝代，由盛到衰，由衰到中興，又由中興到衰，以至於亡，無不維繫著「君子之德，風……」的問題。因此，世風敗壞的責任顯然在上而不在下，卽使在下位者有錯失，其政治責任亦應該由在上者負責。作爲在上位的爲政者，必須充分意識到自己肩負責任的重大，兢兢業業，愼而又愼地對待「上有好焉者，下必有甚焉者」問題，加強自己的道德修養。

(49) 子曰：「其身正，不令而行；其身不正，雖令不從。」(十三・六)

【譯文】

孔子說：「在上位者的行爲正派，思想端正，就是不發布命令，老百姓也會雷厲風行；本身思想不端正，行爲不正派，縱使三申五令，在下位的也不會聽從。」

(50) 子曰：「苟正其身矣，於從政乎何有？不能正其身，如正人何？」(十三・一三)

【譯文】

孔子說：「如果本身思想端正，行爲正派，則對治理政事，有什麼困難呢？如果不能端正自己，又怎麼能端正他人呢？」

【按】

這兩則，是「政者，正也」這光輝思想的引申和進一步闡發。可以說字字珠璣，句句金玉，是充滿浩然正氣的諍言。它爲人民喊出了請命的心聲，而其中所蘊涵的潛臺詞，更是告誡了每一個爲政者：如果不能首先端正自己的思想、行爲、品德和政風，使之符合人民的利益，那麼，「雖令不從」，到了成爲普遍現象時，則統治者的末日，也就爲期不遠了！

如此尖銳、犀利而嚴正的「爲政」思想？是孔子站得高、看得遠、棨得深，總結歷史經驗教訓而成的智慧結晶。這在當時的歷史條件下，不僅需要透徹體察民情的洞察力，更需要面對現實的膽識、大智和大勇：而這，沒有深厚同情人民的仁心，是根本不可能的。

事實上，孔子而後長達二千幾百年的封建社會，歷代封建帝王有時盛，有時衰；有的維持長治久安，有的短促衰亡，所有的換朝更代，都證明了「其身正，不令而行；其身不正，雖令不從」這思想的光輝。

【備考】

《晏子春秋・雜下篇》曰：靈公好婦人而丈夫飾者，國人盡服之，公使吏禁之。曰：「女子而男子飾者，裂其衣，斷其帶。」裂衣斷帶相望而不止。晏子見，公問曰：「寡人使吏禁女子而男子飾，裂斷其衣帶，相望而不止者，何也？」晏子對曰：「君使服之於內，而禁之於外，猶懸牛首於門而賣馬肉於內也。公何以不使內勿服，則外莫敢爲也。」公曰：「善。」使內勿服，踰月而國莫之服。

(十三·一)

(51)子路問政。子曰：「先之勞之。」請益。子曰：「無倦。」

【譯文】

子路問怎樣治理政事。孔子說：「以身作則，自己先勞，然後再使老百姓勞動。」子路請求再增加一些指導，孔子說：「按上面說的做去，不要厭倦。」

【按】

本則是上則「苟正其身矣，於從政乎何有」的闡發和補充。卽：任何事情，規定下面做的，在上者自己先做；規定下面不做的，在上者自己先不做。這樣就必然能夠雷厲風行地做到「令行禁止」。

但，還應該把「先之」推而及於一切方面。如：帶兵作戰，衝鋒在先；下海探險，臨危在先；勞累工作，帶頭在先；艱苦生活，安心在先；特別是憂國憂民，更要思想領先。總之，在一切方面，均以身「先之」的精神，把百姓分內事，件件責成在自己身上，獨立承當。果能這樣態度，以之出仕從政，則何事辦不成，何政治不好？以之人際交往，則何人不贊，何友不譽？以之求職謀生，又何愁職難求，何愁領導不信任？以之勞民，則民又復何怨？

因此，孔子所答的「先之勞之」，而又始終如一，從不厭倦，應該是為政之道的最佳選擇，和為人之方的最好態度了！

過去，封建社會的統治者與人民之間的關係，是壓迫與被壓迫、剝削與被剝削的對立關係，孔子尚且提出這樣符合人民利益的政治主張，要求為政者率先垂範；那麼，我們今天正生活在人民當家作主的偉大時代，就有理由要求作為人民公僕的各級領導能夠更好、更有成效，也更加率先垂範，為人民作出榜樣。

(52) 子曰：「晉文公❶譎而不正❷，齊桓公❸正而不譎❹。」（十四·一六）

【譯文】

孔子說：「晉文公詭詐而不正派，齊桓公正派而不詭詐。」

【注釋】

❶晉文公：晉國國君，姓姬，名重耳。春秋時，著名的霸主之一。❷譎而不正：晉文公因恐霸業不成，曾召周天子而使諸侯朝之。孔子認爲「以臣召君，不可爲訓」，是「譎而不正」。譎：詭詐，玩弄權術。❸齊桓公：齊國國君，姓姜，名小白。春秋時，著名霸主之一。❹正而不譎：齊桓公九合諸侯，不以兵車；討伐楚國，用的是周天子名義，孔子認爲是光明磊落，是「正而不譎」。

【按】

歷史上，晉文公、齊桓公都曾成就霸業。不過，齊桓公死後，也就衰落；而晉文公之後，卻仍長期主霸中原未衰。因此，一般人以此稱譽晉文公。孔子則根據史實，認爲晉文公所以成就霸業，無論用兵行事都常使用詭術，而且「挾天子以令諸侯」，還用狡詐手段逼周天子封他爲霸主，不能稱爲正道；而齊桓公九合諸侯，不以兵車(指不使用武力)，就贏得人心，且葵丘之會，定天子以安王室，伐楚則用周天子名義，光明磊落，都是正道的表現。

孔子這種不人云亦云，獨持自己「正」論的觀點，是他不以兩人霸主時間的長短論成敗，正是他爲人正直、不苟合的表現。作爲對歷史人物所持的評價態度，應該說：是頗值得今天從事史論工作者的借鑒的。

六、正名

（53）齊景公❶問政於孔子。孔子對曰：「君君，臣臣，父父，子子。」公曰：「善哉！信如君不君，臣不臣，父不父，子不子，雖有粟，吾得而食諸？」（十二．十二）

【譯文】

齊景公向孔子問怎樣治理國家政事。孔子回答說：「君要像個君，臣要像個臣，父要像個父，子要像個子。」齊景公說：「說得好呀！如果君不像個君，臣不像個臣，父不像個父，子不像個子，那麼，縱使有糧食，我怎麼能吃得到呢？」

【注釋】

❶齊景公：齊國國君，名杵臼，多內嬖，不立太子。

【按】

按照名分，各人克盡自己的道義和責任：君像個君，臣像個臣，父像個父，子像個子。應該說：完全是情理中，本分內所當做的事，這有什麼不好呢？以此類推，比如：

當教師的像個教師，無愧於「靈魂工程師」的光榮稱號，孜孜不倦的誨人、育人；當醫生的像個醫生，對病人循循善誘，重醫德，認眞、負責，給予最好的治療；當商店營業員的像個營業員，以顧客爲重，禮貌待人，……等等，這些都是忠誠於本分的表現，爲什麼不可以借鑒，或光大之呢？

反過來，如果說：爲君的不像個君，昏聵、荒淫、暴虐，不愛民，不節用，又如何使國家興旺發達，繁榮昌盛？又如何使老百姓安居樂業、幸福安康？

如果說：爲臣的不像個臣，對上不忠不信，對下不仁不義，對民不敬不正，又如何能貫徹在上者的政策、法令，造福於人民呢？

如果說：做父親的不像個父親，對子女養而不教，教而動輒打罵；而自己卻沉湎酒賭色，甚至亂倫不規，這又與禽獸何異？

如果說：做兒子的不像個兒子，不尊敬、不贍養父母，還要任意打罵、虐待，甚至遺棄父母。這種對自己父母尚且如此冷酷無情，殘忍相待的人，又何能指望他對國家、對人民的竭盡忠心？

以此類推，如果說：當教師的不像個教師，不認眞教書，誤人子弟，又且作風惡劣，道德敗壞，如何爲人師表？當醫生的不像個醫生，對病人漫不經心，玩忽人命，有何醫德可言？當營業員的不像個營業員，一問三不答，態度傲慢，滿嘴髒話、粗話，……等等，又怎麼能說是稱職，守本分？

只是後來在漢武帝時，由於董仲舒的倡議，而演變為「君為臣綱，父為子綱，夫為妻綱」的三綱。這樣，「君要臣死，不得不死；夫要妻出，不得不出；父要子隱，不得不隱」，也就成為「君、父、夫」至上的專制主義的倫理關係了！但這終究是後儒所為，要把賬掛在孔子身上，顯然是不公允的！

(54) 子曰：「觚❶不觚，觚哉！觚哉！」（六·二三）

【譯文】

孔子說：「觚不像個觚，這算是觚嗎！這算是觚嗎！」

【注釋】

❶觚：古代行禮用的酒器，上圓下方，有棱角，後改為圓形，無棱角。因此，借以發「觚哉」之嘆。

【按】

這是孔子卽物興感，借酒杯而發的感嘆語。是喻指人心不古，世道衰微了。雖指觚，實亦泛喻，可指其他。比如：爲君的不像個君，這能算是君嗎？（潛臺詞：昏君）當教師的不像個教師，這能算是教師嗎？（潛臺詞：胡混）商店營業員而「橫眉冷對顧客」，怎麼能這樣呢？（潛臺詞：大鍋飯）學校行商而議價收費，這能算學校嗎？（潛臺詞：學店）諸如此類，這難道不正需要正名嗎？

孔子「觚哉！觚哉！」之嘆，是嘆有其名，而非其實；〈八佾〉「餼羊」之論，是論無其實，而應存其名。都是孔子對當時天下無道，名實不相稱所表示的無限慨嘆。

（55）子路曰：「衛君❶待子而為政，子將奚先？」子曰：「必也正名❷乎？」子路曰：「有是哉！子之迂也，奚其正？」子曰：「野哉由也！君子於其所不知，蓋闕❸如也。名不正則言不順，言不順則事不成，事不成則禮樂不興，禮樂不興則刑罰不中，刑罰不中則民無所措手足。故君子名之必可言也，言之必可行也。君子於其言，無所苟而已矣。」（十三・三）

【譯文】

子路說：「如果衛國國君有意等待老師去治理政事，老師打算先從何下手？」孔子說：「首先一定是正名吧！」子路說：「有這樣的嗎？老師正是迂腐呀！名有什麼可以正的呢？」孔子說：

「眞太粗野了，由呀！君子對自己所不懂的事，應該採取存疑的態度。如果名分不正，說話就不順理；說話不順理，事情就辦不成；事情辦不成，禮樂就不能興起；禮樂不能興起，刑罰就一定不能中肯；刑罰不能中肯，老百姓就會手足無措，坐立不安。因此，君子定下一個名分，必定要說得成理；說得成理，也必定可以行得通了。君子對自己說出的任何一句話，都不能有一點馬馬虎虎才行哩！」

【注釋】

❶衞君：指衞出公蒯輒。他父親蒯聵因得罪南子（衞靈公夫人）而逃亡在外。衞靈公死，衞國人立輒爲君。因父子爭奪君位，搞亂了「君君，臣臣，父父，子子」的名分，故孔子提出了要先正名。❷正名：糾正名分上名實不當的現象。❸闕：同「缺」，存疑。

【按】

孔子對當時存在的「君不君，臣不臣，父不父，子不子」的不正風尚，即所謂「觚不觚」的現象，是十分不滿，並表示了無限慨嘆的。所提出的「正名」主張，正是想借此使之能合乎各自應該盡的道義職責。這在當時，應該說，是社會的需要，而且具有積極意義。

只是，孔子正名的著眼點是周禮。而周禮中的某些部分，顯然又不適應已變化了的社會實際。因此，一定要去「正」，就不容易行得通了；特別是「正名」的重點在臣對君的僭禮行爲，如：「孔子謂季氏，『八佾舞於庭，是可忍也，孰不可忍也！』」(三·一)等，而對魯國國君娶同姓吳姬爲妻的非禮行爲，孔子卻爲「尊者諱」。因此，這就很難做到徹底了。

這「正名」主張，在長期的封建社會裏，歷代的封建統治者爲了維護宗法、等級、特權制度等，都曾經各有側重地進行過隨心所需的正名，如把本來帶有民主性的「君君，臣臣」，歪曲宣揚成爲君要像個有絕對尊嚴和權威的君，臣要像個唯君命是從的臣，用以無條件地衞護君王尊嚴的不可侵犯和權威的至高無上，從而也就演變而成後來的「君要臣死，不得不死」的極端專制、殘酷的君臣關係。而這，就不是孔子始料所能及了！

儘管如此，「正名」工作，即在今天來說，也仍然是十分需要的，特別對那些名和實不符、不相稱的言、行、事和制度，進行如實的正名，不僅爲了瞻觀，爲了充分調動積極因素，以便卓有成效地進行工作；同時更爲了可以借此糾正那些不正之風，使之不能爲害人民。如：有的名爲工程師，卻無其實，還不如一個技術工；有的身爲主任、部長，有職有能卻無權，而有職有權者卻無能，偏又尸位素餐，占住茅坑不拉屎；也有成立什麼公司，掛的「諮詢」招牌，卻在經營百貨批發謀暴利，名爲「實業開發公司」，暗則搞外鈔買賣。總之，形形式式，無奇不有，掛的是羊頭，賣的卻是狗肉，隨時隨處都有需要正名的事和物。

正如《呂氏春秋·審名篇》所說：夫名多不當其實，而事多不當其用者，故人主不可以不審名分也。今有人於此，求牛則名馬，求馬則名牛，所求必不得矣；而因用威怒，有司必誹怨矣；牛馬必擾亂矣。百官，衆有司也；萬物，羣牛馬也。不正其名，不分其職，而數用刑罰，亂莫大焉！故名不正則人主憂勞勤苦，而官職煩亂悖道矣。

（56）邦君❶之妻，君稱之曰「夫人」，夫人自稱曰「小童❷」，邦人稱之曰「君夫人」，稱諸異邦曰「寡小君」，異邦人稱之亦曰「君夫人」。

（十六・一四）

【譯文】

國君的妻子，國君稱她爲「夫人」，她對國君自稱爲「小童」，國人稱她爲「君夫人」，在外國人之前稱她爲「寡小君」，外國人對國人稱她亦爲「君夫人」。

【注釋】

❶邦君：諸侯國的國君。❷小童：與寡小君，均謙辭。

【按】

本則是否因爲當時諸侯的嫡妾名分不正，稱謂不一，所以孔子作此正言？因無證可據，只能存疑。

七、庶富教

(57) 子適❶衛，冉有僕❷。子曰：「庶矣哉！」冉有曰：「既庶矣，又何加焉？」曰：「富之。」曰：「既富矣，又何加焉？」曰：「教之。」(十三·九)

【譯文】

孔子到衛國去，冉有給老師駕車。孔子說：「衛國人口衆多呀！」冉有說：「人口已經衆多了，又需要增加些什麼呢？」孔子說：「設法讓他們富裕。」冉有說：「富裕了，還需要再增加些什麼呢？」孔子說：「教育他們！」

【注釋】

❶適：到。 ❷僕：駕車。

【按】

「庶、富、教」是體現孔子仁政德治的立國綱領，也是孔子畢生爲之奮鬪，想要達到的政治理想——小康境界的三個目標。

如何達到這三個目標，不僅是當時所有爲政者的重要課題；卽在今天，縱然已達到富有的發達國家，也仍然面臨「教」的問題，而處發展中的國家，則不僅需要刻不容緩、努力趕上「富」，而且也同樣存在著如何「教之」的問題。因此，從宏觀看：除「庶」隨時代的不同而改變外，「富之，教之」可以說是政治上一個永恆的主題，任何時代的任何爲政者都應該全力以赴地求其能達到預期目的，就是說，它是必須認眞思慮，嚴肅對待的頭等大事。

在長達幾千年的封建社會，「庶」是老百姓賴以致富的首要條件，也是民富國強的根本保證。只有使家家戶戶的人丁興旺，這樣，「有人此（才）有土，有土此有財，有財此有用」（《大學》），才能指望民可富、國可強。

「富」是治國之道的首要目標，「不富無以養民情」，不富，「仰不足以事父母，俯不足以畜妻子；樂歲終身苦，凶年不免於死亡。此惟救死而恐不贍，奚暇治禮義哉？」（《孟子·梁惠王上》）這樣，老百姓哪有勞動生產的積極性可言？因此，孔子極力主張惠民政策，堅決反對橫征暴斂，要求爲政者「施取其厚」（施惠於老百姓的要寬厚、多一些），「斂取其薄」（取於老百姓的要儘量少一些）；切實推行輕徭、薄賦政策。孔子認爲「輕徭、薄賦」，減輕對民力的勞役，減少向人民征收的賦稅，是行仁政必不可少的具體內容，是裕民政策的必然措施。正如孔子說的「省力役，薄賦斂，則民富矣」（《孔子家語·尊賢》）。

也正是從「裕民」思想出發，孔子把暴君橫征暴斂的政治所給予人民的爲害，視爲「苛政猛於虎」，比吃人的凶惡老虎，還更加兇殘，更加可惡！孔子主張富民政策所採取的原則、措施，從維護老百姓的利益出發，具有鮮明的人民性。

「教之」，是在人民富裕起來的情況下，必須及時普及教育，提高人民的文化知識。既教民「學詩」、「學禮」、學「文、行、忠、信」；還要教民習軍旅之事，所謂「以不教民戰，是謂棄之」。前者借以提高人民的道德素質，自覺遵令守法，人際關係的和睦相處等等；後者促使人民重視國防，重視戰備，增強愛國意識。「既富矣」後，所以「教之」，不僅因爲孔子預見到人民物質生活富裕起來後，必然要輔之以文化生活，使之不覺得精神貧乏、空虛；更因爲孔子充分認識到沒有文化的國家，是落後的國家，沒有文化的人民，是愚昧的人民。只有普及教育、提高人民的文化知識和認識水平，才能最終擺脫愚昧、野蠻和落後，才能使人類文明得到發展。

「富之」是物質生活的基礎，「教之」則是精神生活的根本，更是爲人的根本，立國的根本。

（58）哀公問於有若曰：「年饑，用不足，如之何？」有若對曰：「盍❶徹❷乎？」曰：「二❸，吾猶不足，如之何其徹也？」對曰：「百姓足，君孰與不足？百姓不足，君孰與足？」（十二・九）

【譯文】

哀公向有若問道：「年歲歉收，國用不夠，怎麼辦？」有若回答說：「何不實行十分抽一的田稅呢？」哀公說：「在田稅外，我已加收十分之一的田賦，已是十分抽二了，還感不夠用，怎麼能只收十分之一的田稅呢？」有若回答說：「只要老百姓都夠用，您和誰又怎麼會不夠用呢？如果老百姓不夠用，您和誰又怎麼會夠用呢？」

【注釋】

❶盍：何不。❷徹：周朝的田稅制度，十分抽一，叫徹。❸二：指田稅外，又附加田賦，已十分抽二了。

【按】

「百姓足，君孰與不足？百姓不足，君孰與足？」是一句古今廣爲傳頌的著名政治箴言：它深刻地闡述了民富民窮與國家窮富、強弱的辯證關係。

「民富，國家不會窮；民窮，國家也未必會富」。這已是由無數歷史事實所證明了的眞理，也可說是普通常識。但，就在這「民富、民窮」與「國家強弱」的關係問題上，歷來統治者卻常常持不同的態度：開明、有政治遠見的爲政者採取輕徭、薄賦的政策，盡可能讓老百姓富裕起來，過安居樂業的生活；而一些目光短淺，貪得無饜，只顧自己窮奢極侈生活的民賊、獨夫、暴君，卻總是千方百計採取橫征暴斂、竭澤而漁的辦法搜刮民脂民膏。正如哀公所做的那樣：不考慮百姓的死活，在年歲歉收時，還要加增十分抽一的重賦進行盤剝、壓榨。試問老百姓衣不暖、食不飽，上無以事奉父母，下難於養活妻子兒女，如何不離心離德？又哪有積極因素從事生產？「百姓不足，君孰與足？」有若指的正是針對「年饑」情況，認為越是年歲歉收，就更應該體卹民情！這就是從人民出發的「醒君」之言，亦是為人民喊出的不平之聲！

其實呢，民窮，貨架空空，國家未必就富就強；民富，貨架滿滿，國家自然而富且強。

【備考】

《說苑·政理篇》曰：魯哀公問政於孔子。對曰：「政有使民富。」哀公曰：「何謂也？」孔子曰：「薄稅斂，則民富。」公曰：「若是則寡人貧矣。」孔子曰：「《詩》云：愷愷君子，民之父母，未見其子富而父母貧者也。」又曰：「王國富民，霸國富士，僅存之國富大夫，亡道之國富倉府。」是謂上溢而下漏。

(59) 季氏❶富於周公❷，而求❸也為之聚斂❹而附益❺之。子曰：「非吾徒也，小子鳴鼓而攻之可也。」(十一·一六)

【譯文】

季氏比周公還富有，而冉求呀，還幫他去搜刮以增加財富。孔子說：「冉求不是我的學生了！弟子們都可以打起鼓去聲討他好了！」

【注釋】

❶季氏：季孫氏，魯國大夫。❷周公：此指周公旦次子世襲爲周公而留於周之王朝者。❸求：當時爲季氏家臣。❹聚斂：搜刮錢財。❺附益：增加。

【按】

孔子如此嚴厲批評冉求爲季氏「聚斂而附益之」的行爲，實際是「言此指彼」，藉以抨擊季氏的貪得無饜；鳴鼓而攻冉求，實際亦就是鳴鼓而攻季氏。批評得越嚴厲，攻得（聲討）越緊，就越說明孔子反對「重賦、厚斂」態度的堅決，以及愛人民之深。這正是孔子「施取其厚，事舉其中，斂從其薄」的政治主張。

(60) 孔子曰：「……丘也聞有國有家者，不患寡而患不均❶，不患貧而患不安。蓋均無貧，和無寡，安無傾。」（節錄十六・一）

【譯文】

孔子說：「……我聽說一個國家的諸侯，和一個家的大夫，不擔心貧窮而擔心財富不均，不擔心人民寡少而擔心境內不安寧。因爲財富平均了，便無所謂貧；人民彼此和睦了，便無所謂寡；境內安寧了，便沒有傾覆的危險了！」

【注釋】

❶這句中的「寡」和下句的「貧」，互調更合原意。

【按】

沒有富，顯不出貧；大家都貧，等於都不貧，貧者也就心安理得，安之若素了。問題是封建統治者總是依靠政治上的強化專政，經濟上的強行重賦、厚斂來搜刮民財，使得統治階級，越來越富；而老百姓則越來越貧。前者田連阡陌，窮奢極侈，過著靡爛生活；後者無立錐之地，饑寒交迫，連活命也難乎爲繼。這樣，由貧富懸殊過甚而造成的極端不均情況，積久而發展到民不聊生、民怨沸騰時，也就是孔子「不患貧而患不均」這預見的應驗之日。歷史上，長期封建統治屢屢發生的更朝換代充分說明了這一點。因爲，特別在經濟不發達，人民普遍處在極端貧窮境遇情況下，它是動員人民起來反抗暴政的最響亮、最具說服力、也是最具煽動性的口號！

當然，這名言裏也蘊涵著一定程度的「平均主義」含意，用之不當，也會亂套的。

至於「不患寡而患不均」、「和無寡，安無傾」的「和」、「安」，同上面的「均」，實質上都是體現孔子仁政德治理想的立國綱領，關係著國家、民族的興衰、存亡，和人民的禍福、安危，帶有普遍眞理的政治遠見。

人多熱氣大，固然好幹活，但人多心不齊，事煩多牽制，說不定倒反孕育了不安因素，成爲累贅。其實呢，「山不在高，有仙則靈」，人不在多，能和則安。只要大家和衷共濟，人際和睦相親，特別是在上者行仁政：輕徭役，薄賦斂，省刑罰，多多做些惠民、利民、教民、化民的實事，讓老百姓休生養息，能夠安居樂業。這樣，政通人和，人民自然愛政、愛國、愛君上，誰會起來造反呢？國家又怎麼會瀕臨被傾覆的危險呢？

八、尚德不尚力

(61) 子謂〈韶❶〉：「盡美❷矣，又盡善❸也。」謂〈武❹〉：「盡美矣，未盡善也。」（三・二五）

【譯文】

孔子評論〈韶〉樂時說：「優美極了，也完善極了。」評論〈武〉樂時說：「優美極了，但，還不是最完善的。」

【注釋】

❶韶：舜時樂曲名。❷美：指樂的音調和藝術形式的優美。❸善：指樂舞中所蘊含的意義，即思想內容的完善。❹武：指周武王時樂曲名。

【按】

孔子以「天下爲公，選賢與（舉）能……是謂大同。」認爲堯禪讓傳賢是「大同」之治，是政治理想的最高境界。

舜因文德，有大功於人民，由堯禪讓而得帝位；而周武王則用兵力滅商，從暴虐的紂王寶座中奪取而得天下。兩相比較，孔子認爲終究不如舜那樣因文德而得天下，是理想中的最完善態度。因此，評論〈韶〉樂是「盡美矣，又盡善也」，達到了眞善美的最高境界；而評論〈武〉樂則是「盡美矣，未盡善也」，表示婉惜。

這，一方面說明了孔子極力反對兵事，其政治觀是主張「尙文不尙武，尙德不尙力」；另一方面也反映了孔子的「忠君尊王」思想，是十分固執的，反對臣叛君這問題上也是十分堅決的。以孔子對文、武、周公是那麼地崇敬，那麼地嚮往，也仍然表示了「未盡善也」的婉惜之意，就可瞭知一、二了！

(62)子曰：「桓公九合諸侯，不以兵車❶，管仲之力也。如其仁！如其仁！」（節錄十四·一七）（參閱四·22）

【譯文】

孔子說：「齊桓公九次召集諸侯會盟，並不憑借兵車武力，這都是管仲的大力。這就是管仲的仁德！這就是管仲的仁德！」

【注釋】

❶兵車：此指武力。

【按】

孔子不輕易許人以仁，而且對管仲並曾評論過，說：「管氏而知禮，孰不知禮？」（三·二二）但對管仲輔佐桓公不用武力，完成九合諸侯，一匡天下的大功，孔子卻大加贊頌，譽之曰：「如其仁！如其仁！」

這也從一個側面說明：孔子堅決反對戰爭，堅決反對使用武力來解決爭端。應該說，正是他「尚德不尚力」這政治觀的具體展現。

（63）南宮适❶問於孔子曰：「羿❷善射，奡❸盪舟❹，俱不得其死然。禹❺、稷❻躬稼而有天下。」夫子不答。南宮适出，子曰：「君子哉若人！尚德哉若人！」（十四・六）

【譯文】

南宮适向孔子問道：「羿善於射箭，奡力大，能盪覆敵舟，但都沒有得到好死；而禹，善治水利，後稷躬親教民種莊稼，卻都得到了天下。」孔子沒有回答。南宮适出去後，孔子說：「這個人呀，眞可說是君子了！這個人呀，眞可說是崇尚道德了！」

【注釋】

❶南宮适：卽南容。孔子學生。參閱後附「孔子弟子簡介」。❷羿：傳說是夏代有窮國的君主，善於射箭，滅夏後篡帝位。後臣子寒浞又殺羿取代帝位。❸奡：傳說是寒浞的兒子。後爲夏后少康所誅。❹盪舟：卽覆舟。指力大能盪覆敵舟。❺禹：善治水利，有大功於人民。❻稷：教民耕稼，有大功於人民，被尊爲穀神。

【按】

南宮适的言外之意就是：善射如羿，力大能盪覆敵舟如奡，雖恃力奪取帝位，也仍然得不到好死，被屬下和後代所殺，不能善終。而禹、稷躬親爲民興修水利，教民耕稼種五穀，有大功大德，能造福於人民，反而都贏得民心，贏得天下。

孔子贊譽南宮适，也卽贊譽他主張德治，反對暴力的仁心之見。這，正是孔子「尚德不尚力」的政治觀。就是說：力不足恃，只有德，才是治國的根本，可貴的，而且能長治久安，鞏固的。

另外，就稱頌「禹、稷躬稼而有天下」這點說，孔子十分重視農耕是顯而易見的。因此，這也從一個側面說明孔子不會鄙視勞動，也不可能會鄙視勞動，同樣是十分顯明的。

(64) 子曰：「射不主皮❶，為力不同科❷，古之道也。」（三・一六）

【譯文】

孔子說：「比射箭，主要不在於能射穿皮革，因爲各人的體力有大小不同的緣故。這是古人的道理呀！」

【注釋】

❶不主皮：指比射是藉以觀德，只主於中的，不主貫革（卽皮）。皮：用皮革做成的箭靶子。

❷科：等級、類別。

【按】

「古之道也」，是說周武王滅商後，不再行貫革之射，表示天下已太平，無需提倡、推崇「力大」政策。是亦孔子「尚德不尚力」之意。可是當時的現實，卻是諸侯互相兼併，天下兵爭不已。可以說：「今之道也」是崇尚「力射」之風依舊。

因此，這是孔子借「古之道也」對此所表示的一種不勝感慨之意。

（65）齊景公有馬千駟❶，死之日，民無德而稱焉。伯夷、叔齊❷餓於首陽之下，民到於今稱之，其斯之謂與❸！（十六．一二）

【譯文】

（孔子說：）齊景公有馬四千匹，到他死時，老百姓都覺得他沒有什麼好的德行可以稱頌的。伯夷、叔齊兩人餓死在首陽山下，老百姓到如今還在稱頌他倆。（《詩》說：爲人稱頌，並不在富呀，富亦只是有以不同於人而已，有的是不值得稱頌的）大概說的就是這個意思吧！

【注釋】

❶千駟：四千匹馬。駟：同拉一輛車的四匹馬。 ❷伯夷、叔齊：商朝末年孤竹君的兩個兒子。

父親死後，他倆因互讓君位而出逃。周滅商後，他們耻食周粟，隱居在首陽山，採薇而食，終於餓死。古人稱頌他們這種「隱居以求其志，行義以達其德」的德行。❸這句與上文不銜接，有說是闕文，有說是錯簡。茲將〈顏回篇〉第十章「誠不以富，亦祇以異」移在這句之前，比較恰當。（見譯文）

【按】

齊景公與伯夷、叔齊對比：一爲國君，一爲平民百姓；一爲居君位而富終，一爲讓國而餓死；一爲位尊，顯赫以行權，一爲佯狂，隱居以求志。然而，「蓋棺論定」，自有評說：老百姓對齊景公「無德而稱焉」；對伯夷、叔齊，卻「到於今稱之」。

這是爲什麼？就因爲伯夷、叔齊有崇高的「讓國之德」，爲人民所敬仰，爲人心所嚮往；而齊景公是貪戀富貴，憑權以謀私，徒見其道德卑下而已！前者「崇德」，後者「尚權」。也正是孔子政治觀的發揮，意在要求爲政者應該「尚德不崇權」，企其重德、愛民。

（66）子曰：「善人教民七年，亦可以卽戎矣。」（十三・二九）

【譯文】

孔子說：「善人在位，教導老百姓七年之久，亦可以使他們上戰場作戰了。」

(67) 子曰：「以不教民戰，是謂棄之。」(十三．三〇)

【譯文】

孔子說：「用不教之民去作戰，就是等於拋棄他們。」

【按】

雖說孔子反對兵爭，主張「尚文不尚武，尚德不尚力」，但並不諱言兵備：對保障自己國家不受外敵侵犯這點上，更是極力要求「存不忘亡，安不忘危」，告誡爲政者要「足食，足兵，民信之矣」。這樣，做到了上則所說的「善人教民七年，亦可以卽戎矣」，便可以有備無患。而對「不教民戰」的不負責任態度，孔子卻提出嚴厲的批評，提到原則高度，認爲這簡直是拋棄人民，等於叫老百姓去白白送死！

這同我們今天「主張和平，反對戰爭」的意義和精神都是一致的：主張和平，不等於可以容忍侵略，或者任人侵略；反對戰爭，亦不等於可以不要兵備，解除防禦。相反，越是立足於強大的實力作爲後盾，才能保證和平，才能在一旦被強加以戰爭時，就能消滅戰爭！

九、慨嘆天下無道

(68) 孔子曰：「天下有道，則禮樂征伐自天子出；天下無道，則禮樂征伐自諸侯出。自諸侯出，蓋十世希不失矣；自大夫出，五世希不失矣；陪臣❶執國命，三世希不失矣。天下有道，則政不在大夫。天下有道，則庶人不議。」(十六・二)

【譯文】

孔子說：「天下政治清明，那麼，一切禮樂、征伐都由天子決定傳出；天下政治黑暗，那麼，一切禮樂、征伐都由諸侯傳出了。由諸侯決定傳出，大概最多傳到十代就很少有不失掉的；由大夫決定傳出，則傳到五代也很少有不失掉的；而如果由大夫的家臣來把持政權，掌握國家命運的，則傳到三代就很少有不失掉的。天下政治清明，國家政權絕不會落在大夫手中。天下政治清明，老百姓也不議論政事了。」

【注釋】

❶陪臣：卿、大夫的家臣。

【按】

古代，禮樂征伐是國家的頭等大事，均由天子作決定，然後發布命令，以示鄭重。而如果由諸侯來替代，甚至由諸侯下面的大夫來替代，那麼，天子的昏庸，滿朝文武大臣的碌碌無能也就可想而知了！進一步，如果政局反常，到了由大夫的家臣來把持朝政，即「陪臣執國命」的地步，那麼，天下無道到何等程度也就更加可以想知了：國家政治腐敗、黑暗；政令不能一統，政出多門，朝令夕改；老百姓痛苦不堪，民不聊生，怨聲載道等等。

而且，越是往下，文化道德素養越差，他們借以謀取權柄的手段也就更加兇殘、卑劣；他們用以達到目的的行爲，也就更是悖情、逆理、違道和離奇。這就不僅得不到老百姓的支持，無法贏得人心；而且也容易引發自身的驕橫，不可一世，更滋長了子孫後代的目空一切和窮奢極侈的習氣。因此，縱然篡奪君位、把持朝政，而其失勢垮臺，越是往下，越是更快。孔子所說「十世、五世、三世希不失矣」，既是合乎邏輯的推理結論，也是實踐和歷史事實的證明。如陽虎「陪臣執國命」，該是禍及己身，三世也不到就衰微、完蛋了！下則「故夫三桓之子孫微矣」，也正是這樣！

這是天理昭昭，實在亦是事物發展的必然。

至於「天下有道，則庶人不議」，其實，不是不議，而是政治清明，無可非議。正如下面備考所說：「期年之後，雖欲言，無可進者。」即：老百姓想要進諫，也沒有可以進諫，或者批評的東西了！

【備考】

《戰國策・齊策篇》曰：王曰：「善。」乃下令：「羣臣吏民能面刺寡人之過者，受上賞；上書諫寡人之過者，受中賞；能謗譏於市朝聞寡人之耳者，受下賞。」令初下，羣臣進諫，門庭若市，數月之後，時時而間進；期年之後，雖欲言，無可進者。

(69) 孔子曰：「祿❶之去❷公室❸五世❹矣，政逮❺於大夫四世❻矣，故夫三桓❼之子孫微❽矣。」(十六・三)

【譯文】

孔子說：「爵祿賞罰之權從國君手中失去，已經五代了。政權落到大夫手中，也已經四代了。因此，三桓的子孫到現在也衰微了。」

【注釋】

❶祿：爵祿賞罰，也指政權。❷去：失去，離開。❸公室：諸侯的家族。❹五世：五代，指魯宣公、成公、襄公、昭公、定公。❺逮：及、到。❻四世：指季孫氏文子、武子、平子、桓子四代。❼三桓：指仲孫（後改稱孟氏）、叔孫、季孫。三家皆出於桓公，故稱三桓。

此三家到定公時皆衰。❽微：衰微。指當時出現「陪臣執國命」的情況。

【按】

承上則，孔子根據史實證明「故夫三桓之子孫微矣」：《左傳·定公五年》曰：九月乙亥，陽虎囚季桓子及公父文伯而逐仲梁懷。冬十月丁亥，殺公何藐。又八年曰：陽虎欲去三桓，以季寤更季氏，以叔孫輒更叔孫氏，己更孟氏。冬十月壬辰，將享季氏於蒲圃而殺之林楚曰：陽虎爲政，魯國服焉，違之，徵死。

本來，三桓專公室之祿，原欲借以利其子孫，使之永保權位。然則，歷史的發展絕不以竊據國政者的願望爲轉移。在「政逮於大夫四世矣」後，三桓之子孫衰微，終於「陪臣執國命」，由陽貨專權了！而陽貨則不及三世，就禍及自身，不得善終了！此豈止於天理昭昭而已，實歷史發展的必然！

(70)　孟氏❶使陽膚❷為士師❸，問於曾子。曾子曰：「上失其道，民散❹久矣。如得其情，則哀矜而勿喜。」(十九·一九)

【譯文】

孟氏派陽膚當法官，陽膚去問曾子應該怎麼辦？曾子說：「在上者治理國家失道，老百姓乖離叛上，民心離散已經很久了。你如果能審出他們犯罪的實情，就應該給予同情，憐憫他們，莫要逞能居功自喜。」

【注釋】

❶孟氏：孟孫氏，魯國大夫。❷陽膚：曾子學生。❸士師：法官、典獄官。❹民散：民心乖離叛上。

【按】

歷史上，凡是昏君、暴君當政，一定是君不像君：昏庸、暴虐，下情不能上達。如果是奸臣、小人專權，把持朝政，也一定是臣不像個臣：結黨營私，貪贓枉法，殘害忠良，使老百姓無以爲生。在這種「上失其道，民散久矣」的情況下，無疑會有老百姓鋌而走險，作奸犯科，無疑也會伴隨各種各樣的複雜冤情，值得同情而憐憫。因此，曾子告以作爲「士師」，職掌刑罰、判獄的官員應該「得情而矜」，不要「得情而喜」，可謂深得孔子仁心的眞諦。蓋「得情而矜」者，常常想到「上失其道，民散久矣」，因而在審得曲折、離奇的冤情後，總是寄予同情和哀憐，也常常是不忍之心行於法中，想方設法給受冤者網開一面：或者從輕，或者開脫，直至昭雪。這是人心之正。

至於「得情而喜」者，則恰恰相反：他們幸災樂禍，越是別人有災有禍，就越是興高采烈；

越是「上失其道」，就越願甘當鷹犬、爪牙。因而常常是太過苛刻之意，表露於法外：或者刑訊逼供，故入人罪；或者巧施詭計，誘人入甕；或者猙獰面目，無罪而罪，謂爲「莫須有」罪等等，並借以向上表忠、邀功。這是人心之邪，扭曲了！

曾子所語，應該是一服清涼丸散。

(71)大師摯❶適❷齊，亞飯干❸適楚，三飯繚適蔡，四飯缺適秦，鼓方叔❹入於河，播鼗武❺入於漢，少師陽❻、擊磬襄❼入於海。（十八·九）

【譯文】

太師摯到了齊國，二飯樂師干到了楚國，三飯樂師繚到了蔡國，四飯樂師缺到了秦國，擊鼓樂師方叔到了黃河地區，搖鼗鼓樂師武到了漢水地區，少師陽和擊磬樂師到了海濱地區，都四散隱居了。

【注釋】

❶大師摯：魯國太師，是樂官之長，名摯。❷適：到、往。❸亞飯干：指第二次吃飯時奏樂的樂師，名干。亞，次。古代天子吃飯時，都要奏樂，故樂師有「亞飯」、「三飯」、「四

飯」之稱。魯國諸侯亦有此禮，是僭禮。❹鼓方叔：擊鼓的樂師，名方叔。❺播鼗武：搖鼗鼓的樂師，名武。鼗：小鼓，即兩旁有耳的潑浪鼓。❻少師陽：副樂官，名陽。❼擊磬襄：敲磬的樂師，名襄。磬：古代的一種打擊樂器，用玉或石製成，狀如曲尺。

【按】

本則所列舉的都是當時有高深學問、高尚情操，又兼禮樂造詣極深的樂師。所以記此，是指時代變亂，魯國日漸衰落，許多憂時匡世的人才都逃避現實，或入海、或入河而四散隱世離去。後學弟子緬懷文、武、周公時代的繁榮昌盛，又復面對世道的衰落，撫今追昔，不僅對雲海蒼天的如此無情，表示了無限的慨嘆，亦借此抒發了對孔子的無限追念之情。

(72) 子曰：「吾猶及史之闕❶文也，有馬者借人乘之❷，今亡矣夫！」（十五・二五）

【譯文】

孔子說：「我過去還能看到史官記事，遇有懷疑處，就空著不寫，也曾見到過有馬的借人乘用。而現在，這些都沒有了。」

【注釋】

❶闕：空出。指史官記事，有疑則闕。 ❷有馬者借人乘之：指人之能，代己馴服。

【按】

本則是孔子深感世道日益衰微，人心亦日漸澆薄所表示的慨嘆。

「史之闕文」，是指史官記事遇到有懷疑處，就空出不寫，以待查問。這是不妄自揣測，用自己的意思另寫一字替代。爲「知之爲知之，不知爲不知」的求實態度。

「有馬者借人乘之」，是指馬不能駕馭而借給別人乘用，一方面與人方便，一方面藉人之能代爲馴服，實屬兩相爲助的好事。前者屬書，後者屬御，是謂凡從事於六藝者都應該有這種一絲不苟，和互相幫助爲樂的態度。

這兩件事都是古代敦厚篤實的好風尚，從古書古籍中見到過，而現在，世道變了，也都見不到了，怎麼能不爲之慨嘆呢？

(73) 子曰：「甚矣吾衰也！久矣吾不復夢見周公❶！」(七・五)

【譯文】

孔子說：「我已衰老極了！我也很久沒有夢見周公了！」

【注釋】

❶周公：姓姬，名旦。周文王的兒子，武王的弟弟，成王的叔叔，魯國國君的始祖。他是西周禮樂制度的制定者，是孔子最崇拜、最敬仰的一個聖人。

【按】

「甚矣」，是說自已衰老之極；「久矣」，是說沒有夢見周公之久。其實，這並非孔子自嘆眞的衰老，無意於世；也並非是自嘆眞的沒有夢見周公已很久，感到絕望。

恰恰相反：孔子的一生是「發憤忘食，不知老之將至」，既不會認老，更不會服老；而且，孔子最崇拜周公，一心欲行周公之道，畢生爲實現仁政德治的理想，而碌碌奔波遊說，而「惶惶如喪家之犬」，雖歷盡艱辛、磨難、困危，但始終堅持自已的理想和信念，始終不動搖，知難而上，迎險而進。

因此，本則只是有感於「志未遂，道不行」所抒發的慨嘆而已！事實上，孔子從六十八歲結束十四年訪問諸侯列國的顚沛生活回魯國後，仍然一如既往，專心從事古文獻的整理和教育事業以培養治國賢才。就是說，只要一息尚存，孔子始終是爲自已的理想和信念，不倦地貢獻自已的光和熱。眞可說：鞠躬盡瘁，死而後已！

（74）子曰：「鳳鳥❶不至，河不出圖❷，吾已矣夫！」（九・八）

【譯文】

孔子說：「鳳鳥不來，黃河不再出現八卦圖，我這一生大概就算完了吧！」

【注釋】

❶鳳鳥：傳說中的神鳥，出現了是天下太平的預兆。❷河出圖：指預兆聖王將要出世。河：黃河。圖：指八卦圖。

【按】

「吾已矣夫」，其實，並不是孔子眞的相信沒有鳳鳥和河圖出現的瑞兆，就難望有太平盛世；也並不是因爲個人不得志，沒有終被見用，就認爲一生完了。而是感到自已縱有大志，縱然如此熱忱、積極，有心想挽救這變亂的時代，但年紀大了，終究衰老了，回天乏術；而又看不到有聖君明王可以使世道扶正，因而不僅是流露了無限慨嘆，且亦是憤懣之意了！

（75）子曰：「道不行，乘桴❶浮於海，從我者，其由與！」子路聞之喜。子曰：「由也，好勇過我，無所取材❷。」（五·七）

【譯文】

孔子說：「我的理想行不通了，心想乘竹木排飄浮到海外去，跟從我的，大概只有仲由吧！」子路聽到這話很高興。孔子說：「仲由呀！你好勇的精神超過我，只可惜我們沒有地方能弄到這些竹木材呀！」

【注釋】

❶桴：竹木編成，浮行於水面。大者叫筏，小者叫桴，卽俗稱木排，多行於江南地區山澗小溪。

❷無所取材：指沒有地方能取到這些竹木材，意卽：隱喻無所憑藉以行道，並無心於逃世。材：此指作桴用的竹木材。舊指「材」同「裁」，是孔子譏子路不善於「裁度事理」，今不從。

【按】

有人認爲本則是孔子譏貶子路：不善於裁度事理，有勇無謀。其實細加體味：本則語意隱曲，辭旨寄慨深遠，既耐人尋味，又極盡文章的妙趣。如：

上句說：「道不行，乘桴浮於海」，驟看，好像孔子浮想聯翩，飄飄渺渺，眞想超脫塵俗，乘桴逃世而去。而下句，卻先贊一語：「由也，好勇過我」，隨卽辭鋒一轉，說：「無所取材」。就是說，你子路見義勇爲，爲而無所懼的好勇精神，大大超過我，我是深信不疑的，「從我者，其由與！」我更是十分賞識的；但欲浮無「桴」，連作桴用的竹木材也沒處可以取到，又有什麼辦法呢？

顯然，這只是隱約作喻的一種托辭而已（海上無風三尺浪，區區小桴是根本無能飄浮過海的）。孔子借此托辭，表露了「滔滔者，天下皆是也」（十八．六）的歷史背景：社會是在一片紛亂、混濁的「天下無道」條件下，我縱然雄心壯志要「濟世」以行仁政，但，欲濟無舟，根本就無所憑藉可以行道，因此，亦只能徒呼奈何而已！

這是孔子自嘆無能行道於中國的惆悵，也是想行道於東方少數民族地區的內心表白。這都充分說明：孔子不但無心逃世；相反，是更加積極濟世，力求實現仁政德治的理想的。

語辭戲笑婉轉而有回味，情趣悠然共樂而無深慮，師弟子間相知之深，情誼之厚，於此略見。

(76) 子欲居九夷❶。或曰：「陋，如之何？」子曰：「君子居之，何陋之有？」（九．一三）

【譯文】

孔子想居住到九夷。有人說：「那裏閉塞、落後，怎麼能住？」孔子說：「君子住到那裏，哪會閉塞、落後呢？」

【注釋】

❶九夷：東方的羣夷，泛指東方地區的少數民族。夷：古代漢族對少數民族的稱呼。

【按】

本則與上則異曲同工，實質上都是一種假托之辭，藉以抒發自己的意志和心態，表露對現實的不滿：「乘桴浮於海」，亦即指渡海去九夷；而「欲居九夷」，其實，亦在指「乘桴浮於海」，求能行仁政於天下之意。

孔子一生積極入世的實踐，實際上正說明了這一點，即所謂「天下有道，丘不與易也」。

十、孔子的從政態度

(77) 子謂顏淵曰：「用之則行，舍之則藏，唯我與爾有是夫！」

(節錄七·一〇)

【譯文】

孔子對顏淵說：「用我，我就行道於世；不用我，我就將道藏於身。只有我和你能有這樣的態度吧！」

【按】

孔子的從政態度是「用之則行，舍之則藏」，亦卽用他、信任他，就行道於世，施展自己的政治才能；不用他、不信任他，就藏之於身，不爲所用。這就是說：要留要去，要行要藏，都由自己按具體情況決定，所謂「無可無不可」，正如孟子說的「孔子可以仕則仕，可以止則止，可以久則久，可以速則速」！既不爲勢傾、權壓、利誘，亦不爲五斗米折腰，更不爲了保全烏紗帽，就去奉承、討好權貴，或者拿原則作交易，與之同流合汚。

這一切都充分表現了孔子的「匹夫不可奪志也」的浩然正氣。

附：子曰：「我則異於是，無可無不可。」（節錄十八・八）

（78）齊景公待孔子，曰：「若季氏，則吾不能，以季、孟❶之間待之。」曰：「吾老矣，不能用也。」孔子行。（十八・三）

【譯文】

齊景公談到怎樣待遇孔子時，說：「像魯國國君待遇季氏那樣厚待孔子，那我做不到；我用季氏以下、孟氏以上的禮遇待他。」後來私下又說：「我已衰老了，不能用他了。」孔子於是離開齊國。

【注釋】

❶季、孟：季卽季孫氏，魯國大夫，位在上卿。孟卽孟孫氏，魯國大夫，位在下卿。

【按】

齊景公以季、孟之間，卽介乎上卿、下卿之間的禮遇來待孔子，可以說已是十分優厚的待遇了；但，一當孔子得知齊景公私下說的並不想用他時，也就毅然決然離去了。信則留，不信則去，「用我不疑，疑我不爲所用」，這就是孔子不可動搖的從政態度！

(79)齊人歸❶女樂❷，季桓子受之，三日不朝，孔子行。(十八・四)

【譯文】

齊國人贈送來一批女樂隊，季桓子接受了，多日不上朝聽政，於是孔子離開了魯國。

【注釋】

❶歸：同「饋」，贈送。　❷女樂：指歌姬舞女的樂隊。

【按】

季桓子是當時實際執掌魯國政權的大夫，但，他卻接受了齊國送來的女樂，與國君沉緬於聲色之樂，樂而忘公，竟至於多天不上朝聽政。孔子當時任魯國大司寇，正是「墮三都」受挫之後，因此，面對這將會帶來嚴重後果的政治形勢，是堅持原則，寧可拋卻官位榮華，像棄敝屣一樣離去呢？還是貪戀高官厚祿，放棄自己的政治原則，和季氏沆瀣一氣呢？孔子面臨著嚴峻的考驗。

「可行則行，可止則止」，在去留、進退問題上，孔子最終堅定地選擇了前者，毅然決然離開了魯國。這種高尚的政治品格，既表現了孔子不可動搖的政治原則，也爲後世樹立了從政態度的楷模。

【備考】

《史記．孔子世家》曰：孔子……由大司寇行攝相事……與聞國政。三月……男女行者別於塗，塗不拾遺。齊人聞而懼，曰：「孔子爲政，必霸。霸則吾地近焉，我爲之先并矣……」……於是選齊國中女子好者八十人，皆衣文衣而舞康樂，文馬三十駟，遺魯君。陳女樂文馬於魯城南高門外。季桓子微服往觀再三，將受。乃語魯君爲周道游，往觀終日，怠於政事。

(80)　衛靈公問陳❶於孔子，孔子對曰：「俎豆❷之，則嘗聞之矣；軍旅之事，未之學也。」明日遂行。(十五・一)

【譯文】

衞靈公向孔子問怎樣布列陣勢的事，孔子回答說：「禮樂俎豆方面的事，我曾經學過；軍隊布列陣勢打仗的事，我卻沒有學過。」第二天，就離開衞國了。

【注釋】

❶陳：同「陣」，兵陣。指布列陣勢作戰。❷俎豆：禮器，盛食用。

【按】

本來，孔子是想借衞靈公「問陳」，略言稍知俎豆禮樂之事，委婉指出正名的必要。蓋當時衞靈公逐世子蒯聵而立孫輒，不但昭穆之序亂，父子之名淆，而且爲日後隱伏父子爭奪君位之兵端。然則衞靈公無意於此，不復置問，反轉而問軍旅兵陣之事。如此，孔子知靈公之無誠意用他。於是，「明日遂行」。孔子的從政原則是「可仕則仕，可止則止」，對於無誠意用他的君上，是絕不隨意遷就，更不低聲下氣乞求。

(81)陽貨❶欲見孔子，孔子不見。歸孔子豚❷。孔子時❸其亡❹也而往拜之，遇諸塗❺。謂孔子曰：「來！予與爾言。」曰：「懷其寶而迷其邦，可謂仁乎？曰❻：不可。好從事而亟❼失時，可謂知乎？曰：不可。日月逝矣，歲不我與❽。」孔子曰：「諾。吾將仕矣。」（十七・一）

【譯文】

陽貨想要見孔子，孔子沒有見他。陽貨就故意送給孔子一隻小豬。孔子打聽到他出門時，才到他家去拜謝。途上兩人相遇了。陽貨對孔子說：「來！我有話和你說。」（孔子走過去）陽貨說：「你身懷寶物，藏而不用，而聽任國家、人民迷惑、混亂，這好算仁嗎？（陽貨自答說）怕不好算仁吧！（接著）又說：你喜愛從事政治，而又屢次失去時機，這好算知嗎？（又自語說）怕不好算是知吧！日子一天天過去，歲月是不會等人的！」孔子說：「好吧！我打算出仕了。」

【注釋】

❶陽貨：又稱陽虎，季氏家臣。因囚季桓子而掌握魯國政權。孔子說他是「陪臣執國命」。❷豚：小豬。此指蒸熟了的小豬。古禮：大夫贈送禮物給士，如果不是在家裏當面接受，士就應該親自登門拜謝。❸時：同「伺」，窺伺、伺機。❹亡：外出。❺塗：同「途」，道路。

❻曰：和下文的「曰」，均指陽貨自問自答。❼亟：屢次。❽與：在一起，指等待的意思。

【按】

陽貨是一個「陪臣執國命」的當權者，為了擺脫困境，很想借助於孔子的名望，請他出仕；可是，對陽貨的僭禮、專權、跋扈，孔子卻深惡痛絕。因此，孔子不想出仕，也不想回見，「時其亡也而往拜之」，卽待他外出時，盡個禮數，聊以搪塞一下。可偏偏在歸途上，又不期而遇陽貨，一幕戲劇性的會見，就這樣發生了。

「來！予與爾言。」權大氣粗，陽貨一副傲慢無禮、頤指氣使的情態，也就活靈活現的展示出來了！「一朝權在手，就把令來行」，看來陽貨準是一個胸無點墨的莽夫、魯漢，或者白痴！

接著是陽貨嘮叨不休地自問自答。為了要叫孔子就範出仕，可以說：又是訓、又是捧、又是拉、哄、騙，眞是淋漓盡致地把他的渾身解數也都使出來了！而孔子，僅僅在最後說了一句：「諾。吾將仕矣。」但，究竟何時出仕？到何處出仕？怎樣出仕？都不加點明，使陽貨既無能摸準底蘊，而且任由陽貨怎樣體會，怎樣自吹，都只是空心湯糰而已！

一個「將」字，雍容大度，亢而不卑，雖說沒有明白表示拒絕出仕，卻也委婉而含蓄地和盤托出了這個意思。這也就更加說明孔子的從政原則是堅定不移，從不改變的：縱使懷道不遇明君，也絕「不仕昏君」，更不可能去仕陽貨這「陪臣執國命」的權貴。

這正是孔子高風亮節之所在。

（82）子貢曰：「有美玉於斯，韞匵❶而藏諸❷？求善賈❸而沽❹

諸？」」子曰：「沽之哉！沽之哉！我待賈者也。」（九．一二）

【譯文】

子貢說：「如有一塊美玉在這裏，是把它放在匣中收藏起來呢，還是高價出賣呢？」孔子說：「賣出去吧！賣出去吧！我等待識貨的人來出價哩！」

【注釋】

❶韞匵：藏在匣子中。韞：收藏。匵：卽匱。❷諸：「之乎」的合音。❸善賈：一說，高價。二說，良賈。從一。賈：同「價」。❹沽：賣。

【按】

在仕途上，孔子屢屢不遂心意，雖說是懷才未遇明君，但對自己的信念卻從未動搖，而且抱「用之則行，可仕則仕」的態度，始終欲求實現仁政德治的理想。本則孔子說的「沽之哉！沽之哉！我待賈者也」，正說明了這一點。

子貢所問是「求善賈而沽諸？」孔子的回答則是「我待賈者也」。「求善賈」，是要求別人必須是高價，但，可以不問是否識貨；「待賈」，是等待別人來看貨而買，可以不問是否「高價」，但，必須是識貨。前者以高價爲前提，等價交換，把自己也作爲商品看待；後者以能識貨爲前提，「士爲知己者用」，把自己作爲一個人才，企求必須得到充分理解和尊重。前者的精神境界只如一杯黃土，使人感到卑下；後者卻似聳入雲霄的高山，令人景仰。

善賈，只「求」而無「待」，也就談不上「藏」。因此，勢必炫耀，甚至吹捧自己，淪爲不問誰是誰非，誰好誰壞，誰出高價就爲誰使用，可以認賊作父，可以以敵爲友，可以爲仇者快、親者痛，完全是一種「有奶便是娘」的心態。

而賈，只「待」，則無須「求」，不但能夠做到「用之則行，舍之則藏」，嚴於律己，使所藏的「美玉」，更加璀璨、更加瑰麗；而且骨格岸然，展現了孔子「可仕則仕」，決不爲五斗米而折腰事權貴的一股浩然正氣！

「求」與「待」，一字之別所表現出的認識水平和價值觀念的不同，是與一個人的志向、道德情操、修養等息息相關的。於此，亦可以想見孔子思想境界的不同凡響了！

(83) 冉有曰：「夫子為❶衛君乎？」子貢曰：「諾。吾將問之。」入曰：「伯夷、叔齊何人也？」曰：「古之賢人也。」曰：「怨乎？」曰：「求仁而得仁，又何怨？」出曰：「夫子不為也。」（七．一四）

【譯文】

冉有說：「我們老師會贊助衞君嗎？」子貢說：「對！我將去問問老師。」子貢進去問孔子說：「伯夷、叔齊是怎樣的人呢？」孔子說：「是古代的賢人呀！」子貢說：「他們心裏有怨恨嗎？」孔子說：「他們求仁而得到了仁，又有什麼怨恨呢？」子貢出來對冉有說：「老師不會贊助衞君。」

【注釋】

❶爲：贊助。

【按】

同樣爲了君位：一是父子爭奪，一是兄弟互讓。前者爲權勢，後者爲仁義。誰賢誰不肖，涇渭分明。因此，「夫子不爲也」，孔子自然不會去贊助衞君——其實，這也正是孔子嚴格的從政態度。

上則，子貢問「美玉」事，引以闡發孔子爲人的高尚；本則，又問「伯夷、叔齊」事，借以了解是否贊助衞君，作爲證明孔子從政態度的嚴肅、不苟。子貢之善於言語，此亦可證；子貢之被列爲「言語」科的優秀弟子，絕非偶然，此亦可證。

(84)子曰：「道不同，不相為謀。」（十五・三九）

【譯文】孔子說：「主張不同，不能互相商討謀慮問題。」

【按】大方向不同，很難有共同語言，自然無法共同商討，或者共同謀劃、考慮問題。但，處今天社會，縱使「道不同」，或者政見不一致，也無妨本著「求同存異」的求實態度，坐下來互相對話，這會更加有利於人類的共同生存、共同繁榮。

(85)子曰：「不在其位，不謀其政。」(八．一四)(十四．二七重出)

【譯文】孔子說：「不在這個職位上，就不考慮這個職位上的事情。」

(86)曾子曰：「君子思不出其位。」(十四．二八)

【譯文】曾子說：「君子思慮的問題，不超越他當前的職務範圍。」

【按】

從擔任職務的職責範圍，和應當「責有所專」的角度說：「不在其位，不謀其政」，「思不出其位」，是理所宜然的。這樣，不但可以盡其分，且亦能定其心，既可避免越職越權等無謂的人事糾紛；也可以防止「瓜田李下」，認爲是越俎爭權的嫌隙，無疑是必須的。

當然，如果對非其位的事務，確有所見；而且坦誠無私地提供建議、參考，是有益於工作，有利於人民的，那麼，也還是無妨「思出其位」和「謀其政」的；否則，也就不免有「明哲保身」的態度了！

第三章 施教

孔子是我們中華民族歷史上第一個偉大的教育家。二千五百年以前，他開設私學，首創平民教育，標誌著「學移民間」的開始。這在我國的教育史上，是具有劃時代意義的。

從三十歲左右起到七十三歲去世時止，孔子畢一生精力，以自己的高尚品德、淵博學問和學而不厭、誨人不倦的精神，不僅爲教育事業作出了偉大的貢獻；而且在尊師愛生、互敬互愛、親密無間的師生關係上，更爲後世樹立了光輝的榜樣。

孔子無論在培養大批德才兼備的人才，打破貴族世襲官爵，以及壟斷教育所起的作用，或者給當時社會和民族文化、習俗方面所起的影響上，都是極爲深遠和廣泛的；特別是孔子教育思想所蘊涵的眞知卓識，以及豐富的教育實踐所展現的智慧結晶，都是我們今天可供學習、借鑒的寶貴財富，值得好好探索和研究的。

一、教育思想

（1）子曰：「有教無類❶。」（十五・三八）

【譯文】

孔子說：「我對人，無分貧富、貴賤等的類別，都加以教育。」

【注釋】

❶無類：指無分貧富、貴賤、智愚等的差別，卽對教育對象不加限制。類：類別。

（2）子曰：「自行束脩❶以上，吾未嘗無誨焉。」（七・七）

【譯文】

孔子說：「只要自帶一束乾脯爲禮，來求學習的，我從來沒有不加教誨的。」

【注釋】

❶束脩：一說：脩是乾肉，即乾脯。每條脯爲一脡，十脡爲束。束脩就是十條乾脯。二說：束髮修飾，指男孩年十五，可以自己束髮修飾，表示成童了。從一。

【按】

「有教無類」是孔子從仁的觀念出發，直接體現了「仁者愛人」、「泛愛衆」的具體實踐。孔子對普天下一切人，不論貧富、貴賤、智愚、賢不肖、年齡大小的差別，或者國籍的不同等，只要「自行束脩以上」，都是來者不拒，「吾未嘗無誨焉」的態度。這不僅爲平民百姓通過「學而優則仕」，創造了一個能參與政治的機遇，更爲打破貴族世襲官爵制度，提供了新生的後備力量；也爲文化教育的下移和普及到平民百姓而開創了一條新的寬濶道路。

特別是，弟子中貧窮如顏回、閔子騫、原憲、曾參、冉伯牛，卑賤如仲弓，卞之野人如子路等等，孔子都把他們培育成爲出類拔萃、德才兼備的人才。這就有力地證明了「卑賤者」的聰明才智，其實，並不比「高貴者」低下。這不僅長了貧賤者的志氣，也鼓舞了他們發憤爲學的上進心，同時，更爲平民階層通過爲學脫穎而出，創造了條件。

孔子「有教無類」的主張，不但肯定了人人都應該享有均等的受教機會，而且實踐也證明了人人都能「教之則善」，其教育方針是完全正確的。這對發展中華民族的文化教育，特別是普及平民教育，無疑是一項巨大的歷史功績。

孔子畢一生努力，在實踐「有教無類」這教育方針的同時，更採取了相應的具體措施：對所有眞誠來受教的人，只要表示微薄的敬意，也都來者不拒，無所限止——這無異爲貧賤家庭出身的子弟，大開了受教的方便之門。從而孔子弟子中貧賤出身者衆，造就的賢才也特別多，孔子樂於爲培育天下英才而無私地貢獻自己一切的偉大精神，也於此可見。

正是這「樂於爲培育天下英才而無私地貢獻自己一切」的偉大精神，代代相傳，世世頌揚，逐漸形成了我們民族作爲老師最值得自豪的職業道德傳統。

這高尚的師德傳統，源遠流長，其實正淵源於孔子這閃耀智慧光輝的教育思想，和偉大的教育實踐！

（3）子曰：「性相近也，習相遠也。」（十七・二）

【譯文】

孔子說：「人的本性，本來是相近的，由於環境習染的不同，才逐漸相遠了。」

【按】

作爲教育學說，「性近習遠」，其實正是孔子教育實踐的指導思想，也是「有教無類」的認識論基礎。孔子明確地指出：人的本性之所以相遠，是由於後天環境的習染，對人的意識所起的影響和作用。即：人在智力、性格，和道德、能力上的某些差異，並不是先天決定的，而是後天的教育、習染的影響，和不同的社會、家庭環境等所逐漸形成的。它蘊涵了「存在決定意識」這樸素的唯物主義因素，是十分可貴的。

在現實生活中，也正是這樣：所謂「習善而爲善，習惡而爲惡」，「近朱者赤，近墨者黑」，「孟母三遷」，以及孔子告誡弟子們所說的「與善人居，如入芝蘭之室，久而不聞其香，與之化矣；與不善人居，如入鮑魚之肆，久而不聞其臭，亦與之化矣」（《孔子家語》）等，都說明了這點。

比如：經常與沾染壞習氣的人在一起打斯罵渾，難免也會不三不四，走向下流；縱使一個有志有爲的人，如果生活在各種壓抑、歧視的環境下，亦終難望其成才而展翅飛翔；而周圍環境都是發憤忘食，積極努力向上，則浪蕩子也有可能回頭成爲「金不換」。因此，不能不承認：人人都可以通過教育來革新自我；卽使有不良習染的人，也不例外。

這也就是爲什麼我們要強調家庭教育、良師益友的重要，強調改善社會環境和提高學校教育質量，強調運用各種方式方法提高人的素質，提高人的道德、文化水平的重要原因。

孔子的「性近習遠」說，爲我們提供了一個教育理論上的重大課題，而孔子一生豐富多彩的教育實踐，則爲我們積累了這重大課題可供借鑒的許多有價值的寶貴經驗。其中一條就是：人人都可以通過教育、或者改變客觀環境來提高自我、革新自我。孔子一生孜孜不倦地誨人、育人，所謂「弟子號稱三千，身通六藝者七十二人」這輝煌的教育成果，就充分地證明了這一點。

（4）子曰：「唯上知❶與下愚❷不移。」（十七・三）

【譯文】

孔子說：「只有那上知和下愚的人，是不大會改變的。」

【注釋】

❶上知：指智力；指不可使爲惡。❷下愚：指生下來就是白痴的人；指自暴自棄的人；指不可與爲善。

【按】

人的資質、德性，有上中下之分：「譬如堯舜、禹稷卨與之爲善，則行；鯀讙兜欲與爲惡，則誅：可與爲善，不可與爲惡，是謂上智。桀紂，龍逢比干，欲與之爲善，則誅；干莘崇侯與之爲惡則行；可與爲惡，不可與爲善，是謂下愚。齊桓公，管仲相之則霸，豎貂輔之則亂：可與爲善，可與爲惡，是謂中人。」（《漢書・古今人表》）性有善不善，聖賢教化之也難改變，卽爲「不移」。

這是說：像堯舜這樣「上知」的人，「可與爲善，不可與爲惡」；而桀紂這樣「下愚」的人，恰正相反，「可與爲惡，不可與爲善」。卽：由於德性有善與不善，前者能執著地擇善固執，鍥而不舍；後者則無法使之有信仰，而且往往是任性、固執、剛愎自用，根本不欲爲善；也有是由於智力關係，縱使歷經艱難困苦，也仍然是懶懶散散，「困而不學」，自暴自棄，根本不想學，不想成才，這樣，自然是「斯爲下矣」，列爲「下愚」一類。而中人，則隨環境習染和教化而異，即：「習善而爲善，習惡而爲惡」。這就需要盡一切可能教化之，使其提高道德素質了！

（5）子曰：「中人以上，可以語上也；中人以下，不可以語上也。」（六・一九）

【譯文】

孔子說：「資質在中等以上的人，可以和他講上等的（卽高深的）道理；資質在中等以下的人，就難於和他講上等的道理，只能講淺近的了。」

【按】

「中人以上」，是指資質、智力都在中等以上，如「舉一隅而以三隅反」，「聞一以知二」等。對這樣水平的人，做老師的可以、亦應該和他講較高深的學問道理，作深層次的誘導；而對

「中人以下」水平的人，就難於和他講較高深的學問道理，只能講淺近的了。因爲中人以下的智力、資質，都比較差，既不能舉一反三，甚至「聞一以知一」，尚且感到吃不透，吸收不了，如何能理解，或者聽懂較高深的學問道理呢！

因此，究竟「可以語上」，還是「不可以語上」？視人的資慧、才智、學養之高低、深淺而定。如對前者，「可以語上」而不語上，其結果是潛在的智慧、才智和能力，無從發揮，往往會由不滿足、吃不飽而感到厭煩、失望，甚至表現爲鬆鬆垮垮、懶懶散散，最終導致成不了材。

而對後者，「不可以語上」而語上，則適得其反，不但會因高深難理解，由聽不懂而感到昏昏沉沉，悶悶糊糊，而且日久還會覺得是一種壓力，甚至是包袱，無休止的痛苦，豈只無益，抑且走向自暴自棄。

因此，做老師的，首先要對學生在天賦、資慧、才智等方面存在的差異，和表現在志氣、性格、態度上的不同特點有深刻的了解，然後循序漸進，恰如其分地由淺入深，加以引導，加以教誨；對於資質、才智都特異、超羣的，無妨加「小灶」循循善誘，輔之、導之，使之成材。

這不僅有待於爲人師者的努力探索和開創；而且也有待於爲人父母者的好好發現和培育。

(6) 孔子曰：「生而知之者，上也。學而知之者，次也。困而學之，又其次也。困而不學，民斯為下矣。」(十六·九)

【譯文】

孔子說：「生下來就知道的人，是上等的資質；經過學習才知道的人，是次一等的資質；經歷困境後才知道要學習的人，是又次一等的資質；經歷困境，仍然懶散不想學習的人，那就只能算是下等的資質了！」

【按】

「生而知之」，實際上是不存在的，也是不可能的。但，如果是指天賦、資慧獨厚，或者某個方面的智商特別高，如獨具文學、音樂、繪畫等的藝術細胞，所謂「天才」，這亦並不是絕對沒有，而是可能有，並且確實有過這樣事例的——只是，縱然確有這樣的「天才」，在通向成功之路上，也不過是具備了一分成功的可能性而已，其餘的九十九分，還必須依靠自己的非凡努力，付出巨大的辛勤汗水，才能贏來豐碩成果。

因此，嚴格說來，「學而知之」，才是主要的途徑：主動、自覺地學，廣泛、深入地學，學而不厭，然後才能眞正的達到「知之」。應該說：「學」才是「知之」的「上也」之策，第一等的。至於那經歷困難，嚐到了無知的苦果後，才下狠心，甚至在三十、四十而立志爲學，並成就偉大事業的，歷史上也大有人在。如被列爲「唐宋八大家」的蘇洵，就是在二十七歲才發憤讀書，終於成了著名散文家的。因而，「困而知之」，也不失爲是次一等的了！而那些歷經困難、噜遍無知的苦果後，仍然懶散不想學的人，孔子認爲是屬於沒出息，「民斯爲下矣」，是下等的資質了。

本則所告誡的，其實正是這「困而不學」的人，期望能引起他們的重視並自戒。而現實中，確實也有不少是雖歷經困境，但始終不欲學，即使心血來潮想學，而在遇到一點困難，就裹足不前，或者打退堂鼓，顯得意志消沉，沒有勇氣前進了！

因而「斯爲下矣」，成爲下愚，也就不足爲奇了。

(7)子曰：「我非生而知之者，好古，敏以求之者也。」(七·一九)

【譯文】

孔子說：「我不是生下來就是有知識的人，而是愛好古文，勤快地去求得知識的人。」

【按】

本則是孔子針對時人稱譽他爲「生而知之」的聖人，而斷然作出的否定語。這就明確地告訴人們：孔子之所以成爲一個精深淵博的大學問家，和具有崇高德性的人，並非由於「生而知之」先天的原因；而是由於喜好古文化傳統，依靠後天勤奮努力學習，「敏以求之」的結果。以孔子之聖，尚且如此率眞地道出了此中根本所在，則不存在「生而知之」，自也顯而可知。

這是孔子謙虛的話，也是老實的話；是求實精神，更是坦誠態度。既是對好學、敏以求之者的一種勉勵，也是對自詡「天才」、自我誇張者的一種鞭策，特別對那自視很高、自封聖明非凡，認爲一貫正確的人，更無異是一下當頭棒！事實上，綜觀古今中外歷史，許多曾經爲人類作出偉大貢獻而名垂青史，永遠受到人民懷念、崇敬、景仰的政治家、科學家、藝術家、教育家、文學大師們……他們賴以成就偉大事業的秘訣絕不是什麼「生而知之」的天賦，而是孜孜爲人民流下的汗水，汗水！因此，就某種意義說：「天才」，其實就是一分天賦加上九十九分辛勤的汗水！

「我非生而知之者」，這坦誠、謙虛的老實話，破除了「生而知之」的迷信，不僅豐富了教育思想，也啓廸了有較高天賦、資慧的人們能正確地對待自己獨具的優越條件，從自我陶醉中解脫出來，腳踏實地用辛勤的汗水去灌溉它，以便能更順利地走向成功之路。

孔子所說：「好古，敏以求之」，就是喜好古文化傳統，勤敏努力地去研究、探索。其實，指的正是孔子一生引爲自慰、自樂、自豪的「十室之邑，必有忠信如丘者焉，不如丘之好學也。」（五・二七）的好學態度——好向古人的嘉言善行學，好向古代的歷史經驗教訓學，以期從孜孜不倦的好學中作出創新。因爲，在孔子看來，人生有限，縱然能活百歲，所能親見親聞的仍然極爲局限，如果不向古文化典籍學，不向好的古傳統學，那麼，可學不多，「好學」仍不免近於空話一句而已！

本則，正是孔子以此自勉而勉人。

二一、教育目的

（8）子夏曰：「仕而優❶則學，學而優則仕。」（十九·一三）

【譯文】

子夏說：「做官奉職有餘力，仍要研究學問，求學充足有餘力，可以出仕做官。」

【注釋】

❶優：指有餘力。

【按】

孔子有崇高的政治理想：遠期的目標是大同世界，即「博施濟衆」、「老者安之，朋友信之，少者懷之」；近期的目標是小康社會，即實現「仁政德治」。因此，孔子開創私學的目的是明顯的：「學而優則仕」，通過教育，培養德才兼備的治世賢人，以便參與政治去改變「天下無道」的濁亂社會。

「仕而優則學」，是說做官奉職有餘力，仍然應該於公餘不斷讀書做學問。讀書是人生中一件樂事，既可以增長學識才智，又可以陶情治性，更能從古人立身行事的經歷中吸取經驗教訓，來完善自己的工作，爲從政作出更好的貢獻。這是一種好風尚，一種好傳統。「半部《論語》治天下」，就是指宋宰相趙普經常以通讀《論語》來解決朝中疑難，處理大事的依據。雖係傳說，但至少可以說明「仕而優則學」是有益無害，有利無損，値得提倡的。

「學而優則仕」，「仕」是當時歷史條件下，實現仁政德治唯一可以憑依的手段，不「仕」，則要實現仁政德治，只能是一句空話。在長達二千幾百年的封建社會，這漫長的悠悠歲月中，「學而優則仕」，曾經鼓舞過多多少少平民學子發憤爲學，曾經激勵過多多少少仁人志士勤勉苦讀。他們通過十年寒窗，而後在仕途中充分發揮才幹，貢獻畢生精力造福人民，有的而且留下不朽功績。應該說：「學而優則仕」，對後世的影響是極其深遠的。

（9）季康子問：「仲由可使從政也與？」子曰：「由也果❶，於從政乎何有❷？」曰：「賜也可使從政也與？」曰：「賜也達❸，於從政乎何有？」曰：「求也可使從政也與？」曰：「求也藝❹，於從政乎何有？」（六·六）

【譯文】

季康子問道：「仲由可以使他管理政事嗎？」孔子回答說：「由呀能果斷，對於管理政事有什麼困難呢？」季康子再問：「賜可以使他管理政事嗎？」孔子說：「賜呀通情達理，對於管理政事有什麼困難呢？」季康子又問：「求可以使他管理政事嗎？」孔子說：「求呀多才藝，對於治理政事有什麼困難呢？」

【注釋】

❶果：果斷、決斷。❷何有：有何難。❸達：通情達理，通達事理。❹藝：多才藝，多才能。

(10)孟武伯❶問：「子路仁乎？」子曰：「不知也。」又問。子曰：「由也，千乘之國，可使治其賦❷也，不知其仁也。」「求也何如？」子曰：「求也，千室之邑❸，百乘之家❹，可使為之宰❺也，不知其仁也。」「赤也何如？」子曰：「赤也，束帶❻立於朝，可使與賓客言也，不知其仁也。」（五·八）

【譯文】

孟武伯問道：「子路仁嗎？」孔子回答說：「不知道。」孟武伯再問（他究竟是一個怎樣的人呢？）孔子說：「由呀，在一個擁有千輛兵車的大國，可以使他去管理軍事，但我不知道他是否仁。」（孟武伯又問）「冉求怎麼樣？」孔子說：「冉求呀，在一個有千戶人家的大邑，擁有百輛兵車的大夫家裏，可以使他去做總管，但我不知道他是否仁。」（孟武伯又問）「公西赤怎樣呢？」孔子說：「赤呀，國家有賓客時，可以使他束起大帶立在朝廷上接待賓客，應對一切，但我不知道他是否仁。」

【注釋】

❶孟武伯：姓孟孫，「武」是謚號。爲魯國執政的三家（孟孫氏、叔孫氏、季孫氏）之一。❷治其賦：指治軍，管理軍事。賦：古代徵兵、修武備，稱賦。❸千室之邑：爲大邑，由諸侯管轄。邑：古代百姓住居的地方，相當於今之城鎮。❹家：諸侯分封給大夫的采邑。❺宰：指家宰、邑宰。前者指大夫家的總管；後者指一縣的縣長。❻帶：大帶。

【按】

季康子和孟武伯都是當時魯國實際執政的當權大夫。從他們指名向孔子徵詢人才這情況來看：孔子辦私學所取得的成果，不僅已爲社會所周知、所公認，而且連執政的當權者也準備在徵詢後延聘重用了。這就可以想見孔子當時知名度之高，及其影響之大。此其一。

二、從子路、子貢、冉求等從政後所展現的卓越的政治才能來看：既說明孔子因材施教，有意識、有目的地培養德才兼備，各有專長的治世賢人的成功；同時，也說明孔子在教育方面的卓越才能，及其精神之偉大！因爲「子路，卞之野人也。子貢，衞之賈人也。皆學於孔子，遂爲天下顯士。」（《尸子・上篇》）孔子把子路培育成爲一個見義勇爲、坦誠守信、果敢決斷，足以擔負千乘大國的軍事重任、有三軍統帥之才的治軍能人；把子貢培養成爲一個取得巨大成績的傑出外交家。該是何等不容易！

三、從答問中，也可以瞭知孔子對弟子的各個方面是知之甚深，而且要求很高：既教從政，又誨爲人，更以仁作爲從政、爲人的最高標準，並且不輕易許他們以仁，用以黽勉。至於如實介紹並推薦弟子之所長，固然爲了因材致用的需要，而孔子因材設教，造就賢才之多，於此亦可略見。

附：子曰：「雍也，可使南面。」（節錄六・一）（參閱二・22）

（11）子張學❶干祿❷，子曰：「多聞闕❸疑，慎言其餘，則寡❹尤❺。多見闕殆❻，慎行其餘，則寡悔。言寡尤，行寡悔，祿在其中矣。」（二・一八）

【譯文】

子張問如何求仕得俸祿。孔子說：「多多地聽別人說話，把有懷疑的保留著，其餘的也要謹愼地說，便少過失。多多地看別人行事，把覺得不安的保留著，其餘的也要謹愼地行，便少懊悔。說話少過失，行事少後悔，求仕得俸祿也就在其中了。」

【注釋】

❶學：此指問。❷干祿：指求仕得俸祿。❸闕：同「缺」，保留。❹寡：少。❺尤：過失。❻殆：疑惑，不安。

【按】

「多聞」、「多見」是在學問上求積累而得的知識既多且廣，卽「博」；「闕疑」、「闕殆」是在多聞多見中經過篩選，把不可信、不可靠的保留，把値得借鑒的先學習，卽「精」；「愼言愼行」是力求在說話和行事上少犯，或不犯過失，避免後悔。這樣，自然會贏得人民的贊許和賞識而被薦舉；這樣，「祿在其中矣」，也就在意料之中。

本則，子張所問是如何求仕得祿，孔子所答卻重在「爲人」。乍看，似有矛盾；其實，正是根本所在：越是道德素質好，爲人的品德修養高，就越能求得「祿在其中」。因爲，一個在學問上力求博、精，在言行上力求「寡尤、寡悔」的德才兼備的人，誰不歡迎呢？事實上，不僅求仕得俸祿如此，即在任何時代、任何社會的謀生求職，也無不如此。否則，對一個「言多尤」、「行多悔」，而又胸無點墨的人，縱然僥倖謀得職業，或者已經「祿在其中矣」，也是難於長久，遲早會被淘汰的。

（12）子曰：「三年學，不至❶於穀❷，不易得也。」（八·一二）

【譯文】

孔子說：「學了三年，還能不想到做官得俸祿上去的人，是不容易找到的。」

【注釋】

❶至：同「志」，想到。❷穀：小米。此指做官得俸祿。

【按】

在孔子之意：出仕，並不完全爲了求得俸祿，亦不應該完全爲了去謀求得俸祿，而應該重在行道。因此，孔子既不願弟子熱衷於功名，急急乎去謀求利祿；當然，亦不以不仕爲淸高，或者可嘉許。就當時情況，學了三年，其心還能不想到求仕得俸祿上去的人，確實是不容易找到的。

而如果仍然有這樣的人，孜孜不倦，向學之心如初，這就不免會被認爲是志不在小，難能可貴，有大作爲的人了！

如：子使漆雕開仕。對曰：「吾斯之未能信。」子說（同悅）。（五・六）意思是說：漆雕開對孔子叫他出仕一事，感到還沒有信心，需要繼續奮勉學習，以求進德。孔子因而十分喜悅他的這謙遜、志不在小的態度。

三、教育內容

（13）子曰：「志於道，據於德，依於仁，游於藝❶。」（七・六）

【譯文】

孔子說：「立志在道，據守在德，依存在仁，游習在藝。」

【注釋】

❶藝：指六藝：禮、樂、射、御、書、數。是孔子教育弟子的六門知識、技藝。

【按】

教育內容服從於孔子辦私學的教育目的：一、爲實現仁政德治的理想而培養德才兼備的治世能人；二、教人立身處世之道，卽倫理道德思想，加強自我修養。

本則就是孔子教育弟子的四個條目：

「志於道」，是說立志行道，追求眞理，思想上先要有一個奮鬪的目標；否則，「志不立則中儒（空虛、懦弱）」，勢必渾渾噩噩虛度一生。

「據於德」，是說爲人處世必須從自己高尙德行做起，才能據以行道於天下。

「依於仁」，仁本於心，表現於外用就是「愛人」、「泛愛衆」，人與人相處之道，就應該依傍於此而不違離。

「游於藝」，是說六藝（禮、樂、射、御、書、數）爲人生所必需，必如魚之在水那樣游泳自如，能熟練掌握內中奧蘊，不僅知識學問淵博，且亦成才，樂在其中了！

至於這四個條目，在施教中，次序的先後，或者先教習藝，使之有眞才實學；接著教以孝悌禮讓等，使之有仁的美好行爲；然後企望其由仁而成德於心，使之有德可據；這樣，進一步就能明道而行道了。

也或者先教以立志明道，在探求眞理的明道過程中，力求心有所得，德成於心；從而，在人際相處中，表現出有仁愛之心；然後再教習六藝，牢牢地掌握技藝，使之具有眞本領，成爲卓越的人才——當然，非謂「依於仁」方去「游於藝」，而是應該「志於道」時，就重於此中的功夫了。

所舉四條目之間，「道、德、仁」三者有先後之序，而無主次、重輕之分；而三者之於「游藝」，則無先後之序，卻有重輕、主次之分。這就是說：道爲本，藝爲末，德育爲先，才藝爲後，任何重藝輕道、重才輕德的教育，都是不知重輕、本末的錯誤思想而影響行道、修德的成效。

因此，這就有待於善教者因人的資質、稟賦等的不同而循循然善誘之了！

（14）子以四教：文，行，忠，信。（七·二四）

【譯文】

孔子平時從四個方面教誨弟子：一是歷代典籍、文獻；二是德行；三是忠；四是信。

【按】

這是孔子教育弟子的四個重點，也可以說是教育中心：

「文」是先代的典籍遺文。學文，實際是學前人的言和行，既學正面的嘉言善行，也學反面的失敗教訓，用以砥礪、陶冶德性，增長知識、才幹。

「行」指德行，孔子所教特別重德，可以說，貫串在全部《論語》中，是最豐富、最具見地，對提高人民的道德素質也是最有成效的。

「忠」是對君上、國家、社會、團體，以及親朋友好，任何一個人都竭盡心力的意思；「信」則指對人講信用。兩者都是為人立身行事的根本，既是內心的修養，也是人格的造就。四教以德行為主。人而無德，或者是墮落到道德敗壞，那麼，也必將會淪喪到與禽獸無異，什麼為人、從政，什麼濟世救民等等，都只能是謊言、詐語而已！

(15) 子曰：「從我於陳蔡❶者，皆不及門也。」德行：顏淵、閔子騫、冉伯牛、仲弓。言語❷：宰我、子貢。政事：冉有、季路。文學：子游、子夏。(十一・二)

【譯文】

孔子說：「跟從我在陳國蔡國共過患難的弟子們，此刻都不在我門下了。」品行很好的有顏淵、閔子騫、冉伯牛、仲弓四人。口才很好的有宰我、子貢兩人。辦理政事很好的有冉有、子路兩人。詩書禮樂文章學問很好的有子游、子夏兩人。

【注釋】

❶陳蔡：指孔子厄於陳蔡，七日不火食之事，時年六十一。此則之嘆，在七十以後。❷言語：

指能言善辯，長於外交之辭令。

【按】

陳蔡之厄是孔子一生中歷經艱難困危境遇中的一次。據《史記・孔子世家》所說：聞孔子在陳蔡之間，楚使人聘孔子。孔子將往拜禮。陳蔡大夫謀曰：「孔子，賢者，所刺譏皆中諸侯之疾。今者久留陳蔡之間，諸大夫所設行皆非仲尼之意。今楚，大國也，來聘孔子。孔子用於楚，則陳蔡用事大夫危矣。」於是乃相與發徒役，圍孔子於野，不得行，絕糧，從者病，莫能興。孔子講誦弦歌不衰。

時年孔子六十一歲，遭困危與弟子一起，縱然在「七日不火食，藜羹不糂，弟子皆有饑色」的情況下，始終是滿懷樂觀主義情懷，不但臨危不懼，而且弦歌不絕，表現了「內省而不窮於道，臨難而不失其德」，所謂「君子固窮」的可貴精神。（參閱一・18）

因此，在七十歲以後的晚年，孔子回憶起這些往事時，對當年跟隨自己一起經歷困危的弟子們，常常緬懷他們對道所持的堅強信念，表現的患難與共、風雨同舟的眞摯情誼，和大無畏精神，以及各具特色、德才兼備的有所作爲的人生態度，而感到無上的慰藉。可是，而今：離散的離散，去世的去世，都不在身邊、不在門下了！

「從我於陳蔡者，皆不及門也」，語意哽咽，溢於言表。這正是孔子感慨萬千，所表示的無限懷念之情。

下面是對弟子所作的評價，也是孔子因材設教所取得的巨大成績；而四科之分，更是獨創。

四科中前三科，皆屬前輩弟子，且均「從孔子於陳蔡」；後一科文學子游、子夏屬後輩，爲後起之秀，且亦不相從陳蔡之列。編者所以記之附此，是藉以見前輩後輩學風之有異，而且子游、子夏擅長詩書禮樂文章，確亦爲前三科優秀弟子所不及。於此，更可以概見孔子培育人才之濟濟。特別是子夏，少孔子四十四歲，家貧，由勤奮好學而取得了突出的成就。於孔子死後，他到魏國西河去自立門戶，收徒講學，因成績卓著，西河的人把他當成是孔子，可見影響之大。

(16)子曰：「先進❶於禮樂，野人❷也。後進於禮樂，君子也。如用之，則吾從先進。」(十一．一)

【譯文】

孔子說：「前輩的人，從禮樂方面說，好像是樸野的人。後輩的人，從禮樂方面說，眞像是君子了。但如果用到禮樂的話，我還是願意從前輩的人。」

【注釋】

❶先進：與後進分指前輩、後輩，都是指孔子弟子。先進如上則前三科的顏淵、閔子騫、子貢、

子路等；後進如上則後一科子游、子夏。❷野人：指樸野的人。

【按】孔子在游說列國返魯前，積極入世，一意欲實現「仁政德治」的理想，因此，多有用世之志，對相從弟子的講學，亦多重實用。如上則所說的「德行、言語、政事」三科的高足，都是前輩弟子。前輩弟子無論爲人處世、爲學從政，也無論是品德修養、氣度胸懷，可以說都是文質得宜，猶存淳樸之風。

而自六十八歲返魯後，由於游說列國時到處碰壁，「道之不行，已知之矣」，加上年事已高，正値晚年之時，因此，孔子用世之心稍淡，積極入世之志亦略減，轉而把全部精力集中在教書培育人才，和整理古文獻工作上。這樣，後輩弟子多在詩書禮樂文章上下功夫，文的成績則尤爲顯著。因而就「文」而言，前輩反像樸野的人，後輩倒眞像是君子了。

這明顯表現了前後輩弟子學風之有異。孔子總結評價弟子時，明確指出了這一點，而且坦率直言：如果用到禮樂的話，我還是願從前輩弟子。這就是說：前輩弟子文質得宜，雖文不及後輩，但質樸淳厚之風猶存，堪可嘉許；後輩弟子雖文勝前輩，但浮華之風有餘，樸實不足，因而不免有些「則吾從先進」之嘆！

(17)子游曰：「子夏之門人小子，當洒掃應對進退則可矣。抑❶末也。本❷之則無，如之何？」子夏聞之，曰：「噫！言游過矣！君子之道，孰先傳焉？孰後倦❸焉？譬諸草木，區以別矣❹。君子之道，焉可誣也？有始有卒者，其惟聖人乎？」（十九・一二）

【譯文】

子游說：「子夏的學生，做些灑水掃地、言語應對、禮儀進退這些細微小事是可以的，但這只是些末節而已。禮樂大道卻沒有學到，這怎麼算好呢？」子夏聽到了，說：「咳！言游的話錯了。君子之道，哪一些先來傳授？哪一些後來傳授？非指後傳就厭倦不教了。是說這就和草木一樣，也是要區別著對待的。君子之道，哪可以用欺妄來對人呀！至於循序漸進、有始有終教育學生的，恐怕只有聖人吧！」

【注釋】

❶抑：不過，可是。❷本：指禮樂大道。❸倦：卽「誨人不倦」的倦。❹草木區以別矣：指穀、蔬、果、蓏之在田圃者，分類區別溉種。喻學問有深淺，應循序而教。

【按】

「灑掃、應對、進退」，雖屬細微末節小事，但關係一個人的家庭教養、文化素質、人際交往的禮貌等，並不是可以隨便廢棄之而不教的。特別是「應對、進退」二項，如不勤加教育，就往往會鬧笑話、出洋相，被認爲是無家教、沒規矩，給人鄙夷、不屑。

而這六字，古人多在小學時就開始教，主要是讓青少年從小就能夠養成良好習慣，作爲自己的生活規範，懂得做人的起碼知識。

本則，子游、子夏的「本末」之爭，就兩人同列「文學」科的優秀弟子而言：子游並不是不知道「灑掃、應對、進退」爲初學者所應學的事，只是恐怕子夏忽於大道而不教，因此批評說「抑末也」而已，連禮樂文章也不教，怎麼能說好呢？

而子夏，亦不是不知道「灑掃、應對、進退」之上，還有禮樂大道，是不能忽而不教的，因此以「譬諸草木，區以別矣」作喻，指出如果不問作物的類別、生熟，亦即不問具體對象資慧、學問的高低、深淺，一概以高、深、遠的大道教弟子，這不符合循序漸進的教學方法。因此，就實質說：兩人的教學內容並無大異，只不過在教法上略有不同而已——其實呢，兩人各有所長，也各具特點：子夏善於淺出深入，先教其淺近，後教以遠大，對傳授孔門經典精華，其功不小；子游以禮樂教化來治理社會，成效卓著，「文學」方面的成就也特別大，有謂《禮記·禮運大同篇》原於子游之緒言，爲子游的後學所記。正如郭沫若所說「〈禮運篇〉毫無疑問，是子游氏之儒的主要經典。」（《十批判書·儒家八派的批判》）這就可見其理想的遠大，和成就的生輝了！

（18）子曰：「小子何莫學夫《詩》❶？詩可以興，可以觀，可以羣，可以怨。邇之事父，遠之事君。多識於鳥獸草木之名。」（十七·九）

【譯文】

孔子說：「弟子們爲什麼不去學學詩呢？學了詩，可以培養聯想力，激發人的志氣，感動人的情意；可以提高人的觀察力；可以懂得如何處羣；可以懂得不稱心時如何怨而不怒。近處看，可以知道事奉父母的道理；遠處看，可以知道事君盡忠的道理。小言之，也可以使你多認識一些鳥獸草木的名稱，廣大心志。」

【注釋】

❶詩：指《詩經》，爲六經之一，是我國最早一部偉大的詩歌總集。原有三千餘篇，經過孔子的整理，刪去重覆，存三百零五篇。《詩經》分「風、雅、頌」三大類。「風」大部分是民間歌謠，共一百六十篇，爲《詩經》的精華，具有很高的文學價值；「雅」是朝廷樂曲，分「大雅」、「小雅」，共一百零五篇；「頌」分「周頌」、「魯頌」和「商頌」，共四十篇，是統治者用於祭祀宗廟的樂歌。表現詩篇內容的方法是「賦、比、興」：賦就是直言敷陳；比就是比喻；興就是聯想。

【按】

《詩》是六經之一。六經本來稱六藝：一是指初級的「禮、樂、射、御、書、數」等六種技藝；一是指高級的「《詩》、《書》、《禮》、《樂》、《易》、《春秋》」等六種典籍。這六種典籍在孔子以前大概已經存在；作爲定型的六種教本，則是孔子完成的。後來，這高級的「六藝」被尊爲「六經」。

《詩》以道志，《書》以道事，《禮》以道行，《樂》以道和，《易》以道陰陽，《春秋》以道名分。正如《禮記·經解》說的：「入其國，其教可知也。其爲人也，溫柔敦厚，《詩》教也；疏通知遠，《書》教也；廣博易良，《樂》教也；絜靜精微，《易》教也；恭、儉、莊、敬，《禮》教也；屬辭比事，《春秋》教也。」這些都是孔子的重要教材，只是後兩者與日常生活關係不甚密切，不常講述而已。

經過孔子精心修訂、增減、編纂等工作而成的「六藝」，比較完好地保存了我們偉大的文明古國，上起唐虞夏商周，下至春秋的歷史文獻，從而賴以了解當時的政治、經濟、軍事、文化、思想、社會風習等的情況，爲探索研究古代各個方面的專著，起了無可估量的作用。因此，可以說：六經不僅是我們偉大祖國極爲珍貴的歷史資料，而且也是世界上極富學術價值的瑰寶，它是我們偉大民族的驕傲！

就這點說：孔子作爲我國第一個偉大的文獻整理家，給我們留下的歷史功績是不朽的！

這是從學詩中想到的第二點。

二、孔子十分重視詩教在個人品德上的巨大作用：「詩可以興，可以觀，可以羣，可以怨」。是說它可以陶冶情性，使人溫柔敦厚；可以激勵志氣，使人振奮向上；可以觀天地萬物，使人興發高尚情操；可以懂得如何處羣和睦不孤單，在不盡如人意時如何疏通情性，使人怨而不失正，哀而不傷身；就近處說，可以事奉父母，達於孝，就遠處說：可以事君盡忠；進一步，還可以「多識於鳥獸草木」之名，通曉博物知識，大而言之，更可以在與物的賦、比、興中，藉以抒發心志，培養高尚情操，開濶胸襟，以達於仁的境界。

「小子何莫學夫詩？」總之，弟子們爲什麼不學學詩呢？可謂意味深長。

(19) 子曰：「不學詩，無以言。不學禮，無以立。」（節錄十六．一三）

【譯文】

孔子說：「不學詩，就不懂得如何講話；不學禮，就不懂得如何立身。」

【按】

詩教的重大作用，不僅如上則所說；卽從詩篇所表現的「賦、比、興」手法來說，也離不開明白無誤和優美的語言。因此，學詩的得益，實在是多方面的。「不學詩，無以言」，只是其中的一端而已！

禮，教人恭、儉、莊、敬，這是爲人立身的根本。儘管時代經常的變遷，但維繫人際關係的禮，有的隨時代的變遷而不同，而某些必須共同遵守的行爲準則和道德規範，則仍然是必不可少的。

而且，在當時，孔子開創私學的目的，就是爲了培養德才兼備的治世能人，用以推行仁政德治，這也需要從政者懂得一些「進退周旋」的禮儀。因此，「不學禮，無以立」，蓋亦有所指。

(20) 子曰：「興於詩，立於禮，成於樂。」（八・八）

【譯文】

孔子說：「激發人的心志在詩，卓然立身於社會在禮，德性的陶冶在樂。」

【按】

本則，其實正是孔子的一句名言。意即：詩有助於振奮精神，禮有助於立身處世，樂有助於完美情操。因此，從本則中就更可概見孔子之重詩教、重禮樂之化的精神，是很有見識的。

(21) 子曰：「《詩》三百❶，一言以蔽之，曰：『思無邪❷』。」

（二·二）

【譯文】

孔子說：「《詩經》三百篇，可以用一句話來概括它的全部意義，就是『思想純正，不邪惡』。」

【注釋】

❶詩三百：《詩經》三百零五篇，言三百，舉其大數。❷思無邪：〈魯頌·駉篇〉中所說的話。指思想純正，不邪惡。

【按】

詩言志，指《詩經》的全部內容，都是洋溢著一片至情，思想純正，沒有摻雜一點虛假偽託，或者矯飾造作的邪惡之意。如下則所說。

（22）子曰：「〈關雎❶〉樂而不淫❷，哀而不傷。」（三·二〇）

【譯文】

孔子說：「〈關雎〉這一章詩，有歡樂，但不流於放蕩；有悲愁，但不陷於傷損。」

【注釋】

❶關雎：《詩經・國風》的第一篇。❷淫：過量。

【按】

這是一首描寫男女愛情的詩。「關關雎鳩，在河之洲，窈窕淑女，君子好逑」，是歌頌一個貴族青年愛上一個美麗的姑娘，在求而未得以至於輾轉反側睡不著，經歷一番相思之苦，最後終於求而得之結合在一起，共享歡樂之情，孔子稱贊之爲「樂而不淫，哀而不傷」。

像這樣反映男女愛情的詩篇，在經過孔子整理、編次、刪去重複而成的《詩經》中保留了不少，其中僅〈國風〉中的〈鄭風〉就有二十一首之多，而且孔子還把這〈關雎〉列爲《詩經》的首篇，這就足以說明：「飲食男女，人之大欲存也」，孔子是支持、贊賞人民有享受愛情權利，態度是比較通達、開放的；並不是如貶之者那樣，說孔子主張「授受不親」，是迂腐的禁欲主義者。

本則，孔子舉〈關雎〉詩，不但歌頌了男女愛情的眞摯、熱烈，表示支持和贊賞，同時也直抒了哀樂觀，卽情感的處理要適度，做到樂而不過分，哀而不傷身，合乎中道。

其實，有喜則樂，有悲易哀，這是人之常情，亦是人心之正。但，如果超過一定的界限，一任感情而爲，或者理智失控，那麼，也常常會樂極生悲，轉而苦惱，哀過而鬱，反成損傷。這不僅表現在男女愛情方面會如此，卽其他如意外的生離死別、悲歡離合等偶發事件，同樣也會如此。因此，能無借鑒？

(23)子謂伯魚❶曰：「女為〈周南〉、〈召南〉❷矣乎？人而不為〈周南〉、〈召南〉，其猶正牆面而立也與！」(十七·一〇)

【譯文】

孔子對伯魚說：「你曾學過〈周南〉、〈召南〉的詩嗎？一個人如果不學〈周南〉、〈召南〉，那就像面對著牆壁站立一樣，什麼也看不見，一步也難於前進了！」

【注釋】

❶伯魚：孔鯉，孔子的兒子。 ❷周南、召南：是《詩經·國風》開頭兩部分的篇名。〈周南〉十一篇，言夫婦、男女者九。〈召南〉十五篇，言夫婦、男女者十一。

【按】

本則，更舉〈周南〉、〈召南〉詩以問，意指如果一個人連這「夫婦之道」也不知道，那麼，猶如面壁而立，一物也不可見，一步也難行，等於是一個白痴了！

（24）子曰：「誦《詩》三百，授之以政，不達。使於四方，不能專對❶。雖多，亦奚以為？」（十三・五）

【譯文】

孔子說：「熟讀《詩經》三百篇，託付他處理國家政事，卻不能通達；派他出使到四方各國去，卻又不能獨立應對，那麼，詩經讀得雖多，又有什麼用處呢？」

【注釋】

❶專對：指獨立對答。

【按】

學貴在能用。熟讀《詩經》，就應該對它的豐富而又深刻的蘊涵透徹理解，融會貫通，使之既能通達於為政，出使又能獨立應對，人際交往更做到發乎情，止於禮，雍容得體。蓋《詩經》三百五篇，有言男女、夫婦之道，有言農事富民之利，有言平天下、接諸侯、待羣臣之經等等，可以說，如何求能治國安民，求溝通上下之情的大綱、要旨，都在其中了。

因此，如果說：學而不能用，「誦《詩》三百」而不能行，所謂「授之以政，不達。使於四方，不能專對」，那麼，卽使學得再多，再好，又有什麼用呢——還不是等於不學、白學，或者是兩腳書櫥子！

當然，這也可能有二種情況：一種是根本沒有學深、學透，或者囫圇呑棗，無從消化，或者知之未深，難能融會貫通，因此雖自詡已知，實則依然未知，自然學而無能爲用；另一種是僅僅爲了裝點門面，本來就無心爲學，因此，縱然多學，也只是誇耀渲染自己而已，談不上學以致用。

（25）子所雅言❶，詩書執禮，皆雅言也。（七·一七）

【譯文】

孔子平日用雅言的，如誦詩、讀書，以及執行禮事，都必用雅言。

【注釋】

❶雅言：古西周人語稱雅，故雅言又稱正言，猶今稱國語，或普通話。

【按】

孔子生於魯、長於魯，日常操魯語，只是對誦詩、讀書，以及執行禮事，就必定用雅言。這是因爲孔子最嚮往西周，之所以重雅言，一以重視西周的古文化傳統，表示重先王之訓典；二以抱普天之下是一家的理想，身傳之、言教之，亦誨人、育人之一途。

（26）子曰：「吾自衞反❶魯，然後樂正❷，雅頌❸各得其所。」

（九・一四）

【譯文】

孔子說：「我從衞國回到魯國，然後把樂音訂正了，使雅和頌各自恢復了本來面目，不相紊亂。」

【注釋】

❶反：同「返」。孔子在魯哀公十一年（公元前四八四年）冬，從衞國回到魯國，結束了十四年游說列國的生活。❷樂正：一說正其樂章，一說正其樂聲。均可從。❸雅、頌：是《詩經》中的兩類詩，在《樂經》中則以音律分，指樂曲。

【按】

孔子愛好音樂：不但有極高的音樂欣賞水平，是一個造詣很深的音樂家；而且精通樂理、樂曲，還是一個學問精深淵博的音樂理論家。正如本則所說「然後樂正，雅頌各得其所」，也正如《史記・孔子世家》所說「《詩》三百五篇，孔子皆弦歌之」，說明經孔子整理過的《詩經》三百五篇，都是由孔子配了樂譜，可以按樂譜演奏歌唱的。

特別是，對音樂在陶冶人的情性，以及對個人品德修養所起的巨大作用上，孔子更是給予極高的評價，如〈樂記〉所說「故樂行而倫清，耳目聰明，血氣和平，移風易俗，天下皆寧。」因此，孔子把原有的樂作了整理加工，使之成為六藝之一的教材，就不能不承認孔子「樂正」之功該不在小了！

可惜的是：在春秋那「天下無道」的大變亂時代，隨著禮樂的崩壞，《樂經》亡失了！從此再也無能諦聽到按這《樂經》演奏的古瑰寶樂曲了！

(27) 子在齊聞〈韶〉，三月不知肉味。曰：「不圖為樂之至於斯也。」(七・一三)

【譯文】

孔子在齊國，聽到了〈韶〉樂曲，以致三月來不知道肉的味道。他說：「想不到音樂的美好有到如此高的境界的。」

附：子謂〈韶〉：「盡美矣，又盡善也。」謂〈武〉：「盡美矣，未盡善也。」（三·二五）（參閱二·58）

【按語】〈韶〉是舜時樂曲，「〈蕭韶〉者，舜之遺音也。溫潤以和，似南風之至。」（孔子語，見《太平御覽》八十一引〈樂動聲儀〉）

孔子本來就十分喜好音樂，而且有很高的欣賞水平，因此，一當聽到〈韶〉樂，竟至於樂而「三月不知肉味」的境地，則〈韶〉樂之美妙動聽，亦可以想知了！特別是，孔子還能品評出樂聲中所展現的氣象，及其蘊涵的深意。如本則：子謂〈韶〉，「盡美矣，又盡善也。」謂〈武〉，「盡美矣，未盡善也。」

這是說：〈韶〉樂和〈武〉樂都美妙動聽極了，可謂「盡美矣」；不過，〈韶〉的樂聲中展現有雍容、寬順的氣象，而〈武〉樂不免帶有淩厲，蕭殺的音勢，因而前者爲「盡善也」，後者則是「未盡善也」，總感到欠缺了那麼一點點：因爲〈韶〉樂是舜由文德受堯之禪讓而得天下，〈武〉樂則是因武王用兵力奪得天下。

上則，「三月不知肉味」，並非指眞的三月不吃肉，或者吃了肉而感覺不出肉的味道，而是指一種藝術心情，執著地追求藝術的美好，已經到了如此程度的一種境界；本則，「盡善也」和「未盡善也」之感，表現出孔子「尚德不尚力」的胸懷，這和孔子「發憤忘食，樂以忘憂」的氣概，同樣都是一種道德心情。藝術心情和道德心情交流合一，也就是孔子之所以譽爲聖人的境界了！

(28)子曰：「師摯❶之始❷，〈關雎❸〉之亂❹，洋洋乎盈耳哉！」(八．一五)

【譯文】

孔子說：「當太師摯升歌，開始演奏，直到〈關雎〉之合樂終結，樂聲美妙動聽，充滿在我的耳中。」

【注釋】

❶師摯：魯國樂師，名摯。❷始：指樂曲開始，卽序曲。❸關雎：《詩經．國風．周南》的首篇。❹亂：指樂曲終結。升歌言人，合樂言詩。

(29)子語❶魯大師❷樂，曰：「樂其可知也。始作，翕如❸也；從之，純如❹也，皦❺如也，繹如❻也。以成。」(三．二三)

【譯文】

孔子告訴魯國的樂官說：「音樂演奏的全過程是可以知道的：開始時，五音六律合奏著，是這樣地興奮而振作；接著，音調是這樣地純一而和諧，又是這樣地明朗而清晰，最後是餘音裊裊，連綿不斷，樂就這樣地完成了。」

【注釋】

❶語：告訴。❷大師：樂官名。❸翕如：指振奮。翕：合。❹純如：純一而和諧。❺皦：清晰、明朗。❻繹如：連續，連綿不斷。

【按】

這兩則都是盛贊演奏古樂的全過程，從升歌到合樂，自始至終，條理井然有序，樂聲美妙動聽。先是升歌，以瑟配之；繼以笙奏，在堂下以磬配之；然後先笙後歌，歌笙相間；最後爲合樂，衆人齊唱。鐘聲、樂聲、歌聲，純正、和諧、清晰、明朗，或聞而興奮振作，或聽之莊嚴肅穆，慷慨激昂，「洋洋乎盈耳哉」，該是多麼悅人耳目，又是多麼令人心曠神怡！特別是演奏完畢後，餘音裊裊，猶感幽幽未盡之意，更是回味無窮！

於此，既可概見孔子對音樂原理的精通之深，也可了知孔子對音樂能陶冶情性的體會之切。

孔子之所以重禮樂教化，自亦不言可知。

(30)子曰：「辭❶達而已矣。」(十五·四〇)

【譯文】

孔子說：「言辭，只求能夠把意思表達清楚就是了。」

【注釋】

❶辭：指言辭，或奉命出使的辭令。

【按】

此指辭能達意即可：既不尚詞藻之美，亦無須巧飾之工。其實質在提倡愼言而反對巧言——當然，如果連辭尚且不能達意，那麼，這就可能笑話連篇，小則影響個人生活、聲譽，大則貽誤大事，關係身家的生命財產了！千萬不能等閒視之。

四、教學態度

（31）子曰：「由！誨女，知之乎！知之為知之，不知為不知，是知也。」（二·一七）

【譯文】

孔子說：「由呀，我教你怎麼算是知吧！你知道就說知道，不知道就說不知道，這才算是知。」

【按】

這是孔子教誨子路在求知、做學問方面所應持的態度：「知之爲知之，不知爲不知，是知也。」這是科學的、老老實實的態度，是永遠不自欺、不欺人的態度。遵順這態度，知識可以由無到有，由少到多，由浮面、狹窄、淺薄到精深、厚實、淵博，從而攀登知識頂峰，成就各種偉大事業。如果持相反態度，譬如：有的人可知而不知，不知自以爲知，應懂而不懂，不懂硬裝懂；有的人外行充內行，通才稱專才，不能充能，不行自以爲行等等，這正是自欺、欺人。其結果，往往是小則鬧笑話、出洋相，貽笑大方；大則常常會無知狂妄，獨行其是，如果在上位者，就更易導致決策的失誤，計劃的失調，或者大工程的告吹，某項實驗的報廢等等。

因此，嚴格說：不僅求知、做學問應持這態度，而且爲人處世、教書育人、爲政治國等都應該持這態度。

這對任何時代的任何人，都是有很大的教益作用，值得學習和發揚的。

（32）子曰：「知之者，不如好之者；好之者，不如樂之者。」

（六·一八）

【譯文】

孔子說：「懂得它的人，不如愛好它的人；愛好它的人，不如深心裏以它爲樂的人。」

【按】

這是三個層次、三種境界的爲學態度。第一種「知之者」：僅僅知道爲學的意義，但並沒有從內心裏愛好它，因而知之不深，學而不篤實；縱然表面上在學，也不過如算盤子，撥一撥、動一動而已——當然，這比那些困而不學，甚至厭惡、反對爲學的，該好多了！

第二種「好之者」：不僅知道爲學的意義，而且深心愛好它，已經上升到能夠自覺地去努力學，而無需別人的督催了。這是第二個層次的爲學態度，比「知之者」的境界要高；只是內心的愛好，不等於就能學有所得，在沒有從爲學中眞正嚐到樂處和甜頭前，他的所好是不會深，得益亦是有限的。因此，還達不到「樂之者」的更高層次和境界。

第三種「樂之者」：是從爲學中眞正體會到此中樂趣的人。他們深深體會到越是學得廣、學得精，所知也就越博，成就也會越大；反過來，也就更加樂於爲學，而且必然是學而不厭，更是樂在其中了！這樣，循此反覆不已，貧亦學，困亦學，忙亦學，也一定達於「樂而忘憂，不知老之將至」的境界；而且，胸襟豁達，信仰堅定，從而品德更加高尚，思想境界也更爲開濶。人而至於此，還有什麼事業不能成就，什麼科學高峰不能攀登呢！

「知之者，不如好之者；好之者，不如樂之者」，這正是孔子循循然善誘，勉勵弟子自強不息，期望能在爲學的道路上達到如顏回所說「欲罷不能」境地的態度。

其實，何止爲學態度應該如此，卽使爲道、行善，搞科學研究、發明，或者想成就某一項事業等等，也莫不如此。卽：舉凡世間事的任何工作，只要認定目標，不但知道它的意義，深心愛好它，而且堅持不懈，樂於爲此而不厭不倦，畢一生爲之努力奮鬪，「老天不負有心人」，是終究會走上成功之路的。

（33）子曰：「敏而好學，不恥下問。」（節錄五·一五）

【譯文】

孔子說：「勤敏而愛好學習，不以向下面人請教而感到可恥。」

【按】

學問的成就，無不由於勤敏好學；勤敏好學的人，也無不愛好發問。好問，如果是下問於上，所知甚少問於所知甚多，或者不能問於多能，這還算不了什麼，顯不出為難處；但如果要做到「下問」，也即在上位者向下位的人求教發問，而不感到難為情、丟臉，這就不是一件容易事了！

其實，所謂「下問」，不光是指上位者問於下位者，年長的向年幼的請教，或者「以能問於不能，以多問於寡」（八・五），無妨類推泛指及於條件優越的問於條件差的，譬如：高貴者問於卑賤人，豪華的人問於寒酸、窮措大，或者自命不凡問於甘居落後，英俊瀟洒者問於其貌不揚、醜八怪等等，這就涉及一個有損身分、地位，有傷自尊和顏面的問題了。因此，沒有較高的思想境界和認識水平，是很難做到這一點的；也因此，「不恥下問」，不僅在於謀求廣增知識的需要，更重要的是由此而消除傲慢自大的心理障礙，眞正做到放下架子，以甘當小學生的誠懇態度去請教人的需要！而這，就關係到一個人的品德修養了！

也正是這樣，孟子對那些「挾貴而問，挾賢而問，挾長而問，挾有勳勞而問，挾故而問，皆所不答也。」（《孟子・盡心上》）即對於那些依仗自己所尊、所長的特殊地位、身分來請教的，孟子是一概不予回答、教誨，使之知道求學問不可有所挾持。這樣，才能理解「謙受益，滿招損」的眞正含義了。

附：子曰：「默而識之，學而不厭，誨人不倦，何有於我哉？」（七・二）（參閱一・30）

子曰：「若聖與仁，則吾豈敢？抑為之不厭，誨人不倦，則可謂云爾已矣。」公西華曰：「正唯弟子不能學也。」（七・三三）（參閱一・5）

子曰：「三人行，必有我師焉。擇其善者而從之，其不善者改之。」（七・二一）（參閱一・34）

（34）子貢曰：「夫子焉不學？而亦何常師之有？」（節錄十九・二二）

【譯文】

子貢說：「我們的老師怎麼不在學，而且何必要有固定的老師呢？」

【按】

上面幾則，如實地說明了孔子對自己是好學不厭，從來不是強不知以為知，而且虛懷若谷，做到每事問——問禮於老聃，訪樂於長弘，問官於郯子，學琴於師襄等等，這也就是「學無常師」的態度。而對弟子，孔子是誨人不倦，終一生勤奮不懈，致力於教書育人工作，爲培養實現仁政德治的治世賢才而孜孜不倦地努力。後世贊譽孔子爲「萬世師表」，確實是當之無愧，可以說是爲師者的典範了！

(35) 子曰：「譬如為山，未成一簣❶，止，吾止也。譬如平地，雖覆一簣，進，吾往也。」(九·一八)

【譯文】

孔子說：「好比堆土爲山，只差一筐沒有堆成，停下來，這是我自己停下來的呀！好比用土平地，即使只堆著一筐土，繼續往前堆，這也是我自己在向前堆的呀！」

【注釋】

❶簣：竹筐，盛土的器具。

【按】

本則，孔子以堆山、平地爲喻，勉勵爲學要專心致志，自強不息，而且更應堅持不懈，始終如一。與此相似，孟子則以掘井爲比：「有爲者，譬若掘井。掘井九軔（同仞），而不及泉，猶爲棄井也。」（《孟子・盡心上》）意卽：如果就此歇手，還是自己拋棄這個井呀！

前者，一簣之土雖少，但日積月累，平地亦可成山；而如果「未成一簣，止」，那就「功虧一簣」，前功盡棄了！

後者，一鍬之泥縱微，但未見泉源絕不休止，經久終能成井；而如果「掘井九軔」，就此畏難罷手，那麼，「猶爲棄井」，同樣是「功敗垂成」了！

爲山求其高，掘井求其深，兩者雖喻比不同，而喻義則一，淺近易明：「止，吾止也」，前功盡棄的關鍵在己，不在人，亦卽在主觀，不在外來因素、客觀。這就昭示人們：無論做學問、成就事業，或者進德修身，如果有始無終，不能持之以恆，諸如畏難而退、半途而廢，或者淺嘗則止等等，終將一事無成，懊悔不已。

而有恆者，「人一能之，己百之；人十能之，己千之。果得此道矣，雖愚必明，雖柔必強」；且有恆者堅持不懈，始終如一，所謂「鍥而不舍，金石爲開」，「只要功夫深，鐵杵磨成針」，又何樂不以此自勉之呢！

（36）子在川上曰：「逝者如斯夫，不舍晝夜。」（九・一六）

【譯文】

孔子在川上說：「消逝的時光，就像這河水一樣，不分日夜地向前流去。」

【按】

本則，孔子同樣以川流爲喻，勉勵爲學者珍惜光陰，不要讓寶貴的時光白白流走，「莫白了少年頭，空悲切」，而感到悔恨莫及。

因爲，歲月流逝難再來，江水東流去不回；人生有限似油燈，油盡燈滅不再明。意即：時不我待，爲學者應該有一點「只爭朝夕」的緊迫感，抓緊爲學的黃金時代，好好向學求問，進德修業，企其有成。

這是積極的人生態度，也是具現實意義的醒世箴言。它昭示人們，特別是青年學子：人生也應該效法水那樣不斷前進，「苟日新，日日新，又日新」，所謂「天行健，君子以自強不息」的精神，永遠不滿足於今天的成就，永遠不停止向前邁進。

「逝者如斯夫！不舍晝夜」：時光的流逝如此，人類歷史的前進如此，人生也如此。因而，作爲青年學子，能不自強不息，振奮有爲！

當然，也有以悲觀態度、或者消極觀點來理解這句名言，來看待人生的，如一些人的反用，就正是打著這旗號來尋歡作樂、遊戲人間的！因而也就不能不引起自己的警覺了！

（37）子曰：「學如不及，猶恐失之。」（八·一七）

【譯文】

孔子說：「求學問就應該像追趕什麼東西似的，唯恐趕不上；趕上了，又怕失去。」

【按】

學海無邊，學問無底，亦無止境；而人生卻有限，歲月也無情。因此，一個人縱使終日、終年，日復一日、年復一年地孜孜不倦地向學求問，猶恐來不及那樣，感到學不到手；即使學到了，猶恐不穩固，擔心忘失，不能為自己所用。因此，「如不及」，是趕不上；「猶恐失」，是怕落後，對前者應該有一點急迫感，對後者則要有一點不安感。這樣，既緊緊張張，又兢兢業業；既經常地溫故，又不斷地知新，也就可望學有所成了。

（38）子夏曰：「日知其所亡，月無忘其所能，可謂好學也已矣。」

（十九·五）

【譯文】

子夏說：「每日知道一些自己所不知道的，每月能夠不忘記所已經知道和掌握的，就可以說是好學的了。」

【按】

通過學習，天天能知道自己所不知道的；通過實踐，月月能不忘記自己所已經知道和掌握的。這樣，「日知其所無」，就能夠學有所進；「月無忘其所能」，就能夠德有所立。學爲了進德、實踐；進德、實踐而驗證了學的所進，並促進了學的深造。如此往復不已，相輔相成，自然能更上一層樓，樂亦在其中了。

(39) 子曰：「古之學者為己，今之學者為人。」(十四·二五)

【譯文】

孔子說：「古代的學者，學習是爲了充實提高自己；現在的學者，學習是爲了裝飾門面，做給別人看。」

【按】

爲學的兩種不同態度：一是爲己，一是爲人。前者指「入於耳，著於心」（荀子語），所謂

「得一善言，以附其身」，亦卽重在修德、益智；後者指「入於耳，出於口」，所謂「得一善言，務必悅人」，亦卽重在裝飾門面，鍍鍍金，借以獲取功名利祿，或者顯揚自己，作爲沽名釣譽的資本。

就爲學的目的而言，孔子旨意在個人的修德、益智，進而「兼善天下」，「己欲立而立人，己欲達而達人」。己立、己達是爲己，立人、達人則是爲人。但要做到立人、達人，首先必須學以爲己，以修德、益智爲其根本；否則，亦難以達到立人、達人的目的。

而從孔子時代的學風看，「學以爲人」的現象，其實並不是普遍的，孔子提出來，亦只是對這種不良現象所表示的一種感嘆，這同孔子提出「論篤是與，君子者乎？色莊者乎」（十一・二○）之嘆一樣，都是提醒人們，要善爲識別，妥加防範。想不到孔子感嘆之言，果其然不幸而言中，並更加發展：越是往後，由於私心所重，這種「學以爲人」的現象，越是普遍，他們專事裝飾門面給人看，一意以博取功名利祿爲能事，也就不復以修德、益智爲重，談不上「學以爲己」了！

這同「色莊者乎」情況一樣，越是往後，越是到處可見僞君子，而且到了可以以僞疑眞，以僞毀眞，把君子的崇高形象也給損壞、糟蹋盡了！

可見孔子卓識之遠，足以明察不良傾向至於幾千年！如謂不信，則上面兩種不良現象迄今日又復存在卽可證。

（40）子曰：「後生❶可畏，焉知來者之不如今❷也。四十五十而無聞焉，斯亦不足畏也已！」（九·二三）

【譯文】

孔子說：「年輕人是可畏的，怎麼知道他們將來一定不如今天這一代呢？當然，如果一個人到了四十、五十歲，仍然默默無聞於世，那也就不值得可畏了。」

【注釋】

❶後生：指年輕人。❷今：指今日的成人。

【按】

後生是明日的成年人，雖說還不如今日成人的成熟、能幹；但，他們是處在茁壯成長、蓬勃發展階段，是來日方長，前途無可限量的一代。從生理角度說：後生之所以可畏，是因爲他們無論在身體、知識、技藝、才能、思想等各個方面正經歷著一個受教育、培養、鍛練，逐漸成長、變得成熟、幹練的過程。因而他們也一定能夠後來居上，湧現出大批出類拔萃的、堅定的、有所作爲的人才。

從優生角度說：正如「長江大浪，後浪推前浪，一浪高一浪」那樣，後生必然能夠，而且也應該是一代勝過一代，比前代強。否則，國家的未來、民族的希望也就無可寄託了。「焉知來者之不如今也」，這是孔子對後生寄予的深切期望，也是堅信後生能夠勝過今日成人、未來社會優過現在社會的不可動搖的信念。於此，孔子樂於教育英才的偉大胸懷，也焯然可見。

當然，如果到了四十、五十，應該學有所成、業有所樹之時，而仍然默默無聞，沒有作出成績無所建樹；那麼，人生成就事業的黃金時期已經過去，縱然想有所作爲，亦將困難重重。因此，這樣的人，不是一個庸庸碌碌、無所作爲者，也就是一個胸無大志、虛度年華、不足畏的人了！「少壯不努力，老大徒傷悲」，這就從一個側面告誡並勉勵青年要珍惜光陰，要發憤努力。

(41) 子曰：「年四十而見惡焉，其終也已。」(十七·二六)

【譯文】

孔子說：「年紀到了四十歲，還是被人厭惡，這就怕無希望了。」

【按】

上則，「四十五十而無聞焉，斯亦不足畏也已」，指的是「無聞」；本則，則是「四十而見惡焉，其終也已」，指的是「見惡」。

前者，唯其「無聞」，沒有作出什麼成績或建樹，證明爲庸庸碌碌，所以不足畏；後者，因其「見惡」，不但沒有作出成績，沒有善行，相反，倒是惡迹昭昭，爲人所厭惡、所鄙視，證明爲浪子難回頭，遷善改過不易，所以，就怕無希望了。

前者所以「不足畏也」，是因爲「四十五十而無聞」，人生成就事業的黃金時期已經過去，縱有心再作爲，也困於條件難如願。後者所以「其終也已」，是因爲「年四十而見惡焉」，卽不惑之年的思想性格大致定型，屢屢幹壞事、有惡行，屢屢遭人白眼、唾罵、厭惡，而仍然依舊故我，紋絲不改，這就「難矣哉」，恐怕無希望了！

不過，在現實中，也偶或見有四十而大徹大悟，而幡然悔改而洗心革面並作出成績的，因此，「其終也已」，也不是絕對的，不能看死了。

上則，「後生可畏，焉知來者之不如今也」，表現了孔子對後生慰勉有加的拳拳之心；本則，「其終也已」，則期望不長進者及時遷善改過，同樣是眷眷之意。

(42)子在陳❶，曰：「歸與！歸與！吾黨❷之小子狂簡❸，斐然❹成章，不知所以裁❺之。」(五·二二)

【譯文】

孔子在陳國，說：「回去吧！回去吧！我故鄉這一批青年人，都是有大志進取的人，像布匹那樣，已織得文彩斐然，還不知道該怎樣裁剪呀！」

【注釋】

❶陳：國名。今河南東部和安徽北部一帶。❷吾黨：指我故鄉。黨：古代五族（五百家）爲黨。❸狂簡：指有大志，而才學尚疏；又指有大志進取。狂：志大。簡：疏略。❹斐然：指有文彩。❺裁：裁剪。

【按】

這是孔子六十歲仕於陳國時，抒發的「歸與」之嘆。據《史記・孔子世家》記載：

魯使使召冉求。冉求將行，孔子曰：「魯人召求，非小用之，將大用之也。」是日，孔子曰：「歸與！歸與！吾黨之小子狂簡，斐然成章，不知所以裁之。」

這說明：

一、在孔子「誨人不倦」、循循然善誘人的教育下，「吾黨之小子狂簡，斐然成章」，可以說，大批人才在成長，不但個個有大志，而且人人勇於進取，都思有所作爲。只是「狂者」過於衝動，哪知世事維艱，而「簡者」又過於疏略，把天下事看得太簡單。

二、魯國當權者既然派使者來召冉求，這就表明決不是小用，而將是大用。孔子在深心感到欣慰之餘，猶覺得冉求還不足以當大任，因此很想回去加強對弟子的教育，使他們能夠增長才幹，更加成熟。

三、孔子周遊列國，其志本在推行仁政德治的理想，行道於世。而今，「道終不行」亦已深知，因此，也很想回去專心教育弟子，以便造就日後終有能大用於世的賢才，使之後繼有人，能將道傳之於後。

「不知所以裁之」，正是孔子既欣喜於弟子「狂簡，斐然成章」，有大志、勇於進取的態度，亦復擔心他們還不善於處理各種複雜事務的能力，這就有待於孔子「歸與！歸與！」的循循然善誘人的教育了。

五、教育方法

(一) 學思結合

(43) 子曰：「學而不思則罔❶，思而不學則殆❷。」(二・一五)

【譯文】

孔子說：「只讀書不思考，就會迷惑，茫然無得；只思考不讀書，思路就會閉塞不通，疑惑不安。」

【注釋】

❶罔：迷惘。 ❷殆：危險、疑惑。

【按】

孔子提倡好學的同時，也提倡好思。好學是指向書本學，向古今賢能者學，向歷史上成功和失敗事例的經驗教訓學；好思是指善於思考、分析、探索、研究，以便去僞存眞，去蕪存實，總結上升爲理性認識。學越深、越透、越博、越系統，思也就越廣、越精、越徹、越條理。學爲思提供可作對比、徵驗、鑒別和參考的廣泛材料，思則爲學創造可供選擇的最佳方案，也爲通向成功之路提供借鑒的各種方法和途徑。

學而不思，會面對浩瀚的書海茫無所從：或者陷入資料堆而無法自拔；或者不辨眞義，以是爲非，以害爲益，迷惑受騙；或者一知半解，囫圇吞棗，難於消化等等。這，充其量只是作爲活的兩腳書櫥子而已。

思而不學，縱如下則所說「終日不食，終夜不寢，以思」，也還是「無益，不如學也」。因爲離開知識來源的苦思，或者脫離實際的冥想：不是自我封閉在象牙之塔的幻想，就往往是陷入非非的空想或瞎想，都只能是枉費心機和精力。

前者，學而不思，放棄獨立思考，等於失去了自己；後者，思而不學，則把自己封閉起來，等於孤立了自己。因此，兩者不可偏廢，應該是學思結合，相輔相成，才能充分發揮學和思的作用而取得巨大效果。

附：子曰：「吾嘗終日不食，終夜不寢，以思無益，不如學也。」（十五．三〇）（參閱一．8）

(44) 子曰：「溫故而知新，可以為師矣。」（二．一一）

【譯文】

孔子說：「能夠從溫習舊的知識中領悟出新的心得、體會、見解的，就可以做人的老師了。」

【按】

溫習舊的知識，是學；從中領悟到新的心得、體會，或者見解，為新知，是思。這是學思結合的又一種形式，但，它的前提必須是求得新知。這樣，就能夠知道學習中所沒有傳授的知識；這樣，「青出於藍而深於藍」，就能夠創新，能夠「一代勝過一代」，自然可以為師任教了！

當然，並不是所有溫故都能知新，譬如：浮光掠影、漫不經心的態度，不通過認眞的思考、和對舊知識的融會貫通，自然無能知新；無能知新，自然也難以爲人師了！

附：子曰：「學而時習之，不亦說乎？」（節錄一．一）（參閱一．7）

【按語】通過「時習」而領悟出新知——新的心得、新的啓示，其內心的喜悅，不是身臨其境過的人，是很難體會得出的。同上則一樣，亦可說是學思結合的一種形式。

(45) 子曰：「攻❶乎異端❷，斯害也已。」（二．一六）

【譯文】

孔子說：「專向反對的一端用力，那便有害了。」

【注釋】

❶攻：專攻，指專於一事之一端用力。❷異端：一說，指反聖人之道爲異端；一說，如一線之必有兩端，由此達彼。若專就此端言，則彼端成爲異端，從彼端視此端亦然。今從後說。

【按】

本則，是孔子教人爲學不應當專在兩端中的一端用力，而視另一端爲水火不相容。因爲任何事物都有兩端，如一線一竿：從這端看，另一端爲異端；而從另一端看，則這一端爲異端。如果堅執一端，專向一偏，就必然是偏而不中，會以偏概全，難見中道。

譬如：學與思，本是爲學的兩個方面，互輔互成，如堅執一端，就不免失之偏頗，難免有害了。其實，學問貴求通其全體，而且，往往是殊途同歸，因此，只有不專執一端，才能相得益彰。

(46) 子曰：「由也！女❶聞六言❷六蔽矣乎？」對曰：「未也。」「居❸！吾語女。好仁不好學，其蔽也愚；好知不好學，其蔽也蕩；好信不好學，其蔽也賊❹；好直不好學，其蔽也絞❺；好勇不好學，其蔽也亂，好剛不好學，其蔽也狂。」(十七・八)

【譯文】

孔子說：「由呀！你聽說過六個字——六種美德和六種弊病嗎？」子路回答說：「沒有。」孔子說：「坐下！我告訴你：愛好仁德而不愛好學習，它的弊病是容易受人愚弄；愛好聰明而不愛好學習，它的弊病便會放蕩不羈；愛好信實而不愛好學習，它的弊病是容易傷害大義，害人害己；愛好直率而不愛好學習，它的弊病是容易出口傷人；愛好勇武而不愛好學習，它的弊病是容易惹是生非；愛好剛強而不愛好學習，它的弊病是容易狂妄，胡作非爲。」

【注釋】

❶女：同「汝」，你。❷六言：六個字，指仁、知、信、直、勇、剛。這是六種美德。❸居：坐。古人對長者問，必起立，孔子命其還坐而告之。❹賊：害。❺絞：偏急，出言不遜。

【按】

「仁、知、信、直、勇、剛」本是六種美好的品德，爲人們所贊頌；但如果不好學、又不好思，就不能正確地理解它所以是美德的道理，也不能眞正體會它的實質含義，因而常常憑所好任性而爲，產生與美德相悖的弊端、甚至惡行。這在現實生活中是屢見不鮮，經常發生的。

譬如：好仁不好學，又不好思的人，往往會不分是非、不分善惡地普施仁德於人，其結果也常常是：或者是助長了惡人，損害了善良者，或者自己被愚弄。如，宰我問：「仁者，雖告之曰：『井有仁焉』，其從之也？」（六・二四）對好仁不好學的人來說，這就肯定會被迷惑上當，被欺騙陷害而自投入井了。

又譬如好直不好學，又不好思的人，在他還不了解事物的全部眞相時，往往迫不及待地不分時間、地點、場合和對象，就任性而爲，貿貿然給人指責、批評，甚至攻訐別人陰私。這樣，是沒有不引起衆怒和公憤的，所謂脾氣急躁的人會僨事，大概指的正是這種人。

至於好勇不好學，又不好思的人，常常恃勇凌人，恃勇胡爲，小則惹是生非，大則犯上作亂，同樣，也往往是以栽筋斗而告終，這是事物發展的必然。

總之，任何本質上是美好的品德，如果不好學，經過琢磨，不好思，經過熟慮，也還是會走向它的反面，成爲令人作嘔的惡行。

(47) 子曰：「不曰『如之何，如之何』者，吾末如之何也已矣。」

(十五·一五)

【譯文】

孔子說：「遇事從不說『怎麼辦，怎麼辦』的人，我對他亦就不知怎麼辦了！」

【按】

上面幾則，是孔子提倡好學的同時，也提倡好思；下面幾則則針對不好學、又不好思——思想懶漢所作的毫不含糊、毫不留情的鞭策，藉以大喊一聲：如果再這樣下去，那眞是「難矣哉」，不知道該怎麼辦了！

像「不曰如之何，如之何」這樣的人，無論古今中外的現實中都是存在的。這是一些「不慌不忙，不緊不張，慢吞吞、篤悠悠，不思不想，不吱不響，天塌地坍也不聲」的人，是一些對任何事情從不說「怎麼辦」，也從不開動腦筋，一個巴掌也打不出一個屁來的思想懶漢。這樣的人，縱使孔子循循然善誘，誨人不倦，亦只能敬謝不敏，說聲「吾末如之何也已矣」，亦即無可奈何，拿他沒辦法了！

(48) 子曰：「飽食終日，無所用心，難矣哉！不有博❶弈❷者乎？為之，猶賢❸乎已❹。」（十七．二二）

【譯文】

孔子說：「整天吃飽了飯，不去用一點心思，這種人就很難教誨，很難有什麼出息的！不是有玩六博和奕棋的遊戲嗎？總比沒事幹要好一些。」

【注釋】

❶博：六博。雙方各六著，共十二棋，先擲著，視其采以行棋，其法今不詳。　❷弈：圍棋。
❸賢：勝過。　❹已：止。

【按】

有這麼兩種人，孔子認爲是很難教誨，也很難有出息的：一種是本則說的「飽食終日，無所用心」；一種是下則說的「羣居終日，言不及義，好行小慧」。前一種是指那些養尊處優，腦滿腸肥，東晃晃、西蕩蕩，既不用腦，也不幹活，悠哉遊哉，無所用心的人；後一種則是指那些閑極無聊，整天相聚一起，不說正經話，不談道義事，喜歡要小聰明、小才智，或者指東道西，瞎三話四，或者道聽途說，張三風流、李四淫逸，捉弄調笑，把快樂建築在別人痛苦上的人。

前者，「難矣哉」，是飽食終日，失之不用心；後者，「難矣哉」，是羣居終日，失之過於用心，而且用的是壞心！就這一點說：前者是一些無益於社會的飯桶、廢物；後者則因爲「言不及義」，又會拉攏人心「好行小慧」，因而影響廣、受害多，倒是一些有損於社會的害人蟲了！

當然，卽便是前者這樣的飯桶、廢物：其實，指的僅是他們對社會公益，或者有利於人民的事，是從來不會「用心」去思考而言，如果涉及他們的私利，就不是「無所用心」，而是十分用心了，諸如「飽暖思淫欲」、「見財起盜心」等等。現實生活中，不正是屢見不鮮的嗎！

(49) 子曰：「羣居終日，言不及義，好行小慧，難矣哉！」(十五·一六)

【譯文】

孔子說：「整天聚在一起，不說正經話，喜歡耍弄小聰明，這種人就很難教誨，很難有出息的。」

(50) 子曰：「法語之言，能無從乎？改之為貴。巽❶與之言，能無說乎？繹❷之為貴。說而不繹，從而不改，吾末如之何也已矣！」（九·二三）

【譯文】

孔子說：「別人以嚴正的話來告誡我，能不表示順從嗎？但，以能眞心地改過，才算可貴。別人以謙恭順耳的話來贊許我，能不感到喜悅嗎？但，還須分析鑒別，才算可貴。如果只知喜悅而不分析鑒別，只知順從而不改正，那麼，我也就無可奈何他了！」

【注釋】

❶巽：謙恭順耳。❷繹：尋繹，指分析。

【按】

聽到正言規勸之語，表示點頭稱是，唯唯諾諾，顯得誠惶誠恐，懇切萬狀，但就是「從而不改」；聽到謙恭順耳之言，感到興高采烈，趾高氣揚，顯得渾身舒坦，忘乎所以，但就是「悅而不繹」。前者貌似順，態實僞；後者容如心，乃眞情。雖則表現不同，而其實質一樣：好奉承，善僞言，對別人的恭維固然可以「悅而不繹」，而對正辭相規的話則一定裝得諾諾而從。對這種只做表面工作，而內心壓根兒就不願學、不想學的人，「吾末如之何也已矣」，意指縱使人之善教，也無可奈何，拿他沒辦法了！

(二) 因材施教

根據弟子們的不同特點，施以不同方式和內容的教育，這就是「因材施教」。它是孔子在進行教育活動方面的偉大創舉，也是孔子教育思想的精華。全部《論語》記錄這方面的事例比較多，下面只是其中比較突出和比較典型的一部分。但，也可以藉此看出「因材施教」方式的多樣化了。

(51) 子路問：「聞斯行諸？」子曰：「有父兄在，如之何其聞斯行之？」冉有問：「聞斯行諸？」子曰：「聞斯行之。」公西華曰：「由也問：『聞斯行諸？』子曰：『有父兄在。』求也問：『聞斯行諸？』子

曰：『聞斯行之。』赤也惑，敢問？」子曰：「求也退，故進之。由也兼人，故退之。」（十一・二一）

【譯文】

子路問道：「聽到了就去做嗎？」孔子說：「有父兄在，怎麼可以聽到了就去做呢？」冉有問道：「聽到了就去做嗎？」孔子說：「聽到了就去做。」公西華問道：「仲由問：『聽到了就去做嗎？』老師說：『有父兄在。』冉求問：『聽到了就去做嗎？』老師說：『聽到了就去做。』我對此疑惑不解，敢問老師這是什麼原因？」孔子說：「冉求呀，遇事退縮，所以鼓勵他大膽向前幹；仲由呀，性勇猛，敢於向前，一人要兼二人的事，所以我有意抑抑他退縮。」

【按】

本則是孔子針對子路、冉有兩人的不同性格、特點，就同一問題而作的不同回答。

本來嘛，像「聞斯行諸」這樣的問題，一般說，回答「聞斯行之」，也就行了。可是，對子路卻那麼嚴肅、認眞：「有父兄在，怎麼可以聽到了就去做呢？」原因是：「由也兼人，故退之。」孔子深知子路勇於作爲，常常自行其事，自行其是，而且有時不免冒冒失失，會闖禍，因此不放心，有意抑抑他，企其揚長避短；而對冉有，「求也退，故進之」，孔子認爲他平時行事表現得有點畏縮不前，不夠大膽，因此鼓勵他壯膽，要勇於向前。從這事例，可以想見：

一、對任何一個能啓發、教育弟子完善道德修養的機會，孔子都是不輕易錯過，不輕易放棄。這正是孔子認眞教書育人所表現出的一絲不苟、過細的工作態度。

二、對每個弟子的性格、特點，包括他們的志趣、愛好和品德、才能等，孔子可以說眞正做到了「瞭如指掌」，能隨時聯繫現實，恰如其分地表賞好的、糾正錯的，而且往往是不知不覺中讓弟子們逐漸意識到。這種基於知人之深而又因材施教的態度，是一般從事教育工作的老師所不易做到的，也是最值得學習的。

三、這樣的因人答問，孔子的態度平易近人、眞誠懇切，而且都是具有針對性，極富哲理的。因而也就特別使弟子們感到親切、心悅誠服地易於接受，也更赢得了弟子們的愛戴。

其實，不僅對弟子因人而答，卽對國君問政，亦常視國家具體情況作針對性的回答。如《韓非子．難三篇》所說：葉公子高問政於仲尼，仲尼曰：「政在說近而來遠。」哀公問政於仲尼，仲尼曰：「政在選賢。」齊景公問政於仲尼，仲尼曰：「政在節財。」三公出，子貢問曰：「三公問夫子政一也，夫子對之不同，何也？」仲尼曰：「葉都大而國小，民有背心，故曰政在說近而來遠。魯哀公有大臣三人，外障諸侯四鄰之士，內比周而以愚其君，使宗廟不掃除，社稷不血食者，必是三臣也，故曰政在選賢。齊景公築雍門，爲路寢，一朝而以三百乘之家賜者三，故曰政在節財。」

附：司馬牛問仁，子曰：「仁者其言也訒。」曰：「其言也訒，斯謂之仁矣乎？」子曰：「為之

難，言之得無訒乎？」（十二・三）（參閱五・9）

（52）樊遲……問仁。（子）曰：「仁者先難而後獲，可謂仁矣。」（節錄六・二〇）

【譯文】

樊遲……問怎樣才是仁。（孔子）說：「有仁德的人，艱難的工作做在人前；獲功的工作，退居人後，也可算得是仁了。」

【按】

這也是兩人問同而答異的「因材施教」。上則是針對司馬牛「多言而躁」的性格特點，本則可能正是樊遲出仕從政前。

對司馬牛來說，克服多言而躁的缺點，是勉勵他說話謹慎，不能在稍有不稱心遂意時便火冒三丈，要脾氣，使性子。這樣，知道「爲之難」，自然也就說話謹慎，進而能做到對人無怨，近乎仁了。

而對樊遲，則根據出仕前的特殊情況，孔子答以當官爲民應該「艱苦困難的工作搶在人前去做，獲功論賞的事要退居人後」，所謂「吃苦在前，享受在後」，猶如宋范仲淹所說的「先天下之憂而憂，後天下之樂而樂」的態度。這樣，多多地爲人民著想，仁也就在其中了！

其實，樊遲曾三次問仁，孔子所答均各不同。如：一次答「愛人」（十二·二二），一次答「恭、敬、忠」（十三·一九），本則則是「先難後獲」。

幾個人問同而答異，固然是基於性格、素質或者德才等的差異而「因材施教」；本則，樊遲三問仁而答不同，則是由於客觀條件變化，要求不同，因而回答也不一樣。實際上，仍然是因材施教的隨機運用。

之所以能運用自如，卓著成效：一方面是孔子對弟子的各個方面瞭如指掌；另一方面是思想犀利、銳敏，獨具慧眼，能洞察人們內心世界的閃光點和隱秘，而且襟懷坦白，以滿腔熱情的至誠態度來對待弟子。因此，孔子總是胸有成竹地，時時、事事、處處善於因勢利導，啓發弟子們向上、向善。

這種根據個性等的差異而進行的因材施教，是孔子教學方法上，至今仍然閃耀著智慧光輝的偉大創見，也是至今仍然值得我們好好學習，並加以探討的。

（53）子路率爾而對曰：「千乘之國，攝乎大國之間，加之以師旅，因之以饑饉，由也為之，比及三年，可使有勇，且知方也。」夫子哂之。……（曾皙）曰：「夫子何哂由也？」曰：「為國以禮，其言不讓，是故哂之。」（節錄十一．二五）（參閱三一．56）

【按】「夫子哂之」，是孔子在弟子「各言志」過程中，聽子路「率爾而」回答說完後所表示的情態。這微笑笑（哂之），也包括當時眼神所流露的示意，既贊許了子路有治國的大志和才能，感到欣慰；也對他「為國以禮，其言不讓」的態度，微意批評，覺得有不足之意。這點，侍座的弟子是心領神會的，「心有靈犀一點通」，子路心裏也是十分明徹的：既對老師能賞識自己的才能而感到高興，也為自己「其言不讓」的態度而覺得不安。

可以說，這是以表情示意方式進行的因材施教。特別是孔子如此恰到好處的表情示意：既微笑笑而不言，又顧盼盼而含無限深意，就常常會起到意想不到的潛移默化作用，而在獎善勉優，鼓勵上進，和糾正不良習慣，樹立正面形象方面，更是一種獨具顯著效果的教育方式。這對長期從事教育工作的老師來說，該是深有體會，感觸特別深的。

附：子華使於齊，冉子為其母請粟……冉子與之粟五秉。子曰：「赤之適齊也，乘肥馬，衣輕裘。吾聞之也，君子周急不繼富。」原思為之宰，與之粟九百，辭。子曰：「毋！以與爾鄰里鄉黨乎？」（節錄六．三）（參閱一．24）

【按語】本則，是通過對貧富不同境遇的處理，而體現了因材施教。

（54）孺悲❶欲見孔子，孔子辭以疾。將命者❷出戶，取瑟而歌，使之聞之。（十七・二〇）

【譯文】

孺悲想見孔子，孔子推辭有病不見。等傳話的人剛出門口，孔子就取下瑟來邊彈邊唱，故意使孺悲聽見。

【注釋】

❶孺悲：魯國人。魯哀公曾派他向孔子學習士喪禮。有說是孔子的學生。參閱後附「孔子弟子簡介」。❷將命者：傳話的人。

【按】

孔子推辭有病不見孺悲，卻又取瑟而歌，有意讓他知道並非眞有病，而是另有心照不宣的原因，所以不見。

這對於那些做了對不起人的虧心事，但良知未泯，還不想自絕於人，而且自尊心強，懷有僥倖心理的「不屑者」來說，這是一種特殊方式的「因材施教」：

一、這樣，給孺悲既不顯得難堪，也給他留了一條有廻旋餘地的自新之路；而且，往後見與不見，可以由孺悲，也可以由孔子選擇決定，活而不死了。

二、雖說托辭有病，卻又有意讓他知道並非眞有病，也就無異給他傳遞了一個信息：「若要人不知，除非己莫爲」。這對促進他拋卻僥倖心理，進行反思，無疑是增加了一個強有力的外因，或者可說是促進轉化的催化劑。

這種「引而不發」、「揭而不露」的無聲激將法，既保持了他的顏面和自尊，又喚起了他的覺醒，促進了轉化，對於像孺悲這樣的人來說，正是恰到好處，有很大教育效果的。這是孔子首創的、特殊情況下的「因材施教」，也可說是因材施教的藝術運用。猶孟子所說的「教亦多術矣，予不屑之教誨也者，是亦教誨之而已矣。」（《孟子・告子上》）亦卽所謂「不教之教，亦是教」，是借以使其知恥而自勉之教。

(55) 互鄉❶難與言。童子見，門人惑。子曰：「與❷其進也，不與其退也，唯何甚？人潔己以進，與其潔也，不保其往❸也。」（七・二八）

【譯文】

互鄉地方的人，很難和他們共言善。但一個童子來求見，孔子卻接見了，弟子們很疑惑。孔子說：「我贊許他的要求進步，自然不贊成他的退步。何必拒絕人家太過分呢？人家把自己弄得乾乾淨淨來求見，就要贊許他這潔身自好的態度，我並不保證他的以往，為什麼定要抓住過去的汚點不放呢！」

【注釋】

❶互鄉：地名。據說該鄉風俗不好，很難和他們共言善。❷與：贊許。❸往：指以往，過去。

【按】

上則，孺悲求見，孔子推辭不見；本則，互鄉童子求見，連弟子們都感到不應該接見的，孔子卻接見了。前者是求見不見，「不教之教，亦是教」；後者是不應見而見，見之亦是教，而且是反世俗偏見之教。

這說明：孔子不僅「自行束脩以上」，卽連未行束脩者，亦「未嘗無誨焉」。可以說是有來必教，來者不拒了！其教育精神之偉大，於此亦可略見，此其一。

由於「互鄉人難於言」善，因而人們對互鄉人有了世俗偏見，認為「洪洞縣裏沒好人」，並且累及後代子孫，竟連小童子也不例外而被歧視，從而連門弟子都認為不應該接見他。可是孔子卻不以為然，認為這是極不公正的，因此，偏偏反其世俗偏見而接見了童子。就這點說：接見本身就是一種特殊形式的「因材施教」；而對弟子們，則是寓接見於反對世俗偏見的教育，意義就更顯得重大了！此其二。

第三、孔子接見童子的態度是理直氣壯的，也是實事求是的：既不追問以往，也不揣測將來，只是尊重現實表現，既然童子現在潔身自好，要求上進，請求教益，那麼我就贊許他、鼓勵他，這有什麼不好呢？這有什麼過分呢？爲什麼童子這樣的態度，還要受到歧視，一定要把他拒之於千里之外呢？爲什麼具有世俗偏見的人，總是盯住別人以往的一點過失、錯誤，始終不相信別人會向上、向善，追求進步呢？

孔子接見童子所表現出坦蕩無私的胸懷，該是何等光明磊落，何等感人肺腑！這對那些胸襟狹窄，老是抓住別人過去的一點小辮子緊緊不放的人，該也不會無感於衷的吧！

(三)侍坐之教

通過侍坐的機會，啓發弟子們暢所欲言地互談志趣等，借以達到互相學習、砥礪和互相提高、促進作用。這種方式或一二人、或三五人，不拘一格，無拘無束，或問或答，或隨想隨談，氣氛融洽、感情眞切，是孔子經常採用，並行之極爲有效的一種教育方法。

(56)子路、曾皙❶、冉有、公西華侍坐。子曰：「以吾一日長於爾，毋吾以也。居❷則曰：『不吾知也。』如或知爾，則何以哉？」子路率爾❸對曰：「千乘之國，攝❹乎大國之間，加之以師旅，因❺之以饑饉❻，由也為之，比及三年，可使有勇，且知方❼也。」夫子哂之。「求！爾何如？」對曰：「方六七十，如❽五六十，求也為之，比及三年，可使足民，如其禮樂，以俟❾君子。」「赤！爾何如？」對曰：「非曰能之，願學焉。宗廟之事，如會同❿，端章甫⓫，願為小相⓬焉。」「點！爾何如？」鼓琴希⓭，鏗爾⓮，舍瑟而作⓯，對曰：「異乎三子者之撰⓰。」子曰：「何傷乎！亦各言其志也。」曰：「莫春⓱者，春服既成，冠者⓲五六人，童子六七人，浴乎沂⓳，風⓴乎舞雩㉑，詠而歸。」夫子喟然嘆曰：「吾與㉒點也！」三子者出，曾皙後。曾皙曰：「夫三子者之言何如？」子曰：「亦各言其志也已矣。」曰：「夫子何哂由也？」曰：「為國以禮，其言不讓，是故哂之。」「唯求則非邦也與？」「安見方六七十，如五六十，而非邦也者？」「唯赤則非邦也與？」「宗廟會同，非

諸侯而何？赤也為之小，孰能為之大？」（十一·二五）

【譯文】

子路、曾皙、冉有、公西華四人陪孔子坐著。孔子說：「因爲我比你們長了幾天，不要因爲我在這裏就不敢盡情說話了。平時你們總說：『沒有人知道自己』，如果有人知道你們，那怎麼辦呀？」子路輕率地急忙回答說：「如果一個擁有兵車千輛的國家，夾在大國之間，受到外國軍隊的侵犯，國內又連年鬧饑荒，讓我去治理，等到三年，就可以使百姓勇敢善戰，並且懂得禮義。」孔子向他微笑笑。又問：「求！你怎麼樣？」冉有回答說：「如果一個六七十、或者五六十平方里的小國家，讓我去治理，等到三年，就可以使人民豐衣足食。至於禮樂教化，那只得等待君子來施行了。」孔子又問：「赤！你怎麼樣？」公西華回答說：「我不敢說我能做到，只是願意學習罷了，舉行宗廟祭祀，或者諸侯會盟，我穿著禮服，戴著禮帽，做一個小小的相禮者。」孔子又問：「點！你怎麼樣？」曾皙正在彈瑟，瑟聲逐漸稀疏，最後「鏗」的一聲停了，放下瑟站起來回答說：「我沒有他們三位講的那樣好呀！」孔子說：「這有什麼關係呢？亦不過是各人談自己志願罷了。」曾皙說：「暮春三月，春服已經做成，相約五六成年人，六七個童子，去那沂水邊洗洗澡，去那舞雩臺下乘乘風涼，然後大家一路唱著歌兒回家。」孔子喟然長嘆一聲，說：「我贊同點的這種志趣呀！」等到子路三人都出去了，曾皙留在後面。曾皙說：「他們三人說的怎樣呀？」孔子說：「亦不過各人說出自己的志向罷了。」曾晳說：「老師爲什麼笑仲由呢？」孔子說：「治理國家要講禮讓，他說話不謙遜，所以笑他。」曾晳說：「難道冉求說的就不是治理國家嗎？」孔子說：「怎麼見得六七十、或者五六十平方里的地方就不是國家呢？」曾晳說：「難道公西赤所說也不是治理國家嗎？」孔子說：「有宗廟祭祀，又能和別國舉行會盟，不是諸侯國的事，又是什麼呢？像公西赤這樣的人，只去當一個小相禮，那麼誰又能去當大相禮呢？」

【注釋】

❶曾晳：亦稱曾點，是曾參的父親。孔子學生。參閱後附「孔子弟子簡介」。❷居：平時。❸率爾：輕率而急忙的樣子。❹攝：夾的意思。❺因：接連。❻饑饉：饑荒。❼方：此指禮儀。❽如：或者。❾俟：等待。❿會同：諸侯會盟。⓫端章甫：古時的禮服。端：玄端，衣名。章甫：冠名。⓬相：儐相，是祭祀和會盟時主持贊禮和司儀的官。分卿、大夫和士三級。小相是最低的士一級。⓭希：同「稀」，稀疏。⓮鏗爾：鏗的一聲，指彈瑟完畢的最後一聲高音。⓯作：站起來。⓰撰：此指善、好。⓱莫春：指夏曆三月，正是春暖花開之時。莫：同「暮」。⓲冠者：指成年人。⓳沂：水名。在今山東曲阜縣南。⓴風：迎風乘涼。㉑舞雩：魯國祭天求雨的地方，在今山東曲阜縣，其地有壇有樹。㉒與：贊同。

【按】

在弟子侍坐時，孔子經常以「詢志」方式，讓弟子們暢談自己的志願、興趣、愛好。一方面，有意識地培育弟子們的從政意識，並以此了解他們的志趣、專長，以及性格特點等；一方面，也借以促進弟子們互相學習、砥礪、和提高。同時，並通過「評志」，隨時給弟子們以指點、引導，鼓勵他們更加立定志向，堅定信念，培養他們不僅具有良好的從政態度，而且更要自我完善道德修養，具有高尚的道德品質。

「以吾一日長於爾，毋吾以也」，展現了孔子平易近人，一副和藹可親的情態，使弟子們能無所顧忌地敞開胸懷，暢所欲言，無所不談。

「何傷乎！亦各言其志也」，縱然曾晳所志不在仕進，所樂亦與衆不同，孔子仍然鼓勵他無拘無束地暢所欲言，盡興而談，而且還十分贊許地說「吾與點也！」這樣，既活躍了氣氛，增加了情趣，更呈現了師弟子間一派親密無間的融和景象；而弟子們各不相同的性格、志趣等，也就生動地表露無遺了。如：子路是直率、粗獷，長於治軍，表現了一副力挽狂瀾的英雄氣概；冉求是謹愼、謙虛、老實，善於治政理財，滿懷「可使足民」的信心，而對禮樂教化則不感興趣，只能表示抱歉了；公西華專於宗廟、祭祀之儀，會盟賓客應對之禮，但雍容大度，卻十分謙虛，只說是「願爲小相焉」；曾晳則是從容、寧靜的態度，狂放、無意用世的淡泊之志等等。

由於此，亦可以想見：弟子們是如何在孔子循循然善誘人的情況下，逐漸成長爲出色人才的所由之途了。

特別是曾晳所問「夫子何哂由也」，涉及教育方法，可以說是孔子因材施教的藝術運用。即針對不同性格特點，隨不同環境採取不同方式，諸如一舉手、一投足，或者以眼神、點頭、微笑等示意，無不蘊涵深切的貶褒之意，或勉勵、或督促，而且都具有感人心弦的魅力。對子路「率爾而對曰」的態度，孔子正是在深深賞識、贊許子路有大志、有才能、有抱負的同時，對他那「爲國以禮，其言不讓」的不足之處，以「哂之」——微笑笑的方式，含蓄地點了出來，實際上，也等於是對子路無聲的鞭策，子路是完全心領神會的。而對公西赤的才幹和謙遜態度，孔子則盛贊以「赤也爲之小，孰能爲之大？」可謂既深喜之，又加勉之，語意之妙眞是無以復加了！如果不是知弟子之深，又何能至於此？

至於對曾皙的贊許，見仁見智，這就大有文章可以細細體味，而大加探討研究了！它是本則最堪玩味，也最富情趣的絕妙之筆。

首先，曾皙之言：暮春三月，春暖花開，相約五六個成人，六七個童子，結隊到沂水邊洗洗澡，到舞雩臺下乘乘風涼，沐浴著陽光，欣賞著大自然美景，然後大家一起唱著歌回家。這是一副多麼誘人的春遊圖景！是指狂士的遐想，還是曾皙志在過悠哉遊哉的浪漫生活？是指太平盛世的縮影，還是對大同世界的憧憬？

其次，孔子之所以贊許，是贊許曾皙之言中的情趣，還是同感於這太平盛世的境界？或者正是吻合孔子一心嚮往的大同世界這理想的景象？對此，後學解說紛繁，莫衷一是。

其實呢，正是因爲贊許曾皙之言，所以有喟然而嘆；也正是由於喟然而嘆，所以更顯得曾皙之言正吻合孔子的理想。兩者相輔相成而益彰。

這是因爲本則「吾與點也」之嘆，當在孔子六十八歲回魯國之後（因公西華少孔子四十二歲，孔子離開魯國前，他才十三歲；而周游列國時，曾皙並沒有參加）。這時，孔子已歷盡人間艱辛，而且道之不行，亦所深知。因此，那怕是閃瞬之念吧，也不免會對現實感到憤懣，或者苦悶，如「浮海、居夷」之遐想。因而，驟聞曾皙「浴沂、風舞雩」之言，也不免會聯想到一心嚮往的大同世界理想，而這理想又正與曾皙所展現的安詳、悠然自得的生活圖景不期而合。因此，「吾與點也」之嘆，應該說是十分自然了！

只是面對道消世亂，天下無道，民不聊生，百姓痛苦不堪的殘酷現實，孔子又不能不喟然而嘆的，其實正是憂曾皙所言的圖景，渺渺茫茫又不知何日能實現？也正是如此之憂，因此縱然孔子年近古稀，也就更加以「發憤忘食，樂以忘憂，不知老之將至」的精神，致力於教育、培養英才的事業，和古文獻的整理工作。信念之篤，可謂老而彌堅，拳拳之心，於此益見。

(57) 顏淵季路侍。子曰：「盍❶各言爾志？」子路曰：「願車馬，衣輕裘，與朋友共敝之而無憾❷。」顏淵曰：「願無伐❸善，無施勞❹。」子路曰：「願聞子之志。」子曰：「老者安之，朋友信之，少者懷之。」

（五・二六）

【譯文】

顏淵子路侍立在孔子身邊，孔子說：「何不各人說說自己的志願？」子路說：「我願把自己的車馬，輕暖的皮衣，和朋友們共同使用，用壞了，我心裏也不抱怨。」顏淵說：「我願自己有善，不誇耀自己，對人有勞，己心不覺得應施予別人。」子路說：「我們希望聽老師的志願。」孔子說：「我願對天下的老人，能使他們都安寧；對朋友，能使他們都相信；對少年，能使他們都懷念我。」

【注釋】

❶盍：何不。❷與朋友共敝之而無憾：這句話，如於「共」字斷句，則「敝之」似專指朋友，雖曰「無憾」，其意仍若「有憾」。故不如不斷句，語意較顯。❸伐：誇耀。❹施勞：二解：一、對人有功，不感到是施予；二、勿施勞於民。今從二。

【按】

上則，各言志，主要是指志於仕進，就如何從政而言；本則，各言志，則是就爲人的思想境界，應持何種胸懷而言。這方面，子路是「願車馬，衣輕裘，與朋友共敝之而無憾」。這說明子路的胸懷豁達、開朗、豪邁，有俠義風度，比起一般人的容易計較衣著、車馬等日用品，不願意借給別人使用的態度，顯然要高尚得多。只是與顏淵「無伐善，無施勞」的志願比，卻不免略有遜色。

因爲子路所能達到的畢竟只是「與朋友共」的道義思想，個人的俠義境界；而顏淵是既在修己（無伐善），又求能安人（無施勞），就是說：有善行，或者有功於人，不誇耀，不驕傲；勞苦的事，凡己所不欲的，亦不施於人。卽不把自己的理想建築在別人的痛苦上，專施勞於民。這說明顏淵之志不僅成己，又求能及物，其學問修養已更上一層樓。如果在上位者有此志願，那麼他必嚴於修身律己，對百姓也必勤於愛民行仁政，怎麼會像秦始皇那樣一意施勞役民，爲害老百姓的暴政呢！

至於孔子，則志在「老者安之，朋友信之，少者懷之」：不僅在心中有人我一體的仁境，而且在效驗上，由於人心相感通，亦更與我同此心德。可以說，已是入聖達於大同的思想境界了。（參閱一·14）

孔子不但經常以「各言志」方式，讓弟子們在爲人、爲政上相互學習、砥礪，取長補短；而且更以自己的眞誠、懇切態度，坦露心志，來鼓舞、勉勵弟子們的上進。本則，師弟子之所志所願，其實正是孔子平時之所講求，亦弟子平時之所學。後儒所謂志孔顏之志，學孔顏之學，亦正就此而言。

【備考】

《韓詩外傳》卷九曰：孔子與子貢、子路、顏淵遊於戎山之上。孔子喟然嘆曰：「二三子各言爾志。由！爾何如？」對曰：「得白羽如月，赤羽如日，擊鐘鼓者上聞於天，下槊於地，使將而攻之，唯由爲能。」孔子曰：「勇士哉！」「賜！爾何如？」對曰：「得素衣縞冠，使於兩國之間，不持尺寸之兵，升斗之糧，使兩國相親如兄弟。」孔子曰：「辯士哉！」「回！爾何如？」顏淵曰：「願得明王聖主，爲之相，使城郭不治，溝池不鑿，陰陽和調，家給人足，鑄庫兵以爲農器。」孔子曰：「大士哉！由來！區區汝何攻？賜來！便便汝何使？願得衣冠，爲子宰焉。」（《說苑·指武》篇文亦略同，末云：子路舉手問曰：願聞夫子之意。孔子曰：吾所願者顏氏之計，吾願負衣冠而從顏氏子也。）

(58) 閔子❶侍側，誾誾❷如也；子路，行行❸如也；冉有、子貢，侃侃❹如也。子樂。「若由也，不得其死然。」（十一·一二）

【譯文】

閔子騫侍立在孔子身邊，是正直而恭敬的樣子；子路則是剛強的樣子；冉有、子貢則是一派溫和快樂的氣象。孔子很高興。但是，孔子說：「像仲由這樣，怕他會不得好死呀！」

【注釋】

❶閔子：即閔子騫。孔子學生。參閱後附「孔子弟子簡介」。❷誾誾：正直而恭敬的樣子。
❸行行：剛強的樣子。❹侃侃：溫和快樂的樣子。

【按】

通過觀察，孔子對弟子的性格、脾氣、態度等是知之甚深，十分了解的。如閔子騫，誾誾如也，是說表現了一派恭敬、正直的氣象；子路，行行如也，是指剛強、忠貞，展現出一副英勇不屈的氣概；冉有、子貢，侃侃如也，則是溫和愉悅，一派瀟洒、大度的氣派。

這是孔子對侍側的四個弟子，由人品修養而形之於外的情態，作了一個概括的二字定評。可謂字字中肯，恰如其分，而且孔子內心也感到由衷的高興和欣慰。只是對子路表現出的剛強不屈氣概，總縈縈於懷，感到放心不下，因而不免有「若由也不得其死然」之憂，而且不幸而言中，子路後來在一次衞國的宮廷政變中，爲衞護孔悝而壯烈犧牲。（參閱四·52）孔子這種諄諄教誨之誡，隨時告誡之摯的心意，也可謂感人深矣！

（四）舉一反三

（59）子曰：「不憤❶不啓❷，不悱❸不發❹，舉一隅❺不以三隅反，則不復也。」（七·八）

【譯文】

孔子說：「不到苦苦思索而仍然不通時，我不去啓示他；不到口欲言而又說不出來時，我不去開導他。告訴他一隅，而不能類推其餘三隅自反自證，我就不再教他了。」

【注釋】

❶憤：心求通而未得。❷啓：啓示。❸悱：口欲言而未能。❹發：開導。❺隅：指角。

【按】

「不啓」、「不發」，是在「不憤」、「不悱」的前提下，不得已而採取的一種權宜的教學方法。它是孔子從實踐中領悟到的一條教育原則，即：只有在弟子心求通而未得，口欲言而未能時，給予啓示開導，才能取得學習的最好效果。前者心求通而未得，是「憤」，表明苦苦思索而仍然不通，是知之少，求知心切發憤了；後者口欲言而未能，是「悱」，表明所學已有端緒、入了門，但又表述不出其中奧蘊，說不出確切中心。這都是最需要老師啓示和開導的時候。

因此，這就需要做老師的人，花大力氣把握學生「憤」和「悱」的時間和尺寸；一方面要對學生的知識基礎、資質天賦、接受能力，以及情性、志趣、學習態度等等，有充分的了解；一方面，更要善於準確無誤地掌握「啓」和「發」的火候；過早的啓示，會影響學生的積極思維，認爲一覽無遺，太容易而索然無味；過遲的開導，也會喪失學習信心，認爲反正太難，也就自棄，不再積極思維了！

可以說：這是孔子首創的啓發式教學法，它與塡鴨式的灌注教學法是根本對立的。後者可以不問學生對所教是否理解、消化，也可以不管學生的學習情緒是「憤」、「悱」，還是「不憤」、「不悱」，更可以一任自己喜好而隨意施教、灌注：或照本宣讀，從概念到概念；或引經據典，誇誇而論；或海濶天空，自由發揮等等。而啓發式教學法，就必須做許多細緻工作，花大力氣甚至要全力以赴了！

至於「舉一隅以三隅反」，卽「舉一反三」，實際就是一個邏輯推理問題：從已知的判斷推知新的判斷的思維形式，亦卽從個別現象推知普遍原理的過程。

孔子以此勉勵弟子要善於開動腦筋，積極思考，要善於舉一反三，觸類旁通，從而鍛鍊思維能力——當然，如果屢屢啓發、開導，而仍然「舉一隅不以三隅反」，也就說明再教也無益，「則不復也」，也是很自然的：非孔子不教也，乃不能也：猶天之於萬物，縱有時雨，然不沃、不毛之地，亦難望其生長。

附：顏淵喟然嘆曰：「……夫子循循然善誘人，博我以文，約我以禮。欲罷不能，既竭吾才，如有所立，卓爾，雖欲從之，末由也已！」（節錄九．一〇）（參閱十．9）

【按語】上則，語「舉一反三」；本則，則言「循循然善誘人」，都是指善於啓發，善於誘導。

這是學生從無知到有知，從有知到淵博、到逐漸攀登而及於知識的頂峰，成就某項事業的什麼「家」、「大師」等光榮稱號的重要因素。以顏淵的好學和聰慧過人的才智，尚且感到「欲罷不能」，那麼，孔子這「循循然善誘人」的態度，可以想像該是多麼吸引人，鼓舞人和感動人！其實，老師要眞正做到「循循然善誘人」，幫助學生擇定理想，並克服前進道路上的重重障礙，最終使其能成就偉大事業，每一個曾經或者正在從事教書育人工作的老師，都會有特別深刻的體會：這要老師付出多麼巨大的心力和辛勤的汗水！

老師，作爲塑造人類靈魂的工程師，他總是像蠟燭一樣，以能點燃、融化自己去照亮別人而感到快樂、欣慰，而感到光榮和自豪。

可以說，老師是一切職業中，道德最高尚，胸懷最無私的！作爲高尚的職業道德傳統，實際上，也就從孔子爲人師表的一切教學活動中體現出來，並且逐漸形成而爲人民所稱頌、樂道的優良傳統。

(60)子曰：「吾有知乎哉？無知也。有鄙夫❶問於我，空空❷如也，我叩❸其兩端❹而竭❺焉。」(九·七)

【譯文】

孔子說：「我有知識嗎？我實在是沒有知識呀！有鄉下人來問我，我心中空空，只是從他所疑問的正反兩個方面來盤問他，盡量問到使他自己能開悟通曉。」

【注釋】

❶鄙夫：指鄉下人。❷空空：此指孔子自言無知。❸叩：盤問。❹兩端：指兩頭。❺竭：盡量。

【按】

這也是孔子「循循然善誘人」的事例：

一、孔子不但沒有一點「教育人」的架子，相反，卻說「吾有知乎哉？無知也」。這是最高學問所達到的思想境界。因爲學問到了「家」後，心中總覺得空空如也，什麼都不夠、都不懂。所謂「滿罐水不響，半罐水響叮噹」，該正是指此吧！

二、正是這樣，孔子態度虛心、懇切，在所問的疑點中，從問題的前前後後、上上下下，以及左右、正反等各個角度進行分析、叩問，並給以啓發、開導，使鄙夫反處於對答的地位，能通過自己心頭的得竅開悟，來解決疑難。

三、這種循循然善誘人的態度，其實，也正是把解決疑難的鑰匙交給，並教會求問的人，眞可說是善教者了！

當然，這必須是求問者能虛心，且又善學，才能使善教者有用武之地；否則，抱成見而來，復固執己見，縱然善教，也無能使其通悟。

(五)教學相長

(61)子夏問曰：「『巧笑倩兮，美目盼兮，素以為絢兮❶，』何謂也？」子曰：「繪事後素。」曰：「禮後乎❷？」子曰：「起予者商也，始可與言《詩》已矣。」(三‧八)

【譯文】

子夏問道：「『有酒窩的臉笑得眞好看呀！黑白分明的眼睛，流轉時眞嫵媚呀！再用素粉來修飾，多麼美麗呀！』這幾句詩指的什麼意思呢？」孔子說：「古人繪畫，不亦是先臨而後始加素色的嗎？」子夏說：「是說禮的產生在後嗎(指仁)？」孔子說：「你眞是能啓發我心意的人了！現在，可以和你討論《詩》了。」

【注釋】

❶巧笑倩兮三句：前兩句見《詩經‧衞風‧碩人》，後一句不見。意思是贊美一女子的容貌。

倩：美麗。盼：眼睛黑白分明。絢：美麗。❷禮後乎：指禮的產生是在仁的後面嗎？

【按】

子夏少孔子四十四歲，以熟識古代文獻著稱，與子游同列「文科」優秀弟子。他勤奮好學，經常求教於孔子，並得到孔子的悉心培養，在二十五歲時就對《詩經》、《易》、《春秋》等有深刻的理解，達到了很深的造詣。

本則就是其中的一個事例：是說子夏從孔子「繪事後素」的答問中得到啓示，認爲一個人有了忠信（仁心）等的好品德，而後加之以禮作爲文飾，猶如以素色勾勒於五彩而更增加五彩的鮮明一樣，也就更顯得忠信等好品德的可貴了。

「禮後乎？」是子夏由論《詩》而引申及於禮，加以闡發的聯想，認爲禮樂產生在有了仁的思想以後，仁與禮的關係，仁應該是第一位的。孔子十分贊賞子夏這種學一以知二、由此及彼的聯想，很高興地說：「啓予者商也，始可與言《詩》已矣。」意卽，從此可以和子夏討論《詩》的內容和寓意了。

師弟子間融洽無間，而又能如此相互切磋，則其教學相長的眞情實態，亦約略可見。

(62)　子貢曰：「《詩》云：『如切如磋，如琢如磨❶，』其斯之謂與？」子曰：「賜也！始可與言《詩》已矣。告諸往❷而知來者❸。」

（節錄一・一五）（參閱一・26）

【譯文】

子貢說：「《詩經》上說的『治骨器的切削了再銼平，治玉器的雕刻了再磨光』，講的就是這個意思吧？」孔子說：「賜呀！像這樣，可以和你討論《詩》了。告訴你這件事，你能領悟到另一件事。」

【注釋】

❶如切如磋如琢如磨：這兩句詩見《詩經・衞風・淇奧》。有兩解：一、治骨器切了還得磋，治玉器琢了還得磨，此言精益求精。二、治骨曰切，治象曰磋，治玉曰琢，治石曰磨，四字分指平列，言學問之功。❷往：過去的事，指已知。❸來者：未來的事，指未知。

【按】

本則，是子貢聆聽孔子教誨後得到的啓示：認爲「貧而無諂，富而無驕」，可以由一個人的美好本質中求得；而「貧而樂道，富而好禮」，則必須經過學問之功，而且還應該精益求精。因爲「無諂、無驕」，僅止於有守而已，思想上並未忘卻貧富；而「樂道、好禮」，則能進而有爲：樂道，亦就窮亦樂，困亦樂，樂而忘其貧矣；好禮，則安於爲善，樂於循理而行，這就豈止於無驕，抑且忘卻己之富矣。

這猶之「如切如磋，如琢如磨」：骨、象、玉、石之非加切磋琢磨之功，皆不能成器，縱然成器，不經磋、磨，使其更加平滑、細膩，器亦難望成上品。——就是說：卽使一個人有美好的本質，如不經學問之功，而且是精益求精，亦還是難於達到「樂道，好禮」的高尚境界的。「其斯之謂與？」正是子貢從《詩經》中領悟到的，過去未教過的「新知」。孔子同樣十分贊賞子貢這種過人的悟新才識，很高興地嘉許他說「告諸往而知來者」：意卽，告訴他這件事，就可以由此及彼，知道另一件事。表明子貢的理解能力和思想境界，顯然都更上一層樓，可以和他討論《詩》的豐富內涵和寓意了！

與上則一樣，這亦是師弟子間相互切磋、教學相長的生動事例。

附：子之武城，聞弦歌之聲。夫子莞爾而笑曰：「割鷄焉用牛刀？」子游對曰：「昔者偃也聞諸夫子曰：『君子學道則愛人，小人學道則易使也。』」子曰：「二三子！偃之言是也。前言戲之耳。」（十七・四）（參閱八・52）

【按　語】子游少孔子四十五歲，同樣以熟識、通曉古代文獻著稱，列「文學」科優秀弟子，並位在子夏之上。他在二十四歲就任武城宰，重禮樂教化，以彈琴瑟、唱詩歌等方式對平民百姓進行儒家學說的宣傳。可以說，是年輕有作爲，又深得孔子禮樂之教的精華，並運用於實踐的後進高弟子。

附：子曰：「雍之言然。」（節錄六．一）（參閱二．22）

（六）時評、人評（另列一章）

六、親密無間的師生關係

孔子和弟子的關係：在教學上，是師生關係，民主、平等；在年齡和感情上，是如父子、兄弟、朋友關係，互敬互愛，眞摯、無私、情深。

孔子平易近人，以自己的高尚品德，淵博精深的學問，和誨人不倦，坦率、眞誠的態度，贏得了弟子們的衷心愛戴和尊敬；弟子們則以勤奮、努力，以自己好學、進德的優異成績和至誠、至切的態度，深得孔子無微不至的關懷、愛護和教誨。師愛生，生敬師，互敬互愛。這種團結、融洽、親密無間的師生情誼，不僅爲我們中華民族的子孫後代樹立了「尊師愛生」的楷模，亦爲全人類的老師樹立了無私奉獻的典範，這都是世界教育史上少見的。

這種感人至深的、令人敬慕不已的師生情誼，在全部《論語》中，都能隨處體會到，下面只是其中的幾個篇章。

附：子曰：「二三子以我為隱乎？吾無隱乎爾！吾無行而不與二三子者，是丘也。」（七．二三）

（參閱一・45）

【按語】要達到像孔子那樣親密無間的師生關係，從老師方面說，應該要求自己的態度必須是光明磊落的；不但一言一語沒有什麼可以不告人，卽一切行爲，也沒有什麼可以隱瞞，或者遮遮掩掩，不讓人知道的。

「吾無行而不與二三子者，是丘也。」這是孔子俯仰無愧，足以引爲自豪之處，卽：不但竭盡心力把所知毫無保留地傳授給弟子，而且平日的一舉一動，都是表裏如一，篤實光輝，爲大家所共見的。

這種坦誠無私心，眞摯無矯情，親切無假意的光明磊落態度，其實，正是師生間親密無間關係形成的淵源。

(63) 子曰：「當仁❶不讓於師。」（十五・三五）

【譯文】

孔子說：「如果遇到行仁道的事，卽使對老師也不必講謙讓。」或者：「在眞理面前，對老師也不必講謙讓。」

【注釋】

⑪當仁不讓於師：「仁以為己任」的意思。當仁：指在眞理面前。當：擔當。仁：在孔子心目中，就是包括所有眞、善、美的眞理。

【按】

上則，指光明磊落的態度；本則，是說「當仁不讓於師」的胸懷。這就是說：師生關係還應該建立在「眞理面前，人人平等」的基礎上：求道、問學自當尊師，但行道、做學問、成就事業就不必「讓於師」。譬如，在學術探索上，或者對老師的權威論點提出異議，對老師所崇拜的某個科學定義持懷疑，甚至否定態度等，做學生的可以不必「讓於師」，做老師的也無須耿耿於懷，認為是不尊敬老師，有意給老師難堪，下不了臺等。這樣，學生的獨立思考能力，和獨立的分析、判斷能力，也都可以得到錘鍊、培養和提高，從而等於為「學於師而勝於師」，所謂「青出於藍而深於藍」創造了條件；這樣，傑出人才的脫穎而出，自然也可以預期了。無疑，這對老師來說，應該是無上的光榮，也是很大的欣慰。

附：子見南子，子路不說。（節錄六・二六）（參閱九、12）

公山弗擾以費畔，召，子欲往。子路不說，曰：「末之也已，何必公山氏之之也！」（節錄十七・五）（參閱二・3）

（64）佛肸❶召，子欲往。子路曰：「昔者由也聞諸夫子曰：『親於其身為不善者，君子不入也。』佛肸以中牟❷畔，子之往也，如之何？」子曰：「然！有是言也。不曰堅乎？磨而不磷❸。不曰白乎？涅❹而不緇❺。吾豈匏瓜❻也哉？焉能繫而不食！」（十七．七）

【譯文】

佛肸來召孔子，孔子打算前去。子路說：「往昔我曾聽老師說過：『那人親身做了不好的事，君子是不去的。』現在佛肸占據了中牟作叛，老師卻要到那裏去，這該怎麼說呢？」孔子說：「不錯，我是說過這話的。不是這麼說有堅硬的東西嗎？任你怎麼磨也不會薄。不是這麼說有潔白的東西嗎？任你怎麼染也不會黑。我難道是一個匏瓜嗎？哪能掛在那裏，不希望有人來採食呢！」

【注釋】

❶佛肸：晉國大夫趙簡子的家臣。❷中牟：晉國地名，在今河北邢台和邯鄲之間。❸磷：指薄。❹涅：矾石。今皂矾，染之即黑。❺緇：黑色。❻匏瓜：味苦，人所不食。

【按】

這三則，都是孔子得意弟子子路對孔子表示不滿和提出的尖銳批評。就子路說：他認爲這都是老師違背自己所教導的「爲人」、「從政」原則，是不應該的，也是令人難以信服的。子路坦露胸懷，耿直如此，這在《論語》中是獨一無二，惟他一人而已。一方面，這說明：子路——一個「卞之野人」，在孔子的悉心教育下，已成長爲一個有魄力、有膽識、有卓越才幹，能在「千乘之國，可使治其賦」的，具有將帥之才的治軍能人，而被列爲「政事」科的優秀弟子；一方面，更說明孔子在教育態度上是通達、開明，具有雍容大度的民主作風的，而且，師弟子間是無話不談，融洽團結，親密無間的。

前者反映了孔子「有教無類」的偉大成功；後者證明了正是這民主作風，從而更大限度地促進了這偉大成功。

特別難能可貴的是：儘管子路可以當面坦率直言，提出尖銳批評，但一當孔子解釋（有時甚至是嚴厲的責備）後，子路就心悅誠服，更加信仰，更加崇敬和愛戴孔子，忠心耿耿地保護孔子；而孔子則視子路爲左右手，備加愛護，處處關懷，給他以幫助和鼓勵（參閱下面備考）。眞可說是師弟子間親密無間關係的典範了。

前則，子路想不通的是：像南子這樣有壞名聲的人，爲什麼老師還要去見她呢？殊不知：「古者仕於其國，有見其小君之禮」；而且，還派人對孔子說：四方之君子不辱欲與寡君爲兄弟者，必見寡小君。寡小君願見（《史記》）。因此，孔子不得已見之，並認爲：「彼之不善，我何與焉」，意即：她作風不好，是她個人的事，我不能因爲這，就不遵禮而不見她。特別是，

「禮，在其國，不非其大夫」，何況於小君？因此，在不便直言作答的情況下，只是急得直發誓，表示委屈，並以此使子路能有所自知。其處心亦可謂良苦！

當然，這還從一個側面說明：縱使子路不理解，表示極大不滿，孔子也仍然以先理解別人的態度，表現了寬容的民主風度，這就不是一般人所容易做到了。

至於上則，孔子之有意欲應公山弗擾之召，其實是想借此興起一個東周，志不在小（參閱二·3）。本則之有心於應佛肸之召，是認爲縱使佛肸不善，但自己卻是「磨而不磷，涅而不緇」，即：儘磨也不會薄，儘染也不會黑的又堅硬、又潔白的東西，這有什麼可以擔心呢？

這也就明白無誤地展露了：孔子對自己欲行仁道於天下的信念是那麼堅定，那麼自信！孔子認爲對於一個具有眞正修養功底，而又有心於挽救時代的人來說，處任何環境都不會被邪惡迷惑，而有所建樹！更認爲：天下無不可爲的事，如果沒有到不可爲，就認定不可爲而不爲，那是不盡人事，不知命，是懦夫懶漢！

這是孔子的人生觀，也正是所以能形成親密無間師生關係的淵源所在！

【備考】

《說苑·臣術篇》曰：子路爲蒲令，備水災，與民春修溝瀆，爲人煩苦，故與人一簞食，一壺漿。孔子聞之，使子貢復之（阻止），子路忿然不悅，往見夫子曰：「由也以暴雨將至，恐有水災，故與人修溝瀆以備之，而民多匱於食，故與人一簞食，一壺漿，而夫子使賜止之，夫子止由之行仁也，夫子以仁教而禁其行，由也不受！」子曰：「爾以民爲餓，何不告於君，發倉廩以給食之，而以爾私饋之？是汝不明君之惠，見汝之德義也。速已則可矣，否則爾之受罪不久矣！」子路心服而退。

（65）子貢欲去告朔❶之餼羊❷。子曰：「賜也！爾愛❸其羊，我愛其禮。」（三·一七）

【譯文】

子貢想把每月在廟告朔的那頭殺而未烹的腥羊也去了。孔子說：「賜呀！你愛惜那頭羊，我卻愛惜那禮呀！」

【注釋】

❶告朔：周禮，天子於每歲冬，頒發來歲每月的朔日，遍告於諸侯，諸侯受而藏之於其始祖之廟。每月朔，請於廟而頒之於國人，稱告朔。❷餼羊：告朔兼有祭，其禮用一羊，殺而不烹謂餼羊。❸愛：惜的意思。

【按】

由於春秋魯哀公時，告朔之禮已廢，而有司猶供此羊，因此引發了師弟子間這要不要「存其名」的爭論：

子貢認為此禮已廢，本來就是徒存其名而無其實，因此主張併連名也不要，乾脆把餼羊去了；而孔子則相反，認為儘管告朔之禮已廢，但每次告朔，有司仍然殺羊送廟，至少說明還存其名，可以讓人尚知有此禮，如果併連餼羊也去了，則名也不存，禮更被遺忘，就更可惜、更可悲了！孔子重視的是這象徵禮儀的精神內涵。

在這問題上，孔子拘泥於禮，不免對禮懷有依戀之感；但又無充分理由可以說服子貢，因此：「賜也！爾愛其羊，我愛其禮。」採取各自保留的態度。

難能可貴的是：孔子並沒有以老師的權威和弟子們對他的無限信仰，去壓服子貢來強求一致；而子貢也沒有因老師的崇高威望而放棄自己的觀點，該亦正是孔子「當仁不讓於師」之教的影響，其精神同樣是十分可取，並值得贊揚的。

附：伯牛有疾。子問之，自牖執其手，曰：「亡之，命矣夫！斯人也，而有斯疾也！斯人也，而有斯疾也！」（六・八）（參閱九・11）

顏淵死，子哭之慟。從者曰：「子慟矣。」曰：「有慟乎？非夫人之為慟而誰為？」（十一・九）（參閱四・43）

【按語】附錄上面兩則，用以說明孔子愛生如愛子——甚至勝過子的感人態度。正是這種猶如父子、兄弟關係的真誠、情深的態度，贏來了弟子們的無限尊敬和愛戴，贏來了「弟子號稱三千，身通六藝者七十二人」的豐碩成果，從而繪成了一副師生關係親密無間的圖景，爲世世代代人民所謳歌，所傳頌。

（66）陳亢❶問於伯魚❷曰：「子亦有異聞乎？」對曰：「未也。嘗獨立，鯉趨而過庭。曰：『學《詩》乎？』對曰：『未也。』『不學《詩》，無以言。』鯉退而學《詩》。他日，又獨立，鯉趨而過庭。曰：『學《禮》乎？』對曰：『未也。』『不學《禮》，無以立。』鯉退而學《禮》。聞斯二者。」陳亢退而喜曰：「問一得三：聞《詩》，聞《禮》，又聞君子之遠❸其子也。」（十六・一三）

【譯文】

陳亢對伯魚問道：「你在老師那裏聽到什麼特別的教導嗎？」伯魚回答說：「沒有。有次，我父親曾獨自站在庭院，我快步走過時，他說：『學過《詩》沒有？』我回答說：『沒有。』他說：『不學《詩》，就不懂得如何說話。』我回去就學《詩》。又一次，他又獨自站在庭院，我快步走過時，他說：『學過《禮》嗎？』我回答說：『沒有。』他說：『不學《禮》，就不懂得如何立身處世。』我回去就學《禮》。我只聽到過這二次教導。」陳亢回去，高興地說：「我問一件事，卻得到了三點收穫：其一懂得了該學《詩》；其二懂得了該學《禮》；其三知道了君子不對自己的兒子有偏愛。」

【注釋】

❶陳亢：字子禽，孔子學生。參閱後附「孔子弟子簡介」。❷伯魚：姓孔，名鯉，字伯魚，孔子兒子。❸遠：不親近。指不偏愛，無私厚。

【按】

從陳亢「問一得三」的贊譽中，生動地展現了孔子爲人的高尚：儘管孔子提倡「仁者愛人，親親爲上」，但對待自己兒子，卻沒有任何偏愛，或者私厚。

如在教育問題上，孔子對伯魚僅有過二次發問：一次問：「學《詩》乎？」而告以「不學《詩》，無以言」；再次問：「學《禮》乎？」而告以「不學《禮》，無以立」，這就遠遠不如對弟子那種「誨人不倦」的態度了！

爲何對弟子的教育是如此厚，而對兒子卻那麼薄？無它，全身心撲到教育事業上，公而無私厚，不偏愛。

又如喪葬問題上，孔子是按禮行事：對顏回固然是「有棺而無椁」，對兒子同樣亦是「有棺而無椁」，並沒有找個藉口，例外地加以厚葬；特別是內心的悲痛方面，表現得更是顯著。如：

顏淵死，子曰：「天喪予！天喪予！」（十一·八）

顏淵死，子哭之慟。從者曰：「子慟矣！」曰：「有慟乎？非夫人之爲慟而誰爲？」（十一·九）

孔子表現出如此深沉的哀痛，難言的悲切，是因爲什麼呢？就因爲像顏淵這樣德行超羣、才能出衆，可望傳繼孔子道業的人，先孔子而死，不幸夭折了！就因爲孔子在人際關係中，「仁者愛人」的實踐過程，並不重血緣，以親親爲上，而是重德才，以道德、學問、品格等爲上，以是否賢能，是否能行仁道爲上。這自然對顏淵的悲痛要遠遠超過對兒子伯魚的悲痛了！這樣的態度，在當時極端重視「親親」的宗法社會，固屬萬難，即在二千五百年以後的今天，雖然民主風尚大大發揚，封建宗法制度亦不復存在，但要做到像孔子這樣公而無偏愛、無私厚的人，恐怕也難能多見——相反，或許還會有人認爲孔子不合父子血緣情性，被視爲是個大傻瓜蛋的。

正是由於孔子高尙的爲人處事，和無偏愛的教育態度，對弟子，孔子是愛生如愛子——甚至勝過子，孜孜誨人不倦；弟子對老師敬愛、景仰，有的愛戴之如父兄，有的敬仰之超過堯舜，拳拳尊師不已；縱在孔子「厄於匡，困於陳蔡」的最艱危情況下，跟從的弟子始終和孔子在一起共患難、同生活，而且講誦不斷，弦歌不絕；特別是孔子死後，弟子們都前來送葬，均服喪三年，而子貢更是守墓六年才悽悽離去，可謂感人至深。

孔子爲人師表的光輝業績，不僅爲尊師愛生樹立了典範，也爲老師無私奉獻的崇高職業道德傳統作出了榜樣。世世代代的人們都為此而謳歌、贊頌不已！譽之為「大成至聖先師」，應該說當之無愧，並非是過譽和溢美之辭。

第四章　時評、人評（教育方法之一）

本章原是第三章「施教」中有關「教育方法」的組成部分，也是孔子在教育上的一個重要創造：即聯繫實際，通過時評、人評，闡發自己的政治觀點和胸懷抱負，爲弟子們完善道德修養樹立了理想人格的典範。由於內容比較多，故另闢一章。

一、評時政、論古今人物

（1）季氏將伐顓臾❶。冉有、季路見於孔子，曰：「季氏將有事於顓臾。」孔子曰：「求！無乃爾是過與？夫顓臾，昔者先王以為東蒙❷主❸，且在邦域之中矣，是社稷之臣也，何以伐為？」冉有曰：「夫子欲之，吾二臣者皆不欲也。」孔子曰：「求！周任❹有言曰：『陳力就列❺，不能者止。』危而不持，顛而不扶，則將焉用彼相❻矣？且爾言過矣！虎兕❼出於柙❽，龜❾玉毀於櫝❿中，是誰之過與？」冉有曰：「今夫顓臾，固而近於費⓫，今不取，後世必為子孫憂。」孔子曰：「求！君子疾夫舍曰欲之⓬而必為之辭。丘也聞有國有家者，不患寡而患不均，不患貧而患不安⓭。蓋均無貧，和無寡，安無傾。夫如是，故遠人不服，則脩文德以來之。既來之，則安之。今由與求也，相夫子，遠人不服而不能來也，邦分崩離析而不能守也，而謀動干戈於邦內。吾恐季孫之憂，不在顓臾，而在蕭牆⓮之內也。」（十六・一）

【譯文】

季氏將要出兵攻打顓臾。冉有和季路去見孔子，說：「季氏將要對顓臾用兵。」孔子說：「求呀！這恐怕是你的過失吧！那顓臾，從前先王封他做東蒙山主祭，並且在魯國的封域之內，是魯國的臣屬，為什麼要去攻打它呢？」冉有說：「這是季孫大夫要這樣幹，我們兩人都不願這樣幹。」孔子說：「古時史官周任曾說過：『先度你的才力來擔任你的職位，如果力不能勝任，就該告辭。』譬如引導瞎子，遇到危險而不去扶住，跌倒了不去攙起，那何必用那個扶助的相呢？況且你的話錯了。老虎、野牛從籠中跑出來，龜甲、美玉在匣子裏毀壞了，這是誰的過失呢？」冉有說：「現在顓臾，城郭牢固，而又靠近季氏的費邑。現在不攻取，將來必定給後世子孫留下禍患。」孔子說：「求呀！君子正是討厭那些不說自己貪欲，而偏要尋找藉口來掩飾的人。我聽說過，一個國的諸侯和一個家的大夫，不擔心貧窮，而只擔心財富不均；不擔心人民稀少，而只擔心社會不安定。因爲財富均勻了，便沒有所謂貧窮；大家都和睦了，便沒有所謂稀少；境內安定了，便沒有所謂傾覆的危險。正因爲這樣，所以如果遠方的人不歸服，就修治文德，以仁義招來他們。來了，就設法讓他們安寧。現在仲由和求呀！你們輔佐季孫大夫，遠方的人不歸服，又無法招來他們，民心弄到分崩離析，你們又不能好好保全，反要在國內動干戈打內戰。我恐怕季孫氏所應憂慮的並不在顓臾，正在我們國君的門屏之內哩！」

【注釋】

❶顓臾：國名，魯的附庸國。❷東蒙：蒙山，在魯東，故名東蒙。❸主：主持祭祀的人。❹周任：古代一位賢良的史官。❺陳力就列：計陳自己才力大小，來擔任職位。❻相：佐助。此指扶著瞎子走路的人。❼兕：野牛。❽柙：關猛獸的籠子。❾龜：龜甲，古人用來占卜。❿櫝：匣子。⓫費：季氏的私邑，今山東費縣。⓬舍曰欲之：實是私心所欲，而偏作他言掩飾之。⓭不患寡二句：這兩句中的「貧」、「寡」互換。⓮蕭牆：人君在宮門內設

屏風，臣來至屏而加肅敬，故曰蕭牆。

【按】

本則，是孔子對季氏準備攻打顓臾一事所作的時評政論。雖說是對冉有、季路的嚴厲批評，實則是對季氏的尖銳抨擊。態度嚴正，觀點鮮明，旣堅決反對季氏用兵攻打顓臾，更指出「何以伐爲」的錯誤所在：

一、顓臾是先王封國，根本不應該伐；

二、而且，它在魯國封域之內，也沒有理由要伐；

三、何況，顓臾是社稷之臣，更不是作爲一個大夫的季氏所當伐；

四、從道義說：對一個已經衰落的小國，也不應該無罪而伐。

因此，這分明是季氏意欲吞併顓臾的侵略行徑，而且還是蓄謀已久，認爲「今夫顓臾，固而近於費，今不取，後世必爲子孫憂」。就是說：爲了使後世子孫無憂，季氏是必欲今日取之而後安、而後快。因此，季氏可以隨心動干戈，可以任意吞併，完全是一副「侵略有理」的面孔，一張「強盜邏輯」的嘴巴——而這，幾乎是古今中外所有以強淩弱，以大欺小，侵略弱小國家所採取的手法和藉口。

正是這樣，孔子提出了著名的政治論斷：「不患貧而患不均，不患寡而患不安。蓋均無貧，和無寡，安無傾」，用以告誡當權者：從根本上說，只有分配上均衡了，才顯不出貧和富；只有政治上和諧了，就不存在寡和衆；只有社會上安定了，才不會有傾覆的危險。否則，不均、不和，也就導致不安、社會動蕩，自然也就潛在傾危。

而對季路，特別是對冉有的批評，也可說是夠嚴厲的：

一、身爲季氏家臣，對季氏要攻打顓臾一事，爲什麼不加制止？如果是沒有能力制止，那麼，「陳力就列，不能者止」，就應該辭去不幹，爲何又不辭去？

二、明明是季氏的蓄謀和私心所欲的驅使，爲什麼你們「必爲之辭」，還要尋找借口爲他遮掩、文飾？這不僅是做人的道德所不應該，更爲政治道德所不容許。

三、你們輔佐季孫大夫，捫心自問，究竟作出了什麼政績？現在是民心背離，近者不悅；文德不修，遠者不來！可是就在這樣情況下，你們仍然幫助季氏出謀策劃在國內動干戈，非禮非義的要去攻打顓臾，於心何忍！

這涉及如何盡臣道問題。孔子告誡子路、冉有：在輔佐上位者制訂決策時：一要光明磊落，二要「陳力就列，不能者止」。前者，應該是「濟困扶危」，而不是欺困壓危，是修文德以招來者，而不是備武攻以謀兼併，是力求做到「均、和、安」，而不是相反；後者是做到「勿欺也，而犯之」（十四·二三），諫而不從則去。

「吾恐季孫之憂，不在顓臾，而在蕭牆之內也」，這是孔子審時度勢，站得高，看得遠，一針見血地刺中季氏攻打顓臾的不可告人的陰謀所在，指出季孫之憂，非眞憂顓臾，而在憂魯君之削弱自己，或者憂顓臾之有朝一日憑借優越地勢，起而幫助魯君公室之削弱自己私室，因而先下手爲強，必欲呑併之而後安、而後快。

季氏之野心，雖不爲冉有、季路之所識，但難逃孔子銳敏的洞察。因此，直斥其陰謀，既可概見孔子一派剛正的浩然之氣，復可使冉有、子路之深思，藉以提高政治上的識別能力，此亦誨人、育人之一途。

（2）季文子❶三思而後行。子聞之，曰：「再，斯可矣。」（五・二〇）

【譯文】

季文子處事總要思考三次然後行。孔子聽到了，說：「只要思考兩次，也就可以了。」

【注釋】

❶季文子：姓季孫，名行父，魯國大夫。「文」是謚號。據說季文子處事計較過細。

（3）子曰：「寧武子❶，邦有道則知，邦無道則愚。其知可及也，其愚不可及也。」（五・二一）

【譯文】

孔子說：「寧武子這人，在國家政治清明時，顯得很聰明；在國家政治黑暗危亂時，便像是一個愚笨的人。他表現聰明時，別人還及得到；他表現愚笨時，別人就及不到了。」

【注釋】

❶寧武子：姓寧，名俞，衞國大夫。「武」是謚號。

【按】

上則，時人都說季文子「智」，本則，時人都說寧武子「愚」。而孔子卻另加品評，說：「智者非智，愚者非愚」。確是獨具見地。

本來，「三思」是美德，可以把問題考慮得更周密，更成熟，也更正確；但，對季文子這具體人來說，卻是一個致命的弱點。因爲季文子世故太深，禍福利害計較太過，往往是過分的謹愼就變成小器，「精明」得過了頭也會多思轉多私，反蒙其弊。這就是說：凡是處事算了又算，計了又計，總想把一切好的、有利的，都往自己身上攬；把一切壞的、不利的，儘往別人頭上推，一廂情願地儘打如意算盤，做遂心夢的人，日子久了，誰都知道他聰明太過，門檻太精，小心眼太多，自然也就「敬而遠之」，不再相信他了！這無異是自己拆自己的臺腳，所謂「機關算盡太聰明，反誤了卿卿前程」。因此，季文子是「智者非智」，實在是個地地道道的大笨蛋！

「愚」，除了先天的低能兒，或者因病的後遺症帶來那呆頭呆腦、傻裏傻氣的痴愚者外；現實生活中所表現出來的各種形形式式的「愚」，其實，並非眞愚。譬如：

「大智若愚」，這是風雲際會的偉大人物表現出的坦蕩無私，極目蒼天，胸懷天下，對世事滄桑瞭如指掌，是虛懷若谷，通徹大悟，形若「愚」，實是大智大勇的表露。

「佯愚似實」，或者「佯狂若愚」，都是韜光養晦，爲了保存自身，免遭不測，以求日後濟世而佯裝呆頭呆腦，碌碌無能，或者裝聾賣傻，痴痴如魯的「愚」。不僅「邦無道」時需要，即在身處逆境、厄境而遭嫉妒時，也需要不得已而爲之，把自己的才智、鋒芒收斂起來，這要有很高的修養和聰明才智，以及通權達變的能力。當然，這樣的「佯狂若愚」，不等同於那種苟且偷安，或者爲了逃避正義的懲罰而表現的裝瘋。

還有，「人生難得糊塗」，也是一種形似「愚」，實非愚的表現。它是在特殊情況下，表現「人情練達」的另一種形式的「愚」。這種「愚」人，對某件事、某個人，常常是：睜隻眼、閉隻眼；看在眼裏，聽在耳裏，知在心裏；但又見而若不見，聽而似不聞，知而猶未知，裝得嘻嘻哈哈，稀裏糊塗，什麼是非、黑白、善惡，一切自在不言中，「你好，我好，大家好！」——類似「鄉愿」式的老好人。其實，這倒是做人的滑頭訣竅，而對於那「精明」得過了頭的人來說，卻不無哲理意味，無妨聊作借鑒玩味，偶或「難得糊塗」一下的。

寧武子的「邦無道則愚」，是他「佯愚似實」，韜光養晦以求免的一種方式。它比「邦有道則知」，顯然是「其愚不可及也」，要困難多了！特別對那有聰明才智，而又鋒芒畢露的人來說，要他在處亂世，政治動蕩的時代把才智、鋒芒收斂起來，表演爲痴痴呆呆、笨頭笨腦、粗手粗腳的愚鈍的人，實在太不容易了！

(4)子曰：「孰謂微生高❶直？或乞醯❷焉，乞諸其鄰而與之。」(五・二四)

【譯文】

孔子說：「誰說微生高正直？有人向他討點醋，他不直說沒有，卻向鄰居討來醋轉給那個人。」

【注釋】

❶微生高：姓微生，名高，魯國人。以直爽、正直著稱於世。有說卽尾生高，那個與女子相約橋下，水至不離去，抱柱而死的人。❷醯：醋。

(5)子曰：「伯夷、叔齊❶不念舊惡❷，怨是用❸希❹。」(五・二三)

【譯文】

孔子說：「伯夷、叔齊能不記外面以往的一切惡事，所以心上亦少有怨。」

【注釋】

❶伯夷、叔齊：參見二・64。 ❷舊惡：一說，人惡能改，即不念其舊；二說，指夙怨。今從一。 ❸是用：因此，所以。 ❹希：同「稀」，少。

【按】

同上二則一樣，時人都說微生高正直，伯夷、叔齊有怨。孔子卻正相反，評論說：微生高並非正直，而是曲僞；伯夷、叔齊亦無怨，而是求仁得仁。

本來，討點醋是微不足道的瑣屑小事，如果沒有，說聲沒有，也就算了，何必要用向人轉討的辦法，來博取別人的稱贊呢？「觀其所由」，即行爲的心術而言：很明顯，是爲了討好，藉以曲徇世情，達到別人的奉承，而這種轉討，實際是慷他人之慨的僞善作法，有如鄉愿一類人的行徑：既不是誠實的態度，更談不上直爽和正直。以小喻大，見微知著，則其品德之高下，亦可以瞭知。

而伯夷、叔齊，時人都說是「怨」，孔子認爲：那只是從權、勢、財、利等方面作衡量的推理而已；從「仁」的角度考察，伯夷不違父命，是能孝，叔齊隨兄而出逃，是能悌，孝悌之心，亦就是仁心。「孝悌也者，其為仁之本與」，可以說，他們是求仁得仁，哪會有怨心？而且，「伯夷，聖之清者也」（《孟子・萬章》），雖說他們自稱不立惡人之朝，不與惡人言，其心清明，認為只要「朝有過而夕改，夕有過而朝改」，自亦不念舊惡而無怨。

上則對微生高是從細微處立論，本則對伯夷、叔齊則從根本處品評。孔子評價人物觀察之深，其實正是孔子知人之深、明道之深。

(6) 子張問曰：「令尹❶子文❷三仕為令尹，無喜色；三已之，無慍色；舊令尹之政，必以告新令尹。何如？」子曰：「忠矣。」曰：「仁矣乎？」曰：「未知，焉得仁？」「崔子❸弒❹齊君，陳文子❺有馬十乘，棄❻而違❼之。至於他邦，則曰：『猶吾大夫崔子也。』違之。之一邦，則又曰：『猶吾大夫崔子也。』違之。何如？」子曰：「清矣。」曰：「仁矣乎？」曰：「未知，焉得仁？」（五・一九）

【譯文】

子張問道：「令尹子文三次擔任令尹，不見他有喜悅的臉色；三次免職，也不見他有怨恨的臉色。每次卸職，他一定把任舊令尹時的施政情形，告訴新令尹。這個人如何？」孔子說：「算得是忠了。」子張說：「稱得上仁嗎？」孔子說：「不知道——哪能稱得上是仁呢？」子張又問：「齊國大夫崔子弒了齊君，陳文子當時有馬四十匹，都拋棄了，離開齊國，到了別國。他說：『這裏的大臣，還是和我國的大夫崔子一樣。』於是又離去，到另外一個國家。他說：『這裏的大臣，還是和我國的大夫崔子一樣。』於是又離去了。這個人如何呀？」孔子說：「算得是清了。」子張又問：「稱得上是仁嗎？」孔子說：「不知道——哪能稱得上是仁呢？」

【注釋】

❶令尹：楚國的官名，相當於宰相。❷子文：姓斗，名谷於菟，楚國賢相。❸崔子：崔杼，齊國大夫，弒死齊國君莊公。❹弒：臣殺君或子殺父。❺陳文子：齊國大夫，名須無。❻棄：拋棄，捨棄。❼違：離開。

【按】

令尹子文是楚國著名賢相，他沒有因個人官位的三上三下而表示喜悅、哀愁和恩恩怨怨，也沒有心存芥蒂。陳文子是齊國大夫，因崔子弒齊君篡位，就毅然棄祿位如敝履，把十乘車馬拋棄了，既不計個人的利害得失，也不避艱難險阻，爲尋求幫助齊國討伐叛逆而到處奔波。時人都說他們兩人稱得上是仁了。

孔子則斷然評說：就事論，令尹子文「三仕、三已而無喜、無慍」，只能說忠於職責，是一個從政者應該遵守的分內事；大夫陳文子因崔子弒齊君，「棄而違之」，也不過是不屈從於權力，不趨炎附勢，屬潔身自好的「清」而已。至於爲人，是否稱得上仁，那絕不是僅僅從一時一事、一枝一節的表現就能作出判斷下結論的。

孔子所以贊「殷有三仁焉」（十八・一），許伯夷、叔齊之「求仁得仁」，就因爲他們都是經過千廻百折的磨練才成德，並不是一朝一夕所能全此大德。因此，孔子對令尹子文和陳文子之所以評說「焉得仁？」，自亦屬公允的至理之論。

（7）子曰：「臧武仲❶以防❷求為後於魯，雖曰不要❸君，吾不信也。」（十四・一五）

【譯文】

孔子說：「臧武仲用防邑爲依據，向魯君要求立自己的後代爲魯國的卿大夫，雖說沒有要挾魯君，我卻不能相信。」

【注釋】

❶臧武仲：魯國大夫。❷防：地名，武仲的封邑，在今山東費縣東北。臧武仲曾因得罪孟孫氏

而逃到鄰國。後從鄰國回到封地防城，並憑借此向魯君要求立他後代爲卿大夫，才離防城。❸要：要挾、勒索。

（8）子曰：「臧文仲❶居蔡❷，山節藻棁❸，何如其知也！」（五·一八）

【譯文】

孔子說：「臧文仲起造房子，私藏一大龜，柱頭的斗拱上刻有山水，樑的斗柱上畫了花草，他怎麼這樣聰明呀！」

【注釋】

❶臧文仲：魯國大夫。❷居蔡：指起造房子私藏大龜。蔡，大龜。古人用龜殼卜問吉凶，相傳南方蔡地出善龜，因名龜爲蔡。❸山節藻棁：古代天子用來裝飾宗廟。此指僭禮。節：屋中柱頭的斗拱。在上面刻山水，叫山節。畫藻在短柱上叫藻棁。藻：水草。棁：樑上短柱。

【按】

上則，時人對「臧武仲以防求爲後於魯」一事，並沒有提出批評；本則，時人對「臧文仲居蔡，山節藻梲」一事，甚至還認爲是他的「聰明」。

可是，孔子卻尖銳地指出：這兩人「好知不好學」（指好耍小聰明而不喜好學習），眞是「聰明」得過了頭，發昏了！

設想一下：一個因罪出奔的人，居然要求魯君立他後嗣爲卿大夫，這豈非咄咄怪事！所以敢於這樣明目張膽，無非是據有封邑防城作爲後盾。因此，儘管他信誓旦旦，說沒有任何野心，也儘管時人對此事並沒有提出過批評，但「司馬昭之心，路人共見之」，這分明是以武力相威脅的要挾！

「雖曰不要君，吾不信也。」孔子推見至隱，斷然作此評論，不止爲武仲誅心，抑且更爲當時「天下無道」而不勝感慨。可謂一針見血，正氣凜然。

對臧文仲，同樣直言指出：私藏占卜用的大龜，以天子飾宗廟那樣豪華的「山節藻梲」裝飾房子，求爲自己降福，明知這是違禮，這是逆祀，卻偏要那麼做。「何如其知也！」這哪是「聰明」，實在是愚蠢之極，糊塗得可笑了！

（9）子曰：「臧文仲其竊位❶者與！知柳下惠❷之賢而不與❸立也。」（十五・一三）

【譯文】

孔子說：「臧文仲這個人，恐怕是偷竊官位，只想占據著的吧！他明知柳下惠賢能，卻不能舉薦他，和他共立於朝。」

【注釋】

❶竊位：竊居其位而不稱職，像是盜竊得來。❷柳下惠：姓展名禽，魯國的賢人。「柳下」是他的封地，亦有說是他的居處。「惠」是謚號。❸與：舉薦。

（10）公叔文子❶之臣大夫僎❷，與文子同升諸公。子聞之，曰：「可以為文矣。」（十四·一九）

【譯文】

公叔文子的家臣大夫僎，因文子的舉薦，和文子同時升爲衞國的大夫。孔子聽到這事，說：「這人眞可以文爲謚了。」

【注釋】

❶公叔文子：衞國大夫，名孫拔，亦作公孫發。謚爲「文」。❷僎：原是公叔文子的家臣（家大夫），因公叔文子的舉薦升爲衞國大夫。

【按】

同爲當權大夫：一個是妒賢忌能，明知柳下惠賢能而不舉薦；一個是喜賢愛能，縱使爲手下家臣，也要舉薦賢才，使升爲大夫，與自己同立於朝廷。前者臧文仲量小氣度窄，舉人唯親，以私爲重；後者公叔文子，胸懷坦蕩，用人唯賢，以公爲重。對前者的妒賢抑能態度，孔子嚴厲地給予抨擊，說是簡直像是竊盜得來的官位，想要占據不放，猶如今天說的「占住茅坑不拉屎」，同一含義，可說誅心之論也是夠尖銳的了！

而對後者見賢而薦的態度，孔子卻盛讚他的舉賢才美德，譽之爲「可以爲文矣」。一貶一褒，一毀一譽，如此明朗，也可以想見孔子「從善如流，疾惡如仇」的正義態度了。

(11) 子問公叔文子於公明賈❶，曰：「信乎？夫子不言、不笑、不取乎？」公明賈對曰：「以告者過也。夫子時然後言，人不厭其言；樂然後笑，人不厭其笑；義然後取，人不厭其取。」子曰：「其然，豈其然乎？」（十四．一四）

【譯文】

孔子向公明賈問及公叔文子，說：「眞的嗎？他老先生平常不言、不笑、不取人家一絲一毫嗎？」公明賈回答說：「這是說話的人說得過分了。實際上，他老先生是在該說話時才說，所以別人不討厭他說；要逢眞正快樂時才笑，所以別人不討厭他笑；必須合乎義理的才取，所以別人不討厭他取。」孔子說：「是這樣嗎？是眞的這樣嗎？」

【注釋】

❶公明賈：姓公明，名賈，衞國人。公叔文子的使臣。

【按】

人際關係中，對言、笑、取的態度，常有幾種不同的表現，其效應也截然不同。如：一、該說不說，該笑不笑，該取不取；二、不該說而說，不該笑而笑，不該取而取；三、時然後言，樂然後笑，義然後取。

第一種可能有陰錯陽差的各種原因，如出於無奈，有難言之痛等：說了怕報復，笑了擔心影響壞，取了又恐譏爲孳孳爲利。

第二種大致由於隨心所欲，任性而爲，人生態度不夠嚴肅而引起，其後果小則有失體統，貽笑大方，被人看不起，大則「禍從口出」，惹來一身麻煩，甚至是一場無妄之災！不該取而取，往往由貪小，取一點不義的蠅頭小利開始，逐漸發展而成見財起意、貪污、盜竊、受賄、詐騙等等，從而導致道德敗壞，人格淪喪，而走向自我毀滅。

第三種老成持重，是對言、笑、取態度的最高境界，不但爲一般人所難做到，即使有很高道德修養的人，恐也不易達到這境界。如：

「時然後言」，關鍵是「時」：言早了，難爲人所理解；言遲了，又恐被語爲馬後炮，或事後諸葛亮。如何掌握恰到好處的「時」，並非易事。

「樂然後笑」，關鍵是「樂」，而現實生活中，常常是非「樂」而笑，如：皮笑肉不笑，奸笑；橫眼旁觀，冷笑；諷刺挖苦，譏笑；不得不笑，苦笑；還有，莫名所以，傻笑；悲憤不已，狂笑等等，不都是表露出各種不同心態的非樂而笑嗎？因而，人厭其笑也就很自然了！

「義然後取」，關鍵是「義」，問題是「不義而富且貴」，不是像孔子那樣「如浮雲」，而是人們視之若金玉珠寶，羨之，趨之，爭之，奪之，一旦取得了更是阿之，諛之，奉之，迎之，眞是好不威風人也哉！因而要做到「義然後取」，又談何容易！

「其然」，是孔子贊揚公叔文子能夠做到這樣，委實難能可貴，令人十分景仰；但又感到眞正能如此適合時宜，恰如其分地言、笑、取，畢竟太不容易。因此，「豈其然」，就表示了孔子的一種保留看法。這是孔子的求實態度，認眞的嚴肅態度。

（12）柳下惠為士師❶，三黜❷。人曰：「子未可以去乎？」曰：「直道而事人，焉往而不三黜？枉道而事人，何必去父母之邦？」（十八・二）

【譯文】

柳下惠擔任魯國的獄官，多次被罷免。有人說：「你不可以離開魯國到別國去嗎？」柳下惠說：「我按正道去事奉人，到什麼地方哪有不被多次地罷免？如果我按枉道去事奉人，那又何必要離開父母之邦的祖國呢？」

【注釋】

❶士師：官名，典獄官，或主管刑罰的官。❷三黜：多次被罷免。黜：罷免。

【按】

剛正不阿的人，事事、時時、處處順道而行，循理而言，公正無私，不阿諛、不奉迎、不曲意徇情，自然不容於「無道」之世。「直道而事人，焉往而不三黜」，作爲士師，這正是柳下惠對天下無道、舉世混濁社會所表示的憤懣之言。今天讀來，猶感如聞其聲，如見其人。

「枉道而事人，何必去父母之邦？」這更表達了他寧甘三次、五次地被罷免，也絕不昧心去「枉道而事人」。因爲，如果要枉道事人，何必異地而爲，在父母之邦和別國還不都是一個樣；意卽我柳下惠絕不屈從於流俗的汚濁而改變自己「直道而事人」的剛正態度。

這是視「枉道」爲寇仇，堅決不與世俗合汚的高尚情操，也是他寧可一生坎坷也堅決不與汚濁同流的傲然骨氣！

只是就本則辭意而言，在情緒上，對天下無道的形勢，柳下惠是帶有無可奈何、無所作爲的憂世之意，認爲「滔滔者，天下皆是也，而誰以易之。」（十八・六）這天下無道的政局是無可改變的，因而也只能要求自己做到不同流俗，不合污世，問心無愧而已！這樣，嫉世雖深，辭氣卻和；意志雖堅，救世之心卻淡然。正如孔子評說：「柳下惠、少連，降志辱身矣，言中倫，行中慮，其斯而已矣。」（十八・八）就是說，柳下惠是降志而不行枉道，辱身而不求苟合，言論、行爲合乎正道，他就是這樣罷了！

孔子評價古賢者的態度是嚴肅、認眞，絕不苟合。而這，也正是自己肝膽相照的爲人態度。

（13）子曰：「直哉史魚❶！邦有道，如矢，邦無道，如矢。君子哉蘧伯玉❷！邦有道，則仕；邦無道，則可卷而懷之❸。」（十五・六）

【譯文】

孔子說：「正直呀，史魚這個人！國家政治清明，他像箭一樣地挺直向前；國家政治黑暗，也像箭一樣地挺直向前！君子呀，蘧伯玉這個人！國家政治清明，他就出仕；國家政治黑暗，他就把才能收藏起來退隱了！」

【注釋】

❶史魚：衞國賢大夫，名鰌。❷蘧伯玉：衞國賢大夫，名瑗。孔子到衞國時，曾住在他家。

❸卷而懷之：指把才能收藏起來，不爲所用。卷：收。懷：藏。

【按】

史魚是「邦無道，如矢」，蘧伯玉則「邦無道，卷而懷之」。對同樣是「邦無道」的兩種不同態度，孔子都作了同樣的贊頌：前者譽之爲「直哉史魚！」後者贊之曰「君子哉蘧伯玉！」這是按具體情況作出的、發人深思的如實評價。

史魚是邦有道、無道，都像箭一樣正直：生以身諫，未成；又死以尸諫。正如他自己所說：「爲人臣，生不能進賢而退不肖，死不當治喪正堂」。這種忠心耿耿、鐵骨錚錚的態度，孔子贊譽之爲「直哉史魚！」，正是表達了對他的無限敬仰的心意。

對蘧伯玉，由於是處在邦無道的情況下，苟合既無能改變，聲討又力所不及，因而激流勇退，採取用之則行，捨之則藏，「卷而懷之」的態度，不僅是可以理解的，而且也是明智的。這種視功名利祿如浮雲的胸懷，坦蕩無欲，可行可止，表現了高尚的道德情操，孔子贊譽之曰「君子者蘧伯玉」，也正是表達了對他的無限敬仰的心意。

【備考】

《韓詩外傳》卷七曰：昔者衞大夫史魚病，且死，謂其子曰：「我數言蘧伯玉之賢而不能進，彌子瑕不肖而不能退。爲人臣，生不能進賢而退不肖，死不當治喪正堂，殯我於室足矣。」

衞君弔，問其故，子以父言聞。君造然召蘧伯玉而貴之，而退彌子瑕，徙殯於正堂，成禮而後去。生以身諫，死以尸諫，可謂直矣。

（14）蘧伯玉使人於孔子，孔子與之坐❶而問焉。曰：「夫子何為？」對曰：「夫子欲寡其過而未能也。」使者出。子曰：「使乎！使乎！」（十四・二六）

【譯文】

蘧伯玉派使者來拜訪孔子，孔子和使者坐下，然後問道：「近來他老先生做些什麼呀？」使者回答說：「他老先生只想減少自己的過失，但總覺還沒能做到呀！」使者辭出，孔子說：「好一位使者呀！好一位使者呀！」

【注釋】

❶與之坐：指敬其主，以及其使。

【按】

常言說：有過不如無過，多過不如寡過，自求寡過勝過別人責過。「蘧伯玉年五十而知四十九年非。」（《淮南子・原道》）就充分說明他「欲寡其過」的態度和決心。這種樂善不倦的精神是十分感人和值得稱頌的。

孔子贊使者，亦就是贊主人蘧伯玉：越是使者出訪時的態度委婉、得體、謙遜，就越是說明主人的賢德和教導的得宜、有方。「身賢，賢也；使賢，亦賢也」：有蘧伯玉這樣的賢者，就會有「使乎！使乎！」這樣的好使者；有好使者這樣雍容大方的言行風貌，就越會顯出主人的賢德，相互襯映而益彰。因此，以此例彼，猶如今天外交使節的出使國外一樣，舉凡一切言語、行動、舉止、儀態等等，無不代表國家的尊嚴和榮譽：越是表現得雍容大度、有禮有節、謙讓、講信，也就越能贏得與使國人民的尊敬和愛戴，事理都是一樣的。因此，使者本身素質的培養，是絲毫疏慢不得的。

(15) 子曰：「孟之反❶不伐❷。奔❸而殿❹，將入門，策❺其馬，曰：『非敢後也，馬不進也。』」（六・一三）

【譯文】

孔子說：「孟之反不誇耀自己的功勞，在軍敗撤退時，他押後作掩護。等到將進自己城門，他鞭打著馬，說：『不是我敢在後面拒敵呀，是我的馬不能跑前呀！』」

【注釋】

❶孟之反：魯國大夫，名側。❷伐：誇耀。❸奔：逃奔，敗走。❹殿：兵敗而奔，在後叫殿。古制：兵敗殿後者有功。此指魯哀公十一年（公元前四八四年），魯國與齊國打仗，魯軍大敗而退，孟之反殿後作掩護。❺策：鞭打。

【按】

有的人是無功自誇，或者小功誇大功，並以此居功自傲。而孟之反恰恰相反：軍敗殿後，不畏難不懼危，有功不自誇；而且當人們在城門迎接，贊揚他非凡的勇氣和自我犧牲精神時，卻把殿後的原因，歸功於客觀，說是「非敢後也，馬不進也」。這是多麼高尚的謙讓美德！孔子賞識和稱贊的正是孟之反這種不畏敵、不懼險，有功不自誇、居功不自傲的謙讓美德。

（16）子曰：「孟公綽❶為趙、魏❷老❸則優❹，不可以為滕、薛❺大夫。」（十四．一二）

【譯文】

孔子說：「孟公綽這個人要他做趙、魏的家臣是勝任有餘的，但不能要他去當滕、薛的大夫。」

【注釋】

❶孟公綽：魯國大夫，淸心寡欲，是一個廉靜的人。❷趙、魏：晉國當時最有權勢的大夫趙氏、魏氏。❸老：大夫的家臣。❹優：寬綽有餘。❺滕、薛：指當時魯國附近的小國。

【按】

人各有所長，亦各有所短：長於此者，未必長於彼；即使用其所長，在這個部門能充分發揮優勢的，不一定到另一個單位就能大施才華、大展鴻圖。

孟公綽是一個道德高尚、淸心寡欲、廉潔自守，不善於當政、掌權實幹的人。因此，在大國最有權勢的趙氏、魏氏大夫家做家臣，從事位尊而職不雜的幕僚工作，是綽綽勝任有餘，篤悠悠的；可是要他去小國滕、薛當大夫獨當一面，在事無巨細、大小，事又繁雜、煩瑣的情況下，都得由他一人操心、過問、執掌、決定，就不免會顯得手忙腳亂，力不從心，難以勝任了！

正如韓信之善於帶兵，對帶兵則是「多多益善」，是個出色的將才；但統將就非他之所長，多了就難於駕馭，往往導致互相傾軋。而劉邦正好相反：帶兵反不如韓信，多了就亂糟糟；統將則善於發揮各將所能，上下同心，立於不敗之地。也正如有些知名的科學家，叫他擔負科研重任，可以出豐碩成果；而主管行政領導，就疲於事務工作，而一籌莫展了！

以此類推：長於周密、細緻、謀略工作的參謀人才，不一定能帶好兵、打好仗；善帶兵打仗的指揮官也未必就是一個好的軍事教員等等。

總之，要「因材善用」。但，要「因材」，首先就必須知人之深，包括這個人的才能、品格、脾性、志趣、愛好，以及長短處、優缺點等；而且，它不是一句口號，而是一門高深無底的學問，一門用人科學。作為領導、作為培養提拔人才的人事組織部門，對孔子這方面的眞知灼見，實在是大有可學的。

(17) 子謂衛公子荊❶：「善居室❷。始有，曰：『苟合矣。』少有，曰：『苟完矣。』富有，曰：『苟美矣。』」（十三·八）

【譯文】

孔子稱讚衛國的公子荊，說：「他善於處理家業。當他剛有一點物質財貨時，就說：『聊且夠用了。』到他稍有增多時，就說：『聊且算得完備了。』到了更多時，就說：『聊且算得是精美無缺了。』」

【注釋】

❶衞公子荊：衞國大夫，字南楚。因魯國亦有名公子荊，故特加一「衞」字。❷善居室：指善於管理家業，不奢侈浪費，且心平知足。

【按】

孔子稱贊衞公子荊在經營家室方面的知足態度——其實，也正是對統治者的貪得無饜，和奢侈無度生活的一種針砭。

雖然時代已經跨過二十五個世紀，衞公子荊這種「知足、守分、常樂」的生活習常，早被認爲是不合時宜的迂腐思想了；但，對於那些不顧自己條件，借債揮霍享受，和「超前消費」的人來說，根據具體的經濟情況，採取適當的知足態度，仍然是可取的。因爲量力享受，心安理得，無憂無愁無牽掛，其樂悠悠。

如果儘跟高享受攀比，那麼，「人心不足蛇吞象」，一個人的欲望無底，欲溝難塡，到頭來必然是邪念惡性膨脹，這就將是道德上的大滑坡，人生道路上的大栽筋斗，而悔之莫及的時候了！

因此，孔子稱贊衞公子荊在管理家業方面表現出的有爲、有方，和財物稍有增多時，能夠心平、知足，將就著「苟合、苟完、苟美」的態度，即在今天，嚴格說來，也仍然是値得提倡的一種艱苦樸素的創業作風。

就是說：對青年一代，要求他們在工作和事業上是「有爲、有方」，敢於開拓，勇於創新；

而在生活上，應該是「心平淡而知足」，根據國情和自己的條件，像衞公子荊那樣「苟美矣」的態度。這樣，思想境界會更高，人生樂趣也會更加有意義。

而如果一代青年所關心的，只是自己生活享受上的高標準，而對工作和事業，卻是漠然視之，止於低要求，那麼，這是沒有出息，無所作爲的一代，豈只是青年的不幸和悲哀，也將是民族、國家的不幸和悲哀！

附：季康子患盜，問於孔子。孔子對曰：「苟子之不欲，雖賞之不竊。」（十二·一八）（參閱二·46）

(18) 或問子產❶，子曰：「惠人也。」問子西❷，曰：「彼哉！彼哉！」問管仲❸，曰：「人也。奪伯氏❹駢邑❺三百，飯疏食，沒齒❻無怨言。」（十四·一〇）

【譯文】

有人問子產這人怎樣？孔子說：「他是一個對老百姓有恩惠的人。」又問子西這人怎樣？孔子說：「他呀！他呀！」再問管仲這人怎樣？孔子說：「這人呀，是一個仁人！他剝奪了伯氏駢邑三百戶的封地，使得伯氏終身吃粗食過活，但他到死沒有怨言。」

【注釋】

❶子產：姓公孫，名僑，字子產。春秋時鄭國賢相。為政嚴，以能愛民、惠民著稱，是一位傑出的政治家。❷子西：楚國令尹（宰相），名申，字子西。因無政績，孔子語以「彼哉！彼哉！」表示輕蔑。❸管仲：名夷吾，齊桓公的宰相，曾輔佐桓公成為春秋時著名的霸主。❹伯氏：齊國大夫。❺駢邑：伯氏的采邑。管仲為相時，因伯氏有罪，削奪他的采邑。❻沒齒：終身。

【按】

對三位知名古人，孔子作了三種不同的評價，而其語氣辭態，猶宛然如見。

對子產，孔子滿懷敬愛，說他為政嚴，為人清廉，愛民，是一個有恩惠於老百姓的政治家；對子西，認為他毫無政績可言，流露了無足稱道的輕蔑態度，說他「這個人呀！這個人呀！」雖未加批評，其實，言外之意就是：尸位素餐，光食祿，是一個不為老百姓幹實事的飯囊而已！

而對管仲，則表示了無限景仰，贊頌他是一個仁德的人——按今天的話，是人字大寫的「人」！特別是：管仲剝奪了伯氏的三百戶采邑，使他降為平民，終身粗食過活，到死為止，即連他這樣的人也心悅誠服，沒有一句怨言，就足以說明管仲處事的公正無私，以及如何得到人民的擁護和愛戴了！

這些評論的中心，都是圍繞人民的利益作出發點而開展的：誰有惠於人民，能為人民造福，誰能讓人民，包括像犯了罪的伯氏都做到「沒齒無怨」，終身感激，誰就是行仁政於民，應該受到贊譽、稱頌！

(19) 子謂子產：「有君子之道四焉。其行己也恭，其事上也敬，其養民也惠，其使民也義。」(五・一六)

【譯文】

孔子評論子產：「他具有君子的四種道德：他自己的品行謙恭，他對上位的人恭敬，他養護人民有恩惠，他使喚人民合乎道理。」

【按】

子產是鄭國的賢相，春秋時政績卓著，深得民心的政治家。孔子盛贊他具有君子之道的四個方面：恭、敬、惠、義。可以說，是孔子對子產的最高稱譽了！

恭是內心的肅誠，表現於外為品行的謙恭、端莊；敬不僅是對上位者的恭敬、有禮，即對任何人、任何事都持這種態度；惠是有恩惠於人民，能讓百姓安居樂業，各有所養；義是使喚人民做到合情理、合時宜、合法度，樂於聽從使喚。

這君子之道的四個方面，不僅是「爲政」、「從政」的根本，也是爲人處世的根本。作爲從政者來說，應該是一切政事以人民利益爲依據，一切以民意爲從違，其最終目的是讓人民得利受惠，過上安定的幸福生活。由於子產政績卓著，百姓深得其惠，因而特別贏得了人民的愛戴。如《左傳・襄公三十年》曰：子產使都鄙有章，上下有服，田有封洫，廬井有伍。大人之忠儉者，從而與之；泰侈者因而斃之……（從政）及三年，民誦之，曰：「我有子弟，子產誨之；我有田疇，子產殖之；子產而死，誰其嗣之？」

又如子貢批評臧孫行猛政時所說：獨不聞子產之相鄭乎？推賢舉能，抑惡揚善。有大略者不問其短，有厚德者不非小疵。家給人足，囹圄空虛。子產卒，國人皆叩心流涕，三月不聞竽琴之音。其生也見愛，死也可悲。（《後漢書・陳寵傳》注引新序）「其養民也惠，其使民也義」所贏得的人民愛戴，竟至於如此，也可略見子產爲政之功德與效應了。

【備考】

《左傳・襄公三十一年》曰：鄭人遊鄉校以論執政。然明謂子產曰：「毀鄉校，如何？」子產曰：「何爲乎？夫人朝夕退而遊焉以議論執政之善否，其所善者，吾則行之，其所惡者，吾則改之，是吾師也。若之何毀之？我聞忠善以損怨，不聞作威以防怨。豈不遽止，然猶防川。大決所犯，傷人必多，吾不克救也，不如小決使道。不如吾聞而藥之也。」然明曰：「蔑也今而後知吾子之信可事也。小人實不才，若果行此，其鄭國實賴之，豈惟二三臣。」仲尼聞是語也，曰：「以是觀之，人謂子產不仁，吾不信也。」

附：子曰：「晏平仲善與人交，久而敬之。」（五・一六）（參閱七・32）

（20）子曰：「管仲之器小哉！」或曰：「管仲儉乎？」曰：「管氏有三歸❶，官事不攝❷，焉得儉？」「然則管仲知禮乎？」曰：「邦君樹塞門❸，管氏亦樹塞門。邦君為兩君之好有反坫❹，管氏亦有反坫。管氏而知禮，孰不知禮？」（三・二二）（參閱六・24）

【譯文】

孔子說：「管仲的器量眞小呀！」有人問：「管仲生活儉樸嗎？」孔子說：「管仲有三處府第，屬下官員都不兼職，怎麼能說儉樸？」有人又問：「那麼，管仲知禮嗎？」孔子說：「國君在大門口立有屏風，管仲亦在大門口立有屏風。國君爲了和別國國君交往，宴會時，在堂上有安放酒杯的土几，管仲亦設有那樣的土几。如說管仲知禮，還有誰不知禮呢？」

【注釋】

❶三歸：一說，臺名，是藏錢幣的府庫。二說，有三處府第可歸。三說，古謂女嫁曰歸。古諸侯娶三姓名，管仲亦娶三姓。❷攝：兼職。❸塞門：卽今之屏風。❹反坫：臺名，用土築成，後世改用木製，猶如今之矮腳几。

【按】

孔子如實地評價了管仲的爲人：器小，胸襟狹窄，不知禮。而其根源則在自恃功大：功大，桓公也就「予求予給」，備加依順；功大而又自恃，自然更加驕傲自滿——驕傲了就不遜、不知禮，因而可以「樹塞門」、「有反坫」；自滿了必然量小、識淺，因而可以窮奢極侈隨心所欲，肆無忌憚。這也正是孔子嘆管仲只能輔佐桓公，成就霸業，而不能行仁政、建王道的原因所在。

【備考】

《韓非子·外儲說左下篇》曰：管仲相齊，曰：「臣貴矣，然而臣貧。」桓公曰：「使之有三歸之家。」曰：「臣富矣，然而臣卑。」桓公使立於高國之上。曰：「臣尊矣，然而臣疏。」乃立爲仲父。孔子聞而非之，曰：「泰侈偪上。」

（21）子路曰：「桓公❶殺公子糾，召忽❷死之，管仲❸不死。曰：未仁乎？」子曰：「桓公九❹合諸侯，不以兵車，管仲之力也。如其仁！

如其仁！」（十四・一七）

【譯文】

子路說：「桓公殺了公子糾，召忽自殺以殉，管仲卻沒有去死。問說：管仲這人算不得仁吧！」孔子說：「桓公九次會合天下諸侯，完全不憑仗兵車武力，都是管仲出的力，立的功呀！這就是他的仁！這就是他的仁！」

【注釋】

❶桓公：即公子小白，齊國的國君。他和公子糾是兄弟，因爭奪君位而殺死了公子糾。❷召忽：公子糾的家臣。曾和管仲一起輔佐公子糾同桓公爭奪君位。公子糾被殺後，身殉。❸管仲：公子糾的家臣。公子糾被殺後，管仲請囚，鮑叔牙薦舉於桓公，當了宰相，並輔佐桓公成就了霸業。 ❹九：有說不必確指是九次。

(22) 子貢曰：「管仲非仁者與？桓公殺公子糾，不能死，又相之。」

子曰：「管仲相桓公，霸諸侯，一匡天下，民到于今受其賜。微❶管仲，吾其被髮左衽❷矣。豈若匹夫匹婦之為諒❸也，自經❹於溝瀆❺而莫之知

也！」（十四·一八）

【譯文】

子貢說：「管仲不是一個仁人吧！桓公殺了公子糾，他不但不爲公子糾殉死，相反還當了宰相去輔助桓公。」孔子說：「管仲相桓公，輔佐他稱霸諸侯，匡正天下，百姓到如今還受到他的恩賜。如果沒有管仲，恐怕我們都要成爲披髮、穿左襟衣服的人了！難道他也要像普通男女一樣，遵守小節、小信，上吊自殺在山溝中而沒有人知道嗎？」

【注釋】

❶微：沒有。 ❷披髮左衽：夷狄民族的習俗。被：同「披」。左衽：衣襟向左邊開。 ❸諒：小信、小節。 ❹自經：自縊。 ❺瀆：小溝渠。

【按】

前一則，孔子評論管仲的爲人，鄙其器小，胸襟狹窄，爲不知禮。這兩則，回答子路、子貢所問，則是評價管仲輔助桓公成就霸業，爲人民立下的功大，並許以仁。

子路、子貢所問，實際是從管仲對公子糾而言，認爲管仲不以身殉，卻忘主事仇，是爲不義；孔子所答，則是從管仲爲人民作出的功業而言，認爲管仲助桓公不以兵力，一匡天下，「民到于今受其賜」，是爲大德。所問只涉及主僕間的小節、小信、小義和小私；所答卻影響後世千秋萬代子孫，是大節、大信、大義和大公。所問是一葉障目，只見其小；所答是高瞻遠矚，則見其無窮。一小一大，一私一公，其思想認識之淺深和道德境界之低高，就不是可以道里計了！

「一切從人民利益出發，以人民利益爲主」，這就是孔子評論古今人物賢否得失的出發點和落腳點。

一部《論語》，孔子並未輕易許人以仁。以顏淵的德行，孔子只說「回也，三月不違仁」；以伯夷、叔齊的讓國，孔子也只說「求仁而得仁，又何怨？」；以子產如此贏得民心的德政，孔子不過評說「惠人也」而已！對管仲則大加贊頌，許他「如其仁！如其仁！」就足以說明管仲功大在孔子心目中的地位了！

「桓公九合諸侯，不以兵車，管仲之力也」，此功大之一；

「管仲相桓公，霸諸侯，一匡天下，民到于今受其賜」，此功大之二；

「微管仲，吾其被髮左衽矣」，此功大之三。這三個方面的大功，都是立足於人民利益和民族利益而加以評說的。聯繫春秋末年，諸侯兼併，戰火紛飛的歷史情況：由於管仲輔佐桓公成就霸業不是採用兵車武力的方式，從而避免了人民遭生靈塗炭之災，顯然是一件功德無量的大事；特別是如果沒有管仲「相桓公，一匡天下」之功，說不定歷史也會變了個大樣：華夏民族已經淪爲夷狄民族，讓世世代代人民過著「披髮，穿左衽衣服」的習俗生活了；也說不定在文化上不復能產生「百花齊放、百家爭鳴」的社會環境，從此是一片荒漠了！

在當時的歷史條件下，孔子這種從「諸夏」民族出發，擔憂「夷狄」入主的心態，其實，正是孔子「明夷狄、諸夏」之別的政治主張，所表現出來的民族意識自覺。這種民族意識自覺，一經後世的繼承、發揚，就成爲一種民族向心力和凝聚力；特別在外敵入侵，面臨民族危亡之時，總會有許多民族英雄挺身而出，爲伸張民族正義而英勇抗擊的原因所在。

因此，管仲在這幾方面所建樹的偉大功業，都是關係大義、大節、大信和大公的悠悠大事，孔子特許以「如其仁！如其仁！」，給予崇高的評價，應該說：並非過譽之辭。而這，與管仲「器小、量狹」、「不知禮」比，則後者顯然是微不足道，只不過十個手指中的一個而已，自然可以原諒了！

這種捨小節、取大義，棄小信、樹大公，輕小私、重大公，處處以人民利益、民族利益爲主的立論原則，不僅展現了孔子的眞知灼見，閃耀了他智慧的光輝；而且，他那種嚴肅、認眞，既觀察入微，剖析入理，又高瞻遠矚，審時度勢，獨具見地的評論古今人物的態度，也爲後世樹立了楷模，即在今天，也仍然値得我們所學習和借鑒的。

（23）子曰：「晉文公譎而不正，齊桓公正而不譎。」（十四·一六）

（參閱二·52）

【按】

根據史實，對晉文、齊桓作出「譎正」的不同評價，是孔子不人云亦云所表現的正直、不苟合態度。

二、評弟子（知人、育人）

（一）知人的方法

（24）子曰：「視其所以❶，觀其所由❷，察其所安❸，人焉❹廋❺哉！人焉廋哉！」（二·一〇）

【譯文】

孔子說：「看這人是什麼原因去做這工作，再觀察他是通過什麼途徑（方法）去做這工作，然後詳細審察他的心情是安還是不安。這樣，這個人的眞假向哪兒去藏匿呢？這個人的眞假向哪兒去藏匿呢？」

【注釋】

❶以：指行爲的動機。❷由：指行爲的心術。❸安：指行爲的情趣，卽心裏樂於做什麼？❹焉：怎麼。❺廋：隱藏、藏匿。

【按】

早在二千五百年以前，孔子就爲我們提供了一個科學的知人、觀察人的方法。這是：

一、從一件事情上，透視這人是什麼動機才去幹的？此就居心而言。

二、從做這件事情上，觀察這人是採取什麼途徑，或者方法來達到他的目的？此就心術而言。如爲了不可告人的目的，有的投機取巧、弄虛作假；有的不擇手段，損人利己；有的設下圈套、陷阱，坑人、害人；有的是揑造、誣陷、敲詐勒索，或者血口噴人，倒打一耙；有的甚至巧施美人計，調包術等等，總之，無計不施，無術不用。

三、從做這件事上，審察他是勉強而爲，還是樂此不疲而爲？是遊移不定，還是專心一意？做了後是心安理得，還是惶惑不安？等等。此就他的態度和情趣而言。

總之，「視、觀、察」，從行爲到心理活動，及意態、情趣等，一步一步由淺入深：「視」是從一事看動機則動機明，「觀由」是從大體看心術則邪正分，「察」乃從細微處審其態度則眞僞辨。如此多層次、多角度地進行審察、剖析，那麼，這個人的人格、心地、意境等各個方面也就瞭如指掌，無所遺漏，因而是眞是假，是正是邪，也就無從隱匿了。

這方法不僅可用以觀察人、知人、識人、用人；亦可藉以進行自省：看看自己的爲人，看看自己的人格、心地，是高尚、善良，還是卑下、醜惡？這樣，經過自我透視，也就不至於自欺或者欺人了。

孔子提供的科學知人、觀察人的方法，不僅值得從事教育工作的老師去學習、去掌握，也值得每個從事政治思想工作，或者人事組織、和公安、檢察、司法工作的人去學習和掌握。

【備考】

《大戴禮記・官人篇》曰：達觀其所舉，富觀其所予，窮觀其所不為，乏觀其所不取。

《逸周書・官人篇》曰：富貴者觀其有禮施；貧賤者觀其有德守；嬖寵者觀其不驕奢；隱約者觀其不攝懼。其少者，觀其恭敬好學而能悌；其壯者，觀其廉潔務行而勝私；其老者，觀其思慎彊其所不足而不踰……設之以謀以觀其智；示之以難以觀其勇；煩之以事以觀其治；臨之以利以觀其不貪；濫之以樂以觀其不荒。喜之以觀其輕；怒之以觀其重；醉之酒以觀其恭；從之色以觀其常；遠之以觀其不二；昵之以觀其不狎；復徵其言以觀其精；曲省其行以觀其備。此之謂觀誠。

(25)闕黨❶童子將命❷。或問之，曰：「益者與？」子曰：「吾見其居於位❸也，見其與先生並行❹也。非求益者也，欲速成者也。」（十四・四七）

【譯文】

闕黨地方的一個童子，爲賓主向孔子傳話。有人問孔子，說：「這童子可望長進嗎？」孔子說：「我看他坐在成年人的席位上，又看他與長輩並肩而行，他並不想求長進，只是想求速成的一個人。」

【注釋】

❶闕黨：古時五百家爲黨，此黨名闕。有說，闕黨卽闕里，是孔子的故鄉，在今山東省曲阜城內。❷將命：指傳達賓主的辭命。❸居於位：此指童子不知讓，與長者併居於位，意卽無禮。古禮，童子無席位，當隅坐。❹與先生並行：此指與長輩並肩而行，亦是不知讓，意卽無禮。先生，指長輩。

【按】

「坐有坐相，走有走步」。一個人是否有家教，有文化教養，只要稍稍留心觀察，同樣也可以從一些瑣屑小事、細微末節，或者微不足道的舉止動作中看出。孔子正是看到童子心安理得地坐在長輩席位上，並且同長輩並肩而行，都沒有表示出任何禮讓的態度，從而認定這童子是一個「非求益者也，欲速成者也」的淺薄、無禮的人。

這，其實也是「察其所安」來判斷一個人的一種方法。雖說並不能得到完全的印證，但至少可以提供參考。譬如，在公共場所，有的人一張口就是滿嘴髒話，難以入耳；有的則一舉手、一投足，就是下流動作，令人作嘔；更有的是公車上搶坐位、霸占坐位，旁若無人等等，雖不能由此認爲、或者得出結論斷定這人是流氓、小霸王，或者將來必定會打架、鬪毆、坐班房；但，留給人的印象卻是一個粗野、無禮、流裏流氣，沒家教、沒文化教養，則無疑。

因此，這也從另一個側面告誡人們：要重視遵守公共的道德規範、行爲準則，重視自身的精神文明建設，否則，是會被人鄙夷，看不起的。

(26)子貢問曰：「鄉人皆好之，何如？」子曰：「未可也。」「鄉人皆惡之，何如？」子曰：「未可也。不如鄉人之善者好之，其不善者惡之。」（十三・二四）

【譯文】

子貢問道：「假如一鄉的人都贊揚他，這人怎麼樣？」孔子說：「還不能就肯定他是好的。」子貢又問：「假如一鄉的人都厭惡他，這人又怎麼樣？」孔子說：「還不能就肯定他是壞的。總不如一鄉的好人都說他好，一鄉的壞人都厭惡他，才可確信。」

（27）子曰：「衆惡之，必察焉。衆好之，必察焉。」（十五·二七）

【譯文】

孔子說：「大家都厭惡他，一定要仔細審察一下，究竟爲什麼？大家都稱贊他，也一定要仔細審察一下，究竟爲什麼？」

【按】

這兩則，都是關於評價一個人的好壞，如何才能達到眞實可信問題，卽：如果大家都說這人好，那人壞；是不是這人就一定好，那人就一定壞？

孔子回答「未可也」，是說還不能就此肯定、下結論是好、還是壞？因爲撇開其他因素，光憑衆人的好惡、毀譽，就作斷語，不僅不求實，也不能謂之爲明辨；而況還有人爲因素在影響，甚至左右人的好和壞。

其實，評價一個人的好或壞，貴在公正，而不貴在人衆；貴在憑個人的獨立主見，而不貴在人云亦云；貴在讓人暢所欲言，各抒己見，而不貴在壓力下、違心的衆口一詞。因此，縱使「衆好之」的情況下，亦不免會有不可信實之處。如孔子斥之爲「德之賊也」的鄉愿，卽今日的所謂「老好人」，他們是「非之無舉也，刺之無刺也。同乎流俗，合乎汚世。居之似忠信，行之似廉潔。衆皆悅之，自以爲是，而不可與入堯舜之道。」（《孟子‧盡心》）是一些毫無原則，專意於取悅人的矯情、假象來獲取羣衆好評的巧僞人，能說他們是一個好人？再，也還會有憑借權、勢、財，以收買、籠絡、脅迫手段求達到「衆好之」的目的，這就更加談不上眞實和可信了！

至於「衆惡之」的情況，雖說也確有那品質惡劣、道德敗壞，劣迹昭著，而被大家厭惡、憎恨的人，但由於政治、信仰、宗教、集團利益等原因，仍不免有非本人的過錯，而被強加以惡，必欲除之而後快的事，也不免有因爲「衆口鑠金，積毀消骨」的壓力而發生一死了之的人。特別是生活在黑道社會、邪惡勢力控制的環境，或者身處不正風尚的單位、部門，或者是鄉、村，直至地區，如有全鄉搞投機倒把，甚至製造假藥，販賣婦女牟利的，有全區亂搞男女色情關係、尋歡作樂的，也有是幫派、集團，或者道會門搞的某一項非法活動等，如果那良知未泯，具正義感的人敢於冒犯幫規、鄉矩，不同流俗，不合汚世，站出來反戈揭發，那就必然會遭到「衆惡之」的境遇而難於立命。特別是政治運動，在「輿論一律」的氣氛下，爲了某種需要或者目的，常常是人爲的強加別人以惡，使形成「十目所視，十手所指，無疾而終」的情況，這就更加不眞實、不可信了！

因此，「衆惡之，必察焉」，就要更加愼而又愼地進行審察、分析，直至聽取本人的意見、申辯，如實核對。

孔子這種堅持自已獨立主見，不輕易下斷語、作結論，也絕不人云亦云的態度，不但對知人、識人、用人，有很大的借鑒作用，即對於犯錯誤人的處理，對犯罪案件的查審，也同樣是有很大的借鑒，值得參考的。

(28) 子曰：「吾之於人也，誰毀誰譽？如有所譽者，其有所試矣。斯民也，三代之所以直道而行也。」(十五・二四)

【譯文】

孔子說：「我對人，詆毀過哪個？贊譽過哪個？如果有所贊譽，那也是確有事實，曾經過考驗，值得贊譽的。這人呀，就是夏商周三代以來，全社會一向有直道流行其間的人呀！」

【按】

稱人之惡而非其眞，是毀。孔子一生不毀人：其態度是，見人有不善，可以嚴厲的批評，但無毀；縱使如桓魋之惡，孔子亦未嘗有毀。

而譽，應該不是虛譽。虛譽，是指揚人之善而過其實。因此，對人稱譽，既不憑想像隨意拔高，亦不應子虛烏有、製造假象瞎稱譽，而應該是實有其事，經過考驗、印證，確實值得稱譽的才加以稱譽。

譽，因爲揚人之善不過其實，而顯得可貴；毀，由於稱人之惡非其眞，而令人可鄙。前者，表彰從善，給人以鼓勵；後者，「積毀消骨」，置人於毀滅。因此，都應該審愼地實事求是而爲，對不實之譽和求全之毀，更應該堅決不爲。此其一。

二、不因別人對自己的毀譽而動搖或改變自己的信念和主見；也不隨別人對第三者的毀譽而輕率地對第三者下斷語。總之，要聞毀譽而不驚，聞毀譽而心不動，做到如莊子所說「舉世譽之而不加勸，舉世毀之而不加沮」。這才眞正是大智大勇、敢於成就偉大事業者的境界和氣魄！

當然，這還要有二個前提：一是譽爲虛譽，毀乃眞毀；二是自己的信念和主見，應該經得起實踐的檢驗、歷史的印證，確實是眞知灼見、正確的；否則，就是剛愎自用，一意孤行，容易成爲孤家寡人一個了！

(二) 評弟子

1. 顏回

(29) 子曰：「賢者，回也！一簞❶食，一瓢飲，在陋巷，人不堪其憂，回也不改其樂。賢者，回也！」（六．九）

【譯文】

孔子說：「顏回呀！是多麼有賢德！吃的只是一竹筐飯，喝的只是一瓢水，住在窮陋的小室中，別人受不了這種困苦，顏回呀！仍能不改變他的樂處。顏回呀！是多麼有賢德。」

【注釋】

❶簞：古代盛飯的圓形竹器。

【按】

顏回少孔子三十歲，《論語》中見二十一次，是孔子最喜愛、最器重、並寄予厚望的弟子。後儒把他列爲七十二賢之首。

本則，孔子深贊顏回身居陋室，簞食瓢飲，不改其樂的好學精神和高尚品德。孔子是「飯疏食、飲水，曲肱而枕之，樂在其中」；顏回卻在那樣環境下，「一簞食，一瓢飲，鼓琴以自娛，學夫子之道以自樂」，而且到了「博我以文，約我以禮，欲罷不能」的程度，這就無怪乎後儒要探討孔顏「所求何事，所樂何由」的問題了。

其實，一個人的思想，一旦昇華到「不義而富且貴，於我如浮雲」的境界，全身心融化到追求崇高理想上去時，心地無私、無欲，也就苦亦樂、窮亦樂、困亦樂、危亦樂了！這是沒有身歷過其境的人所難以理解的。事實上，古今中外，無論歷史上和現實中，許許多多數十年如一日，如醉如狂，似愚似痴般埋首案頭，或實驗室從事某一領域的鑽研、探討，在科學、醫學、文學、藝術……等作出偉大成就的人，其實都是由於全身心地融化到追求崇高理想上，樂在其中的緣故。

正如《莊子·讓王篇》所說：

孔子謂顏回曰：「回來，家貧居卑，胡不仕乎？」顏回對曰：「不願仕。回有郭外之田五十畝，足以給飦粥；郭內之田十畝，足以爲絲麻。鼓琴足以自娛，所學夫子之道者足以自樂也。回不願仕。」孔子愀然變容曰：「善哉回之意。丘聞之，『知足者不以利自累也，審自得者失之而不懼，行修於內者無位而不怍』，丘誦之久矣，今於回而後見之，是丘之得也。」

(30)子曰：「回也，其心三月❶不違❷仁，其餘則日月❸至❹焉而已矣。」（六·五）

【譯文】

孔子說：「顏回呀！他的心中能有三個月的長久時間不離開仁，其餘的弟子只是在一日裏，甚至一月裏不離開仁罷了。」

【注釋】

❶三月：指長時間。❷違：離。❸日月：指短時間。❹至：來到。

【按】這是孔子對顏回的高度評價，稱贊他由於好學，其心已能長時間的不離開仁，達到成德的境界；而其餘弟子只不過或一日，或一月偶而想到仁罷了。前者「不違」，指安於仁，仁在心中已生根了；後者「至焉」，指如屋外人偶一來入那樣，僅僅「欲仁」而已，談不上居仁、安於仁，還必須在學習上狠下功夫，企期能日進月勉，達到進德自樂的境地。

(31) 子謂顏淵曰：「用之則行，舍之則藏，唯我與爾有是夫！」(節錄七·一〇)

【譯文】孔子對顏淵說：「用我，就將此道行於世；不用我，就將此道藏起來。只有我和你能這樣吧！」

【按】用或不用（舍），在人；爲其所用或不爲其所用（行藏），則在我。但，首先得自身有可行可藏之道和德才。如果己身無可行之道，或者縱有可行之道，卻無行道的高尚品德和卓越的才能，那麼，根本也就談不上行和藏。

「唯我與爾有是夫！」是孔子對顏回表示的無限信任和器重。

【備考】

《韓詩外傳》卷九曰：孔子與子貢、子路、顏淵遊於戎山之上。孔子喟然嘆曰：「二三子各言爾志。由！爾何如？」對曰：「得白羽如月，赤羽如日，擊鐘鼓者上聞於天，下槊於地，使將而攻之，惟由爲能。」孔子曰：「勇士哉！」「賜，爾何如？」對曰：「得素衣縞冠，使於兩國之間，不持尺寸之兵，升斗之糧，使兩國相親如兄弟。」孔子曰「辯士哉！」「回！爾何如？」顏淵曰：「願得明王聖主，爲之相，使城郭不治，溝池不鑿，陰陽和調，家給人足，鑄兵庫以爲農器。」孔子曰：「大士哉！由來！區區汝何攻？賜來！便便汝何使？願得衣冠，爲子宰焉。」

（32）子謂子貢曰：「女與回也孰愈？」對曰：「賜也，何敢望回！回也聞一以知十，賜也聞一以知二。」子曰：「弗如也。吾與女弗如也。」

（五・九）（參閱四・57）

【按】

顏回天資聰慧，才思敏捷，而又好學不厭，能由一件事直入事理之內，通曉事物的全體。孔子十分賞識他「聞一以知十」的才華。「弗如也，吾與女弗如也」，不僅表露了孔子深心喜愛之意，而且更對顏回寄予了厚望，企其將來更加進德日上，能「青出於藍而深於藍」，有朝一日超越自己。

(33)子曰：「吾與回言，終日不違，如愚。退而省其私，亦足以發，回也不愚。」(二·九)

【譯文】

孔子說：「我給回講學，他整日沒有提出反問，好像很愚笨。可是等他退下，我省察他和別人私下討論時，對我所講能很好發揮。回呀！其實他並不愚笨呀！」

【按】

在教學實踐中，也常會遇到類似這樣的情況：對老師的講解，默不作聲，既不發問，也提不出相反意見，從表象看，好像是一個資質魯鈍的人。可是，等到深入下去，特別在他與別人交談或討論時，聽到能很好發揮老師所講的內容時，這才驚奇這學生不但不魯鈍，相反卻是通悟透切，倒是一個天資獨厚，聰慧過人，才智出衆的人。

「回也不愚」，這正是孔子對顏回初學時所表示驚訝不已的賞識之語。

(34)子曰：「回也，非助我者也，於吾言無所不說。」(十一．三)

【譯文】

孔子說：「回呀！不是一個對我有幫助的人呀！他對我所講的，沒有不感到心悅誠服的。」

【按】

上則，指對所講的內容「不違」，卽聽了後提不出反問，沒有什麼意見；本則，則進一層「於吾言無所不說」，是說不但沒提出意見，相反，卻能邊聽講、邊領悟，對所講沒有不感到心悅誠服的。

這說明顏回的聰明才智過人，且勤敏好學，因而能理解得深、廣、透，融會貫通，達到了「聞一以知十」的境界。正是因爲顏回的聰明才智過人，認爲孔子所講的句句都對，句句都使他「無所不說」，也就不復有疑難之處可問，從而也難於通過問疑難而取得切磋之益。「回也，非助我者也。」正是孔子就教學相長方面表示的由衷之言。從辭語的表意看，雖說有不無遺憾之意，然其內心，實深喜愛並贊賞顏回的聰明才智和勤敏好學態度，蓋「吾道傳人有望，無所憂矣」！

(35)子曰：「語之而不惰❶者，其回也與？」(九．一九)

【譯文】

孔子說：「我和弟子講學，而能毫不懈怠，用心聽講的，大概只有顏回吧！」

【注釋】

❶惰：懈怠。聞所教而不得於心，故惰。

【按】

對老師所教，學生能專心致志聽，做到心領神會、觸類旁通、徹底理解的，自然會「語之不惰」。本則，同樣是贊賞顏回的才智超羣，和好學不厭的精神。以孔子的善教，和顏回之善學，可以說：這是老師「語之」善，和弟子聽之「不惰」的典範了。

但，從教育原則角度說：老師「語之」，而學生「惰或不惰」，關鍵不完全在學生。譬如：老師講課，語言乾癟，內容枯燥無味；照本宣讀，缺乏感情，無一點生氣；從概念到概念，呆板、玄虛，懂不懂由你，我任自爲之；牽強附會，東扯葫蘆西扯瓢；信口開河，胡謅一通等等。這就不能不使聽之者昏昏欲睡，或者只好做小動作，視聽課爲畏途了！

當然，也有是由於學生基礎差，跟不上；或者意馬心猿，聽如不聽而造成。

因此，從「語之」這方面說，應該重在發揮老師主觀能動作用，要求首先把課教好；從「惰或不惰」這方面說，應該重在啓發、誘導學生的學習積極性，學生則認眞把課聽好。這樣，「語之不惰者」，就將不是個別，而是一大片了！

(36) 子畏❶於匡，顏淵後。子曰：「吾以女為死矣。」曰：「子在，回何敢死？」（十一．二三）

【譯文】

孔子被圍困在匡地，顏淵失散，最後來到。孔子說：「我以爲你死了。」顏淵說：「您老師還在，我哪敢輕易去死呢？」

【注釋】

❶畏：指民間私鬭。匡人圍困孔子，亦是一種私鬭。此指孔子離衞去陳國時，經過匡地，因匡地羣衆誤認孔子爲陽虎而被拘囚五天的事。

【按】

顏回所以不敢冒冒失失去參加私鬪，原因是深知老師不會輕易這樣做，同時也深感傳道的責任大，所謂「任重道遠」，不能、也不應無謂的去送死。「子在，回何敢死？」流露了顏回對孔子視之如教主，如嚴父那樣的尊敬，以及道義之情的眞誠和自然。

而孔子，因爲顏回失散，焦急、思念之情深，因此一當見到，就驚喜交集地喊出：「吾以女爲死矣！」意卽，還以爲你這次蒙難死了呢！這是遭遇突然變亂時，對親人的生死存亡縈懷心頭所表示的語氣，是對顏回這得意門弟子所流露的「不是父子、勝似父子」的師弟子間的深情厚誼。

（37）子謂顏淵曰：「惜乎！吾見其進也，未見其止也。」（九・二〇）

【譯文】

孔子談論顏淵，嘆道：「可惜呀！我只看見他不斷地向前，從來沒有看見他停止過。」

【按】

顏回爲學自強不息，始終如一，只知道發憤努力向前，從來沒有看見他半途而廢，或者淺嘗輒止，稍有所得就停止不前。這正是顏回的學問、道德、修養能有如此成就的重要原因，所謂只「見其進也，未見其止也」，其進、其不止皆在己，不在人的結果。未到收繮馬，卽朱子所說「顏子未到那成就結果處」時，就悄然而止，不能不使孔子爲之嘆惜不已！

(38) 子曰：「苗❶而不秀者有矣夫！秀而不實者有矣夫！」（九・二一）

【譯文】

孔子說：「五穀長了苗而不開花結穗的，該是有的吧！開了花成爲穗而不結果實的，該也是有的吧！」

【注釋】

❶苗：穀始生。成穗則爲「秀」，成穀爲「實」。

【按】

「苗而不秀」，可能有多種原因：先天的、後天的；「秀而不實」，可能還包括自然的、本身的、人為的諸多因素。譬如棉花，苗長得好，根粗葉茂，秀則秀矣，但欠缺整枝、抹芽打杈等田間管理，卻瘋長了：綠油油的葉，粗壯壯的枝、幹和「油條」，可就是不長棉桃、不結實！

以此喻人，何嘗不如此！

從嬰兒呱呱墜地起：做父母的，餵之、食之、撫之、育之、愛之、憂之，可謂含辛茹苦，歷盡艱難困苦；及長，做老師的，教之、誨之、誘之、導之、掖之、樂之，也可謂積勞受累，幾經寒暑周折，終致茁壯成長，苗而秀矣。然則秀而不實者也多，諸如徒具外秀而內無德才，或者秀而不成器，或者正待結豐碩成果時，風雲突變，一場風暴，從此夭折等等。

孔子「苗而不秀，秀而不實」之嘆，是嘆老天爺之有眼無珠，抑或嘆社會不良風尚的影響，還是別有所指呢？

(39) 曾子曰：「以能問於不能，以多問於寡，有若無，實若虛，犯而不校❶，昔者吾友❷嘗從事於斯矣。」(八·五)

【譯文】

曾子說：「自己才能高，卻向才能低的人請教；自己知識多，卻向知識少的人請教；自己有學問，看來好像沒有；自己知識充實，看來好像空虛，別人無理侵犯，他能不計較。從前我的朋友曾經在這上面下過功夫呀！」

【注釋】

❶校：計較。❷吾友：指顏回。

【按】

「以能問於不能」，就更多能；「以多問於寡」，就更多知。這樣，也就能夠達到更加淵博、精深的境界。如，「文王智而好問，故聖；武王勇而好問，故勝。」（《淮南子・主術》）所謂「君子不羞學，不羞問。問訊者，知之本；念慮者，知之道也。」（《說苑・說叢》）但，要做到不羞問，首先得放下自己多能、多知的架子，虛心向人求教。如果自視很高，眼睛長在額角上，只朝天看，認爲自己高人一等，「沒有自己，地球就不轉了」，那是斷斷乎達不到這境界的。

其實，世上既沒有全能全知的人，也沒有一無所能、一無所知的人；而況智者千慮也會有一失，愚者千慮，就豈沒有一得之見？因此，爲什麼不能勇敢地放下多能、多知的架子，去向別人求問請教呢？

「良賈深藏若虛，君子盛德若愚」，能做到視有若無，就決不會自欺；視實若虛，也一定不會自滿。自欺者強不知以爲知，以無知爲有知，表現爲淺薄、浮誇；自滿者滿足於小成績，以虛爲實，表現爲故步自封，不再求進，必然招致滿招損。

至於「犯而不校」，是說縱有別人侵犯、得罪他，也從不計較、不記恨。這不僅大度宏量，能容人之所難容，而且更要有謙讓的胸懷，有置個人顏面、得失於度外的高尚情操；對於那些動輒以眼還眼、以牙還牙，用拳頭解決問題的人，也是斷斷乎難於做到的。

這是對顏回的崇高德行，所表示的無限敬佩和稱頌。

【備考】

《韓詩外傳》卷九曰：子路曰：「人善我，我亦善之；人不善我，我不善之。」子貢曰：「人善我，我亦善之；人不善我，我則引之進退而已耳。」顏回曰：「人善我，我亦善之；人不善我，我亦善之。」三子所持各異，問於夫子，夫子曰：「由之所言，蠻貊之言也；賜之所言，朋友之言也；回之所言，親屬之言也。」

(40) 哀公問：「弟子孰為好學？」孔子對曰：「有顏回者好學，不遷怒❶，不貳過❷。不幸短命死矣，今也則亡❸，未聞好學者也。」（六．二）

【譯文】

魯哀公問孔子道：「你的弟子中，誰最好學？」孔子回答說：「有個叫顏回的最好學，他從不把怒氣發洩到別人身上，從不重犯同樣的過失，不幸短命死了。現在沒有這樣的人了，再沒有聽到那樣好學的人了！」

【注釋】

❶遷怒：如怒於甲遷及乙，怒在食遷及衣。遷：轉移。❷不貳過：三解：一、偶有犯過，以後不重複犯。二、閃念間有過，心就覺察立卽止絕，不復表現出來。三、如見有過，卽下狠心，使這類過永不復犯。貳：重複。❸亡：同「無」。

【按】

顏回德行超羣，有很多高尚的品德爲後世所傳頌和學習。其中，「不遷怒，不貳過」是道德修養的最高境界，更是幾千年以來，人們所努力學習、爭取做到的行爲規範。不但今天，值得人們效法，卽在將來，也是人們應該大大發揚光大的。

其實，要做到這六個字，委實是太難、太難了。這只要看一看現實中，有些人在「遷怒」方面的表現，就可以知道這頑疾、劣根性的不易改變，而且爲害之大。如有的丈夫在外面受了氣，或者在強者面前吃了壁，回到家裏就把怨氣、怒氣發洩在無辜的妻子，甚至兒女身上；有的領導挨了上級的批評，無名火就對著下級和羣衆：或者是無事找岔，吹毛求疵；或者借題發揮，指鷄罵狗；或者吹鬍子、瞪眼睛，甚至拍桌罵娘等等。這些強者面前的懦者，弱者面前的霸者，該是多麼卑怯！

更有甚者是，歷史上那些當權的帝王將相如果有因爲怒於甲而遷及乙，怒於某一個人或不滿於某件事而遷及老百姓，那麼，禍害之慘，就非我們所能想像了！如，有的可以由遷怒而導致殺人盈野，有的可以因衝冠一怒爲紅顏而引狼入室，有的可以由此而斷送江山等等。總之，道德修養到了不遷怒的境界，功底當是很深很深了。

至於達到「不貳過」的修養，也非易事。因爲有些人是「大錯不犯，小錯不斷」，他壓根兒就沒有把小錯放在心裏，認爲它上不了綱，犯不了法，因而不斷地二過、三過，直至十幾過、幾十過地重複犯這過失，習以爲常，見怪不怪了。

而顏回正是在這二個方面爲人們樹立了典範，其學問、道德、修養功夫之深，亦可以想見，這是他聰明好學——學修心、學爲人所取得的豐碩成果。

但，「不幸短命死矣」！該是多麼可惜！而且，「今也則亡，未聞好學者也。」是再也聽不到有這樣好學的人，再也見不到有這樣好的學問道德修養的人了！

這蘊涵了孔子多麼深沉的哀痛和婉惜之情！

(41)　季康子問：「弟子孰為好學？」孔子對曰：「有顏回者好學，不幸短命死矣，今也則亡。」（十一．六）

【譯文】

季康子問孔子道：「你的弟子中，誰最好學？」孔子回答說：「有個叫顏回的最好學，不幸短命死了，現在沒有像他這樣好學的人了！」

【按】

這二則都是對顏回的「蓋棺論定」之問。而孔子的回答卻詳略不同：對哀公的回答詳而具體；對季康子則語焉不詳，僅表示了深沉的婉惜而已。有說是由於當時公室弱、私室強的原因：哀公是人君，孔子答以詳而具體，是希望借此擇得賢臣，能輔佐公室強大起來，以便削弱私室；而季康子卻是權臣，告以具體而詳，會招致他延攬人才，增加力量，反而起到弱公室的作用。這是孔子所不希望、也堅決不願爲的。《論語》中，孔子對問同而答異的情況，不但比較多，而且往往都具有針對性。因此，這二則之所以詳略不同，是否如上原因，姑作參考。

(42) 顏淵死，子曰：「噫！天喪予！天喪予！」（十一・八）（參閱九・10）

【譯文】

顏淵死了，孔子傷痛地說：「啊！這是天要亡我呀！這是天要亡我呀！」

(43)顏淵死，子哭之慟❶。從者曰：「子慟矣！」曰：「有慟乎？非夫人之為慟❷而誰為❸？」（十一·九）

【譯文】

顏淵死了，孔子哭得很悲痛。跟隨的人說：「夫子哭得過於悲痛了！」孔子說：「眞的過於悲痛嗎？我不爲這樣的人悲痛，還爲誰悲痛呢？」

【注釋】

❶慟：極度悲痛。❷「非夫人之爲慟」：是「非爲夫人慟」的倒裝。夫人：這個人，指顏淵。之：助詞，起賓語提前作用。❸誰爲：是「爲誰」的倒裝。

【按】

顏淵四十一歲死。時孔子七十一歲，正値古稀之年，是在奔波遊說列國回魯後的第三年。這是，孔子已痛感「道之不行，已知之矣」，因而「發憤忘食，樂而忘憂，不知老之將至」，正爲培育推行「仁政德治」的人才，而竭盡全力的時候。孔子是多麼渴望像顏淵這樣學問精深淵博、德行高尚超羣的弟子能承繼他的理想，把「道」發揚光大傳下去。而如今，竟不幸夭折了！本來，按正常的生老病死這生理規律說，應該是年青的悼念年老的；而如今，竟不幸讓古稀之年的老人來悼念「不惑」之年、風華正茂的中年人！這是多麼的不幸，又是多麼的不公平！

「天喪予」，是孔子內心裏，覺得像是老天爺在喪了自己那樣，感到哀戚而悲痛欲絕；「哭之慟」，是哀傷、悲痛太過，表露於外的形態，而且認爲：不爲這樣好的人「哭之慟」，還去爲誰而「哭之慟」呢？還有誰會讓孔子哭得這樣悲痛呢？

爲顏淵而「哭之慟」，亦就是爲失去了一位能領導羣倫傳「道」、行「仁政」的賢才，爲恨老天爺有眼無珠，爲什麼竟夭折了這樣一位德才出衆、超羣的能人而哭之慟！越是哭之慟，就越說明孔子教育精神的偉大和感人，就越說明孔子竭盡心力培育人才的難能和可貴！這正是孔子知顏淵之深，也正是對顏淵寄厚望之切心情的坦露！

（44）顏淵死，顏路❶請子之車以為之椁❷。子曰：「才❸不才❹，亦各言其子也。鯉❺也死，有棺而無椁。吾不徒行以為之椁。以吾從大夫之後❻，不可徒行也。」（十一·七）

【譯文】

顏淵死了，他父親顏路請求孔子把車子賣了，給顏淵做個椁。孔子說：「不管有才華、沒才華，說來也都是各自的兒子呀。鯉死了，只有棺而沒有椁，我不曾賣了車徒步行車來給他做個椁。因爲我曾跟從在大夫之後，不可以徒步出門呀！」

【注釋】

❶顏路：顏淵的父親，亦是孔子的學生。參閱後附「孔子弟子簡介」。❷椁：棺材外面一層叫椁。❸才：有才華，指顏淵。❹不才：沒才華，指孔鯉。❺鯉：孔鯉，字伯魚，孔子的兒子。孔鯉五十歲時，先顏淵而死。❻吾從大夫之後：孔子曾做過魯國司寇，屬大夫一級，雖不在位，但禮不可出門步行。

【按】

孔子提倡「親親、尊尊」，可是對顏回的深情，卻遠遠超過了對兒子伯魚的「親親」之情。這從上則「哭之慟」，可以得到說明，也可從陳亢問伯魚有沒有從父親那裏得到特別的教導這問題上得到說明。（「子亦有異聞乎？」參閱三・66）這就是說：在人際關係中，孔子並不以「親親」爲上，重血緣關係；而是以學問、道德、品格等爲上，重德才，並以此決定親疏。孔子不僅對伯魚沒有因「親親」而有所偏愛；即對女兒和侄女也同樣沒有因「親親」而提高擇婿條件，如：子謂公冶長，「可妻也」。對南容，則「以其兄之子妻之。」（參閱四・72）

這同今天的一些人，雖口頭反對「親親」爲上，說什麼人民利益第一，而實際呢，卻利用權力，通過「關係網」，不擇手段地去爲「親親」謀取私利。兩相比較，其道德境界的高尚與卑下，就不可以道里計了！

不過，對應該遵守的行爲準則「禮」，孔子是絕不踰越，很難有商榷餘地的。因此，孔子絕不會「爲之椁」，就去賣掉車子，「以吾從大夫之後，不可徒行也」。對兒子伯魚如此，對弟子顏淵同樣如此，絕不因對顏淵是情勝父子，更加偏愛而通權達變。

這固然可以說明孔子循禮而行的態度是堅定不移的，原則立場也是很難改變的，表現了他對這問題的固執性；但，也從一個側面反映了孔子決不會徇私枉禮、徇私枉法，以感情的好惡來代替原則，表現了爲人的堅定和忠貞的德性，這是值得人們借鑒的。

(45)顏淵死，門人欲厚葬之，子曰：「不可！」門人厚葬之。子曰：「回也，視予猶父也，予不得視猶子也。非我也，夫二三子也。」

(十一·一〇)

【譯文】

顏淵死了，同學們想要隆重地安葬他。孔子說：「不能這樣做。」但同學們還是隆重地安葬了他。孔子說：「回呀！他看待我猶如父親一樣，而我不能看待他像兒子一樣。這不是我要如此呀！都是同學們作的主呀！」

【按】

按當時習俗，家貧厚葬，是屬非禮的事。因此，孔子不同意門弟子爲顏淵舉行隆重的喪葬；但是，弟子們還是給他厚葬了。孔子沒有以老師的威望，硬性地制止弟子們這樣做：一方面是同學們對顏回的尊敬、愛戴，和哀痛悼念之情，發自內心的眞誠，不是任何「非禮」觀念所能約束、制止的；一方面是無論於情於義，孔子也不忍強加制止。

這是孔子通權達變的恰到好處：家貧厚葬，雖爲「非禮」，但，同學情誼，至誠而感人，實孔子所不能止，更不忍止；而孔子爲人，又不爲已甚，如強加干預，則未免太過，是亦孔子所不願爲、不願見。

「非我也，二三子也。」只是孔子仍然表示了對顏子的內疚感情，就足以說明這通權達變的感人之處。

孔門師弟子對顏淵之喪所表示的意深誼厚、情義備至的態度，眞可謂千古少見。

2. 子路

（46）季康子問：「仲由可使從政也與？」子曰：「由也果，於從政乎何有？」（節錄六・六）（參閱三・9）

【按】

「子路，卞之野人也」，姓仲名由，字子路，又稱季路。少孔子九歲。是孔子十分喜愛、器重，並被列爲「政事」科的優秀弟子。

下面幾則都是孔子贊賞子路勇敢、果斷、有組織才能、善於治軍，是一個可以在千乘大國擔負軍政重任的人才；特別稱譽了子路的忠貞不貳的品質——當然，也明白無誤地告誡季子然：子路決不是馴順的綿羊，要他去幹叛逆違禮的事，如弒父弒君，也是絕不會聽從的。

【備考】

《韓詩外傳》卷六曰：子路治蒲三年，孔子過之，入境而善之，曰：「由恭敬以信矣。」入邑，曰：「善哉！由忠信以寬矣。」至庭，曰：「善哉！由明察以斷矣。」子貢執轡而問曰：「夫子未見由而三稱善，可得聞乎？」孔子曰：「入其境，田疇甚易，草萊甚辟，此恭敬以信，故民盡力。入其邑，墉屋甚尊，樹木甚茂，此忠信以寬，其民不偷。入其庭，甚閑，此明察以斷，故民不擾也。」

附：子路率而對曰：「千乘之國，攝乎大國之間，加之以師旅，因之以饑饉，由也為之，比及三年，可使有勇，且知方也。」夫子哂之。……曾晳曰：「夫子何哂由也？」曰：「為國以禮，其言不讓，是故哂之。」（節錄十一．二五）（參閱三．56）

孟武伯問：「子路仁乎？」子曰：「不知也。」又問。子曰：「由也，千乘之國，可使治其賦也，不知其仁也。」（節錄五．八）

季子然問：「仲由、冉求可謂大臣與？」子曰：「……所謂大臣者，以道事君，不可則止。今由與求也，可謂具臣矣。」曰：「然則從之者與？」子曰：「弒父與君，亦不從也。」（節錄十一．二三）

（47）子曰：「衣敝❶縕❷袍，與衣狐貉者立，而不恥者，其由也與！『不忮❸不求❹，何用不臧❺？』」子路終身誦之。子曰：「是道也，何足以臧？」（九．二六）

【譯文】

孔子說：「穿著破舊的棉絮袍，和那穿狐貉皮袍的人同站在一起，而不覺得可恥的，恐怕只有仲由吧！《詩經．衞風．雄雉》上說的『不嫉妒，不貪求，有什麼不好呢？』」子路聽了，便常常誦讀這二句詩。孔子說：「僅僅這樣，又怎麼能算得好了呢？」

【注釋】

❶敝：破舊。❷縕：亂棉絮。❸忮：嫉妒。❹求：貪求。❺臧：善、好。

【按】

穿著破舊的棉絮袍，跟穿著華貴狐貉皮袍的人同站在一起，在相形見絀的情況下而不感到自慚形穢，或者寒傖自卑、羞恥、難爲情，這不但需要眞正的學問修養和勇敢，更需要在思想上有一股蔑視「只重衣衫不重人」的浩然氣概，用以壓倒世俗的「勢利眼」觀念。

因此，這就要求自己首先胸懷大志，氣宇軒昂，而且道德高尚，不羨慕、不眼紅別人的華貴衣著；不貪求非義的物質財富；其次，更要堅定地確立這樣的信念：人與人之間攀比的，應該是心靈美，和追求崇高理想，而絕不是外表的華貴服飾，和吃喝玩樂的低級趣味；感到可恥的也絕不是貧賤和粗衣粗食，而應該是：德之不修，學之不進，和見義不能勇爲！

「士志於道，而恥惡衣惡食者，未足與議也。」（四・九）指的亦正是此意。

孔子十分贊賞子路的這種精神，但一當子路老背誦這詩，而沾沾自喜時，孔子又及時提醒他：學無止境，修養之功難見底，僅僅這樣，又怎麼能算得上好了呢？以此抑他、勉勵他力求上進，更上一層樓。

(48) 子曰：「片言❶可以折獄❷者，其由也與？」子路無宿諾❸。

(十二．一二)

【譯文】

孔子說：「憑著單方面的告辭，就可以判斷案件的，大概只有子路吧！」子路許下的諾言，從沒有拖延不實行的。

【注釋】

❶片言：指單方面的告辭。❷折獄：斷案。❸無宿諾：指有諾不留，急於踐言。宿：留。

(49) 子路有聞，未之能行，唯恐有❶聞。(五．一四)

【譯文】

子路聽到一項道理，如果還沒有實現，便生怕又聽到另一項道理。

【注釋】

❶有：同「又」。

【按】

本則是說子路對己，聽到了就做，勇於行；上則則指子路對人，從不輕易許諾，但一旦許諾了，就急於去踐言，決不拖延。

前者，「唯恐」二字，形象地表述了子路迫不及待地，急於把「有聞」的事情做完，以免「又聞」，來不及去做。這表現了子路聞風雷動，有聞必行，勇於行的十分可貴的好品格。

後者，「無宿諾」，深刻地道出了子路答應了的事，說話算話，從不推諉、從不拖延，是一個爽朗、豪邁，具有俠義精神，「一旦許下諾言，縱然一死，也要把它辦到」的人。

「片言可以折獄者，其由也與」，是孔子贊賞子路爲人「無宿諾」、「唯恐有聞」，給予的崇高評價；也是羣衆服其心於事後所表示的由衷贊譽；當然，這正是子路平日語出必信，語無誑妄，而又有聞必行，勇於行，極端認眞負責，深得羣衆敬佩、信任得過的報償！

附：子曰：「道不行，乘桴浮於海。從我者，其由與！」子路聞之喜。子曰：「由也，好勇過我，無所取材。」（五·七）（參閱二·75）

(50) 子路曰：「子行三軍❶則誰與？」子曰：「暴虎❷馮河❸，死

而無悔者，吾不與也。必也臨事而懼，好謀而成者也。」（節錄七・一〇）

【譯文】

子路說：「如果您統率三軍，將和誰共事呢？」孔子說：「空手搏虎，徒步涉河，死了也不後悔的人，我是不和他共事的。我一定要和臨時能謹愼小心，喜歡思考而後作決定的人，才和他共事。」

【注釋】

❶三軍：指全軍。古制，大國三軍，每軍一萬二千五百人。❷暴虎：空手與虎搏鬪。❸馮河：徒步過河。馮：同「憑」。

【按】

孔子十分賞識子路的治軍才能，但要肩負統率三軍的重任，卻不是子路所能勝任的。因爲子路偏於血氣之勇，即「剛烈勇敢有餘，懼而好謀不足」，子路所欠缺的，正是這方面的好謀不足。

子路所問，原是希望回答「其由也與」的問題，而孔子則避其所恃，偏偏答以可與共事的不是「暴虎馮河，死而無悔者」，而是「臨事而懼，好謀而成」的人。這無異告誡子路：光憑「空手搏虎，徒步過河」的精神，勇則勇矣，但勇而無謀，並不是可取的，更不是可貴的。這是孔子有意識地設喻作譬，以期子路能深一步認識到：只有「臨事而懼」，才能做到堅決克服急躁、魯莽、蠻幹、硬拼作風；也只有「好謀而成」，才能熟慮各個方面的是非得失，然後用其所是，去其所非，取得行軍的預期效果。

雖說行軍的是否必勝，有諸多因素，其中有道亦復有命；但作爲統率三軍肩負重任的人，必須具備「臨事而懼，好謀而成」的品格，最大限度的盡其在我，則是十分重要，必不可少的。其實，這也正是孔子因材施教，向子路提出的更高要求，啓發、誘導他由血氣之勇進一步成爲講義理的君子之勇。

附：子路問：「聞斯行諸？」子曰：「有父兄在，如之何其聞斯行之？」……子曰：「由也兼人，故退之。」（節錄十一·二一）（參閱三·51）

（51）柴也愚，參也魯，師也辟❶，由也喭❷。（十一·一七）

【譯文】

高柴性愚直，曾參性魯鈍，顓孫師性偏激，仲由性剛猛。

【注釋】

❶辟：偏激。❷喭：剛猛、魯莽。

(52) 閔子侍側，誾誾❶如也，子路，行行❷如也，冉有、子貢，侃侃❸如也。子樂。「若由也，不得其死然。」（十一·一二）

【譯文】

閔子騫侍立在孔子身旁時，是一派恭敬、正直的樣子；子路是一派剛猛的樣子；冉有、子貢則是一派溫和、快樂的樣子，孔子很高興。但，又說：「像仲由這樣呀，我怕他會不得壽終呀！」

【注釋】

❶誾誾：恭敬、正直的樣子。❷行行：剛猛。❸侃侃：溫和、快樂的樣子。

【按】

上則，孔子把幾個弟子性格中的主要特徵，通過概括，以一字評方式，形象地表現出來了；本則，孔子則以極為歡悅、欣慰的語氣，把弟子侍側時的情態，用二個字作了描述，也生動地展現出來了。

如果沒有經過長期的、細緻入微的觀察，沒有對弟子性格、特點瞭如指掌的掌握，要達到如此精練、深刻、生動、形象的概括和描述，顯然，這是不可能的。這是孔子所獨具的功底，也應該是每一個教書、育人，作爲老師的獨具的功底。

從上則「由也喭」，和本則「子路，行行如也」所流露出的一派剛烈、勇猛、傲然不屈的氣概；以及子路爲人心直口快，果敢、見義勇爲，也比較輕率和魯莽，有時還不能審時度勢，權衡義理得失，隨機應變等等，孔子對子路總常是縈縈於懷，感到不放心，擔心他有朝一日會出問題，卽「不得其死然」。因此，經常提醒並告誡他，有時亦抑抑他促使注意。

只是，孔子的擔心，後來仍然不幸而言中：子路在一次衞國的宮廷政變中，因與叛逆搏鬭而壯烈犧牲，而且幾乎是近於迂頑和愚忠的思想指導下，作出的不幸犧牲。（參閱下面備考）「不得其死然」，不幸而言中，並非孔子預言的正確，實在是孔子知子路之深，亦憂慮之遠，告誡之切的由衷之言。

【備考】

《史記．仲尼弟子傳》曰：衞出公立十二年，其父蕢聵居外，不得入。子路爲衞大夫孔俚之邑宰，蕢聵與孔俚作亂，謀入孔俚家，遂與其徒襲攻出公。出公奔魯，蕢聵入，立，是爲莊公。方孔俚作亂，子路在外，聞之，而馳往。遇子羔出衞城門，謂子路曰：「出公去矣，而門已閉，子可還矣，毋空受其禍。子路曰：「食其食者不避其難。」有使者入城，子路隨而入，造蕢聵。

蕢聵與孔悝登臺。子路曰：「君焉用孔悝？請得而殺之。」蕢聵勿聽。於是子路欲燔臺，蕢聵懼，乃下石乞壺黶攻子路，擊斷子路之纓。子路曰：「君子死而冠不免」，遂結纓而死。孔子聞衞亂，曰：「嗟乎！由死矣！」已而果死。

(53) 子曰：「由之瑟奚為於丘之門❶？」門人不敬子路。子曰：「由也升堂矣，未入於室❷也。」（十一・一四）

【譯文】

孔子說：「仲由的彈瑟聲，爲什麼發在我的門內呀？」弟子因此不敬重子路。孔子說：「仲由呀，他的學問已上了廳堂，不過還沒有由廳堂再進入內室吧了。」

【注釋】

❶由之瑟句：此指子路彈奏的樂調與剛勇的性格一樣，故孔子以此企其自戒。❷升堂入室：先入內，次升堂，最後入室。比喻入道深淺。堂：正廳。室：內室。

【按】

子路性剛烈，遇事又常輕率而爲，因此，孔子擔心他「不得其死然」；本則，鑒於子路在鼓瑟聲中，同樣表露了這性格，因此，孔子以「升堂入室」喻指子路已經升堂，但未入室，即：已入「道」，只是在禮樂德性方面尚有欠缺，入「道」不深而已。這既是鞭策，企其自戒，亦復蘊涵勉勵的深意，期望他更上一層樓。

後，「冉有以告子路。子路自悔，不食，七日而骨立焉。」（《說苑・修文》）表現了子路的非凡勇氣和果斷、決心。孔子之善教，子路亦善學，於此可見。

（54）子路使子羔❶為費宰。子曰：「賊夫人之子。」子路曰：「有民人焉，有社❷稷❸焉，何必讀書，然後為學？」子曰：「是故惡夫佞者。」（十一・二四）

【譯文】

子路薦子羔去當費縣縣長。孔子說：「這是害了那個青年人了。」子路說：「那裏有老百姓可治理，有社稷鬼神可奉祀，都可以學，何必一定要讀書才算是學習呢？」孔子說：「所以我厭惡那些利舌善辯的人。」

【注釋】

❶子羔：姓高，名柴，字子羔。孔子學生。參閱後附「孔子弟子簡介」。❷社：土神。❸稷：穀神。與社共祀於一壇。

【按】

當時子羔還年輕，無論學業、人生閱歷或思想認識等等，都沒有成熟，如過早地就讓他去從政，在孔子看來，實在是害了他。這有如今天，一些做父母的，爲了貪圖眼前一點小利，或者迫於生計，或者某種不可告人的原因，就讓子女去做生意，去從工、從農，甚至去做童工、去做非法的買賣等等。這不僅是害了子女，也摧殘了他們的身心，對社會也是不利的。如果說還要振振有辭地說什麼「工作就是學習，走上社會也是學習」，那麼，這就無怪乎孔子要嚴厲地斥之爲利舌巧辯的佞者了！

同樣，以此類推：做醫生的，不重醫德，玩忽人命；當老師的，不盡師道，誤人子弟；搞人事、組織，或政審工作的，不負責任，視人的政治生命爲兒戲；當營業員的，服務態度惡劣，或者「走後門」、「賣大戶」等等，明知不對，又爲之強辯，硬要找出十八條歪理來遮掩，那麼，不被人們厭惡、唾罵，那才怪呢？

附：子曰：「必也正名乎！」子路曰：「有是哉，子之迂也！奚其正？」子曰：「野哉由也！君子於其所不知，蓋闕如也。」（節錄十三．三）（參閱二一．55）

子見南子，子路不說。夫子矢之曰：「予所否者，天厭之！天厭之！」（六．二六）

子疾病，子路使門人為臣。病間，曰：「久矣哉！由之行詐也！無臣而為有臣，吾誰欺？欺天乎？」（節錄九・一二）（參閱九・13）

公山弗擾以費畔，召，子欲往。子路不說，曰：「末之也已，何必公山氏之之也？」（節錄十七・五）（參閱二・3）

【按語】子路對一些問題想不通、看不慣時，常常直率地提出自己的看法，甚至是尖銳的批評，有時甚且是粗野的、近乎失禮的態度。

而孔子則始終是嚴肅的，有時甚至是十分嚴厲的，如上面：「野哉由也！」，「久矣哉！由之行詐也」；也有是急得直發誓，如「予所否者，天厭之！天厭之！」等。當然，一般是加以解釋，解釋後，子路也就了然，從來都沒有反駁，或者由此而存有疙瘩；而且，也從沒有不遵從的。這是子路性格中的可貴處。

至於對孔子的態度，子路是十分敬重、愛戴的，可以說忠心耿耿，時時、處處保護著孔子，特別在長達十四年遊說列國，形同流浪的奔波生活中，由於子路勇武過人，在很大程度上，等於是起了保鏢的作用。孔子對子路則是知之最深，愛之也最摯，不但隨時隨地給予精心的培育、鼓勵，並且視之爲自己的左右手。因此，聞子路死，則哀戚地喊之曰：「噫！天祝（斷）予！天祝予！」

師弟子間感情之深厚，也就可知了。

3. 子貢

(55) 子貢問曰：「賜也何如？」子曰：「女，器也。」曰：「何器也？」曰：「瑚璉❶也。」（五·四）

【譯文】

子貢問道：「我這個人怎麼樣？」孔子說：「你是一件有用的美器。」子貢說：「什麼樣的器具呢？」孔子說：「像放在宗廟裏盛黍稷的瑚璉。」

【注釋】

❶瑚璉：宗廟中盛黍稷的器具，竹製，以玉飾之，很尊貴。

【按　語】瑚璉是古代華美、尊貴的器具，用來供奉在廟堂上，顯得特別莊嚴、高貴。孔子以此喻指子貢是可有大用的成材，一個能爲國家擔當大任的人才，並推薦介紹給當權的季康子，說：「賜也達，於從政乎何有？」意即，子貢通情達理，對治政事、擔負國家重任有什麼困難呢？

一方面，孔子深知子貢有足以充當大任的才能，是知人之深；一方面，「因材致用」，把他薦介給季康子，正是爲了充分發揮他的才能，是愛才之切。後來，果如孔子所說，子貢在政治上，特別是外交上大大施展了他能言善辯的非凡才能，作出了卓越的貢獻；同時，子貢善經商，「富比陶朱」，也是經濟、工商方面的一個大能人。

附：季康子問：「賜也可使從政也與？」子曰：「賜也達，於從政乎何有？」（節錄六．六）

（56）子曰：「回也其庶❶乎，屢空❷。賜不受命❸而貨殖❹焉，億❺則屢中❻。」（十一．一八）

【譯文】

孔子說：「顏回的學問道德修養，差不多了吧！可是他卻經常生活在貧困中。賜沒有受公家之命，而去做買賣生財利，他猜測行情，倒常常能夠猜中。」

【注釋】

❶庶：差不多。❷空：貧窮。❸不受命：一說，不受祿命。二說，不聽天命。三說，不受命於公家，而以自己的私財市賤賣貴，逐十一之利。從三說。❹貨殖：做買賣。積貨財以務生殖。

❺億：同「臆」，猜度。❻中：指猜中。

【按】

本則，兩相對比：回是簞食瓢飲，在陋巷，不改其樂，可是卻「屢空」，經常生活在貧困中；賜是不用官府的資財，自己出錢做買賣，由於「億則屢中」而「富比陶朱」，且位至極尊。

對本則蘊義，後儒有認爲是孔子「尊」回的賢德，「卑」賜的經商爲賈，亦卽：寓褒於重義輕利而貶於重利輕義，主在反對子貢的貨殖生財利。

其實，並非如此：

一、根據史料記載：「子貢善居積，意貴賤之期，數得其時，故貨殖多，富比陶朱」，是因爲子貢善於了解行情，準確地分析、判斷行情的動向，適合時宜地買賤賣貴，以此來賺取利潤，逐十一之利，卽今天所說：靠的就是「信息靈通，反饋快，看準時機，薄利多銷，周轉快」。這是子貢獨具的經營商業和管理經濟的非凡才能，一個行家能手所應當得的利潤，是合乎義理而取得的財富。

二、孔子反對的是「不義而富且貴」，如果說，所取得的財富是合乎義理的，孔子並不反對，而且縱使是「執鞭之士，吾亦爲之。」

這說明：並非「凡有言利，孳孳爲利的，一概都是卑而可恥的」；而況，本則，孔子只說了個情況，既不是指責，更談不上反對，恰恰相反，「億則屢中」，倒是充分肯定了子貢在這方面的卓越才幹，是個大能人！

重義固然必要，可嘉許；重利亦未必是可恥，應貶低。關鍵是：義不應排斥利，利則必須合乎義；只要不是依靠旁門邪道，不是非義取得的財富，都應該得到鼓勵。

這是否亦為本則蘊涵的應有之義呢？

(57)子謂子貢曰：「女與回也孰愈？」對曰：「賜也，何敢望回！回也聞一以知十，賜也聞一以知二。」子曰：「弗如也。吾與女弗如也。」(五．九)

【譯文】

孔子對子貢說：「你和顏回哪一個更強些？」子貢回答說：「我賜呀，那敢和回相比呢？回呀，聽到一件，就能推知十件，我賜呀，聽到一件，只能推知兩件。」孔子說：「是不如他，連我也一樣不如他。」

【按】

本則，展現了師弟子間問答中一片融和歡樂的情景。特別是寓答於慰勉的方式，尤其感人。

子貢「聞一以知二」的聰明才智，雖比顏回略遜一籌，但已能由此及彼，從事物的對立上加以比較，亦屬可貴了。因此，孔子還是充分肯定了子貢的才思，如「賜也，告諸往而知來者」（一・一五），就可以說明。

「賜也何敢望回」，是子貢自知「弗如也」而對顏回表示衷心敬佩，而且心地坦誠沒有絲毫妒意的老實話、眞心話。因此，孔子十分賞識、贊揚，而且還特別加了一句：「弗如也，吾與女弗如也。」

前一句，「弗如也」，是對顏回天資聰慧過人，「聞一以知十」所表露的深心喜愛的感情，是孔子樂得天下英才而教育之的崇高師德；後一句，「吾與女弗如也」，則贊揚了子貢有自知之明的求實態度，並給了他進一步的鼓勵，意卽：不僅你弗如，連我也感到弗如。這樣，旣激勵了子貢滿懷信心的更加發憤前進，也寄無限希望於顏回，促使他進德日上，企其將來能超越自己，「青出於藍而深於藍」。

作爲老師，孔子隨時把握機會，如此循循然善誘人的態度，以及啓發慰勉有加的教育方式，眞可謂感人深矣。

附：子曰：「賜也！始可與言詩也矣，告諸往而知來者。」（節錄一・一五）

子貢欲去告朔之餼羊。子曰：「賜也！爾愛其羊，我愛其禮。」（三・一七）（參閱三・65）

（58）子貢曰：「我不欲人之加諸我❶也，吾亦欲無加諸人。」子曰：「賜也！非爾所及也。」（五·一二）

【譯文】

子貢說：「我不要別人把不願的事情加在我身上，我亦不願把同樣不願的事情加在別人身上。」孔子說：「賜呀！這還不是你所能做到的事哩！」

【注釋】

❶加諸我：指以非義、或不願的事加在我身上。

【按】

孔子教弟子為人，主「反求諸己」，盡其在我。子貢所說，就不是反求諸己，盡其在我的精神，而是求諸人的態度了。因為上一句「我不欲人之加諸我」，是求諸人的事，非子貢之力所能及，縱然有「吾亦欲無加諸人」之心，也僅止於「己所不欲，勿施於人」，屬「恕」而已，達不到仁的境界。「賜也，非爾所及也」，孔子抑以此語，正企其反諸己，力求更上一層樓。

(59) 子貢方人❶。子曰：「賜也賢乎哉！夫我則不暇。」（十四・三一）

【譯文】

子貢指責別人的短處。孔子說：「賜呀！就你那麼賢能嗎！我就沒有這種閒工夫。」

【注釋】

❶方人：一說，比方人物，較其長短，猶言指責批評。二說，同「謗」。今從一說。

【按】

子貢「喜揚人之美，不能匿人之惡」（《史記・仲尼弟子列傳》）。道人之長，揚人之美，這是胸襟寬濶，氣度宏大，能容得下人的表現。道人之短，攻人之惡，或者對別人的短處評頭品足，橫加指責，甚至摻雜一點譏刺挖苦的味兒，就不是與人爲善的應有態度了。前者易得人和，善於樂羣同處；後者易失人和，難於合羣共商。

「賜也賢乎哉！」孔子告誡的正是子貢「不能匿人之惡」這方面的缺點，其實，亦就是上則「我不欲人之加諸我也」的延伸。

不過，孔子告誡子貢的話，不應該作爲被批評者用來堵塞忠言之路的藉口，或者擋箭牌，亦該是本則蘊涵的應有之義。

附：叔孫武叔語大夫於朝曰：「子貢賢於仲尼。」子服景伯以告子貢。子貢曰：「譬之宮牆，賜之牆也及肩，窺見室家之好。夫子之牆數仞，不得其門而入，不見宗廟之美，百官之富。得其門者或寡矣。夫子之云，不亦宜乎？」（十九．二三）（參閱十．12）

【按語】時人如叔孫武叔、陳之禽都說子貢的才識、賢能超過孔子，而子貢卻十分懇切地以宮牆作喻，說自己的牆，高僅及肩；而老師的牆，則高達幾丈，一矮一高，何能相比？而況，孔子的道德學問，猶如深藏奇珍異寶的宮殿，巍巍大門，尚且無能得其門而入，又如何知道內中所藏珍寶的豐富，和價值的連城呢！

這不僅反映了子貢的才智足以知聖人的道德學問的精深偉大，是一般人所難及，亦說明了子貢晚年進德修業之功所達到的境界，也非一般人所能想像！特別是孔子死後，子貢除與同學一樣服心喪三年外，又復廬墓三年，可謂不是父子，其情勝似父子，感人之深，千古傳頌。

4. 冉有

冉求，字子有，通稱冉有。少孔子二十九歲，《論語》中見十六次。

下面所附篇章，都是孔子贊賞「求也藝」，才藝出衆，才能超人，長於政事，尤其善於治理財政，是一個「千室之邑，百乘之家，可使爲之宰也」的出色人才；而且據《左傳》記載，冉有勇武善戰，曾率軍大敗過齊軍。

儘管孔子在幾個問題上曾嚴厲地批評過他，但在七十歲孔子總結弟子「四科」方面的特長時，還是充分肯定了冉求在「政事」上的卓越才能，並位在子路之上。

附：孟武伯問：「求也如何？」子曰：「求也，千室之邑，百乘之家，可使為之宰也，不知其仁。」（節錄五・七）（參閱三・10）

季康子問：「求也可使從政也乎？」子曰：「求也藝，於從政乎何有？」（節錄六・六）

子曰：「求，爾何如？」對曰：「方六七十，如五六十，求也為之，比及三年，可使足民。如其禮樂，以俟君子。」（節錄十一・二五）

冉有、子貢侃侃如也。（節錄十一・一二）

子路問成人。子曰：「……冉求之藝……」（節錄十四・一三）

子有問：「聞斯行諸？」子曰：「聞斯行之。」……子曰：「求也退，故進之。」（節錄十一・二二）（參閱三・57）

季子然問：「仲由、冉求可謂大臣與？」子曰：「……所謂大臣者，以道事君，不可則止。今由與求也，可謂具臣矣。」曰：「然則從之者與？」子曰：「弑父與君，亦不從也。」（節錄十一・二三）

季氏富於周公，而求也為之聚斂而附益之。子曰：「非吾徒也！小子鳴鼓而攻之可也。」（十一・一六）（參閱一・41）

(60) 冉求曰：「非不說子之道，力不足也。」子曰：「力不足者，中道而廢。今女畫❶。」（六・一〇）

【譯文】

冉求說：「我並不是不喜歡老師您的學說，是我能力不夠呀！」孔子說：「能力不夠的人，是走到半途走不動了才停止，而你，現在是先劃定一個界線，停止不再前進。」

【注釋】

❶畫：同「劃」。劃定一個界線，不再前進。

【按】

「挾泰山以超北海，非不爲也，誠不能也；爲長者折枝，是不爲也，非不能也。」（《孟子・梁惠王》）冉有說的「力不足也」，也正是這樣：「非力不足也，不求再前進也！」孔子批評指出：「今女畫」。言外之意也就是：你哪是力量不足，分明是劃地自限，怕艱苦，怕多出力，因而躺下來，不想再前進——如果眞想前進，那麼，「駑馬十駕，功在不舍」（《荀子・勸學》），只要一息尙存，就一定能夠志學不懈，所謂「鍥而不舍，金石可鏤」。

入木三分的批評，是多麼嚴厲！企其自勉的要求，又是多麼嚴格！

過分暴殄自己的行爲，是自暴；過分輕視自己的行爲，是自棄。「自暴者不可以與有言，自棄者不可與有爲。」（《孟子・離婁上》）本則，正是孔子誡勉冉有切不可自棄。

（61）冉子退朝❶，子曰：「何晏也？」對曰：「有政。」子曰：「其事也。如有政，雖不吾以❷，吾其與聞之。」（十三・一四）

【譯文】

冉子從季氏的私朝退下，來見孔子。孔子說：「怎麼這樣晚呀？」冉有回答說：「因爲有國政商議。」孔子說：「那不過是季氏的家事罷了，如果有國政，現在雖沒有用我，我還是能聽到的。」

【注釋】

❶退朝：指退於季氏的私朝。（當時，冉有任季氏宰）。 ❷吾以：「以吾」的倒裝。以：用。

【按】

孔子嚴肅地指出了冉有「退」的是季氏的私朝，而不是魯君的公朝；議的是強私室的「事」，而不是強公室的「國政」。事與政，亦就是私與公，是有嚴格的區別，不能隨便加以混淆的。這既給「政」正了名，也對冉有曉明了大義，就是說：不能一意爲季氏的私室出謀獻策，去削弱公室，這是應該掌握的一個原則態度。孔子所教，辭嚴而委婉，義正而親切，用心亦可謂深矣。

（62）季氏旅❶於泰山❷，子謂冉有曰：「女弗能救與？」對曰：「不能。」子曰：「嗚呼！曾謂泰山不如林放❸乎？」（三．六）

【譯文】

季氏居然去祭祀泰山。（古時天子得祭天下名山大川，諸侯只能祭其在境內的山川。）孔子對冉有說：「你不能糾正他的僭禮行爲嗎？」冉有回答說：「不能。」孔子嘆息說：「唉，難道泰山神還不如林放的知禮嗎？」

【注釋】

❶旅：祭名，祭祀山川爲旅。❷泰山：在魯國。❸林放：孔子學生。參閱後附「孔子弟子簡介」。

【按】

「季氏旅於泰山」，這在古時是明目張膽地，旣僭越於魯君，更僭越於周天子的非禮行爲。而作爲季氏家臣的冉有卻無能對這非禮行爲加以勸止，或者設法糾正：一方面說明季孫氏當時權重勢大，已到了可以無視對君王的禮儀，不聞屬下的勸說阻止而獨行其是的程度；一方面也反映了冉有對主子或者是唯唯諾諾，沒有自己的主心骨，也不能見義勇爲，或者是見季氏之非禮而加勸止，勸止之無效也就不再堅持等等。因而孔子發出「嗚呼！曾謂泰山不如林放乎？」的無限慨嘆，意卽：林放尚且知「問禮之本」（三・四），如泰山果眞有神，公正無私，是必定不會不如林放——必定不會去接納季氏這非禮的諂媚之祭的。你冉有爲什麼不據禮、據理力求匡正呢？

5. 仲弓

（63）子謂❶仲弓曰：「犁牛❷之子騂❸且角❹，雖欲勿用，山川❺其舍諸？」（六・四）

【譯文】

孔子評論仲弓，說：「耕牛生的一頭小牛犢，通身赤色而又兩角端正，雖然人們想不用它來當祭牛，但山川之神難道會捨棄它嗎？」

【注釋】

❶謂：此指評論。❷犁牛：耕牛。古代祭祀不用耕牛。❸騂：赤色。❹角：指兩角長得端正。❺山川：指山川神。

【按】

孔子深知仲弓的德和才，借「犁牛之子騂且角」，隱喻縱使父親出身卑賤，也不應該影響兒子的賢能，棄而不用。

這種任人唯賢，只看德才而不問世族貴賤的觀點，在當時那任人唯親、貴族世襲，視卑賤爲非人的歷史環境下，不但要有超脫世俗勢利觀的非凡勇氣和膽識，而且更要具有海洋深的胸懷和遠見。無疑，這是蘊涵無窮智慧，能充分發揮人才作用的眞知灼見，完全是進步的觀點。不但今天，即在將來，也都是值得大大地發揚光大的。

對照一個時期曾經風靡過的只查家世、歷史、社會關係而不問德才表現的「血統論」、「唯成分論」、「唯社會關係論」等，說什麼「龍生龍，鳳生鳳，老鼠的兒子打地洞」，藉口出身、成分不好，社會關係複雜，沾過一點歷史問題的邊邊等，就把他打入冷宮，或者下放農村、邊疆，或者內部另入一册，永遠不得提升、重用，或者藉故投入監獄等等。顯然，這不是任人唯賢唯能，也不是尊重人才、善用人才的明智政策，而只能起到壓抑人才、摧殘人才的不良作用，對國家、民族和人民都是有損而無益。這比之於二千五百年以前孔子提出的觀點，不免會有愧對古人之感。

【備考】

《論衡》曰：母犂犢騂，無害犧牲，祖濁裔清，不妨奇人。鯀惡禹聖，叟頑舜神。伯牛寢疾，仲弓潔全，顏路庸固，四傑超倫。（注：文中說到仲弓的父親是伯牛。伯牛名耕，正是犂牛。這與《史記》所說不同。是否有據，難於稽考，只能存疑，姑作參考）

附：子曰：「雍也可使南面。」仲弓問子桑伯子，子曰：「可也，簡。」仲弓曰：「居敬而行簡，以臨其民，不亦可乎？居簡而行簡，無乃大簡乎？」子曰：「雍之言然。」（六・一）（參閱二一・22）

仲弓為季氏宰，問政。子曰：「先有司，赦小過，舉賢才。」曰：「焉知賢才而舉之？」子曰：「舉爾所知，爾所不知，人其舍諸？」（十三・二）（參閱二一・21）

仲弓問仁，子曰：「出門如見大賓，使民如承大祭。己所不欲，勿施於人。在邦無怨，在家無怨。」仲弓曰：「雍雖不敏，請事斯語矣。」（十二・二）（參閱二一・44）

【按語】從上面幾則可以概括了解到：仲弓雖出身卑賤，但德行超羣，才能出衆，而且更有卓越的政治見識，是一個有帝王之才，可以君臨天下，南面而王的大能人。這從他所說「居敬」和「居簡」的一字之別中，就可以看出：他不但是一個有政治頭腦、有政治才能，而且仁存於心，能時時、處處、事事爲民著想，造福於民的政治家。

再從他在道德修養方面的成就說，也是突出的，如「使民如承大祭」，做到對人能敬；「己所不欲，勿施於人」，做到對人能恕；「在邦無怨，在家無怨」，做到對人能無怨。如此存心，則見其德行之高。正如《孔子家語．弟子行》所記：「在貧如客（不以貧爲累，雖貧仍然莊重如客），使其臣如借（不以臣爲私下物，而要把他看成是借用的使者），不遷怒，不深怨，不錄舊罪，是冉雍之行也。」

正是這樣超羣的德行，和出類拔萃的政治才能，孔子把仲弓列爲「德行」科的優秀弟子，而且給予了「雍也可使南面」的最高評價。仲弓，作爲一個出身卑賤家庭的士，孔子竟至於如此盛贊之，這在《論語》中，僅此一例。這就充分說明：一方面是仲弓確實具有超羣的德行，和非凡的政治才能，足以膺此「可使南面」的大任，從而深得孔子如此的器重；另一方面也從側面反映了孔子爲人十分愛才、重才、舉才、用才，可以說，孔子一生從事教育，都是圍繞發現人才、培育人才、舉用人才而竭盡智慮，而鞠躬盡瘁。

也正是這樣，孔子理直氣壯地喊出：「犁牛之子騂且角，雖欲勿用，山川其舍諸？」意即：

像仲弓這樣有大德大才的賢人，難道因爲他出身卑賤，就能棄而不用嗎？

這是多麼感動人，又是多麼激勵人！

(64) 或曰：「雍也仁而不佞。」子曰：「焉用佞？御❶人以口給❷，屢憎於人。不知其仁，焉用佞？」(五・五)

【譯文】

有人說：「雍呀，有仁德，可惜短於口才。」孔子說：「哪有定要口才的呢？如果專用快嘴利舌來對付人，只會被人厭惡。我不知道雍是否稱得上仁，但爲什麼定要口才呢？」

【注釋】

❶御：指對付。❷口給：應對敏捷，指快嘴利舌，能言善辯。

【按】

本則，孔子強調爲人重在德，不在是否有口才，更不在是否能言善辯。

能言善辯，其言還在理上；而如果是巧言善辯，則言在巧而不在理，或者強詞以奪理，就必然是「巧言、令色，鮮矣仁」了。

而那佞者，如快嘴利舌的、耍嘴皮子的，就常常以其刀嘴捉弄人、刻薄人，特別有時還言語傷人，就比用刀子殺人還更使人創痛，更令人厭惡，也更讓人記恨。

因此，「焉用佞？」只要有仁德，何必一定要口才呢？這是孔子對仲弓的爲人態度所表示的一種贊同，也正是對當時尚「佞」風習的一種否定。

6. 閔子騫

(65)子曰：「孝哉閔子騫！人不間❶於其父母昆❷弟之言。」（十一·四）

【譯文】

孔子說：「眞孝順呀，閔子騫！別人對於他父母兄弟都說他孝，聽了後也從來沒有什麼非議的。」

【注釋】

❶間：非議，挑剔懷疑之意。❷昆：兄。

【按】

孔子弟子中有孝行的人比較多，如曾子，也是一個孝子，而且到了「愚孝」的地步，但孔子並沒有因此而稱贊曾子，卻唯獨贊許「孝哉閔子騫」，這就足以說明以「德行」著稱的閔子騫，在孝行方面必定有他突出的感人事跡，值得人們效法。在孔子看來：所贊許的只能是值得贊許，也必須是應該贊許的人，這才顯示出所贊許者的榜樣作用，而更加可尊貴。

閔子騫孝行之所以感人，正是因爲身處後母虐待的逆境中，他對別人任何抱不平的話，都不爲所動，始終孝順後母，友愛昆弟，他以自己堅韌不拔的純孝行精神，最終感動了父親、後母、昆弟，眞正贏得了他們異口同聲的稱贊，特別是他對父親說的：「母在，一子單，母去，四子寒」，終於感動了父親而沒有遺休後母。這種寧可「一子單」，不忍「四子寒」，寧願自己悽切，也要對後母、異母弟情深深的純孝行精神，能不感人淚下？人非草木，人心都是肉做的，他的後母又豈有不爲之感動而幡然悔悟之理？（據《藝文類聚》二十引《說苑》曰：閔子騫兄弟二人，母死，其父更娶，復有二子。子騫爲其父御車，失轡，父持其手，衣甚單。父則歸，呼其母兒，執其手，衣甚厚溫。卽謂其婦曰：「吾所以娶汝，久爲吾子。今汝欺我，去。」無留！」子騫前曰：「母在，一子單；母去，四子寒。」其父默然。故曰：「孝哉閔子騫，一言其母還，再言三子溫。」）

（66）季氏使閔子騫為費宰。閔子騫曰：「善為我辭焉。如有復我❶者，則吾必在汶上❷矣。」（六．七）

【譯文】

季氏派人請閔子騫做費縣的縣長。閔子騫說：「好好替我推辭吧！如果再來召我的話，那我一定要逃避到汶水之上了！」

【注釋】

❶復我：指再來召我。❷在汶上：指北上逃避到齊國，不居魯國。意卽堅決不仕季氏。汶：水名，在齊南魯北。

【按】

閔子騫爲人清高，仕途觀念淡薄，特別是受孔子影響，堅決不做季氏家臣一事，更表現了他對季氏不忠於魯國國君行爲的不滿。孔子概括稱贊他是「不仕大夫，不食汙君之祿」的節義之士。往後，《鹽鐵論．地廣》也贊譽說：「不義而富，無名而貴，仁者不爲也。故曾參、閔子不以其仁易晉楚之富。」意卽：縱使晉楚給他們高官厚祿，叫他們去做有損仁德的事，他們也是堅決不會去幹的。其高風亮節，於此可見。

(67) 魯人❶為❷長府❸。閔子騫曰：「仍舊貫❹，如之何？何必改作？」子曰：「夫人不言，言必有中。」(十一·一三)

【譯文】

魯國的執政大臣計劃要改建長府的國庫，閔子騫說：「照老樣子，不好嗎？何必要改建呢？」孔子說：「這個人不大說話，一說話必說到中肯處。」

【注釋】

❶魯人：指魯國的執政大臣。❷為：改建。❸長府：藏財貨的國庫名。❹仍舊貫：指照老樣子。

【按】

「夫人不言，言必有中」，是孔子深贊閔子騫老成持重，平時寡言少語，既不隨便言談，即使言談，也絕不東扯葫蘆西扯瓢，而是言語中肯，都能說到點子上。這樣的人，小心謹慎，深謀遠慮，工於心計，長於謀略，就今天說，倒是一個很出色的幕僚人才。

下面所附，是閔子騫侍側時，人品修養表現在外形上的情態，孔子作了「誾誾如也」的定評，對他表現出一派中正氣象，溫和、有條有理的風度，感到十分歡樂和欣慰。

附：閔子侍側，誾誾如也……子樂。（節錄十一．一二）

7. 宰予

（68）宰予晝寢。子曰：「朽木不可雕也，糞土❶之牆不可杇❷也。於予與何誅❸！」子曰：「始吾於人也，聽其言而信其行。今吾於人也，聽其言而觀其行。於予與改是❹。」（五．一〇）

【譯文】

宰予白日睡覺。孔子說：「腐朽了的木頭不能再雕刻，骯髒了的土牆不能再粉飾。我對宰予，還能有什麼可責備的呢！」孔子又說：「以前我對人，聽了他的話，就相信他的行爲；現在我對人，聽了他的話，還得觀察他的行爲，這一態度，我是因對宰予而改變的。」

【注釋】

❶糞土：穢土。❷杇：飾牆的泥刀。此指粉飾。❸誅：責備。❹是：這。指上文「聽其言而信其行。」

【按】

因爲「晝寢」，孔子給宰予以如此嚴厲的責備，這在《論語》中也是少見的；不過在總結各科優秀生，給弟子作評價時，孔子卻充分肯定了宰予的才能，而且位在能言善辯、傑出的外交人才子貢之上。這不但說明了宰予在這方面的才能是突出的，成就也應該是比較大的；而且也表明了孔子的態度是求實的，並沒有因爲嚴厲責備宰予，就攻其一點，抹煞他的才能和成就，也沒有因爲宰予有這或那的缺點，就影響對他應該作出的全面而公正的評價。這正是孔子襟懷坦蕩的可貴處。

至於宰予，雖然受到如此嚴厲的責備，但對孔子始終愛戴、敬佩如初，並沒有因此而離開孔子，或者產生洩氣、怨尤的情緒，這從與子貢的一次談話中，就可以得到說明。「以予觀夫子，賢於堯舜遠矣！」（《孟子・公孫丑》）師弟子間相知之深，自在不言中了。

不過，後儒對孔子爲何如此嚴厲責備宰予，還是感到頗多疑竇的：是不是由於「晝寢」在當時，是被認爲懶散、消沉、無上進之心的一種表現，因而不得不嚴加責備呢？還是因爲宰予平時志大行疏，雖能言善辯，終不踏實，故作嚴辭之戒？抑或其他什麼的原因？這就有待於今後的深入探討了！

附：宰我問：「三年之喪……期可已矣。」……宰我出，子曰：「予之不仁也！子生三年，然後免於父母之懷。夫三年之喪，天下之通喪也。予也，有三年之愛於其父母乎？」（十七・二一）

（參閱七・15）

8. 子游

（69）子游為武城宰，子曰：「女得人焉爾乎？」曰：「有澹臺滅明❶者，行不由徑❷，非公事，未嘗至於偃之室也。」（六・一二）

【譯文】

子游做武城縣縣長。孔子說：「你在這裏求得人才了嗎？」子游說：「有個叫澹臺滅明的人，他從不走小道捷徑，不是因爲公事，從沒有到過我屋裏來。」

【注釋】

❶澹臺滅明：姓澹臺，名滅明，字子羽。孔子學生。參閱後附「孔子弟子簡介」。❷徑：小道，指捷徑。

【按】

子游少孔子四十四歲，《論語》提及八次。他以熟識古代文獻著稱，是與子夏同列「文學」科的優秀弟子。

孔子極重視人才的發現和培養，本則問子游「女得人焉爾乎？」就是一個最好的說明。子游通過細緻的觀察，「見微知著」，發現有澹臺滅明這個人是一個人才：「行不由徑」，是說明他正直、誠實，不會投機取巧，不會搞旁門邪道，不會走小道捷徑去謀取私利；「非公事，未嘗至於偃之室也」，是說明他絕不因私事而去巴結當權，討好官府，依仗權勢去欺壓良善。可以說：他為人光明正大，剛毅勇猛，是個有高尚品德，心地純正的正派人。往後的事實，也完全證明了這點。

【備考】

《史記．仲尼弟子列傳》曰：澹臺滅明，武城人，字子羽。狀貌甚惡，欲事孔子，孔子以為材薄。既以受業，退而修行，行不由徑，非公事不見卿大夫。南遊至江，從弟子三百人，設取予去就，名施乎諸侯。孔子聞之，曰：「吾以言取人，失之宰予；以貌取人，失之子羽。」

《大戴禮記・衞將軍文子篇》曰：貴之不喜，賤之不怒，苟於民利矣，廉於其事上也以佐其下，是澹臺滅明之行也。孔子曰：「獨貴獨富，君子恥之，夫也中之矣。」

附：子之武城，聞弦歌之聲。夫子莞爾而笑，曰：「割鷄焉用牛刀？」子游對曰：「昔者偃也聞諸夫子曰：『君子學道則愛人，小人學道則易使也。』」子曰：「二三子！偃之言是也，前言戲之耳。」（十七・四）（參閱八・52）

9. 子夏

（70）子謂子夏曰：「女為君子儒❶，無為小人儒。」（六・一一）

【譯文】

孔子對子夏說：「你要做一個有道德的君子儒，不要做一個無德的小人儒。」

【注釋】

❶儒：士之具六藝之能，以求仕於時者爲儒。在孔子時，儒本屬一種行業，同一行業，亦有人品高下之分，卽君子與小人。其後，儒遂逐漸成爲學派之稱。孔門稱儒家，孔子就是這儒家學派的創始人，亦是我國師道的創始人。

【按】

子夏少孔子四十四歲，長於古文獻典籍的研究，平時與孔子討論問題，常有獨到見解，深得孔子的賞識和器重。如下面所附：在一次討論《詩經》時，子夏由「繪事後素」引申而及於「禮後乎」之問，使孔子十分高興，稱贊他，說是「起予者商也！」可以說，子夏在傳播和解釋古文獻方面，成就是突出的。因此，與子游同列「文學」科的優秀弟子，是其眞功夫所在。

本則，孔子針對子夏長於古文獻，和爲學態度的謹愼、細緻、周密等特點，深恐其一意溺於典籍的研究，或者專務章句訓詁，就此心忘世道而忽於義理。因此告以「女爲君子儒，無爲小人儒」，意在勉其所長，防其所短。此亦正是孔子寄厚望於子夏，企其重公重義之教。

附：子夏問曰：「『巧笑倩兮，美目盼兮，素以為絢兮，』何謂也？」子曰：「繪事後素。」曰：「禮後乎？」子曰：「起予者商也，始可與言詩已矣。」（三·八）（參閱三·61）

(71) 子貢問：「師❶與商❷也孰賢？」子曰：「師也過，商也不及。」曰：「然則師愈與？」子曰：「過猶不及。」（十一·一五）

【譯文】

子貢說：「師和商，哪一個好些？」孔子說：「師呀，常常過了頭；商呀，又老是不及。」

子貢說：「那麼，該是師好一些了？」孔子說：「過了和不及，都是一樣。」

【注釋】

❶師：子張。❷商：子夏。

【按】

本則所指「過」與「不及」，並不是指賢與不肖，而是指像射箭一樣，各有偏差：或者過了頭，或者還沒有及到，就是說，都沒有中「的」。因此，不能認爲「賢者過之，不肖者不及」，師就勝過商了；也不能以爲「過猶不及」就是「賢猶不肖」，所以兩人都不好。

其實呢，兩人都是孔子的高弟子，而且，孔子也深知各有所長和所短：師（子張）好學深思，志高才廣，自視極高，過於偏激，所失常在於「過之」；而商（子夏），「日知其所亡，月無忘其所能」（十九・五），好學、愼思，謹言愼行，平時所言常多卓見，但過於謹守，所失常在於「不及」。

因此，本則並非如子貢所問是「師與商也孰賢」的問題，亦不應是評論兩人是哪個更好一些的問題。孔子概括指出兩人的不足之處，正是爲了避其短，企其有所自勉。至於「師也過，商也不及」，究竟具體何所指，後儒所見不同，有的認爲是針對兩人在交友問題上的「過和不及」，如：商是謹守「毋友不如已者」，即「可者與之，其不可者拒之」，比自已賢能的人結交，否則就拒之；而師恰恰相反，不管比自己賢與不賢，概都結交。（十九·三）因此，孔子認爲商是交友面太窄，即「不及」；而師則又太廣了，即「過之」。其實，「過猶不及」，兩者皆有差失，都屬片面，談不上所謂孰賢孰勝的問題。當然，是否指此，姑作參考而已。

10. 公冶長、南容

（72）子謂公冶長❶：「可妻也。雖在縲絏❷之中，非其罪也。」以其子妻之。（五·一）

【譯文】

孔子談論公冶長，說：「可以把女兒嫁給他。他雖曾下過監牢，但不是他應得的罪過呀！」就把自己的女兒嫁給他。

【注釋】

❶公冶長：姓公冶，名長。孔子學生。參閱後附「孔子弟子簡介」。❷縲絏：用黑索綑綁犯人。此指監牢。縲：黑色大索。

【按】用時下的話說，公冶長是曾經蒙受過寃獄，後來得到平反的人。對這樣的人，一般說，總不免會受到世俗的歧視，和一些人的諷言惡語。而孔子卻能超脫世俗偏見，不但無絲毫介意，而且還把女兒嫁給了他。

以當時孔子已經贏得社會普遍尊敬的聲譽，和身分地位來說，如此平易近人的擇婿條件，不但在當時崇尚門第、等級森嚴的封建宗法社會爲難能可貴；卽在今天，恐怕沒有非凡的勇氣和膽識，亦是不容易做到的。

從公冶長身陷縲絏時起，孔子就已經認爲「非其罪也」，是寃枉的；那麼，這也就足以說明孔子知弟子之深了；而又以自己的女兒嫁給了他，則更顯見孔子愛德才，重爲人，絕不爲世俗偏見所惑的高尚德性之可貴了！

「好而知其惡，惡而知其美者，天下鮮矣。」（《大學・傳八章》）這大概只有孔子能做到的吧！

下面備考所記之事，雖近荒誕不可信，但從衆說紛紜的「特異功能」這角度來思考，是否有此可能呢？則有待於日後的科學驗證了。因特錄以參考。

【備考】

《繹史》九十五引〈留靑日札〉曰：公冶長貧而閒居，無以給食，其雀飛鳴其舍，呼之曰：

「公治長！公治長！南山有個虎馱羊，爾食肉，我食腸，當急取之勿徬徨。」子長如其言，往取食之。及亡羊者跡之，得其角，乃以為偷，訟之魯君。魯君不信鳥語，逮繫之獄。孔子素知之，為之白於魯君，亦不解也。於是嘆曰：「雖在縲絏之中，非其罪也。」未幾，子長在獄舍，雀復飛鳴其上，呼之曰：「公治長！公治長！齊人出師侵我疆。沂水上，嶧山旁，當亟禦之勿徬徨。」子長介獄吏白之魯君，魯君亦勿信也。姑如其言往跡之，則齊師果將及矣。急發兵應敵，遂獲大勝。因釋公治長而厚賜之，欲爵為大夫，辭不受，蓋恥因禽語以得祿也。

(73) 子謂南容：「邦有道不廢，邦無道免於刑戮。」以其兄之子妻之。(五·二)

【譯文】

孔子談論南容，說：「國家政治清明時，他不會被廢棄不用；國家政治黑暗時，他也能免於刑罰殺戮。」把自己哥哥的女兒嫁給他。

(74) 南容三復白圭❶，孔子以其兄之子妻之。(十一·五)

【譯文】

南容每天三次反覆誦讀那白圭之詩。孔子把自己哥哥的女兒嫁給他。

【注釋】

❶白圭：是一種珍貴瑩潔的玉器。此指《詩經・大雅》中關於白圭的四句詩：「白圭之玷，尚可磨也；斯言之玷，不可爲也。」意思是說：白圭的汚點，還可以磨掉；我們言語中的錯誤，就不能收回了。

【按】

上則，「邦有道不廢，邦無道免於刑戮」，是說不管國家政治是清明還是黑暗，即治平之世，還是動亂之時，南容的才能終必見用，不會被埋沒，而且也可免遭刑罰殺戮之禍。這是因爲他才具高、人品好，邦有道時，像這樣既具經世之才，又擅於用世的人，是最受歡迎的，自然不會被廢棄不用；而邦無道時，由於他修養高，明哲保身，謹言慎行，潔身自好，又善於自處，自然也不會遭到生命危險。

總之，要做到如此爲人、處世，如此學問、修養，實在是很不容易。之所以把他哥哥的女兒嫁給他，正是孔子權衡人的難能可貴和感人處。

本則，「三復白圭」，是贊南容每日反覆誦讀白圭中「慎爾出話」這段詩句「白圭之玷，尚可磨也；斯言之玷，不可爲也」的精神是意在以此自戒，重視自己的品德修養，從而在愼言方面卓有成效，而「邦有道不廢，邦無道免於刑戮」，亦有了堅實的可靠基礎。

下面所附，南宮适（即南容）所問之意亦十分明顯：縱羿和奡皆恃強力，能滅人之國，但是「不得其死然」，仍然沒能善終；而禹治水、稷教稼，有大功、大德於人民，禹則及身得天下，稷也子孫周代有天下。說明力不足恃，有德爲可貴。這蘊涵了「崇尚道德，而不崇尚武力」的政治卓見。聯繫上二則的爲人、處世表現，就無怪乎孔子贊譽他爲「君子哉若人！尚德哉若人！」並把侄女嫁給了他。

於此，孔子愛才、重德、重爲人的高尚風貌，亦略可見矣。

附：南宮适問於孔子曰：「羿善射，奡盪舟，俱不得其死然。禹稷躬稼而有天下。」夫子不答。南宮适出，子曰：「君子哉若人！尚德哉若人！」（十四・六）（參閱二・63）

11. 子賤、漆雕開、申棖

（75）子謂子賤❶：「君子哉若人！魯無君子者，斯❷焉取斯？」（五・三）

【譯文】

孔子談論子賤，說：「眞是個君子人呀！如果魯國沒有這麼多君子的話，他從哪裏去學得這樣的好品德呢！」

【注釋】

❶子賤：姓宓，名不齊，字子賤。孔子學生。參閱後附「孔子弟子簡介」。❷斯：這。指子賤；後「斯」字指品德。

【按】

孔子不輕易許人以「君子」。在弟子中，僅蘧伯玉、南宮适（南容）和子賤三人被贊譽之爲「君子哉若人！」對南容，主要是盛贊他「尚德不尚力」，主張教化，以德服人的政治卓見；對後者，則是稱頌他的品德和政績，特別是他爲人民所傳頌的「仁民、舉賢、孝親、尊師」等方面的事跡。如《韓詩外傳》所記載的：

子賤治單父，其民附。孔子曰：「告丘之所以治之者。」對曰：「不齊時發倉廩，振困窮，補不足。」孔子曰：「是小人附耳，未也。」對曰：「賞有能，招賢才，退不肖。」孔子曰：「是士附耳，未也。」對曰：「所父事者三人，所兄事者五人，所友者十有二人，所師者一人。」孔子曰：「所父者三人，足以教孝矣。所兄者五人，足以教弟矣。所友者十有二人，足以袪壅蔽矣。所師者一人，足以慮無失策，舉無敗功矣。」

就是說，子賤在治理政事上，能體卹百姓，遇困難時，及時開倉賑濟，解民於窮困；對屬下，則是非、賞罰分明，做到舉賢、賞能、退不肖；對百姓，更是倡導孝順父母、尊敬師長等等。

孔子所以贊譽之曰：「君子哉若人！」就是贊子賤善於向魯國有賢能的君子學習的好學精神，就是贊他具備的君子品德，能在政治上作出「仁民、舉賢、孝親、尊師」的好政績，為人民稱頌！

【備考】

《說苑・政理篇》曰：孔子謂宓子賤曰：「子治單父而衆說（同悅），語丘所以為之者。」曰：「此地民有賢於不齊者五人，不齊事之，皆教不齊所以治之術。」孔子曰：「昔者堯舜請微其身以聽觀天下，務來賢者。夫舉賢者，百福之宗也，而神明之賢也。不齊之所治者小也，不齊所治者大，其與堯舜繼矣。」

(76) 子使漆雕開❶仕，對曰：「吾斯之未能信。」子說。（五・六）

【譯文】

孔子想使漆雕開出去做官，漆雕開回答說：「我對這事還沒有信心。」孔子聽了很高興。

【注釋】

❶漆雕開：姓漆雕，名開，字子開。孔子學生。參閱後附「孔子弟子簡介」。

【按】

「子說」，是說孔子深喜漆雕開所表示的謙遜好學態度，和不以功名利祿爲重，而以求學問、進修道德爲重、志大不欲小試的上進精神。

在「學而優則仕」這問題上，孔子固然希望弟子學有專成就能出仕從政，以便推行仁政德治的政治主張；但亦不願弟子熱中於功名利祿，學有未成就急急乎求仕從政：孔子既不認爲只有做官從政才爲榮，亦不以隱而不求仕爲清高；關鍵是重在有無德才可以從政，還是無能從政？應該以本身是否具備從政條件而定。

(77)子曰：「吾未見剛者。」或對曰：「申棖❶。」子曰：「棖也慾，焉得剛？」（五・一一）

【譯文】

孔子說：「我沒有見到過剛烈的人。」有人回答說：「申棖是這樣的人。」孔子說：「申棖呀！他多慾念，哪能剛烈？」

【注釋】

❶申棖：孔子學生。參閱後附「孔子弟子簡介」。

【按】

耿直、剛烈的人：重道義，輕私利，處事不苟合，能見義勇爲；縱使事不關己，也會挺身而出，去成全別人。孔子特別重視剛德，認爲具有剛德的人，對外界一切貴賤、榮辱、毀譽、利害等等，都不會爲其動心、屈意、徇情。所謂「無欲則剛」，一個人眞正到了一切皆無欲的境地，也就必然能成爲一個頂天立地、人字大寫的「人」了！

而「棖也慾，焉得剛？」一般說：多慾念的人，容易貪求個人利益，斤斤計較，患得患失。這樣的人，遇緊要關頭，而不爲聲色財利勢所動，是不容易的；爲達到個人目的而不徇私情，不乞求人，也是不大可能的。

因此，這樣一些與「無求品自高」、「無欲則剛」完全相背向的人，又如何能有剛德？又如何能求其有高尙的品格？

孔子就是以如此精心入微的態度，對人作出令人心服的評價。

第五章 思想核心：仁

仁在《論語》中見109次，是孔子思想體系的核心，倫理學說的根本，也是處理人際關係使之和諧、協調，達到社會安寧、個人幸福的最高道德理想、和道德準則。

孔子以仁爲核心，把它滲透到各個方面，如：政治上主張「仁政德治」，反對苛政，推行惠民、富民、化民的「庶、富、教」政策；教育上提倡「有教無類」，培養德才兼備的治世賢人；倫理上建立以仁爲內容，禮爲形式的各種道德規範；天道觀方面則是重人事、輕天道的現實主義態度，即「敬鬼神而遠之」等等。不但有極爲豐富的內容，而且其中的許多篇章，都是獨具卓見，至今仍然閃耀著眞理的光輝，值得我們發掘、探討，並發揚光大的。

一、仁的涵義

（1）樊遲問仁。子曰：「愛人。」（節錄十二·二二）

【譯文】

樊遲問怎樣才是仁。孔子說：「愛人。」

【按】

仁，最早是表示對父母兄弟的一種愛的意識。所謂「孩提之童無不知愛其親者，及其長也，無不知敬其兄也。」（《孟子·盡心》）這是父母子女、兄弟姐妹之間基於血緣關係的骨肉之情，而發自內心的摯愛。可以說：「仁者人也，親親爲上」，正是仁的表現；「孝弟也者，其爲仁之本與？」也正是行仁的開始，都是合乎情性的表現。

「仁者愛人」，就不是親親爲上，只愛自己的親屬、親族，和有血緣關係的同宗族人，而是超越血緣、等級、宗法關係，推而及於「泛愛衆」，愛一切人，把農奴和被視爲「會說話的工具」的奴隸也包括進去，近於博愛精神了！

這是孔子對西周「敬德保民」思想的重大發展，是具體體現了孔子精深博大宏偉的人道主義思想的新觀念。這新觀念意味著「親親」之愛，由近而遠、由親而疏的變化，昇華到帶有人類之愛的意義；也意味著承認奴隸是人，而不是物，在人格上同貴族統治者一樣，都是平等的，可以當作，也應該當作人來愛的。

無疑，「仁者愛人」的仁，是「人」的發現，不僅對當時社會歷史是一大進步，即對啓發人的自我意識、自我覺醒，也是一個巨大的促進，而在人類史上謂之爲具有劃時代意義，實在亦非過譽。

附：子曰：「節用而愛人，使民以時。」（節錄一．五）（參閱二．20）

子曰：「弟子入則孝，出則弟，謹而信，汎愛衆，而親仁。」（節錄一．六）

有子曰：「孝弟也者，其為仁之本與？」（節錄一．二）（參閱七．5）

（2）顏淵問仁。子曰：「克己復❶禮為仁。一日克己復禮，天下歸❷仁焉。為❸仁由己，而由人乎哉？」顏淵曰：「請問其目。」子曰：「非禮勿視，非禮勿聽，非禮勿言，非禮勿動。」顏淵曰：「回雖不敏，請事❹斯❺語矣。」（十二．一）

【譯文】

顏淵問怎樣才是仁。孔子說：「約束自己，使自己的言行合乎禮，這就是仁。只要一天能這樣做到了，天下的人都會來稱贊你是仁人了。實行仁完全由自己，難道由別人嗎？」顏淵說：

「請問實行的具體條目。」孔子說：「凡屬不合乎禮的不看，不合乎禮的不聽，不合乎禮的不說，不合乎禮的不做。」顏淵說：「回的資質雖遲鈍，讓我照老師這些話去做吧！」

【注釋】

❶復：實踐，履行。❷歸：指稱贊，贊許。❸爲：指實行。與上一句「爲」解爲「就是」不同。❹事：從事，實行。❺斯：這。

【按】

上則，「仁者愛人」，指如何待人；本則，「克己復禮爲仁」，是說怎樣對己。前者就人際關係而言：應該像愛親那樣去愛人，把他人視爲同類，眞誠地給以仁愛、同情、關心、幫助、相互依存，這樣才能達到人際關係的和諧、協調，同處於安寧、幸福生活的境地。

後者是就個人的修身而言，卽：一切按照禮的規範和準則行事，凡屬「非禮」的事和物，一概「勿視、勿聽、勿言、勿動」，在四個「勿」字上下功夫，約束自己，自我磨練。這樣，克己亦就是成己：仁存乎心，就能做到愛人；禮見之於行爲，就能表現出恭敬、謙讓。這樣，凡所接觸，就會覺得都與自己的痛癢相關一樣，沒有一個人不是可愛和可敬；自己也必然是無驕無慢，坦然舒暢天地寬了！

克己復禮是修己，愛人是行仁；行仁必先修己，修己而後行仁：越是修己的功夫深，越是個人的道德修養高，也就越能內存愛人之心，行仁道於天下。孔子所以特別重視修己，是因爲不修己，或者修己得不完善、不過硬，就難以，甚至根本無可立身，更談不上立人，或者進一步安人，安百姓。

當然，這「禮」，非指種種俗禮，而是指經過損益的、富仁愛精神的周禮，是不待言而知的。至於「爲仁由己，而由人乎哉？」應該說，亦是必然的。因爲：「克己復禮」，「克」是由己而克，「復」亦由己而踐履，那麼，「爲仁」，即行仁，自亦當由己，而不由人。蓋由己是自覺的、心甘情願的，而且有崇高的目標，執著追求的心態、氣概，亦必然是「樂在其中」的；如果由人，或者由某種無奈何環境的強迫，這就完全相反的結果了！

因此，要特別重視在「克」和「由」二字上下功夫。

（3）孔子說：「仁者人也。」（《中庸》）孟子說：「仁也者人也。」（《孟子．盡心下》）

【譯文】

孔子說：「仁就是人性的表現。」孟子也說：「仁就是人所以爲人的道理。」

【按】

「仁者人也」，是仁的更進一層的涵義。是說仁就是人，不是神，不是動物。不是神，就因爲人不但要吃飯、穿衣、生兒育女，還要生活在羣體中，協調好各種人際關係，遵守各種共同的行爲準則和道德規範。不是動物，就因爲人具有道德本性，孟子說的「惻隱、羞惡、辭讓、是非」之心。

「仁也者人也」，要求人們認眞地去探索：「人之所以爲人，之所以可貴，是爲什麼？人應該怎樣生活，才是最有意義的？應該怎樣做人，才稱得上是一個無愧於人的眞正的人？怎樣的人際關係才是最和諧、協調，最富生機和活力的，總之，它涉及人生觀、理想、信仰、情操、人的精神生活，以及公共生活準則，道德規範等等。可以說：「這個意義的仁，是人類對其本質的自我意識，是對於當時已經形成的關於人的各種學問，特別是倫理學說的哲學反思，在人類認識史上具有重要意義。」」（匡亞明《孔子評傳》第一八三頁）

孟子進一步闡發並豐富了孔子「仁者人也」的蘊涵，提出了「人之所以異於禽獸者幾希？」的著名論斷。（《孟子．離婁下》）指出人之不同於禽獸，而又超越禽獸，所謂「幾希」——差那麼一點點，就在於人有道德觀念，可以進行自覺的道德修養，有充分的精神生活，可以作豐富、多彩多姿的生活設想。就這個意義說：沒有道德觀念，沒有道德自覺，和精神生活的人，充其量只是具有人的軀殼而已！

儘管歷史上或者現實生活中，有千千萬萬具有高尚道德，又有豐富的精神生活，而且有的還對人類作出傑出、偉大的貢獻，備受人民尊敬、稱頌，可以說是人字大寫了的「人」，是社會的主流；但是，仍然應該看到還有那麼一些人，由於沒有道德觀念，沒有道德自覺，加上思想貧乏，精神空虛，正生活在徬徨、迷惘、焦急、苦悶的十字路口，而有的則逐漸走向墮落、自暴自棄，甚至自我毀滅的道路！難道這不正是嚴酷的現實，不值得正視嗎？

因此，「仁者人也」，多角度、多層次地探索如何充實，並豐富人的文化精神生活，如何卓有成效地激勵人們進行自覺的道德修養，以及如何進一步闡明人之所以爲人，做一個無愧於人的眞正的人，人字大寫的「人」，不但在今天是當務之急，具有迫切的現實意義，卽在明天，也仍然是十分需要的。

(4) 仲弓問仁。子曰：「出門如見大賓，使民如承大祭。己所不欲，勿施於人。在邦無怨，在家無怨。」仲弓曰：「雍雖不敏，請事斯語矣。」（十二·二）

【譯文】

仲弓問怎樣才是仁。孔子說：「出門要像見大賓一樣恭敬，使喚老百姓要像承辦大祭一樣鄭重。自己所不願的，不要強加給別人。在諸侯的國家和卿大夫的封地，都能做到不怨天、不尤人。」仲弓說：「我雖然遲鈍，讓我照老師這些話去做了吧！」

【按】

上則，「克己復禮爲仁」，是指爲仁必須從自己修身做起，這是前提，也是根本。正如《大學》所說：「自天子以至於庶人，壹是皆以修身爲本。」其實，這亦正是所以成己。前則，「仁者愛人」，是「親親」的擴大，推而及於「泛愛衆」，愛一切人。這亦正是所以成人。

本則，是說爲政者內心要像「出門如見大賓，使民如承大祭」那樣的恭敬、虔誠、莊重、嚴肅，負責的態度來對待人民，這主要是「敬」；「己所不欲，勿施於人」，是說將己心比人心，凡是自己所不想要的，也不強施給別人，這主要是「恕」；「在邦無怨，在家無怨」，是說不論仕於諸侯，或仕於卿大夫，只要自己心存敬和恕，一切約束自己，遵禮踐行，自然能做到「無怨」。這樣，仁存於心，亦必呈露於外，舉凡「視、聽、言、動」，也就沒有不合乎禮，達到仁的境界了！

實際上，這是告勉爲學者：欲求達到仁的境界，固然「克己復禮爲仁」；而居心敬恕與無怨，且展現於外，心行相發，內外如一，同樣亦是仁。可謂求仁之途實亦多端。

只是這也不是容易的。因爲縱然居心敬恕與無怨，但對於那眼睛長在額角上，自視很高，放不下架子的人，卻是很難做到對人謙虛、恭敬有禮的態度的；而如果只有「我」，沒有「人」，不能將心比心的人，難乎有「恕」的胸懷，也是很自然的；至於那些長於打小算盤，孳孳爲利，斤斤計較個人得失的人，要求他對人無怨，顯然也很少可能。

相反，「己所不欲，勿施於人」，雖說比下章「己欲立而立人，己欲達而達人」的積極態度要低，是從消極方面入手行仁，但它平易近人，易懂易記易行，倒是每個人都可以終身力行的美德。如果說，通過教育，人人都能把它奉爲自己的指導思想，行爲準則，並且在自覺實踐的基礎上，更以法律形式把「己所不欲，勿施於人」制定爲人人遵守的道德規範，使之家喻戶曉：那麼，積久而成習慣，什麼損人利己、以強凌弱，什麼鈎心鬥角、以鄰爲壑等等，何愁不人人喊打？又何愁不銷聲匿迹？

(5)子貢曰：「如有博施於民而能濟衆，何如？可謂仁乎？」子曰：「何事於仁，必也聖乎？堯舜其猶病諸！夫仁者，己欲立而立人，己欲達而達人。能近取譬，可謂仁之方也已。」(六·二八)

【譯文】

子貢說：「如果有人能廣泛地施惠予平民百姓，而又能普遍地救濟大衆疾苦，這樣的人怎樣？可以稱得上是仁了吧？」孔子說：「這何止是仁！一定是聖人了吧。堯舜恐怕還做不到哩！所謂仁者，只要自己想立，也就幫助別人能立；自己想達，也就幫助別人能達。凡事能就近身處作譬，這就可說是爲仁的方法了。」

【按】

「博施濟衆」，是廣泛地施惠於百姓，普遍地救濟大衆。孔子明確地指出，這已超過仁而達到聖的境界了。因爲：仁者有德，但無位，縱有「博施濟衆」的宏願，也無條件可以施行；而在上位者，卽使有條件施行，但無德，也屬尸位素餐，只是畫餅而已。因此，要眞正做到「博施濟衆」，恐怕如堯舜這樣有德、又有位的聖人，也會感到力所不及，難於從心的。因爲茲事體大，範圍廣，又無限量。

這就在答問中，旣區別了「仁」與「聖」的界限，又指出聖包含仁而高於仁，仁要比聖低一個層次；同時，也明白無誤地給仁下了定義：「己欲立而立人，己欲達而達人」，意卽不僅自己想立、想達，而且還要幫助別人能立、能達。可以說，這是仁的最主要涵義，也是仁的最高標準，人生理想的一個崇高境界。它與上則構成了行仁的兩個方面：一是己欲立而立人，己欲達而達人；二是己所不欲，勿施於人。前者盡己之心以待人，是忠，從正面、積極方面展現了愛人原則，把自己所好的推及於人，使之立人、達人；後者推己之心以及人，是恕，從反面、消極方面表現了愛人原則，要求將心比心，不把自己不想要、不願要的去施給別人，以此達到人際關係的融洽、和諧。因此，忠恕之道，亦就是仁道。

孔子一生「學而不厭」，是求欲立、欲達，所以成己；「誨人不倦」，是爲立人、達人，所以成人。孔子是這樣說，也正是這樣身體力行的。

至於「能近取譬」，是說能從自己切身處以最淺近、最平凡的事情，將己心比人心，就一定會知道：我之所欲，亦正是他人之所欲；我之所不欲，亦正是他人之所不欲。可以說，這是行仁的最具體、最切實的一種方法，也是人人可以學，人人都能做到的有效途徑。

譬如：我想做一個有道德的人，好好讀書希望將來有遠大前途，相信他人也想做一個有道德的人，好好讀書希望將來有遠大前途。這是人同此心，心同此理。以此類推：我痛惡他人無事找事任意凌辱我，他人同樣也會以此痛惡那凌辱他的人，如果大家都能將心比心，那麼，誰也不會去凌辱別人。

又譬如：天下父母心，都望子成龍。作爲兒女，他就不希望父母採用棍棒教育強迫他去成龍，如果能體會到「己所不欲，勿施於人」，那麼，做子女的一待自己長大成爲父母時，他就決不會對子女幹同樣的蠢事了！

反過來，年老的父母也盼晚年得到兒女的照顧，對自己有一點孝敬之情。「孝弟也者，其爲人之本與？」其實，這正是兒女對「生之、育之、撫之、教之」的父母養育之恩、親子之愛的回報，人的自然本性的一種眞情流露。特別是那不孝敬父母，甚至打罵、虐待父母，不贍養父母的人，如果在自己切身嚐到做父母含辛茹苦養育兒女成人的艱辛後，也能將心比心，這就一定會悔恨不已，感到自己的沒人性！

能通達乎此，可以說，也就找到一條行仁的最具體、最切實的有效途徑了！

附：樊遲……問仁。（子）曰：「仁者先難而後獲，可謂仁矣。」（節錄六·二〇）（參閱三·52）

（6）樊遲問仁。子曰：「居處恭，執事敬，與人忠，雖之夷狄，不可棄也。」（十三·一九）

【譯文】

樊遲問怎樣才是仁。孔子說：「平時家居，態度端正不放肆，辦事認眞不懈怠，對人忠誠信實。這幾項，縱使到了夷狄地區，也是不可以廢棄的。」

【按】

這是樊遲三次問仁中的第二次，孔子針對不同的具體情況和要求，所答雖各不同，但都是就修身的德目而言。上則指「先難後獲」是仁，可能正是樊遲即將出仕從政前所問，孔子所答意在告訴他：當官爲民應該艱難困苦的工作搶在人前去做，獲功論賞的事退居人後，所謂吃苦在前，享樂在後，也正如宋范仲淹所說的「先天下之憂而憂，後天下之樂而樂」。

本則，指「恭敬忠」是仁，這同子張問行章所答「言忠信，行篤敬，雖蠻貊之邦行矣」（十五·五）相類似，都是就人際關係相處之道而言。因爲人與人之間的相處，以恭敬忠信爲主，它既是個人修養的德目，又應該是互相交往必須共同遵守的行爲準則，可以說，同樣是人同此心，心同此理。

「不可棄也」，是說夷狄雖爲少數民族，但亦是人類，同樣會以此作爲人際相處的道德規範，不應該廢棄不行的。這是人心之相同。

「雖蠻貊之邦行矣」，是說如果能做到上面的德目，那麼，有理走遍天下，對於一個無不恭、無不敬、無不忠，爲人端端正正、不放肆，處事認眞不怠慢，對人忠信、不耍滑的人，即使到蠻貊的荒僻地區，也是完全行得通，沒有不受人們歡迎的。這是人心的相通。

（7）子張問仁於孔子。孔子曰：「能行五者於天下，爲仁矣。」請問之。曰：「恭、寬、信、敏、惠。恭則不侮，寬則得衆，信則人任焉，敏則有功，惠則足以使人。」（十七・六）

【譯文】

子張向孔子問怎樣才是仁。孔子說：「能在天下行五種美德，就算是仁了。」子張又問哪五種美德？孔子說：「恭、寬、信、敏、惠。能對人恭敬，就不會被人侮辱；能對人寬厚，就能得到大衆的擁護；能守信，就會受到別人的信任；能勤敏，就會取得成功；能對人有恩惠，就容易使喚人。」

【按】這是稱得上仁的五個條件，也是有關道德修養的五個德目，體現仁者愛人的五條具體要求。如果個人能做到這五個方面，那麼，確實也可以稱得上是一個有高尚道德的仁者了！而爲政者如果做到了這五個方面，並且施行於天下，自然也就能行仁政惠民，從而贏得民心，使近者悅，遠者聞風來投奔了。

這表明仁的適用範圍已遠遠超過「親親爲上」的血緣宗法關係，而及於普天下。在孔子心目中，「天下」應該包括「夷狄」少數民族地區，顯然是要把華夏的先進文化推廣到那裏。這也就反映了孔子對華夏民族文化的自尊和自信，也說明仁的五個德目是人同此心，心同此理。

當然，要眞正達到這五種美德的標準，也不是容易的。譬如，「恭」的反面是：自視極高，甚至是無知而傲，也有表現爲「玩世不恭」，輕佻無禮，這能不招致別人的侮辱和怠慢？「寬」的反面是：胸襟狹窄，容不得別人的半點意見，而爲政不寬，動輒帽子、棍子對待下屬，濫施刑罰等等，又如何能得到羣衆的擁護和愛戴？「信」的反面是：言而無信，信誓旦旦而不能兌現，信口開河，說過算過，這也不可能得到別人的信任。「敏」的反面是：辦事拖拉、鬆垮、踢皮球，工作散漫、疲塌、弄虛作假等等，這能指望他爲人民辦好事？「惠」的反面是：尅扣盤剝，只取不予，吝嗇成性，該給不給，無償差遣，殘民過甚，這又何能很好地使喚別人呢？

凡此種種，都說明無論個人，或者爲政者，絲毫不能放鬆、忽視自己的道德修養。所謂「自天子以至於庶人，壹是皆以修身爲本。」（《大學》）實是箴言益語。

（8）子貢問為仁。子曰：「工欲善其事，必先利其器。居是邦也，事其大夫之賢者，友其士之仁者。」（十五・九）

【譯文】

子貢問怎樣才是仁。孔子說：「工人想完善他的工作，必須先把他的工具磨利起來。居住在這諸侯國，就事奉這國家中的賢大夫，並與士當中的仁人相交友。」

【按】

器不磨不利，不利難以善其事；人不礪不成才，不成才亦無以盡其仁。本則喻指：要盡其仁，猶工人之善其事，必先磨利他的工具一樣，必須善於事奉士大夫當中的賢者，多多請教他們以求得益；並結交士當中的仁者，互相切磋，以求進德。

這樣做：一方面是，在賢者、仁者的身傳言教和耳濡目染、砥礪薰陶下，自己的德才，自然長進得快，要盡力爲仁，當亦不難了！

另一方面，借助這國家中上層人物的賢者、仁者，可以了解內情，可以擴大影響，可以創造行仁的條件和機會。當然，這不是謀略，更不是手段；因爲這有一個前提，即目的是行仁，而不是私利，或者其他。「仁者愛人」，仁者「立人、達人」，就是爲了求達到這個崇高的目的；否則，忘了行仁，亦就適得其反的結果，必然要害人害己了。

（9）司馬牛問仁。子曰：「仁者其言也訒❶。」曰：「其言也訒，斯謂之仁已乎？」子曰：「為之難，言之得無訒乎？」（十二·三）

【譯文】

司馬牛問怎樣才是仁。孔子說：「仁人，他說話是謹慎的。」司馬牛說：「說話謹慎，這就叫做仁了嗎？」孔子說：「因爲知道做起來難，說起來哪能不謹慎？」

【注釋】

❶訒：遲鈍，難。引申指說話謹慎。《史記·仲尼弟子列傳》載：司馬牛「多言而躁」。孔子的話是針對他這缺點而說的。

【按】

弟子問仁六人，九次，孔子所答，因人而異，均各不同。而其蘊義，有深有淺，有高有低，如「博施濟衆，可謂仁乎？」和「克己復禮爲仁」就較深，層次亦較高；而「先難而後獲」、「恭敬忠」，和本則「仁者，其言也訒」就比較淺，層次也低，屬通常的德目；而「仁者愛人」則意義和影響，均極深遠，就不是一般的德行所能比擬了。

本則是孔子針對司馬牛「多言而躁」的性格特點，勉勵他說話謹愼，不能在稍有不稱心遂意時就火冒三丈，耍脾氣，使性子。這樣，知道「爲之難」，自然也就謹於言，進而做到能敬能恕，對人無怨，如此也就離仁不遠了。這雖說是針對司馬牛而言，其實，亦是求仁的通義，適用於所有人。

(10) 子曰：「剛、毅、木、訥近仁。」（十三・二七）

【譯文】

孔子說：「剛強、堅毅、質樸、言語謹愼，這四種品德都接近仁。」

【按】

剛強、堅毅的人：性子烈，志氣高，正直豪邁，有恒心，有毅力，又果斷，認準的事，能不屈不撓地勇往直前。質樸，謹於言的人：誠實、敦厚、善良，守本分，不弄虛作假，也不文過飾非。

「剛、毅、木、訥」，這四種屬本質方面的好品性，純然是人的天賦資質。它與「巧言、令色」，恰恰形成強烈的對照：剛毅者絕無「令色」，木訥者決不「巧言」，因此，「巧言令色鮮矣仁」（十七·一七），而「剛、毅、木、訥近仁。」為古今所同然。

（11）「克❶、伐❷、怨、欲不行焉，可以為仁矣！」子曰：「可以為難矣，仁則吾不知也。」（十四·二）

【譯文】

（原憲又問）：「好勝、自誇、怨恨、貪欲，這四種心態都能控制住，使之不表現，可以算得上仁了吧？」孔子說：「可以說難能了，是否仁，我就不知道了。」

【注釋】

❶克：好勝。 ❷伐：自誇。

【按】

「好勝、自誇、怨恨、貪欲」四者，都是以「我」為核心的、極端個人主義的思想表現。能自我遏抑住不讓它表現出來，不但需要堅強的意志，更需要堅持不懈的毅力。這確實不是容易的，也是難能可貴的。但，這終究只是在一定的時間和條件下，經過遏抑，相對的，或者暫時的沒有表現出來，而絕不是根絕不再表現。從本質說：這四者是私欲中的痼疾頑症，一旦疏於遏抑，遇上合宜的氣候、條件，就會隨時冒出來，甚至泛濫。

因此，關鍵是心存仁，還是心存「我」？如果以「仁者人也」，自己應該成爲一個道德高尚的人，人字大寫的「人」；「仁者愛人」，自己不但應該「欲立、欲達」，而且還應該「立人、達人」，作爲主導思想來指導自己的行動，那麼，可能是不待遏抑，就會很少表現，甚至逐漸地不再表現；而如果以「我」爲核心，那麼就必然是處處爲自己打算，爲私欲大開綠燈，難於根絕。這就如孔子所說：「仁則吾不知也」，充其量只能說「可以爲難矣」，即難能可貴而已！

二、仁者不憂

(12) 子曰：「知者不惑，仁者不憂，勇者不懼。」（九・二八）

【譯文】

孔子說：「有智的人不迷惑，有仁德的人不憂慮，有勇的人不畏懼。」

【按】

智者高瞻遠矚，心明眼亮，明辨是非，能通達事理之窮，故不惑。仁者坦蕩無私，樂天知命，助人「立、達」，毫無愧怍，故無憂。勇者見義勇爲，一心爲公，肝膽相照，勇往直前，故不懼。知、仁、勇爲三達德，是人人都可以努力由此以成德，達到仁人君子的境界。如果善能以此自省、自勉，進益自當不淺。

(13) 子曰：「知者樂水，仁者樂山。知者動，仁者靜。知者樂，仁者壽。」(六·二一)

【譯文】

孔子說：「智者喜好水，仁者喜好山。智者愛動，仁者愛靜。智者常樂，仁者長壽。」

【按】

智者通達無礙，似水之長流無滯，故樂水；仁者厚重不移，似山之安固凝靜，故樂山。前者明道達義，明晰事理，有遠見，故不惑而常樂；後者胸懷寬宏，寧靜渾厚，有涵養，故不憂而長壽。

高山巍巍，萬物生也；流水滔滔，緣理行也。古人常借山川、花草、樹木、蟲魚、鳥獸等大自然之美，表現自己高尚的道德情操，並用以陶冶情趣，或者言志、言性，以自娛自勵。這，既有助於進德，亦人生一樂也的益事。

(14) 子曰：「有德者必有言，有言者不必有德。仁者必有勇，勇者不必有仁。」(十四・五)

【譯文】

孔子說：「有仁德的人，一定有嘉言；有嘉言的人，未必就是有仁德。仁德的人必定有勇；有勇的人，未必就是仁德的人。」

【按】

「有德者必有言」，「仁者必有勇」，反映了事物存在的「必然性」。因爲有德者和仁者是「有言」、「有勇」的充分條件關係：有之則必然。卽，有這種條件，就一定產生某種結果，具有必然性。如：有高尚道德的人，必然能有嘉言好語，仁者也必然是勇敢、無所畏懼。

「有言者不必有德」，「勇者不必有仁」，同樣反映了事物存在的「或然」，即「可能性」。因爲有言和有勇，並不是有德者、仁者的充分條件關係，只是一個必要條件：有之不必然。卽，縱有這種條件，也不一定產生某種結果，具有或然性，卽可能性。如：

有些人爲了私利，或者達到某種不可告人的目的，會說許多振振有詞、娓娓動聽的嘉言好語；但，那只是一種假象，未必就是有仁德。

同樣，有些人爲了獲取重金厚酬，往往不惜拚死勇爲，所謂「重賞之下必有勇夫」，也有是爲了江湖「義氣」而可以兩肋挿刀，或者爲了其他原因如爭寵、奪地盤、賭博等而進行械鬪等等，雖則可以「勇敢」非凡，但未必就是仁者。

（15）子曰：「唯仁者能好人，能惡人。」（四・三）

【譯文】

孔子說：「只有仁者能眞心地喜愛那所當喜愛的人，也能眞心地厭惡那所當厭惡的人。」

【按】

人羣中，良莠不一，善人惡人並存。本來，誰眞正好，就喜愛誰；誰確實壞，就厭惡誰，是人人都能做到，也應該做到，理所當然的。

但，在現實中，並不都能這樣：有時候，是客觀環境的影響，諸如某個集團勢力的操縱、把持，某種政治氣氛或政治風暴「輿論一律」的壓力，也有是「事不關己，高高掛起」的老好人態度，甚至風尚，因而不得不作違心的喜愛這個人，或者厭惡那個人。

當然，所以不能表現出內心眞正的喜愛和厭惡，從根本上說，在於私欲多，過分看重名利的得失、權位的浮沉。

譬如：仁者斥之爲奸臣、癰疽的人，不仁的人卻視之爲忠臣、寶貝，並且甘願當乾兒子去認賊作父；仁者認爲當官爲民應該清廉公正，「不義而富且貴，於我如浮雲」，不仁的人卻譏之爲「有權不用，過期作廢」是個不識時務的窮酸大、阿戇、活該潦倒等等。

如果說：人們羨慕，並爲之頂禮膜拜的只是權勢、財富，而不問它的來源是否正當，是否合乎義理，那麼，這就意味著那些憑藉不正當手段而取得權勢、財富的各類惡人，都將受到人們的喜愛，甚至稱贊、奉承，也就可以更加爲所欲爲；而善人倒反被奚落、欺凌、打擊，這就成爲「惡人得意，善人遭殃」。影響所及，民風日漸澆薄，天下從此多災多難，人生種種痛苦亦由此而引起了！

「唯仁者能好人，能惡人」，是說仁者存「愛人」之心，通達情理，明辨是非，不爲私欲所障蔽，只有他才能做到誰眞正好，就喜愛誰，誰確實壞就厭惡誰。如果說，人人都能如此，那麼，惡人將如「過街老鼠」，自當銷聲匿迹，邪氣抬不了頭；而善人則得到表彰，正氣弘揚，民風轉而淳樸、敦厚，人際關係也必然會更加融洽、和順了！

（16）子曰：「苟志於仁❶矣，無惡❷也。」（四·四）

【譯文】

孔子說：「如果眞正存心在仁，那麼，對人也就沒有眞所厭惡的了。」

【注釋】

❶志於仁：指存心在仁。志：存心。❷惡：一說，承上則，指「好人、惡人」的惡。一說，指善惡的惡，卽壞事。從前說。

【按】

上則，「唯仁者能惡人」，是就具體人的惡行而言：指仁者正直無私，誰確實壞就厭惡誰。本則，「苟志於仁矣，無惡也」，是就宏觀上，泛對人類而言：指仁者對一切人，從根本上說，都沒有厭惡之心。

前者指態度，所謂「能惡人」，厭惡的是具體的惡行，而不是人；目的是促使幡然悔悟，改過自新，成爲善人。後者指心地，是泛對一切人都無厭惡之心，認爲天下沒有一個壞人，縱然某一個具體人有壞事惡行，也是各種主客觀因素所促成，應該給予仁慈、教育感化他做一個善人。「唯仁者能惡人」，表現了人心之正，充滿著仁者疾惡如仇的強烈正義感，一股浩然的正氣！「苟志於仁矣，無惡也」，展現了人心之愛，蘊涵了仁者對人類無限深情的博愛，一副寬宏的胸懷！

這是「仁者愛人」的偉大胸懷！正是這偉大胸懷，所以即使厭惡具體人的惡行時，其態度也是有分寸的：絕不是「惡之必欲其死」，把他打倒在地，又踩上一隻腳，使之永世不得翻身，而是治病救人，與人爲善，幫助他成爲一個好人。

孔子「志仁無惡」論，可謂一源既澄，萬流皆清，也有如慧燈高懸，大徹大悟，胸懷寬宏了。果人人如此，人類之愛和人際和睦相處，該也非奢望，可能展現有期了！

(17) 子曰：「志士仁人，無求生以害仁，有殺身以成仁。」（十五・八）

【譯文】

孔子說：「有志的士和仁者，絕不爲了保全生命而去損害仁道，只有犧牲自己生命，來成全仁道。」

【按】

「志士仁人」並稱，和「仁人君子」並稱一樣，都是孔子作爲個人道德修養的崇高目標來稱號的。它引導人們以仁爲中心，在品德修養上培養自己達到道德完人的最高境界。

正是這道德完人的崇高目標，激勵了千千萬萬有志之士，爲之砥礪終生，也正是這道德完人的崇高境界，陶冶並鍾鍊了多多少少仁人君子爲國家、爲人民作出傑出的貢獻而名垂史册，而爲後世景仰不已！

本則，「無求生以害仁，有殺身以成仁」，是說「寧可犧牲自己生命去成仁，絕不爲無恥的活命而害仁」，亦卽：死有重於生時，不惜死，視死如歸；生而重於死時，不枉生，以生爲榮。這和孟子說的「生，亦我所欲也；義，亦我所欲也。兩者不可得兼，舍生而取義者也。」（《孟子·告子》）可謂異辭同旨，都在昭示人們爲正義事業而勇於獻身的高尚精神。正是這種高尚的精神力量，和蘊涵的浩然正氣，二千餘年來，陶冶著中華民族的心理素質，孕育著中國人民的愛國主義思想，如民族英雄文天祥的「孔曰成仁，孟曰取義，唯其義盡，所以仁至。讀聖賢書，所爲何事？而今而後，庶幾無愧。」

歷史上，許許多多中華優秀兒女從孔子這激勵人心的教誨中吸取滋養，從而造就成千千萬萬的志士仁人：有拒絕敵人誘降，從容就義的民族英雄；有伸張正義，或者爲民請命而含冤受屈而死的節義之士；有爲民禦大災、捍大患，忠貞赴難的志士仁人；也有爲革命事業而勇敢走上刑場的先烈……等等。其中有寫下的一首首「人生自古誰無死，留取丹心照汗青」的〈正氣歌〉，也有唱出一曲曲可歌可泣的悲壯樂曲。

這就是孔子思想學說所閃耀出的光輝所在！也正是孔子昭示人們「無求生以害仁」的意義所

在：即重在如何生，重在如何探求人生眞諦，如何讓生命活得更有價値，能成爲一個人字大寫的「人」的意義所在！

當然，歷史上仍然有那麼個別的人，爲求無恥的活命，在侵略者的屠刀下屈膝投降、賣國求榮；或者在敵人的酷刑和重利誘惑下叛賣變節，成爲鷹犬爪牙的。但，那只是徒具軀殼的生，生的恥辱而已！

歷史是公正的，也是無情的：有的名垂史册，永遠受人景仰、崇敬；有的卻遺臭萬年，永遠爲人們所唾棄，所不齒！

孔子「無求生以害仁」所表現的理想人格，和「有殺身以成仁」所展示的崇高氣節，光輝普照，永遠薰陶著人們的高尚道德情操，爲人們所謳歌！永遠鼓舞著人們的向上和進取精神，爲人們所稱頌！

（18）子曰：「人之過也，各於其黨❶。觀過，斯知仁矣。」（四・七）

【譯文】

孔子說：「人的過失，各有類別。只要觀察他所犯的過失，是哪一類，就知道他是不是仁了。」

【注釋】

❶黨：指類別。

【按】

人難免總要犯過失，但有的過失是由於心存仁而發生，有的則失之不仁。如下面備考所記：樂羊以有功爲文侯見疑，秦西巴則因有罪而爲孟孫所益信。蓋前者不仁，後者仁之故。

又如：張三出於義憤，爲救被淩辱的少婦而把暴徒打殘；李四則因嗜賭，索錢不遂而把老母打傷。同爲打人，前者見義勇爲，心存仁，縱法律不容，亦屬情理可恕，不但應該罪減一等，而且還可以視情節給予不咎、赦免，甚至量德才而擢升；後者情節惡劣，毫無人性，爲不仁行爲，縱使夠不上刑律，亦屬情理難容，不但應該視其後果，罪加二等，在行政上給予從嚴處理，而且還應該廣爲聲討，造成輿論壓力，爲人們所普遍譴責和唾棄，這才能弘揚正氣，壓抑邪惡。

「觀過，斯知仁矣」，孔子對人的過失作如此「觀」，可以說，不僅是一種識人的方法，獨具灼見；而且對犯過的事實、情節、原因、動機等作如實的觀察和分析，作爲處理的參考，無疑，仍然具有借鑒的現實意義的。

【備考】

《韓非子・說林・上篇》曰：樂羊爲魏將而攻中山。其子在中山，中山之君烹其子而遺之羹。樂羊坐於幕下而啜之，盡一杯。文侯謂堵師贊曰：「樂羊以我故而食其子之肉。」答曰：「其子而食之，且誰不食？」樂羊罷中山，文侯賞其功而疑其心。孟孫獵，得麑，使秦西巴持之歸，其母隨之而啼，秦西巴弗忍而與之。孟孫適至而求麑，答曰：「余弗忍而與其母。」孟孫大怒，逐之。居三月，復召以爲其子傅。其御曰：「曩將罪之，今召以爲子傅。何也？」孟孫曰：「夫不忍麑，又且忍吾子乎？」故曰：巧詐不如拙誠。樂羊以有功見疑，秦西巴以有罪益信。《說苑．貴德篇》曰：由仁與不仁也。

(19) 子曰：「民之於仁也，甚於水火。水火，吾見蹈而死者矣，未見蹈仁而死者也。」（十五．三四）

【譯文】

孔子說：「老百姓對於仁，其實比水火更爲需要。我只看見過有蹈水火而溺死、燒死的，卻從未見過有蹈仁而死了的。」

【按】

人固然須臾離不開水火，有賴於水火而生存；但，從根本上說，更離不開仁，更有賴於它而共同生存。因爲，如果此地缺水缺火，還可以易地而取；而人類社會，如果沒有仁，那麼，世間的人際關係不免會成爲一個爾虞我詐、你搶我奪、互相鬪毆、兇殺的恐怖世界。

而且，水火無情：玩火者自焚，戲水者溺亡。可是對於仁，卻從未見過有誰因喜好仁、做好事而死的。因此，何懼不爲，要那麼害怕行仁呢？又何樂而不好仁，不感到高興呢？

本則，既是對當時社會因權力之爭而到了父子相殘、兄弟互戮的局面表示的慨嘆，也是孔子勉勵人民努力爲仁寄予的厚望。

三、爲仁由己

(20) 子曰：「為仁由己，而由人乎哉？」(節錄十二·一)

【譯文】

孔子說：「實行仁，完全由自己，難道由別人的嗎？」

【按】

本則，「爲仁」是指行仁；下則，「仁遠乎哉」，是指內心存仁。心存仁容易，關鍵是自己想要或不想要。想要，「斯仁至矣」，就易求，所謂「仁不遠我，欲則而至」；如果不想要，那麼，仁也就「遠矣哉」，難求了。

這就是說：仁其實離自己不遠，只要認準了下決心去追求，仁就一定會來到。

而行仁，就不那麼容易，需要花力氣、下功夫了。這也就是說：爲仁由己，不能由人。即，要自己主動行仁，而不被人拉著鼻子強制行仁——這固然需要自覺地認識到仁是一種高尚的精神境界，同時也要明確地意識到行仁本身既加強了自身的道德自覺，也在思想上加強了自我的約束力。因此，這既是對自己的勉勵，也是對自己的鞭策。

一般人之所以不能成爲仁人，並不是由於能力不足，或者本性、資質不好，而是沒有在行仁上下功夫。所謂「有能一日用其力於仁矣乎？我未見力不足者。」（四・六）這就要求人們充分發揮自己行仁的自覺性和主動性。

(21) 子曰：「仁遠乎哉？我欲仁，斯仁至矣。」（七・二九）

【譯文】

孔子說：「仁離我們遠了嗎？我想要仁，這仁就自然地可以來到了。」

(22) 「唐棣之華，偏其反而。豈不爾思，室是遠而❶。」子曰：

「未之思也，夫何遠之有？」（九・三〇）

【譯文】

「唐棣花開，翩呀翩呀搖動著。我的心難道不想念你？只是住處相隔遙遠了！」孔子說：「實在是沒有想念吧，眞的想念，怎麼會覺得遙遠呢？」

【注釋】

❶唐棣之華四句：這四句是逸詩，不知出處。唐棣：即唐棣樹。華：同「花」。偏：同「翩」。搖動。反：同「翻」。

【按】

「未之思也，夫何遠之有？」這是孔子對「豈不爾思，室是遠而」的回答。可以說：堅決、果斷、深刻、透徹，把那些藉口客觀而不努力追求理想的懦夫懶漢的思想及其形象，淋漓盡致的概括，暴露無遺了。

譬如，有人說：

一、不是我不想行仁，實在是因爲仁飄渺、虛玄、太高深、太遙遠，難於達到目標。

二、不是我不想行仁政，而是平民百姓的文化素質，實在是太差，過於保守落後了。

三、不是我不想薦賢、舉能，而是蕩蕩乾坤，實在沒有我看得上的賢才能人！

四、不是我不想攀登科學高峰，而是因爲缺乏圖書、資料、實驗室等等，實在無能爲力，只能徒呼奈何而已。

五、不是我不想帶頭批判壞人壞事，而是因爲栽刺太多，有朝一日我亦難免犯錯誤，報復起來，如何得了！

六、不是我不想增加新聞報導的透明度，而是擔心某些陰暗面會產生副作用，成爲不良的輿論導向，怎麼辦？

七、不是我不想……而是因爲……等等。

其實，都是不作主觀努力的藉口，推辭而已！如果眞想幹，又何愁幹不成呢？如果眞正思念，又怎麼會「室是遠而」呢？

「仁遠乎哉？道不遠人，思則得之」。現實也正是這樣：有思必有得，有得就能仁存於心，見之於行，一分努力，一分收穫，絲毫不爽。而那「豈不爾思，室是遠而」的話，只不過作爲哄哄人的藉口與托辭罷了！

孔子的回答，喻指極廣，無論求仁、求道、爲政、舉賢、爲人、爲學等等，都可以各隨心意作譬，也都可以各隨喻指而遐思，而浮想聯翩。可以說：意深而切，義遠而近，而其豐富深刻的蘊涵，尤其引人入勝，可供欣賞玩味。

六）

（23）子夏曰：「博學而篤志，切問而近思，仁在其中矣。」（十九・

【譯文】

子夏說：「能夠博學而又堅守自己的志趣，能夠就自己切身的問題多問，而又從近處去思考，仁亦就在其中了。」

【按】

學而不博，近於淺薄，博而不用，猶兩腳書櫥，於自己的進德徒然無益；有志則進，無志則止，志而不篤，亦半途而廢，於世間的行仁也絲毫無補。

博學就是學為人，學為人亦正是盡人道。因此，學貴博，重在已身能踐用；志貴堅，主在守道而不渝。這樣，就能夠達到和人「可與共學，又可與適道，可與立」的境界，加上「切問近思」，自然也就仁在其中了。

「切問」，是指擇切身處而問，「近思」則指就近處而想。這樣，前者就不會流於浮泛的空問，後者也不會作縹渺的遐想。同「能近作譬」的意義一樣，都是指如果能從切身近處最平凡、最淺近的事情中去問去想，那麼，將心比心，想想自己，比比別人，就容易理解別人，諒解別人，也容易明白一個道理：即，我所喜好和不願要的，其實，亦正是別人所喜好和不願要的。這樣，盡己之心以待人，就能盡到忠，眞誠地幫助人而立、而達；推己之心以及人，就能做到恕，「己所不欲，勿施於人」。這樣，自然也就仁在其中了！

附：子曰：「能近取譬，可謂仁之方也已。」（節錄六・二八）（參閱五・5）

（24）子曰：「里仁為美❶，擇不處仁❷，焉得知？」（四・一）

【譯文】

孔子說：「住在有仁德風尚的地方爲好。選擇住所，不居住在有仁德風尚的地方，怎能說是聰明呢？」

【注釋】

❶里仁爲美：指居仁爲美，猶孟子所說：仁，人之安宅也。里：一說：住所。指居住。二說：居。❷處仁：一說：居住在有仁德風尚的地方。二說：擇仁道而處。處：居住。

【按】

從一說，是指環境影響人，必須愼於選擇居處。如同地質、氣候會給果樹帶來「南橘北枳」的變化一樣，人際相處則是「近朱者赤，近墨者黑」，生活在流裏流氣的環境，猶如「入鮑魚之肆，久而不聞其臭」，自不免會變成二流子；而出身於有教養家庭的孩子，也猶「入芝蘭之室，久而不聞其香」，在身傳言教下，終究是講文明禮貌的多，至於歷史上有名的「孟母三遷」故事，更是家喻戶曉，完全可以說明了這點。因此，愼於選擇良好的環境而居，應該說是明智的。

從二說，是指仁是一種最高的道德理想和精神境界，一個人的身心應該安處在這樣的最高境界中，才能使自已恬然安於仁道，樂而無憂。

【備考】

《烈女傳・母儀篇》曰：鄒孟軻之母號孟母，其舍近墓。孟子之少也，嬉遊爲墓間之事，踴躍築埋。孟母曰：「此非吾所以居處子也。」乃去舍市傍，其嬉戲爲賈人衒賣之事。孟母又曰：「此非吾所以居處子也。」復徙舍學宮之傍，其嬉戲乃設俎豆揖讓進退。孟母曰：「眞可以居吾子矣。」遂居之。及孟子長，學六藝，卒成大儒之名。君子謂孟母善以漸化。

(25) 子曰：「不仁者不可以久處約❶，不可以長處樂。仁者安仁，知者利仁。」(四・二)

【譯文】

孔子說：「不仁的人不能長久處在貧困之中，也不能長久處在安樂之中。只有仁者能安於仁，智者認識到仁對他有利而實行仁。」

【注釋】

❶約：貧困。

【按】

人的境遇不同，有富貴、貧賤，有逸樂、愁困；內心世界亦各異，有重義輕利，有輕義重利。但，爲人的關鍵在內心的是否存仁，而不在境遇的好壞。

對於不仁的人，從淺近處說：既不能長久地處在貧賤愁困中，也難於長久地處在富貴逸樂之中。因爲這樣的人，難耐窮困，久了就會意志消沉，怨天尤人，爲非作歹；也難處逸樂，久了就會意氣驕橫，傲慢無禮，恣意妄爲。

從深遠處看：一個人一旦失去仁心，成爲不仁的人，也終將淪爲與禽獸無異，就不僅是個人的悲劇而已，且是害人蟲了！

仁者就不是這樣：仁存於心，心安於仁，淡泊、寡欲、豁達，無論對己對人，無論處約處樂，處貧處富，都能怡然安居於仁道中，樂而無憂。

至於知者，聰明人，他認識到仁對他有利而努力去實行仁。孔子說的「仁有三，與仁同功而異情。仁者安仁，知者利仁，畏罪者強仁（勉強行仁）」（《禮記·表記》），亦可說是「安仁」的次一等了！

（26）子曰：「君子去仁，惡乎成名？君子無終食❶之間違❷仁。造次❸必於是❹，顛沛必於是。」（節錄四·五）

【譯文】

孔子說：「君子如果離開了仁，又怎麼能稱得上是君子呢！君子沒有一頓飯的時間離開仁，即使在倉促急忙的情況下也仍然是心求仁，在顛沛流離之時也同樣是心求仁。」

【注釋】

❶終食：指吃完一頓飯的時間。 ❷違：離開。 ❸造次：倉促、匆忙。 ❹是：這，指仁。

【按】

君子之所以謂爲君子，是因爲君子在任何情況下都不離開仁，在任何時間都安於仁。他不受外界環境的誘惑，既不爲富貴所淫，也不爲貧賤所移。可以說，沒有一頓飯的時間離開仁，即使在倉促匆忙間，甚至是顚沛困頓之際也不離開仁。君子所處惟仁，所去惟不仁，一切以仁爲自己的最高道德準則，和人生的最高理想。因此，君子能夠處一切境遇而不離開仁，在一切時間而沒有不安於仁。

而常人就不是這樣了：慕富貴，厭貧賤，只要有富貴可求，縱然不義而得，也是處之安然；只要貧賤能擺脫，卽使不擇手段、不義而擺脫，也去之泰然。富貴則處，貧賤則去，眞可謂爲富貴而費盡心機，爲貧賤而怨天尤人！

「君子去仁，惡乎成名？」如果離開了仁，又怎麼能稱得上是君子呢！這就是道德完人的君子！

(27)子曰：「我未見好仁者，惡不仁者。好仁者，無以尚之。惡不仁者，其為仁矣，不使不仁者加乎其身。有能一日用其力於仁矣乎？我未見力不足者。蓋有之矣，我未之見也。」(四．六)

【譯文】

孔子說：「我沒有看見過喜好仁的人，和憎惡不仁的人。喜好於仁的人，他一定會把仁看作至高無上，認爲世上沒有事物更能勝過仁的了。憎惡不仁的人，所以是一個仁人，是因爲他不讓那些不仁的事物加在他身上。有誰能花一天的力氣來用在仁上呢？我沒有見過力有不足的。或許世上眞有這種力不足的人，只是我沒有見過呀！」

【按】

本則，是說只要自己內心裏，眞正能夠做到「見仁而好，見不仁而惡」，那麼，「仁者人心」，這「好惡」之心，也就已經是仁的境界了。縱使爲了成德而需要用力，也只在自己的「好惡」之心上下功夫，並不存在「力不足」的問題。

這是孔子對世人不肯用其力於仁所表示的感嘆；同時亦以此告訴並勉勵人們：爲仁並非「力不足」，亦非高深、遙遠、可望不可及、難求，而是認識上的偏差，誤以爲仁道在外，須用力於外。其實，爲仁之方，主要在自己的內心是否好仁，惡不仁。如果己心眞能好仁，惡不仁，那麼，這好惡之心，亦就達到仁的境界；如果更以此好惡之心開始、自覺地日復一日，年復一年，長此堅持不懈，自然也就是仁人了。

(28)子曰：「人而不仁如禮何！人而不仁如樂何！」(三·三)

【譯文】

孔子說：「一個人如果沒有仁愛之心，還談得上什麼禮！一個人如果沒有仁愛之心，還談得上什麼樂！」

【按】

禮是人們的行爲準則，樂有助於陶冶人的情性，仁則是禮樂內在的主導思想，兩者的綱。人如果沒有仁愛之心，沒有人與人之間的眞情厚誼，那麼，縱有表面上的禮樂，也就失其意義。從人際關係說，這只會讓人們變得虛僞、奸詐，加深互不信任，甚至互爲仇恨、殘殺；從統治者來說，爲政不仁的結果，也必然是遠賢臣、親小人，橫徵暴斂，濫殺無辜，由此而逐漸發展成民怨沸騰，民不堪命，從而導致「身殺、國亡」，統治者的完蛋。

反過來，如果有仁而沒有禮，那麼，每人都按自己的標準，隨心所欲行事，也就分不出上下、尊卑、親疏，顯不出「尊尊、親親」的差等之愛了。

因此，只有仁禮結合，相互制約，相互輔佐，才能體現出既有差等的仁愛，蘊含了人道主義精神，又提高了人們執行禮的自覺性，由外部的強制，成爲內在的要求，從而使人與人之間的關係可以變得融洽、和諧。

（八・一〇）

(29) 子曰：「好勇疾❶貧，亂也。人而不仁，疾之已甚❷，亂也。」

【譯文】

孔子說：「好逞血氣之勇而又怨恨貧窮，這種人一定會作亂。對不仁的人，如果痛恨他們太過分，也會激化他們引起作亂的。」

【注釋】

❶疾：厭惡、痛恨。❷已甚：太過分。已：太。

【按】

好勇的人，性剛而躁，容易衝動，常常要逞強鬪狠來表現自己；如果又是境遇不好，怨恨貧窮，那麼，貧則怨，怨生恨，恨就容易惹是生非，是非生了一旦理智失控，就會恃勇蠻幹、亂幹，自然容易闖禍。一待禍已闖下，隨後也就悔之莫及了！這是規律。

見不仁而恨，是激於義憤，按捺不住心頭怒火而由起。雖說疾惡如仇，是正義的行爲，公理之所在，但恨之太甚，也容易逼使人無地自容，導致惱羞成怒，引起禍患。這也是規律。因此，對不仁的人，疾之太甚並不是完全可取的，也會逼迫出亂子，造成不幸的。也因此，有時候還得善於審察具體情況作不同的態度來對待，必要時還必須緩解激化了的情緒，給人留有餘地，以便於下臺階。

總之，思想上「見不仁而疾」，並不等於要在面孔上表現出咬牙切齒，或者疾言厲色、惡語相向。這就有待於具體上的重視，善於在方式方法上的藝術運用了！

（30）子曰：「巧言、令色，鮮矣仁。」（一・三）（十七・一七重出）。

【譯文】

孔子說：「滿嘴的花言巧語，滿臉討人歡喜的容色，這種人是很少有仁德之心的。」

【按】

前面，「剛、毅、木、訥」與本則「巧言令色」，形成強烈的對照：前者「近仁」，後者「鮮矣仁」。這是因為巧言令色都是違心做出來的一種假象。就是說，為了某種目的，諸如一點蠅頭小利，或者一個小小芝蔴綠豆官，就可以滿嘴花言巧語，滿臉的和顏悅色去討好、奉承別人，甚至不惜拋棄自己的人格尊嚴，低聲下氣、卑躬屈膝的去伺候別人。這樣，也就喪失了率眞和善良——最純厚、最珍貴的人類本性了！這樣，也就少有仁德之心了！

孔子不說「仁鮮矣」，而說「鮮矣仁」，正是所表示的慨嘆之意。

四、不輕易許人以仁

（31）子罕言利，與❶命，與仁。（九・一）

【譯文】孔子平時很少談論利，只贊許命與仁。

【注釋】

❶與：贊許、贊同。

【按】

「利」關係著國計民生，也影響著人們的物質生活水平，是人人都想取到的東西。孔子所以罕言，是認爲言多了而成爲社會風氣，就勢必影響人人都去孳孳爲利，進而競相爭利，甚至是上下交征利，人與人之間的紛爭會由此而叢生，個人的禍患亦會由此而隱伏，這就不是個人和國家的幸事了！

當然，「罕言利」，並不是不言利，只是少言利，言利必及義；而有些人卻是光言利不及義，終至只知利而忘義，甚至損及義。這樣，就往往成爲「義勝利者爲治世，利克義者爲亂世。上重義則義克利，上重利則利克義。」（《荀子・大略》）容易發生偏差了。對於爲政者來說：這倒是具有十分重要的意義，可作借鑒的。

而「命」，孔子雖然談論的不多，但卻非常愼重，而且自信，如「五十而知天命」，「不知命，無以爲君子也」，「道之將行也與？命也；道之將廢也與？命也。公伯寮其如命何？」等，都說明孔子是持贊同態度的。

至於「仁」，《論語》共一〇九見，就不是「罕言」，而是常言，不但不是泛泛之言，而是作爲思想體系的核心，極爲重要的醒世之言了。因此應該說，是十分贊許，並且積極提倡推行的——只是孔子不輕易許人以仁，全部《論語》，亦僅僅評管仲等數人而已，可見其審愼和要求之高。

（32）微子❶去之，箕子❷為之奴，比干❸諫而死。孔子曰：「殷有三仁焉。」（十八・一）

【譯文】

微子見紂王無道，避而離去；箕子被囚爲奴；比干則因強諫而被殺。孔子說：「殷朝有三位仁人哩！」

【注釋】

❶微子：紂王的庶兄。「紂既立，不明，淫亂於政。微子數諫，紂不聽。……微子度紂不可諫，欲死之。……於是太師少師乃勸微子去，遂行。」（《史記・宋世家》）❷箕子：紂之叔叔。箕子曰：「知不用而言，愚也；殺身以彰君之惡，不忠也。」遂披髮佯狂而去（《韓詩外傳・

六》）。❸比干：紂之叔叔。比干曰：「爲人臣者不得不以死爭。」迺強諫紂。紂怒曰：「吾聞聖人心有七竅。」剖比干，觀其心（《史記・殷本紀》）。紂作炮烙之刑，王子比干曰：「主暴不諫，非忠也；畏死不言，非勇也。見過卽諫，不用卽死，忠之至也。」遂諫，三日不去，紂囚殺之（《韓詩外傳・四》）。

【按】

儘管三人的表現方式略有不同：微子屢諫不聽，避而離去，箕子則披髮佯狂而爲奴，比干因強諫而被殺；但三人體卹民情，對紂之暴虐無道，能屢屢進諫規勸，其心存至誠惻坦愛人，意在爲民求安的襟懷則一，是十分令人感動的。他們這種不計較個人安危、利害得失的行爲，其實正是他們從愛民出發，求欲解民於倒懸的仁心所在。孔子贊譽爲「殷有三仁焉」，委實是值得人們大大稱頌的三位仁人。

後儒把本則列爲《論語》結尾前的〈微子篇〉，其意則在告誡爲政者：殷亡之鑒在於紂王之暴虐無道，紂王之暴虐無道則由於不愛民、不用賢，每一個當權者，能不作殷鑒之戒！此其一；二、亦以此說明孔子之所以「道之不行」，實際上，非由於孔子之道窮不可行，而是當時天下無道不容行，難於行。傷今思故，不能不爲之慨嘆不已！

附：冉有曰：「夫子為衛君乎？」子貢曰：「諾。吾將問之。」入曰：「伯夷、叔齊何人也？」（孔

子）曰：「古之賢人也。」曰：「怨乎？」曰：「求仁而得仁，又何怨？」（七・一四）（參閱二・83）

子路曰：「桓公殺公子糾，召忽死，管仲不死。」曰：「未仁乎？」子曰：「桓公九合諸侯，不以兵車，管仲之力也。如其仁！如其仁！」（十四・一七）

子貢曰：「管仲非仁者與？桓公殺公子糾，不能死，又相之。」子曰：「管仲相桓公，霸諸侯，一匡天下，民到于今受其賜。微管仲，吾其被髮左衽矣。豈若匹夫匹婦之為諒也，自經於溝瀆而莫之知也！」（十四・一八）（這兩則參閱四・22）

子張問曰：「令尹子文……仁矣乎？」子曰：「忠矣……未知，焉得仁？」「崔子弒齊君，陳文子有馬十乘，棄而違之……仁矣乎？」子曰：「清矣……未知，焉得仁？」（節錄五・一八）（參閱四・6）

子曰：「回也，其心三月不違仁，其餘則日月至焉而已矣。」（六・五）（參閱四・30）

或曰：「雍也，仁而不佞。」子曰：「焉用佞！禦人以口給，屢憎於人。不知其仁，焉用佞！」（五・四）（參閱四・64）

子曰：「予之不仁也！子生三年，然後免於父母之懷……予也，有三年之愛於其父母乎？」（節錄十七・二一）（參閱七・15）

孟武伯問：「子路仁乎？」子曰：「……不知其仁也。」「求也何如？」子曰：「……不知其仁也。」「赤也何如？」子曰：「……不知其仁也。」（節錄五・七）（參閱三・10）

【按語】上面各則均在第四章「時評、人評」中作了評述，之所以重錄，是可以從中看出孔子不輕易許人以仁。如：以顏回之賢德，也僅許以「其心三月不違仁」；以德行超羣，「可使南面」，有帝王才具的仲弓，也只是「不知其仁，焉用佞」；而長於治軍的子路，善於理財的冉求，和工於應酬對答，獨具外交才能的公西赤等，都是「不知其仁」，不具備仁的條件，至於言語科的優秀弟子宰予，則因爲不贊成三年之喪的問題，而被斥之爲「予之不仁也」。

凡此等等，都足以說明孔子對弟子要求之嚴和標準之高，正是這高標準和嚴要求，在孔子誨人不倦，和循循然善誘人的身傳言教下，也就可以想見爲什麼孔門之會多賢才了！

對古今賢人的評價，同樣也是高標準的：如令尹子文和陳文子僅是「忠矣，清矣」而已，「焉得仁？」根本就談不上仁！對微子、箕子、比干則許以「殷有三仁焉」，對伯夷、叔齊則是「求仁得仁」；而管仲，卻先批評他，鄙其器小，指出「管仲而知禮，孰不知禮」，該是夠嚴肅的了，但仍然因他的大功給予特殊的榮譽，頌之曰：「如其仁！如其仁！」「微管仲，吾其被髮左衽矣！」

特別是：這樣的高標準，都是立足於人民利益和民族利益，處處以給人民的大德、大義、大功、大信爲依據的，從而使得仁者的形象顯得更加光輝，更可珍貴。

（33）子游曰：「吾友張也，為難能也，然而未仁。」（十九・一五）

【譯文】

子游說：「我的朋友子張呀！他可算是難能可貴了，但是還沒有能達到仁的境界。」

(34)曾子曰：「堂堂乎張也，難與並為仁矣。」(十九·一六)

【譯文】

曾子說：「堂堂乎我的朋友子張呀！卻是很難和他同行於仁道了。」

【按】

子張爲人豁達，不拘小節，在交友方面是不管什麼樣的人，他都不加拒絕，有點近於「過之」的態度；而「師也辟」(十一·一七)，性格比較偏激，欠缺平易近人的風度，且又務求人之所難，這就自然「難與並爲仁」了。

但，學習中善思考，勤提問，而且均涉及重大的課題。如：「問政」、「問何如斯可以從政」、「問仁」、「問行」、「問明」、「學干祿」、「問何如斯可謂之達」、「問崇德辨惑」、「問善人之道」、「問相師之道」等等。既可見其才高意廣，又可想知學有成就，也非一般弟子所能及。這就難怪乎孔子死後，儒家分八派，子張氏之儒被列爲最前面一派，絕不是偶然，而應該是有所作爲，確實是學有所成就的人了！

第六章　行爲準則：禮

禮是指經過周公損益，帶有仁愛精神的周禮，它是西周以後整個社會生活的典章、制度。可以說：從飲食起居到婚嫁喪祭，從車馬服飾到人與人之間的揖讓應對等社會生活的各個方面，無不作了禮的規定。它既是人們的行爲準則，又是宗法等級社會的道德規範。《論語》中見七五次，是僅次於仁的一個重要概念。

仁是孔子思想體系的核心，禮則是社會對人的外在約束。前者強調修己、愛人，和內在的自覺；後者則強調上下尊卑、親疏長幼的等級秩序，和尊尊、親親原則。仁和禮，兩者互爲表裏，是密切聯繫在一起，互相制約、互相輔佐的。禮而沒有仁作爲主導思想，就僅僅是外部的強制，不但談不上具有人道主義色彩，而且也容易加深人際關係的對立，給社會帶來不安寧；而仁沒有禮作爲制約，也就不能區分上下尊卑的界限，從而產生無差等的人類之愛。

禮在社會政治生活中，雖說意義十分重大，但它是隨著時代的變化而變化，並不是永恒、一成不變的。

一、吾從衆

（1）子曰：「麻冕❶，禮也，今也純❷，儉，吾從衆。拜下❸，禮也，今拜乎上❹，泰也。雖違衆，吾從下。」（九·三）

【譯文】

孔子說：「用績麻做禮帽，是古禮，現在改用黑絲製成，比麻冕節省了，我贊成大衆的做法，也用黑絲冕。臣見君，先在堂下拜，這是古禮，現在都改在堂上拜，我覺得這樣做是傲慢了，雖違背了大衆的做法，但我還是依古禮在堂下拜，因爲這比較合情理。」

【注釋】

❶麻冕：用麻製成的禮帽，在古代因工細，故貴。❷純：黑絲。以黑絲製禮帽，較用麻爲儉。❸拜下：指臣見君的禮節，先在堂下拜，然後升堂再拜。❹拜乎上：指直接到堂上拜（堂下不拜），顯得有點傲慢了。

【按】

本則是指禮俗應該隨世、隨事、隨時而變：既不應一意泥古，也不必盲目從今；要重在實質，求其義，而不應重在形式，圖其表。這也就是說：禮有可從，有不可從，應按自己的主見，有所取捨和選擇。

譬如：禮帽，用黑絲製成的要比績麻節儉得多，這就無需遵古禮，因此，「吾從衆」；臣見君之禮，現在都直接在堂上拜，未免傲慢不近情理，因此，寧可「違衆」，我還是遵從古禮在堂下拜，即「吾從下」。前者教人儉約，後者戒人傲慢。這主要是重在求其義，而不重在是古，還是今？重在有獨立的主見，而不是盲目的附從。

這也正如孔子答「顏淵問爲邦」所說的「行夏之時」，其實是重民生、重農時；「行殷之輅」，則在尚質樸，尚交通；「服周之冕」是華而不靡，奢而不貴，尚文質並重；「放鄭聲，遠佞人」，是弘揚正氣，重教化。（參閱二・2）

這都從一個側面說明孔子思想包容萬象，不論是「吾從衆」，或者下則「吾從周」，決不是墨守成規，照搬西周舊制，而是擇「善」而從，擇「儉」而從，擇「利民」而從。這樣，集各代精華之大成，既承襲了好的傳統，沒有割斷歷史，又發展了新的典章制度。應該說，這正是我們偉大民族幾千年文化歷史傳統的光輝所在。

（2）子曰：「夏禮吾能言之，杞❶不足徵也；殷禮吾能言之，宋❷不足徵也。文❸獻❹不足故也。足，則吾能徵之矣。」（三・九）

【譯文】

孔子說：「夏代的禮，我能說出來，可惜它的後代杞國不能爲我說作證明；殷代的禮，我能說出來，可惜它的後代宋國不能爲我說作證明。這是因爲杞、宋兩國現存的典籍和賢人都不足的緣故。如果足夠，我定能用來證明我的所說了。」

【注釋】

❶杞：在今河南杞縣一帶，爲周代的封國，相傳是夏禹的後代。❷宋：在今河南商邱一帶，爲周代的封國，相傳是商湯的後代。❸文：指典籍。❹獻：指熟識當時歷史的賢人。

【按】

孔子是個好古敏求、博學、審問、愼思、明辨的大學問家。從本則孔子對「文獻不足故也」所表示的慨嘆，就可以說明孔子治學態度的謹嚴，和求實精神的可貴。

孔子通過悉心學習研究當時保存的典籍資料，並尋訪杞、宋兩國能回憶起歷史往事的賢人；上溯堯舜，下窮周代，就所見所聞，對照當時的風俗人情，進行比較、鑒別、印證，縱使孔子已能瞭知夏、殷兩代的禮，而且也能知其所以然，說出它的來龍去脈；但眞正要讓人明白，並相信他學說的正確性，仍然感到沒有足夠的典籍和賢人作證明，因而無法把夏、殷兩代珍貴的文化歷史，通過整理、傳播而保存下來，因而覺得這是無可彌補，又無可估量的巨大損失！

附：子曰：「周監於二代，郁郁乎文哉，吾從周。」（三·一四）（參閱二·1）

【按　語】綜覽三代之禮，孔子認爲經由周公損益的周禮，是「鑒於二代」，而又勝過二代，顯然是更加周詳、更加完備、更加合乎情理和社會需要，因此贊之曰：「郁郁乎文哉！」贊美周禮是多麼豐富，多麼繁盛，多麼引人入勝！也因此，作了「吾從周」的抉擇，可以說是孔子博學好古的心得體會，亦即新知，用以教弟子企期在如何「從周」上能更有所發揮。

（3）子張問：「十世❶可知也？」子曰：「殷因❷於夏禮，所損益❸可知也。周因於殷禮，所損益可知也。其或繼周者，雖百世可知也。」（二·二三）

【譯文】

子張問：「十代以後的事，可以預先知道嗎？」孔子說：「殷代沿襲夏代的禮，所減去或增加的，現在仍然可以考查知道。周代沿襲殷代的禮，所減去或增加的，現在亦可以考查知道。那麼，將來如有繼承周代的，縱使一百代之後，亦是可以預先知道的。」

【注釋】

❶世：一世爲一代，古時三十年稱一代。❷因：沿襲，繼承。❸損益：指減和加。

【按】

本則，孔子特別提出了一個「禮」字，用以說明歷史發展的大趨勢，不但十世可知，縱然一百世之久，也應該是可以預知的。

因爲不管歷史如何演變，也不問改朝換代怎樣進行，作爲宗法等級社會爲人們所共同遵守的禮，它包羅萬象，幾乎囊括一切政治、法令、規章、制度，和道德規範、禮儀、禮節等等，都直接影響著倫理關係的是否密切，社會關係的是否融洽，政治關係的是否和順。就是說，都關係著社會的變革，影響著歷史的演進。看看殷禮、周禮：前者由夏禮演進而來，後者由殷禮演進而來：其中，有的承襲，有的加以損益加減。觀察並研究它所以承襲、損益加減的原因，「鑒往而知來」，也就可以知道：何者承襲（因）？何者改變（革）？哪些應該減（損）？哪些應該加（益）？哪些可以通於任何時代而無需改變等等，這樣，自然也就能夠瞭知人類文化發展的大趨向了！

在孔子看來，這些因革、損益，應該是有規律可供遵順的。因爲：雖說歷史是永遠向前發展的，但也是永遠不可能割斷的，絕不能對歷史採取虛無主義態度，一筆勾銷了的。在歷史演進中，「損」，只能損其不合情理、不合時代要求的禮；「益」，也只能益其合乎情理、合乎人民願望、合乎時代要求的禮。

實際上，人類社會不可一日無禮，只要有人羣存在的地方，也必然都會有人人共同遵守的行為準則——禮，這是任何時代，任何社會所必需的；但，禮應該隨著時代的變化而變化，隨著社會制度的不同而不同，如：古代葬禮，奴隸主以活人（奴隸）殉葬，隨著時代的前進，這種極端殘忍、不人道的禮，不得已改為人俑（以木刻泥塑等人形的殉葬品）陪葬，而這經過改進了的禮制，春秋時孔子還是強烈地詛咒之為「始作俑者，其無後乎！」其厭惡憤慨的程度竟至於此，就可以理解有些禮制為什麼必然要隨著時代的變化而變化的原因了！

又如封建宗法社會的家長一統家庭，什麼父為子綱，夫為妻綱，並由此而制訂相應的道德規範，諸如三從四德，從一而終，不孝有三、無後為大，以及什麼父母之命、媒妁之言的包辦婚姻、指腹為婚等等，必然會隨著時代的前進、歷史的演變，理所當然地要被廢棄了！

以此類推，今天高揚民主、自由，尊重人權的旗幟，無疑，對那些不合時代要求，違反民主、自由、人權原則的禮制、法令、條文，以及道德規範等，也必然會隨著時代的前進、歷史的演變，同樣是理所當然地要被廢棄的。

當然，也有的禮，是時代變了，仍然不變，在任何一個社會，任何一個歷史時代都需要的，如「尊老、敬長、慈幼」，各種公共場所規定的行為準則等等。前者隨時代的變化而變化，是禮之時；後者是變之中仍有不變者，為禮的應有之義。

總之，「鑑往而知來」，就大體而言，從禮的因革、損益中，通觀其所以因革、損益，則何者承襲，何者變革，哪些該損，哪些該益，哪些可通於任何時代等，對人類文化進程的大趨向，應該說還是可以預知的。

一一、禮之用

(4) 有子曰：「禮之用，和❶為貴。先王之道，斯❷為美，小大由之❸。有所不行。知和而和，不以禮節之，亦不可行也。」(一・一二)

【譯文】

有子說：「禮的應用，以和順爲可貴。先王之道，它的美處正在這，小事大事都按這去做。但是也有行不通之處，就是只知道以和順爲貴，便一意用和，而不再用禮去節制約束，也就行不通了。」

【注釋】

❶和：和順。❷斯：這，指禮，亦指和。❸由之：由禮，亦卽由和。

【按】

禮，雖說強調尊卑、長幼之序，區分上下、貴賤等級的差別；但，它的社會功能，卻在增強對上的凝聚力，對人際關係協調之，使各類人等都能和順相處，以求達到融洽、團結，彼此相安無擾，社會安寧，這才是最可寶貴的，所謂「發而皆中節，謂之和」。（《中庸》）因此，禮不應只是強制的約束，而應使之建立在自覺的內在要求上；如果徒在形式上強人所爲，那麼，其結果往往是適得其反，不但達不到和順的目的，相反的，卻使單方，甚至雙方帶來痛苦。這是不能不引爲戒的。

就這個角度說：如果禮而違背了「和爲貴」的前提，那麼，不論事小事大，都會隨著歷史的演變、時間的推移，必然被時代所廢棄。事小如從一而終、指腹爲婚，事大如以活人（奴隸）殉葬等禮制，無一例外地都被廢棄了。這應該說是禮之用的必然規律。

「禮之用，和爲貴」，如果並不能發揮和之社會功能，那麼，這禮的是否可行，是值得商榷的；而如果「知和而和，不以禮節之」，那麼，前者不及，後者過之，同樣也會亂了套，達不到人際關係的融洽、和順的目的。在這點上，有子其實正是發揮了孔子「和而不同」（十三·二三）的光輝思想，指出「和」，猶如五味，可以調和成可口的食品，五聲可以滙集成美好的樂章，不同意見的商討，同樣可以得出更完整的結論；而「同」，則如「以水濟水，誰能食之？若琴瑟之專一，誰能聽之？」這種無差別的「同」，只是單調的統一，機械的、強制的同一，並不是可取的。

於此，越益顯得和的重要。「禮之用，和爲貴」，無疑，這應該是孔子禮學說的精華所在。

(5) 有子曰：「信近於義，言可復❶也。恭近於禮，遠恥辱也。因❷不失其親，亦可以宗❸也。」(一・一三)

【譯文】

有子說：「講信，必先求近義，才可以踐守所言。對人恭敬，必先求合乎禮，方可遠離恥辱。遇到有所依時，必先擇其可親的人，亦可以算是依若宗親了。」

【注釋】

❶復：指踐守所言。❷因：依靠。❸宗：指親之若同宗。

【按】

信是人的美德，在人與人之間的交往中，如果「人而無信」，那麼，猶如「大車無輗，小車無軏，其何以行之哉？」(二・二二)是根本無法立身處世的。因此，人際關係，既不可以無信；但，也不能不問是否合乎義就輕易許人以信。因爲不合乎義的信，其實是「言不可復也」的信，是現實中難於踐守所言的一種「小信」；縱然一定要去踐行，也就不合乎義，譬如江湖上那種爲哥兒娘們，敢於兩肋插刀去幹傷天害理的事，其結果只能是損人害己而告終。

恭亦是人的美德，指對人謙虛和順，對己莊重嚴肅。但如果恭而過了頭，並不合乎禮，譬如低頭、哈腰，巧言、令色，去卑躬事人，或者「足恭」，從二足的行動上，扮成一副恭敬討好的樣子，去取悅於人。這都會被人視爲拍馬、蹓鬚，阿諛、奉迎，是人格卑下，爲人所不齒的小人。

正如孔子說的「巧言，令色，足恭，左丘明恥之，丘亦恥之」——其實一切正直的人們亦都恥之。

這也正是告誡人們：人際交往，首先就要注意愼始，卽一開頭做到「信近於義」，「恭近於禮」，這才能「言可復也」，「遠恥辱也」，有好的結果。

附：子夏曰：「君子敬而無失，與人恭而有禮，四海之內，皆兄弟也。」（節錄十二・五）（參閱八・3）

子曰：「道之以德，齊之以禮，有恥且格。」（節錄二・三）（參閱二・17）

【按語】「道之以德」，要求人們「非禮勿視，非禮勿聽，非禮勿言，非禮勿動」，可以說是齊之以禮的手段；而「齊之以禮」，則能提高人們的道德自覺，使「民德歸厚」，做到「有恥且格」，同樣可以說是道之以德的手段。兩者互爲作用，相互促進，構成了孔子重德化、主禮治的思想基礎。是孔子給統治者提出的「經綸天下之大經，立天下之大本」的一個長治久安的大計方針，具有深遠影響的政治卓見。

德是禮的基礎，禮又是行仁政的關鍵，所謂「爲國以禮」，「一日克己復禮，天下歸仁焉」，都足以說明禮是立國的根本。特別是，把當時作爲貴族統治者專利的、不下庶人的禮，推而及於平民百姓，從而也就無形中提高了庶人的地位，無異承認了庶民同貴族一樣，都是具有羞恥之心的人。這樣，只會更加激發庶民的知恥之心，從而由強制的約束，變而爲內心的自覺遵守禮，也就很自然地達到「有恥且格」的要求。這比起「道之以政，齊之以刑」，顯然能更卓著成效，也能更得民心。

附：顏淵問仁。子曰：「克己復禮為仁。一日克己復禮，天下歸仁焉……」顏淵曰：「請問其目。」子曰：「非禮勿視，非禮勿聽，非禮勿言，非禮勿動。」（節錄十二．一）（參閱二．4）

(6) 子曰：「君子博學於文❶，約之以禮，亦可以弗畔❷矣夫。」

（六．二五）

【譯文】

孔子說：「君子要廣泛地學習古代的文化典籍，並用禮來約束自己，也就可以不會背離大道了。」

【注釋】

❶文：詩書禮樂，一切典章、制度，都屬文。❷畔：同「叛」。

（7）子曰：「博學於文，約之以禮，亦可以弗畔矣夫。」（十二・一五重出）

【按】

廣泛地學習古代一切文化、典章、制度、以及詩書禮樂等，力求範圍上由狹而廣、由少而多，程度上由淺入深、由深而精，這就是博學。博學而又愼思、明辨，這才能對所學融會貫通，透徹理解其中的奧蘊、眞義。與之同時，「約之以禮」躬身實踐力行，舉凡修身、求學、為人、從政，一切循禮而行。這樣，博和約並進，文和禮兼修，自然取捨得宜，不至於違情悖理、離經叛道了！

實際上，這正是孔門教法的最大綱領。下則，顏淵說的「夫子循循然善誘人，博我以文，約我以禮」，亦正是指此。

附：顏淵喟然嘆曰：「夫子循循然善誘人，博我以文，約我以禮。欲罷不能，旣竭吾才，如有所立卓爾，雖欲從之，末由也已。」（節錄九·一一）（參閱十·9）

「不學禮，無以立。」（節錄十六·一三）

子曰：「不知禮，無以立。」（節錄二十·三）

【按　語】前面，「殷因於夏禮，所損益可知也；周因於殷禮，所損益可知也；其或繼周者，雖百世可知也」，是作為歷史發展標誌的禮而言，屬於禮的歷史觀；「道之以德，齊之以禮」，「為國以禮」等，則是作為治國的禮而說，屬禮的政治觀；本則，「不學禮，無以立」，「不知禮，無以立」，是指行為規範的禮，屬個人的道德修養，是立身處世的根本。

禮教人以恭儉敬莊讓。學禮就是學為人在言語、行動、舉止上要做到莊重、敬謹、謙恭、和順、禮讓，培養自己莊重的品格和高尚的情操；知禮就是要知道禮是人際關係共同遵守的行為規範，是一個人立身處世的根本。因此，如果不學禮，就無立身之本；如果不知禮，也就難於自立為人。譬如，以人際相處最起碼的禮貌而言：有的借人東西連招呼也不打，逕自拿走了；有的登門訪友，或有事請教別人，門也不輕輕扣一下，就唐突地闖入了；也有問路是直呼「喂！喂！」，無謝忱，而途中撞了人卻瞪眼「哼哼」，不表示歉意等等；或者對禮一無所知，如同一個白痴，或者對人傲慢無禮，似若莽夫魯漢。本來，禮貌本身是由彼此互通情意而感召產生的雙向感情表露，如此愚昧，如何能求得別人相應的尊敬呢？

下面所附，是指作爲在上位的統治者，如果要做到「現而民莫不敬，言而民莫不信，行而民莫不悅」，這就必須在德行方面作出爲民表率的作用，所謂「上好禮，則民莫敢不敬。上好義，則民莫敢不服。上好信，則民莫敢不用情。」（十三．四）這是來不得半點含糊和虛情假意的。

附：子曰：「上好禮，則民莫敢不敬。」（節錄十三．四）（參閱二．42）

子曰：「上好禮，則民易使也。」（十四．四四）（參閱二．43）

（8）子入大廟❶，每事問。或謂：「孰謂鄹人之子❷知禮乎？入大廟，每事問。」子聞之，曰：「是禮也❸？」（三．一五）

【譯文】

孔子初進大廟，每件事都要問這問那。有人說：「誰說這位鄹邑大夫的兒子知禮呀？你看他進到大廟中，每件事都要問這問那。」孔子聽到後說：「那些就算是禮嗎？」

【注釋】

❶大廟：祭祀開國之君的廟。此指周公廟。周公旦是魯國最先受封而未到任的君主。大：讀太。

❷鄹人之子：指叔梁紇的兒子孔子。鄹：又作「陬」，地名，在今山東曲阜東南。孔子的父親叔梁紇曾做過鄹邑大夫。

❸是禮也：有二解：一、舊注「是禮也」爲正面的自謙語，意卽：「知

而猶問，這就是禮」。二、「也」通「邪」，爲疑問詞。「是禮也？」意卽：「那些就算是禮嗎？」孔子認爲所問的種種禮器，多屬僭禮，是不應當陳列在大廟中的。實際是委婉的諷刺。兩說比較，後說更能體現出孔子的神情意態。故從後說。

【按】

「每事問」，是孔子勤學好問、虛心、認眞求知的好態度，不僅今天値得學習，卽在將來，任何一個時代或社會，都是値得大大地發揚和光大的。（關於這方面的闡述，參閱一·65）

而本則所說，其實是在特定的環境和條件下，卽在孔子得入大廟助祭時的「每事問」，因而情況不同，顯然爲有所指而問。這就需要具體情況作具體分析了。

如果說，舊注「是禮也」爲句號，那麼，正如舊注所釋，這是孔子的自謙語，指「不知就問」，或「知而猶問」，都是孔子知書識禮所表現的謙虛、好學態度。

但，「是禮也」的「也」字，通「邪」，爲疑問詞，也可以用來作反問語形式，含蓄地表示了孔子不以爲然的態度：難道像這樣的禮器，也能算是禮嗎？（意卽均爲非禮）因爲在孔子看來，其中的一些禮器，都屬僭禮，是不應當陳列在大廟中的。如後面幾則所說：「孔子謂季氏八佾舞於庭：是可忍也，孰不可忍也！」等。（三·一）

由於這些禮器，陳列在大廟中久了，人們見以爲常，也就見怪不怪，反不認爲是非禮了！也由於當時孔子年輕，初進大廟，旣難於明言，又不便加以非議，因此，以貌若不知的態度，借「每事問」，委婉地期望人們能有所省悟。這不僅表現了孔子的自謙，也展示了孔子胸有城府、彬彬有禮的極高的學問、修養；而對大夫的僭禮行爲卻洞若觀火，持深惡痛絕的態度。這樣，也就更顯示出孔子志不在小的抱負了。

因此，兩相比較：「是禮也」作爲反問句式，更能表露出孔子別有一番令人景仰的神情意態。

三、禮之本

(9) 林放❶問禮之本。子曰：「大哉問！禮，與其奢也寧儉。喪，與其易❷也寧戚。」（三·四）

【譯文】

林放問什麼是禮的根本。孔子說：「你問的，意義可大了！一切禮，與其過在奢侈，寧可過在儉樸；喪禮，與其過在治辦上的周到，寧可過在內心的哀戚。」

【注釋】

❶林放：魯國人。有謂是孔子學生。參閱後附「孔子弟子簡介」。❷易：治辦。指治辦喪事周到。

【按】

前面（4），是說禮之用；本則，則指禮之本。但，禮之本究竟是什麼？孔子卻沒有直接回答，只是具體列舉禮、喪的兩端作答：「與其彼也，寧此」。

這是十分微妙、十分耐人尋味，且頗富哲理意義的。其高明處在：不明言，卻比明言更有深意，更有啓廸作用。可謂蘊涵深邃，妙不可言。

任何事物都有兩端：就禮言，是奢與儉；就喪言，爲易與戚。這兩端，或者過之，或者不及，都非理想，理想應該是：既不奢，也不過儉；既不易，也不過戚，即「貴在得中」，但這實非易事。因此，提出了一個倘使失之偏頗，如過奢、過易，或者過儉、過戚，怎麼辦？孔子十分明確地指出：「禮，與其奢也，寧儉；喪，與其易也，寧戚」，亦即「與其彼也，寧此」。

這是因爲奢者靡費，過於文飾，流爲浮華，是外有餘而內不足；儉者節約，過於質樸，顯得寒傖，是內有餘而外不足。兩相比較：儉者雖外不足，還存內心的仁，有其本；奢者縱外有餘，而其內不足，則連本內心的仁也丟失。因此，「與其奢也，寧儉」。至於「喪，與其易也，寧戚」，意即縱使喪禮辦得再體面、濶綽，如果居喪者並無哀戚之情，那也只是徒具大排場的禮的形式而已，是爲舍本逐末。因此，「寧戚」。

禮有存於內心，有表達於外物。前者為質為本，後者為文為末。如果說，孔子答以禮之本在內心的仁，那麼，影響所及，人們不免會重本賤末，最後並連表達於外物的禮也蕩然無存；反過來，如果說，孔子答以禮之本在外物，那麼，影響所及，世俗同樣會競相講排場，求攀比，只圖虛文，不求實質，舍本而逐末，不但流為浮華、奢靡浪費，最後恐怕連哀戚之情也所剩不多了！

孔子之所以舉兩端，以「與其彼也，寧此」作答，正是讓林放自己去體會領悟。這樣，禮之本究竟何在，既可自見，「禮貴得中」，中的可貴亦當瞭然。

(10)子曰：「奢則不孫，儉則固，與其不孫也，寧固。」（七・三五）

【譯文】

孔子說：「奢侈了就不謙遜，儉樸了不免固陋。與其不謙遜，寧可固陋。」

【按】

奢是過分的，甚至是無節制的消費，主要在求滿足個人的欲望；儉則視自己的需要和條件的可能，節省財力，愛惜物力，既不超越自己的需要和可能，亦不使物質過於匱乏，力求兼顧個人和家庭的長遠利益。

前者好講排場，擺濶氣，求享受，常常揮霍無度，並由此而養成傲慢、無禮，甚至淫暴、桀傲不馴的習性，且奢欲永無止境，更容易與「貪」字掛鉤；後者務求儉約，處處克制自己欲望，事事不欲與人交往，也常常由此而過分儉樸，表現出不開通，眼光短淺，胸襟狹窄，顯得寒傖、固陋。

二者均有所失，只是奢者病在不遜，不遜則傲人、凌人；儉者病在固陋，固陋則不免會不近人情。前者不滿足欲望時，就會不擇手段損人；後者約己，不妄與人，也不奪人，更不害人。因此，就個人言，由儉入奢易，由奢入儉難；就羣體言，奢則有百害而無一利，儉則守分而不損人。無論於人於己，「與其不孫也，寧固」。本則，意在爲奢者戒，是孔子告誡人們寧儉無奢。

(11) 曾子曰：「吾聞諸夫子：『人未有自致❶者也，必也親喪乎。』」(十九・一七)

【譯文】

曾子說：「我曾聽老師說過：『人沒有能把自己的眞情全部表露出來的，如果有的話，一定是在父母去世的時候吧！』」

【注釋】

❶致：盡其極。指人的眞情全部表露出來。

【按】

遇到父母去世，做子女的表露出從未有過的哀戚，這是爲人子的一片至情，也正是我們偉大民族和人民的傳統美德，孝心的生動體現。

當然，也並非都如此，還是有例外的：一是雖非親親，而哀戚之情勝過親親關係的；二是縱然爲親親關係，但並無哀戚之情的。前者如顏回死，孔子「哭之慟」，遠遠超過對親子伯魚的悲痛之情；孔子死，子貢服喪三年後，又復廬墓三年，也遠遠超過對自己父母的態度；還有如古今中外歷史上，許多爲平民百姓作出豐功偉績的大政治家、科學家、醫學家……等，他們死後，人民對之都有類似的情形。「子產卒，國人皆叩心流涕，三月不聞竽琴之音」，卽其一例。（參閱四・19）

後者如一些爲人子的，不但父母死時沒有表現出哀戚悲痛之情，甚至父母彌留時，也會爲一點錢財而下毒手逼死、氣死父母的，至於父母屍骨未寒，或者一抔之土未乾時，子女間爲爭奪遺產而兄弟反目，互相鬪毆，甚至是刀槍相向的，實在也不少見。

「人未有自致者也，必也親喪乎」，前者極盡哀戚悲痛之情，表現了人心之正；而如孔子之於顏回，子貢之於孔子，則更說明公道自在人間；而後者，無絲毫哀戚之情，則表現了人心之扭曲，已喪失了人性，甚至是人心之仁也漸泯滅，即將蕩然無存。這不僅是爲人子的羞恥，應該說，也是作爲一個人的羞恥！

(12) 子游曰：「喪，致乎哀而止。」（十九・一四）

【譯文】

子游說：「喪禮，只要盡到服喪者的哀戚之情，也就夠了。」

【按】

喪禮，不管排場是大是小，主要在盡到服喪者的哀戚之情，正如上則所說：「喪，與其易也，寧戚。」這「戚」，其實指的就是「致於哀而止」。如果說，超過了這界限而至於損害健康，這顯然不是喪禮的目的，亦非死者的願望。因此，今日所說的「喪禮一切從簡」、「化悲痛爲力量」等，應該說，正是「寧戚」含義的必然延伸。

四、不能以禮讓爲國，如禮何

（13）子曰：「能以禮讓為國乎，何有❶？不能以禮讓為國，如禮何❷？」（四・一三）

【譯文】

孔子說：「如果能以禮讓來治理國家，那還有什麼困難呢？如果不能以禮讓來治理國家，那麼，縱有禮，又有什麼用呢？」

【注釋】

❶何有：有什麼困難呢？ ❷如禮何：奈禮何。指縱有禮，又有何用？

【按】

本則，孔子特舉「禮」字，以禮讓作爲治國的大計方針，意在指明禮主敬，敬則具雙向性：你對我有敬，我對你自然也恭；你對我無禮不敬，我當亦報之以粗暴、怠慢。這樣，敬致和，知敬能和，就一定能互讓。互讓是禮的必然蘊涵。

因此，特別要求身居上位的統治者，就更要有「讓」的精神，如：「使民敬」、「使民如承大祭」、「禮賢下士」等。「能以禮讓爲國乎，何有？」這，還會有什麼困難呢？

嚴重的問題是：身居上位的統治者，那些視臣民爲草芥的獨夫，總以爲下敬上、臣尊君才是禮，因而千方百計地宣揚君的無上權威，恣意賤踏民爲邦本的意志，從而就大大地助長了爲君的暴虐，也大大地導致了上下不和、不敬、不讓，根本談不上實行禮。無怪乎「人君無禮，無以臨其邦；大夫無禮，官吏不恭；父子無禮，其家必兇；兄弟無禮，不能久同。」（《晏子春秋・外篇》）終至人際間爭端迭起，戰亂紛紛，民難安枕，國無寧日，君也完蛋。

「不能以禮讓爲國，如禮何？」一意卽，縱然有禮，又復何用？

附：子曰：「人而不仁如禮何！人而不仁如樂何！」（三・三）（參閱五・28）

【按語】仁蘊蓄於人的內心，強調人際關係的仁愛、關心，和互諒互讓，一片眞情摯意；禮顯現於人的外表，強調人與人之間的尊卑、上下之序和名分、差等的區別。一內一外，相反相成，亦互輔互佐，是必然緊密聯繫在一起的。

人如果沒有內心的仁，那麼，縱有極虔誠的禮，極隆重的鐘鼓之樂，也只是表面的，甚至是虛僞的。如人君不仁，他就必然肆無忌憚地對老百姓進行橫徵暴斂、殺人殉葬等，如人臣無禮，也必然會無視共同遵守的道德規範，做那無可容忍的僭禮行爲。

這也就是說：人而不仁，根本就談不上禮樂，一切禮樂也都失卻它應有的意義了！

(14) 子曰：「禮云禮云，玉帛云乎哉！樂云樂云，鐘鼓云乎哉！」

（十七·一一）

【譯文】

孔子說：「禮呀，禮呀！難道只是說玉帛等的禮器嗎？樂呀，樂呀！難道只是說敲打敲打鐘鼓等的樂器嗎！」

【按】

本來，禮樂的作用在「節衆」與「和衆」。前者屬理智及行動方面的調節，表現爲嚴肅而有序，主在維護君臣、上下，貴賤、尊卑的差別，重在心存敬；後者屬情感及思維方面的調和，表現爲金石、絲竹等各種樂器發出的多種聲音的和諧統一，主在使不同差等的人心靈彼此感通，產生和諧情感，和睦相處。正如（〈樂記〉）所說：「樂在宗廟之中，君臣上下同聽之，則莫不和敬；在族長鄉里之中，長幼同聽之，則莫不和順；在閨門之內，父子兄弟同聽之，則莫不和親。」因此，它絕不是只求形式上的禮，也絕不是發鐘鼓以爲樂而已，應該是道德實現於日常生活的一個重要方面。

就個人說，禮和樂猶如車之兩輪，缺一不可：禮而不兼樂，會顯得拘謹，缺乏人情味，令人望而生畏；樂而不兼禮，又會近於流氣，放蕩無節制，讓人見而生厭。因此，兩者相反互補，必兼相融合，方能有文質彬彬的態度，居心以仁、行事以義的胸懷，起著禮樂所應起的作用。

至於人情上禮尙往來的禮，其實，原是應該先有敬心，而後持之以玉帛，才能稱爲禮；先有和順之氣、歡樂之意，而後發之以鐘鼓，才能稱爲樂。可是，當時的風尙卻專在形式上求隆重、體面、豪華、濶綽，好像只有玉帛等貴重物品才配稱爲禮，好像只要把鐘鼓打得鬧哄哄、亂糟糟才堪稱爲樂。

這不僅是舍本逐末，徒求外表而無內心之敬，也無和順、歡樂之氣；而且也把禮樂的作用在移風易俗，使民德歸厚的可貴處，改變而爲唯玉帛、鐘鼓之爲瞻了！「禮云禮云，玉帛云乎哉！樂云樂云，鐘鼓云乎哉！」這正是孔子對春秋時，由禮崩樂壞暴露出的社會病態，所表示的無限感慨。

附：子曰：「……名不正則言不順，言不順則事不成，事不成則禮樂不興，禮樂不興則刑罰不中，刑罰不中則民無所措手足。」（節錄十三・三）（參閱一一・55）

【按　語】「見其禮而知其政，聞其樂而知其德。」（《孟子・公孫丑上》）可見禮樂教化的有無、好壞，和興與不興，直接關係著國家的政治是清明還是黑暗，也影響著人民的風習是敦厚還是澆薄。

由於衞君與逃亡在外的蒯聵有父子之名，爲了爭奪君位，卻又以子拒父，不讓他回國。因此，言既不成理，事也辦不成，自然不可能與起禮樂的教化。這樣情況下，人們的立身行事，各隨其所好，要想怎麼幹就怎麼幹；從政者的處理問題，則各行其所是，要思如何處罰施刑就如何處罰施刑，那麼，「刑罰不中」，自在意料中事。如此，老百姓惶惶然無所適從，憂慮重重，「則民無所措手足」，也只能徒呼奈何了！

這是禮崩樂壞，天下無道的一種徵象。所謂「非禮，昏世也。昏世，大亂也」的先兆。孔子所處的春秋時代，正是諸侯兼併，互相爭雄稱霸，父子爭位，互相火拼動干戈的一個動蕩，「禮樂不興，刑罰不中，民無所措手足」的時代。「正名」之說，該正是有所指的切中時弊之言吧！

附：孔子曰：「天下有道，則禮樂征伐自天子出。天下無道，則禮樂征伐自諸侯出。自諸侯出，蓋十世希不失矣。自大夫出，五世希不失矣。陪臣執國命，三世希不失矣。天下有道，則政不在大夫。天下有道，則庶人不議。」（十六．二）（參閱二．68）

孔子曰：「祿之去公室，五世矣。政逮於大夫，四世矣。故夫三桓之子孫微矣。」（十六．三）（參閱二．69）

【按　語】這兩則都是孔子對天下無道所表示的無限慨嘆。所謂「天下有道或無道」，主要標誌在「禮樂征伐自天子出」，還是「自諸侯出」，或者「自大夫出」，甚至是「陪臣執國命」，由大夫的家臣出？

因爲「國之大事，唯祀與戎。」（《左傳》）在古代：祭祀、打仗，和禮樂的教化，是國家的頭等大事，均由天子一統掌握。如果天子昏庸、無能、沉湎聲色之樂而不理朝政，那麼，大權旁落，則「天子失道，諸侯尊矣」，必定是「禮樂征伐自諸侯出」（《說苑．君道》）；而如果

「諸侯失政，則大夫起矣」，自然會由大夫把持政權，「禮樂征伐自大夫出」；至於「大夫失官，則庶人興矣」，就該是家臣專權，如陽虎之囚季桓子而專魯國之政，所謂「陪臣執國命」。因此，只要是爲政失道，不管禮樂征伐出自何者，對老百姓來說，都是一種災難。只是越往下，素質越差，其悖情、逆理、違道也愈離奇，因而失勢也愈速。上則孔子所指「蓋十世、五世、三世希不失矣」，其實，像陽虎這樣的「陪臣執國命」，已及身而失，三世也不到了！

（15）子曰：「居上不寬，為禮不敬，臨喪不哀，吾何以觀之哉？」

（三·二六）

【譯文】

孔子說：「處領導地位而不能寬以待下，舉行儀禮時不恭敬，臨遭喪事而不感到哀戚，我怎麼看得下去呢？我再用什麼來看察他呢？」

【按】

身居上位的領導，對下要寬，「寬則得衆」，這是一條爲政的原則，也應該是爲人處世的基本態度；禮主敬，敬致和，和則上下相安，人際共處相睦；居喪要哀，哀則心存仁，具有人性，表現了人心之正。

這三者都是「居上、為禮、處喪」的根本。如果無其本，那麼，縱然居上者一套堂而皇之的教化、施政，也只是逐末而已，不足觀了！縱然為禮、居喪，極盡奢靡，講究威儀，極盡豪華、濶綽，講究排場等等，同樣也只是逐末而已，不足觀了！

（16）子曰：「恭而無禮則勞，愼而無禮則葸❶，勇而無禮則亂，直而無禮則絞❷。」（節錄八．二）

【譯文】

孔子說：「一味恭敬，不以禮來節制，就會勞擾不安；一味謹愼，不以禮來節制，就會畏怯多懼；一味勇敢，不以禮來節制，就會犯上作亂；一味直爽，不以禮來節制，就會尖刻刺人。」

【注釋】

❶葸：畏懼。❷絞：尖刻、刺人。

【按】

恭敬、謹愼、勇敢、直爽，都是人的美德，但如果不能自覺地以禮的規範來指導，或者節制自己的言語行動，那麼，不但難以達到預期的效果，而且往往會走向事物的反面，徒見其弊端，害了自己。

譬如，對人一味恭敬的態度，往往會被人視為「足恭」：不是失之過卑，就是奉承太過，近於謟䛕、拍馬，因而反被人瞧不起，自己也由此感到勞累和煩擾不安。又如謹慎小心過了頭，常常是瞻前顧後，畏首畏尾，處處感到這也為難，那也不是，寸步難行，因而也逐漸養成過分的謹小慎微，被視為僞君子。

而勇敢無所畏懼，如果不以禮的規範來約束自己，往往會肆無忌憚，恃勇而恣意妄為，甚至犯上作亂，落得個沒好下場。至於心直口快，不按照禮的行為準則，既不分對象，又不問具體場合和條件，就任性而一無保留地直言無忌，那麼，其結果常常是尖刻刺人，既叫人受不了，自己也下不了臺，不是因此而發生隔閡、誤會，就往往由此而發生爭執，甚至鬪毆等等。可以說，都會與願望相背，走向美德的反面，變成惡行。

這同「好直不好學，其蔽也絞；好勇不好學，其蔽也亂。」（十七·八）一樣，關鍵是「學」，亦卽「學於禮」，如果不學禮，那也就「無以立」了！

（17）子曰：「知及之，仁不能守之，雖得之，必失之。知及之，仁能守之，不莊以涖之，則民不敬。知及之，仁能守之，莊以涖之，動之不以禮，未善也。」❶（十五·三二）

【譯文】

孔子說：「在上位者，他的知足以知到治民之道了，但他內心的仁如果不足以守，那麼，雖知得了，也還是一定會失去的。知得了，內心的仁也足以守之，但如果不能莊敬以臨民，那麼，老百姓也仍然會怠慢、不尊敬的。知得了，內心的仁也足以守，又能莊敬以臨民，但如果鼓舞動員老百姓時，不能以禮節制約束，也還是不能算最完善的。」

【注釋】

❶本則共十一個「之」字，除「涖之、動之」的三個「之」字是指「民」外，其餘八個「之」字均指「道」，即「治民之道」。

【按】

在知足以知到治民之道，或者在用智慧取得政權，即「知及之」的情況下，能否堅持守之以仁，涖之以莊，動之以禮，其結果是完全不一樣的。三者中，最關鍵的是仁，如果「仁不能守之」，那麼，「雖得之，必失之」，情況就嚴重了。這是說，即使知到治民之道，如果只是唱唱高調而不用，或者取得政權，也是為政不仁而不能愛民，那麼，這就必然是得之復又失之，會丟掉政權的。而其他二者，「不莊」和「動之不以禮」，至少還不至於使取得的政權喪失掉，前者僅僅是「民不敬」，後者也不過「未善也」，尚未達到「至善」的境界而已。

因此，不能由本則「知及之，仁能守之，莊以涖之，動之不以禮，未善也」，就得出「仁不及「禮」高，「禮」獨高於其他諸德的結論。

其實，本則正是孔子告誡爲政者要特別注意守仁，做到時刻仁存於心而愛民，保持思想清明，行爲廉潔，道德高尚，處處爲民表率，否則，取得的政權，必然會得而復失之。

附：子夏問曰：「『巧笑倩兮，美目盼兮，素以為絢兮。』何謂也？」子曰：「繪事後素。」曰：「禮後乎？」子曰：「起予者商也，始可與言《詩》已矣。」（三・八）（參閱三・61）

(18) 子曰：「夷狄❶之有君，不如諸夏❷之亡❸也。」（三・五）

【譯文】

孔子說：「夷狄雖有君主，而不講禮節，還不如中國的沒有君主而講禮節。」

【注釋】

❶夷狄：指住在東方（夷）、北方（狄）的少數民族，是古時漢族對少數民族的稱呼。❷諸夏：卽華夏族居住的中原一帶各諸侯國，指中國。❸亡：同「無」。

【按】

禮是人際關係中應該共同遵守的行爲準則，道德規範。孔子認爲一個國家、或者民族，可以沒有君，但不能沒有禮。「夷狄」雖然有君，但不講禮節，不行周禮，孔子視之爲「被髮左衽」，是一個「蠻夷」民族；而「諸夏」，縱使沒有君，也仍然遵行周禮，講禮儀，有上下、尊卑的名分等級。因此，「夷狄之有君也，不如諸夏之亡也。」

這是孔子關於周禮在區分「夷狄」與「諸夏」方面的一個著名論斷。這論斷，可以說也是孔子「吾從周」總綱中一項重要的政治主張。因爲在當時，夷狄民族經常滋擾、侵犯諸夏民族地區，孔子覺察到不但存在著嚴重的民族鬪爭，也存在著對華夏民族的嚴重威脅。於是從維護周禮出發，到維護諸夏民族的團結、統一，提出了明「夷狄」、「諸夏」之別的政治主張，無疑是帶有朦朧的「民族意識」的自覺，具有政治卓見的。

而這民族意識的自覺，一經後世發揚光大，就成爲我們民族的向心力和凝聚力。特別是當歷史處在民族危急存亡的緊要關頭，就往往會由此湧現出許許多多民族英雄挺身而出，爲捍衞民族生存，爲伸張民族大義，而不顧個人的生死安危去英勇鬪爭，其中有視死如歸留下一首一首壯烈感人的英雄篇章。

孔子這明「夷狄」、「諸夏」之別的，帶有民族意識自覺的政治主張，給後世的影響是極其深遠和巨大的。只是這政治主張，如發揮之不當，那也會給一些統治者以此爲藉口，成爲「對內實行民族歧視，欺壓少數民族，變成大漢族主義；對外則閉關鎖國，以天朝大國自居，僵化保守，流爲狹隘的民族主義」（匡亞明《孔子評傳》第二六二頁）。這就需要作具體的歷史分析了！

五、反對僭禮

(19) 孔子謂季氏❶八佾❷舞於庭：「是可忍❸也，孰不可忍也！」

(三·一)

【譯文】

孔子對季氏在他家廟的庭院中，使用了周天子八佾的舞蹈行列一事，評論說：「這樣的事，尚且忍心做得出來，還有什麼事不忍心做出來呢？」

【注釋】

❶季氏：季孫氏。此指季平子，魯國大夫。❷八佾：指六十四人。佾：行列。每佾八人。周禮規定：天子用八佾，諸侯用六佾，大夫用四佾，士用二佾。當時魯國政權把持在季平子手裏，這是季孫氏以大夫而僭用天子之禮。❸忍：兩解。一指容忍；二指忍心。從二。

(20) 三家❶者以〈雍❷〉徹。子曰：「『相維辟公，天子穆穆❸』，奚取於三家之堂？」（三·二）

【譯文】

孟孫、叔孫、季孫三家，舉行家祭，當祭畢撤祭品時，也唱著〈雍〉詩。孔子說：「〈雍〉詩中說：『四方諸侯都來助祭，主祭的是天子，儀容莊嚴肅穆。』這〈雍〉詩在三家廟堂唱來，有什麼用意呢？」

【注釋】

❶三家：指孟孫、叔孫、季孫三家，皆出魯桓公後。當時均爲魯國大夫，而且實際掌握了魯國政權。❷雍：《詩經·周頌》篇名，是周天子祭祀畢，撤去祭品時所唱的樂歌。❸相維辟公二句：這是〈雍〉詩中的二句。相：儐相，助祭者。維：語助詞。辟：指諸侯。公：指夏殷之後，杞宋二公。穆穆：指儀容莊嚴、肅穆。

【按】

上則，孔子對季孫氏以大夫身分，而僭用周天子八佾之禮，行六十四人的舞蹈行列，痛斥之爲「此可忍也，孰不可忍也」，是說這樣荒唐的僭禮行爲都忍心做得出來，那麼，還有什麼不忍心做不出來的事呢，意卽亂臣賊子那種叛逆、造反，甚至弑君弑父的行爲都會幹出來的。

本則，孔子對孟孫、叔孫、季孫三家權臣僭用周天子祭禮，竟把臨撤時所唱的〈雍〉詩，也居然肆無忌憚地在廟堂上唱起來，同樣表示了深惡痛絕的態度，痛斥之爲「這樣做，用意是什麼呢？」顯然，三家權重勢大，都是：上，不把天子放在眼裏；下，蔑視魯君尊嚴，野心昭然不加掩飾，眞是權令智昏，太不成體統了！

附：季氏旅於泰山。子謂冉有曰：「女弗能救與？」對曰：「不能。」子曰：「嗚呼！曾謂泰山不如林放乎？」（三・六）（參閱四・62）

(21)子曰：「禘❶自旣灌❷而往者，吾不欲觀之矣❸。」（三・一〇）

【譯文】

孔子說：「禘祭的禮儀，從初次獻酒後，我就不想再看了。」

【注釋】

❶禘：古代一種極爲隆重的祭祀祖先的典禮，只有天子才能舉行。❷灌：用鬱鬯酒灑地以迎所

祭之祖，叫灌。此指祭祀開始初次向所祭者獻酒。灌在迎牲之前，灌畢而後迎牲。❷吾不欲觀之矣：此指春秋時，魯國國君行禘祭有非禮行爲。卽魯文公時，將他父僖公躋升於閔公之前，雖說僖公是閔公的庶兄，但承閔公君位，而又升於閔公前，就是逆祀。孔子不贊成魯之逆祀，故言。

(22) 或問禘之說。子曰：「不知也，知其說者之於天下也，其如示諸斯❶乎？」指其掌。（三・一一）

【譯文】

有人問關於禘祭的道理。孔子說：「我不知道。如有能知道這種道理的人，對治理天下，就像把東西擺在這裏一樣容易吧！」孔子一面說，一面指著自己的手掌。

【注釋】

❶如示諸斯：有二說：一是說對天下事，將如看自己手掌一樣，一切易明；二謂天下如置諸手掌，「猶運之掌也」。兩解均通。示：同「視」；又當作寘，同「置」。斯：這，指掌。

【按】

上則，孔子不想觀禘祭，是因爲不贊成魯國國君的非禮行爲；但，要「爲尊者諱」，又不便直說其逆祀。因此，在初次獻酒後，迎牲行禮前，也就「不欲觀之矣」！

本則，是說如果有人懂得禘祭的意義，那麼，治理天下，猶如「運之於掌」。如孟子說的「武丁朝諸侯，有天下，猶運之掌也」；也如《中庸》所說「明乎郊社禘嘗之義，治國其如諸掌乎」。至於如何就能「猶運之掌也」，因語焉不詳，無能知其義之所在，只好存疑。

【備考】

〈仲尼燕居篇〉曰：子曰：「郊社之義，所以仁鬼神也。嘗禘之禮，所以仁昭穆也。饋奠之禮，所以仁死喪也。射鄉之禮，所以仁鄉黨也。食饗之禮，所以仁賓客也。」子曰：「明乎郊社之義，嘗禘之禮，治國其如諸掌而已乎。」

(23) 陳司敗問：「昭公知禮乎？」孔子曰：「知禮。」孔子退，揖巫馬期而進之，曰：「吾聞君子不黨，君子亦黨乎？君取於吳為同姓，謂之吳孟子。君而知禮，孰不知禮？」巫馬期以告。子曰：「丘也幸，苟有過，人必知之。」（七·三〇）（參閱一·51）

【按】

本則，孔子所答，有認爲偏私，是有意爲尊者諱。因爲「君取於吳爲同姓，謂之吳孟子」，明明是違背同姓不婚之禮，而孔子卻仍然答之以「知禮」。

其實，內中情節是：

一、問者有意耍了一個花招，即：不專指「君取於吳爲同姓」一事，而是泛問「昭公知禮乎？」

二、由於昭公平時習於威儀之節，素有知禮之稱，因而就昭公爲人的全體而言，孔子直答之以「知禮」，應該說不是過譽之言，更談不上是「爲尊者諱」。

三、一待巫馬期告訴後，孔子並沒有爲昭公辯解，亦不自言爲國君諱，僅僅說「丘也幸，苟有過，人必知之」，同時又不正言指出問者的是非曲直。這種只從自己角度作檢查，盡其在我，嚴於律己的態度，充分展現了孔子心地光明磊落，襟懷坦蕩無私，爲人寬宏大度的精神風貌。

(24) 子曰：「管仲之器小哉！」或曰：「管仲儉乎？」曰：「管氏有三歸，官事不攝，焉得儉？」「然則管仲知禮乎？」曰：「邦君樹塞門，管氏亦樹塞門。邦君為兩君之好有反坫，管氏亦有反坫，管氏而知禮，孰不知禮？」（三・二二）（參閱四・20）

【按】

孔子譏管仲識淺、器小、胸襟窄，表現在生活上是：有三處府第可歸，富麗堂皇；表現在人事上是：因事設官，冗員相望，無所事事等等。可以說：實在是奢華太過了！因此，孔子評論管仲，說是「焉得儉！」既是公正，亦且求實。

管仲之所以如此奢華，是由於自視功高。正因爲自視功高，所以凡是國君有的，他都要有，如「樹塞門」、「有反坫」等等。這樣，管仲自擬爲國君，亦把自己等同於國君；這樣，由功高而奢，奢者必驕，驕則悖情、違禮，自然也就非禮太過了！因此，孔子評論之爲「管氏而知禮，孰不知禮？」雖說夠嚴厲了，但公正。

當然，管仲的「不知禮」，同他爲人民立下的功業，即「管仲相桓公，霸諸侯，一匡天下，民到於今受其賜」，「桓公九合諸侯，不以兵車，管仲之力也！」（參閱四．22）功過兩相比較，仁和禮互爲權衡：那麼，「過」就顯得微不足道，「不知禮」也算不得什麼了！這說明在孔子心目中：仁比禮更高，更重要。

特別是孔子從當時嚴重存在的民族鬪爭這現實出發，充分肯定了管仲在與「夷狄」鬪爭、維護「諸夏」的團結、統一這方面的重要意義，認爲不僅仁民的功高，而且「微管仲，吾其被髮左衽矣」，維護民族利益更是大義、大德所在，因而給管仲以很高的評價，並許以「如其仁！如其仁！」

孔子這種審時度勢、高瞻遠矚，以人民和民族利益爲主的，評論歷史人物的觀點和態度，無疑，也給後世樹立了一個榜樣。

(25) 陳成子❶弒簡公❷，孔子沐浴而朝，告於哀公曰：「陳恒弒其君，請討之！」公曰：「告夫三子❸。」孔子曰：「以吾從大夫之後，不敢不告也。君曰：『告夫三子者！』」之❹三子告，不可。孔子曰：「以吾從大夫之後，不敢不告也。」（十四・二二）

【譯文】

齊國陳成子弒了他的國君簡公，孔子齋戒沐浴後去朝見魯國君，告訴哀公說：「陳恒弒了他的國君，請求派兵去討伐他。」哀公說：「你去告訴他們那三家大夫（三桓）。」孔子退下自語說：「因我曾經忝居大夫之位，不敢不告訴國君，國君卻說去告訴他們那三家大夫！」孔子到三家都告訴了，三家說：「不可。」孔子退下又自語說：「正因爲我曾經忝居大夫之位，不敢不告訴呀！」

【注釋】

❶陳成子：即陳恒，齊國大夫。❷簡公：姓姜，名壬，齊國國君。事在魯哀公十四年。❸三子：指三家大夫，三桓之後，當時最有權勢的季孫、孟孫、叔孫。❹之：到。

【按】

僭禮行爲，是孔子所堅決反對，並一直深惡痛絕的。如上面對季氏八佾舞於庭一事，尚且嚴厲斥之爲「是可忍也，孰不可忍也」；那麼，對陳恒弑齊國君簡公一事，而引起的義憤塡膺，並鄭重其事地「沐浴而朝」，請求哀公出兵討伐，也就很自然的了！

但，這終究只是孔子的一廂情願：

一、公室弱，當時哀公的大權早已旁落，自身尚且難保，又何能派兵討伐？因此，「公曰：告夫三子。」所流露出內心的抑鬱、辛酸，和憤慨之情，亦可謂「此中悽苦有誰知」的難言之痛了！

二、而當時專權的三家（主要是季孫當政），其實，早就圖謀取代君位，因而原希望能有像陳恒這樣的大夫作此先例，以便效法而行，可以說正是深心喜之的時候，又怎麼會出兵去討伐，給自己難堪呢？因此，「之三子告，不可」，實在亦是意料中事！

正是在這背景下，孔子碰了一鼻子灰，固屬自討沒趣，但從三子所說「不可」二字的語氣中，則瞭然可以概見三子的驕橫和輕蔑之態。這對孔子來說：亦可謂「別有一番滋味在心頭」，不僅會感嘆萬端，更且憤慨不已的。

事實上，在當時，孔子非不知哀公之無能討（欲討而無權），亦非知三子之不欲討（有權而不願）；明知其不會出兵討，而必以告老之大夫如此鄭重其事地「沐浴而朝」請討，這就非比尋常，值得深入探討其中的含意了。

雖說這是孔子不可動搖的「忠君尊王」思想在這問題上的必然所為：孔子認為，簡公是君，陳恒是臣。國君再平庸、無能，終究是君；陳恒縱賢德、能幹，甚至治國有方有功，仍然是臣：臣只能忠於君，聽命於君，而不能背叛君、取代君，更不能容忍弒君。因此，「以吾從大夫之後，不敢不告也。」

孔子所不敢不告的是：這君臣大義不容破壞，這陳恒弒君之大逆豈能不討——顯然，它具有更深一層的蘊涵：

一、聯繫史實：陳恒弒君事在魯哀公十四年（西元前四八一年）六月，這時，孔子七十一歲，正因「虞人獲麟」（管山林的人捕獲了一怪獸）而絕筆，停止修《春秋》。而孔子修《春秋》，原是鑒於「世道衰微，邪說暴行有作，臣弒其君者有之，子弒其父者有之」，意在「撥亂世，反諸正」，所謂「微言大義，為後世明君效法者也。」因此，面對這陳恒弒齊簡公之事，自不能不鄭重其事地告於哀公請求討伐，又不能不「告夫三子」者，是欲明大義於三家：討則亂臣賊子懼，君臣之義正；不討，則「萬世之下知陳恒為漏網之大逆，三家為未露之陳恒。當麟經絕筆之後，而復續出一段《春秋》，夫子之功，豈不偉哉！」（明沈無回語，見《四書遇》）

因此，「知我，罪我」，安知此「沐浴而朝」之告為非《春秋》之續筆？從某種意義說，又安知此「續筆」之不能默奪強臣之魄，不能震落奸雄之膽，不能對三家起告誡作用？此其一。

二、春秋之世，諸侯兼併，戰爭連綿，百姓遭殃，臣弒君三十六，子弒父更難計其數，是一個大動盪的時代。孔子，作爲一個時刻以百姓爲重，始終抱濟世爲旨，畢一生致力於行仁政，作爲自己理想的偉大思想家，對當時那「天下無道」，特別是陳恒弒君這大逆不忠一事引起的聯想，如何能不憂心忡忡？又如何能不思慮紛紛：如果說，每一個當政專權的大夫，都以自己比君上更賢德，更有才能而採取弒君的辦法來篡奪取代，那麼，有如走馬燈式的更迭君位，將會導致怎樣嚴重的後果呢？天下是否會由此更加動盪，更加無道呢？給百姓帶來的災難，是否會由此更加深重，更加殘酷呢？

應該說：這樣的聯想與孔子以仁爲核心的思想體系是完全吻合的。「以吾從大夫之後，不敢不告也」，孔子所不敢不告的，正是憂百姓之所憂，是爲百姓喊出的心聲！

第七章　道德規範和道德修養

一、道德規範

下面是孔子倫理學說中，從衆多德目篩選出來的幾個主要道德規範。它是在仁和禮思想統帥下，在處理不同倫理關係時的行爲準則，基本上涉及人際關係中道德生活的各個方面，諸如父子親屬、君臣上下、朋友間交往相處等的各種問題，是至今仍然值得人們參考、借鑑和探討的。

(一)孝悌

孝指敬愛奉養父母，悌指敬重兄長。它是我們中華民族長期形成的傳統道德。其中，尤其重視孝行。

孝爲建築在父母對子女的親子之愛這血緣基礎上，子女對父母養育之恩，久而久之產生相生相養的一種自然的敬愛之情，也可說是對父母的一種反哺，或者報償的眞情流露。它不僅爲我們民族、人民所代代相傳，樂於遵從，而且也爲世界人民所稱頌和贊譽。

儘管「父慈子孝」、「敬兄愛弟」這淳樸、敦厚的民風習俗，在當時是爲維護家長、族長地位，鞏固宗法制度所需要；但它對家庭老少相安，兄弟和睦相親，共享天倫之樂，以及「幼有所長，老有所養」和社會安寧等所起的積極作用，卻是巨大而深遠的，也是無庸置疑和抹煞的。

雖說今天時代不同了，對孝道的要求也不可能像孔子提出的那樣高了；但，作爲我們偉大民族的特有的優良傳統，和美好的民情風習，是絕不能、也不應該一提到「孝」，就視之爲迂腐、愚昧、保守、落後的舊道德觀念，而加以全盤否定。事實上，只要社會還存在一夫一妻的家庭，需要進行人類自身的種族繁衍，那麼，「孝」——表現血緣親子關係的道德觀念，就必然會存在下去。正確的態度應該是：對人民樂於接受、遵順的合理部分，加以發揚光大，使之成爲既是人們外在的道德規範，也是人們內在的主觀要求；對其中沒有存在價值的不合理部分，則加以捨棄之。

（1）孟懿子❶問孝，子曰：「無違❷。」樊遲御，子告之曰：「孟

孫問孝於我，我對曰：『無違』。」樊遲曰：「何謂也？」子曰：「生，事之以禮。死，葬之以禮，祭之以禮。」(二·五)

【譯文】

孟懿子問怎樣是孝。孔子說：「不要違逆。」這天，樊遲給孔子駕車，孔子告訴他說：「孟孫向我問孝，我對他說：『不要違逆』。」樊遲說：「這是什麼意思呀？」孔子說：「父母活著時，事奉要盡禮；死了，安葬要盡禮；祭祀要盡禮。」

【注釋】

❶孟懿子：魯國大夫。姓孟孫，名何忌，「懿」是謚號。下面「孟孫」，即孟懿子。其父僖子賢而好禮，曾遺命學禮於孔子。❷無違：指不要違逆他父親的遺命。

【按】

孔子十分重視孝道，但怎樣才算盡孝道了呢？本則，先是孟懿子問孝，孔子答以「無違」；接著樊遲又針對無違，而問「何謂也？」這才作了進一步的闡釋：「生，事之以禮；死，葬之以禮；祭之以禮」。意即：能以禮事父母就是孝。

前者是就孟懿子這具體人而言，因爲他父親賢而好禮，答以「無違」，是教他無違於父親的遺命要學禮。既然是學禮，就得要求他首先從自己開始循禮而行，做到無違於禮，進而達到像他父親那樣「賢而好禮」。顯然爲有所指而言。這是否因爲孔子有鑒於當時掌權的季孫、孟孫、叔孫三家大夫都有僭禮行爲，因而有意識地作此回答，借以啓示他在無違於禮方面有所作爲，能起一點積極的促進作用。

後者是對天下一切人而言，所闡釋的正是孝的通義。即：無論生和死都要按照禮的規範來事奉父母，而且要把禮貫徹到生、死、葬、祭的全過程，都不違背禮的要求。因此，就這個意義說：所謂「無違」，應該是指「無違於禮」，並非「無違於非禮」。這樣，對父母不合乎禮的言行，做子女的就可以，亦應當以自己合乎禮的態度去事奉對待。正如《荀子・子道篇》說的「從道不從君，從義不從父，人之大行也」，這才是對父母的至敬和至愛，也可說是孝的眞諦所在。因此，不問是否合乎禮，就一概「唯父母的話和意志是從」，並不是孔子教人以孝的應有之義，更不應成爲教人「愚孝」，或「父爲子綱」的依據。

(2) 孟武伯❶問孝。子曰：「父母唯其疾之憂❷。」(二・六)

【譯文】

孟武伯問怎樣是孝。孔子說：「父母只爲子女的疾病擔憂。」

【注釋】

❶孟武伯：姓孟孫，名彘，「武」是謚號，孟懿子的兒子。❷父母唯其疾之憂：有二解：一是父母只爲子女的疾病擔憂。指如果子女能經常體會此心，則加意謹愼，使父母無可憂慮，這就是孝。二指孝子要特別爲父母的疾病擔憂。其，有二說：一指子女。一指父母。

【按】

父母最擔憂的是子女有病，而如果子女有病，又恰恰身無分文，那麼，「天下父母心」，那種焦急憂慮、寢食難安的惶惶之情，就不是身歷其境過的人所能想像了！

孟武伯是上則當權大夫孟懿子的公子，是有朝一日必定要當權爲政的。孔子答此，意在告訴他要善體「父母唯其疾之憂」的心情，轉而以此心情猶「愛民如子」，「唯民疾之憂」，多多關心、了解民間疾苦，知道老百姓的痛苦。這樣，也就把善體父母的愛心，擴大而及於愛天下之人。

這是就孟武伯這具體人而言，指爲政者應該以「父母唯其疾之憂」那樣，去擔憂老百姓的疾苦。乃「孝」精神的擴大，是爲大孝。

至於就孝的通義，對天下一切人而言：父母最擔憂的是子女患病，如果病在機體，不管病大病小和內心的焦急如何，總還有藥可以設法救治；而如果病在道德敗壞，就不是藥石所能救治，亦非棍棒所能解決了！

因爲一個道德敗壞的人，是什麼事情也幹得出來的：生活困難，會去偸、盜、搶、詐騙，無所不爲；日子舒服了，又會飽暖思淫慾，搞旁門邪道，無惡不作；特別是欲念無止境，欲溝又難塡：舒服了還想更舒服，錢多了還要謀求更多，所謂得寸就要進尺，得隴就想望蜀，這個欲念達到了，又千方百計要另一個，什麼利欲、情欲、權欲、占有欲……等等，總之，道德越是敗壞，手段越是殘忍，情節也越惡劣，更加離奇，最終走向罪惡深淵，旣爲法律所不許，也爲天理所難容，到頭來是害人開始，害己、害父母而告終。

這樣的人，設想一下：如何能夠盡孝道？又如何不讓父母牽腸掛肚、擔憂受驚？又怎麼不使父母怨恨不已、傷心欲絕？

因此，做子女的如果能經常體會天下父母心這種「唯其疾之憂」的心情，就一定能加意謹愼，更加重視自己的道德修養。這樣，父母也就可以放心，無需憂慮擔心了。從這個意義說，這亦可說是孝了。

（3）子游問孝。子曰：「今之孝者，是謂能養。至於犬馬，皆能有養。不敬，何以別乎？」（二·七）

【譯文】

子游問怎樣是孝。孔子說：「現在的人，認爲只要能供養父母就算是孝了。其實呢，就是狗馬，也都能有人養著。如果沒有尊敬父母的心意，那麼，供養父母和飼養狗馬，又從何處去分別呢？」

【按】

本則提出了一個嚴肅的問題：對父母僅僅能供養口體，而沒有表現出愛和敬，這能算得上是孝嗎？孔子認爲，這充其量只是孝的低層次內容和最起碼的要求而已。因爲如果「不敬」，這同犬馬之皆能有養，又有什麼二樣呢？

「孝」不僅是外在的道德規範，也是內在的主觀要求。光遵順外在的道德規範，能供養父母的口體，卻沒有表現出發自內心的對父母的敬愛之情，那麼，這「能養」也不過是某種壓力下的不得已罷了！因此，這能否說是眞孝，還是打個問號的。何況，「不敬」，也就把父母視爲非血緣關係的外人；既是外人，則日久生厭，必然會把父母的供養口體問題，當作包袱、累贅，從而表現出諸如冷面孔、沒好聲氣、或者鄙夷的神色，以「嗟之來食」的態度把父母視同叫化子，更有甚的是指鷄罵狗，或者直接辱罵，施之以拳腳等等。這樣的「所謂能養」而又「不敬」，如何能叫父母下嚥？又如何不叫父母怨恨不已，憤憤難消？

因此，雖沒說「能養」不是孝，但發自內心的對父母的愛和敬，則是第一位的；否則，同犬馬的皆能有養，又有什麼分別呢？

（4）子夏問孝。子曰：「色❶難。有事，弟子❷服其勞；有酒食，先生❸饌——曾❹是❺以為孝乎？」（二·八）

【譯文】

子夏問怎樣是孝。孔子說：「難在子女對父母能時刻保持歡愉的容色。如遇有事，由子女操勞；有酒食，先讓父母吃——難道這也算是孝的最完善態度？」

【注釋】

❶色：臉色。此指子女侍奉父母的臉色、態度。❷弟子：指子女。❸先生：指父母。❹曾：竟然。❺是：這。

【按】

本則，更進一層，提出「色難」。是說：對父母的態度如果不能保持愉悅的容色，縱使「有事，弟子勞；有酒食，先生饌」，這是不是也算最完善的孝行呢？

從物質生活方面說，這應該達到了孝的高層次內容，至於對父母的愛和敬，其實也在某種程度上通過這方式而表露出來。因此，就今天眼光看，做子女的能如此態度事奉父母，該是很不差的表現，可貴的孝行了！

當然，要達到孔子提出的「色難」，即時刻保持對父母愉悅的容色、愛和敬的情意，讓父母感到欣慰，覺得愉快，這實在太不容易了。因此，隨著時代的向前發展，這「色難」的要求，並沒有為廣大人民所接受，也就很自然的了！

不過，本則之意所謂「色難」，其實就是「心難」：如要「色」不難，首先要從內心眞正體會認識到父母生之、育之、撫之、教之的養育恩情是浩蕩無涯的。那麼，「區區寸草心，怎報三春暉」，總思報答之，猶恐不及的心情，又怎麼會不保持對父母愉悅的容色，和愛敬之情呢！因此，雖說「色難」，實則是「心難」；眞正體會認識到了，心不難，則「色」也不難！

「天下父母心」，從嬰兒的呱呱墮地，直至撫養成人，是多麼不容易呀！這中間，經歷的風風雨雨，冷冷暖暖，或饑或飽或暴食，或病或痛或損傷，特別是貧窮家庭，生活的煎熬，人情的勢利，富家子的鄙夷、欺負，甚至侮辱等等，做父母的該操了多少心！擔了多少險！淘了多少氣！付出多麼巨大的自我犧牲！因此，「天下子女情」，為什麼不能在「有事，弟子勞；有酒食，先生饌」的孝行基礎上，更上一層樓，始終保持對父母愉悅的容色，和發自內心的愛和敬呢？

（5）有子曰：「其為人也孝弟❶而好犯上者，鮮矣；不好犯上而好作亂者，未之有❷也。君子務本，本立而道生。孝弟也者，其❸為仁之本與❹！」（一．二）

【譯文】

有子說：「這個人孝順父母，敬愛兄長，卻喜歡犯上，那是很少的呀；不喜歡犯上，卻喜歡作亂，那是沒有的呀。君子致力於根本，根本樹立了，治國和為人的原則，也就形成了。因此，孝順父母，敬愛兄長，大概就是仁愛的根本吧！」

【注釋】

❶弟：同「悌」，敬愛兄長。❷未之有：「未有之」的倒裝。❸其：大概，想必。❹與：同「歟」，語氣詞。

【按】

把基於親子之愛的「孝」和骨肉之情的「弟」兩種倫理道德觀念看作是「仁之本」，不僅意義深遠，且具有政治卓見。因為「孝悌」既是仁的根本，也是立國的根本，治天下的根本，為人的根本。可以說，仁的各項要求，諸如：仁者愛人，泛愛衆，己立立人，己達達人，博施濟衆，以及仁政德治，對大同社會的嚮往等等，都是從親子之愛和骨肉之情這人的自然本性推衍出來，加以無限擴充和發揮而成。如果說：對生我、養我、育我的父母，尚且沒有孝心，對血緣關係密切的兄弟姐妹也沒有敬兄愛弟的悌情，譬如，為了一己私利，可以置父母於不顧，甚至虐待、遺棄、不贍養；為了爭奪遺產，可以兄弟反目，甚至鬪毆、兇殺。那麼，這種既無仁心，更無人性的人，豈止於對別人沒有仁愛和道德心，對事也沒有正義感和責任感，恐怕什麼傷天害理，極端殘忍的事都幹得出來的！

孝悌是我們民族、人民幾千年來樂於共同遵從的傳統美德，也是人人可以做、應該做、能夠做的起碼道德。儘管它曾經為封建統治者用來作為「愚孝」、「愚忠」的手段，借以痲醉、毒害人民；但絕不能因此就以「封建倫理道德」的名義而全盤否定它。實踐證明：孝悌對家庭的和睦、融洽，以及人際關係的和諧相處，「尊老、慈幼」，「老吾老以及人之老」的發揚，和促進社會的安寧等等，都是起著巨大的積極作用，無可替代，也無庸置疑的。可以說：任何時代的社會風尚，如果為政者並不重視提倡經過「損益」的孝悌，而是以道德虛無主義態度，視孝悌為迂腐、落後、「封建」，必欲打倒之、廢棄之，則其影響所及，必然是人心澆薄，道德淪喪，由此而導致社會的不安寧，就遠非人民之福，而是災難了！

至於「其為人也孝弟而好犯上者，鮮矣；不好犯上而好作亂者，未之有也」，這在「君是明君，官是清官」，所謂「天下有道」的情況下，該是極正常、必然的。因為政治清明，「未有上賢而下作亂的」，一般的大臣和平民百姓尚且用不著犯上直諫，哪會作亂！而況是孝弟也者這樣的人，所謂「孝慈則忠」。

但，在「天下無道」情況下，就未必盡然了。因爲「君是昏君、暴君，官是貪官，吏是汚吏」，政治黑暗，殘忍暴虐，老百姓已經到了怨聲載道、民不堪命之時，歷史上「未有上暴虐而下不作亂的」，孝弟也者自然以義爲上，敢於起來犯上直諫，直至參與作亂，這是大孝、大義，同樣是事物發展的必然！否則，對君上的「忠」，也就是對人民的「不仁」，根本背離了「爲仁之本」，談不上是孝弟也者了！

附：子曰：「弟子入則孝，出則弟，謹而信，汎愛衆而親仁。」（節錄一·六）

子曰：「出則事公卿，入則事父兄。」（節錄九·一六）（參閱一·31）

或謂孔子曰：「子奚不為政？」子曰：「《書云》：『孝乎惟孝，友於兄弟。』施於有政，是亦為政，奚其為為政。」（二·二一）（參閱二·38）

（6）子夏曰：「事父母，能竭其力。」（節錄一·七）

【譯文】

子夏說：「侍奉父母，能夠竭盡自己的力量。」

【按】

對父母發自內心的愛和敬，是「孝」的首要內容，所謂「大孝尊親……其下能養。」（《大戴禮記・曾子大孝》）因此，在這個問題上，並無富貴貧賤之分：只要是子女，不論你是富貴，還是貧賤？是高官，還是卑職？是巨賈，還是小商？是學者，還是苦力？對父母表示的愛和敬，都應該發自內心。因此，內心之是否眞誠，則是據以判斷、或者自省究爲眞孝、抑或假孝的關鍵因素。

而對「能養」，則視其是否「竭其力」，就不以「力」之大小作爲衡量標準。這樣，只要能竭盡一己之力事奉父母，也就謂之爲孝；否則正如俗語所說「百善孝爲先，原心不原迹，原迹貧家無孝子」了！因此，對孝的要求是「事父母，竭其力」，可謂入情入理，十分求實，更具遠見。也因此，如果說事奉父母，未「竭其力」，是爲非眞孝；那麼，處貧困境遇的子女，「竭其力」太過，爲了孝養父母而以非義手段，如偷人錢財等，亦不是「孝」的應有之義，因爲既觸犯刑律，又爲不道德行爲，且徒然使父母不安，自已反陷入不孝，從而鑄成大錯。這就不能不加意善思而愼爲了！

（7）子曰：「父在觀其志，父沒觀其行。三年無改於父之道，可謂孝矣。」（一・一一）

【譯文】

孔子說：「父親在世時，觀察他的志向，父親死了，看他的行爲。如果在三年內不改變父親生時所爲，這也可算是孝了。」

(8) 子曰：「三年無改於父之道，可謂孝矣。」(四·二〇重出)

【按】

在封建宗法社會裏，家長獨攬家政，做子女的只能「唯父母之命是從」。因此，在沒有自己獨立的人格和意志的情況下，來判斷子女是否「孝」，唯一的辦法只能是「父在觀其志，父沒觀其行」。也因此，在當時的社會環境和歷史條件下，應該說，還是有它的合宜之處，無可加以厚非的。

當然，就今天說，歷史條件完全改觀了，這樣方式顯然不可能適應今天的社會發展，也難於達到「天下父母心」期望子女有所作爲的意願。因此，這就要求做父母的對子女，不是僅僅消極、被動地「觀其志」，而應該是根據子女的智慧、才智、愛好和性格等，積極、主動地善於啓發、誘導子女立志，樹立正確而遠大的志；而且，也不是「父沒觀其行」，而應該是隨時隨處「觀其行」，用以檢查並判斷所立之志的大小和志行的是否一致；必要時，更要有意識地把子女安放到適當場合，讓他經受考驗和錘鍊，所謂「苦其心志，勞其筋骨，餓其體膚，空乏其身，行拂亂其所爲，所以動心忍性，增益其所不能」等等，這才是子女成長的正確途徑。而如果等到「父沒」才去觀其行，則子女的思想已經定型，要糾正，也爲時過晚了！

至於「三年無改於父之道，可謂孝矣」，這就要分別情況作具體分析了：如果說「父之道」是合乎禮、合乎義，是符合人民利益的，那麼，「三年無改」，謂之爲孝，應該說，還是合宜的；但，如果「父之道」不合乎禮、也不合乎義，是違背人民利益的，那麼，這「三年無改」，就成問題，無異是在提倡做壞事了。這不但不是孝，而應該是大不孝！相反，如果爲人子敢於改變父生時不合乎禮、不合乎義，違背人民利益的「道」，那麼，這就不但不能指爲不孝，而且應該稱爲孝的大行了！正如孔子所說：「入孝出弟，人之小行也。上順下篤，人之中行也。從道不從君，從義不從父，人之大行也。」（《荀子・子道》）

因此，不分別具體情況，籠統地一概認爲「三年無改於父之道，可謂孝矣」，只能對子女的創新思想和變革精神，起了有害的限制、甚至壓抑作用；也只能把「孝」引向「愚孝」發展，最終被統治者利用來作爲「父爲子綱」的依據。而對這一點，其實，人民心中不是無數的：對孝道的哪一方面可行，哪一方面不可行，人民總是根據自己的理解和自身的利益來作抉擇。因此，「三年無改於父之道」，實際上卽在當時，也未必就是行得通的。

（9）曾子曰：「吾聞諸夫子：『孟莊子[1]之孝也，其他可能也，其

不改父之臣與父之政，是難能也。』」(十九·一八)

【譯文】

曾子說：「我聽老師說過：『孟莊子的孝行，其他方面別人還是能夠做到的，只有未能改換他父親所用之人，和所施行的政事，是別人難能做到的。』」

【注釋】

❶孟莊子：魯國大夫仲孫速。他父親孟獻子，名蔑，有賢德。

【按】

孟莊子之父有賢德，按通常情況而言：他所用之臣，應該亦是比較有賢德的人，所施之政，亦應該是能合乎禮、合乎義，符合人民利益的。因此，「蕭規曹隨」，孟莊子「不改父之臣與父之政」，不是難能，而是容易，也正是孝行的表現。爲什麼孔子說「是難能也」呢？

是不是當時確有「難能」的具體事實，沒有或者不便公布出來呢？譬如：孟莊子之父雖有賢德，但所用之臣和所施之政，不一定能像他父親那樣賢德。改呢，不改呢？又譬如父親所用之臣，委實能幹、甚至厲害太過了：改吧，要承擔「不孝」之名；不改吧，對自己「一朝天子一朝臣」的施政來說，實在是有所礙、有所掣肘。思想鬪爭的結果是：捨棄個人權欲，而行大孝於天下。因此，「其不改父之臣與父之政」，可能正是體父公忠而成其未竟，亦即重「公」棄「私」，「公」的思想占上風也。

由於無史料，姑妄作此想了。

其實，「無改父之道」，是否爲「孝」，主要還應該看父之爲人是否賢德，父之爲政是否合乎義？是否符合人民利益？父賢有道而不改，固然是「孝」，但父不賢失道而不改，則未必就是「孝」；同樣，父賢有道而改，爲個人權利慾所惑，固然可謂之「不孝」，但父不賢失道而改，卻未必得謂之爲「不孝」了！如禹之改父鯀治水之道，後儒並沒有評論禹爲不孝，就足以說明。

歸根結蒂：視其是否合乎義？是否符合人民利益？

(10) 子曰：「父母在，不遠遊。遊必有方。」（四．一九）

【譯文】

孔子說：「父母在世的時候，不遠離家鄉，如果不得已要遠行，也必須告以去處。」

【按】

在古代交通不便，音訊更難通達的情況下，「父母在，不遠遊」的心情，是可以理解，亦應該體貼的。

但，在今天，時代已越過二千幾百年，我們正是處在科學日新月異，交通發達方便，電訊又瞬間能通達全球，「天涯若比鄰」的時代。如果說，有人還存有「父母在，不遠遊」的觀念，那只是貪圖安逸、舒適，迷戀城市生活，陶醉於兒女情長的一種藉口；只是自我欺騙和自我拋棄的一塊遮羞布！從本質上說，這是胸無大志，庸庸碌碌無所作爲，也不想有所作爲的一種懦夫懶漢的精神狀態。

每一個開明、有遠見的父母都會認識到我們所處的時代，正是好兒女志在四方、天下爲家的偉大時代，「不遠遊」的觀念已大大不適應時代所賦予的責任感了。把它改爲「父母在，要遠遊，遊必成業」，並以此勉勵兒女用自己的雙手和智慧、汗水去開拓，去開創成就新的事業。這對父母來說，無疑是會感到更大的欣慰的！

(11) 子曰：「父母之年，不可不知也。一則以喜，一則以懼。」

(四·二一)

【譯文】

孔子說：「父母的年齡，不可以不常記心頭：一方面爲父母的長壽而歡喜，一方面又爲父母的衰老而擔憂。」

【按】

為父母的長壽而感到高興和快樂，也為父母的壽長、來日不多而感到擔心和憂慮。正是由於憂慮之情深，因而喜懼之心也就更切了。兩者似若矛盾，其實，恰是在矛盾中顯現出對父母一片至情的孝心。

這是就孝子的心情而言。孝心即仁心，孔子之所以特別重視孝心，就因為「仁者愛人」，是首先從「親親」開始，推而及於一切人。所謂「孝弟也者，其為仁之本與?」亦正是指此。

(12)子曰：「事父母幾❶諫❷，見志不從，又敬不違，勞而不怨。」

(四·一八)

【譯文】

孔子說：「事奉父母，如果父母有過失，就應當委婉地規勸。倘父母不願聽從，仍要恭敬，不要違逆他們，等待有機會時再規勸。雖心裏操勞憂慮，也不對父母有怨恨。」

【注釋】

❶幾：微，指委婉。　❷諫：規勸。

【按】

本則提出了如果看見父母有過失，或者不合乎禮，不合乎義理，做子女的是聽之任之，或者不聞不問，仍然「唯父命是從」呢，還是應該「幾諫」，進行規勸呢？

孔子的態度是十分明確的：應該進行委婉地規勸，如果父母接受不了，或者不願聽從，那麼，就應該仍然保持「又敬不違，勞而無怨」的態度，等待機會再規勸。其中，「諫」是基於義，「敬」則本於情，目的是通過至情達於義，企望父母知過而改。這樣，也可說是情和義兼有，盡一己之力了！

從本則「事父母幾諫」中，可以看出孔子提倡「孝」，是本於人的自然本性，入情入理，至情至理：一方面「無違」於禮，一方面對父母的過錯還要委婉的規勸，即「幾諫」，態度是那麼懇切！那麼眞誠！正如《荀子．子道篇》所說：「從道不從君，從義不從父，人之大行也……（對父命）可從而不從，是不子也，未可從而從，是不衷（忠）也。明於從不從之義，而能致恭敬忠信，端愨以愼行之，則可謂大孝矣。」這充分說明：「孝」絕不是「唯父命是從」，更不是說天下無不是的父母，做子女的要無條件地絕對聽從父母！

而且，「從義不從父」之義，是有大義、小義之別的：譬如叛國投敵、認賊作父，謀財害命、殺人越貨等等，這爲大義之所不容，不僅不當從，更且應該「大義滅親」；而小義，只是表現某些非原則的一般過錯而已，做子女的做到「事父母幾諫」，就無需擺出一面孔「大義凜然」

的架勢，以義自居。否則，與願望相違背，倒頭來反把事情弄糟，旣傷害了父母之情，又使自己下不了臺階，這就不是爲子之道了！

於此，更可以想見：孔子所倡「孝道」，無絲毫「父要子從，不得不從」的含意；至於後儒提出的「父爲子綱」，那只不過爲了突出「君爲臣綱」的一番別有用心的所爲而已！

【備考】

《荀子・子道篇》曰：魯哀公問於孔子曰：「子從父命，孝乎？臣從君命，貞乎？」三問，孔子不對。孔子趨出，以語子貢曰：「鄉者君問丘也曰：子從父命，孝乎？臣從君命，貞乎？三問而丘不對。賜以爲何如？」子貢曰：「子從父命，孝矣。臣從君命，貞矣。夫子有奚對焉？」孔子曰：「小人哉！賜不識也。昔萬乘之國有爭（同諫）臣四人，則封疆不削；千乘之國有爭臣三人，則社稷不危；百乘之家有爭臣二人，則宗廟不毀。父有爭子，不行無禮；士有爭友，不爲不義。故子從父，奚子孝？臣從君，奚臣貞？審其所以從之之謂孝、之謂貞也。」

(13) 葉公語孔子曰：「吾黨有直躬❶者，其父攘❷羊，而子證❸之。」孔子曰：「吾黨之直者異於是。父為子隱，子為父隱，直在其中矣。」（十三・一八）

【譯文】

葉公告訴孔子說：「我們家鄉有個正直的人，他父親偷了別人的羊，他卻出來作證。」孔子說：「我們家鄉正直的人，就和這不同：父親爲兒子隱瞞，兒子爲父親隱瞞，正直也就表現在其中了。」

【注釋】

❶直躬：姓名不傳，因其正直，故稱直躬。❷攘：盜竊。❸證：證明、作證。

【按】

父母有過錯，上則提出了「幾諫」，即委婉的規勸；本則則是「父爲子隱，子爲父隱」，就是說：「爲親者諱」，家醜不外揚。前者說明做兒子的並不完全「唯父母之命是從」，而是「義之所在，不從父命，也非不孝」；後者雖說「父子相隱」，其實是就家庭之外的第三者而言，在家庭內部，一當發現誰有過錯時，也必然會有：或者父對子的嚴加訓斥，或者子對父的委婉規勸。

如果說：父子相隱的僅僅是一些非原則性的生活小節，或者因家庭瑣事引起的過錯，那麼，爲了顧全過錯者的顏面和家庭的名聲，而不讓「家醜外揚」，應該說，多少還在情理中，是可以理解的。但在現實生活中，就往往不是這樣了。譬如：有的「父爲子隱」過了頭，反害了兒子；

有的「子爲父攘」大作證而發了熱，反弄得父子離散。前者不當隱而隱，失之情溺；後者不當證而證，失之情薄，都不是「父慈子孝」的應有之義。

其實，「父爲子隱」是基於親親之愛，不欲「家醜」外揚，在社會上曝光。因此，雖說在家庭內也嚴加教育，但對外卻是遮遮掩掩、隱瞞的——這樣做的本身，也就等於無形中袒護和慫恿了兒子的過錯，在一定程度上助長了兒子有恃無恐的態度，使過錯愈陷愈深；而且在兒子因嚴重過錯而觸犯刑律，鋃鐺入獄時，有的父母還在袒護之、包庇之，這就不能不自食「父爲子隱」的惡果，而後悔莫及了！

這種愛之，實則害之的「父爲子隱」態度，不能不爲之敲起警鐘引爲鑒戒！

至於「子爲父隱」，在現實中，其實並不多見，而「子爲父攘作證」，卻屢有所聞，特別在某種特定的歷史環境，諸如政治運動的強烈氣氛中，在所謂「大義滅親」、「劃清界線」等的口號下，憑一時的頭腦發熱，或感情衝動，把一些純屬生活小節，非原則性的過失、錯誤，上升爲不可饒恕的「罪行」來大義滅親，有的甚至根據臆測的「材料」，「想當然」地進行「推理」，並據以「檢舉揭發」，直至面對面鬥爭或作證。這樣，也就嚴重地傷害了父母的親子之情，有的從而導致父子離散，有的則心靈創傷，造成終身遺恨！

總之，父爲子不當隱而隱，固然失之情溺，害莫大焉；而子爲父非原則性錯誤，不該證而證，實亦失之情薄，徒見世情之乖戾、不敦厚而已！

（14）子張曰：「《書》云：『高宗❶諒陰❷，三年不言。』何謂也。」子曰：「何必高宗，古之人皆然。君薨❸百官總己以聽於冢宰❹，三年。」（十四·四三）

【譯文】

子張問道：「《尚書》說：『殷高宗守孝，三年不論政事。』這是什麼意思呀？」孔子說：「何必高宗，古人莫不如此！國君死了，繼位的國君守喪，朝廷百官，便各自總攝自己的職事來聽命於太宰，共歷三年。」

【注釋】

❶高宗：殷王武丁，古人稱他是商朝中興的賢王。❷諒陰：天子居喪之廬。此指守喪。❸薨：古時稱君死爲薨。❹冢宰：官名，相當於後世的宰相。

【按】

「何必高宗，古之人皆然」：前半句指貴如君王高宗也要遵行「三年之喪」，意即，何必要像他這樣高位的人，就是普通的庶民，在古代也是人人都遵行這三年之喪，表示不忘父母三年懷抱之恩的。這後半句「古之人皆然」的言外之意是：今之人皆不然！是說這三年之喪的禮制都給廢棄，沒有人遵行了，因而連《尚書》所云也不知何所指了！其不勝慨嘆繫之之情，亦略可見。

（15）宰我問：「三年之喪，期已久矣。君子三年不為禮，禮必壞。三年不為樂，樂必崩。舊穀既沒，新穀既升❶，鑽燧❷改火❸，期❹可已❺矣。」子曰：「食夫❻稻❼，衣夫錦，於女安乎？」曰：「安。」「女安，則為之！夫君子之居喪，食旨❽不甘，聞樂不樂，居處不安，故不為也。今女安，則為之！」宰我出，子曰：「予之不仁也！子生三年，然後免於父母之懷。夫三年之喪，天下之通喪也。予也，有三年之愛於其父母乎？」（十七・二一）

【譯文】

宰我問：「父母死後，子女服喪三年，爲期太久了。君子三年不習禮，禮一定會敗壞，三年不奏樂，樂也一定會荒廢。而且舊穀已經吃盡，新穀亦已登場，鑽取火種的木頭也都改換了，服喪一週年也就夠了。」孔子說：「父母死才一年便吃稻米飯，穿錦繡衣，在你心裏安不安呢？」

宰予說：「安。」孔子說：「你心裏安，那你就這樣去做吧！君子在服喪期間是，吃美味而不感香甜，聽音樂而不感歡樂，住在居室而不感心安，所以不這樣做。現在你感到心安，那你就這樣去做吧！」宰我出去後，孔子說：「宰予眞是不仁呀！兒女生下來三年，才可以離開父母的懷抱。爲父母服喪三年，是天下通行的喪禮呀！宰予對他父母，是否也有三年的愛在心上呢？」

【注釋】

❶升：登，指登場。❷燧：古代取火的器具，即燧石。❸改火：古代用燧石鑽木取火，所用的木頭，四季不同，一年一換，叫改火。❹期：同「朞」，一週年。❺已：止。指服喪一週年就可以停止。❻夫：那。❼稻：古代北方以稻米爲珍貴。❽旨：滋味美。指美味的食物。

【按】

三年之喪，是上自天子，下至庶民都遵制通行的「天下之通喪」。只不過庶民是根據自己的認識和意願進行損益的：「死者已矣，活者要緊」，老百姓既沒有必要，實在也沒有這個條件可以不顧農時，去守那三年之喪。

因此，在當時，實際上這三年之喪，不行已久，徒存虛名而已。上則言「何必高宗，古之人皆然」，其實正是孔子對世道的不行這「三年之喪」所表示的一種慨嘆！

本則，宰予之問，認爲三年之喪，時間太長，流弊也多，而且庶民不遵行也已久；與其徒存虛名，還不如求實，變革之改爲一年更合乎實際。在這個問題上，應該說：宰予是適應時代發展趨勢，富有革新精神的。而孔子則從父母的養育之恩，特別是「子生三年，然後免於父母之懷」這角度，啓發教育他以反諸己的態度，領會所以要有「三年之喪」的道理。而「予之不仁也！」是在回答「安」字的情況下給予的批評。雖說這是重在仁心之教，但在對待年限這問題上，孔子未免是拘泥太過的。

（16）子曰：「孝哉閔子騫！人不間於其父母昆弟之言。」（十一．四）（參閱四．65）

【按】

閔子騫在民間傳說中，被列爲二十四孝之一，是一個眞正稱得上大孝子的人。他的特別難能可貴處是：

一、從家庭的整體幸福出發，「寧願一子單」，也不欲「四子寒」；寧願自己悽切切，也要對後母、昆弟情深深的純孝行爲，最終感動了父母，贏來了一家的和睦、幸福。這是非常非常不容易的。

二、絕不爲旁人的閒言碎語所動搖，亦絕不爲別人對後母的憤懣之言所影響，更不對別人的同情而改變態度。這就是說，有自己的獨立主見和堅強的意志和毅力——這一點，對處理家庭問題，尤其顯得重要。因爲一般的家庭糾紛，固然在於家庭內部本身出了問題，但親朋友好和鄰里間難免的閒言碎語，或者不懷好意的挑撥、搬弄，甚至是幸災樂禍的造謠、中傷等等，常常會無形中起推波助瀾，甚至是興風作浪的作風，從而影響，甚至左右事態的發展，導致矛盾的激化。因此，這就特別需要當事人自己的獨立主見，和不爲別人所迷惑，所影響的堅強意志和毅力。

(二) 忠信

忠是指對人，特別是對君上的忠心耿耿、竭盡心力而爲的態度；信是指對人誠實、講信，說一不二的爲人原則。前者對人忠是相互間的平等關係，而對君上，卻純然是單方面的，不具平等因素了；後者不僅是人際交往關係中應該互相遵守的道德規範，而且也是爲政者所應遵從的治國之道。

1. 事君以忠

(17) 定公❶問：「君使臣，臣事君，如之何？」孔子對曰：「君使

臣以禮，臣事君以忠。」（三・一九）

【譯文】

定公問：「君使用臣，臣事奉君，應該怎樣？」孔子回答說：「君使用臣按照禮，臣事奉君自然也會忠心耿耿了。」

【注釋】

❶定公：魯國君，名宋。定，諡號。哀公之父。

【按】

本則，孔子提的「臣事君以忠」，和下則「以道事君」，都是以「君使臣以禮」爲前提的。就是說，如果君使臣不以禮，不以道，那麼，臣對君同樣可以不必竭盡忠心而離去。這說明孔子的忠君思想是相對的、有條件的。就當時森嚴的宗法等級制封建社會的歷史條件而言，這無疑是一個大膽的、帶有強烈民主意識的偉大設想。後來，孟子把這有條件的忠君思想進一步作了發揮：「君之視臣如手足，則臣視君如腹心；君之視臣如犬馬，則臣視君爲國人；君之視臣如土芥，則臣視君爲寇讎。」（《孟子・離婁下》）並提出「民爲貴，社稷次之，君爲輕」的主張，就更是難能可貴了！

當然，這有條件的忠君思想，也仍然是不平等的：因爲君對臣稱「使」，臣對君則謂「事」。前者處至高無上的君王寶座，可以像奴隸主頤指氣使地對待奴隸那樣使喚臣、差使臣；而後者則只能恭恭敬敬、誠惶誠恐地去「事」奉君，無論人格或氣勢，臣都是處於卑下的從屬地位。特別是歷代封建統治者爲強化帝王的絕對權威，總是千方百計把孔子有條件的忠君尊王思想，解釋爲臣對君的絕對服從，並由此而演變成「君爲臣綱」，亦卽君要臣死，不得不死的絕對君權思想。這既非孔子始料所能及，也不應該是孔子的責任了！

附：子曰：「……所謂大臣者，以道事君，不可則止。」(節錄十一・二三)

(18) 子路問事君。子曰：「勿欺也，而犯❶之。」(十四・二三)

【譯文】

子路問怎樣事奉君。孔子說：「不要陽奉陰違地欺騙他，而要當面直諫他。」

【注釋】

❶犯：冒犯。指犯顏直諫。

【按】

上兩則孔子主張有條件的「事君以忠」，本則則更進一步提出：「勿欺也，而犯之」。這是說事君要忠心耿耿，不陽奉陰違，不當面阿諛，背後搗鬼；對君王政治上的失策或錯誤，諸如使民不以時，貪財、聚斂，或好色、好貨、好奉迎、親小人等等，要敢於犯顏直諫。縱使會因此而遭不幸，亦應該忠心耿耿地「勿欺也，而犯之」。

這種不畏君王極權，也不懼慘遭橫禍，而置自身安危於度外，敢於犯顏直諫的精神，正是一個剛正不阿的人所表現的浩然正氣，和不屈的硬骨頭精神。歷史上有許許多多敢於在暴君面前冒犯「龍顏」而直諫不諱，爲民請命慘遭滅門，甚至株連九族的剛正之士，不正是受這思想的薰陶、砥礪而形成的嗎？

(19) 子曰：「愛之，能勿勞乎？忠焉，能勿誨乎？」（十四・八）

【譯文】

孔子說：「愛他，能勿教他勤勞嗎？忠於他，能勿使他受到教誨嗎？」

【按】

有各種方式的愛，亦有不同態度的忠。

譬如父母對子女的愛：有的視之如心肝寶貝，逗之、哄之，唯恐其長不大，長大了成不了才，因而百依百順，張口就是好吃的，伸手就是現成的；也有是恨鐵不成鋼，先之以物質刺激，繼之以棍棒威嚇，形似愛之，實是害之。當然，有遠見的父母則是根據子女聰明才智和興趣愛好等，教之導之，循循然善誘之，使其養成勤勞樸素、積極進取向上的習慣，必要時還要讓子女「勞其筋骨，苦其心志，餓其體膚」，千錘百鍊之。可以說，這才是眞正的愛，所謂「愛之，能勿勞乎？」

又譬如忠：有的忠心耿耿，以道事君，而且見君上有過，還能「勿欺也，而犯之」，進行規勸，甚至犯顏直諫，使君上趨於善，趨於正；可是，也有的卻一味察言觀色，「善體聖容」去迎合君上之意，特別是對某些嗜欲，如好戰以闢土地，聚斂以充府庫，聲色以爲淫樂等等，總是順之、從之，千方百計投其所好。如此態度，其實，既是違仁，又且害君，並非是爲臣之道，而是小人工於心術的手段了！

因此，「忠焉，能勿誨乎？」不僅對君上應該這樣，即使對朋友，也應該做到這樣。

(20) 子游曰：「事君數，斯辱矣❶。朋友數，斯疏❷矣。」（四·二六）

【譯文】

子游說：「進諫君上過於頻繁，就會遭受侮辱。規勸朋友過於頻繁，也會造成疏遠。」

【注釋】

❶事君數兩句：意思是事奉君上，如果進諫不聽，就應該中止；否則頻繁地進諫不已，就必然會遭受到侮辱了。數：屢次、頻繁、煩瑣。❷疏：疏遠。

【按】

「勿欺也，而犯之」，表現了對君上的無限忠誠，和光明磊落的胸懷。這是在認準非犯顏直諫不可，才挺身而出這樣做的。一般說，多處於異常情況。

本則「事君數，斯辱矣」，則是告誡人們處常時就要引起注意：見君上有過，不要頻繁地進諫太過，要有個「分寸」，或者「界限」，否則，越過了這「數」的「界限」，也就必然會遭君上的侮辱、損害：小則貶官降職，大則身敗名裂，家破人亡，甚至株連幾族。縱觀歷史，能像唐太宗那樣寬容地對待魏徵屢屢直諫不諱的，畢竟寥寥可數，僅李世民個別而已！（當然，這也有長孫皇后的一份功）可以說：若非唐太宗，則十個魏徵也被殺；而如果不是魏徵，恐怕什麼張徵、李徵、王徵……個個都成刀下鬼了！因爲魏徵爲人忠貞，道德學問又高，素爲唐太宗所敬等的歷史原因。

其實呢，這「斯辱矣」的境遇，何嘗是「事君數」如此，即使「事」一個小小的七品芝麻官，如果他是一個武大郎式的掌權人物，那麼，誰要對這樣的頂頭上司提出批評，或者頻繁的指責，即所謂「數」，那麼，必然是同樣的「斯辱矣」，可以說，沒有不栽筋斗的；小則抓辮子、穿小鞋、打擊報復；大則羅織罪名，待機投入監獄，斷送你一世前程。這在歷史和現實，是屢有所見，見怪不怪的。

古話說的「不怕官，只怕管」，只要是職權範圍能管到你的，縱然不是官，老實說，你要冒犯他，規勸多了，也會遭受侮辱的。這就足以佐證掌握「數」的界限之重要，應該引起人們的鑒戒了！

對朋友也如此。頻繁地規勸，喋喋不休的煩瑣之言，同樣也必然會由厭煩而疏遠。明智的態度是：「忠告而善道之，不可則止，毋自辱焉。」這就是人貴有自知之明。

(21) 子曰：「事君，敬其事而後其食。」(十五・三七)

【譯文】

孔子說：「事奉君上，先要盡心力把職事辦好，而把食俸祿的事放在後面。」

【按】

「敬其事而後其食」，即忠心耿耿地盡職在先，食祿在後——這態度，其實不僅僅限於事君，而應該把它推廣及於對待一切工作，包括人際關係的所有交往。因爲人羣相處，只有先求諸己，盡其在我，這才能求諸人，使對方得到相應的感召。可以說，這也是爲人立身處世的根本，能做到這樣，則高尚的職業道德，勤勤懇懇的服務態度，就一定在意料中，而自己也必然是樂在其中了。

(22) 子曰：「事君盡禮，人以為諂也。」（三·一八）

【譯文】

孔子說：「事奉君上盡到人臣應該盡的禮，別人倒以爲是向君上諂媚。」

【按】

「事君盡禮」，亦即事君以忠。應該說，這本來就合乎當時的君臣之禮，極正常的情形，無可厚非的。但，卻被世人疑爲對君上的阿諛、諂媚。這也就從另一個側面反映了孔子不依附權貴，亦不爲權勢所傾，始終保持自己獨立主見、剛正不阿的高尚情操和可貴精神，實在是令人景仰不已的。

因爲當時魯國政治混亂，正是處在公室弱、私室強，君上的大權旁落，國家的政權完全控制在三卿手上，特別是季桓子更是炙手可熱的時候。而魯定公只是徒有其名而無其實的一個國君而已，府第門前冷冷清清，一般勢利的從政者，都拜到季氏門下去求榮了。

在這樣的政治環境下，唯獨孔子忠心耿耿地依然「事君盡禮」，而且強烈不滿三家的僭禮行爲，千方百計想方設法以抑三家之強，俾有助公室之弱。這樣的態度，究竟是對君上的「諂媚」，還是不依附權勢的表現？是孔子不識時務的「迂」，還是一身剛正不阿的浩然正氣？該是不待言而自明的吧！

（23）子曰：「孝慈，則忠。」（節錄二·二〇）（參閱二·41）

【按】

「孝慈，則忠」，是說能做到對父母孝、對幼小慈的人，就一定能「事君以忠」。這同古話說的「忠臣出孝門」，基本上是同一個意思。雖說對此，見仁見智，所見各有不同；但它來自實踐，而且從親親之愛出發，作推己及人的推論，應該說，是比較可信的，也頗具參考作用的。

事實上，如果對每個不孝、不慈者的心態、原因等作深入的分析，這樣的人確實是不大可能會有忠心的。

因爲對生我、養我、育我，恩重如山的父母尚且可以爲了一己私利而對父母不愛、不敬，甚至辱罵、毆打、遺棄、不負責贍養等等背情悖理的不孝行爲，那麼，一旦際遇特殊環境如威逼、勢壓、利誘、色引而嚴重影響個人的生死、榮辱、富貴貧賤時，難道他不會爲了一己私利，同樣作出叛君、叛國、不忠於人民的行爲嗎？

「孝」是做人的起碼道德，對於一個竟連這樣的起碼道德也不履行的人，能說他對別人會有道德心，對事能有責任感？對祖國、人民能忠心耿耿？

因此，爲政者如能大力扶掖我們民族的傳統美德，倡導「孝慈」，使人人能孝順年老的父母，慈愛幼小的孩子，那麼，無限忠誠地對上、對人民，自然也能蔚然成風了。

(24) 子夏曰：「賢賢❶易色❷，事父母能竭其力，事君能致其身，與朋友交，言而有信。雖曰未學，吾必謂之學矣。」(一·七)

【譯文】

子夏說：「尊敬賢德勝過愛好姿色；事奉父母，能竭盡自己心力；事奉君上能獻出自己生命；與朋友交往能講信用。這樣的人，縱然自謙說沒學問，我也一定說他已經有學問了。」

【注釋】

❶賢賢：尊敬賢德。前一個「賢」字作動詞，指尊敬；後一個「賢」字作名詞，指有賢德的人。
❷易色：輕姿色。

【按】

從辭意看，四句分指夫婦、父子、君臣、朋友四倫所各應遵從的道德規範：夫婦重賢德，事父在孝，事君在忠，交友重信。其中，有些是至今仍然可供借鑒，甚至無妨加以擴大推行。譬如「賢賢易色」，不但值得夫婦間重視，即使擇偶時也應該加以注意。就是說：無論是夫婦相處、或者擇偶談愛，究竟應該重在先賢德、後姿色？還是先姿色、後賢德？必須心中有個底，否則思想上迷糊，甚至擺錯了位置，將會鑄成終身遺憾，而且給子女帶來了不幸。因此，絕不能掉以輕心！

又譬如「忠」：過去封建時代是忠於君上，往後則忠於統治層的最高領導，有的表現爲愚忠，有的則「個人崇拜」到迷信程度；而現在，應該是忠於祖國，忠於人民。只有每個人都牢牢地樹立起忠於祖國的思想，才能破除那「愚忠」的愚昧，和「個人崇拜」的迷信，才能杜絕任何個人可以駕凌國家之上的無限權力，也才能不去幹那有損祖國榮譽，或者背叛祖國、出賣祖國的行爲；只有牢牢地樹立起忠於人民的思想，才會從政爲民，不騎在百姓頭上當官做老爺無法無天，才會不假公謀取私利作威作福，也才會經受大風大浪的考驗，始終勤勤懇懇爲人民。

2. 信則人任焉

(25) 子曰：「人而無信，不知其可也。大車❶無輗❷，小車❸無軏❹，其何以行之哉？」（二．二二）

【譯文】

孔子說：「一個人如果不講信用，我不知道他怎麼能立身處世。正如大車沒有輗，小車沒有軏，試問如何能行進呢？」

【注釋】

❶大車：指牛車。❷輗：指牛車車轅前面橫木二端的木銷子。❸小車：指馬車。❹軏：是馬車上的木銷子。

【按】

本則形象地喻指「人而無信」，就像牛馬車沒有輗軏，無法行進一樣，是難以立身處世，無法在羣體中立足的。

信就是誠實無欺，說一不二，講信用，信守諾言。不僅在一切人際交往中要做到「言而有信」，而且在國際交往中也要做到說話算話，不背約、不食言。我們中華民族從來就是以「言而有信」，絕不違背諾言而贏得全世界人民的贊賞的。

下面節錄的篇章，均在前面分別加以闡述，從中可以認識到：信是我們偉大民族的傳統美德，不但是做人立身處世的根本，也是爲政者的立國治國的根本，同時也是朋友交往相處和自我修養的基本準則。

譬如：人如果「言不忠信，行不篤敬，雖州里，行乎哉？」意卽寸步難行，連本鄉本里都行不通，又如何立身處世？而爲政者如果不能取信於民，那麼，人民就根本不相信政府，又如何去推行政事和依靠羣衆？至於朋友交往相處，如果言而無信，則縱然偶或失信三二次，人們也會認爲是個不可靠的人，再也不相信你了。特別是工商企業、銀行、保險等各行各業，就更要重視建立信譽，把它提到是企業的生命這樣高度，全力以赴地從各個環節加強這方面的措施，以期取得人民的信任，和社會的公認。

當然，還不妨把「信」推廣而及於家庭關係中的父子、夫妻之間。譬如：做父母的同樣要對子女言而有信，千萬不要對子女輕諾寡信，或者隨心所欲的出爾反爾態度；否則，給子女播下不信任的種子，往後將會給家庭帶來無窮的隱患，也會給子女的爲人帶來不良影響；而夫妻之間，如果能架起互相信任的橋樑，那麼，敞開各人的心扉，坦蕩無所隱瞞地都做到言而有信，自然進而達到互信，彼此更加融洽，樂也在其中了！

總之，絕不能忽視加強「信」的道德修養。

【備考】

《韓非子・外儲說・左上篇》曰：曾子之妻之市，其子隨之而泣。其母曰：「女還，顧反，為女殺彘。」妻適市來，曾子欲捕彘殺之。妻止之曰：「特與嬰兒戲耳。」曾子曰：「嬰兒非與戲耳，嬰兒非有知也，待父母而學者也。聽父母之教。今子欺之，是教子欺也。母欺子，子而不信其母，非以成教也。」遂烹彘也。

附：子張問行，子曰：「言忠信，行篤敬，雖蠻貊之邦，行矣。言不忠信，行不篤敬，雖州里，行乎哉？」（節錄十五・五）（參閱七・42）

子張問仁於孔子，孔子曰：「能行五者於天下，為仁矣。」請問之。曰：「恭，寬，信，敏，惠……信則人任焉。」（節錄十七・六）（參閱五・7）

以上為立身之本。

信則民任焉。（節錄二十・一）

子曰：「道千乘之國，敬事而信，節用而愛人，使民以時。」（一・五）（參閱二一・20）

子曰：「謹而信。」（節錄一・六）

子曰：「上好信，則民莫敢不用情。」（節錄十三・四）

子曰：「自古皆有死，民無信不立。」（節錄十二．七）（參閱二．18）

以上為立國之本。

曾子曰：「吾日三省吾身：為人謀而不忠乎？與朋友交而不信乎……」（節錄一．四）

子曰：「老者安之，朋友信之，少者懷之。」（節錄五．二五）

子夏曰：「與朋友交，言而有信。」（節錄一．七）

以上為交友之道。

子曰：「主忠信，徙義，崇德也。」（節錄十二．一〇）

曾子言曰：「正顏色，斯近信矣。」（節錄八．四）

子曰：「好信不好學，其蔽也賊。」（節錄十七．六）

以上為自我修養的基本準則。

(26)子曰：「言必信，行必果，硜硜然小人哉！抑亦可以為次矣。」（節錄十三．二〇）

【譯文】

孔子說：「說話一定守信，不反悔；做事一定果決，不改變，堅硬得像塊石頭一樣，那是小人呀！但也可以算是次一等的了。」

【按】「言必信，行必果」，如果是「義之所在」，那麼，它展示了果敢、決斷的素質，充分顯現出是一個有勇氣、有魄力、有所作爲的人。應該說，這是贏得人們信任，通向成功之路的一種不可缺少的、極爲可貴的氣質，是大大值得贊揚和學習的。

但，如果不是務求大義之所在，只是專意於言行之必信必果，則就容易在不辨是非、曲直、義與不義的情況下，貿然許人以「言必信，行必果」而陷於兩難的處境。譬如：爲江湖上「哥兒、娘們」的義氣而「兩肋插刀」，參加械鬭；也可以爲流氓、幫派、團伙，或者黑社會頭頭的私利而「三刀六洞」，協同拼殺作無謂犧牲等等。這樣，如果不能做到言必信，行必果，就失信於人；而做到了，又陷入不義，於心難安，也復不忍。

因此，這種不問是非、不問是否爲義之所在，而一意於言行之必信必果的行爲，雖說果斷矣，勇敢矣，但究竟所爲何事呢：爲人民利益？爲追求眞理？還是爲正義事業、革命之所需？什麼也不是！只是好逞能，爲了表現一點江湖「義氣」！可是，後果會是怎樣呢？損人開始，害己以告終，完全是「好信不好學，其蔽也賊。」（十七・八）愚昧的必然結果。

本則，孔子所說「硜硜然小人哉」，實際上亦是孟子所闡發的「大人者，言不必信，行不必果，唯義所在。」（《孟子・離婁》）是針對那些專自守於言行之必信必果，而不務求大義的人——當然，這「唯義所在」，決不是指小義；否則，那些慣於不信守諾言、不講信用的人，就常常把那應該遵守的約言，和必須踐履的承諾，藉口「言不必信、行不必果」而食言、背信、棄約了！

因此，除「唯義所在」，可以不必言信行果外，其他的任何事情和任何情況，都應該具有言必信、行必果的果敢、決斷的氣魄和精神，這也可列爲士的次一等了！

(27)有子曰：「信近於義，言可復❶也。恭近於禮，遠恥辱也。因❷不失其親，亦可宗❸也。」(一‧一三)

【譯文】

有子說：「與人講信，首先必須近於義，這才能踐守約言；對人恭敬，也必須先求合乎禮，這才可以遠離恥辱；若有所依靠，必先擇其可親者，這才可靠。」

【注釋】

❶復：指踐守、履行。 ❷因：依靠。 ❸宗：指可親。

【按】

「信近於義，言可復也」，是指與人有約，必須先求能近於義。卽：客觀考慮踐約的可行性。因此，要做到事後的信守諾言，履行所約，就切忌不負責任的信口開河，或者爲了某種目的而隨意許願；更不能利用權勢去強人所爲，或強人所不爲；至於乘人之危，裹脅簽訂根本難於踐履的契約、守則等，也爲道德所不容許。總之，不管是人際關係的交往，或者工商企業之間的合同、協議，以及其他各方面的簽約，或承諾等等，都應該如此。這應該是「言必信、行必果」的前提和首要條件。

「恭近於禮，遠恥辱也」，是說對人恭敬，必須先求能近於禮，否則，過與不及，都會帶來損害。譬如：該恭不恭，就顯得傲慢，近於無禮，不但令人厭惡，也常會導致別人的羞辱，使自己下不了臺；不該恭而恭，就表現了卑下，近於低聲下氣，「足恭」的態度，不但貽笑大方，有時還會被人視爲阿諛，一副媚骨頭，爲人所鄙。

信與恭原是人的美德，但如果不近於義、不近於禮，也會走向它的反面，變成不受人歡迎的惡行。因此，在人際交往中，不能不重視：先要客觀考慮一下踐約的可行性；然後細細想一想，如果「恭不近於禮」，又會給自己帶來什麼難堪？這樣，愼於始，也就能善於終，人與人之間的交往相處，自然達於融洽、和諧和有序了！

3. 交友之道

(28)孔子曰：「益者三友，損者三友。友直，友諒❶，友多聞，益矣。友便辟❷，友善柔❸，友便佞❹，損矣。」(十六·四)

【譯文】

孔子說：「有益的朋友有三種，有害的朋友亦有三種。和正直的人交友，和守信的人交友，和見聞多、有廣博知識的人交友，這就有益了。和善於巧飾、僞裝，內無眞誠的人交友，和善於恭維、媚悅，不正直的人交友，和慣於花言巧語，不忠誠的人交友，這就有害了。」

【注釋】

❶諒：信實。❷便辟：巧飾於外，內無眞誠。❸善柔：工於媚悅、討好。❹便佞：巧口言辯，無學問。

【按】

有各種各樣的朋友：「道義相砥，過失相規，畏友也；緩急可共，生死可託，密友也；甘言如飴，遊戲征逐，昵友也；利則相攘，患則相顧，賊友也。」本則所說的「益者三友，損者三友」，是就友的爲人而言：前者品性好，道德高尚；後者素質差，道德卑下。如果與前者正直、誠實、講信，而又見聞廣、學問淵博的人交友，則能經常受到教益，對自己有幫助，所謂與善人同處，則日聞嘉訓；而與後者慣於巧飾外貌，而內無眞誠，面善態柔，工於媚悅、討好，且又巧言善辯，不忠誠的人交友，耳濡目染，則日生邪情，自然容易受損害。所謂「與善人居，如入蘭芝之室，久而不聞其香，則與之化矣；與惡人居，如入鮑魚之肆，久而不聞其臭，亦與之化矣。」（《說苑・雜言》）

除上面，也還有各色人等不同類型的表現，需要在交友過程善爲觀察、鑒別的。譬如：有的是「今朝有酒今朝友，明日無肉不是親」，吃吃喝喝的酒肉朋友；有的是見錢眉開顏笑，「有奶便是娘」；有的是見色起意，可以奪人妻的色狼；有的則是欺軟怕硬的混蛋；也有的是講江湖「義氣」，可以兩肋揷刀的哥兒娘們；或者當面奉承，背後搗鬼，二面三刀，無毒不丈夫的人……等等。如果經常同這樣的人打交道、厮混，久了習以爲常，也就墜入彀中，難於自拔了！

「近朱者赤，近墨者黑」，也正是孔子所說的「益者三友，損者三友」，可謂古今同然。這就需要自己善爲擇友而處了！

(29)　子夏之門人問交於子張。子張曰：「子夏云何？」對曰：「子夏曰：『可者與❶之，其不可者拒之。』」子張曰：「異於吾所聞：君子尊賢而容衆，嘉善而矜❷不能。我之大賢與，於人何所不容？我之不賢

與，人將拒我，如之何其拒人也。」（十九·三）

【譯文】

子夏的弟子向子張問交友之道。子張說：「你們的老師子夏是怎樣說的呢？」那弟子回答說：「老師說：『品性好，可以和他結交的，就和他交往；品性不好，不可以結交的，就拒絕和他來往。』」子張說：「這和我聽到老師所教的不同：君子尊敬有賢德的人，同時也寬容一般的人；嘉許有善行的人，同時也哀憐同情沒有才能的人。如果我是個大賢人，對別人有什麼不可以寬容呢？如果我是個不賢的人，別人就先討厭我，哪待我來拒絕別人呢？」

【注釋】

❶與：此指交往。 ❷矜：同情。

【按】

這是兩種不同的擇友態度：子夏是謹守孔子「無友不如己者」的教導來教誨弟子，子張則遵順「泛愛衆而親仁」的誨意來育人。前者易得益，不會出差錯，適宜於見聞少、認識淺、閱歷不深的年輕人；後者說來容易，做起來難。如「尊賢易」，「容衆難」，「嘉善易」，「矜不能難」，如果不是智慧高、才識廣、閱歷深、思想堅定的人，是很難達到這要求的。特別是「矜不能」，一般的人見到那才能低的、呆頭笨腦的低能人，嫌之、避之，尙且唯恐不及，能夠哀憐、表示同情的又有幾人呢？至於「容衆」，談何容易！雖說「容」是寬容、包容，但常常是「容」變成被「衆」所「溶」，成爲「衆」的尾巴，或者被「衆」拖著鼻子走，根本就談不上什麼「容衆」了。

(30)子曰：「……主忠信，無友不如己者，過則勿憚改。」(節錄一・八)

(31)子曰：「主忠信，毋友不如己者，過則勿憚改。」(九・二四重出)

【按】

本則，「無友不如己者」的「不如」兩字，如果原意是指內心應具有這觀念，而不是指實踐上要持這態度，那麼，「擇友如擇師」，一定要內心具有這觀念，才會從思想上感到別人都有長處和閃光點能勝過我，因而每個人都可以與爲友，猶「三人行，必有我師焉」那樣，一定會放下自己的架子，謙恭待人，虛心向學求問，不但會贏得人們的好感，易於得友，而且更能獲友道之益，以友輔仁，如此，也就進德日上了！

。而原意如果是指實踐上要持這態度，那麼，各人都希望能夠選擇比自己好的爲友，這樣，人人如此，就未必有勝己者會與我爲友了！以此類推，則人人都將結交不到勝己者的朋友。而這，絕非孔子教人交友之道的本意。因此，以指內心具有這觀念爲更符合孔子本意。

附：曾子曰：「君子以文會友，以友輔仁。」（十二・二四）

曾子曰：「吾日三省吾身，為人謀而不忠乎？與朋友交而不信乎？」（節錄一・四）

子曰：「有朋自遠方來，不亦樂乎？」（節錄一・一）（參閱一・7）

【按　語】交友的目的在「輔仁」，卽在德行上互相砥礪、互相幫助；而「輔仁」的最終目的則在行仁政以濟世。其方法就是「以文會友」。「有朋自遠方來」，既可以互相切磋，增益智識，又可以互相砥礪進德；既是人生的一大樂事，也是另一種形式提高道德素質的方法。因此，「與朋友交而不信乎？」該亦是順理成章之意。

（32）子曰：「晏平仲❶善與人交，久而敬之❷。」（五・一七）

【譯文】

孔子說：「晏平仲善與人相交，和人相處久了，仍能對那人尊敬如新。」

【注釋】

❶晏平仲：姓晏，名嬰，字仲，「平」是謚號。齊國大夫，曾任齊景公宰相。❷敬之：二解：一、人敬晏子；二、晏子敬人。從後解。

【按】

「久而敬之」，是指人敬晏子呢，還是晏子敬人呢？「之」字所指不同，句子的蘊涵亦就完全不一樣了。

如果是指人敬晏子，那麼，人所敬的是晏子的「善與人交」，而不是晏子爲人的賢德。而按常理：人敬晏子應該是晏子的賢德，而不是晏子的「善交」，因爲「善交」，善於交友，無從令人尊敬，也值不得可以尊敬，理由顯得牽強、不充分。

那麼，是指晏子敬人？如果是這樣，則晏子的「善與人交」，必定有值得大大贊譽的特別可以珍貴的事實和道理在。

一般說：交友之初，彼此都會表現得比較熱情、親切，也能互相敬愛和尊重；但日子久了，就不那麼熱情，顯得淡薄了，敬意也逐漸減少，顯得無所謂了，因而感情難於深化和持久。而晏子對人，卻不是這樣：既不忽熱忽冷，熱熱冷冷，也不喜新厭舊，或者諸如挾長、挾貴，更不會因無利可圖、無惠可得就情意淡然（有些人的交友是因利圖惠而聚，利盡，惠無則散），而是始終保持對人的敬愛和信任，可以說是：日久如初，天長不衰。古人說的「君子之交淡如水，情誼深似海」，大概指的正是這等境界吧！

對照現實，在交友問題上，有些人的態度實在是不夠明智的，也令人不勝感嘆的。譬如，有慕勢、重利而輕情義，有「狗眼看人低」，只重身分、只重衣衫不重人，有利則相爭、患則互諉，也有善於巧飾、工於心計，專意於串通幹旁門邪道的，就很少見到能「道義相砥，過失相規；緩急可共，生死可託」的諍友、知友。因此，也就不能不慎加審擇而交。

孔子贊譽晏子的，正是晏子對人能始終如一地表現了敬愛，歷久如初地表現了信任。這是十分難能可貴的態度，並通過這而稱頌了晏子為人的賢德。

(33) 子貢問友。子曰：「忠告而善道之，不可則止，毋自辱焉。」

(十二・二三)

【譯文】

子貢問交友之道。孔子說：「朋友有錯誤過失，應該忠心直言規勸，又須善為引導，如果不聽從，就應該適可而止不再說，不要為此自受侮辱。」

【按】

子貢提出了一個「交友」中經常會遇到的重大問題，即：朋友有錯誤、過失時，應該持什麼態度？

孔子答之以：忠告而善道之。即：先是「告」，其次是「道」；告要「忠」，道要「善」。就是說，先竭盡忠心規勸他，使之趨於正、趨於善，所謂「責善，朋友之道也。」（《孟子・離婁上》）然後，更要懂得方法，能「善」於開導，循循然誘導他，使之開竅大悟，按今天的話說，就是善於做思想工作。前者就「告」之內心而言，要「忠」；後者就「道」的方式而言，要「善」。「告」而不「忠」，「道」而不「善」，都沒有達到「忠告而善道之」的有效運用。

「不可則止，毋自辱焉」，就更進一步，指出要留有餘地：既善於掌握客觀情況，做到適可而止，又要有自知之明，既不使自己陷於窘境，也要讓人有去路。這是因爲朋友的情誼有深有淺，相識的時間有久有暫，認識水平和文化素質，以及性格脾氣等，都各不同。因此，在現實中，並不是所有朋友都那麼容易或樂於接受規勸的，也不可能保證不發生「勸者諄諄、聽者藐藐」，甚至給規勸者以難堪、或粗魯行爲的可能。從而孔子又作了此告誡，意在做到心中有數，不要強人所爲，而且作萬全的「不可則止」的思想準備。

寥寥十數字，就簡明、扼要，而又中肯地概括了交友中對有過失錯誤朋友應持的態度，可以說字字都有極豐富、深刻的蘊涵，值得人們去思考、去體會。交友之道的學問，亦可謂無窮矣。

附：子游曰：「朋友數，斯疏矣。」（節錄四・二六）

【按語】見朋友有過失，就加以規勸，所謂「忠告而善道之」，這才稱得上是眞正的朋友，應該這樣做的。但，如果規勸而不聽，上則是「不可則止」，本則則指如果期望過切，操之也過急，或者嘮叨不休，過於煩瑣，卽「數」的程度，也會引起朋友的反感，甚至厭煩而逐漸疏遠，導致朋友關係的結束。因此，同樣需要自己的掌握，和有自知之明的態度。

(34) 朋友死，無所歸，曰：「於我殯❶。」朋友之饋，雖車馬，非祭肉不拜。(十·一五)

【譯文】

有朋友將死，沒有可歸宿之處。孔子說：「病了在我處寄居，死了在我處停柩吧！」朋友贈送之物，只要不是祭肉，孔子接受時，不行禮。

【注釋】

❶殯：死者殮在棺，暫停宅內以待葬，其柩叫殯。《禮記·檀弓篇》記：賓客至，無所館。夫子曰：「生於我乎館，死於我乎殯。」與本則所記當屬同一事。

【按】

本則與《禮記・檀弓》所記，應該屬同一事件，而且一定爲實有其事。本則記的是當時事實，《禮記・檀弓》所記的是孔子對這事件的所言。《禮記・檀弓》說的「賓客」，實際上正是本則說的「朋友」，應該是與孔子相識有素，爲同一人，可能是偶然遇及，見其正病危之時。因此，孔子招呼說：「生於我乎館，死於我乎殯」，意卽，病中住我處，死亦殯我處，由我負責料理後事。

當時，孔子對這位流落他鄉、孤苦伶仃，偶而遇及的朋友，照顧備至，實在是仁至義盡，令人十分感動。因此，弟子記此以見孔子爲人的仁厚以及極盡友道之義的高尚情誼。

至於「朋友之饋，雖車馬，非祭肉不拜」：一則，朋友有通財之義，特別是道義之交、俠烈之交，更是「已施於友，毫無所吝；友施於我，亦不鳴謝」，其肝膽相照竟至於此。所以，雖車馬之禮十分貴重，亦所不拜；二則，饋祭肉之所以拜者，是因爲係祭其祖先之物，「視同己之祖先，借以表示敬意。於此，亦可略見古人極重友道，其情義之深，就遠非今人所能想像，只能心嚮往之，表示無限贊嘆之而已了！

（35）子曰：「可與共學，未可與適❶道；可與適道，未可與立❷；可與立，未可與權❸。」（九・二九）

【譯文】

孔子說：「有的人可以和他共同學習，但未必可以和他共同向道；有的人可以和他共同向道，但未必可以和他共同強立不變；有的人可以和他共同強立不變，但未必可以和他共同通權達變。」

【注釋】

❶適：往、到。❷立：指強立不變。❸權：秤錘。此指通權達變。

【按】

交友中，人們會逐漸認識到：

有的人可以和他同窗共學，但，「人各有志」，所志又各不同，自然也就難於「共適道」。譬如：有專意追求眞理，志於道的；也有一心想做官，志於求祿的；更有只是爲了鍍鍍金、裝裝門面，志於混一張文憑的。所志不同，當然不可能共同追求眞理了！

也有是：卽使可以「共適道」，但，「人各有性」，素質又各異，境遇也不盡相同，也自然難於「共向道」，難於對所志之道強立不變。譬如：有意志薄弱、性格懦怯、或素質很差，經不起挫折和磨難，因而或爲富貴所淫，或爲威武所屈，或爲貧賤所移，終至有的中途變志，有的臨難脫逃，有的甚至當了鷹犬，或遁入空門等等，自然難於「共與立」，一往直前了！

當然，也有是：可以「共向道」，做到志不移，強立不變，但，學養不同，認識水平又高低各異，因而處非常局勢，或某種特變時，就不可能共同權衡輕重，也不可能共同探討利弊得失。譬如，最高領導層對某個決策的制訂或執行，常常有的持這觀點，有的持那態度，並由此引發爭論，而變爲成見，由成見發展而爲勢不可兩立，互相勾心鬬角，導致殘殺不已，其結果則是前功盡棄，徹底被消滅而告終。最高決策層的所謂「內訌」，其實亦正是「未可與權」造成的結果，無妨作爲擇友時的借鑒。

(三) 知勇

知同「智」，指道德認識上的智慧、才能；勇，即《說文》所說：「勇者，氣也，力也」，指道德實踐上的勇氣、果敢。孔子說：「君子道者三：仁者不憂，知者不惑，勇者不懼」，是指知和仁、勇一樣，都是君子之道的一個方面。「知以明之，仁以守之，勇以行之」，人人都可以由此而成德，卽所謂的「三達德」。

「知者」能明達道義，善於判別是非，所以不爲事物的紛繁而迷惑，孔子自己是「四十而不惑」；「勇者」見義勇爲，堅強剛毅，勇往直前，足以排除萬難，也足以擔當大任，所以不懼，而且既勇於行仁，也勇於改過。

正是因爲不惑，故「知者利仁」，「知者樂水」，而且態度是「知之爲知之，不知爲不知，是爲知也」。

也正是因爲不懼，故能見義勇爲——當然，這要在「義」的前提下，即「義以爲上」的原則指導下而爲，離開了義、或禮，如「有勇無義」、「勇而無禮」等，都會轉化，變而「爲亂」、「爲盜」，就成爲惡德，而不是美德了。

下面除個別篇章外，均在重予結構中分別加以闡發，故不另評述。

1. 知

（36）樊遲……問知。子曰：「知人。」樊遲未達。子曰：「舉❶直錯❷諸❸枉❹，能使枉者直。」樊遲退，見子夏，曰：「鄉❺也吾見於夫子而問知，子曰：『舉直錯諸枉，能使枉者直。』何謂也？」子夏曰：「富哉言乎！舜有天下，選於衆，舉皐陶❻，不仁者遠矣。湯有天下，選於衆，舉伊尹❼，不仁者遠矣。」（節錄十二·二二）（參閱二·39）

【譯文】

樊遲……問怎樣才是智。孔子說：「善於識別人。」樊遲聽了沒有明白。孔子補充說：「舉用正直的人，放在那些枉曲之人上面，也就能使枉曲的人正直了。」樊遲退了出來，去見子夏，說：「剛才我見老師，請問怎樣才是智？老師說：『舉用正直的人，放在那些枉曲之人上面，也就能使枉曲的人正直了。』這話是什麼意思呀？」子夏說：「這話的涵義是多麼豐富呀！舜有了天下，在衆人中挑選出一個皋陶來舉用他，那些不仁的人就都遠離了。湯有了天下，在衆人中挑選出一個伊尹來舉用他，那些不仁的人也都遠離了。」

【注釋】

❶舉：舉用。❷錯：同「措」，指放置。❸諸：「之於」的合音。❹枉：枉曲、邪惡。❺鄉：同「向」，從前。此指剛才。❻皋陶：傳說是舜的賢相。❼伊尹：商湯的賢相。才智過人，且忠貞不渝，曾輔佐湯滅夏興商。湯死後，又放太甲使之思過，及其改過，又迎而復位，皆一秉大公，順乎民意。

【按】

本則所指，是說「知人」，首先要善於識別人：識別這人是正直，還是枉曲？是正直，就要「舉直錯諸枉」，把他挑選出來加以任用，甚至重用。因爲正直的人，坦率耿直，能不爲利誘，不爲權傾，不爲勢壓，處事秉公而爲，不徇私情，能深得民心；而枉曲的人則私心重，欲念多，常常是見人說人話，見鬼說鬼話，耍手腕、搞花招，徇私舞弊，枉道而爲，難於得人心。

因此，在上位的當權者，如果能以此作爲「用人之道」的重要政策去推行，那麼，在正直者的身體力行，起表率作用，逐漸形成風尙的情況下，不仁的人或者被罷黜遠離，或者本身收斂改正，或者被教化從善，成爲正直的人。這樣，爲政清廉，民情淳樸敦厚，自然也可以長治久安了。

而如果相反，專意於挑選那些長於恭維、奉承的人，任用那些心術不正的枉曲小人，把他們放置在正直人之上，那麼，小人得志，「一旦權在手，就把令來行」，則爲所欲爲，無所不爲，最終必然導致民心背離，民怨沸騰，統治者的末日也就爲期不遠了。

歷史上經常發生的改朝換代，其中一個原因，不都是由於「親小人，遠賢臣」，濫用枉曲的人，擾民、虐民太過而造成的後果嗎？

子夏以「舜舉臯陶，湯舉伊尹」爲例，也正是借以說明孔子的話是「富哉言乎」，它所蘊涵的政治卓見，該是多麼豐富！多麼深遠！因爲「舉直錯諸枉」這用人之道，給人民帶來的是：政治上的廉潔、清明，社會上的長治久安，民情風習上是淳樸、敦厚的好風尙，實在太美好了！

附：孔子曰：「不知言，無以知人也。」（節錄二十・三）（參閱九・1）

子曰：「由！誨女，知之乎？知之為知之，不知為不知，是知也。」（二・一七）（參閱三・31）

孔子曰：「生而知之者，上也；學而知之者，次也；困而學之，又其次也；困而不學，民斯為下矣。」（十六・九）（參閱三・6）

子曰：「我非生而知之者，好古，敏以求之者也。」（七・一九）（參閱三・7）

子曰：「好知不好學，其蔽也蕩。」（十七・八）

子曰：「君子道者三，我無能焉：仁者不憂，知者不惑，勇者不懼。」子貢曰：「夫子自道也。」（十四・三〇）（參閱一・29）

子曰：「知者不惑，仁者不憂，勇者不懼。」（九・二九）（參閱五・12）

子曰：「知者樂水，仁者樂山。知者動，仁者靜。知者樂，仁者壽。」（六・二一）（參閱五・13）

子曰：「仁者安仁，知者利仁。」（四・二）（參閱五・25）

（37）子曰：「可與言而不與之言，失人；不可與言而與之言，失言。知者不失人，亦不失言。」（十五・七）

【譯文】

孔子說：「可以和他說的人，卻不和他說，這便會失了人；不可以和他說的話，卻和他說，這便是失了言。只有不惑的知者，才能做到不失人，也不失言。」

【按】

本則亦是指要善於識人，做到知人而言，即：既不要不識人而吝於言，亦不要錯識人而輕於言。前者是可與言而不與言，其結果，常常交臂失去一位可倚重的人才，或者可信賴的朋友，成爲終身憾事；後者則不可與言而與之言，其結果，則往往會貽笑大方，不是被人看不起，就是爲人所鄙夷，有時也會因失言而遺留無窮後患，甚至由此而貽誤大事，功敗垂成，落到終生悔恨不已。

吝於言，一般是自視很高，認爲自己才學淵博，或者身分、地位、經濟條件、家庭環境等等都比別人高；也有是認爲對方其貌不揚，不善於言辭，或者資歷淺、學識薄，甚至曾犯過錯、蹲過監，因而看不起，表現出傲慢，不屑與之言而不與言。這，無疑會給人以一種凌辱感、壓抑感，使有眞才實學，有眞知灼見的孤傲的人感到憤憤然，甚至當面拂袖而去，從而失卻了一位可以倚重的人才，和可以信賴的朋友。這是因「勢利眼」而引起的，由不識人而導致失人的一種過錯，責任在己。

輕與言是不可與言，或本不該與言而輕率與之言，實際是由個人的淺薄、或無教養而引起失言的一種過失，責任亦在己。譬如：對初相識的婦女，爲了大獻殷勤而流露的輕薄之言；對不了解的人，超過範圍的誇誇其談之言；不合時宜、不分場合，不顧及對方身分的信口開河之言；把本系統的某些不該外洩的內部事務，隨便與別人言；對「道不同，不相謀」的人，爲顯示個人才華，偏要反其道的不當之言；還有，爲表現自己信息靈、百事明而不惜捕風捉影的無稽之言，以及酒後所謂吐眞情的失言等等，其結果不僅有失身分，被人視爲輕浮、淺薄、鄙陋而看不起，而且常常會因此而丟醜、顯形，遭人難看！至於處非常時期，由於不該與言而輕率與之言，因而給戴上一頂無事生非，甚至「洩密」的帽子，那才「寃哉枉也」的自討苦吃了！

因此，作爲一個有清醒頭腦、始終處不惑境界的知者，能做到「不失人，亦不失言」，確實不是簡單的，其中，也確實該大有學問可供講究和推敲，也大有經驗可資借鑒和學習的。

附：陽貨……曰：「懷其寶而迷其邦，可謂仁乎……好從事而亟失時，可謂知乎？……孔子曰：「諾。吾將仕矣。」（節錄十七・一）（參閱二・81）

子曰：「臧文仲居蔡，山節藻梲，何如其知也。」（五・一七）（參閱四・8）

子曰：「里仁為美，擇不處仁，焉得知！」（四・一）（參閱五・24）

(38) 樊遲問知。子曰：「務民之義，敬鬼神而遠之，可謂知矣。」

（節錄六・二〇）

【譯文】

樊遲問怎樣才是知。孔子說：「努力去做人民認爲合宜的事，對鬼神則採取尊敬而又遠遠離開它的態度，也可算得是智了。」

【按】

神是知識範疇還無法及到的部分，鬼則人死後究竟是有，還是無？委實也在虛無、飄渺不可知中。由於鬼神之不可見、不可聞，爲不可知的事物，因此，誰也不能證實其確爲有；而大自然的某些不可測知的變幻，又常常以偶然的機遇，不可抗拒地降臨到世間的某一個人身上，被人們誤傳爲鬼神的顯靈、應驗，而認爲鬼神並非爲無。這樣，鬼神迷信成爲殷周以來的傳統宗教觀念，也就很自然的了！

孔子就是生活在鬼神迷信仍然極爲盛行的春秋時代。可是，孔子並沒有隨俗去崇尚鬼神；相反，卻以他淵博的學識和豐富的實踐經歷，認爲鬼神並不能干預人事，禍福人類，或者左右人的命運。

因此，孔子的態度是：一方面，「不語怪、力、亂、神」；一方面，「敬鬼神而遠之」。這，不僅表現出現實主義和理性主義的明智態度；而且，也是「知之爲知之，不知爲不知」、「能之曰能之，不能曰不能」的科學的求實態度；不但是態度難能可貴，特別是這種超脫凡俗的精神境界，更是令人景仰不已！

2. 勇

勇是堅毅、果敢的力量，但，這是「義以爲上」思想指導下的一種精神力量，而不是血氣衝動的暴力。前者受「義」的統率，「見義勇爲」，「勇者不懼」，所發揮出的力量，足以排除一切困難，無所畏懼地勇往直前；後者憑一時的血氣衝動，雖則死也無所畏，勇而近於悍，但，「君子有勇而無義，爲亂；小人有勇而無義，爲盜」，卻是一種破壞社會安寧，損害他人利益的暴力，就不是美德，而是惡行了！

下面關於「勇」和「義」的篇章，均在前面分別作了闡述。特附錄之作參考。

附：子曰：「知者不惑，仁者不憂，勇者不懼。」（九·二九）

子曰：「見義不為，非勇也。」（二·二四）（參閱九·18）

子曰：「君子義以為上。君子有勇而無義為亂，小人有勇而無義為盜。」（十七·二三）

子曰：「勇而無禮則亂。」（節錄八·二）

子曰：「好勇疾貧，亂也。」（節錄八·一〇）（參閱五·29）

子曰：「惡勇而無禮者。」「惡不孫以為勇者。」（節錄十七·二四）

子曰：「仁者必有勇，勇者不必有仁。」（節錄十四·五）

子曰：「好勇不好學，其蔽也亂。」（節錄十七·八）

(四) 義恥

1. 義

附：子曰：「君子義以為質，禮以行之，孫以出之，信以成之。君子哉！」（十五・一七）

子路曰：「君子之於天下也，無適也，無莫也，義之與比。」（四・一〇）

【按語】當爲而爲之爲宜，不當爲而爲之爲不宜。宜就是義，就是力行仁。卽韓愈所說的「行而宜之之謂義」（〈原道〉），亦卽，行仁而得其宜叫義。因此，一言一行，必須先自審度，是否合乎義，是否適合時空的需要而不悖於事理，分別當爲與不當爲：當爲者爲之，不當爲者不爲，以「義」作爲自己一切行事的前提和準則，所謂「義以爲上」，「義以爲質」，「義之與比」。特別是臨大節，身處緊急關頭：如大義所當爲，縱使赴湯蹈火，亦應在所不辭；如果大義所不當爲，卽使利誘、威逼、勢壓，亦應堅決不爲。

「魚，我所欲也。熊掌，亦我所欲也。兩者不可得兼，舍魚而取熊掌者也。生，亦我所欲也，義，亦我所欲也。兩者不可得兼，舍生而取義者也。生亦我所欲，所欲有甚於生者，故不爲苟得也。死亦我所惡，所惡有甚於死者，故患有所不辟也。」（《孟子・告子上》）

孟子說的「舍生取義」，亦卽孔子所說「殺生以成仁」，該是何等的嚴正和壯烈！這就是我們民族的浩然正氣和硬骨頭精神！歷史上，它哺育了多多少少有識的節義之士，爲此而譜寫了一首首壯烈而又震憾人心的樂曲！這是一個方面。

另一方面，還應該認識到：當爲而爲之，固然是義；不當爲而不爲，同樣亦是義。譬如：爲政清廉，是當爲而爲之，自然是義；爲政不貪贓枉法，不弄權徇私，不貪汚受賄，是不當爲而不爲，亦應該是義。兩者相反相成，都是身體力行而近仁。只有眞正明乎此，這就能做到自持和自勉了！

附：子路曰：「君子尚勇乎？」子曰：「君子義以為上。君子有勇無義為亂，小人有勇無義為盜。」（十七．二三）

子曰：「君子喻於義，小人喻於利。」（四．一六）

子曰：「見利思義。」（節錄十四．一三）

孔子曰：「見得思義。」（節錄十六．一〇）

公明賈對曰：「義然後取，人不厭其取。」（節錄十四．一四）（參閱四．11）

子曰：「不義而富且貴，於我如浮雲。」（節錄七．一五）（參閱一．22）

孔子曰：「隱居以求其志，行義以達其道。」（節錄十六．一一）

子曰：「上好義，則民莫敢不服。」（節錄十三．四）

有子曰：「信近於義，言可復也。」（一．一三）

子曰：「聞義不能徙，不善不能改，是吾憂也。」（節錄七．三）

子曰：「羣居終日，言不及義，好行小慧，難矣哉！」（十五．一六）（參閱三．49）

2. 知恥

「恥」是自我意識中，聞過自愧或自責的一種內向性的心理狀態，也是人與禽獸區別的根本所在，卽：人知有恥，而禽獸則無。從某種意義說，恥爲人類進化的一種推動力量，人類一切文明，說它均由知恥而生發，其實，也不爲過；而且，一個人是否能向上，是否具有道德責任感，很大程度，取決於他是否能知恥，該亦是一個關鍵。

現實中：一個能知恥的人，一般說總比較能嚴於律己，奮勉向上，執著地追求眞理，是一個有道德責任感，能有所作爲的人；而一個不知人間羞恥爲何事的人，一般說，也必定是髒話、混話、下流話，醜事、壞事、下流事，都說得出、幹得出的人，因而不但談不上道德責任感，相反，在人人見之都厭惡而欲退避三舍的情況下，這樣的人也必然會逐漸走向墮落、卑汚，淪爲與禽獸無異。

正如孟子所說的「恥之於人大矣」，意卽恥對於人應該怎樣爲人，關係眞是大極了，把它提到「無羞惡之心，非人也」這高度，視之爲做人所必須具有的道德修養，和共同遵從的道德規範。

（39）憲問恥。子曰：「邦有道，穀❶。邦無道，穀，恥也。」（十四·一）

【譯文】原憲問什麼是可恥的?孔子說:「國家政治清明時,出仕食祿,毫無建樹;國家政治不清明時,仍出仕食祿,不能有所貢獻,這都是可恥的。」

【注釋】

❶穀:指出仕食祿。

【按】

出仕做官是爲了行仁政,給老百姓辦實事、辦好事。如果邦有道,即國家政治清明時,自己卻意志消沉,只知道渾渾噩噩混日子,推日頭下山,既無所作爲,也無所建樹,這無異尸位素餐。因此,問心自愧,應該感到羞恥!

而邦無道,即國家政治不清明時,如果仍然光食祿,不給老百姓除暴安良,讓老百姓安居樂業,發展生產,得以養家活口。這就表明了自己既無仁心和才能可以解民於倒懸,又無知、無勇可以對君上進行規勸,或者犯顏直諫,等於是在和貪官同流合汚,助紂爲虐。因此,問心自責,更應該感到羞恥。

前者爲,當官無所用心,不如還鄉抱兒孫;後者是,當官不爲民作主,不如回家種紅薯!庶幾捫心稍安。

附：子曰：「邦有道，貧且賤焉，恥也；邦無道，富且貴焉，恥也。」（節錄八・一三）（參閱一・19）

【按語】邦有道，甘居貧賤，是說明無雄才大略，而且意志消沉。這就可見世是治世，自己卻庸庸無可行之道，碌碌無可用之才，不僅可恥，而且可悲。

邦無道，身處富貴境遇，是說明無視老百姓疾苦，只求一己安樂。這就可見世是亂世，自己則無匡時濟世之能，更且心無可守之節。仁心既已喪失，其卑劣、無恥，尤為顯見。

附：子曰：「行己有恥，使於四方，不辱君命，可謂士矣。」（十三・二〇）（參閱八・66）

子曰：「士志於道，而恥惡衣惡食者，未足與議也。」（四・九）（參閱八・67）

子曰：「衣敝縕袍，與衣狐貉者立，而不恥者，其由也與？」（節錄九・二七）（參閱四・47）

子曰：「巧言、令色、足恭，左丘明恥之，丘亦恥之。匿怨而友其人，左丘明恥之，丘亦恥之。」（五・二五）（參閱七・52）

子曰：「君子恥其言而過其行。」（十四・二九）（參閱八、5）

子曰：「古者言之不出，恥躬之不逮也。」（四・二二）

子曰：「道之以政，齊之以刑，民免而無恥；道之以德，齊之以禮，有恥且格。」（二・三）（參閱二・17）

有子曰：「恭近於禮，遠恥辱也。」（節錄一・一三）

二、道德修養

道德對社會各階層的人，和社會生活的各個方面，都起著不可估量的作用，以及深遠的影響。好的道德風尚，就會有好的社會秩序，就會有和諧的人際關係。

作爲個人，「以德修身」是提高自己道德水平，改變道德面貌，使自己成爲君子、志士仁人的一個關鍵因素；而對國家，如果「道之以德，齊之以禮」，即「以德治國」，就會使老百姓逐漸做到心悅誠服，自覺地遵守法令，知恥從善；特別是爲政者本身的道德修養，就更是影響民風習俗，如「君子篤於親，則民興於仁；故舊不遺，則民不偷」（八·二），也更是影響政令的推行，如「其身正，不令而行；其身不正，不令而行。」（十三·六）

因此，道德修養之不容忽視，於此可見。正如《大學》所說：「自天子以至庶人，壹是皆以修身爲本」。

不過，作爲孔子以仁爲綱的倫理道德觀，其實，包羅極廣，除上面道德規範外，其他諸如「溫、良、恭、儉、讓、寬、惠、敏、直、貞、好學」等等均屬之。因此，下面篇章只是未列入本書中的部分，非謂「道德修養」僅此而已。

（一）崇德辨惑

(40)子張問崇德辨惑。子曰：「主忠信，徙義❶，崇德也。愛之欲其生，惡之欲其死，旣欲其生，又欲其死，是惑也。」「誠不以富，亦祇以異❷。」(十二·一〇)

【譯文】

子張問怎樣可以算得是崇德辨惑？孔子說：「一切心存忠信，聞義就遷而從之，這就可算得是崇德了。喜愛一個人，就希望他永遠活著，憎惡一個人，就希望他馬上死去；既要他活，又要他死，這就可算得是惑了。」

【注釋】

❶徙義：向義靠攏，聞義就遷而從之，卽遷善。❷誠不以富二句：這兩句詩引自《詩經·小雅·我行其野》。意思是說，人之值得稱贊不在富，富只不過是有異於人而已，並不足稱贊。有認爲是錯簡，當在〈季氏篇〉第十二章「其斯之謂與」之前更爲適當，但無確切證據。

(41)樊遲從遊於舞雩❶之下，曰：「敢問崇德修慝❷辨惑。」子曰：「善哉問！先事後得，非崇德與？攻其惡，無攻人之惡，非修慝與？

一朝之忿❸，忘其身，以及其親，非惑與？」（十二·二一）

【譯文】

樊遲跟從孔子遊在舞雩之下，說：「膽敢請問怎樣可以算得是崇德、修慝、辨惑？」孔子說：「問得好！先做應該做的事，而後計其所得，不就是崇德嗎？專攻自己的過失，莫去攻別人的過失，不就是修慝嗎？忍耐不住一時的氣憤，便忘了自己的安危，以至忘了父母妻子兒女親人，這不就是惑嗎？」

【注釋】

❶舞雩：魯國祭求雨之地。在今山東曲阜縣。❷修慝：專攻己惡，則惡已無所匿。修：治，指改正。慝：惡之匿於心。❸忿：忿怒，氣憤。

【按】

這兩則，子張、樊遲同問「崇德、辨惑」，孔子所答雖略有不同，但其實質都是就如何進行道德修養，如何在心上下工夫而言。譬如：

一、明確指出：一切以心存「忠信」為主；一切行動向「義」靠攏；一切工作先做自己應當做的，而後計其所得，這就是「崇德」。前兩者，一是爲人的根本，二是遷善，卽從善如流的表現；後者是每一個人，特別是從政者所應當具有的工作態度，好品德。

二、「愛之欲其生，惡之欲其死；既欲其生，又欲其死」，和「一朝之忿，忘其親」，都是心有所昏昧迷糊，一種「惑」的表現。前者是喜怒無常，好惡任性，隨喜惡而表現出的不正心態：愛時親之、抱之、讟之，視之如心肝寶貝，希望他長命百歲；惡時罵之、唾之、恨之，視之若不共戴天的仇人，希望他馬上死去，眞可說是昏昧之極，惑之甚了！後者或因情慾的惡性膨脹而又得不到滿足，或因長期的積怨、委屈，甚至是新仇舊恨難消，也有是由於欺人太甚，而「一朝之忿」，所謂「怒從心頭起，惡向膽邊生」，正處在暴怒、火頭上之時，因而理智失控，幹出那「忘其親」的蠢事、禍事，而導致了終身悔之莫及的悲劇後果。

一失「手」成千古恨，再回頭已百年身，這類昏昧、迷惑太過的事，現實中是屢有所見的。孔子指出「惑」的表現形式，貼切、現實，又富啓廸，目的是讓人明乎此，先清醒省悟。這樣，也就能知所辨「惑」了。

三、「攻其惡，不攻人之惡」，就是修慝。這是因爲：前者自攻其惡，是以義治我，就能做到「躬自厚」；後者不攻人之惡，是以仁治人，就只是「薄責於人」而已。以如此嚴格的自攻態度，把隱匿在內心深處的「惡」，隨時加以曝光，使之無藏身之處，不但可以避免重犯過失，收到及時改正之效，而且專攻己惡，己惡亦就無所匿了！

(42)子張問行。子曰：「言忠信，行篤敬，雖蠻貊❶之邦行矣。言不忠信，行不篤敬，雖州里❷行乎哉？立則見其參於前也，在輿則見其倚於衡❸也，夫然後行。」子張書諸紳❹。（十五．五）

【譯文】

子張問怎樣使自己可以向外行得通？孔子說：「只要說話能忠誠守信，行爲厚道恭敬，縱然到蠻貊少數民族地區，也行得通。如果說話不忠誠守信，行爲不厚道恭敬，即使近在本鄉本土，能行得通嗎？要做到站立時就像看見那忠信篤敬幾個字出現在眼前，在車廂中就像看見那忠信篤敬幾個字掛在車前橫木上。能這樣，自然會到處行得通了。」子張把這些話寫在自己隨身常束的大帶上。

【注釋】

❶蠻貊：蠻在南，貊在北，皆異族。是當時對少數民族的賤稱。❷州里：指本鄉本土。古代二千五百家爲州，五家爲鄰，五鄰爲里。❸衡：車轅前的橫木。❹紳：士大夫束在腰間的大帶子。

【按】

上則，子張問崇德，孔子答以「主忠信，徙義」；本則，子張問行，孔子又答以「言忠信，行篤敬」，可見「忠信」在道德修養上的重要性。

其實，「主忠信」和「言忠信」，都是同一個涵義：前者主要在心存忠信，是人的內在美德；後者把這內在的美德在行爲中外現，亦卽本則所指，只要說話忠誠守信，行事篤實厚道，對人恭敬，那麼，縱使去文化教育、民風習俗完全各異的蠻貊地區，也還是通行無阻，而且人際的交往相處，都會順心遂意。一無隔閡。這是人心相同，人心相通，古今中外都一樣的。

而如果言不忠不信，行不篤不敬，那麼，卽使在文化教育、民風習俗相同的本鄉本土，恐怕也難於行通。正如古語說的「有理走遍天下，無理寸步難行」，對於一個言不忠不信，行不篤不敬的毫無道德教養的人來說，誰會相信他呢？誰會與之打交道呢？

當然，要做到「言忠信，行篤敬」，並不是一朝一夕所能見功效的，還必須「立則見其參與前也，在輿則見其倚於衡也」，就是說，無論是站立，是坐車，都像看見「忠信篤敬」幾個字顯現在眼前那樣，時時念念不忘，刻刻牢記心上，使之積久而成習慣，這樣自然也就表現出言忠信、行篤敬的一言一行中了！

因此，關鍵仍然在於加強個人的道德修養。

(43) 子張問明。子曰：「浸潤之譖❶，膚受之愬❷，不行焉，可謂明也已矣。浸潤之譖，膚受之愬，不行焉，可謂遠也已矣。」（十二·六）

【譯文】

子張問怎樣算是明智?孔子說:「像浸漬般的讒言,像切膚般的訴怨,在你這裏行不通,就可算是明智了!像浸漬般的讒言,像切膚般的訴怨,在你這裏行不通,也可算是有遠見了!」

【注釋】

❶浸潤之譖:像水浸物漸漬一般的讒言。譖:指詆毀、中傷別人的讒言。譖者毀人行。❷膚受之愬:像切膚之痛般的訴寃。愬:訴己之寃。

【按】

上則,「辨惑」是明乎心有所昏昧、迷糊,而預爲警覺;本則,「問明」則要求能對別人的「浸潤之譖」和「膚受之愬」,做到不輕信,不爲之動心。亦就是說:對中傷、詆毀、甚至誣陷別人的讒言,能燭照陰謀,決不輕信;對小人的哭哭啼啼,訴說肌膚身受之痛的寃曲,能洞察內情,不輕易爲之動心。前者「辨惑」,僅止於惑而能辨;後者「問明」,就更進一層達於「明」是非、曲直,別眞僞、善惡,是知明見遠,併連「惑」也不存在了!這才是明智,且具有遠見。

當然,這是很不容易的:一方面,凡善於進讒言的人,一般都是手段高明,工於心計,巧言、令色、足恭,兼而施用,稍一不愼,就容易上當,墮入彀中;一方面,關鍵是自己,如果欲念重,無判斷能力,又無獨立主見,且愛聽諂媚之言,這就沒有不被讒言所蒙蔽的。

因此，加強自我修養，提高本身的道德素質，摒除私心欲念，做到公，這是首要的；其次，培養自己明辨是非、曲直、善惡的能力，做到審問、愼思、明辨，有自己的獨立主見，絕不人云亦云，更不做風吹兩邊倒的牆頭草。

(44) 子曰：「驥❶不稱其力，稱其德也。」(十四·三五)

【譯文】

孔子說：「千里馬值得稱贊的，不是它的力氣，而是它的德性值得稱贊呀！」

【注釋】

❶驥：善馬名，一日能行千里。

【按】

日行千里的馬，所以稱贊它爲善馬，驥，並不是因爲它力能遠行千里，而是因爲它的德性馴良，善通人意，爲人所用。如果德性不好，是一匹不通人意的悍馬，那麼，縱使力能遠行千里，亦難於爲人所駕御，自然也談不上稱之爲「驥」。

當然，卽使德性好、馴良、善通人意，如果只是能行百里，甚至連行百里，還得要經常「掛病號」，那也談不上稱之爲「驥」，只能算一匹駑馬而已！

這喻意，啓示我們對德和才的關係，也應作如是觀，即先德後才，重本：有德無才，固然無能大用，肩負不了重任，而有才無德則是不可信賴，難於大用，因爲「不仁不智而有材能，將以其材能以輔其邪狂之心，而贊其避違之行，適足以大其非而甚其惡也。其強足以覆過，其禦足以犯詐，其慧足以惑愚，其辨足以飾非，其堅足以斷辟，其嚴足以拒諫：此非無材能也，其施之不當而處之不義也。」（《春秋繁露‧必仁且智》）

（45）子曰：「德不孤，必有鄰。」（四‧二五）

【譯文】

孔子說：「有道德的人，決不會孤單，必然會有同道的人來和他作伴。」

【按】

一個有高尚道德的人，縱然生逢亂世，身處逆境，甚至橫遭冤屈，身陷囹圄，亦仍然是不會孤單的，也必定會得到千千萬萬同道相謀、同氣相求的人的聲援和呼應。

這是因爲：高尚的道德，是人心所向，亦可說是人同此心，心同此理。對一個有高尚道德的人來說：「德不孤」，是指人們都嚮往有高尚道德的人，是人心不滅；「必有鄰」，則指同聲相應，人們都希望自己也能成爲這樣的人。因此，這既是對有高尚道德人的一種鼓勵，同時也該是鞭策，企其更上一層樓。

古今中外歷史上那些暴虐無道的昏君、暴君、民賊、獨夫，儘管在他們統治時，可以爲所欲爲，濫殺有德者和無辜，但最終還是免不了被人民推翻，甚至被送上絞架，也足以說明「德不孤，必有鄰」，是不以統治者的意志爲轉移的。

(46) 子曰：「人能弘道，非道弘人。」(十五・二八)

【譯文】

孔子說：「只有人能光大道，不是道能光大人。」

【按】

道指人道，指眞理，是一個抽象的名詞。它本身不能弘揚人，使人成爲君子，成爲偉人；亦不能直接產生物質財富，使國家興旺，使國家繁榮富強。雖說「非道弘人」，不過，道是通過人弘揚而使之成爲人們的思想，用來指導人們的行動的。這同「眞理一旦爲人們所掌握，就能產生巨大的物質力量」，實際上是同一個涵義。

因此，人的學思、才智愈是精深，道亦隨之弘揚愈大，其效應亦更高。「苟不至德，大道不凝焉」（《中庸》），是說沒有大德的人，大道亦不在他身上凝聚，說明「人能弘道，非道弘人」。這樣，縱使道再好，好得天衣無縫，如果沒有人弘揚、掌握，沒有人實踐、爲之奮鬥，也屬枉然，這也說明人能弘道和造就弘道人才的重要意義。否則，如果道能弘人，那麼，人人盡可坐待成君子，世世盡能坐待過昇平，又何必修身、講求學問之道呢？

道由人而弘揚，人因道而益進。這就是兩者相互的辯證關係。

(47) 子夏曰：「大德❶不踰❷閑❸，小德出入可也。」（十九・一一）

【譯文】

子夏說：「人的德行，在大的節操上不可超越界限，在小節方面卽使有點出入，也是可以的。」

【注釋】

❶大德：指大節。後之「小德」指「小節」。❷踰：超越。❸閑：界限。

【按】

「大德不踰閑」，這應該是毫不含糊的，必須堅決履行的；但，「小德」方面是否「出入可也」，這就得從兩個問題上加以審察，並視具體情況而對待了。

譬如，論人：首先，自當看其大節，只要大節好、可取，那麼小節上略爲差一點，無妨寬容，不必過於計較。例如在外敵入侵，國家民族處於危急存亡的緊要關頭，或者處統治者政治腐敗、倒行逆施、民不聊生時：前者的大節就是不損害國家民族的利益，去賣國求榮當漢奸；後者則是不助紂爲虐，充當統治者的鷹犬爪牙，去殘害人民，那麼，縱然生活小節方面有這樣那樣的缺點，自當原諒，略而不論。

至於自處，就不能這樣的態度了。卽：大節固然不可踰越，卽使是小節，亦不能疏於檢點，更不能自我原諒。特別是作爲身處領導地位的各級大小幹部，就必須更加嚴肅生活小節，容不得半點弄虛摻假，來不成絲毫馬虎苟且，而且更不能等閑小覷，認爲是鷄毛蒜皮，無關宏旨，無傷大節。這是因爲：

一、大德是由小德積累而成，疏於檢點小德的人，往往爲自己的錯誤打掩護，爲繼續並擴大犯錯而尋找藉口。這樣，不但不可能有大德的表現，而且，錯誤會由小到大，由初次到屢屢，容易向深層下陷，終致無法自拔。

二、生活小節上的貪小、占便宜，或者作風上的偸情沾花等，雖說是個人的瑣屑小事，但如果放鬆警覺，任其發展泛濫，也會因此而鑄成大錯，甚至導致終身遺恨！「千里江堤，潰於一穴」，不正是由於這不顯眼的小穴嗎？許許多多由生活作風的不正派，發展而爲腐化、墮落，最終走向貪汚、盜竊，……的犯罪道路，不亦正是從生活小節上打開缺口而開始的嗎？難道就不能引爲鑒戒？

三、何況，對於身處領導地位的大小幹部來說：羣衆所矚目注意的，也往往是這些小節方面的表現，並以此來檢驗他的道德素質是否夠格，作爲衡量他是否能廉潔奉公，是否能全心全意爲人民的一個標尺。

因此，作爲個人自處，必須嚴於律己，絲毫不能含糊、苟且。就是說：對自己，必須把這些生活小節上的問題，都提到線和綱上來自處，即併連「小德」也不容許有一點出入！

（48）孔子曰：……「益者三樂，損者三樂。樂節禮樂，樂道人之善，樂多賢友，益矣。樂驕樂，樂佚遊，樂宴樂，損矣。」（十六・五）

【譯文】

孔子說：「對人有益的快樂有三種，有害的快樂亦有三種。以得禮樂的節制爲快樂，以稱道別人的長處爲快樂，以交賢友爲快樂，這些都可以受到教益。以驕縱放肆爲快樂，以遊蕩無度爲快樂，以沉溺於大吃大喝爲快樂，那就有害了。」

【按】

樂是好事，求樂亦是人之常情。不過有些「樂」是有益的，而有些卻是無益，且有損於身心健康了。因此，不能不詳加審辨，以便去其昏昧。這就要求對樂的益損問題，善自爲之鑒別了。

譬如，「樂道人之善」：這在「好事不出門，壞事傳千里」，世俗心態一般都喜歡傳播「張家長，李家短，誰家出了一件風流逸事」的社會環境下，雖說並非容易事，但，只要想一想：別人的善行好事廣爲傳播，不但表彰了、鼓勵了他本人，而且也增進了人們的識見和樂於向好人好事學習的心態，爲社會樹立了好風尙，這本身就是弘揚正氣，有益於人類的進步和社會的安寧，爲什麼不這樣做呢？而自己，通過「樂道人之善」，胸襟會更開濶、坦蕩，境界也會更高更遠，這又是另一番「樂在其中」的樂趣了！

又譬如，「樂多賢友」：友要賢，且要多，多多益善。因爲經常與賢友相處，不僅做學問、成就事業上能互相切磋，彼此支持；道德修養上可以互相砥礪，共同促進；而且，還可以在際遇困難或挫折時，互相幫助，共勉共勵；更能在愛好、興趣上，有如「高山流水」的知遇之情，或「酒逢知己千杯少」那樣的樂趣和雅興等等——當然，自己如果既不愛賢，對高尙的道德情操又很不以爲然，採取鄙夷、不屑的態度，那麼，「道不同，不相謀」，「志迥異，意難投」，對於人生價值觀念完全相反的人來說，就必然是話不投機半句多，只能與同氣相投、同類相聚的人與共處了！

上面是就對人有益的快樂而言，至於對人有損的快樂，本則所指，以及常見的諸如沉溺色情、貪饞杯中物、嗜賭、大吃大喝，驕縱放肆以爲樂，逸遊晃蕩忘返以爲樂等等，都是只求一己的感官刺激，或者瞬間之樂，而且多爲樂極生悲：不僅傷陰陽元氣，損害身心健康，更有甚者是給往後伏下鬪毆、情殺、雪恨，而導致犯罪，或者傾家蕩產的禍根。

因此，一當他們醒悟，就必定是萬念俱灰，會深刻地感到「色卽是空空卽色」，「酒不醉人人自醉」，「賭不坑人人自坑」的含意而悔恨不已！

也因此，這類有損身心健康的快樂，可謂「樂」愈甚，苦果愈大，悲劇也更爲慘痛；其爲害之大、之烈，實非人們所能想像。世界上沒有「後悔藥」可吃，但願稍具良知的人們，能夠很好地加以審辨。「損矣」，其千萬告戒之意，可謂言有盡而意無窮！

(49)或曰：「以德報怨，何如？」子曰：「何以報德？以直❶報怨，以德報德。」（十四・三六）

【譯文】

有人說：「用恩德來報答怨恨，怎麼樣？」孔子說：「那麼，又用什麼來報答恩德呢？不如用直道去報答怨恨，用恩德報答恩德。」

【注釋】

❶直：直道，指公正無私。

【按】

人際關係中的恩恩怨怨，是經常會發生的。如何對待這些恩恩怨怨，不但關係到世俗、風尚、道德情操等的好壞，而且也會影響到社會的是否安寧。孔子所說「以直報怨，以德報德」，言簡意賅，明白易知，所見入微，所慮深遠，而蘊涵的義理，更耐人深思和玩味。

譬如，用什麼態度來對待別人的「怨」呢？一般說：有三種態度：

第一種，以怨報怨，亦卽平常所說的「以眼還眼，以牙還牙」。這種態度，直截了當，可謂痛快矣；但量小的人容易假公報私，更容易波及子孫後代，導致祖祖輩輩的相怨，世世代代的結仇，造成無休無寧的怨仇相結，不僅可憾，亦復可悲。因此，有識之士認爲「寃家宜解不宜結」，正是基於這原因。

第二種，以德報怨。乍看，這好像是寬宏、厚道、大度之量；其實，只是一種假象。其中，雖也有高姿態的人，以此表示：縱然別人施我以怨，我仍然報之以德，用德感化他；但，很大部分「以德報怨」的人，其實是攝於對方的權勢、財利，而不能不忍氣吞聲，以此態度去乞求苟安。因爲：既無條件可以「以牙還牙」報之以怨，也無能力可以用沉默、或者置之不理的態度，表示對施怨者的憤懣。因此，不得已而爲此，實在是「打掉牙齒和血吞」，有難言的苦衷。

這樣，影響所及，無異給施怨者傳遞了一個假信息，或者說是一種錯覺，認爲別人服服貼貼，他之施怨於人是理所宜然的，從而也就促使他有加無已的更施怨於人。於心難安的是：對有德於我的人，我又將何以爲報？如果說：無分區別地同樣以「德」相報，則施怨者與施德者等同看待，這「德」的分量，顯然爲不公正的：對前者是違心而爲，虛假的；對後者將被視爲不眞誠、廉價的。特別是，施怨者決不會因爲我報之以德，就改變他的態度，有所收斂；而施德者卻認爲等同看待是不眞誠，終將不復施德於人矣！

因此，以德報怨既展現不出公正，也不近情理，受怨者也於心難安，不能說是正確的。

第三種，以直報怨，即：以公正無私、心無所曲的直道態度報「怨」。這種態度是：既不因私怨就記恨心頭，尋機報復，以怨報怨；亦不因私怨反而加厚款待，以德報怨，表示寬宏，或者息事寧人，乞求苟安，這就是按直道而行。

以上，「以怨報怨」，爲一般人所常爲，但容易引起世代相怨，遺留後患，明智人所不能爲，亦不應爲；「以德報怨」，雖能求得暫時苟安，但於情違逆，於理難通，心亦不忍、不安，不應爲、亦不能爲；「以直報怨」，無私消怨，允是得當、宜爲，亦所應爲。

那麼，又用什麼態度來對待別人施予的德呢？亦有兩種態度：

第一種，以怨報德：這是忘恩負義、無情無義的小人之所爲。所謂投之以愛，報之以恨，施之以恩德，回之以怨仇：是一些視名、利、祿爲生命，可以爲著一己私利踩著恩人的肩膀爬上去，也可以踏著施德者的屍骨走過去的人。如果世風而至於此，那麼，不但往後不復有施德於人的事和人，而且也不復有道德的可言，人與人之間也將是可以無所不爲、任所欲爲，不再有安寧之日了，這是一個社會悲劇！

第二種，以德報德：是說人之有德於我，不論德薄德厚，我都不應該忘懷，而思以德報答之。當然，這是就受德者而言。至於施德者，就絕不是這態度了：他不把有德於人的事，耿耿於懷，長記心頭，更不期望受德人的報答。

世間事有應該忘和不應忘：應該忘的是我施德於人；不應忘的是人施德於我。

這就是孔子對待恩恩怨怨的道德觀。

【備考】

《呂氏春秋・察微篇》曰：魯國之法，魯人爲人臣妾於諸侯，有能贖之者，取其金於府。子貢贖魯人於諸侯來，而讓不取其金。孔子曰：「賜失之矣。自今以往，魯人不贖人矣。」取其金，則無損於行；不取其金，則不復贖人矣。子路撜溺者，其人拜之以牛，子路受之。孔子曰：「魯人必撜溺者矣。」孔子見之以細，觀化遠也。《淮南子・道應篇》曰：夫聖人之舉事也，可以移風易俗，而教訓可施後世，非獨以適身之行也。今國之富者寡而貧者衆，贖而受金，則爲不廉；不受金則不復贖人。自今以來，魯人不復贖於諸侯矣。《齊俗篇》曰：子路受而勸德，子貢讓而止善，孔子之明，以小知大，以近知遠，通於論者也。（「以德報德」，是孔子就受德者言之。上面子路、子貢之事，是就施德者言之。施而不受報，足以阻他人之施；爲社會計，不許個

人以讓爲名高而損社會也——《論語疏證》第三六四頁樹達按）

（50）子曰：「如有周公之才之美，使驕且吝，其餘不足觀也已。」

（八・一一）

【譯文】

孔子說：「如果有人能像周公那樣多才，而其才又特別好，但，只要他兼有驕傲和吝嗇這樣的缺點，那麼其他方面也就不值得一看了。」

【按】

本則，孔子強調德的重要，亦從一個側面闡明才和德的關係：才因有德而爲人所用，又因爲人所用而顯見其才的卓越超羣；無德，則才亦不能爲人所用，縱然才能超羣，亦屬枉然。

孔子認爲：「驕」和「吝」是德中最會影響事業失敗，和難於贏得人心的一個重要因素。因爲驕者恃才傲人，不謙虛；吝者當予不予，該給不給，視才爲私有，不肯爲人所用。因此，卽使有周公那樣治國、平亂，與禮樂的大才，也就不值得一看了。

這，其實僅就不爲人所用而言。如果本身就是一個在上位的統治者，是「驕且吝」，那麼，臣屬中縱多雄才大略、有作爲之士，恐怕亦不堪忍受「驕且吝」帶來的凌辱與損害，會相率逃離，最後落得個衆叛親離，孤家寡人一個，以失敗而告終！

這在古今中外的歷史上，是屢屢有所發生的。京劇「霸王別姬」中的項羽，就是一個很好的例子。

【備考】

《韓詩外傳》卷三曰：周公踐天子之位七年……時進善百人，教士千人，官朝者萬人。當此之時，誠使周公驕而且吝，則天下賢士至者寡矣。成王封伯禽於魯，周公誡之曰：「往矣！子無以魯國驕士！吾，文王之子，武王之弟，成王之叔父也，又相天子，吾於天下亦不輕矣。然一沐三握髮，一飯三吐哺，猶恐失天下之士。吾聞：德行寬裕，守之以恭者榮；土地廣大，守之以儉者安；祿位尊盛，守之以卑者貴；人衆兵強，守之以畏者勝；聰明睿智，守之以愚者善；博文強記，守之以淺者智。夫此六者，皆謙德也。」

(51) 子曰：「不有祝鮀❶之佞，而❷有宋朝❸之美，難乎免於今之世矣。」(六・一四)

【譯文】

孔子說：「如果沒有像祝鮀那樣好的口才，反而有了像宋朝那樣的美色，就難免於禍害當今之世了。」

【注釋】

❶祝鮀：衞國大夫，字子魚。賢者，長於口才。❷而：猶「與」字。❸宋朝：宋國公子，出奔在衞，有美色。《左傳・定公十四年》曰：衞侯爲夫人南子召宋朝。杜注云：南子，宋女也。朝，宋公子，舊通於南子。

【按】

世風喜好美色給社會帶來的爲害，是難以估計的，但也不是可以用能言善辯的口才所能消除的。因此，僅有宋朝的美色，而沒有祝鮀的能言，固然不免禍害於當今之世；即使有他的善辯，其實，仍然不免會爲害於世的。因爲縱然有能言善辯的口才，也終無能把無說成有，把死說成活。

也因此，如果以爲長於口才，就能免於好美色的禍害，轉而好「佞」，這是不現實的，也是不足爲信，根本行不通的。

實際上，好「佞」，往往是好阿諛，甚至是「巧言、令色」的先聲，如果世風一旦又崇尚「佞」和喜好美色，那麼，人心浮華、輕薄，就遠非人民之福了！

(52)子曰：「巧言，令色，足恭，左丘明❶恥之，丘亦恥之。匿怨而友其人，左丘明恥之，丘亦恥之。」（五·二五）

【譯文】

孔子說：「花言巧語，僞裝和顏悅色，過分卑恭，左丘明認爲可恥，我亦認爲是可恥。內心隱藏怨恨，表面上仍然和他照常做朋友，左丘明認爲可恥，我亦認爲是可恥。」

【注釋】

❶左丘明：魯國史官。相傳是《左傳》和《國語》的作者。❷匿怨而友其人：指藏怨於心，詐親於外。匿：隱藏。

【按】

語用花言巧語，裝扮好臉色和過分卑恭的態度去奉承、討好別人，去求得別人的歡心，這是可恥的。

內心怨恨別人，卻又隱藏起來，在表面上裝出一副友好的樣子去敷衍別人、欺騙別人，這同樣是可恥的。

前者違背自己的心願和本性，後者則隱匿自己的心願和本性，都損害了人的尊嚴和骨格，爲正直人所不爲。前者奴顏媚骨，一副小丑嘴臉，爲人所鄙夷和不屑；後者耍兩面派，虛與周旋，一副陰陽面孔，爲人所厭惡和不齒。實際上，都是爲了一己的私利。因此，不僅是「左丘明恥之，丘亦恥之」，而且是人人應該恥之、唾之的。

附：子曰：「巧言，令色，鮮矣仁。」（一·三）（參閱五·30）

（53）子曰：「惡❶紫之奪朱❷也，惡鄭聲❸之亂雅樂❹也，惡利口❺之覆邦家者。」（十七·一八）

【譯文】

孔子說：「我厭惡紫色奪去了朱色，厭惡鄭聲擾亂了雅樂，厭惡花言巧語傾覆了國家。」

【注釋】

❶惡：厭惡。❷紫之奪朱：古時朱爲正色，紫爲間色。當時以紫色爲君服，其時尚可見。朱：紅色。❸鄭聲：鄭國的民間音樂，鄭聲淫。❹雅樂：正音，是周朝京城的正統音樂。❺利口：佞，指花言巧語。

【按】

世間事物，眞眞假假，假假眞眞，眞假難分；似是而非，若同而異，是非不明，異同難辨，如不明察細辨，就難以知明見遠。孔子曰：「惡似而非者：惡莠，恐其亂苗也；惡佞，恐其亂義也；惡利口，恐其亂信也；惡鄭聲，恐其亂樂也；惡紫，恐其亂朱也，惡鄉原，恐其亂德也。」（《孟子・盡心下》）就正是孔子教人以銳敏的辨別力，能洞察其內情，不為物之相似而迷惑。

譬如：「惡利口之覆邦家者」，就因為「利口」的人，常常是「探人之心，度人之欲，順人之嗜好而不敢逆，納人於邪惡而求其利，人喜聞己之美也，善能揚之；惡聞己之過也，善能飾之。得之於眉睫之間，承之於言行之先。」（《尹文子・大道》）他們花言巧語，誇誇而談，談得又頭頭是道，「以是為非，以非為是，以賢為不肖，以不肖為賢」（同上），這就很容易為君上所聽信，最終導致家破國亡。

（54）子曰：「巧言亂德，小不忍則亂大謀。」（十五・二六）

【譯文】

孔子說：「花言巧語，可以敗壞人的品德。小處不能忍耐，就會亂了大的計謀。」

【按】

花言巧語本身就是心術不正、用心不善的一種表現。因為它是為了達到某種目的，而違心作出的，藉以討好別人的假象。因此，也就談不上具有仁心，必然是敗壞自己的品德了。

至於由「小不忍則亂大謀」的事，無論古今中外，或者歷史和現實，也無論是國家、民族、政黨、集團，或者個人，或者哪個領域，諸如政治、軍事、經濟、文化等等，由小事不忍而影響大計、大謀，甚至打亂部署，導致功敗垂成、戰爭失敗也屢屢可以見到。

譬如：有的人恃勇恃能，往往遇上一點小事就忍耐不住發生爭執，一爭執就不可收拾，所謂匹夫之勇不能忍其忿，一忿就忘其親，把什麼大事都置諸腦後，不加考慮了；又如婦人之仁不能忍其愛，一愛情深，纏綿悱惻，也就不能以義割恩愛，貽誤大謀了；又如心慈之人不能忍其憫，一憫就下不了「腹蛇螫手，壯士斷臂」的勇氣；而吝財不忍棄的人，往往招致怨恨，甚至喪生等等，什麼大謀都亂套了！

總之，「小不忍則亂大謀」，影響及於個人的成敗、得失、身家生命等，事還小；而如果及於國家的興亡、盛衰等，則茲事體大，就是民族罪人了！因此，寧持重而含忍，毋輕率而憤激。慎之！慎之！

(55)子曰：「鄉原❶，德之賊也。」(十七・一三)

【譯文】

孔子說：「一鄉中都不得罪的老好人，是道德的敗壞者。」

【注釋】

❶鄉原：外貌忠厚，內心巧詐，一鄉都稱他謹厚，叫鄉原。原：同「愿」，謹願。

【按】

鄉愿猶如今天所說的「老好人」，或者稱之「好好先生」。這種人，「你好，我好，大家好！」見人說人話，見鬼說鬼話，既不得罪人，亦沒有自己的主心骨，唯唯諾諾，無可無不可；其實呢，外貌忠厚，內心巧詐，是與世俗同流合汚，專事討好人以博取忠厚之名的巧僞人。正如孟子所說：「非之無舉也，刺之無刺也。同乎流俗，合乎汚世。居之似忠信，行之似廉潔。衆皆悅之，自以爲是，而不可與入堯舜之道。」（《孟子‧盡心下》）

這正是孔子批評之爲「德之賊也」——道德敗壞者的「鄉愿」的形象。

(56)子曰：「道聽而塗說，德之棄也。」（十七‧一四）

【譯文】

孔子說：「在道路上聽到傳言，就在道路上傳播的人，是品德中的棄物呀！」

【按】

途上聽來的傳言，不經過思考，就馬上又在途中轉口傳播出去。可以說，是聽之易，傳播之亦易，等於是一入於耳，也就出於口了！

這種人，沒有頭腦，沒有理智，更沒有主見可以作出自己的分析和判斷。這樣，縱使能「道聽」到嘉言善行；也仍然不能入於心，潛心修養而成爲自己的德。這正是「德不棄我人自棄」，是一個與德無分，背棄了道德，品德中的廢物而已！

(57)子張曰：「執德❶不弘❷，信道不篤，焉能為有？焉能為亡❸？」（十九・二）

【譯文】

子張說：「執德不能弘大，信道不能篤實，這樣的人，有他不爲多，無他不爲少。」

【注釋】

❶執德：猶云據德。德在己，故曰執。 ❷弘：弘大。 ❸焉能爲有二句：有他不爲多，無他不爲少。意卽：無足輕重。

【按】

一個有志於道，而求行道於天下的人，首先要明道，而且堅定不移，篤篤實實地信仰它。只有這樣，才能孜孜以求，努力以行，成德於心，且能日益弘大。如果信道不篤，則思想上產生動搖，就容易「道聽之，塗說之」，縱然有嘉言善行，也無能入於心，修養而成爲德。這樣，德雖有執而不弘，道雖有信亦不篤，其心一味虛矯，游移用事，自然不足以擔大任，成就事業。因此，可以說：有他不爲重，無他亦不爲輕，是一個無足輕重、可有可無的人而已！

（58）子曰：「古者民有三疾，今也或是之亡❶也。古之狂也肆❷，今之狂也蕩；古之矜❸也廉❹，今之矜也忿戾❺，古之愚❻也直❼，今之愚也詐而已矣。」（十七．一六）

【譯文】

孔子說：「古人常見有三種偏短的病，而現在或許連這些病也見不到了。古時的狂者肆志直言，現在的狂者就放蕩不羈了；古時的矜者常自尊自大，威不可犯，現在的矜者就暴戾好爭，蠻不講理了；古時的愚者率眞直行，現在的愚者就奸詐百出了！」

【注釋】

❶亡：同「無」。❷肆：肆意直言。❸矜：矜者自尊自大，其行矜持，指持守極嚴。❹

廉：指行為方正，威不可犯。❺忿戾：暴戾、好爭，蠻不講理。❺愚：指暗昧不明。❼直：率直而行。

【按】

古時的「狂者」，常常是由於志向高，對「天下無道」的現實感到強烈不滿而引起：或直言不諱，痛斥當道昏庸、暴虐；或喜笑怒罵，表現為玩世不恭；或裝瘋賣傻，指鷄罵狗，藉以解恨等等。皆隨心所欲，隨欲而裝狂，不但道出了百姓的不平，也發洩了心中怨憤。他們是佯狂其外，清醒其內，這樣的「狂」，至少還保持了那正直的志行和氣節，不僅為世人所理解和同情，更為平民百姓所共鳴，並贏得尊敬；而現在的「狂者」，只是恣意任性，狂妄而為，放蕩不羈，無所不為，什麼都亂來一起，並連那麼一點點正直的志行也蕩然無存了！

而古時的「矜者」，自傲自大，清高自尊，到了孤芳自賞，不通人情的境地，是其偏短之病，但至少還保持了持守嚴，極端自尊，以及不隨波逐流，有獨立的人格尊嚴和個性主見；而現在的「矜者」，則暴戾、好爭、好鬪、凶狠蠻橫，並連自尊、自重那麼一點點的矜持也毫無所有了！

至於古時的「愚者」，其實，有的也是裝得那樣傻裏傻氣、拙笨可笑，所謂「佯狂若愚」，但至少還保持了那戇直、率眞、掬然可愛的童稚之氣，甚至表現的愚氣中也蘊涵了某種哲理之見；而現在的「愚者」，卻貌似忠厚，實則心存奸詐，有時完全為赤裸裸的挾私欺騙和詐言，並連那麼一點點愚實、憨厚之態也沒有了！

孔子從「狂、矜、愚」三者古今人不同態度的對比中，不能不感到世風的日益衰敗，民心的日漸澆薄，不特美德不如古，卽疾亦不如古，從而表示了無限傷感。

「古者民有三疾，今也或是之亡也」，是「亡之」之可喜，抑「亡之」之可悲呢？

(59)子曰：「狂而不直，侗❶而不愿❷，悾悾❸而不信，吾不知之矣。」(八·一六)

【譯文】

孔子說：「狂士應該是耿直的，卻不耿直；無知的人應該是謹厚的，卻不謹厚；愚愨的人應該是可信的，卻不信實。這樣的人，我眞不知他們該怎麼辦了。」

【注釋】

❶侗：無知。 ❷愿：謹愼、厚道。 ❸悾悾：愚愨。

【按】

人的美好品性和氣質中，也常兼有病；同樣，在不好的品性和氣質中，也會兼有可取之處。

譬如：「狂者」病在偏激、放肆，但爽直，敢說別人所不敢說，敢做別人所不敢做，心地坦然，一無畏懼，是其可取之處；「侗者」病在無知、幼稚，但爲人厚實、率眞，卻是可取之處；「悾悾者」病在愚懇，同愚忠、愚孝的人一樣，到了不分是非的境地，但誠實、可靠，是其可取之處。只要能鑒識其中的美，洞察其中的病，既一任乎天，取其美而去其病，揚其所長，避其所短，則瑕瑜終不相掩，任何人都可以期望他成爲一個完人。

而今之狂者，內心不正直；侗者貌似忠實，不謹厚；悾悾者淺薄，不可信。並連可取之處的爽直、率眞、誠實可信，也蕩然無存了。就是說：他們爲後天所沾染的惡習所掩蓋，美好本性中最可寶貴的童心、天眞、稚氣已喪失殆盡，不僅無可再培養、教育，而且更無法測知將來會幹出什麼樣的殘忍之事。因而，對他們來說，不但是可悲的，而且也是可怕的。

「吾不知之矣」，正是孔子深惡痛絕之意的無情鞭撻。

(60)子曰：「人之生也直，罔之生也幸而免。」(六・一七)

【譯文】

孔子說：「一個人生存在世界上是由於有直道，不正直的人之所以也能生存在世界上，那是因爲他僥倖地避免了禍害。」

【按】

人羣的生存，原在基於人本性的善良正直，大家都按直道而行的結果。正因爲大家都按直道而行，所以少數的「罔者」，不正直的人，也就顯現不出特別的壞，沒有被視爲「過街的老鼠」，而人人喊打。因此，「罔之生也」原是借助於有直道，才僥倖地避免了禍害的。否則，人羣沒有按直道而行，人人也都不仁，那麼，人類互相殘殺，早就不復存在有人羣了！

也因此，「罔者」不要誤以爲自己的生存是理所當然的，更不要昏昧不明，繼續迷糊地「罔」下去，不按直道而行！「天網恢恢，疏而不漏」，還是「人之生也直」，按直道而行爲好！

(61)子曰：「誰能出不由戶？何莫由斯道也！」(六・一五)

【譯文】

孔子說：「誰能走出屋外而不從門戶呀？但爲什麼沒有人肯從這人生大道行走呢？」

【按】

人總得要向上，要進取，行走在人生大道上，猶如走出屋外，必須經由門戶而出一樣，這是天經地義，無庸置疑的。可是，偏偏一些人卻不願從門戶，或者正門走出，而是刻意從旁門、或者歪門，甚至狗洞進出；出去後走的不是正道、大道、直道，而是左道、邪道，捷徑，正如今天一些人的歡喜走後門，而不走前門一樣的心態。這是爲什麼呢？

是不是因爲走旁門、後門，行左道、邪道，更快、更方便、更容易得利，而不需要像走正門、前門，行正道、直道那樣循規蹈矩，那樣花大力氣、下功夫呢？如果是這樣，那麼，「何莫由斯道也」的心態，眞是古今所同然：都是爲了圖方便，貪小便宜得利。這就無怪乎二千五百年以前，孔子就發此慨嘆了！

(62) 子曰：「由！知德者鮮矣。」（十五・三）

【譯文】

孔子說：「仲由呀！知道德的人太少了。」

(63) 子曰：「吾未見好德如好色者也。」（九・一七）

【譯文】

孔子說：「我沒有見到過好德能像好色那樣的人呀！」

(64) 子曰：「已矣乎！吾未見好德如好色者也。」(十五・一二)

【譯文】

孔子說：「罷了吧！我沒有見到過好德能像好色那樣的人。」

【按】

這三則都指出了一個嚴酷的現實：對什麼是德？為什麼要重視道德修養等等，知道的人，實在是太少了。因而孔子對世人之輕德、好色的心態，表示了不勝感慨系之的憂慮。其實，這並不足為奇。因為德必須經過千錘百鍊的自我修養，才能有得於心謂之為德。因此，「好德」就意味著要花大力氣、下大功夫，而「好色」就不需要這樣嚴於律己的修養之功；特別是那些當權者和財盛、勢大的人物，少女少婦爭相得寵尚恐不及，可以隨心所欲，隨欲而得，那麼，彼之有權有勢有財者，又哪會好德如好色者呢，這也就成為必然的了！好德如好色，則世道必能重義輕利，民風淳厚樸實，人民思善向上；相反，好德不如好色，則人心見利忘義，世風澆薄，也必然是人欲橫流，道德淪喪。

「齊人歸女樂，季桓子受之，三日不朝，孔子行。」(十八・四)作為在上位的當權者，尚且因為喜好美色而三日不上朝聽政，那麼，「上有好者，下必有甚焉哉」，在下位的從政者，又會是怎樣呢？

「好德不如好色」，其實，古今同然，而且今之好色者恐怕猶過於古人！綜觀大千世界，芸芸衆生，究竟能有多少是好德勝過好色，不在好色上打轉轉的呢？

因此，作爲個人，無妨反思問一問：在好仁好德與好色好利這問題上，究竟是哪一項在自己思想上占主導地位呢？這樣，也就可以瞭知自己志行的所在了！

（二）人無遠慮，必有近憂

(65) 子曰：「人無遠慮，必有近憂。」（十五・一二）

【譯文】

孔子說：「一個人沒有長遠的考慮，必定會遭受眼前的憂患。」

【按】

遠慮是長遠的戰略目標，近憂爲隨時出現的問題：無前者的深思遠慮，就必然會有後者隨時隨處發生的憂患。這是告誡人們：凡事豫則立，不豫則廢，應該高瞻遠矚，見其遠；不要短視淺見，只把眼睛看在鼻尖上，見其近。譬如，就家庭說：做父母的要重視對子女的智力投資，以及注意品德教育，極力提高子女的道德素質，是其遠慮；如果做父母的不是這態度，而是放任自流，子女沾染了惡習也不嚴加教育，甚至已經顯露了道德敗壞的某些迹象，仍然一味慫恿、包庇，那麼，這種沒有遠慮的態度，說不定，子女未及成年，就會發生「近憂」的麻煩事了！

再，大而言之，就國家的農田水利建設事業說：如果當權的為政者無遠慮，不重視這方面的建設，相反，卻只顧近期利益，諸如毀林造田、圍湖造田等，則一旦遇特大災害，就只能眼巴巴望著千百萬人民的生命財產，被洪水吞噬而付之東流！這不只是「近憂」，簡直是慘矣哉，大自然的殘酷懲罰了！

（66）子曰：「放❶於利而行，多怨❷。」（四·一二）

【譯文】

孔子說：「一切依照個人私利，必然招來很多怨恨。」

【注釋】

❶放：依照。❷怨：一、指人怨己；二、指己怨人。又，亦可指對為政者而言，即：如果為政者專以謀利而行事，自然會招致老百姓的多怨。

【按】

一個人如果只計算著個人的是否得私利而行事，那麼，豈止於「多怨」而已，恐怕最後必然是以損人開始，而以害己而告終。

因爲只想到利己，則必損人，損人當然會招致「多怨」：一是被損者怨己，二是知其事或被蒙蔽者也同樣怨己。前一種人心有所不甘，必然要想方設法謀求報復；後兩種縱然被籠絡、利用，或者被蒙蔽、欺騙，甚至裹脅，但人人都有是非之心和良知，總不能昧滅良知，永遠被欺騙、蒙蔽、裹脅。因此，一旦覺醒，由悔恨而反戈相擊，實在也是意料和情理中的事。譬如，製造假藥坑人，合夥搞投機倒把害人，甚至設圈套拐賣婦女，裹脅運毒、販毒，以及爲小集團利益而陷害人等等。其實呢，「隔牆有耳」，天下沒有不透風的牆；「紙包不住火」，天下也沒有可以永遠捂住不讓人知道的事；而況，人心和良知是不可能永遠會被昧滅，縱使被黑道勢力裹脅，也總會有人無所畏懼地挺身而出，與之揭露鬪爭的。

這是就人之怨己而言，即凡專依一己私利，損人害人太過的，必然要招致別人的怨恨。至於己之怨人，那實在是由於個人私慾惡性膨脹，而天下事又不可能盡遂人意，遇此等情況就必然產生內心的多怨：怨天、怨地、怨環境、怨政策法令，以至於怨人，怨一切利害關係人，所謂「小人長戚戚」，亦正是這心境。因此，如果不是「放於利而行」，而是依照仁道而行事，則「求仁得仁」，一切人際關係都融洽和順，無所怨也！

(67)子曰：「鄙夫❶可與事君也與哉？其未得之也，患得之❷。既得之，患失之。苟患失之，無所不至矣。」(十七・一五)

【譯文】

孔子說：「鄙夫難道可以和他一起事奉君上嗎？當他沒有得到時，總是擔心得不到。既已得到了，又要擔心失去。如果擔心失去，他也就無所不爲了。」

【注釋】

❶鄙夫：指品德低下的人。❷患得之：是「患不得之」的意思。

【按】

一個患得患失、品德卑下的人，常常是不擇手段去謀取一己私利。在他想得到某種東西如功名、利祿、地位、權力等時，總是擔心得不到，一旦得到了，又擔心失去；如果眞的失去，那麼，他就會不顧一切地爲非作歹，無所不爲：小則給人吮癰、舐痔，大則殺父與君，就完全是一個亡命之徒的行徑了！

而如果這樣一個鄙夫，恰恰又是地位高，且是掌握實權、野心勃勃的人，那麼，如果擔心眞的會失去已經得到的地位、權力時，他必定會以十倍的瘋狂進行反撲和報復，甚至期求同歸於盡。因此，其危害的程度和可怕的後果，就很難想像了！

這樣的鄙夫，是根本不可能忠於國家和人民，也不可能與共事君、與共爲友的。

（68）子曰：「躬自厚而薄責於人，則遠怨❶矣。」（十五・一四）

【譯文】

孔子說：「對己責備嚴，對人責備輕，就可以遠遠避離自心的怨恨了。」

【注釋】

❶怨：一、人怨己；二、己怨人。均通。

【按】

「躬自厚而薄責於人」，是「嚴以律己，寬以待人」，同「專攻己惡，不攻人惡」的態度是一致的。它是人際交往和相處中最得人心的態度：不但別人對己無怨，而且自心對人對己都無怨。可以說，它是待人、接物，立身、處世的根本。

「故君子責人則以仁，自責則以義。責人以仁則易足，易足則得人；自責以義則難爲非，難爲非則行飾。故任天地而有餘。」（《呂氏春秋．舉難》）如此，就可以一任自己飛翔於天地之間，而無所不容了！

如果不是這樣，而是相反的態度，這就有如時下所說：「對人是馬列主義，對己是自由主義」，那麼，那些不肖的人就會「責人則以義，責己則以仁。責人以義則難瞻，難瞻則失親；自責以仁則易爲，易爲則行苟。故天下之大而不容也。身處危，國取亡，此桀紂、幽厲之行也。」（《呂氏春秋．舉難》）如此，就必然是人怨己，己亦怨天尤人，而且，此「怨」悠悠，也將無盡期了！

（69）子曰：「以約失之者鮮矣。」（四．二三）

【譯文】

孔子說：「因爲儉約無奢不放縱而犯過錯的，這就很少的了。」

【按】

生活上樸實無華，財用上儉約無奢，言行上謹愼小心，從事學問和成就事業上踏踏實實不浮誇，以約自守。如果說，都能嚴格地做到如上所說那樣：既不放縱、不浮華，也不任性而爲，那麼，千千萬萬實踐展示人們：以此態度自處，這總歸能減少過失，甚至避免犯錯誤。所謂「以約失之者鮮矣」。

(70)曾子有疾，召門弟子曰：「啓❶予足，啓予手。《詩》❷云：『戰戰兢兢，如臨深淵，如履薄冰。』而今而後，吾知免夫！小子❸！」(八·三)

【譯文】

曾子病重，召他的門弟子到床邊說：「看看我的腳，看看我的手。《詩經》說：『小心謹慎呀，就像站在深潭的邊緣，就像踏在極薄的冰上。』自今以後，我才知道可以免除自己身體毀傷的罪了！學生呀！」

【注釋】

❶啓：同「晵」，視。❷詩：指《詩經》，後引的三句詩，見《詩經·小雅·小旻篇》，意即做人要謹慎小心，才能免於禍患刑戮。❸小子：對弟子的稱呼。

【按】

「而今而後，吾知免夫」，說明曾子一生的爲人正如《詩經》所說那樣，眞是「戰戰兢兢，如臨深淵，如履薄冰」，可謂小心謹愼、謙遜、守分、知足之極了！

曾子是一個事父母至孝的大孝子，這「吾知免夫」，也正是他臨終所言。因此，一方面說明曾子認爲「身體髮膚，受之父母，不敢毀傷」，他自知可以免於刑戮，從而了遂「父母全而生之，子全而歸之」的心願，其欣慰之情，可說溢於言表；一方面，「吾知免夫！小子！」也以此教誨弟子要「戰戰兢兢，如臨深淵，如履薄冰」那樣小心謹愼地爲人，免致禍患受刑戮，其語重心長之意，也可說感人良深。

這是曾子的爲人。雖說這方面所展現的胸懷、氣勢，遠不及孔子「殺身成仁」，孟子「舍生取義」的宏偉，不免給人以「守成、謹愼有餘，開拓、膽識不足」之感；但，曾子在學養上的造詣，以及學術、道統方面的傳授，卻是另有一番凜然不可侵犯的浩然正氣，令人肅然起敬的。如，曾子曰：「可以托六尺之孤，可以寄百里之命，臨大節而不可奪也，君子人與？君子人也。」（八．六）又如，曾子曰：「士不可以不弘毅，任重而道遠。仁以爲已任，不亦重乎？死而後已，不亦遠乎？」（八．七）應該說：是深得孔子之教的精華的；特別是，被後世譽爲「亞聖」的孟子，是師承於子思的門弟子，而子思則是師承於曾子的門弟子，那麼，孔子——曾子——子思——孟子，可謂一脈相傳，該亦並非過譽之辭！

附：曾子曰：「吾日三省吾身。為人謀而不忠乎？與朋友交而不信乎？傳，不習乎？」（一．四）

【按語】竭盡心力而爲謂忠，誠實以待人爲信。對人忠還是不忠，信還是不信，雖說別人可以從客觀事實中得到驗證，但，那畢竟只是一種表象。「傳，不習乎？」亦如此。是說，我之傳授給別人的，是否爲日常潛心研究講習過的呢？這同樣涉及是否對別人的忠和信的問題。因此，存於內心的是否竭盡心力，是否信實如一，是別人所不能知道，也不是別人所能強求知道的。這只能依靠自我反省，才能由自己作出斷定。也因此，如果說，每日都能如此再三地按時進行自省，省察自己的不足之處，並加以改正，則日復一日，年復一年，所達到的道德境界之高，就決不是一般人所能及了！

（三）中庸之爲德也

（71）子曰：「中庸❶之為德也，其至矣乎！民鮮久矣！」（六．二七）

【譯文】

孔子說：「中庸作爲一種道德，可以說是最高的了！可惜人們少有此德已很久的了！」

【注釋】

❶中庸：用中爲常道，「以其記中和之爲用也」。中：中正、中和，無過無不及。庸：用，常。守常不變。

【按】

中庸是孔子提倡的最高道德，指一切言行不偏不倚、不左不右；認爲「過猶不及」，即過頭和不及，同樣不好，只有無過無不及才是好的。所謂「允執其中」（二十．一），「執其兩端，用其中於民。」（《禮記．中庸》）以此避免偏於一極端的危險。

雖說在《論語》中提到中庸，僅此一則，而且語焉不詳，但在理論和實踐活動中，孔子卻是始終貫徹這中庸思想的。譬如：

子貢曰：「師與商也孰賢？」子曰：「師也過，商也不及。」曰：「然則師愈與？」子曰：「過猶不及。」（十一．一五）

就是說：過和不及都一樣，好譬射，兩者都未中的，均屬差失，根本談不上孰賢的問題。這是以否定「過」和「不及」這兩端的形態出現的。

又如，子曰：「質勝文則野，文勝質則史。文質彬彬，然後君子。」（六．一六）是說，不管哪一端排斥哪一端，其結果都只能是：或者粗野（質勝文），或者浮誇（文勝質）。因此，只有兩種不同品質恰到好處地做到既樸實無華，又有文彩風度，也即既不粗野，也不浮誇，達到既能互補不足，又能互相制約，這才是「用中爲常道」，稱得上「文質彬彬」，算是一個君子了。

這是在個人修養方面，以兼容兩端，使對立因素的統一、和諧，用以突出君子完美形象所表現的中庸思想。

還有，如禮，有奢有儉：奢則過於文飾，流於浮華；儉則不及文飾，嫌於質樸，都是過和不及。又如喪，有易有戚：易則過於治辦講究，戚則哀傷太過，都是或過、或不及，不得其中而用。孔子認爲應該是：既不奢、也不儉，既不易、也不戚，是謂中庸，爲最好的、最正確的態度。如果都做不到，同嫌非禮，那麼，不得已退其次：「禮，與其奢也寧儉。喪，與其易也寧戚。」（三·四）因爲這是「禮之本」。

又如，孔子提倡「和而不同」（十三·二三），實際上也是貫徹中庸思想的正確方法。所謂「和」，是對立的、不同觀點或看法的協調，具有原則性；「同」則不分是非、善惡的隨聲附和、或者看風使舵的贊同，實質爲盲目性。前者保持矛盾對立面的和諧，融會兩端中的合理因素，使之成爲盡可能完備的方案、措施。如：君曰可，臣指出還有不可之處；君曰不可，臣謂仍有可行之處，博採衆議，求其切實可行，這表現了君的兼容精神和民主氣度；後者取消矛盾對立面的差異，往往發展而獨斷專行，容不得半點不同意見，如君曰可，臣亦曰可；君曰不可，臣亦曰不可，這就容易由一言堂而演進爲專權、暴君、獨裁了！

當然，也有的人卻認爲孔子的中庸思想，是調和、和稀泥，搞折衷主義。其實，恰恰相反，孔子最反對搞折衷主義，而且特別厭惡那種不分是非、善惡，沒有原則、主見，唯唯諾諾，隨聲附從，「同乎流俗，合乎汚世」的老好人——孔子稱之爲「鄉原，德之賊也」的人。

這該是一個最好的說明。

(72) 子曰：「不得中行❶而與之，必也狂❷狷❸乎！狂者進取，狷者有所不爲也。」(十三·二一)

【譯文】

孔子說：「我不能得到和行爲中庸的人相交，那只有和狂狷者相交了。狂者志高，勇於進取；狷者守分有餘，能有所不爲。」

【注釋】

❶中行：行得其中，合乎中庸。孟子說的「中道」，卽中行。❷狂：志氣高，勇於進取。❸狷：守有餘，能不失其身，不同流俗，有所不爲。

【按】

中行之士，是指行得其中，進能行道，退能不爲，合乎中庸的人。本則是孔子慨嘆得不到具有這樣高尚道德、合乎中庸的中行之士，因此，只能退而思其次了！正如孟子答萬章所問：「孔子在陳，何思魯之狂士？」孟子曰：「孔子不得中道而與之，必也狂狷乎？狂者進取，狷者有所不爲也。孔子豈不欲中道哉，不可必得？故思其次也。」……「何以謂之狂也？」曰：「其志嘐嘐然，曰：『古之人，古之人。』夷考其行，而不掩焉者也。狂者又不可得，欲得不屑不潔之士而與之，是狷也；是又其次也。」（《孟子．盡心下》）

這裏，「中道」作「中行」，「狂狷」作「狂獧」，「行」與「道」，「獧」與「狷」，均同義。朱子注：

狂者志極高而行不掩，狷者知不及而守有餘，蓋聖人本欲得中道人而教之，然既不可得，而徒得謹厚之人，則未必能自振拔而有爲也。故不若得此狂狷之人，猶可因其志節而激厲裁抑之，以進於道，非與其終於此而已也。

孔子所以寧取狂狷，不取謹厚，就因爲狂者雖處世高傲不苟合，但志氣高、素質好、有卓見，勇於進取，敢於開拓，能一往直前；狷者雖也不免偏激，但潔身自好，不屑與不乾淨的人同流俗、共汚世，能始終自守，有所不爲；而謹厚者遇險而逃，遇難而退，僅知持重而已，既無勇可以進取，有所作爲，又無才智可以擔當大任、行大道。

其實，任何一個有大作爲的領導，或樂於培育英才的老師，寧願嘔心瀝血、花大力氣去培育一個如狂狷者那樣的人才和強者，也不願寄厚望於一個唯唯諾諾的庸才，或小綿羊式的懦者！蓋「猶可因其志節而激厲裁抑之，以進於道，非與其終於此而已也」。有識者該深有體會的吧！

第八章　君子、聖人、賢者、成人、善人、有恆者、士

君子有的指在上位者，一般指德行高尚的人；聖人則在君子之上，學問淵博，道德高尚，且又在位，是具最高境界的人。在孔子心目中：君子是一個既有道德自覺，又有很高修養的道德完人；聖人則是盡善盡美的完全人格化了的人。經過學養的努力，君子亦可以入聖。

善人是質好，肯爲善，不肯爲惡，只是未志於學，未經學問琢磨，是一個「未踐迹，亦不入於室」的人；有恆者惟守恆而已。兩者均以質言，雖說與上面君子、聖人的學養、才德，高下懸殊過甚，但世界上，從沒有不經過「有恆」而能入於聖的人，也從沒有不經過「有恆」而能成就大業的事。因此，對恆德的重要性，萬萬不能掉以輕心！

君子在《論語》中見一〇一次，是孔子把它賦予極其崇高的稱號：不但是謙虛好學，志行高潔，「無終食之間違仁」，而且有以天下爲己任的理想和胸懷，又能發憤進取，自強不息，具有匡時濟世的學問和才能，一個道德完人。孔子把它作爲培養弟子個人道德上的標準，也可說是一個爲人的總方向。

二千多年來，正是這樣一個道德完人，理想人格的「君子」形象，一直吸引和鼓舞著千千萬萬有志之士，爲能達到這境界而經歷千磨萬難，而終身砥礪不懈。歷史上許許多多爲人民作出偉大貢獻的政治家、科學家、文學藝術家、醫學家、民族英雄……等等，不正是都由此而成就非凡業蹟，爲世世代代人們所景仰的嗎！

道德完人的「君子」形象，已積淀成爲我們偉大民族崇高人格的象徵，也是人人所嚮往、追求，並爲之努力奮鬪的精神支柱。

一、君子——道德完人

(一) 問君子

(1) 司馬牛問君子。子曰：「君子不憂不懼。」曰：「不憂不懼，斯謂之君子已乎？」子曰：「內省不疚，夫何憂何懼。」(十二·四)

【譯文】

司馬牛問怎樣才能稱爲君子。孔子說：「不憂不懼。」司馬牛又問：「不憂不懼，就能稱爲君子了嗎？」孔子說：「自己反省，內心不感到有愧，那又有什麼可以憂愁和恐懼呢？」

【按】

「內省不疚」，是說無論事大事小，主要次要，原則和一般，都要嚴於律己、自我反省，捫心自問：自己平日的一言一語、一舉一動，是否都做到了仰無愧、俯無怍？如果是，自然無需憂愁、恐懼，俗語所說：平時不做愧心事，夜半敲門鬼不驚。

其實，人生在世，憂什麼？無非憂貧、憂困，憂不稱心遂意，憂「人之不己知」等等；懼什麼？無非懼災、懼難，懼飛來的橫禍，懼「人言可畏」等等。

如果說：自己坦蕩無私，有「仁者泛愛衆」的心志，能先天下之憂而憂，那麼，人的貧和困算得什麼？個人的不稱心遂意和「人之不己知」，又算得什麼？

如果說：自己光明磊落，有「勇者見義勇爲」的意態，不屈不撓，敢於勇往直前，「死」尚且可以置之度外，那麼，又何懼個人災難？又何懼飛來橫禍，或者人言之可畏？

因此，本則所告，並不是指徒求「不畏不懼」就能稱之爲「君子」，而是指必須經過千錘百鍊，眞正做到問心俯仰無愧，卽內省不疚，才得謂之曰「君子」。此卽難能處，更是可貴處。實踐也表明了這一點：凡是「內省不疚」的人，也必定是能夠忠於自己原則，不爲利誘，不爲物移，始終能保持個體人格的尊嚴和目標的專一；而且，也必定是內心世界、精神生活方面充盈、豐富，剛健自強，勇於進取的人。這樣，自然也就無憂無懼了！雖說本則是針對司馬牛爲兄弟而憂懼所作的回答，其實亦是通指一切人的道德修養而言。

(2)子路問君子。子曰：「修己以敬。」曰：「如斯而已乎？」曰：「修己以安人。」曰：「如斯而已乎？」曰：「修己以安百姓。修己以安百姓，堯舜其猶病諸！」(十四·四五)

【譯文】子路問怎樣才能稱爲君子。孔子說：「用敬來修養自己，保持恭敬、謙虛、和順的態度。」子路說：「像這樣就夠了嗎？」孔子說：「修養自己，用來使親族、朋友安樂。」子路又說：「像這樣就夠了嗎？」孔子說：「修養自己，可以進而使百姓安樂。修養自己，進而可以使百姓安樂，就連堯舜恐怕也難做到吧！」

【按】孔子對上位的君子提出了三個層次的嚴格要求：首先是「修己以敬」，其次是「修己以安人」，第三是「修己以安百姓」。這三個層次，可以說，一個比一個有更高的要求。

而相互間的關係則是：先修己而後才能「安人」、「安百姓」。修己卽修身，是安人、安百姓的前提；而安人、安百姓則是修己的結果。沒有前提，也就談不上可以預期的效果，因爲自身尙且修養不好，又如何去安人、安百姓？因此，孔子特別重視修身，如《大學》、《中庸》所說的「自天子以至於庶人，壹是皆以修身爲本」，「故君子不可以不修身」，「知所以修身，則知所以治人；知所以治人，則知所以治天下國家矣」。

修身的條目很多，內容更是豐富多彩。本則特別提出從「敬」著眼、入手，主要是因爲「敬」是人際間最基本，也是最能互通人心、互相感應而達到融洽、和諧目的的道德修養、行爲準則。「敬人者，人恆敬之」，人際關係絕沒有對人不敬，而人會敬己的；敬人必得先自敬，世上也絕沒有對己不自敬、自尊，而能敬人、尊人的。

作爲在上位者的君子，「修己以敬」，只是修身方面從「敬」開始的一個側重點，而其目的則在「修己以安人」，進而「修己以安百姓」。欲求「安人」，關鍵是修己所達到的道德越是高尙，「安人」的效應也就越大；至於「安百姓」，由於茲事體大，涉及範圍既廣、又且複雜，因此，縱聖賢如堯舜，恐怕也限於力之所難及，不容易做到。

正是這樣，堯舜還爲此而修己不已！

(3) 司馬牛憂曰：「人皆有兄弟，我獨亡。」子夏曰：「商聞之矣，『……』君子敬而無失，與人恭而有禮，四海之內，皆兄弟也。君子何患

乎無兄弟也。」（節錄十二・五）

【譯文】

司馬牛憂愁地說：「人人皆有兄弟，獨我沒有呀！」子夏說：「我曾聽老師說過：『……』君子只要認眞而能敬，對事沒有差失，對人恭敬而有禮貌，那就四海之內都是兄弟了。君子何必憂愁沒有兄弟呢？」

【按】

本則在〈顏淵篇〉，繼司馬牛「問仁」、「問君子」後，牛因諸兄弟作亂，或逃或亡，而自己則流離無所依歸，又身處異國，實深有感於「人皆有兄弟，我獨亡」，而發此憂言。前兩問，孔子答以「仁者其言也訒」，「君子內省不疚，夫何憂何懼」：既指出他「多言而躁」偏急的缺點，企其自勉；又針對他憂懼其兄桓魋作亂於宋的心情，鼓勵他多在修德方面下功夫；而本則子夏之言，尤見學友間一片拳拳的慰藉之情。

通讀司馬牛所問所憂這三則，對當時孔子和子夏所表現的懇切誨導、和眞誠慰勉的深情摯意，今天讀來，猶感歷歷如在眼前，孔門教育精神之偉大感人，亦於此略見。

至於子夏說的「四海之內，皆兄弟也」，實際上是孔子語「言忠信、行篤敬，雖蠻貊之邦行矣」（十五・五）聯想而引發的話。原是對牛的一番至情至摯的安慰，告勉他只要「敬而無失，恭而有禮」，自然是「雖蠻貊之邦行矣」，可以走遍天下，到處爲家。這無異是把對兄弟的敬愛之心，推而及於每一個人，等於是「四海之內，皆兄弟也」的同義語。

由於這話蘊涵了博大的人類之愛，展現了寬宏的偉大胸懷，因而不但爲後世人們所共識，並且更贏得普遍的贊頌和廣爲傳播。

附：子曰：「君子道者三，我無能焉。仁者不憂，知者不惑，勇者不懼。」子貢曰：「夫子自道焉。」（十四·三〇）（參閱一·29）

子謂子產：「有君子之道四焉：其行己也恭，其事上也敬，其養民也惠，其使民也義。」（五·一六）（參閱四·19）

【按語】上則雖說是孔子的自謙之辭，但也從一個側面反映了君子的成德之道實在是並非易事。因爲要達到不憂、不惑、不懼的思想境界，必須時時、處處、事事花大力氣，下狠工夫，孜孜於內在德性有關知仁勇這三方面的修養，才能不爲外在的「貧賤、富貴、威武」所移、所淫、所屈；否則，是顯然難乎達到的。

本則則通過贊子產而贊君子之道；贊君子之道，實際是爲了勉勵「從政者」的君子，都能切切實實地躬身力行「恭、敬、惠、義」四種美德。

(4)曾子有疾，孟敬子❶問之。曾子言曰：「鳥之將死，其鳴也哀；人之將死，其言也善。君子所貴乎道者三：動容貌，斯遠暴慢矣；正顏色，斯近信矣；出辭氣，斯遠鄙❷倍❸矣。籩豆❹之事，則有司❺存。」

（八·四）

【譯文】

曾子病重，孟敬子來探望他的病情。曾子說：「鳥在將死時，它鳴叫的聲音很悲哀；人在將死時，他說的話也很善意。君子應該重視的道德有三個方面：使自己的容貌嚴肅，就能避免粗暴和放肆；使自己的臉色莊重，就可以接近於誠信；使自己說話的言辭和聲調明白、和順，就可以避免粗野和背理。至於那些禮器方面的事，都有專管其事的人在那裏，就不必多操心。」

【注釋】

❶孟敬子：魯大夫仲孫捷。　❷鄙：鄙陋，粗野。　❸倍：同「背」，指背理。　❹籩豆：禮器。籩：竹器。豆：木器。　❺有司：管事的人，意卽有管理者專司其職。

【按】

一個人的容貌、臉色、辭氣，都表現了這人的喜怒哀樂之情，不僅在上位的君子要引起足夠重視，卽一般的人也不應疏於檢點。因爲在人際關係中，縱然是一些日常生活的瑣事，也往往會遇到由於開口腔不好，或者說話粗野、鄙俗，或者污言穢語難於入耳等原因，把本來是好心善意的事引發而成爲一場爭吵、鬪毆，甚至火頭上拔刀相向，導致嚴重後果，造成終身遺恨而悔之莫及。

那麼，作爲一個在上位的君子，影響所及，就更不能等閒視之了！

其實，一個人表現的粗野或高雅，枉曲或正直，虛僞或信實，急躁或和順，怠慢或莊重，背情或順理等，一般都隨著人的素質而表現不同，而人素質的高下，則又決定於個人修養的程度。曾子在病重時，以「鳥之將死也，其鳴也哀」作喩，對孟敬之告以修身之道，卽「君子貴乎道者三」，殷殷期望他好好注意「動容貌，正顏色，出辭氣」，以便「遠暴慢，斯近信，遠鄙倍」，可以說，語重心長，情意懇切，眞是一片至誠了！雖說語不驚人，也非高深，但均就平實近人、通情達理處而言。且淺出深入，易懂易行，可貴處固然在此，而精深宏廣，不易久行不怠，其難能處亦在此。因此，要眞正能始終不渝地做到「容貌、顏色、辭氣」恰到好處，實在亦非易事。

「人之將死也，其言也善」，既蘊涵了曾子表明心迹的自謙之意，也展現了曾子爲人的篤實，可謂「心彌小而德彌恢，行彌謹而守彌固。以臨深履薄爲基，以仁爲己任爲量。」（錢穆語，見《論語新解》第二八二頁）曾子平時學養功夫之深，亦可概見一斑了！

（二）君子恥其言而過其行

（5）子曰：「君子恥其言而過其行。」（十四·二九）

【譯文】

孔子說：「君子以他所說的話，超過他的行爲而感到可恥。」

【按】

言而過其行，有各種形式的表現：有自吹自擂、說大話，說得頭頭是道，行得卻南轅北轍，根本對不上號的；有開口怎麼怎麼，閉口如何如何，做起來卻歸咎這個客觀、那個原因，是「言語的巨人，行動的矮子」的；有信口開河，誇誇其談，許下的是大如雷聲的諾言，實現的卻小如雨點的行動；也有高喊實事求是，實際則是唯我獨是，容不得半點相反意見等等。不管是何種形式，其實質都是一樣：或者自我標榜，博取信任；或者大言聳聽，譁衆取寵；或者討好矇混，欺世盜名。總之，這是一種不嚴肅、不負責，輕率而言的浮誇作風，一種不忠誠、不講信、不求實的表現。它不但是成就事業的大忌，更是爲人立身處世的大害。

君子重在言與行的統一，即言行一致，表裏如一。因此，對這種「言而過其行」的浮誇作風，自然深惡痛絕，引以爲恥。一方面，君子認識到有關內在的道德修養，或者外向的理想追求，絕不是可以憑藉誇誇其談、自吹自擂，說幾句豪言壯語就能實現的，必須依靠自己的刻苦磨練和身體力行，切切實實地去做，才能達到目的。

另一方面，君子更認識到「恥」是人類進化的一種推動力：能知恥，就能知有所奮勉，能有所奮勉，就必然能有所作爲；而不知恥的人，恰恰相反，不但不知有所奮勉，而且往往自暴自棄，根本就不想有所作爲。

因此，從某種意義說：知恥不知恥，是區別一個人能否成爲有所作爲的關鍵因素。如果說：對自己「言而過其行」的浮誇作風，一當意識到，或者經由別人指出後，感到臉紅、心跳，覺得可恥，這就是「知恥近於勇」，不但表明自己有勇於改正錯誤的決心，和從善如流的明智態度，而且也必然會取得別人的信任，開始走向奮勉自勵有所作爲的道路了！相反，如果對自己「言而過其行」的浮誇作風，並不感到以爲不然，而且雖屢經別人指出，也仍然我行我素，甚至還自我陶醉於「表裏不一」的巧妙，那麼，作爲個人，這表明已發出必然會滑向自暴自棄、走向墮落的信號，最終是失卻一切朋友；而作爲當政者，那就是不能取信於民的開端，無異發出一個危險的信號了！

至於下面所附這樣的人，如已習慣於此：或者輕率而言，吹牛哄人；或者故作姿態，大言壓人，則「其言之不怍」，豈只是「爲之也難」而已，在明眼人看來，簡直是令人作嘔了！

附：子曰：「其言之不怍，則為之也難。」（十四・二一）

〔譯　文〕孔子說：「他說起來大言不慚，那做起來就困難了！」

（6）子曰：「君子欲訥於言而敏於行。」（四・二四）

【譯文】

孔子說：「君子說話要遲鈍些，而做事卻要敏捷些。」

【按】

好信口開河，誇誇其談者的一個特點是：沒有把言的可行性思考成熟，就迫不及待地輕率而言了。因而也就常常出問題，不是前言不對後語，鬧笑話，就是言而過其實，對言打折扣，或者根本難於行。

這樣，以「訥於言」來矯正言之輕率，也就有意識地愼其言於「訥」中了。因爲說話遲鈍一些，至少有一瞬間的思考「行的可能性」，不至於那麼輕率了。而對於那些言而不馬上行，行動遲緩、拖拖拉拉、疲疲沓沓的人來說，最好的辦法是勉勵他雷厲風行，說了就做，即「敏於行」，並使之能逐漸成爲習慣。這都是通過改變人的氣質、習慣等藉以成德的，一種行之有效的，自我修養的方法。

（7）子曰：「古者言之不出，恥躬之不逮也。」（四・二二）

【譯文】

孔子說：「古人不肯輕易出言，因爲怕自己行爲及不到，該是一件可恥的事。」

【按】

「一言既出，駟馬難追」，本則是以古人不輕易出言的態度告誡人們要「愼於言」。因爲不經過思考的輕率而言，有時往往會遇到或者自身能力及不到，或者客觀條件不容許，就「躬之不逮」，自己也該感到可恥了！

（8）子曰：「故君子名之必可言也，言之必可行也。君子於其言，無所苟而已矣。」（節錄十三·三）

【譯文】

孔子說：「因此，君子定下的名，必定可以說得出口，說得出口的話，就必定能夠做得到。君子對任何一句話，都不可隨便地苟且而過。」

【按】

雖說這是就「正名」而言。其實，亦可通指。即，君子的每一句話，都是嚴肅、認眞、負責，不隨便、不馬虎，說一不二，說話算話的。也就是說：說得出來的話，必定是成理的；成理的話，也必定是能夠做得到、行得通的。這就是君子於其言的態度。這態度，特別對於「爲政者」來說，就更加重要，應該把它作爲一切政策、法令的根本態度，用以昭信於民。否則，「名之」不成理，「言之」又做不到、行不通，等於是紙上寫謊言，嘴中說空話，這如何能治國？又如何能取信於民？

附：子貢問君子。子曰：「先行其言而後從之。」（二．一三）（參閱一．47）

(三) 文質彬彬，然後君子

(9) 子曰：「質❶勝文❷則野，文勝質則史❸。文質彬彬，然後君子。」（六．一六）

【譯文】

孔子說：「質樸勝過文采，就顯得粗野；文采勝過質樸，就顯得浮誇。只有文采和質樸配合適當、均勻，這才是個君子。」

【注釋】

❶質：質樸。❷文：文采。❸史：指浮誇。

【按】

質指質樸，文指文采。如果說：一個人的質樸超過文采，甚至「質而無文」，那麼，猶當今說的「鄉巴佬」；而如果文采超過質樸，甚至「文而無質」，那麼，也猶時下所語「公子哥兒」。前者內在素質好，樸實無華，但略遜外表，因而顯得有點粗野、鄙俗，不為人所倚重，也難於取得相應的社會效果；後者外表形態好，但內在素質欠缺，「文有餘而質不足」，因而容易流於浮誇，顯得華而不實，僅僅徒有其表而已。

孔子注重文與質的統一，即外表儀態的優雅與內在素質的樸實，配合適當、均勻，合乎中庸原則。這樣，「文質彬彬，然後君子」，既有文采，在教養、舉止、儀態上，又表現了雍容大方，風度翩翩；更兼有質樸無華、品性敦厚篤實，蘊涵了心靈美。從而在文與質方面做到了既無過之，又無不及；既能互補不足，又能制約所過。這才符合孔子塑造的君子人格，眞正稱得上是完美無缺的、理想的君子形象。

因此，作為一個具有高尚道德、有內在美的「君子」，他應該是、也必然是一個富有教養、講究禮儀，舉止溫文爾雅，風度雍容大方，具有外在美的人。而這，正是孔子用以培養弟子的標準形象，也是人們所追求的君子形象！

（10）棘子成❶曰：「君子質而已矣，何以文為？」子貢曰：「惜乎！夫子之說君子也，駟不及舌❷。文猶質也，質猶文也。虎豹之鞟，猶

犬羊之鞟。」（十二・八）

【譯文】

棘子成說：「君子只要本質好就可以了，何必還要再加以文采呢？」子貢說：「可惜呀！你先生這樣來解說君子呀！眞是一言既出，駟馬難追你舌頭上的這失言了。文采的重要，猶如本質，本質的重要，猶如文采。虎豹的皮，如果去了它的花紋，這就猶如犬羊的皮了。」

【注釋】

❶棘子成：衞國大夫。❷駟不及舌：古代用四馬駕一車。意卽：一言既出，如四馬追之不及，不可不愼。駟：四馬。

【按】

子貢以「虎豹、犬羊之鞟」作喩，形象而生動地說明了形式對內容，外在美對具有內在美的君子形象所起的能動作用是不容忽視，亦不應低估的。越是本質好，具有心靈美的人，就越應通過自己的儀態、舉止、教養、風度等所表現的外在美，來實現自己的價值，而發揮積極的表率作用。

因此，「文猶質也，質猶文也」，文與質同重，外在美與內在美共貴。任何重文輕質，或者惟質無文的偏一態度，如棘子成所說「何以文爲」，都只能貶低、損害君子形象。子成主張去文存質，子貢則堅決留文以辨質。雖說兩者均重在質，但前者去文就表現不出質，後者留文就足以陪襯出質的可貴；一去一留，其實質是子成藉去文而否定文。子貢作喻嚴辭駁斥之，是亦說明子貢知孔子學說之精深。

事實上，「文質彬彬」，君子的質樸無華，具有高尚品德的內在美，固然是構成的一個重要因素，值得贊譽；而其多文采的外在美，同樣是區別於小人的一個重要標誌，始終不能忽視的。因爲去掉君子的多文采，則猶去其虎豹優美於犬羊的毛紋，那麼，這同犬羊的皮有何區別呢？君子與小人的相異又如何辨識呢？這是一方面。

另一方面，文與質並重共貴的關係，從某種意義說，其實，它超越君子修身的範圍，可以從中得出一個共同規律：卽一切事物都應該是文與質、形式與內容、外表與內質的完美統一，才是最完善，能取得最佳社會效果的適中配合。譬如：

就文學而言：如果單有好的內容，卽思想性，而無優美的藝術形式，那麼，就有如枯燥無味的說教，味同嚼蠟，沒有任何的吸引力和感染力；相反，如果只有好的形式，具有優美的藝術性，而無內容，或者內容卑下，宣揚色情、凶殺、封建迷信，那麼，越是藝術性高，就越能引人迷途，從而走向墮落、頹廢，甚至犯罪。

再就商品而言：在市場價値規律的競爭機制下，沒有高質量和售後服務等作保證，縱有精緻漂亮的裝潢，也只能蒙混顧客於一時；而如果不講究包裝藝術，依舊是以「皇帝女兒不愁嫁」的裝潢面孔，縱然是飲譽全球的名牌產品如雲南茅台酒，恐怕也難於打進國際市場，打進了也難於立足競爭。

本則，子貢對棘子成「惜呀」之嘆，喻意淺顯，辭旨嚴正，可謂深得孔子道德學問的精華，特別是對譏毀之言，能隨時闡發孔子思想的精髓所在，加以廓清，更屬難能可貴。

附：曾子說：「君子以文會友，以友輔仁。」（十二・二四）

（四）君子病無能焉

⑾子曰：「君子病無能焉，不病人之不己知也。」（十五・一八）

【譯文】

孔子說：「君子只恨自己沒有才能，不埋怨別人不理解自己。」

⑿子曰：「不患人之不己知，患其不能也。」（十四・三二）

【譯文】

孔子說：「不愁別人不理解自己，只愁自己沒有才能。」

【按】

這兩則同一個意思，都是指要愁、要怨、要恨，就愁怨恨自己，而不要愁怨恨別人。這是反求諸己，盡其在我的態度，君子的高尚境界。

現實中，有些人總是無休無止的埋怨別人不理解、不賞識、不重用自己，認爲自己被埋沒了，是大才小用，懷才不遇，說什麼「千里馬常有，伯樂不常有」，「生不逢時」等等，因而牢騷滿腹，怪話連篇，怨天尤人。

其實呢，從自己方面檢查，正說明是自己沒有表現出可以被人理解和賞識的才能：或者是自身平平庸庸、碌碌無能，或者是眞有才能而被埋沒了。

如果是前者，那好辦：老老實實、勇敢地承認自己無才能。承認無才能，就横下一條心，埋頭寒窗，埋頭圖書館、實驗室，埋頭自己執著追求的喜愛的工作和理想，苦苦鑽研，幹上它三年、五年，直至十年、二十年……而且縱然是「衣帶漸寬人憔悴」，亦絕不嘆苦，不求人見憐——人就要有這麼點志氣和硬骨頭精神！如此，又何愁不長進才智，不結出碩果，不被人理解？

如果是後者，那也好辦，認認眞眞地進行內自省：無才使之成才；有才無德，就切切實實從加強自我道德修養開始，時時、事事、處處先想到別人，特別注意在愼獨方面下功夫。這樣，經過千錘百鍊，自能逐漸爲人們所理解和賞識。至於有才有德，確爲王倫（《水滸》中人物，一個書生、妒賢忌能的山寨寨主）式的領導所壓抑、埋沒，那也無需怨尤，在「盡其在我」的努力後，或諫或爭、或去或留，按不同情況作不同方式的循理而行。

「君子病無能焉，不病人之不己知也」，是說君子之心深以「無能」爲病，這「病」字就是恨自己無能、不長進，這就必然會奮起直追，爲日後之「有能」而痛下決心，可謂是人生的一大轉折點；後一「病」字，爲自己開始懂得咎由自取的責任所在，爲日後消除無名怨氣而探得源頭，應該說，同樣是人生的一大轉折點。這都展現了不僅是君子人的胸懷和境界，亦應該是一個有志者的胸懷和境界。

(13) 子曰：「不患人之不己知，患不知人也。」(一·一六)

【譯文】

孔子說：「不擔心別人不知道自己，擔心的是自己不知道別人。」

【按】

「人之不己知」，是別人不了解自己，雖說責任在人，但從「求諸己」的角度來反問自己：爲什麼我會不被人了解？這樣也就可以「不患」了；「不知人」，責任在己，所失亦在己，這是沒有任何客觀理由可作藉口的。前者教人嚴於律己，後者誨人善於知人。因此，嚴格說來，可

「患」的不在「人之不已知」，而在「不知人」。這就深一層的涵義，需要作進一步的探討了。因爲由「人之不己知」而帶來的損害，充其量只是影響個人的不盡得志而已；反之由「不知人」引來的是是非非，小則栽筋斗，屢遭磨難，大則帶來殺身毀家，甚至株連兒孫遭滅族之禍的，無論古今中外，或者現實，恐怕都非個別。

蓋人心不同如其面：有的人心地善良、慈祥、厚道，而有的卻陰險、奸刁、歹毒；有的人心口如一，光明磊落，誠實可信，而有的卻口是心非，二面三刀，慣於搞陰謀詭計；更有甚者是，一些人信誓旦旦，可是節骨眼上，卻在背後捅上一刀；一些人爲了活命或求榮，可以不擇手段地採用誣陷、告密的手法去陷害，甚至出賣朋友、直至親人；一些人踩著親朋友好的肩膀爬上去，反過來有朝一日還會在你禍不單行時，來個落井下石，恩將仇報！

因此，如果「不知人」，就難免要遭暗算，或者被利用、被欺騙，甚至被出賣，那才眞叫做寃哉枉也了！

這是一個方面，卽就橫向的人際關係而言。

另一個方面，從縱向關係說：如果自己是一個身居重要職位的領導而「不知人」，那麼，影響所及，就遠不是個人的不盡得志問題，而是涉及如何才能知人任用、薦賢舉能和如何能充分調動屬下每個人的積極因素問題了！

設想一下：如果作爲一個領導既不了解屬下每個人的性格、脾氣、特長、優缺點，以及文化素養、才能、品德等的好壞；更不知道他們想的、關心的是些什麼？而他們的才德和所擔負工作是否相稱？是大才小用，還是小才大用？或者是有才根本未用，甚至壓抑了而不用等等，如果都毫無所知，那麼，要你這個領導做什麼呢？還不是等於尸位素餐！

因此，孔子賦予理想人格的「君子」，對「人之不己知」，始終是「不患」、「不慍」、「不病」的態度；而對「不知人」，卻是「患」和「病」，憂心忡忡了！

這種嚴於求諸己，盡其在我的律己態度，即在今天，也仍然是值得人們的深思、學習和發揚光大的。

(14)子曰：「不患無位，患所以立。不患莫己知，求為可知也。」

(四·一四)

【譯文】

孔子說：「不擔心得不到職位，擔心自己沒有可以立在職位上的才能。不擔心別人不知道自己，只求自己能有什麼可以爲人知道的。」

【按】

擔心得不到職位，其實正是擔心自己不被人所了解和賞識；如果自己有立於那職位的才能和品德，就無需擔心別人不了解和賞識，自然可以「不患無位」。

因此，「無位」或「有位」，是辯證的，關鍵在於自己有沒有立於那職位的本領，即才和德。有才有德，「無位」，也能轉而爲有位；無才無德，縱然求得高職高位，也難勝任，「有位」也會成爲無位，空歡喜一場。猶「濫竽充數」成語中的南郭先生那樣，遲早總會感到羞愧不已，而灰溜溜地自己溜走。

「不患無位，患所以立」，正是君子——不，一切自信不疑、自強不息的人，時時、事事、處處求諸己，嚴於要求自己的可貴精神！

(15)子曰：「君子疾沒世而名不稱焉。」（十五・一九）

【譯文】

孔子說：「君子恨死後聲名之不爲人傳頌。」

【按】

名譽爲人的第二生命，重視名譽，也正是重視自己應該兢兢業業、勤勤懇懇，能夠更好地爲人民、爲國家作出貢獻，以便留下一個好名聲爲人所稱頌。可是有的人在活著時，卻總是沽名釣譽，專意在門面上下功夫裝點僞飾，借以欺世盜名。這不是眞實的名譽，而是浮名虛譽，雖說生前或可憑依權財勢而得；但一待人沒，蓋棺論定，也就裝點不得，一文不值了！

本則，「君子疾沒世而名不稱焉」的「名」，並非指上面的浮名虛譽，而是指眞正爲人民立功、立德、立言，作出非凡貢獻，成就偉大事業，永遠爲人民所崇敬和懷念的英名實譽。「求名當求萬世名」，君子所追求的正是這能爲世世代代所傳頌的「萬世名」，而不是給子孫後代留個永遠抬不起頭的臭名，更不是在歷史上給老百姓留個永遠被咀咒、唾罵的惡名。

孔子作《春秋》而亂臣賊子懼。亂臣賊子所懼的正是這「名」。「君子疾沒世而名不稱焉」，君子所疾的也正是這「名」。唯其如此重「名」，也就鼓舞著君子始終勤勤懇懇、堅持不懈地孜孜爲民、孜孜爲善；同時，也更促使著君子始終兢兢業業，自守不渝地戒驕戒躁，愼言愼行，不做爲害人民的事。

君子這重「名」精神，是一種執著追求向上向善，堅決不向下同流俗，向惡共爲禍的精神。我們贊揚這精神！謳歌這精神！如果世道不重視這種精神，或者壓根兒都不想有這種精神，那麼，人欲橫流，那執掌生殺之權的暴君可以隨心所欲、肆無忌憚地騎在人民頭上濫施淫威了！那只圖生前任性樂，莫管死後罵臭名的人，也無所顧忌地可以爲所欲爲、恣意胡爲了！這如何得了？

（五）君子義以爲質

（16）子曰：「君子義以為質，禮以行之，孫以出之，信以成之。君

子哉！」（一五·一七）

【譯文】

孔子說：「君子以義作爲自己做人行事的根本，又用禮來實行它，用謙遜的言語來表達它，用誠實的態度來完成它。這才是一個君子呀！」

【按】

「義者宜也」（《中庸》），亦卽韓愈所說的「行而當之之謂義」（〈原道〉）。這也就是說：當爲而爲就是宜，就是眞理；不當爲而爲，就是不宜，就是不義。前者見義勇爲，卽使赴湯蹈火亦所不辭；後者見惡如探湯，縱然利誘、威逼，亦不爲動，堅決不爲。

作爲一個君子，就要以義作爲自己爲人處世的根本，用它來統率一切行爲。當爲而爲是義，不當爲而不爲亦是義。正如孟子所說：「非其有而取之，非義也。」一切不是我所有，所應當得的財物、名利，而把它拿來，其實，都是非義的行爲。

因此，一事當前，首先就要分別當爲與不當爲；認清何者爲不當爲，其餘亦就是義之所當爲了。譬如爲政清廉：當爲的是清廉，不當爲的是清廉的反面，卽貪汚、受賄等等，那麼，不貪汚、不受賄，亦就是義之所當爲了。

正是以義作爲自己爲人行事的根本，具有內在美；這就更加要求君子表現在行爲上是有禮、有節，有很好的教養；表現在言語態度上是謙遜、平和，有很好的風度；在對人對事上是言而有信，自信而信人，具有外在美。這樣，當然稱得上眞正是一個道德高的君子，比起那「羣居終日，言不及義，好行小慧，難矣哉！」的人，眞有如一座巍巍高山之與一抔渺渺黃土，其形象之高大與卑小，委實難與倫比了！

(17) 子曰：「君子之於天下也，無適也，無莫也，義之與比。」

(四·一〇)

【譯文】

孔子說：「君子對於天下的一切事情，沒有一定要這樣做，也沒有一定不要這樣做，只求合乎義的就依從去做。」

【按】

「適、莫、比」三字，可以概括孔子對於天下一切事情的態度。前二字「適、莫」，是就處事的思想方法而言：不武斷地肯定一切，也不輕蔑地否定一切，意卽不固執。後一字「比」，是就處事的原則而言：視事之所宜（義），當爲則爲，不當爲則不爲。

這表現在從政上：「用之則行，舍之則藏」，用舍、行藏，都根據是否合乎義而決定。因此，出仕則可以如禹治水那樣，「三過家門而不入」；隱居則可以像顏回那樣，「簞瓢陋巷，不改其樂」；而遇危難，如果義重於生，則赴湯蹈火，不惜「殺身以成仁，舍生以取義」；臨捨，又可以「不義而富且貴，於我如浮雲」等等。這都是「義與之比」，「義以為質」，以義為上的為人行事和立身處世原則。

(18) 子路曰：「不仕無義，長幼之節，不可廢也。君臣之義，如之何其廢之？欲潔其身而亂大倫。君子之仕也，行其義也。道之不行，已知之矣。」(節錄十八·七)(參閱十·8)

【譯文】

子路說：「一個人不出仕，是不義的呀！長幼之間的禮節，也知道不能廢棄，那麼，君臣的大義又怎麼可以廢棄呢？為了潔身自好，而把君臣的大倫弄亂了。君子所以要出仕，也只是想盡一點本分的義務罷了。至於道的不能實現，我們也早就知道了！」

【按】

孔子把「行道於世」視作爲一個人義當應盡的責任。即出仕是爲了求行道，盡一個個人的本分和責任，並非爲了求富貴。

而對賢者那隱居以明志，不願與世俗同流合汚的態度，孔子雖表示理解，也賞識；但並不苟同，也不勉其所爲。認爲消極之隱，只能在當政者確係殘暴無道，而又無意爲善，諫也不從，諍也無用的不得已情況下，暫時而爲——即使這樣情況，仍然應該本著「我盡我義」的態度，出仕爲平民百姓做點分內所能做的事，聊盡棉力。所謂「君子之仕也，行其義也」。

這正是孔子叫子路回去對隱者的家人申說出處、大義的拳拳之意，也就是孔子以百姓爲重，以義爲重的積極濟世態度。

(19) 孔子曰：「……『隱居以求其志，行義以達其道。』吾聞其語矣，未見其人也。」（節錄十六·一一）

【譯文】

孔子說：「……『退而隱居以求全自己的志向，進而行義以求達到自己的志向』，我聽到過這樣的話，沒有看見過這樣的人。」

【按】

上則，孔子叫子路對隱者申說了「君子之仕也，行其義也」的拳拳之意；本則，則慨嘆只見隱者之隱，而未見隱者之用，把自己的道德學問和才能都湮沒在隱居生活中，浪費了。

本來，隱者的初衷，或者說心願，應該是「隱居以求其志」，等待時機，一旦「天下無道」的形勢有所改變，或者可以期望能改變，就出來「行義以達其道」——這「道」就是隱居的「志」。如：「伊尹耕於有莘之野，而樂堯舜之道焉……繼而幡然……就湯而說之，以伐夏救民。」（《孟子・萬章》）

這說明：隱居不是目的，只是不得已而爲之的一種生活方式，或者策略；目的是待機，能夠有朝一日眞正出來行道，實現匡時濟世的宏願。而在當時，孔子僅僅「聞其語矣，未見其人也」，包括列德行科之首的高弟子顏回，和閔子騫都沒有出仕從政。前者夭折，後者視功名利祿如浮雲，不願爲權臣季氏任費邑宰，「季氏使閔子騫爲費宰。閔子騫曰：善爲我辭焉，如有復我者，則吾必在汶上矣。」（六・七）

「未見其人矣」，正是孔子所表示的無限慨嘆的深意——其實，隱居不求功名富貴者不乏其人，而要做到待機「行義以達其道」的，實在太少了！因爲能像湯之厚伊尹，文王之厚姜太公者，委實也是寥寥可數而已。

（20）子曰：「君子無所爭，必也射❶乎！揖讓❷而升，下而飲，其爭也君子。」（三・七）

【譯文】

孔子說：「君子沒有和人爭勝的事，如有，那一定是在舉行比射時吧！但亦要互相作揖，才升到堂上去，比射後，又互相作揖才退下，然後勝敗者，舉杯對飲。這樣的比射爭勝，還是君子風度呀！」

【注釋】

❶射：射箭。古代射禮有四。此指大射，是天子諸侯、卿大夫用以選擇善射之士，作爲升進使用的一種禮節。❷揖讓：作揖，謙讓，是古代賓主相見的禮節。

【按】

君子坦蕩無私，與人無爭，與世無爭。卽使是比射，也表現了君子風度：作揖、禮讓、退下、相與對飲等等，始終循禮而行。就今天看，雖過於繁瑣，拘泥於禮，但它的精神，有點類似當今各種規格的比賽結束時，勝敗者相互握手、擁抱，互爲祝賀、共同學習的熱烈情景，儘管是「比賽第一」，但也表現了「友誼第二」，情誼長存的精神。應該說：這種發自內心的友好態度，從比賽角度審視，不失爲是一種高尙的君子風采，十分可取的。

㈥君子不以言舉人

(21)子曰:「君子不以言擧人,不以人廢言。」(十五·二二)

【譯文】

孔子說:「君子不因爲這個人的話說得動聽,就擧薦他;亦不因爲這個人有缺點,連他說得有理的話也廢棄不用。」

【按】

有的人善於言,而且言之頭頭是道,娓娓動聽,但不一定這人就有德有才,因此,不應該「以言擧人」;有的人出身微賤,位居人下,或者犯過錯、甚至蹲過監,但不一定他的話就不獨具卓見,因此,也不應該「以人廢言」。前者「擧人」的依據是德才,而不是言之是否動聽;後者「廢言」的憑藉是言之錯誤和有害,而不應是人的身分卑賤。

正如《淮南子·主術篇》所說:「夫人主之情,莫不欲總海內之智,盡衆人之力。使言之而是,雖在褐夫芻蕘,猶不可棄也;使言之而非也,雖在卿相人君揄策于廟堂之上,未必可用。是非之所在,不可以貴賤尊卑論也。明主之聽於羣臣,其計可用,不羞其位;其言可行,不責其辨。」

只是,無論古今中外,或者現實,所見所聞所讀,並非都是如此,有的甚至完全相反,特別是身居上位的人：有時常常是「因親舉人，因人廢言」。如以自己的好惡、親疏、馴順與否等來薦舉人，選用、提拔人；而因人的出身微賤，地位卑下，或者犯過錯、坐過牢，反對過自己等原因而廢言。同樣一句話，出之於上面領導，或者有權有勢、財力雄厚人之口，就往往奉之爲金科玉律，視若神明；出之於卑下、無權無勢的小人物，或者「賤民」，就常常被視爲販夫走卒之言，何足道哉，有時甚至還會因獨具卓見而遭忌。深感不安的是：隨著世俗的勢利眼光，有時連一般的人也「因言舉人，因人廢言」，不當爲而爲了！

這也說明「君子不以言舉人，不以人廢言」，委實並非容易，爲難能可貴。

(22) 子曰：「君子矜而不爭，羣而不黨。」(十五・二一)

【譯文】

孔子說：「君子莊敬自重，與人無爭；能夠合羣，融洽相處，但亦不結黨營私。」

【按】

「矜」是莊敬自重，「羣」是善於合羣。君子嚴於律己，有氣節，無怪癖乖戾之心，因此，與人無爭；君子與人以公相聚，以和相處，做到人際敬業樂羣，融洽無間，因此，不會鬧宗派，更不會結黨營私。矜能保持人的尊嚴，不失己；羣則尊重別人，不私己。

與君子相反，小人則經常是爭權、爭利、爭名、爭美女、爭……幾乎無所不爭；也經常是結黨營私，殘害人民，黨同伐異，殘害忠良，其爲害之烈，爲禍之慘，眞可謂至矣極矣！孰能無憤？

（23）子曰：「君子貞❶而不諒❷。」（一五．三六）

【譯文】

孔子說：「君子固守正道，不拘執小信。」

【注釋】

❶貞：作「正」解，有「義與之比」的意思。❷諒：不問是非，只執意講小信。

【按】

「諒」是不分義與非義，只要對別人有承諾的，就固守而不知變，執意要做到「言必信」；而「貞」就不是這樣：只有在信近於義的情況下，才談得上「言可復也」，去踐守所言，所謂「義與之比」，歷萬變而不失其正。因此，如果言而非義所在，又一定要「言必信，行必果」，這就是小信，近於「愚」信了。

譬如，封建社會的「指腹爲婚」，縱使雙方父母信誓旦旦，但腹中胎兒是愚是智，是醜是美，是畸形還是正常？都難預知；成長後的人品和才能是好是壞，是龍還是蛇？也難逆料；而世事變幻，更是禍福不可測。這樣的蠢事，明明是不合乎義，不可能踐守所言，也完全可以言不必信的；而如果一定要「言必信，行必果」，就不免鑄成「此恨綿綿無盡期」，或者是風雲突變，必然是以悲劇而告終了！

又譬如：黑社會結幫派稱兄道弟的哥兒娘們，常常賭咒發誓，諸如敢於「白刀進，紅刀出」、「三刀六洞」、「兩肋插刀」等等，其實，都不是義之所在，只是不分是非、黑白的小信而已，如果也執意要「言必信，行必果」，那麼，不是給別人帶來嚴重的損害，就是給自己作了愚信的犧牲品，後果都是極爲殘酷，也是十分可悲的。

因此，要眞正做到言必信，首先要求自己「愼於言」，即不作不負責任的許諾，不作信口開河的戲語，更不要對那些明知無法做，或者根本就不應該去做的事，隨意作出承諾。

這就是孔子賦予理想人格的君子形象，所謂貞而不諒。至於如自經於溝瀆之中（十四・一八），其實，正就是匹夫匹婦之爲「諒」。

(24) 子夏曰：「君子信而後勞其民。未信，則以為厲己也。信而後諫。未信，則以為謗己也。」（十九・一〇）

【譯文】

子夏說：「君子要等到百姓信任後，才去差使他們；如果沒有取得信任就去使喚，百姓將會認爲在虐待他們了。對君上，也要等到信任後才去進諫；如果沒有取得信任就去進諫。君子將會認爲是在毀謗自己了。」

【按】作爲一個在上位者的君子，無論使下或事上，都應該立足於依靠自己的高尚品德和卓越的才識，以及紮紮實實的工作態度，通過一段精誠感人的實踐考驗，先取得下和上的信任，然後「勞其民」或進諫。

如果沒有建立起這種信任，就貿貿然對百姓發號施令，頤指氣使地差喚他們幹這幹那，或者叫他們出糧出錢，就難免會被認爲是對百姓的苛求，甚至視爲虐待。所謂「惠」未來，而「斂」則先至，這是沒有不栽筋斗的。至於在沒有取得信任前，就冒冒失失地向君上進諫，縱然是一片爲民請命的善心好意，也常常會被昏君懷疑爲借題發揮的「欺君」，甚至誣之爲「反上叛君」的先聲，而遭不幸，嚴重的不但自家生命保不住，說不定還禍及子孫株連幾族。因此，對「未信而諫」的問題，不能不有自知之明的深思而後行之的態度。

前二句是就如何領導老百姓的從政態度而言，後二句則指如何盡「事上」的臣道原則而說。此中道理，對於一個既要使下，又要事上的中層領導來說，倒是十分恰切，值得細細體會、銘之心頭的。可是一些愛表現、好出人頭地的半瓶子油的領導來說，就常常要反其道而行。如：走馬上任，剛剛下馬，便對下屬嘰嘰呱呱，指指點點，指揮這、那，命令你、他，如何如何，怎麼怎麼；而對上則迫不及待地洋洋上「萬言書」，提建議、指失策、說批評等等。其實呢，他心中對下屬想什麼、急什麼、做什麼等一無所知，對上級的作風、脾性等又毫無所聞，就如此莽撞從事，焉有不碰得焦頭爛額，跌得鼻青臉腫之理？這是自討苦吃，活該受罪！

當然，這是就通常情況而言。世間事亦不是絕對的，亦還是會有雖不得信任，仍然不容不進諫，或者不容不役使百姓的情事在。前者處君上暴虐無道，本著為民請命，歷史上曾經有過多多少少的志士、仁人、君子，以「民不畏死，何以死懼之」的大義凛然的氣概，明知刀山，還是刀山敢上，明知火海，還是火海敢闖！縱然暴君面前火烙、剖心等刑具件件在，亦還是敢於向暴君直面進諫。這是何等感人心肺，又是何等驚天地而泣鬼神！後者如子產的為政，在民未信時就雷厲風行地勞其民，「大人之忠儉者，從而與之；泰侈者因而斃之。從政一年，與人誦之曰：『取我衣冠而褚之，取我田疇而伍之；孰殺子產，吾其與之。』」老百姓以為厲己，可謂怨聲載道。但子產是一個有膽識、有魄力、有遠見，胸中更有城府的賢相，他相信自己是孜孜為民，有不容不「勞其民」的特殊原因在，最終是總會得到人民的理解的。果然，三年後，百姓又誦之曰：「我有子弟，子產誨之；我有田疇，子產殖之；子產而死，誰其嗣之？」（《左傳》）其後，由於子產的政績斐然，所謂「家給人足，囹圄空虛。子產卒，國人皆叩心流涕，三月不聞竽琴之音」，其悲慟竟至於此！

這說明：只要為政者孜孜為民，把人民利益放在第一位，如子產那樣：「其養民也惠，其使民也義」，縱然民未信時不理解，以爲厲己，但最終必然會得到理解，並且世世代代受到人民的愛戴，爲之歌功頌德，永誌不忘。

總之，「信而後……」所蘊涵的眞知灼見，豈只止於「勞其民」和「進諫」而已，其實，可以類推而及於一切事物。

(25)子曰：「君子不重則不威，學則不固❶，主忠信，無友不如己者，過則勿憚改。」（一．八）

【譯文】

孔子說：「君子如果不莊重，就沒有威嚴；能向學，就不至於固陋；行事應該以忠信爲主；不要和不如自己的人交友；有了過失，不要怕改正。」

【注釋】

❶學則不固：二解：一指人不莊重，故學也不會堅固；二指如能向學，就不至於固陋。由於五句分指五事，故從二。固：二解：一指堅固。二指固陋。

【按】

「莊重，向學，忠信，愼擇友，有過不怕改」，是要求君子從這五個方面多多修養自己，身體力行，逐漸成爲理想人格的道德完人。

「不重」，指舉止乖戾失措，態度輕浮失宜，俗語說的「骨頭輕，沒三兩重」。這樣的人哪有一點點威嚴的氣態、容色？又如何能贏得別人的尊重、敬愛？「不固」，是由於不向學，不認眞讀書，自然顯得淺薄、鄙陋、粗俗。這樣的人，縱有好的本質、美德，也容易走向它的反面。如：「好直不好學，其蔽也絞（尖刻），好勇不好學，其蔽也亂；好剛不好學，其蔽也狂。」（十七・八）

而「無友不如己者」，雖說擇友如擇師，應該選擇比自己好，勝過自己的人爲友；但，這是指內心，並非表露在面孔上。就是說：人各有所長，亦各有所短，取其長捨其短，只有內心裏能覺得別人都有長處、優點勝過自己，可以與爲友，這樣，就自然地能以謙恭的態度去待人；也只有這樣，才能眞正做到「見賢思齊」，「擇善固執」，則賢者、勝己者亦自然樂於與己爲友了。如果一面孔擺出一副「無友不如己者」的架勢，如：自視很高看不起別人，眼睛長在額角上，傲慢待人，趾高氣揚，神氣活現等等，在在都表現出別人不如自己的那副無知狂。這樣，不僅會招致「不如己者」的怨恨，而且賢者、勝己者亦將退避三室，不願、也不敢與己爲友了！

至於有過不怕改，知之易，行之難，就有待於個人的進德修身了。

(26)子貢曰：「紂之不善，不如是之甚也，是以君子惡居下流❶，

天下之惡皆歸焉。」（十九・二〇）

【譯文】

子貢說：「紂王的壞，未必如後世傳說的那麼過分吧！因此君子不願置於惡名聚集的地方，使天下的惡名都歸到他身上。」

【注譯】

❶下流：下游，地形卑下處，衆水皆流而歸之。比喻人置身於不善之地，則惡名皆歸其身。

【按】

「紂之不善」，是否如子貢所說「不如是之甚也」？有歷史作出評價，在此不論。但，君子之所以「惡居下流」，倒是完全可以理解的。因爲這裏涉及一個「人言可畏」，所謂「衆口鑠金，積毀消骨」的問題：即使是一個普通的人，一旦做了壞事，或者並未做壞事而是被人強加的，甚至是陷害了的「壞事」，那麼，好事者一以傳十、傳百、傳千……一夜之間可以滿城風雨，而且名聲壞了，越是身處這樣的不善之境，就越是流言蜚語半天飛，特別是有關男女作風，什麼「桃色新聞」之類，更會大有「天下之惡皆歸焉」之勢；而如果是一個稍有名氣的弱女子，那更是十目所視、十手所指，到了可以「衆口鑠金」，無疾而終的可怕程度！很可能會由此感到

「做人難，人難做，難做人」而自尋短見了。名伶筱丹桂之死，就是一個活生生的例子！

擔心「天下之惡皆歸焉」的心態，特別對於偶而失足，而又在第一次邪念萌生時，就失風被抓住的小偷、扒手來說，恐怕更加感慨萬端，認爲不公正！因爲在世俗的眼光中，「一次小偷百次賊」，一次和百次只是量的不同，其質一樣，都是屬「賊性難改」的扒手、小偷、賊骨頭！因此，背上黑鍋，有了這惡名聲，以後不管哪兒發生什麼失竊事件，也就排隊懷疑，甚至對號入座，有口也再難辯清了。

毀了這小偷一生的原因，固然是他自己的第一次萌生的邪念，而「一次小偷永世賊」這世俗觀念，無疑，也是其中一個因素。

本則，子貢之言，其實是藉此告誡人們不要置身於不善之地，是爲上上見。當然，爲那些饒舌多嘴的好事者戒，亦應該是題內之義。

（七）君子憂道不憂貧

（27）子曰：「君子謀道不謀食。耕也，餒在其中矣！學也，祿在其中矣。君子憂道不憂貧。」（十五・三一）

【譯文】

孔子說：「君子只專意於謀道，不專意謀食。耕稼也有饑餓的時候，學道也可得俸祿的機會。因此，君子只擔憂道之不能明、不能行，不擔憂貧窮之不得食。」

【按】

「憂道不憂貧」，是說只擔憂國家政治不清明，「道」之不能實現，不能行之於世；並不擔憂貧窮之不得食。這是一種境界，是君子坦露的「以天下爲己任」的強烈責任感和憂患意識。不僅襟懷宏大，而且境界高尚。

事實上，如果天下無道，國家政治不清明，縱然「耕也」都競相謀食，且又風調雨順，恐怕仍不免被無道之君搜刮一空，處於饑餓中；而如果「學也」，謀得國家政治清明，能行仁政於天下，即使貧窮無食，也會萬衆一心，由窮致富。因此，關鍵在「道」之是否能行於世，「憂」的是道，而不是貧。

「學也，祿在其中矣」，是就「耕也，餒在其中矣」相對而言。即：「耕也」，縱有所得，但遇天災人禍，恐怕亦會有饑餓之患；「學也」，雖有所失，經過發憤努力，可能亦會有祿仕之得。只是後儒藉此發揮而爲「書中自有千鍾粟，書中自有黃金屋，書中自有顏如玉」，以及諸如「萬般皆下品，唯有讀書高」，「勞心者治人，勞力者治於人」等等。

這就遠非孔子思想之本意了！

附：子曰：「君子食無求飽，居無求安，敏於事而愼於言，就有道而正焉，可謂好學也已。」（一・一四）（參閱一・6）

【按語】「食無求飽，居無求安」，指在物質生活上的低標準，亦卽安貧樂道；而在思想上卻是高標準，專心致志勤學以求行道爲樂。這就是內心世界、精神生活上的充實豐盈，不以貧窮爲已憂的高尙境界。

「敏於事而愼於言」，指一切應該做的事勤快敏捷，說做就馬上做；不該說的話，不亂說，這就不會信口亂開河，誇誇其談，也不會輕諾，言而無信。

「就有道而正焉」，指多向有道德學問的人請教，用以辨別是非，修正自已爲人行事的不當之處。這樣，才可算是好學的了！看來，這「好學」二字的蘊涵，比我們今天所說的內容要豐富、充實得多了。要求於君子應該做到的這些標準，作爲普通一個人，那怕僅僅做到其中的一、二項吧，恐怕在自己立身處世和人際交往中，都會得益非淺，生活得愉快美滿吧！

（28）子夏曰：「百工居肆❶以成其事，君子學以致其道。」（十九・七）

【譯文】

子夏說：「各種工匠在作坊裏完成自己的工作，君子則專心在學問上以求通達此道。」

【注釋】

❶肆：古代官府製作之處，指作坊。

【按】

本則喻指君子立志於行道，首先要明道，而要明道，則非通過學問，就無以達此目的。猶百工之通過作坊來完成自己的工作一樣，君子「致其道」的處所就是爲學：要一心撲在學問上，不半途而廢，不淺嘗輒止，不三天打魚二天曬網，務求致乎道而後已。

這對於那些高談濶論如何行道，而又不想化大力氣勤奮爲學，做紮實功底的人來說，倒是頗有啓發作用的。

（29）子曰：「君子博學於文，約之於禮，亦可以弗畔矣夫！」（六·二五）（十二·一五重出）

【譯文】

孔子說：「君子廣泛地學習古文化典籍，並用禮來約束自己的行動，也就不會背離大道了！」

【按】博學是指廣泛地學習，範圍上力求由狹到廣，樣樣都懂，這就是淵博。淵博的人不一定門門精通，這就要求在程度上力求由淺入深，達到融會貫通，透徹曉悟其中義理。

在實踐、躬身力行上則貴「約」，以禮約束自己。這樣，博與約並進，文與禮兼修，相輔相成，大致是八九不離十，不至於背離大道了。只是與顏子比：顏子是通過「博約」，遂有「卓爾之見」，重在「我」；本則則君子通過「博約」，僅言「可以勿畔矣」而已，因此不免略遜一籌。

(30) 子曰：「君子不器❶。」(二·一二)

【譯文】

孔子說：「君子學問廣博，不像器皿一樣，只限於一才一藝之長。」

【注釋】

❶不器：指不專限於一才一藝之長，猶指今之所謂通才。器：器皿。器皿只為某種需要而製作，

喻指今之所謂專家。

【按】

本則喻指君子不應只限於一才一藝之長，無妨廣泛一些，多涉獵幾項都能使之有所專，亦即今之所謂「通才」。

雖說當今之世，科學日新月異，分工亦愈精細，日益趨向於單項專業，而且也更加倚重專家；但，「通才」（指仍有一項所專）在通觀、縱覽全局，規劃並掌握領導羣倫開展工作方面，其作用和重要性並不亞於專才。因爲就某個意義說，專才失之過偏，不能通達相關的各個方面：無論登高遠瞻，或者橫向通覽，或者指揮、駕馭全局方面，都容易失之過專而無法充分發揮各專才之長。而在這點上，「君子不器」，就顯得更爲重要和可貴了。譬如某一大型工程的總指揮，與其由專才承擔，可能還不如通才總其成爲更合適。

僅就「爲政」而言，一個深通政、經、軍、法、以及文化、歷史，又能了知人情、世態、社會發展趨向等等知識的通才，比起一個專長於某項科學的專才，也許會更好發揮其治國才能，成爲一個大政治家。

（31）子夏曰：「雖小道❶，必有可觀者焉，致遠恐泥，是以君子不為也。」（十九・四）

【譯文】

子夏說：「雖然是小的技藝，也一定有可以觀摩和可取的地方，但要再求遠大，恐怕就滯泥而不通了。所以君子不肯在這些小技藝上用心。」

【注釋】

❶小道：指小的技藝，如農、圃、醫、卜百家衆技。

【按】

上則指通才，本則指一技一藝如農、圃、醫、卜、百工衆技等，雖有一技之長、一藝之專，也有可以作出很大成績，可觀可取之處，但終究是古人所說的雕蟲小技，屬小道而已。因此，想要通過此而達於廣大悠久的境地並用以濟世，還是滯泥行不通的，「是以君子不爲也。」

（八）君子有九思、三戒

（32）孔子曰：「君子有九思。視思明，聽思聰，色思溫，貌思恭，

言思忠，事思敬，疑思問，忿思難，見得思義。」（十六·一〇）

【譯文】

孔子說：「君子有九項要思考的事：看時要思考是否看明白了；聽時要思考是否聽清楚了；臉色要思考是否溫和；容貌要思考是否恭敬；說話要思考是否忠實；做事要思考是否認眞；有疑難要思考怎樣發問；忿心起要思考會有什麼後患；見有利可得要思考是否合乎義理。

【按】

「心之官則思，思則得之，不思則不得。」（《孟子》語）九思是指君子從視聽言動，直至色貌事，以及疑忿得等日常生活的各個方面，都應該做到事先預爲思考和省察，以求盡善。可以說，這是立身處世、待人接物，人際交往中十分重要，值得每個人參考借鑒的。

一、視思明：明，貴在能識人。如果做人而不識人，那麼，古語說的「不識人，吃虧在眼前」，「有眼無珠，不識好人心，狗咬呂洞賓」，可不能置若罔聞了！

二、聽思聰：聰，貴在會聽話。譬如：有的「言在此，意在彼」；有的是「話裏有話」，或者一語雙關，或者「言外之意」彼此彼此，心照不宣；當然，也有是套話、空話、大話、假話，千萬不能過於天眞，信以爲眞等等。

三、色思溫：溫，貴在和顏悅色，發自內心。

四、貌思恭：恭則重在至誠。

五、言思忠：重在誠實，言而有信。

六、事思敬：重在嚴肅認眞，不馬虎，不苟且。

七、疑思問：有疑則問。要思考是否應該問？怎樣問？當然，首先要排除自己主觀上因做了愧心事而疑神疑鬼的問，或者想窺測別人陰私的「故問」。

八、忿思難：這應該引起人們的特別重視和警覺。因爲人難免總會有一時的衝動而起忿心，而且往往是「一朝之忿忘其身，以及其親」，這就必須嚴肅地思考其後果：脾氣好發，臺階難下，怎麼辦？火頭上，一旦失手闖禍，連累及父母妻子兒女，又怎麼辦？

九、見得思義：嘴饞、貪小、占便宜、見財起意、見錢眉開等等，都會由小發展而大，由偶然而屢犯，終至慾溝難塡，愈陷愈深，難於自拔。因此，任何非本分所應得的財、利、名分、地位等都要堅決杜絕，像孔子那樣「不義而富且貴，於我如浮雲」。如果有「得」而不思義，得的爲非義，那麼「沒有不透風的牆」，「若要人不知，除非己莫爲」，是終有一天會暴露出來的，到那時，也將悔之莫及了！

(33) 孔子曰：「君子有三戒：少之時，血氣未定，戒之在色；及其壯也，血氣方剛，戒之在鬪；及其老也，血氣旣衰，戒之在得。」（十六・

七）

【譯文】

孔子說：「君子有三件應當戒備的事：少年時，血氣沒有穩定，應當戒備貪戀女色；到了壯年，血氣正是旺盛，應當戒備逞強好鬬；到了老年，血氣已衰，應當戒備貪求多得。」

【按】

人的生理，隨著少、壯、老的年齡不同，也隨之在變化。因此，君子特別重視按照血氣的不同變化，對某些方面作了側重的有所戒。卽：「少之時，戒之在色；及其壯也，戒之在鬬；及其老也，戒之在得。」

可以說，這是歷世世代代人生經驗的總結：一方面，以心理統率生理，戒之使知所不爲；另一方面，從少到壯、到老，終一生都有不同側重點之戒，則人的血氣無時不在心理統率中，也就不至於任性亂來，影響有所作爲的人生了！

之所以「戒之在色」，因爲「少之時，血氣未定」，如果在色情、性行爲方面漫無節制，縱情任性，則是最傷元氣，最損身體，往往會由此導致早衰、早亡，或者種下病根、禍根而遺恨終身！

而壯年之所以「戒之在鬬」，因爲正是血氣方剛之時，好勇鬬狠，動輒打架鬬毆，鬧事闖禍，而且常常是「一朝之忿忘其身，以及其親」，結果是害人、害己、害親，造成終身之恨，後悔不已！

至於「及其老也，戒之在得」，可能不到這個年齡不知道，也可能到了這個年齡，有的當事者迷，而旁觀的人卻是一清二楚的：有些老年人貪「得」！包括名、利、財、物，什麼都要，要了又捨不得用，把它藏起來，有點近於固執而又苛求。這是什麼心理反映呢？是病態？還是變態？或者一種屬於老年人的心理症？讓醫學、科學去探索吧！作為老年人，我想：加強自己「戒得」的修養，更重要的是尋找一個有益於社會——至少無損於他人，而可以自得其樂的追求目標，諸如養魚、養鳥、種花、垂釣，以及琴棋書畫，或者從事某門學問的研究、寫作，甚至與人為善做好事等等，根據自己的環境和條件、興趣等，執著地、孜孜不倦地做下去，深入鑽研下去，也許不但會別有一番高尚境界在心頭，而且心情舒暢，怡然自樂，還能延年益壽，長命百歲！

(34) 孔子曰：「侍於君子有三愆❶。言未及之而言，謂之躁。言及之而不言，謂之隱。未見顏色而言，謂之瞽❷。」（十六·六）

【譯文】

孔子說：「侍奉君子，容易犯三種過失：還沒有輪到你說話，你卻先發言了，這是輕率急躁；應該你講話時，你可又不說，這是心中有隱匿；不看對方臉色，就信口亂說，這是有如瞽者一樣，沒有眼珠。」

【注釋】

❶愆：過失。❷瞽：無目的人。

【按】

這三種過失，在平時的人際交往中，是經常會發生的。不過，只有在侍於君子後，才會意識到，如果盡與不如己者相交，即使有這等過失發生，也不會自知，別人更不會當面指出。

譬如：有的人不管在什麼場合，還沒有輪到我發言時，就迫不及待地搶先說話了。這不免顯得輕率、急躁和膚淺。而這樣的人，多半喜歡表現自己，愛出風頭，總想表現一下自己的才華，讓人嘖嘖稱讚；可也有一些人，恰恰相反，本該自己發言的，卻躲躲閃閃，或者怕負責任，或者恐得罪人而偏偏「不言」，顯然這是心中隱匿、有鬼；至於「未見顏色而言」的人，可以說，隨處可見。如會議進行過程，或者與領導、同事談話，或者走親訪友交談中，明明與會聽衆、或者領導、同事，以及主人已經對你的信口開河亂彈琴的叨叨不休之言，感到十分不耐煩，甚至流露了厭惡神色，可是你就是莫知莫覺，無一點自知之明的意態，既不能爽然終止發言，也無意告辭主人而出，那眞是痲木，有如瞽者一樣，一個睁眼瞎子了！

本則，戒人言語以時，不可妄發。如能多多地侍於君子，或和有道德修養的長者一起，必然能得益非淺。

(35) 子夏曰：「君子有三變：望之儼然❶，卽之❷也溫，聽其言也厲。」(十九·九)

【譯文】

子夏說：「君子的容貌好像會有三種變化：遠望他，感到他莊嚴有威；接近了，又覺得他臉色溫和可親；等到聽他說話，卻像斬釘截鐵那樣很嚴厲。」

【注釋】

❶儼然：容貌莊嚴的樣子。 ❷卽之：接近。

【按】

「君子有三變」，是指君子的道德、學問、修養已經達到了仁德渾然一體的境界，可以從外在表現出來的容色、氣貌、言語、行動上見其修養功底之深了。因此，遠遠望去，君子的容貌莊重、嚴肅，威而有禮，讓人感到肅然起敬；而到了跟前，接近他時，卻又覺得君子的容色、態度，溫和可親，充滿了仁愛精神；待到聽他說話，則有如斬釘截鐵般，鏗然有聲，又辭嚴義正，展現了凜然不可侵犯的氣概！前二者，一是禮之存，二是仁之著；後者爲義之發。因此，從觀者說好像有三變，其實，並未變，而是君子一心備中和之理，只是各中其節而已！

這樣的形象，恰如一個長者、慈者，又是一個強者、仁者，爲具有高度修養，足以信賴托以重任的君子形象。

(九)君子者乎？色莊者乎？

(36)子曰：「論篤是與❶，君子者乎？色莊者乎？」(十一·二〇)

【譯文】

孔子說：「只聽他言論篤實，便贊許他是好人，誰知他是一個眞君子呢，還是僅在容貌上那麼莊嚴呢？」

【注釋】

❶論篤是與：是「與論篤」的倒裝。論篤：言論篤實。是：起賓語提前作用，無解釋。與：贊許。

【按】

現實中，確實有那麼一些看起來容色謙恭、莊重，說話篤實，慢條斯理，道貌岸然的人。但，究竟是眞正的君子呢？還是僅僅在外表上裝得那麼莊重、篤實，而內心卻是心術不正的「僞君子」呢？不經過審愼地觀察是無法知道的，不善爲區別，也是會嚴重損害君子形象的。

在歷史長河中，幾乎每個時代都會有那麼一些披著「君子」的外衣，幹的卻是「僞君子」的勾當。更由於他們多了這一層「僞」君子的保護色，因此幹起壞事來就更方便，更隱蔽，也更容易讓人喪失警覺，從而更具欺騙性，給人民帶來的損害也就更大了！至於這種以僞亂眞的所作所爲，給君子的崇高形象蒙受扭曲而帶來的危害是無法估計的，所謂「僞作眞時，眞亦僞」，人們不再景仰和嚮往君子，把君子作爲自己道德修養上的追求目標了！

其實呢，孔子把賦予理想人格的道德完人贊譽之爲「君子」的同時，就已經提出了「論篤是與，君子者乎？色莊者乎？」的問題，則見其審察人物之精深入微，清澈明底的識見，該是何等銳利！這無異明白告誡人們：要愼於觀察，要善爲辨別，謹防那些僅僅在外表上裝得那麼莊重、篤實，而骨子卻是心術不正的「僞君子」迷惑你的視線而上當受騙！

(37)曾子曰:「可以托六尺之孤❶,可以寄百里❷之命,臨大節而不可奪也,君子人與?君子人也。」(八·六)

【譯文】

曾子說:「可以把六尺的孤兒托付給他,可以把百里國家的命運寄放給他,臨到生死存亡的大關節處,搖奪不了他。這樣的人,可稱得上君子了吧?眞正可稱得上是君子了!」

【注釋】

❶托六尺之孤:指受前君命輔佐幼主。六尺之孤:指未成年而接位的年幼君主。古人以七尺指成年。六尺合現在的四尺多一些,仍是小孩。❷百里:指大國。

【按】

上則提出要愼於審察,善爲明辨是「君子者乎?」還是「色莊者乎?」的問題,本則則明確指出「可以托六尺之孤,可以寄百里之命,臨大節而不可奪也」的人,是有浩然正氣,光華照人,眞正稱得上是一個令人景仰的君子。

歷史上不乏這樣的人,特別有名的是劉備在白帝城把幼主托孤給諸葛亮,臨死時對他說:

「君才十倍曹丕，嗣子可輔則輔之，不可則取而代之。」辭意懇切感人，不僅深愛其雄才大略，更篤信其高尚品德情操；而受托的諸葛亮則忠貞不貳，不僅有足以膺此重托的治國才能，而且忠心耿耿，德性超羣，絕無取而代之的野心。儘管幼主劉禪不長進，難望成才，是歷史上人們稱之爲「捧不起的阿斗」，但諸葛亮卻是誠惶誠恐，一片忠心，而且做到了「鞠躬盡瘁，死而後已」，始終沒有辜負劉備的重托，其忠誠、篤信、守義的態度至於此，實在是感人肺腑的，謂之爲「君子」或者「仁人」，實當之而無愧。

「可以托六尺之孤」的人，也必定「可以寄百里之命」，一當遇到國家安危，個人生死禍福的大關節處，也一定是「臨大節而不可奪也」，縱然發生宮廷政變、或者權臣篡奪君位，身臨刀斧、鼎鑊之脅時，也毫不動搖，不爲利誘，不爲威屈。這樣的忠臣義士，可謂代有其人。

當然，這仍然有個問題値得注意的：一、受托孤或膺百里之寄的大臣，縱然自己無欺孤、無竊據取代之心，但，卻被人欺、被人竊，是否得謂之爲「君子」？二、歷史上如文天祥、史可法，一個是堅持抗元的南宋大臣，一個是明末抗清的將領。兩人所處的時空雖不同，際遇的境況則一：都面臨著受異族統治的特殊境遇，立志力保江山，挽救苟延殘喘的國家命運，但終因大勢已去，寡難敵衆，最終仍不免被俘、身死、君亡、國破。是否亦得謂之爲「君子」？

曾子所說：「臨大節而不可奪也」，在其志：不僅指有德，還指應該有處應變，措天下於磐石之安，屹然不動的才能。前者既然被人欺，被人竊，則其才不足以勝任受此重托，膺此重命，縱有德，亦不能謂之爲君子。後者文天祥、史可法兩人，非無志，亦非無德無才，無奈「國破山河在」，身處苟延偸生、國不像國的小朝廷下，縱竭盡心力，也寡難敵衆而被俘。特別難能可貴的是：在招降面前，他們對百般的利誘、勢壓、威迫，始終不動搖，不爲所誘，不爲所壓，不爲所迫，在異族統治者面前表現了大義凛然的浩然正氣，和民族的不屈精神。而文天祥則是在蹲了三年大牢，元朝帝王忽必烈知其無法使其招降，終於成全他時，他是那麼從從容容赴難的。所謂「慷慨捐軀易，從容就義難」，這就大大震撼了敵人，竟連侵略的異族統治者也不能不爲之動容，表示萬分的敬仰了！因此，不但得謂之爲君子，而且頌譽之稱「民族英雄」，使之永垂青史，受人們景仰、崇敬，實在是理之所當然！

而文天祥這樣的民族英雄，其實正是孔子偉大思想「無求生以害仁，有殺身以成仁」，和孟子名言「舍生以取義」等的思想哺育下成長起來，能說影響不深遠？

(38) 宰我問曰：「仁者雖告之曰：『井有仁❶焉。』其從之也？」子曰：「何為其然也？君子可逝❷也，不可陷❸也。可欺也，不可罔❹也。」(六・二四)

【譯文】

宰我問道：「如果有人告訴仁者說：『井中掉有一個人』，他會跟著跳下井去救人嗎？」孔子說：「爲什麼會這樣做呢？君子爲人，可以誘騙他去看，但不能陷害他往井裏跳；他可以被合理的謊話所欺騙，但不會因被騙而迷惑。」

【注釋】

❶仁：此作人解釋。❷逝：往的意思。❸陷：陷害。此指自投入井。❹罔：迷惑。

【按】

仁人君子有愛人、憫人之心，但這不等於有人告訴他井中掉有人，他就不加思索地可以往下跳。

這就是說：仁人君子在未明白事實眞相前，縱然可以被誘騙去看，但決不會被蒙蔽、被陷害，而貿貿然去自投入井；縱然可以被花言巧語、誑話所欺騙，也決不會被迷惑、弄糊塗而迷失方向，丟掉主心骨。因爲「仁者必有知」，仁人君子有清醒的頭腦，可以對任何事物加以思考、分析，因此，絕不會如愚忠者那樣，去對指鹿爲馬的暴君高呼「聖王萬歲，萬萬歲！」也不會像愚孝那樣，去對道德敗壞的父兄百依百順。

「君子可逝也，不可陷也；可欺也，不可罔也」，指作爲一個君子，他並不是一個可以給人隨便愚弄、擺布的人；他有自主意識，獨立人格，有高尚的情操和骨格，更有自己的主見和信仰，是決不會因受欺騙或蒙蔽，就昏頭轉向，背離信仰，就昏昏然迷失路標，叛道離經。這充分表現了「君子人也」一副岸然骨立的光輝形象。

有說，宰我長於辭辯，善爲言語，本則之問，是對孔子欲應佛肸、公山弗擾之召（十七・七），以設喻方式委婉提出的微諷之辭。雖屬推想，但孔子所答，亦正蘊涵「不曰堅乎？磨而不磷。不曰白乎？涅而不緇」之意。這是孔子自尊、自重、自信、自強的坦蕩胸懷和誠摯心態的表現。

(39) 子曰：「君子去仁，惡乎成名？君子無終食之間違仁，造次必於是，顛沛必於是。」（節錄四・五）

【譯文】

孔子說：「如果君子離開了仁，又怎麼能稱爲君子呢！君子沒有一頓飯的時間會離開仁，即匆忙倉促之時，也一定是這樣，在顛沛流離之時也同樣，絕不離開仁。」

【按】

君子與仁的關係是時時、處處不離開仁：處常境如此，處逆境、困境，如顛沛流離，或者遭際天災人禍特別艱難條件下亦如此。可以說，哪怕一頓飯的剎瞬時間也決不離開仁；這也就是處一切境遇而不去仁，在任何時候無不安於仁。這與一般人的「富貴則處，貧賤則去」恰恰相反。這是君子充分認識到仁的意義，把它作爲自己的主心骨，價值取向的必然表現。難能在此，所以名之爲君子的可貴處亦在此。

附：子曰：「君子哉，蘧伯玉！邦有道則仕，邦無道則卷而懷之。」（節錄十五・六）（參閱四・13）

子曰：「君子哉若人！尚德哉若人！」（節錄十四・六）（參閱二・63）

子謂子賤：「君子哉若人！魯無君子者，斯焉取斯？」（五・三）（參閱四・75）

【按　語】孔子不輕易許人以仁，亦不輕易許人以君子。他認爲君子是一個在道德修養方面達到很高的境界，有理想、有治國才能，同時對平民百姓有仁愛之心的道德完人。一部《論語》，只有上面這三人，孔子許以君子。

對蘧伯玉，孔子贊譽他在「邦無道」時，能激流勇退，視功名利祿爲浮雲的胸懷和情操；對南宮適，是盛贊他「尙德不尙力」的眞知卓識，所謂「玩火者，焚於火」，恃力者不得善終，惟大功大德於人民，才能贏得人們千秋後代永遠垂念，永遠謳歌贊頌；對子賤，則稱贊他治理政事上的「仁民、舉賢、孝親、尊師」方面卓有成效的思想和作爲。

(十) 君子與小人

下面各則的君子與小人，雖偶有指在上位者和平民，但一般以道德高尙與否爲區分。通過對比，生動地襯托出君子的道德高尙，有如聳入雲際的高山，令人景仰不已；而小人的品德卑下，卻似一抔黃土，叫人慨嘆不止。前者是人羣中出類拔萃的先覺者，後者則是羣體中表露出的醜類。形象鮮明，良莠顯見。這種表現出來的道德差別，不僅在古代存在，今天存在，亦不僅在各階層、各行各業、機關團體學校的羣體中存在，即同類相比，工農兵學商之間，或者君主與君主，大臣與大臣，士與士之間相比，都同樣存在這君子與小人的道德差別；而且無分地區、民族、社會制度、國家的區別，即只要有人羣的共處，就都會存在這種人際關係中的道德差別。可謂古今中外所同然，分毫不差。

如果對現實社會你所見所聞所接觸到的各類人等，留心進行深入觀察，並細加玩味，都會隨時隨處隨事發現扮演君子和小人的角色，在人生舞臺上表演得淋漓盡致，有的讓人尊敬、景仰，有的卻令人作嘔、厭惡。特別在那變亂或風雲突變的時代，君子與小人的道德差別，更顯得有如涇渭之分明。而小人，恰如中山狼，凶狠陰險，得志便猖狂，也就常常是「鷄毛當令箭」，益見其不可一世了！

因此，作爲萬物之靈的「人」，如何設法通過合適的方式，使自己能夠多學習一點君子的好品德、好風格，多減少一點小人的壞習性，壞心腸以便縮小、甚至消滅這種存在兩者之間的道德上的巨大差別，應該說：不僅是有識之士的共識，也應該是每個人的共同責任。

(40) 子曰：「君子求諸己，小人求諸人。」(十五·二〇)

【譯文】

孔子說：「君子一切都要求自己，小人則一切都要求別人。」

【按】

君子對任何事情都嚴格要求自己，從自身方面加以反省，尋差距，找原因。譬如，前面提到的「人不知而不慍」，「君子病無能，不病人之不己知」，「不患人之不己知，患不知人也」，「君子疾沒世而名不稱焉」等等，都是一個存心，同一態度：求諸己而不求諸人，從主觀上自省，嚴於律己，而絕不推諉給別人或客觀原因。

這是自我意識覺醒的表現，也是強調依靠自己來完善和造就君子人格，勇於進取，自強不息，發憤有爲的精神風貌。因此，在人際關係上，縱使別人不理解，甚至有隔閡，工作上有委屈，或者事業上遭到失敗，也不會怨天、尤人，而是儘量從自己角度去檢查、總結。這樣，也就自然是襟懷坦蕩，心情舒暢，常樂無憂了！

而小人，則恰恰相反，對任何事情都苛刻要求別人。譬如：「人之不己知」，就歸咎於別人的不近情理，不通人性；自己犯了過錯，則強調客觀，說什麼事出有因，情有可原，或者說是代人受過，做替罪羊；如果是工作上不去，難開展，又常常責怪領導不支持，羣衆不諒解等等。總之，有功攬給自己，有過推及別人，對人是馬列主義，嚴厲、苛刻；對己是自己主義，寬容、原諒。這樣，自然一天天走下坡，精神負擔重，憂慮重重，其結果是「小人長戚戚」了！

這是由於自己的存心和態度的不同，所表現出來的品德高下不一樣。

【備考】

《孟子・離婁下篇》曰：孟子曰：「君子之所以異於人者，以其存心也。君子以仁存心，以禮存心。仁者愛人，有禮者敬人。愛人者人恆愛之，敬人者人恆敬之。有人於此，其待我以橫逆，則君子必自反也：『我必不仁也，必無禮也，此物奚宜至哉？』其自反而仁矣，自反而有禮矣。」

《荀子・法行篇》曰：曾子曰：「同遊而不見愛者，吾必不仁也；交而不見敬者，吾必不長也；臨財而不見信者，吾必不信也。三者在身，曷怨人？怨人者窮，怨天者無識。失之己而反諸人，不亦迂哉！」

(41)　子曰：「君子坦蕩蕩，小人長戚戚。」（七・三六）

【譯文】

孔子說：「君子心胸平坦寬大，小人則常感局促憂慼。」

【按】

君子先天下之憂而憂，後天下之樂而樂，心底無私，俯仰無愧，自然心胸寬宏，襟懷坦蕩了。小人多私慾，貪財利，慕榮祿，心地狹窄，猶耿耿於個人得失：所求未必能得，所得又未必能塡滿慾壑，而且又擔心得而復失。因此，患得患失，自然愁緒萬千，「有終身之憂，無一日之樂」而感到長戚戚了！

本則則指心胸氣貌的不同，而表現出的德性不一樣。

(42) 子曰：「君子喻於義，小人喻於利。」(四·一六)

【譯文】

孔子說：「君子只曉得那義，小人則只曉得那利。」

【按】

道德高尙的人，明辨是非，以天理所宜者爲之，所以不計較私利，只重仁義；品德卑下的人，一心只想謀取非分之財，所以只重私利而不講仁義。前者君子思義而不顧利，後者小人貪利而不顧義。正如《淮南子・繆稱篇》說的「君子非無以生，失義則失其所以生；小人非嗜欲無以活，失嗜欲則失其所以活。故君子愼失義，小心懼失利」，正是兩者的生動寫照。

當然，兩者的道德情操，思想境界之如此懸殊，亦非天生，而是由於後天的環境、教育、習染等所影響而成。如下則「君子上達，小人下達」所說：君子日求進德，向上，通達於仁義；小人不求進德，向下，日趨沉淪，通達於財利，蓋因兩者志趣的不同而由起。因此，絕不能掉以輕心。

（43）子曰：「君子上達，小人下達。」（十四・二四）

【譯文】

孔子說：「君子日日長進向上，通達於仁義；小人日日沉淪向下，通達於財利。」

【按】

君子循天理，小人徇私欲。因此，前者日進乎德而高尚，後者日沉淪於利而卑下。不過從善若登，從惡如崩，登上難而崩下易：說「登」就要堅持不懈，一步一個腳印往上登；說止「崩」，就要立刻住腳，痛下決心改正。

(44)子曰：「君子懷德，小人懷土。君子懷刑，小人懷惠。」(四·一一)

【譯文】

孔子說：「君子懷念的是德性，小人懷念的卻是鄉土。君子懷念的是刑政，小人懷念的是私恩小惠。」

【按】

君子念念不忘的是如何培養自己的高尚品德，時時關心的是國家的刑政、法令。前者不失其善，盡量爲善；後者惡不善，畏法令借以自修身，「不使不仁者加乎其身」，亦即「見不善如探湯」之意，所「懷」的均爲公。因此，君子兢兢業業，砥礪進德，從不敢稍有懈怠；而且謹守法度，也從未疏於檢點。而小人則相反，念念不忘的是鄉土，時時關心的是別人施給的財物，講求私惠。前者爲一丘一壑之戀，因而苟安於小天地，不願離鄉背井，大展鴻圖；後者乃私恩小惠之給，所以有時爲了一點私惠，甚至不惜低聲下氣去乞求別人布施——在小人的信念中，只要有惠有利可求，那就什麼天理、國法，什麼人格、良心，也就可以全然置之不顧了！

這是因兩者品格不同，而表現不同懷念所導致的道德差異。

附：子曰：「君子固窮，小人窮，斯濫矣。」（節錄十五・一）（參閱一章・18）

（45）孔子對曰：「……君子之德，風。小人之德，草。草，上之風，必偃。」（節錄十二・一九）（參閱二・48）

【譯文】

孔子回答說：「……君子的品德好像風，小人的品德好像草。風加在草上，草必然會隨風倒在一邊。」

【按】

孔子特別重視在上位者的品德修養，不僅因爲它關係著能否行仁政於天下，還由於在上位者品德的高下，會直接影響著在下者的素質和品德，是不能等閒視之的問題。

「君子之德，風。小人之德，草。草，上之風，必偃」，這是無庸置疑的。因爲，「上有好焉者，下必有甚焉者矣」，如果在上位者品德高尚，一心爲公、爲民，那麼，「子帥以正，孰敢不正？」（十二・七）令行禁止，雷厲風行，老實說：在下者，誰敢不執行？從政者，誰敢貪贓枉法？又誰敢不清廉？而如果在上位者的品德卑下，品德敗壞，只顧以權謀私，以勢壓人，那麼，上行下效，「以其昏昏，使人昭昭」，在下者必然是徇私枉法，賄賂公行，禁不止，令不行，官貪吏汚，民亦不堪命矣！

因此，身居上位者果能深刻理解「君子之德，風」的蘊涵，和其影響之深遠，那麼，不但躬身力行，而且把它發揚光大，則民風之淳厚及其天下之治，當也可以指日而待了！

(46) 子曰：「君子和而不同，小人同而不和。」(十三・二三)

【譯文】

孔子說：「君子與人相處能和諧、協調，但不隨聲附從、贊同；小人只隨聲附從、贊同，但不能和諧、協調。」

【按】

「和」表現在政治上是平等的共處、同商國是，允許不同意見的互相參考，互相借鑒；表現在文化上是百家爭鳴、百花齊放，允許不同流派和觀點的互相批評、互相影響；表現在人際關係上是坦誠相見，和諧協調，互相尊重，互相學習。關鍵是一個「公」字。

「同」則與此相反：政治上不允許有相反的意見，只搞「一言堂」，順我者生，逆我者亡；文化上是罷黜百家，唯一家獨言，一花獨放；人際交往上是「牆頭草，風吹兩邊倒」，因勢附從，因人贊同，沒有自己的主心骨，關鍵是一個「私」字。

前者「和」意味著不同個性、意見和對立面的共同存在，如五味之調和成食，五聲之配和成樂：食之味甘，聽之聲美；後者「同」則取消個性、差異，強求絕對的同一，如單一的調味，單一的樂聲：表面上轟轟烈烈，熱熱鬧鬧，同聲歡呼、贊美；暗地裏卻冷冷清清，異語而嘆，不僅聽之生厭，食而無味，而且壓抑個性、意見，畢竟是「萬馬齊喑終可哀」！

君子之所以「和而不同」，是因爲君子重公、尚義，無乖戾之心，能以公出發，顧全大局，達到政平、人和、心齊的境地；而小人之所以「同而不和」，是由於唯私、好利，有貪財之專癖，盡顧個人得利，因而見風使舵，隨聲贊同，盲目附從。前者坦誠，與之同處共商，能和衷共濟，沒有議不成的大事；後者僞飾，與之同處共商，勾心鬬角，沒有順順當當可以議成的決策。

（47）子曰：「君子周❶而不比❷，小人比而不周。」（二・一四）

【譯文】

孔子說：「君子待人忠信，但不互相勾結；小人只相勾結，而不講忠信。」

【注釋】

❶周：指忠信。　❷比：指勾結。

【按】

君子心公胸襟寬，對人，人前人後一個樣，講忠信，存敦厚；小人心私胸襟窄，對人，當面背後各一套，同於己者與之、親之，不同於己者惡之、害之。因此，前者不易偏私，也不會因私而與人阿比勾結；後者就常常從個人的私心出發而與人勾結，但縱使如此，也是貌似忠厚、親切，實則虛情假意，稍一不遂心意就翻臉不認人，甚至六親也可以不認，因此，根本談不上忠信不忠信，「比而不周」，也就不足爲奇了！其淵源，歸根結蒂還是君子尚公重德，小人則唯私重財利。

(48) 子曰：「君子泰而不驕，小人驕而不泰。」（十三·二六）

【譯文】

孔子說：「君子安詳舒泰，但不驕矜；小人驕矜，但不舒泰。」

【按】

君子平易近人，平等待人，從不把自己看成高人一等，而且胸襟開濶，氣度宏大，心地坦然，不論人多人少，大人小孩，都是以禮相待，從不怠慢。因此，心情安詳舒泰，沒有一點驕態。這是自我修養而成德的自然表露。

小人勢利待人：居下事上則拍馬蹓鬚，奉承、阿諛，居上視下則壓制、哄騙、打擊、拉攏、驕橫凌人，所謂「一旦權在手，就把令來行」，得意忘形，不可一世；只是患得患失，心地不踏實，惟恐失意、傷害自尊，因此總是提心吊膽，心情難以安詳舒泰，所謂「小人長戚戚也」。

這是因修養高下不同，而表現的心態不一樣。

(49)子曰：「君子不可小知，而可大受也。小人不可大受，而可小知也。」(十五・三三)

【譯文】

孔子說：「君子不可從小處去賞識他，但他可以承擔大任；小人不可以承擔大任，但可以從小處賞識他。」

【按】

本則是說：可以從小處賞識的人，不一定就能擔當大任；相反，可以擔當大任的人，也不一定能從小處賞識他。所謂「有大略者不可責以捷巧，有小智者不可任其大功。人有其才，物有其形。有任一而太重，有任百而尚輕。」(《淮南子・主術》)

君子「可大受」，是其器識恢弘、博大，受以大任方能盡其才，充分發揮他的聰明才智；小人器識褊狹，小知才不溢其量，大受則難於避免無能勝任的困境。因此，「可大受」的君子僅僅給予小知，而「小知」的小人反爲之大受，這就不但是亂彈琴，簡直是在糟脫人才了！

譬如：一個有雄才大略、濟世之才，足以擔當大任的人，爲了「某種需要」而讓他到基層去當一個生產隊長，借以考驗他有沒有領導農業生產的能力；一個深諳韜略、有實戰指揮經驗，能統率三軍的將才，卻讓他擔任連排長，身先士卒去衝鋒陷陣，這就猶「虎之使捕鼠」，其功能遠遠不如一隻貓！這豈只無視人才，簡直是變相的暴棄人才了！

反過來，因爲某一「功績」，就把一個普通技藝的人，一下擢升而爲封疆大吏類的顯要職位，這也猶「狸之使搏牛」，或者以椽柱之材作棟樑之用，也未免顯得荒唐可笑。

「君子不可小知，而可大受也。小人不可大受，而可小知也」，它啓示爲政者：用人必先知人，知人必先知其人的品德、才智、氣度等等，以及何者爲「可大受」，何者爲「可小知」？這樣，能知人而後能用人，此之謂「知人善用」。

當然，本則之「君子與小人」，係就比較而言，非指對反而說。因此，並不是指兩者道德的差異與高下，更不是說這「小人」的品德卑汚，應該鄙夷。而是說：用人者應隨各人的才具，使「小知」和「可大受」者都各適其用，既無需以「小知」責君子，亦不必以「不可大受」棄小人，貴在精選，而不乖於用。

（50）子曰：「君子易事而難說❶也。說之不以道，不說也。及其使人也，器之❷。小人難事而易說也，說之雖不以道，說也。及其使人也，求備焉。」（十三・二五）

【譯文】

孔子說：「在君子底下工作容易共事，但難於討他喜悅。討他喜悅即使用不正當方式，他也是不會喜悅的；不過，等到他使用你時，卻能衡量你的才能，加以合理使用。在小人底下難於共事，但容易討他喜悅。你若要討好他，縱使用不正當方式，他也會喜悅的；不過，等到使用你時，卻百般挑剔，求全責備。」

【注釋】

❶說：同「悅」。喜悅。　❷器之：按各人的才能加以合理使用。

【按】

本則所指君子與小人的不同態度，在現實中所見、所聞、或切身際遇的，實在大有其人，並非虛言、或者想像。譬如：

同道德高尚、作風正派的君子人一起共事，或者在他屬下工作，由於他平易近人，和藹可親，不妒賢忌能，不頤指氣使，能尊重人、理解人，所以總感到心情舒暢、暖洋洋、熱呼呼、幹勁大、積極性高，願意把全身心的力量發揮出來。只是這樣的君子，要討好他，得到他的喜歡卻是不容易的，即使用不正道的方式諸如送厚禮、宴請等等，也是討不了喜歡的。

不過，等到使用你時，他卻公正無私，對部下信任、體諒，很好衡量你的德才，做到因才起用，合理安排，十分器重，如同遇到了伯樂。正如曾子所說：「夫子見人之一善而忘其百非，是夫子之易事也。……及其使人也，器之。」這就是君子的胸懷和氣度。

而小人，則恰恰相反：「難事而易說；及其使人，求備焉。」就是說：只要你摸準他的脾胃，投其所好，縱使以不正道方式，如人情、厚禮、殊遇等去討好他，他也是喜歡的。這一點，在現實中，還有比此更甚焉者的小人在。即：只要能在某一項環節中管著你，那麼，「不怕官，只怕管」，如果你不送點人情燒香，則伺機找你岔子、麻煩，說不定有朝一日還會給你帶來無妄之災！這就更是等而下之的敲詐行徑了！

小人的「易說也」是如此，「及其使人也」則是：橫挑眉毛豎挑鼻，百般挑剔找岔，簡直會像在鷄蛋裏找骨頭，給你難堪，給你下不了臺！一句話，小人心地狹窄，容不下人！有如《水滸傳》中的王倫，或者如「武大郎」開店：在小人手底下工作，任誰也休想高過他一分！

(51)　子曰：「君子成人之美，不成人之惡，小人反是。」(十二·一六)

【譯文】孔子說：「君子成全別人的好事，不去促成別人的壞事。小人則和此相反。」

【按】君子心存寬厚，看到別人有一點好事、好處，就獎掖、鼓勵、幫助他、成全他，不但視為分內事，也如同自己感受快樂一樣；而小人恰恰與此相反，因爲心地狹窄，氣量小，不寬厚，見人有好事、樂事，往往眼紅、嫉妒，甚至譏刺、揶揄，使你灰心洩氣，而對同味相投的人，倒是鼓掌叫好，幹壞事也助長他、成全他。這正是成人之惡，而不是成人之美了！

(52) 子之❶武城❷，聞弦歌之聲。夫子莞爾❸而笑，曰：「割鷄焉用牛刀？」子游對曰：「昔者偃也聞諸夫子曰：『君子學道則愛人，小人學道則易使也。』」子曰：「二三子❹！偃之言是也，前言戲之耳。」

(十七·四)

【譯文】孔子到武城，聽到彈琴唱歌的聲音，孔子微笑著說：「殺鷄哪用得著宰牛的刀呀！」子游回答說：「往日我曾聽老師說過：『在上位的君子學了道，就能愛人；老百姓學了道，就能懂道理，容易聽使喚。』」孔子說：「弟子們！他的話是對的呀！我剛才所說的，不過是和他開玩笑的。」

【注釋】

❶之：往，到。❷武城：魯國的一個小縣城。❸莞爾：微笑的樣子。❹二三子：從行的弟子。

【按】

子游雖然只做了一個小邑武城的主管（縣長），但猶能以禮樂教化百姓，則「見其禮而知其政，聞其樂而知其德」，亦可以想見子游當時治邑的政績當不在小了；而子游深得孔子禮樂之教的精義，更復身體力行，推而及於社會，其難能可貴，於此，亦可了知。此其一；

「殺鷄焉用牛刀」，是孔子對子游的這一做法，表示深心喜悅，十分贊賞，因而「莞爾而笑」說出來的一句戲言玩語。意卽：以牛刀的威力用力殺鷄，喻指以禮樂來教化百姓，雖說意義深，效應也非同小可，做得好，做得對。但，不免有點「大才小用」流露出惋惜之意。此其二；

三、感人之處是：一當孔子聽到子游的話後，馬上轉口，當著弟子肯定了子游的話說得對，極微妙地把那句多少蘊涵惋惜之意的話，以「前言戲之耳」的語氣更正過來，而且那麼自然，那瀟灑！

這既說明師弟子間無拘無束，是無話不談的，輕鬆自如的，甚至是戲言笑語，風趣地開個玩笑也是無所顧忌的；同時也展現了孔子雍容大度的靈活態度，縱然偶有說漏了的話，也馬上在肯定別人的同時作了補正。這實在是一般人所難能做到的。

至於「君子學道則愛人，小人學道則易使也」，這是很自然的：因為學道就是學為仁、學禮樂，所謂仁者愛人，禮以節衆，樂以和衆。在上位者通過學道，就能夠擴充仁慈的胸懷，更好地去愛人，更好地去行仁政；在下的百姓通過學道，就能夠懂道理，性情和順，指揮起來聽使喚。

(53) 孔子曰：「君子有三畏❶：畏天命，畏大人❷，畏聖人之言。小人不知天命而不畏也，狎大人❸，侮聖人之言。」(十六・八)

【譯文】

孔子說：「君子有三項敬畏的事：一是敬畏天命，二是敬畏在上位的人，三是敬畏聖人所說的話。小人不知有天命而不畏，不尊重在上位的人，對聖人的話則多加侮慢。」

【注釋】

❶畏：敬畏。畏與敬相近，與懼則遠。畏在心，懼則懼及禍患及身。　❷大人：指天子、諸侯等

在上位的人。❸狎：輕侮、不尊重。

【按】

前面，「君子有三戒」（十六・七）（參閱八・33），在事；本則，「君子有三畏」，在心。這是因爲「天命」不是人所能掌握，又無法先知；「大人」身居上位，關係人的禍福、安危，也不是我力所能影響；「聖人之言」旨意宏深，更不是常人所能理解、知曉。因此，心存敬畏，由敬畏而兢兢業業，從善如流，謹奉自守，疾惡如仇，這也是君子修身之一途。

而小人，根本就不信有「天命」，更不知「天理」爲何事，對「大人和聖人」，因爲輕視，或者根本不知其中的利害關係和它的奧蘊所在，也就不敬畏、不尊重，甚至輕慢、戲弄侮辱、肆無忌憚、恣意胡爲了。

「三戒」，是關係人生健康的三件大事。要有所戒。「三畏」是指這三個方面，應該在心裏有所敬畏。前者戒與不戒，其結果是完全不一樣的；後者畏與不畏，其影響也是完全難相同的。有所戒就知有所不爲，有所敬畏就知謹愼有所爲，能夠「如臨深淵，如履薄冰」那樣隨時隨處兢兢業業小心而爲。否則，對一個莽莽撞撞，無所敬畏的人來說，「老子天不怕、地不怕、法不怕」，成爲一個誰也約束不了，誰也管不了的天外人了！其後果將會是怎樣呢？這該是不言而自明的。

（54）子路曰：「君子尚勇乎？」子曰：「君子義以為上。君子有勇而無義為亂，小人有勇而無義為盜。」（十七·二三）

【譯文】

子路說：「君子崇尚勇嗎？」孔子說：「君子以義爲最高的品德。君子有勇沒有義，就會造反作亂，小人有勇沒有義，就將成爲強盜。」

【按】

勇是美德，也是一種勇往直前，足以排除一切困難的堅強力量。但必須有正確的思想指導爲前提，即「義以爲上」，以義爲統率，依義而行；而絕不是憑血氣衝動的暴力就能稱之爲勇，或謂之爲大勇的。這就是「所貴於勇敢者，貴其能以立義也」。如果不「義以爲上」，那麼，在上位的君子利用他的條件，恃勇而爲，就必然會犯上作亂，篡奪君位取而代之；在下的老百姓則恃勇爲非作歹，也不免會淪爲盜寇。正如《荀子·榮辱篇》所說：「爲事利，爭貨財，無辭讓，果敢而振，猛貪而戾，恈恈然惟利之見，是賈盜之勇也。」

因此，勇縱然是美德，如捨義言勇，無義而勇，就是邪氣，就會轉化而爲惡行，變作爲害人民的本錢，這就是非人民之福而是禍害了！

（55）子曰：「君子而不仁者有矣夫，未有小人而仁者也。」（十四・七）

【譯文】

孔子說：「君子有時也會不仁，該是有的吧！但，小人卻是從來不會有仁心的。」

【按】

雖說君子有時也有「不仁」之處，但，那只是一種過失，而不是本質，也不是心地的不善。因爲這種「不仁」的行爲，有時是出於義憤，有時往往爲「愚忠、愚孝」。譬如途遇不平，拔刀相助時，卻把一個奸汚少女的歹徒打傷了：對歹徒來說，這是不仁；而對少女卻是免遭蹂躪，爲最大的仁！

而小人，就不可能這樣了：因爲他「喻於利」，唯利是圖，從本質說，他心地不善良，是絕不會放棄利，猶「強盜發不了善心」一樣，是「未有小人而仁者也」的——當然，如果強盜而發了慈心，那就「放下屠刀，立地成佛」，也不是強盜了！

附：子貢曰：「君子之過也，如日月之食焉：過也，人皆見之；更也，人皆仰之。」（十九・二一）（參閱一・50）

(56) 子夏曰：「小人之過也必文。」(十九・八)

【譯文】

子夏說：「小人有了過失，必定要把它加以文飾。」

【按】

君子豁達開朗，有過錯就坦率承認過錯，絕不加掩飾。這就有如「日月之蝕」，人們看得見，知道只是暫時的，轉瞬間仍然會恢復它的光明，讓人仰望。而且，君子之過，原非本質，只是偶或有犯，人們是理解的，坦率承認並加改正，人們始終是尊敬他，絲毫無損於君子的崇高形象。

而小人，有了過失錯誤，就顧慮重重：或者擔心名譽會受損害，或者牽掛身分、地位、財利會有影響，因此，千方百計文過飾非，把它遮蓋起來；縱使已經曝光，也還是儘量推到客觀，能滑則滑，能賴成賴；在迫不得已承認時，仍然是「千呼萬喚始出來，猶抱琵琶半遮面」，扭怩作態，不肯痛下決心改正，最後，終致愈陷愈深，身敗名裂而悔之莫及。

(57) 子曰：「色厲而內荏❶，譬諸小人，其猶穿窬❷之盜也與！」

（十七・一二）

【譯文】

孔子說：「外表裝得很兇、很厲害，內心卻十分軟弱、儒怯，這樣的人，在各類小人中作譬，可以算是穿牆挖洞的一類小偷吧！」

【注釋】

❶內荏：內心軟弱、懦怯。❷窬：同「踰」，爬牆。

【按】

越是見不得人，就越要裝得道貌岸然，威風凜凜；越是心虛理虧，也就越要逞兇耍狠，氣勢奪人；明明是出師無名，侵略弱小，卻偏要說成正義所在，理所當然；明明是樑上「小人」，厚顏無耻，又硬說是正人君子，正大光明等等。實際都是色厲內荏：內愈荏，則色愈厲；也卽越是外表裝得嚴厲、威風，貌似強大，其內心就越是儒怯、害怕。這種人猶如穿牆爬洞的小偷，嘴硬、心虛、骨頭酥，是最見不得人，最沒出息的小人。

（58）子曰：「唯女子與小人❶為難養也，近之則不孫，遠之則

怨。」（十七·二五）

【譯文】

孔子說：「只有家中的妾侍和僕人是最難養的：親近了，他們就會不遜讓，無禮；疏遠了，他們便會怨恨你。」

【注釋】

❶女子與小人：古人指家中的妾僕。因其指妾僕，故稱「養」。

【按】

對於小人的「爲難養也」，其實不止於僕人，可以泛指及於品德卑下的一切人。這一點，對於那社會閱歷和人生實踐都比較豐富的人來說，恐怕都會與有同感，認爲這是孔子對「小人」入木三分的概括：生動、形象，而且恰如其分。可是，要和「女子」等同看待，相提並論，這就見仁見知，大不以爲然了！特別是婦女，更是嘖有煩言，認爲孔子輕視婦女，實在是太過了！

其實呢，本則原指「修身、齊家、治國、平天下」的一個環節：善爲教育、駕馭妾侍、僕人，使之不爲無禮，亦卽嚴於律己和「家教」之意。所謂「治國必先齊其家，其家不可教，而能教人者無之」(《大學》)。

這就當時的歷史社會條件而言,所指「女子」,決非泛指一般婦女,應該是可信的。事實上,擁有妾侍的,多爲封建社會的統治階級,上自天子、諸侯、公卿、大夫,下至文武百官等貴族特權人物。他們對那些「天生麗質難自棄」的愛妾,由於寵愛太過,往往在親之、暱之的情況下,逐漸養成了妾侍們恃寵而驕的心態,因而表現出「近之則不孫,遠之則怨」:不孫則無禮,或撒嬌、發嗔,或侮慢、喧鬧、耍潑,甚至爭風吃醋等等,是極自然的、也是可以理解的。平心而論:正本清源,其源頭來自封建統治貴族階級的荒淫與無耻!而由此而引發的「不孫」態度,充其極也不過讓擁有妾侍的統治者們傷點「小雅」,或者心煩、意躁,或者啼笑皆非,愛恨交加,或者被作爲醜聞而流傳民間,出出平民百姓的心頭氣!應該說,孔子這句名言本身,絲毫沒有損害一般婦女的形象。當然,如果這種「不孫」心態,由恃寵而驕發展爲干預政事,那麼,爲害之烈,就遠非我們所能想像了!這樣的事例,歷史上眞可謂多矣,於今也不鮮見!

因此,孔子發「唯女子之難養也……」的慨嘆,與其說是對身處依附、從屬地位的「妾侍」的責難,或者輕視,無寧說是藉以告誡擁有妾侍的統治者要從嚴「家教」,更要從嚴律己!

至於以後,這句話逐漸演變而成爲泛指,不幸而言中一般婦女的心態,這就不僅超越原意,而且亦非孔子所能預知,應該不是孔子的責任了。之所以形成,固然由於婦女是處在長期的封建夫權思想支配下,有社會的歷史原因,當然,也有婦女自身存在的原因。因此,以此苛責孔子,顯然是不求實的,貶之者一定要抓住不放,亦且理窮,是難於令人信服的。

其實，從根本上說：只要婦女依附、從屬於人的社會地位一日不改變，只要婦女的權利和獨立人格沒有得到充分的發揮和尊重，那麼，婦女這種引發的心態，就終難於徹底消除。——而這，不僅有待於全社會的關心，支持婦女權利的提高，尊重婦女的獨立人格；而且，也有待於婦女自身的努力，加強自尊、自愛、自立、自強意識。

不過，這是題外之言。

二、聖人、賢者

(59)　子曰：「聖人，吾不得而見之矣；得見君子者斯可矣！」子曰：「善人，吾不得而見之矣！得見有恆者斯可矣！亡而為有，虛而為盈，約而為泰，難乎有恆矣。」（七·二五）

【譯文】

孔子說：「聖人，我是不能夠見到了；能夠見到君子，也就可以了！」又說：「善人，我是不能見到了，能夠見到有恆的人，也就可以了。沒有而假裝有，空虛而假裝充實，困約而假裝安泰。這樣的人，就難於做到有恆了！」

【按】

孔子生活在春秋末年，一個劇烈變亂的時代，「聖人，吾不得見之矣」，是必然的。因爲像堯舜這樣的聖人，原是孔子根據傳說而理想化了的「聖君明主」；堯舜的「大同」景象，也是孔子美化了的最高理想。其實呢，究竟有沒有堯舜這樣的「聖君」，尚且無可靠的史實作稽考，則在現實中又如何能見到像堯舜這樣的「聖人」呢？

既然如此，那麼「仁人、君子」怎樣呢？也難求！一部《論語》僅僅許管仲「如其仁」，贊伯夷、叔齊「求仁得仁」，而且都是死了的古仁者，活著的人，以顏回之賢德，也只譽之「三月不違仁」而已！而君子，由於見之少，思之又切，一旦發現，就由衷地呼喊出：「君子哉！蘧伯玉！」（十五・六）「君子哉若人！尙德者若人！」（指南宮适。十四・六）「君子哉若人！魯無君子者，斯焉取斯？」（指宓子賤。五・三）可謂欣慰之情，溢於言表。但，亦僅此三見。

孔子特別重視修身，修身的第一個目標是「成己」，卽造就自己成爲一個有理想人格的道德完人；第二個目標是「成物」，卽兼善天下，能造福人羣。「聖人」，就是孔子心目中，具有最高境界、盡善盡美的完全人格化的人。這樣的人：既有淵博的學問，崇高的道德，又能「言而世爲天下法，行而世爲天下則，遠之則有望，近之則不厭，可爲百世師表」，聖人之行，其影響所及，使「頑夫廉，懦夫有立志，薄夫敦，鄙夫寬，川流敦化，可達致悠久與無疆。」（《中庸》）

其高大可謂至矣，極矣。

其次爲「仁人君子」，如前所說，也實在見之寥寥；而「善人」，則過去有，現在「吾不得見之矣」，也沒有了；因而降格以求，「得見有恆者，斯可矣」，意卽勉勉強強，算是此生有幸了！其心情的沉重和哀痛，可謂了然如見。這是孔子對「天下無道」所流露的極大憤懣，也是對由此而導致人的道德素質的下降，所表示的無限感嘆和憂慮。

這從當時社會表現的風尚，也可以想像出來，如：「亡而爲有」，沒有學問說成有學問，而且裝得那麼滿腹經綸的樣子，有的斗大字不識一個，暴富了有橫財，甚至可以買書畫裝點門面，也來附庸風雅；「虛而爲盈」，明明內心空虛、貧乏，精神頹廢、沮喪，沒有奮鬪的目標，追求的理想，反說是內心充實、豐盈，精神飽滿、向上，並以此自滿、傲人；「約而爲泰」，是說縱然窮得沒米下鍋，也要充面子、講排場，軋臺型，裝作安詳舒泰等等。總之，在大變亂的時代，世風尚浮誇，人情重勢利，人心多奸詐，如此的大環境、大氣候下，經過習染，人的道德素質又如何會不下降？孔子又怎能不深感憂慮，不爲之慨嘆萬端？

正是這情形，「得見有恆者，斯可矣」。因爲有恆者，本質好，有毅力，有恆心，認定了的信仰，能「守死善道」，堅決不回頭；而且告勉之通過學，能達到「有而若無」、「盈而似虛」、「泰而猶約」，積久了也可以爲「善人」；善人通過學而博、精、深，而日益進德，亦可以爲「君子」，爲「聖人」。這也就是說：入德成聖之門始終也向有恆者敞開，關鍵在於立志爲學，刻苦砥礪修身以進德，求諸己。

附：子貢曰：「博施於民而能濟衆，如何？可謂仁乎？」子曰：「何事於仁，必也聖乎？堯舜其猶病諸！」（節錄六．二八）（參閱二．13）

【按語】所謂「博施濟衆」，就是廣泛地、無條件地把東西布施給老百姓，讓羣衆都能得到幫助。這是一個崇高的、偉大的——但卻是無法實現的、烏托邦式的「理想」而已。因此，孔子說：何事於仁，必也聖乎？意即：連堯舜恐怕也感到力不從心吧！

可見孔子是求實的，並不好高騖遠。

附：子路問君子，子曰：「修己以敬……修己以安百姓，堯舜其猶病諸！」（節錄十四．四五）（參閱八．2）

【按語】堯舜是孔子心目中盡善盡美的「至聖」，究竟「至聖」的崇高形象如何，特附錄如下作爲參考：

唯天下至聖，爲能聰明睿知，足以有臨也（指有卓越的才識）。寬裕溫柔，足以有容也（指有寬宏的度量）。發強剛毅，足以有執也（指有堅定的信仰）。齊莊中正，足以有敬也（指有端莊的儀態）。文理密察，足以有別也。溥博淵泉，而時出之（指有高深的學問）。溥博如天，源泉如淵。見而民莫不敬，言而民莫不信，行而民莫不說。足以聲名洋溢於中國，施及蠻貊；舟車所至，人力所通，天之所覆，日月所照，霜露所隊（同墜），凡有血氣者，莫不尊親；故曰配天（指聖德能配上天）。（《中庸》三十一章）

(60) 子曰：「不逆❶詐，不億❷不信，抑❸亦先覺者，是賢乎！」

（十四・三三）

【譯文】

孔子說：「不在事前逆料別人欺詐我，不在事前揣測別人對我不講信。但，臨事如遇人有詐與不信，我亦能先覺察到，這不就是賢者嗎！」

【注釋】

❶逆：事未至而逆料。❷億：同「臆」。事未見而揣測。❸抑：可是。

【按】

「害人之心不可有，防人之心不可無」，這是世代相傳的古訓。上半句指己，是說內心裏不應該存有絲毫想坑害別人的思想，做到心地光明磊落，行事公正無私，這是做人處世，對待人際關係的一個信條，一條準則。

下半句雖亦指己，其實指人。認為別人常有害人之意，因此，不能不有「防人之心」。本則所指「逆詐」、「億不信」，是根據「防人之心不可無」的古訓，因而明知別人未必以「詐」待我，亦未必以「不信」對我；但，還是事未至，事未見就先逆料，揣測別人會「詐」，會「不信」，認為這至少是有備無患，不會吃眼前虧。

其實，這是把人生經歷中際遇某些被詐、被不信的不幸事件歸結，總括，並認為是人人都如此。從思想方法說：這是「以偏概全」——能說每個人都如此嗎？能說人人都是壞蛋？顯然，這是「天下本無事，庸人自擾之」的態度！設想一下：既然你是「防人之心不可無」，那麼別人呢？同樣是「防人之心不可無」，勢必對你也謹防「詐」與「不信」，這樣，你也同樣列入「詐」與「不信」的行列；推而廣之，人人也都「詐」與「不信」，成為個個都是不可信的人了！這簡直是人際關係中信任危機、「草木皆兵」的心態，如何得了！

而賢者就不是這樣了，他要求自己是：不逆詐，不億不信。要做到這，首先，自己必須是心地光明磊落，對人忠誠、講信，有一顆純眞、善良的童心；還要堅定不移地相信別人同自己一樣是忠誠、講信，絕不會行詐、不講信。此其一；二、縱然別人有詐與不信，我也能夠事先覺察到，這就要求能「明」，既要有坦蕩無私的胸懷，更要有洞察入微、聰睿明辨的才智，「賢者以其昭昭，使人昭昭，今以其昏昏，使人昭昭」（《孟子·盡心下》），就能夠以己之明，覺察詐與不信者之所不明，因而燭照於事先，而不至於被詐受騙。當然，亦有察覺其詐與不信，只是做到心中有數，並不予點穿，這就要分別具體的人和事、以及情節等等，區別對待作藝術運用了！

(61) 子曰：「賢者辟❶世，其次辟地，其次辟色，其次辟言。」（十四·三九）

【譯文】

孔子說：「賢者見天下無道而逃避塵世，隱居起來；次一等的，擇地而居，逃避到一個安定的國家；再次一等的，見辭色不對，就逃避出去不再想見；更次一等的，見言語不好，就避而不再多談。」

【注釋】

❶辟：同「避」，逃避。

(62)子曰：「作者❶七人❷矣。」(十四·四〇)

【譯文】

孔子說：「起而逃避出去的，已有七人了！」

【注釋】

❶作者：起而爲之者，卽逃避出去的人。　❷七人：一說，指伯夷、叔齊、虞仲、夷逸、朱張、柳下惠、少連等七人。一說，指長沮、桀溺、丈人、石門、荷蕢、儀封人、楚狂、接輿等七人。

【按】上則，孔子贊識賢者謹於進退之義，出處之宜，視具體環境的險惡不同，而改變自己的處世態度。「辟世」，是遁跡遠禍；「辟地」，是易地求安；「辟色」，是禮貌衰則去；「辟言」，是言不從則行。

這中間，辟世是面對天下無道，暴君淫亂不止，賢者激流勇退：有的是爲了逃避禍害，如「伯夷辟紂，居北海之濱」（《孟子．盡心上》）；「微子去之」（《史記．宋微子世家》）；有的是明哲保身，以待清明，如「太公辟紂，居東海之濱」等。他們不同流合污，不「助紂爲虐」，不謳歌昇平，所謂「賢人之處亂世也，知道之不可行，則沈抑以辟罰，靜默以侔免……非爲畏死而不忠也。夫強言以爲僇，而功澤不加，進傷爲人君嚴之義；退害爲人臣者之生，其爲不利彌甚。故退身不舍端，修業不息版，以待清明。」（《管子．審合篇》）

而孔子自己，則雖欲「乘桴浮於海」，「欲居九夷」，想避世而未能，實在是因爲堅決要行仁政於世，所謂「天下有道，丘不與易也」。孔子是始終抱積極入世以濟民的態度的。因此，孔子胸襟之寬濶，道德情操之堅貞，思想境界之高大，比起賢者，就遠遠勝過何止幾籌了。

本則是孔子慨嘆天下無道，舉世變亂中，許多賢士相繼避世而隱，已有七人了！這七人以指同時代人爲較合適，而孔子所遇的隱者如長沮、桀溺等，也正好七人。是否指此七人，姑作參考。

三、成人、善人、有恆者

(63)子路問成人❶。子曰：「若臧武仲❷之知，公綽❸之不欲，卞莊子❹之勇，冉求之藝，文之以禮樂，亦可以為成人矣。」曰❺：「今之成人者，何必然？見利思義，見危授命，久要❻不忘平生之言，亦可以為成人矣！」（十四・一三）

【譯文】

子路問怎樣才稱得上是一個全人。孔子說：「像臧武仲那樣的聰明，孟公綽那樣的清廉，卞莊子那樣的勇敢，冉求那樣的多才藝，再加上禮樂的陶冶，亦可以稱得上是一個全人了。」孔子又說：「至於現在所說的全人，何必要這樣的完備呢？見到財義能想到道義，臨到危難，能獻出生命，許人的諾言，不論多久，都能不忘記當時相約的話，這樣也可以稱得上是一個全人了！」

【注釋】

❶成人：全人，也可稱全才，人格完備的人。❷臧武仲：魯國大夫。他在齊國時，齊莊公給他

封地，他預料莊公將被殺害，因而設法拒絕，後來也沒有受到牽連，人們認為他很聰明。❸公綽：魯國大夫，為人清廉寡欲。（參閱四．17）❹卞莊子：魯國大夫，以勇著稱。❺曰：有說係指子路言。❻要：同「約」。

【按】

一個人格完備、有全才的人，孔子要求在智、廉、勇、藝四項有突出的表現。卽知識淵博，有高度的智慧，足以窮通事理，達到不惑；清心寡欲，廉潔奉公，品德高尚，足以養心自守；勇敢、果斷，有俠義精神，足以力行無畏；才藝超羣、廣博，無所不能，足以廣泛善用，再加上節以禮、和以樂的陶冶修養，雖說比不上聖人、仁者、君子，亦可以稱得上是一個成人，或者說有各種才能的全人了！

從「亦」字中，可以想像出，在孔子的心目中：它還沒有達到理想的「成人」標準，也只能說是差強人意而已。

只是當時社會，風尚浮誇，人情澆薄，人才素質下降，孔子又不能不降格以求，無限感慨地說：「今之成人，何必然！」認為能夠做到「見利思義，見危授命，久要不忘平生之言，亦可以為成人矣」。

其實，在當時那種重利輕義之風遍天下，貪生怕死之徒滿海內，人與人之間言而無信，反覆無常，不知人間羞恥為何事的人，又比比皆是的情況下，眞正能做到這三者，卽：見到有利可得時，首先想到這「利」是否合情、合理、合宜、合法，然後決定取舍；見有危難，能夠豁出自己生命；對別人許下的諾言，縱然相隔很久時日，也仍然不忘記踐守等，實在亦非容易事；卽在二千五百年以後的今天，時代向前推進了二十五個世紀，這三者也仍然是今日做人的根本，立身行事的根本，而且還得花大力氣才能做得到的。試問有幾人能做到呢？而在一些視「重義、講信、尚德」爲迂腐、落後、傻瓜蛋的人看來，不但做不到，也沒有必要去做到，而且還認爲這是在開歷史倒車，回復到封建時代的倫理道德觀念上去，簡直是荒唐可笑！

如果眞是這樣認爲，對這樣的人，我亦只能欲語無言了！

（64）子張問善人之道❶。子曰：「不踐迹❷，亦不入於室❸。」

（十一・一九）

【譯文】

子張問善人的行爲。孔子說：「善人能不踩著別人的腳印走，但亦進不到室內去，意卽學問修養不到家。」

【注釋】

❶善人之道：猶言善人的行爲。善人：指本質好，但未經學問的人。❷不踐迹：不照前人腳印

走。

❸入於室：指學問道德修養不到家。

【按】

「玉不琢，不成器；人不學，不知義」。本則是指善人的本質雖好，雖善良，但不經學問，終究缺乏自身充實的力量，既不能通達事理之窮，而學問道德亦難於修養到家。因此，「徒善不足以為政」，成績和造就終究是有限的，他必然要經過學問，只有天分人工，俱要兼到的情況下，才能如下則所說：「善人教民七年，亦可以卽戎矣」，就是說，使善人領導，經過七年的努力，也就能把國防建設好，教民上戰陣，迎敵禦侮了！

而如果老百姓長期處於殘暴刑殺的統治下，那麼，要化解人際間的恩恩怨怨，和舊仇宿恨，就不是一世、二世，或者三、五善人的事功所能急於求成，而必須以德化為先，歷百年之久，才能「勝殘去殺矣」。

下則，「誠哉是言也」，是孔子對春秋時，諸侯兼併，互相殘殺，所造成的一片悲慘世界，藉古人的話表示的無限悲憤。

附：子曰：「善人教民七年，亦可以卽戎矣。」（十三·二九）

子曰：「『善人為邦百年，亦可以勝殘去殺矣。』誠哉是言也。」（十三·一一）

(65) 子曰：「南人有言曰：『人而無恆，不可以作巫醫❶。』善

夫！『不恆其德，或承之羞❷。』」子曰：「不占❸而已矣。」（十三・二二）

【譯文】

孔子說：「南方的人有句話說：『人如果沒有恆心，就不能做巫醫。』這句話眞說得好呀！《易經・恆卦》上也說：『如果不能恆久保持自己的德行，常會有羞辱隨在後面。』」孔子說：「《易經》上這句話是叫無恆的人不要占卦了。」

【注釋】

❶巫醫：古代巫道與醫事相混。❷不恒其德二句：這二句引自《易經・恒卦・九三》的爻辭。❸不占：意卽爲之占卦，亦將不會應驗。占：占卦。

【按】

「人而無恆」，常常是對一切工作都抱著三天打魚、二天晒網，一日曝之，十日寒之，幹幹停停，淺嘗輒止的態度。這樣的人，縱然立下大志，雄心勃勃，但在一旦遇到困難，受到挫折，或者危險時，就畏縮不前，半途而廢；有時，卽使在經歷了百千次實驗，接近成功時，也會由於不能以堅強的意志和毅力，沒有持之以恆而功虧一簣，前功盡棄！

設想一下：如果諾貝爾爲製造炸藥，在傾家蕩產，又失掉愛妻，而父親和弟弟更爲此喪生的特別艱難困苦情況下，灰心洩氣，沒有鍥而不舍、堅持不懈的精神繼續實驗下去，那麼，造福於人類的TNT能夠製造成功嗎？

如果居里夫人在和丈夫經歷了上萬次的提鍊失敗後，也是心灰意懶地打退堂鼓，特別是當她丈夫遭無妄之災，慘死在車禍下，際遇如此悲痛的境況下，她就此而撒手，沒有鍥而不舍、堅持不懈的精神繼續實驗下去，那麼，又何能有「鐳」的偉大發現？

古今中外許多爲人類作出偉大貢獻而名垂史册，永遠爲人們所懷念、崇敬的科學家、政治家、教育家、文學藝術家……儘管他們有各自的成功因素，但沒有一個是可以離開「恆」而取得成功的。

恆能使愚變明，使柔變強，使懶變勤，它是事業得以成功的一個不可少的關鍵條件，是通向成功彼岸的橋樑。

「人一能之己百之，人一十之己千之」，果能以此精神，鍥而不舍，日復一日，年復一年的持之以「恒」，那麼，又何愁事業之無成。「恆」德的重要，在一些諺言和古語哲理中都有所表述。如：「滴水穿石」，「只要功夫深，鐵杵磨成針」，「鍥而不舍，金石可鏤；鍥而舍之，朽木不可折」，「有恆爲成功之本」等等。本則，孔子引南人和《易經》的話，用來說明：沒有恆德的人，縱然占卦問吉凶、成敗，又有何用？因爲即使所卦爲大吉、大成，但由於不能堅持以恆，往往因一簣之虧而功敗垂成，由經受不住最後五分鐘的拚搏而遇吉化凶，變成肥皂泡。在現實中，不是屢有所見所聞的嗎！

四、士

士，相當於今天的知識分子，是由平民通過「爲學」，通過「學而優則仕」，升入貴族統治階級的一個過渡身分。它作爲一個新興的過渡階層：上去，可以升爲輔助統治者的公卿、大夫，甚至是輔助君王的太傅，也可以從事傳道、講學，受人尊敬的老師；下，獨善其身，亦可以是一個有文化教養的老百姓。歷史上，無論在打破貴族的壟斷政治，或者在制訂國家大計、方針、政策方面，士都曾經爲我們民族的興盛起過積極作用。在長達二千幾百年的封建社會裏，士往往是平民百姓所嚮往、追求，並爲之努力奮鬪，以求達到的目標，也是我們民族常常借以發揚光大，能爲國效力的重要力量。在孔子心目中，士應該具有很高的道德修養，不但有較廣博的知識、學問，而且立志行仁政，有很好的獻身精神，是一個能造就並進而成爲君子這樣基礎的人。下面篇章正是孔子對士提出的要求。

(66) 子貢問曰：「何如斯可謂之士矣？」子曰：「行己有恥，使於四方不辱君命，可謂士矣。」曰：「敢問其次。」曰：「宗族稱孝焉，鄉黨稱弟焉。」曰：「敢問其次。」曰：「言必信，行必果，硜硜[1]然小人

哉！抑亦可以為次矣。」曰：「今之從政者何如？」子曰：「噫！斗筲之人❷，何足算也！」（十三．二〇）

【譯文】

子貢問道：「怎樣才可以算是一個士？」孔子說：「他的行爲能心知有恥，出使到外國能不辜負君子委託的使命，這就可以算是士了。」子貢又問：「請問次一等的如何呢？」孔子說：「家族中稱他孝順父母，家鄉人稱他敬兄愛弟。」子貢又問：「請問再次一等的如何呢？」孔子說：「說話一定守信，不反悔；做事一定果決，不改變，堅硬得像塊石頭一樣，那是小人呀！但也可以算是次一等的了。」子貢再問：「現在那些從政的人如何呢？」孔子說：「呀！那都只是一些器量狹小的人，哪能算得上數呢！」

【注釋】

❶硜硜：小石堅硬的樣子。指識淺量小，才亦無足稱。孔子認爲他們只是講求小信、小節，而不務大義的人。　❷斗筲之人：指器具狹小，只知道斂財的人。斗：容十升。筲：容五升。

【按】

作爲一個「士」，首先要求心中知恥。恥爲人類區別於禽獸的主要標誌，也是人類進化的一種推動力量。能知恥，就能在負的方面知其非，有所不爲；在正的方面求其是，有所作爲。有所不爲，就會自覺地嚴格約束自己不做虧心事、違心事，不做墮落、卑汚的事；有所作爲，就會發憤向上，自立自強，進德日上，力求做一個俯仰無愧，人字大寫的「人」。

正如孟子所說：「恥之於人大矣！不恥不若人，何若人有。」《孟子・盡心上》意卽：恥對於人應該怎樣爲人，關係是大極了！如果自己不如人，又不感到有羞恥，那麼，也就談不上什麼都要如人，也就將是墮落的開始了！

其次，要求「使於四方，不辱君命」，這是指有才能，卽在外交上能完成所賦予的使命，爲國爭光。這樣，同上面「行己有恥」配合起來，便是一個有德有才，才德兼備的人，稱得上是一個士了！

至於降格以求，次一等的，孔子提出只要能盡孝悌之道，那麼，縱使才能稍嫌不足，但爲人的根本已經做到，具備了「德」，也可以算得上是一個士了！

再次一等的，凡是說了的話一定要兌現，做了的事一定要有結果的人，儘管他這樣做的態度並不是「義以爲上」，也未考慮是否「言可復也」的問題，只是小信、小義、小節的表現，但還是勉勉強強可以算是一個士了。

這說明：對「士」的要求，還是求實地分了類，是有等次標準可循的：德才兼備爲上，有德而才稍有不足者爲次，有小信、小義、小節的，差強人意爲又次一等。

而評論到當時從政者的素質，孔子卻直率地慨嘆之爲「斗筲之人」而已。就是說：那只是一些器小、才淺、德薄，只知道搜刮老百姓的錢財以肥私，無恥的人罷了！雖語辭委婉，而詞意犀利、剛正，則瞭然可見。

此亦可概見孔子的爲人，以及對當時統治者的強烈不滿；而對從政者要求之嚴格，自亦在詞意中。

(67)子曰：「士志於道，而恥惡衣惡食者，未足與議也。」(四・九)

【譯文】

孔子說：「一個有志於追求眞理的士、讀書人，卽今之知識分子，卻又覺得自己穿破衣、吃粗食爲丟臉、可恥，這樣的人，就不値得和他議論眞理了！」

【按】

上則，「行己有恥」，是指應該知道做哪些事爲可恥，這才是有羞恥之心；本則，「恥惡衣惡食者」，是指不應該恥而以爲恥的，這就是無羞恥之心。前者知恥，能有所不爲；後者不知恥，必無所不爲，因爲對自己的行爲，一任私慾放縱而爲，必將走向墮落無疑。

因此，對於一個有志於道，而又立志爲行仁政以濟世的「士」來說：如果不以道(眞理)存心，不以公存心；相反，卻不能忘情於一己衣食的美惡、好壞，則其內心深處貪慕榮華，渴求富貴的骯髒思想，也昭然可見。這樣，又怎能爲天下之大道而全力以赴？又如何能爲眞理而獻身？

也因此，這樣的人，縱然有志於道，亦只是虛志，縱然表象是道貌岸然，亦只是矯飾而已！「是亦未足與議也」，正是孔子對這樣的人所表示的鄙夷和不屑的嚴正態度。言雖淺，而其蘊涵則深，是十分值得有志有識之士所玩味的！即就今天而言，對那些「志於道，而恥惡衣惡食者」，或者「志於道，而好貪求非義之財者」，亦即那嘴上說的是一套，心裏想的卻又是另一套，表裏不一，言行相背的人，應該說，振聾發聵，會起無情的鞭撻作用的。

附：子曰：「衣敝縕袍，與衣狐貉者立而不恥者，其由也與？」（節錄九・二六）（參閱四・47）

(68)子曰：「士而懷❶居❷，不足以為士矣。」（十四・三）

【譯文】

孔子說：「士而留戀家室、鄉里之安，那就配不上稱爲一個士了！」

【注釋】

❶懷：懷念、留戀。❷居：居室、居鄉。

【按】

上則，要求士，不可有「恥惡衣惡食」之心；本則，要求士更不可有「懷居」之意。

其實呢，「好男兒志在四方」，「大丈夫四海爲家」，這是開拓者、創業者，有作爲人的胸懷，鴻鵠高翔的志氣。留戀家室，留戀鄉土之樂，貪圖舒適、安樂，不願離家遠行，特別不願離開大城市到偏僻、荒涼地區去開拓、創業，這是鼠目寸光，沒出息者的胸懷，燕雀低躍的意境。

二千五百年以前，孔子就對「士」，猶現在說的知識分子提出了「士而懷居，不足以爲士矣」的要求，那麼，時間向前推移了二十五個世紀的今天，還有那麼一些只圖謀求個人工作、生活的輕鬆、舒適而堅決不願到艱苦的環境去創業的知識分子在，也還有那麼一些慫恿自己兒女不去艱苦環境去開拓的當權的父母在！對照一下，該不該感到臉紅、心跳，愧對古人呢？

(69) 子路問曰：「何如斯可謂之士矣？」子曰：「切切偲偲❶，怡怡❷如也，可謂士矣。朋友切切偲偲，兄弟怡怡。」(十三·二八)

【譯文】

子路問道：「怎樣才可以算是一個士呢？」孔子說：「互相切磋勉勵，又能親切和順，這樣，可以算是士了。朋友相處，互相切磋、勉勵，兄弟相處，親切和順。」

【注釋】

❶切切偲偲：互相切磋、勉勵。 ❷怡怡：親切和順的樣子。

【按】

子貢與子路同問士，孔子所答不同：告子貢是「行己有恥，使四方不辱君命」；而對子路則勉以「切切偲偲，怡怡如也」。這是根據兩人性格、特點等的不同，針對性的有所指而答。如子貢能言善辯，長於外交；子路則「行行如也，……若由也，不得其死然。」（十一．一三）就是說：子路是一派剛強之氣，勇敢果斷有餘，但略嫌莽撞，在切磋、和順方面的氣質不足，因此告以「切切偲偲」，對朋友要多多地互相切磋、勉勵；對兄弟則「怡怡如也」，要愉快相處，和藹相親。

其實，這也正是孔子知弟子之深，隨時隨地因材施教，培養德性的一個事例。

(70)曾子曰：「士不可以不弘毅，任重而道遠。仁以為己任，不亦重乎？死而後已，不亦遠乎？」（八．七）

【譯文】

曾子說：「一個士，不可以不胸懷寬宏，意志強毅，因爲他擔負重任而道路遙遠。以行仁當作自己的責任，難道不重大嗎？這重任須到死才放下，難道不遙遠嗎？」

【按】

本則，對「士」提出了更進一步的要求：爲了擔當重任，行遠道，就必須堅強、剛毅，有「臨大節不可奪也」的鋼鐵意志，有弘大、寬廣；「以能問於不能」的博大胸懷；而爲了行仁政，作爲自己義不容辭的職責任務，也必須有「只要一息尚在，就永不懈怠，直到死爲止」的鞠躬盡瘁，死而後已的偉大精神。

這樣，「任重道遠」就成爲歷代有志之士爲之砥礪終生，而且甘挑重擔，忠心耿耿，勤勤懇懇爲人民，直到死爲止的奮鬪目標。歷史上許多忠貞有爲之士，爲人民立千秋功業永垂史册，也正是這思想的影響和鼓舞的結果！宋范仲淹的名言「先天下之憂而憂，後天下之樂而樂」，其所擔荷的該是何等遙遠！而「以天下之憂而憂，以天下之樂而樂」，其所擔荷的又該是何等繁重！可以說，亦正是「任重道遠」這光輝思想的眞實寫照！

附：子曰：「志士仁人，無求生以害仁，有殺身以成仁。」（十五・八）（參閱五・17）

（71）子張曰：「士見危致命，見得思義，祭思敬，喪思哀，其可已

矣。」（十九・二）

【譯文】

子張說：「一個士，見到危難，能獻出自己的生命，見到有利可得，能想到義而不妄取，臨祭祀，能想到敬，臨喪能想到悲痛，那也算可以了。」

【按】

雖說「其可已矣」，其實是難能之極，特別是前面二條：

一、「見危致命」，是說在面臨危難，甚至生死的緊要關頭，不惜犧牲自己生命去接受任務。比如：施工過程中的排除險情，現場率先撲滅森林大火，投入奔騰咆哮而來的山洪中搶救生命財產，攻取戰略要地的敢死隊，抵禦強敵入侵而充當打頭陣……等等，不但需要有刀山敢上，火海敢闖的獻身精神，而且不待「思」而決，必須在死生之際，有惟「義」見徇的堅強意志。因此，「見危致命」，實在亦不是容易事。歷史上，在南宋小朝廷苟安時，民族英雄文天祥受命於危難，擔負宰相重任，最後終因寡難敵衆而被俘，並因堅決拒絕誘降而遭難，遭難時的從容就義所表現的英勇不屈的民族氣節，眞可說是一個志士「見危致命」的光輝典範！多麼可貴！

二、「見得思義」，要眞正做到這一條，那麼，爲官淸廉，不貪贓；爲政愛民，不厚斂；執法秉公，不徇情；經商重義，不謀暴利；爲人正派，不妄取……等，都需要有「不義而富且貴，於我如浮雲」的高尚情操。而這，又談何容易！

這也從一個側面反映了孔子對「士」的要求該是多麼的嚴格！而作爲一個士，自己又該如何珍惜這稱號，力求做到自尊、自愛和自勉。

(72)子張問：「士，何如斯可謂之達❶矣？」子曰：「何哉，爾所謂達者？」子張對曰：「在邦❷必聞❸，在家❹必聞。」子曰：「是聞也，非達也。夫達也者，質直而好義，察言而觀色，慮以下人❺，在邦必達，在家必達。夫聞也者，色取仁而行違，居之不疑，在邦必聞，在家必聞。」(十二·二〇)

【譯文】

子張問：「一個士，怎樣才算是顯達了呢？」孔子說：「你所說的顯達，是什麼意思呢？」子張回答說：「在諸侯的國家必定有名聞，在卿大夫的封地也必定有名聞。」孔子說：「那是名聞，不是顯達呀！所謂顯達的人，必定是品性正直，愛好道義，又能察人言語，觀人容色，處處思慮自己不如別人。這樣的人，自然在諸侯國家、在卿大夫封地，都能有所顯達了。所謂有名聞的人，只在外表容色上裝作仁德的樣子，但行爲上卻是違背仁道的；而他們卻以仁自居，從不懷疑到自己。這樣的人，必定在諸侯國家有名聞，在卿大夫的封地也必定有名聞。」

【注釋】

❶達：顯達。指見識高，不同流俗。❷邦：諸侯統治的國家。❸聞：名聞，名望。❹家：卿大夫統治的封地。❺下人：不如別人，指謙恭。

【按】

本則闡述「聞」與「達」的蘊涵，言簡意賅，獨具卓見。先是針對子張志高才廣，自視很高，又常有失之偏頗的缺點，特以反問形式「何哉，爾所謂達者？」委婉指出「聞」誤以爲「達」，已與所問的本意相迥異，這樣等於是先潑上一點涼水，導之以正；而後指出「聞」與「達」是兩個不同的概念，名聞的人與顯達的人，實質是兩種不同人表現的兩種不同心態：前者虛僞、浮誇、矯飾以取虛譽，所謂聞從外而至，其實是欺世盜名而得；後者誠實、質樸、篤恭而能處處感到不如人，其實是達由中而出，是修身見之外的效應，名實相符的顯達。

「顯達」的人，內求諸己，而後也求達於外；「名聞」的人，恰恰相反，只求必達於外，而從不內求諸己。前者品性正直、誠實，不矯飾，而又好義、謙恭，處處思慮自己不如人。這種對己不苟且，對人不阿諛的處世態度，其實別人也樂於看見他能顯達於人。

後者「色取仁而行違」，只是一意在門面上裝點下功夫，既無好義、行仁之心，又無質直、謙恭之態，僅僅憑藉諸如鍍金的頭銜，炫耀的招牌，賣空買空的吹牛，借物獻花的慰問，或者以辦慈善事業的美名，舉行什麼義演、義賣、義捐等等，矯飾打扮，藉以求名聲著聞於世。這種欺世盜名的人，一旦竊取「名聞」，就更自我吹噓，擴大影響，因而「名」愈「聞」，撈取的政治資本也愈大，其惠則愈多，而其表現的醜惡嘴臉也愈甚。過去某些所謂「社會聞人」，其實也正是這一類的人。

聞者色取，達者則質直；前者行違，居之不疑，後者好義，慮以下人，互爲對比，眞僞自明。因此，區別、辨識「聞」與「達」的表現心態，亦就是識別虛僞與誠實，浮誇與質樸，是與非的試金石。「聞」者表現的是「色」，「達」者表現的爲「質」：一「色」一「質」，眞僞便自分曉。

第九章　天命觀

春秋末期，「天」仍然被視爲是具有意志，能主宰萬物，支配人類命運的至上神。孔子的態度是：承認並尊重天的至上神地位，但卻大大地限制了它的作用，認爲「天道遠，人道邇」，天管不了，亦決定不了人世間的人事和萬物。無論是政治上的有道或無道，一個人品德的好或壞，都是由人決定，而不是由天所能決定的。

孔子所說的天命：一是指自然界生生息息、不爲人所見、所知，也不爲人的意志所左右的規律；二是指人類社會歷史的變化中，同樣也有不爲人所見、所知，不爲人的主觀願望所轉移的規律。「莫之爲而爲者，天也。」（《孟子．萬章上》）這就是說，客觀世界有它自身存在的規律，誰違犯了自然界的規律，誰就會受到大自然的懲罰；誰違犯了人類社會的規律，誰就會遭到失敗，受到歷史的唾棄。

「命」則指人的壽命和運命。前者有正命和遭命之分；後者往往讓人感到冥冥中像有一種外在的神秘力量，以它偶然的機遇降臨到某件事，或某個人身上，使人無所措手足，更無能抗拒，徒呼奈何而已！「莫之致而至者，命也」。孔子的態度是：承認命，但一切盡其在我，爲其所當爲，義所不當爲則堅決不爲；一生積極、有爲、頑強地與命抗爭，絕不向它屈服。

對鬼神，雖說孔子沒有否認它的存在，但實質上則是持無神論思想。如答子路問事鬼神，曰：「未能事人，焉能事鬼？」「祭如在。祭神如神在。」這是一種重人道、輕天道的現實主義和理性主義的態度，在當時仍然盛行鬼神迷信的歷史條件下，無疑是對人類認識上的一個巨大進步，也是對人們思想解放的一個極大促進！

一、知天命

(1) 子曰：「不知命，無以為君子也；不知禮，無以立也；不知言，無以知人也。」（二十・三）

【譯文】

孔子說：「不知命，就不能做君子；不知禮，就不能立身處世；不知言，就不能了解人。」

【按】

有謂本則是孔子論學中的總綱挈要之言，亦是孔子一生爲人和學問的綱要。因其特具深意而列於〈堯曰篇〉之末，這同上論以「山梁雌雉」，發「時哉」之嘆章列〈鄉黨篇〉之末，均爲共欣賞、同細味的妙文。如此編排，可謂用意深遠，匠心獨具。

「知命」是君子的條件，「知禮」是立身的根本，「知言」是知人的前提。三者同爲學問、做人、從政的大綱。

所謂「知命」：一是就人生命的長短、壽夭而言；二是就人的命運而言。前者生老病死、自然而歿，終其天年，是謂正命；非正命而亡如自殺、橫禍、罪亡、未老病死等，夭年不終，是謂遭命。順其正，如節飲食、不嗜慾無饜；避其遭，如不在大樹下躲雨、不立危牆之下等等，是謂知命。後者就人的命運而言，孔子的態度是：畢一生推行仁政，力求濟民；竭全力，奮鬪不息，盡其在我。孔子對這問題所說的「知命」，是對人生一切當然的道義與職責，爲其所當爲；義所不當爲，則堅決不爲。至於到頭來的結果是成與不成，濟與不濟，得與不得，則非所問。

這就是說：對己重在知其所當然，就能嚴律己，盡己之忠，不怨天；對人重在所以然，也就能夠理解人，待人以恕，不尤人。這樣，縱然經奮鬪努力而仍然事不成，道不行，該得不得，能濟不濟，那也處之坦然，俯仰無愧，問心不疚。

孔子「知其不可而爲之」，正是義所當爲，爲其所當爲；義所不當爲，堅決不爲的「知命」的境界。孔子認爲：任何事，如果未經努力就罷手不爲，那是未盡人事，不得謂爲知命，自然也就「無以爲君子也」。

所謂「知禮」，是指禮教人恭儉莊敬，乃立身之本。有禮則受人尊敬，無禮則爲人鄙夷。人而不知禮，豈止於貽笑大方、鬧笑話而已，實則無以立身爲人。

所謂「知言」，是說能聽得出別人話中的含意，能辨其是非曲直、善惡好歹，這才談得上「知人」；否則，「言」尚且不知，何能「知人」——只是，要做到知言，實在亦非容易。這是因爲：有的環顧左右而言他，言在此，意在彼；有的一語雙關，話裏有話；有的巧耍花招，故弄虛玄；有的前言不對後語，藏頭又藏尾；也有的欲求於人：或說項求情，信誓旦旦，或心懷叵測，離間挑撥，前者如甜言、巧言、直至婉言、謊言、大言；後者如譖言、讒言、甚至流言、謠言；當然，也有是逆耳的忠言、諍言、諫言、正言、直言，或者抒發胸中不平的怨言、憤激之言，甚至狂言；也有譏刺別人的冷言、諷言、譏言等等。

「言爲心聲」，有怎樣的內心想法，就有怎樣的動機和不同表現的言辭。因此，對別人之言，不能不細聽、審辨，多分析、多推敲，以求能了解人。否則，正如俗語所說「不知言，啞子吃黃連；不識人，吃虧在眼前」，由此而發生的這類事件，就常常可以在現實中有所見和有所聞。

於此，「知言」的重要性，也可以瞭然。一個人而能「知命、知禮、知言」，則平日的一言一行，自然無不合乎道義；無不合乎道義而又日復一日、年復一年，日積年累，也就如孟子所說「善養吾浩然之氣」，能夠很自然地培養產生這浩然之氣，達到一個人很高的道德境界——這該正是孔子一生爲人和學問的綱要所在吧！

（2）子夏曰：「商聞之矣，『死生有命，富貴在天。』」（節錄十二．五）

【譯文】

子夏說：「我曾聽老師說過：『死生都有命，富貴則在天。』」

【按】

「死生有命」的「命」，原是指人的壽命，是由生而幼、而壯、而老、而病死，終其天年的一個生長、衰化的生理過程。壽命有長有短：壽長者因其稟受先天的元氣厚，壽短者因其稟受先天的元氣薄。（清人熊伯龍說：稟氣厚則壽命而長生，稟氣薄則夭而早死）

人的死亦有順其正常規律而死，即生老病死，自然而歿，終其天年；有遭非正常規律而死，如自殺、犯罪、橫禍等。孟子稱前者爲「盡其道而死者，正命也」，稱後者爲「桎梏死者，非正命也」；亦有稱之爲「遭命」，即遭遇橫事，夭年不終之謂；今世俗說的「死於非命」，亦指此。

人都想生，不欲死；但，生也能知多久？死也難曉何日？生和死都非己所能決定自主，也無從預知先明。特別是，天有不測風雲，人有旦夕禍福，有朝一日，飛來橫禍，來得突然，死而莫名。不免使這不可知的機遇充滿神秘色彩，冥冥中覺得生和死都是命中註定的，誰也抗拒不了的，因而逐漸積淀成爲聽天由命、無所作爲的「宿命論」觀點。

其實，「死生有命」強調的是正如孟子所說的「莫非命也，順受其正。是故知命者不立於岩牆之下。」（《孟子．盡心下》）既重視先天禀受的元氣，又善於後天的調攝和養身之道，更對可能遭受意外的事，或危險的作業，採取審愼而爲的態度，絕不莽撞，絕不心存僥倖。如「魯城門久朽欲頓，孔子過之，趨而急行」，又如：不在大樹下躲雨，不立危牆下，以及今天的城市交通管理：人過馬路走斑馬線，車不闖紅燈、不搶擋、保持車距等等，還有，如下面備考，孔子答哀公所問時說的「人有三死而非命也者，自取之也。」這就要堅決不爲，使無自取。這樣，縱有飛來的橫禍，突然發生的天災等意外死亡，那終究是人力不可預知的機遇，屬個別的偶然事件而已！

至於「富貴在天」，這就需要具體分析了。按理，一分耕耘，應該得到一分收穫；一分才能，亦應該得到一分發揮。可是，在現實中，並不都能盡如人意。譬如：辛勤勞動，流大汗的，卻往往得不到溫飽，路有凍死骨；而懶漢、寄生蟲，或者投機取巧、養尊處優的，倒反而腰纏萬貫，朱門酒肉臭。也有比較好的才能，卻得不到賞識、重用；而碌碌無能的庸才，由於有某種關係或者手段反青雲直上。如此等等，所見、所聞、所遇多了，也就不免給人以錯覺，認爲：天意該我有富貴命，即使坐待，躺著等，也會時來運轉，一個早上就會變成權貴、富豪；而如果沒有富貴命，縱然碌碌奔波一世，到頭來說不定還是竹籃打水一場空：或者兩袖清風，一無所有；或者遭受天災人禍而飲恨黃泉。

這就大大地束縛和壓抑了人們的主觀能動性，和積極進取的開拓精神。

其實，富貴是人人欲求，而又不可能人人盡富貴；一方面為境遇所限，一方面，主要的還是本身的某些素質和條件不具備。譬如辦廠或經商，缺乏遠見和果斷，經營管理不善，判斷失誤、信息不暢通，加以道德素質差，不能待人以仁、以信、以誠等等。譬如從政，既不在學問上求精深博大，又不在品德上砥礪、錘鍊下功夫，從而或者有才無德，或者有德無才，甚至無才無德。這樣，別說求富貴，恐怕謀個工作也會困難重重。因此，一個人的是否得富貴，不在「天意」和「命運」，而在人，在本身是否反求諸己，盡其在我。這方面，孔子的啓示是：「富與貴，是人之所欲也，不以其道，得之不處也。」（四·五）而且，作出了崇高的榜樣：「不義而富且貴，於我如浮雲。」是十分值得我們細細地揣摩，深深地領會的。

【備考】

《韓詩外傳》卷一曰：哀公問孔子曰：「有智壽乎？」孔子曰：「然。人有三死而非命也者，自取之也。居處不理，飲食不節，勞過者，病共殺之。居下而好干上，嗜慾無饜，求索不止者，刑共殺之。少以敵衆，弱以侮強，忿不量力者，兵共殺之。故有三死而非命者，自取之也。」（《說苑·雜言篇》文同）

（3）子曰：「五十而知天命。」（節錄二·四）（參閱一·9）

【按】這是孔子一生爲學中，「三十而立，四十而不惑」後所達到的思想境界。這境界是指孔子到了五十歲才掌握了客觀世界的發展規律。何謂「知天命」，是指對人生一切當然的道義與職責，知道應該爲其所當爲，做其所當做，絕不推諉；而義所不當爲，不當做的，則堅決不爲、不做，絕不含糊。這也就是說：一切反求諸己，盡其在我。

只有這樣，才能在遇到困難、挫折、艱危環境下，始終滿懷信心而鎭定自若，處之坦然，表現了光明磊落、大義凜然的態度，做到上不怨天，下不尤人，盡己之忠，恕以待人。也只有這樣，才能那麼堅定地「知其不可而爲之」！才能那麼明確地表示「天下有道，丘不與易也」的態度！

「知天命」，是孔子整個一生認識過程的飛躍。正是這認識上的飛躍，才能在「六十而耳順」後，達到「七十而從心所欲不踰矩」的最高境界——人生學問、修養上無可再進的一個極致的最崇高的境界！

（4）子曰：「莫我知也夫！」子貢曰：「何為其莫知子也？」子

曰：「不怨天，不尤人，下學❶而上達❷，知我者其天乎！」（十四・三七）

【譯文】

孔子說：「沒有人能了解我了吧！」子貢說：「爲什麼沒有人能了解您老師呢？」孔子說：「我上不怨天，下不責人，只在下處學，學於通人事，然後向上處達，達於知天命。了解我的，大概只有天了吧！」

【注釋】

❶下學：指下處學於通人事。人事有泰有否，所以不尤人。❷上達：指上達於知天命。天命有窮有通，所以不怨天。

【按】

孔子深知天命有窮有通，人的際遇有幸與不幸，因此，道之不行於世而不怨天，人之不了解我也不尤人。但，這境界並不是一般人所完全能理解，因而不免發此「莫我知也夫！」之嘆。其實呢，這是孔子「下學而上達」，學於通人事，達於知天命，對人生一切道義和職責，反諸己，盡其在我所達到的一種境界。這境界是知天命越通達，越是無怨無尤越坦然，循此漸進直至於無人能知，只有天獨知這境界。

因此，「知我者其天乎」之嘆，非孔子意欲自擬於天，而是效法天所昭示於人的，所謂「高而且明，大而能容，公而無私，誠而能化，行健不息，剛毅中和，生生不已」（陳立夫：《四書道貫》第七九頁）的精神，是孔子的極端自信，是孔子學問修養所達到的一種崇高境界，亦且是孔子在人際關係中，所以竭盡忠心，盡其在我的原因所在。

（5）子曰：「予欲無言。」子貢曰：「子如不言，則小子何述焉？」子曰：「天何言哉？四時行焉，百物生焉，天何言哉！」（十七·一九）

【譯文】

孔子說：「我不想再說話了。」子貢說：「您老師如果不再說話，那我們這些弟子傳述什麼呢？」孔子說：「天說過什麼呢？春夏秋冬四季照樣在運行，百物照樣在生長，天說過什麼呢？」

【按】

本則「天何言哉」，有謂指自然的天。意即：自然的天雖然默默無言，不爲人所見，不爲人所知；但，它「四時行焉，百物生焉」，始終是日復一日，年復一年，春夏秋冬、周而復始、有序地運行著，既不爲人的意志所轉移，也不以人的願望而改變。這就是說：它有它自身的固有規律，它按照它的自身規律永恆地運行著，任誰違反了，都將受到大自然的無情的懲罰。如鼠目寸光者的毀林造田，最終必然是由水土流失而引來山洪爆發，不但毀壞了營造的農田，而且必將在付出慘重代價後，才會逐漸認識這客觀規律；圍湖造田等的後果亦復如此，至於因局部的短期利益而人爲的、進行大規模的破壞生態平衡，則受到的懲罰將更殘酷，付出的代價也更慘重，不僅是局部，而是整個人類都將蒙受災難了！

這是自然之天的規律，只是客觀世界規律的一個方面，孔子稱之爲「天命」，是「五十而知天命」，才認識並掌握了這客觀世界的規律的。

不過，本則「天何言哉」，原是就「予欲無言」而說，因此，還應該有另一番深意在。即：雖然孔子不想再說話，但「吾無隱乎爾！吾無行而不與二三子者，是丘也。」（參閱一・45）是說孔子爲人光明磊落，坦蕩無私，平日的一舉一動，都是言行一致，表裏如一，沒有哪一行爲不是和弟子們在一起，不是爲弟子們所熟識、所深知。可以說：孔子本就無需隱，亦無所隱，雖無言而行則更篤實、更光輝，更有啓示作用！這同「天何言哉」一樣：雖然天默默無言，但它昭示人們，「四時行焉，百物生焉」，照樣春夏秋冬四時交替運行，照樣百物孳生、繁衍，可以說，行比無言更加有聲有色，更加豐富多彩，普施恩澤。

因此，孔子發此「予欲無言」之嘆，意在提醒弟子：不要好高騖遠，儘在言語上求高求深，亦不要徒以言語求道問學，僅僅重在言語傳道之功，而忽於德行教化之效。孔子以此啓示弟子在某種情況下，「默而不語」的態度，諸如一舉手、一投足，或者眼神示意、動作表情等等，其實都是身傳言教的方式和手段，可能更會達到意料之外的教化效果。

(6) 公伯寮❶愬❷子路於季孫。子服景伯❸以告，曰：「夫子固有惑於公伯寮，吾力猶能肆❹諸市朝❺。」子曰：「道之將行也與，命也，道之將廢也與，命也。公伯寮其如命何？」(十四·三八)

【譯文】

公伯寮在季孫面前說子路的壞話。子服景伯把這事告訴了孔子，說：「季孫聽了公伯寮說的壞話，已對子路有疑惑。但我的力量還能夠使季孫氏殺了公伯寮，把他陳屍於街道示衆。」孔子說：「道如果能實現，這是天命；道如果要廢棄，這也是天命。公伯寮對天命又能如何呢？」

【注釋】

❶公伯寮：有說亦孔子學生。參閱後附「孔子弟子簡介」。　❷愬：進讒言、毀謗。　❸子服景伯：子服氏。景，謚。伯，字。是魯國大夫服何。　❹肆：殺其人而陳其屍。　❺市朝：街市。

【按】

「公伯寮其如命何？」這是孔子對公伯寮毀謗子路一事所表示的嚴肅而又蔑視的態度。意思是說，公伯寮這樣做是徒勞的：「道之將行也」與「道之將廢也」，都是天命，他又能怎樣呢？如果「道將行」，那麼，他的毀謗不管是否得逞，都絲毫無損於道，道亦不會因爲他的毀謗而不行，因爲這是命。如果「道將廢」，那是因爲道本身存在著「廢」的因素，他有沒有毀謗都一個樣：道不會因爲他的毀謗而廢，也不會因爲他沒有毀謗而不廢。因爲這也是命。總之，道行道廢，都不會以他的是否毀謗爲轉移。

這既是對公伯寮的公開警告，又是對子路的安撫慰勉；同時，也對子服景伯表示了孔子的坦蕩胸懷，和對道的堅定不移的信念。

正是對道的堅定不移的信念，孔子對「道之不行」，雖然「已知之矣」，但始終是盡一切努力「知其不可而爲之」，把個人的艱難困厄置之度外，因爲這是義之所在。

而對「愬子路」一事，儘管子服景伯告以「吾力猶能肆諸市朝」，卽有能力懲治公伯寮，但在孔子看來，則爲義所不可，因而縱使力有所恃，仍然應該可爲而不爲。

孔子認爲：人道之不能、不應違者爲義，天道之不能、無可爭者爲命。義可明辨，命難預知。作爲個人，凡義所不可爲者，卽爲命所不應有。因此，縱使遭遇困厄，時所不濟，運所不轉，亦當以義安命，不怨天，不尤人。這樣，雖不得於命，至少不失於義，做到昂然屹立，俯仰無愧。

孔子兩種不同情況表現的兩種不同態度：一是「知其不可而爲之」，二是「知其可爲而不爲」。前者縱歷經艱難險阻而志益堅，猶一無畏懼地勇往直前；後者卽使有利可圖，有力可爭，且又有子服景伯之可恃，猶堅決不爲，是所謂「不義而富且貴，於我如浮雲」的精神。雖說表現形式相反，而其實質，所展現的高尚情操和浩然正氣則相同。相反相同，兩相襯托，兩相輝映，從而更顯出孔子之所以爲孔子，以及孔子爲人的偉大之處了！

（7）子畏於匡❶，曰：「文王旣沒，文❷不在茲乎！天之將喪斯文也，後死者❸不得與❹於斯文也。天之未喪斯文也，匡人其如予何❺？」（九·五）

【譯文】

孔子在匡地被拘，說：「文王已死，道（指禮樂制度）不就保存在我這裏嗎？如果天意要毀滅這道，也不會使後死者亦得知這道了；如果天意不想毀滅這道，則匡人又能把我怎樣呢？」

【注釋】

❶子畏於匡：孔子離衞去陳，經過匡地。由於陽虎曾殘殺過匡地羣衆，而孔子的相貌又似陽虎，因而圍孔子，拘囚了五天，想殺害孔子。畏：古謂私鬬爲畏。此指拘囚。匡：地名，今河南長垣

縣西南。❷文：指禮樂制度❸後死者：孔子自指。❹與：與聞，得知。❺如予何：奈我何。指能把我怎樣呢？

【按】

本則和下則，都是孔子在經歷最危難時刻，所抒發的「信天知命」的心音，也是在遭遇這樣環境下，借以增強精神力量、鼓舞鬪志的心態表白。

孔子一生勤奮好學，通曉文武周公制訂相傳的禮樂制度，認爲自己推行的仁政德治理想，正是天意所要行於世的「道」，是眞理。否則，「天之將喪斯文也」，他是不可能通曉並掌握這些禮樂制度的，既然「文王既沒，文不在茲乎」，是天意使他掌握、保存了這古文化，這就表明了是天意不想毀滅它，那麼，匡人又能把他怎麼樣呢！

這是孔子信道篤，自知明，對道堅貞不渝的信念，也是堅定的自信，一種滿懷信心的樂天知命的情素，是身處十分危險境遇中表現出的「知窮之有命，知通之有時，臨大難而不懼者，聖人之勇也」的精神境界。

【備考】

《韓詩外傳》卷六曰：孔子行，簡子將殺陽虎，孔子似之，帶甲以圍孔子舍。子路慍怒，奮戰將下，孔子止之。曰：「由，何仁義之寡裕也！夫《詩》《書》之不習，《禮》《樂》之不講，是丘之罪也。若吾非陽虎而以我爲陽虎，則非丘之罪也，命也。我歌，子和！」子路歌，孔子和之，三終而圍罷。

《莊子．秋水篇》曰：孔子遊於匡，宋人圍之數匝，而弦歌不輟。子路入見，曰：「何夫子之娛也？」孔子曰：「來！吾語女。我諱窮久矣，而不免，命也；求通久矣，而不得，時也。當堯舜而天下無窮人，非知得也；當桀紂而天下無通人，非知失也；時勢適然。夫水行不避蛟龍者，漁夫之勇也；陸行不避兕虎者，獵人之勇也；白刃交於前，視死若生者，烈士之勇也；知窮之有命，知通之有時，臨大難而不懼者，聖人之勇也。由處矣！吾命有所制矣。」無幾何，將甲者進辭曰：「以爲陽虎也，故圍之。今非也，請辭而退。」

（8）子曰：「天生德於予，桓魋❶其如予何？」（七．二二）

【譯文】

孔子說：「天生此德在我身上，桓魋又能把我怎樣呢？」

【注釋】

❶桓魋：宋司馬向魋，後又稱桓魋。據《史記》載：孔子離衞去曹時，經過宋國，與弟子習禮大樹下，宋司馬桓魋想殺死孔子，砍掉大樹，孔子於是離去。弟子們催他快走，孔子便說：「天生

德於予，桓魋其如予何？」

【按】

同上則一樣，都是孔子身臨陡變的危急情況下，表現出的堅強自信：一方面思想上藐視它；一方面則在具體上重視它。所以藐視它，是因爲孔子自信極強，自信德雖由個人修養而成，實亦天賦。縱然桓魋能以暴力殺死他之身，亦無能奪去他身上的德，既無能奪去孔子之德，又能把他怎樣呢？

至於在具體上所以重視它，是因爲越是知命，就越要竭盡己力，避免無端受損害。因此，當機立斷，在告弟子以「桓魋其如予何」的同時，馬上作出應變行動，微服離去。

在當時情況下，這種臨陡變而心不亂、不惑，處危境而意沉著、機智的態度，其實，正是孔子處變時所表現的仁者不憂，知者不惑，和「臨大難而不懼的聖人之勇」。

（9）子貢曰：「夫子之文章❶，可得而聞也。夫子之言性❷與天道❸，不可得而聞也。」（五·一二）

【譯文】

子貢說：「老師講授的《詩》、《書》、《禮》、《樂》等，我們是可以經常聽到的；至於老師講人性和天道，我們就難得聽到了。」

【注釋】

❶文章：指《詩》《書》《禮》《樂》。❷性：指人的本性。❸天道：猶云天行，孔子有時稱之曰命。

【按】

孔子言「性」，全部《論語》僅一見，即「性相近，習相遠」（十七·二），而且，也只是責習不責性，認爲人的本性原是相近的，由於後天環境和習慣等的影響而相遠了！言「天道」，亦僅本章一見，天道猶云天行，指天行之道（規律），孔子有時稱之曰命、曰天，或天命。《論語》中，言天十次、十五見；言命六次、八見；言天命二次、三見。應該說，孔子談到「知天知命」，還是比較多的；而「性與天道」就始終未加闡明，亦不深言。因此，其中精義究竟所指爲何，實在一無所知，而天與命如何相繫相合，心和性如何相通相達，以及何者爲重，何者爲輕等等，也都語焉不詳。這就難怪乎子貢要發「夫子之言性與天道，不可得而聞也」之嘆了！

正由於「不可得而聞也」，孔子死後，對性與天道的蘊義，後儒見仁見智，就各有所發揮了。如墨翟、莊周多言「天」，強調「道法自然」，孟軻、荀卿則昌言「性」。對「性」，又各有所重：孟子創「性善說」，荀子卻立「性惡論」與之相對。前者認爲人性本來就是善的，所謂「人性之善也，猶水之就下也，人無有不善，水無有不下」，「仁、義、禮、智，非由外鑠我也（不是外來的作用），我固有之也」（《孟子．告子上》），是說這些美德都是天賦給人的本性。後者則認爲人的本性都有「好利、好聲色」等情慾，所以「從人之性，順人之情，必出於爭奪……而歸於暴。故必將有師法之化，禮義之道……而歸於治。」

這樣，由此而引發思想界的爭辯，歷二千幾百年仍無能得到共識，也無能探求其精義之所在，孔子思想之深遠亦可略見。

（10）顏回死，子曰：「噫！天喪予！天喪予！」（十一．八）

【譯文】

顏回死了，孔子嘆道：「唉！天要亡我，天要亡我！」

【按】

下面幾則，都是孔子發自深心的、對天的呼喊。

天，在我們民族，是人們心目中的宗教信仰，也是人們宗教感情的一種寄托。特別是在遭遇意外變故，人們受到極大刺激，心理失控，無法平衡時，常常身不由己地呼喊出：「天呀！」「我的蒼天！老天爺！」等等，藉以減輕心靈上的重負荷，得到一點精神上的慰藉。

譬如：當自己的親人、知心朋友、尊敬的老師、或者得意的弟子，際遇不測風雲的天災人禍，慘遭意外，悲痛之極，感情無法宣洩時；當蒙受莫大寃屈，滿腔悲憤，又無處申訴時；當身處逆境，孤立無援，瀕臨絕望時；當蒙垢受辱，或者被人玷汚，最需要人們理解、信任，卻反遭諷刺挖苦時；當……等等，也卽在最困難、最痛苦、最震驚，心靈創傷最需同情、聲援、支持時，都會從深心呼喊出：天！

本則，以顏淵的賢德，和「聞一以知十」的聰明才智而贏得孔子如此喜愛的人，竟不幸於不惑之年的四十歲，正是風華正茂的大好年華時，就被貧病奪去了生命、夭折了！孔子怎麼會不悲慟？悲慟中又怎麼會不喊出「天喪予！天喪予！」這無限哀痛的心音？

這是對最器重、最喜愛的弟子不幸夭折所表示的最悲切的哀傷！也是對道之無傳人所表示的最深沉的悲痛！更是對「天」的有眼無珠所表示的最強烈的憤慨！

(11) 伯牛有疾，子問之，自牖❶執其手，曰：「亡之，命矣夫！斯人也，而有斯疾也！斯人也，而有斯疾也！❷」（六・八）

【譯文】

伯牛有病，很重。孔子去探問他，從南窗外握他的手，和他永訣。孔子說：「要死了，難道這也是命嗎！這樣的人，竟會有這樣的病！這樣的人，竟會有這樣的病！」

【注釋】

❶牖：窗戶。❷斯：指伯牛。後一「斯」，指其癩病，即今之痲瘋病。

【按】

本則，孔子對伯牛發自深心的「命矣夫」的呼喊：一方面，表示了師弟子間的深厚情誼；一方面，同樣也是對「天」所表示的無限怨憤，意即，像伯牛這樣有賢德的人，竟不幸而得這樣的病，而病又無能救治！難道這應該是他的「命」？如果這也是「命」，那麼，老天實在是太不公道了！「惡人命百歲，好人命不長」，這算是什麼世道呢！

（12）子見南子❶，子路不說。夫子矢❷之曰：「予所否❸者，天厭❹之！天厭之！」（六·二六）

【譯文】

孔子去見南子，子路不高興。孔子指天發誓說：「如果我做了不合禮的事，天厭棄我吧！天厭棄我吧！」

【注釋】

❶南子：衞靈公夫人，當時她把持朝政，有淫行，名聲不好聽。❷矢：同「誓」。❸否：指不合乎禮。❹厭：指厭棄、棄絕。

【按】

「天厭之！天厭之！」是孔子以指天發誓方式表示自己的心迹。意即：自己絕對沒有不合乎禮的行爲；如果有，天會厭棄我的。

這是在受到子路的懷疑和不滿，卻又不便直言詳告的特殊情況下，自然而然流露出的對天的呼喊，藉以使子路釋疑，並取得他的理解和信任。其實，「見南子」一事，在當時既爲不得已；而作此誓言，亦爲情急之中，情不能自已！

蓋當時，南子是衞靈公夫人，國人稱之曰「小君」，是一個把持朝政、炙手可熱的人物，只是作風問題名聲不大好。因此，子路對此事不滿，認爲這樣做，有背於老師平時教誨的爲人準則，亦有損於老師的崇高威望。可是，按照古禮：「仕於其國有見其小君之禮；而且在其國，不非其大夫，自更不能非其小君」。正是在這樣的不能不見，不得不見的歷史背景下，孔子認爲：南子縱有不善行爲，那是她個人的事，我不能因此而違禮不見；問題的爲難處是，對子路的不理解，又不便於直言詳告，因詳告之必定要涉及南子，這為禮所不容。因此，就在這萬般無奈的焦急之情中，孔子以指天發誓方式表明心迹，可謂婉轉其辭，用心良苦。一旦子路思而自通時，想來他除深感唐突而不安外，必定會對老師的爲人更加崇敬不已！

（13）子疾病，子路使門人為臣❶。病間❷，曰：「久矣哉！由之行詐❸也！無臣而為有臣，吾誰欺？欺天乎？且予與其死於臣之手也，無寧死於二三子之手乎？且予縱不得大葬❹，予死於道路乎？」（九・一一）

【譯文】

孔子病重，子路派老師的弟子作家臣來料理喪事。孔子的病減輕了後，知道了這事，說：「仲由做這件行詐道的事，很久了吧！我沒有家臣，卻要裝作有家臣，這將欺騙誰呢？難道要欺騙天嗎？而且，我與其死在家臣們手裏，還不如寧願死在你們學生們的手裏更好嗎？而況，我縱然不得用大夫的葬禮，難道我會死在道路上，沒有人來葬我嗎？」

【注釋】

❶子路使門人爲臣：孔子曾做過大夫，故子路想以大夫禮安葬孔子；但當時孔子已退位，按古禮

不能以大夫禮喪葬。臣：此指家臣，大夫家才有家臣。❷間：間隙。此指病情減輕。❸詐：專指此事。❹大葬：指大夫的隆重葬禮。

【按】

孔子生平最忌以無爲有，以虛當實，以假作眞。因此，一當病情減輕得知「子路使門人爲臣……無臣而爲有臣」時，很自然會生極大的氣，對子路進行嚴厲地指責：「吾誰欺？欺天乎？」

天是人們心靈上的宗教信仰。孔子認爲一個人的所作所爲，應該是冥冥中若有天在看著那樣：任何不道德的行爲，首先是對天的不道德，是誰也欺瞞不了的。這就要求人們自覺地做到去惡從善，去僞存眞，棄虛爲實，不以無爲有。因此，就某種意義說：這裏指的「天」，有如人們口語中常說的「良心」——人們的眼睛。意卽要像有千千萬萬雙眼睛都在看著自己那樣，接受「良心」的約束和監督，不去幹那騙人、損人、坑人的不道德行爲。

其實，這也正如《中庸》所說的「戒愼乎其所不睹，恐懼乎其所不聞。莫見於隱，莫顯乎微，故君子愼其獨也」，亦卽「愼獨」，指特別謹愼一人索居獨處環境下的心態、言行舉止，這是立誠的開始，成德的基礎，克己的眞功夫。

這是一個方面。

另一方面，本則所昭示的深一層蘊義，就更值得人們的細味了：爲什麼「予與其死於臣之手也，無寧死於二三子之手乎？」難道說：由「家臣」治喪，不比弟子治喪更顯得濶綽？難道說：由弟子們治喪，倒反比由「家臣」治喪更覺得尊貴？

儘管子路之「使門人爲臣」，是出於對老師的一片由衷的至尊、至敬和至誠，認爲不這樣做，就顯不出老師的光輝，也無以報答老師教誨的深恩。但，當時，子路和諸弟子並不知孔子心之所重，重在能有弟子治喪，不重在能有家臣治喪；孔子之道的所貴，貴在能有衆多門弟子明道、傳道、行道，而不貴在有家臣總管家事；孔子個人的可尊，尊在開創師道爲千秋萬代育人，而不在曾經身爲大夫。

因此，經孔子發此一問，對當時爲老師治喪，還沒有禮可以依據的情況下，倒是一個極大的啓示：弟子爲老師治喪，應該比由家臣治喪，更顯得具有殊榮；老師開創的師道之可尊貴，亦應該比做一個大夫從政的區區政績更可尊貴，更值得稱頌。

無疑，這爲孔子死後，弟子心喪三年，無禮起禮開創了一個先例；也更爲後世尊師重教的優良傳統，帶來了巨大而深遠的影響。

(14) 王孫賈❶問曰：「『與其媚於奧，寧媚於灶❷』，何謂也？」

子曰：「不然。獲罪於天，無所禱也。」（三・一三）

【譯文】

王孫賈問道：「俗話說的『與其奉承奧神，還不如討好灶神』，這是什麼意思呀？」孔子說：「不是這樣的。如果得罪了天，就沒有什麼地方可以禱告了！」

【注釋】

❶王孫賈：衞國大夫。❷與其媚於奧二句：意思是與其奉承地位尊貴的人，還不如討好地位低而有實權的人。奧：屋的西南角，古人認為那裏有神。此指奧神。灶：指灶神。地位雖低，但傳說中，它可以「上天言好事，下地保平安」，指能通天。

【按】

本則，王孫賈藉俗語而問，問者有意；孔子所答，答亦有心，語意雙關。

俗語的意思是明白無誤的：與其奉承、討好地位高的人，還不如巴結、討好地位低，但卻是直接經辦、有實權的人。這觀點，在現實中，不僅大有其人，而且很有市場、吸引力。

就問者王孫賈之意，可能對孔子專謁衞君，「見南子」，或者與近倖、權臣打交道，走上層路線，內心略有微言，因而告以「寧媚於灶」，即，還不如跟外朝用事大夫多來往，燒燒香更好些。

孔子所答，卻是正面的，而且一統而言，都概括進去了：「不然。獲罪於天，無所禱也。」

意即：如果沒有做壞事，也不想做壞事，那麼，奧神也罷，灶神也罷，對誰也用不著奉承、討好！而如果已經做了壞事，則奉承、討好誰都沒有用！這也就是說：只要我按理行事，坦然無私，對人無所求，就無需對誰求媚。對衞君尚且如此，無意於背理求媚，又何論其他！「獲罪於天，無所禱也」，語意雙關，蘊涵又極深遠，眞可說是一身耿介，正氣岸然！

二、問事鬼神

(15) 季路問事鬼神。子曰：「未能事人，焉能事鬼？」「敢問死？」曰：「未知生，焉知死？」(十一・一二)

【譯文】

子路問如何事奉鬼神。孔子說：「活人還未能事奉好，怎麼能夠事奉鬼神呢？」子路又說：「我大膽地請問死是怎麼一回事？」孔子說：「還不知道如何生，又怎麼能夠知道所以死？」

【按】

人死後有知無知？有鬼無鬼？如何事奉鬼神等等，都是虛無飄渺，茫然不可知的事情，也都是難於回答，無法回答的問題。

本則，孔子所答，幽默、雋永、含蓄，既富哲理，又發人深思，廸人智慧，可謂百思不厭，意味無窮。

「未能事人，焉能事鬼？」是說：「天道遠，人道邇」，近在咫尺的人際關係尚且沒有事奉好，何必要去了解遙遠的事奉鬼神的事呢？還是現實一點，先盡人事，搞好人際關係，再去探討如何事奉鬼神，也不爲遲。所謂「近者不達，焉知瀛海？故無補於用者，君子不爲；無益於治者，君子不由。」（《鹽鐵論・論鄒》）孔子對鬼神所持的態度，雖說從表面上看，是：既不否定鬼神的存在，也不認爲它能禍福人事，左右人的命運，即：既不肯定其無，也不肯定其有。但從語氣上細加體會，孔子成竹在胸，基本上還是持無神論觀點，不認爲存在鬼神的。

「未知生，焉知死？」同樣是說：「天道遠，人道邇」，近在身邊，即人活著時，尚且不懂得如何生，活得人不像人，又何必要去懂得遙遠的所以死的事？譬如，芸芸衆生中：有稀裏糊塗，醉生夢死的；有吝財如命，拔一毛而利天下不爲的；有賣身求榮，寡廉鮮恥的；有道德敗壞，胡作非爲，徒具人的軀殼的；有依仗權勢，欺壓良善的；有貪贓枉法，身敗名裂的……等等。生且不知如何生，又何能知其所以死？因此，還是現實一點，先探求活著如何昂首闊步人生，做一個頂天立地、俯仰無愧的眞正的人。這樣，到死後去體會人死後究竟有知無知，也不爲遲。

其實，死後究竟有知還是無知，正如孔子回答子貢問「死人有知無知也」時所說：「吾欲言死者有知也，恐孝子順孫妨生以送死也。欲言無知，恐不孝子孫棄不葬也。賜欲知死人有知將無知也，死徐自知之，猶未晚也。」（《說苑・辨物》）意卽：不必急於探知這問題，將來自己死了，自然知道。

只是這「死徐自知之」，縱然知道了，除了死者，又有誰能知道呢？因此，這無異暗示人死後無知，亦不存在鬼；也無異把心中無神論的底蘊隱隱約約表露出來了。

這樣回答的更深一層意義是，在孔子看來：離開現實去探求、思考無法確定的問題則是無益的、非理性的，也是愚蠢的；還不如把注意力集中到有現實意義的問題，諸如怎樣使人人活得有意義、有價值等等，更合適、更有益。

這種旣是現實主義，又是理性主義的態度：不僅在當時歷史條件下極爲難能可貴，卽在長期封建社會，對人民破除鬼神迷信方面，也是影響深遠，起著極大促進作用的；而今天，雖說時代跨越了二十幾個世紀，但是鬼神迷信的某些方面，也包括算命、風水等，有的依舊，有的沉渣浮起，正在蔓延，因此，對照看看二千五百年前孔子對這問題的觀點，該不是無益的吧！

（16）樊遲問知。子曰：「務民之義，敬鬼神而遠之，可謂知矣。」

（節錄六・二〇）（參閱七・38）

【譯文】

樊遲問怎樣算是知。孔子說：「專心一意用力於人道上做得合宜，對鬼神則敬而遠之，這可算是知了。」

【按】

從政者如能「務民以義」，做到一切以老百姓的利益爲利益，專心一意用力於人道上做得合宜，那麼，就一定「敬鬼神而遠之」，既能敬鬼神，亦能遠鬼神。所謂「敬鬼神」，是因爲「民，神之主也」（《左傳》），亦卽所以敬民；所謂「遠鬼神」，是指鬼神終究爲天道之事，「天道遠」，實非從政者的當務之急，而「人道邇」，就應該以民意爲先，做到「務民之義」。這是孔子排除向宗教迷信（鬼神）尋求道德依據而表現的理性主義態度，也是孔子反映時代要求，以人爲本反對以神爲本的進步思想。

(17) 祭如在，祭神如神在。子曰：「吾不與祭，如不祭。」（三·一二）

【譯文】

孔子在祭祀祖先時，就好像眞有祖先在受祭，祭神時，就好像眞有神在受祭。孔子說：「我如不能參加祭祀，縱然有別人代祭，也就像不祭一樣。」

【按】

本則，「祭如在，祭神如神在」：一方面是弟子記孔子平時參加祭祀時所表現的情態，心至誠，意至敬，好像眞有祖先和神在受祭一樣；另一方面，也是孔子含蓄地表達了他希望人們祭祀時持虔誠、恭敬的態度。

從前者的表現中，可以進一步理解到孔子所說的「吾不與祭，如不祭」的意義。就是說：孔子固然重視祭祀，但尤其重視祭者在臨祭時所表示的那虔誠恭敬的心情意態。因此，如果不親自臨祭，也就無從表達自己的至誠、至敬、至思、至念的情意，縱使有別人代祭，有隆重的祭祀儀禮，也等於是不祭。

從後者含蓄的願望中，也可以退一步覺到：祭祀原是爲了表達生者的思念和愛敬之情，重在活著人的態度，而不是死者的有知還是無知。因此，沒有明白告語，而又以「如在」的設喩方式來表述，這是爲什麼呢？此其一。

二、「祭如在，祭神如神在」，如果是隨口而語，那麼，這只是藉以突出並強調生者應持的虔誠態度；而如果二個「如」字，所喩是「言在此，意在彼」，那麼，這就別有一番蘊涵在心頭，值得人們細細品味了！

因爲，死後無論爲鬼爲神，皆在天際；生者不管賢與不肖，均在人間：天際人間，兩難相通。因此，臨祭時，祖先和神都不可能在。這一點，孔子心中亮堂堂，是完全清楚的。正是這原因，孔子從來不說人死後有知有鬼，而直言無知無鬼，這在當時的社會歷史條件下，不但言之無益，而且會涉及祭祀，被視爲等於否定祭祀。這是孔子所不願意，亦是時代所不允許的。因此，用「如在」，好像祖先和神眞的是端端正正坐在跟前受祭一樣，要抱虔誠、恭敬的態度。這樣，不知者視之爲明智之言，認爲理應如此；知之者譽之爲聖哲之見，心明眼亮；從而更堅定地反對神權、破除迷信。

而孔子則是成竹在胸，把內心認爲人死後無知無鬼的觀點，委婉地以「祭如在，祭神如神在」的方式加以表述。這樣，既表達了希望人們虔誠祭祀的意願，又入情入理地避免了表露這觀點。其實呢，「如在」者，「不在」之謂也，說「好像在」，正表明原是不在，不可能有祖先和神在！（否則，就不能稱之爲「祭如在」）

因此，「如」字之喻，乃是言在此而意在彼，應該說是十分明顯的。也因此，二個「如」字，不但如實地展現了孔子的高度智慧；而且也隱約間透露了那麼一點點無神論的底蘊，可謂妙字神辭，神妙之極！

（18）子曰：「非其鬼❶而祭之，諂也。見義不為，無勇也。」（二·二四）

【譯文】

孔子說：「不是應當祭的鬼而去祭它，這是諂媚。看到合乎義的事，不敢挺身而出，這是懦怯！」

【注釋】

❶鬼：泛指鬼神。此指已死的祖先。

【按】

祭有不當祭而祭，義有當爲而不爲。前者有的愛財，祈求降福，有的懼禍，禱告消災；後者懼禍及己，違心不爲，有的事不關己，高高掛起，當爲不爲。不當祭而祭，是因其有私心，就不能不作嘔心之阿諛、諂媚；見義當爲而不爲，是因其有怯心，也就必然畏縮不前，懼而不爲。二者皆由人心之不仁而來。前者君子不爲，後者君子恥其不爲。

(19) 子疾❶病❷，子路請禱。子曰：「有諸？」子路對曰：「有之。誄❸曰：『禱爾於上下神祇❹。』」子曰：「丘之禱久矣。」(七・三四)

【譯文】

孔子病得很重，子路請代禱告。孔子說：「有這事嗎？」子路說：「有的。誄文上說：『為你向天神地祇禱告。』」孔子說：「我自己已禱告很久了。」

【注釋】

❶疾：病。❷病：此作形容詞，指病情加重。❸誄：指向鬼神禱告的文章。❹上下神祇：天神地祇。上下：指天地。神屬天，祇屬地。

【按】

對子路請禱一事，孔子沒有明言鬼神之有無，亦沒有批評他的不對，或者直斥之為非理。只是說：「丘之禱久矣」，這倒是十分耐人尋味的一句話。

一方面，孔子是說自己日常的一言一行，無不合乎神明，可以說已經修養到了不怨天，不尤人，「知我者其天乎」的境界。這自然不會「獲罪於天」。上面（14），孔子曾說：「不然。獲罪於天，無所禱也」，是孔子針對王孫賈說的「與其媚於奧，寧媚於灶」，而表現出的一身耿介，浩然正氣。本則「丘之禱久矣」，既然言行無不合乎神明，不會「獲罪於天」，那麼，告子路無須禱之義亦明。這是孔子自信之深。

另一方面，子路之「請禱」，是在孔子病重情況下，出於對老師的一片至情至誠、和至忠的心情，孔子是完全理解的，因而也不忍批評指責。但，如果同意子路之所請，則無異默認自己是想求活命而去禱告上下神祇庇佑了。這不是孔子的爲人準則，亦非知命的態度，是孔子所堅決不爲的。因此，「丘之禱久矣」，只此一句，就可以了然孔子的自知之明。

前者展現了孔子爲人的高尚風貌，自信言行無不合乎神明；後者理解了子路的態度，既不同意他的所請，也不批評他「請禱」一事的唐突無知，可以說，不但自知極明，而且知弟子極深。

（20）子之所慎：齊❶，戰，疾。（七・一二）

【譯文】

孔子平時小心謹慎的有三件事：齋戒，戰爭，疾病。

【注釋】

❶齊：卽齋戒。古代在祭祀前要沐浴，變食（不飲酒，不吃葷），遷室，以示虔誠，叫齋戒。

【按】

古代祭祀前的齋戒，是指清心寡欲的意思，因此要沐浴、變食、遷室，以示虔誠。這同所有的宗教信仰一樣，都強調「心誠則靈」。認爲只有虔誠，卽心理上的淨化，才會對神明感到心安理得，不覺惶恐；否則，如果齋而不愼，就無以對神明，猶「我不與祭，如不祭」，等於沒有祭。

至於戰爭和疾病：前者命繫衆人的死生，要愼而又愼；後者攸關個人的生死，應注意養生之道。由於兩者都是人所不可預知，而冥冥中又像「死生有命」，因此，就更要謹愼小心地對待，盡人事而爲，做到問心無愧，這也可說是「知命」了！

(21) 子不語怪、力、亂、神。（七・二〇）

【譯文】

孔子平時不談論的有四件事：怪異，暴力，悖亂，神道。

【按】

孔子教育弟子重在教如何爲人，教爲人，尤重在德教。雖說「怪異、暴力、亂倫、神道」四者爲一般人所喜聽樂聞，且聽後常常廣爲聲揚傳播，但無益於進德育人，孔子平時是從不談論的。

四者中，暴力與亂倫，是現實中存在的，孔子堅決地持反對態度；怪異與神道是現實中所沒有，也不容易知道的事，往往由愚昧或迷惑而產生，如果有人自以爲能知而胡說八道，而胡言亂語，那顯然是自欺欺人。

正因爲這樣，孔子平時從來就是：

一、語常不語怪：只談正常的自然現象，而不談什麼山精、水怪、狐妖、鬼怪等等，以避免引起人們的想入非非，陷入迷糊或者思想混亂。其實，有許多自然界現象，並非怪異，本無須驚慌失措、惶恐萬狀的。正如《荀子．天論篇》所說：「夫日月之有蝕，風雨之不時，怪星之黨見，是無而不常有之。上明而政平，則是雖並世起，無傷也；上闇而政險，則是雖無一至者，無益也。」

二、語德不語力：一方面崇尚道德之教，重化；一方面則反對強力、暴力，或恃力而王而霸。如「羿善射，奡蕩舟，俱不得其死然，禹稷躬稼而有天下。」（十四．六）

三、語治不語亂：只談有關爲政，如何治理好國家、平天下之事，而不談有悖倫理的逆倫、亂倫之事，如易內蒸母之類。

四、語人不語神：只談人際間應該如何盡人事、盡己力而爲等，而從不談降神、封仙之類的神怪之事，即連「孔子作《春秋》，不道鬼神」也如此。

總之，在傳道、授業、育人的態度上，孔子是極其謹嚴，一絲不苟的。

第十章　對孔子的評論

下面篇章是社會上人士，特別是隱者和弟子對孔子的評論：隱者基於厭世離羣，多從反面以喻意方式表達，有的讚賞，有的表示惋惜，也有的是譏刺、挖苦，雖言辭不無偏頗之處，但見仁見智，亦從另一個側面反映了孔子的爲人；而弟子則來自切身的體會認識，翔實、眞切、可信，多從正面闡述。兩者所展現，可謂相得益彰，所顯益明。

一、社會人士和隱者的評論

（1）達巷黨人❶曰：「大哉孔子！博學而無所成名。」子聞之，謂門弟子曰：「吾何執？執御乎？執射乎？吾執御矣！」（九・二）

【譯文】

達巷黨的人說：「偉大呀孔子！他學問淵博，無所不能，反沒有一項之長可給他成名了。」孔子聽到這話後，對門弟子說：「我究竟該專心幹哪一項呢？專心幹駕車呢？還是專心幹射箭呢？我想還是專心幹駕車吧！」

【注釋】

❶達巷黨人：有說此達巷黨人卽項橐。項橐又稱大項橐，大項卽達巷之轉音，橐是其名，達巷則以地爲氏。傳說該地之人聰慧不壽如顏回，故古人常以顏項並稱，只是項橐未及孔子之門。達巷：地名。黨：古代五百家爲一黨。

【按】

「大哉孔子！博學而無所成名。」是達巷黨人盛贊孔子學問精深博大：樣樣懂，門門精；不但無所不學，無所不能，而且無所不專，無所不精。正是這樣，反而不能以某一門學問的專長而獨立成名。因此，有謂這蘊涵惋惜之意。

其實，達巷黨人所盛贊的，恰恰是這「無所成名」的偉大之處。因爲就世俗之見：如果某個人對某一門學問精通、有專長，則某個人的某門學問就必然成名；而孔子則不止於某一門學問精通、有專長，且是門門學問都精通，都有專長，就應該門門學問都成名，而現在卻反而「無所成名」。這說明孔子務的是實而不是名。達巷黨人所盛贊的「偉大呀孔子！」也正是指：一、博學。

即門門學問精通、有專長；二、無所成名。這同孔子所說「若聖與仁，則吾豈敢？抑爲之不厭，誨人不倦，則可謂云爾已矣」（七・三三）一樣，正是孔子務其實而不圖其名的自謙態度。

可以說：這是達巷黨人對孔子知之深，敬之誠，因而贊美之亦與衆不同。於此，亦可略知達巷黨人既非尋常的人，此見亦非尋常之見，而是獨具慧眼的人，獨具卓識之見。

正是這樣，孔子聽到後該是一種特別欣慰的感情對門弟子說：「吾何執？執御乎？執射乎？吾執御矣！」實際上，是孔子的戲言趣語，亦是自謙之辭。

（2）儀❶封人❷請見，曰：「君子之至於斯也，吾未嘗不得見也。」從者見之。出，曰：「二三子，何患於喪❸乎？天下之無道也久矣，天將以夫子為木鐸❹。」（三・二四）

【譯文】

衞國儀邑掌管封疆的官員請求會見孔子，說：「凡是有道德的君子到我這地方，我從來沒有不會見的。」孔子的弟子引他進去見孔子。見過後出來，他對孔子的弟子們說：「諸位！你們何必憂慮你們的夫子會失掉官位呢？天下無道久了，天意將把你們的夫子當作木鐸來警醒世人，傳播大道了。」

【注釋】

❶儀：衞國邑名。❷封人：掌管封疆的官員。❸喪：指失掉官位。❹木鐸：鐸：大鈴。金口木舌，故稱木鐸。古時天子發布政教，或宣布什麼要事時，先振木鐸，然後召集宣教。

【按】

這位封疆官員，對每個進出衞國國境的有道德的君子，都要請見，聆聽他們各個的政治主張。這次請見孔子，正是孔子毅然棄大司寇之位，有如棄敝屣那樣，開始漫長的周遊列國之時：一方面，對孔子任魯國大司寇的政治才能和膽識，已有所聞；一方面，也聆聽到孔子遊說列國推行「仁政德治」的理想，因而認爲孔子是一位天意使他宣揚大道於天下的治世賢人，他的政治理想是符合人民意願的。

儀封人的話：「天下之無道也久矣，天將以夫子爲木鐸」，道出了平民百姓的心音和希望，正是人心之所向。

這對孔子來說：既是鼓勵，也是慰勉。

（3）微生畝❶謂孔子曰：「丘！何為是栖栖者與？無乃為佞乎？」

孔子曰：「非敢為佞也，疾❷固❸也。」（十四·三四）

【譯文】

微生畝對孔子說：「丘呀！你爲什麼要這樣栖栖遑遑的？難道眞要像一個佞人，專憑你的口辯，博取別人的信任嗎？」孔子說：「我不敢要做一個專憑口辯的佞人，只是厭惡世間那種執一不通的人而已。」

【注釋】

❶微生畝：姓微生，名畝。或作微生高、尾生畝。大概是一個年高的隱者。❷疾：厭惡 ❸固：指固執，執一不通。亦有作爲世之固陋解。

(4) 子路宿於石門❶。晨門❷曰：「奚自？」子路曰：「自孔氏。」曰：「是知其不可而為之者與？」(十四·四一)

【譯文】

子路在石門外住宿了一夜。第二天黎明即趕進城，守門人問他：「你從哪兒來？」子路說：「從孔子那裏來。」守門人說：「就是那個明明知道做不到，卻偏要做的那個人嗎？」

【注釋】

❶石門：魯國都城的外門。❷晨門：早晚開城門的人，隱者。

【按】

本則，晨門說的「知其不可而爲之」，在某些人看來：這是自尋煩惱，自討苦吃的「傻瓜蛋」；而「知其不可而不爲」，則是「識時務者爲俊傑」，永保安樂，不吃虧的聰明人。

但，在有堅定信念，堅強意志的人看來，恰恰相反：前者是知難而上，迎險而進的英雄好漢，果敢有爲的進取者；而後者則是畏難而退，懼險而逃的懦夫懶漢，貪生怕死的勢利小人。

對同樣的行爲，由於不同的價值觀，從來就有兩種不同的評價尺度：譬如，對破除封建迷信和舊禮教的帶頭人，對推行某項事業改革的先行者，知之者可以稱譽他爲偉大的先驅，革命的先行者，或者時代的號角等等；而不知者，卻視他爲離經叛道，洪水猛獸，或者是荒謬的「唐吉珂德」等等。其逆差竟至於如此巨大，而其顚倒了的是非、黑白，又到了難於想像的地步！

只是縱觀古今中外歷史和現實，舉凡爲人類作出卓越貢獻，成就非凡事業的人，決不是畏難而退的儒夫懶漢，而一定是敢於知難而上，迎險而進的「傻瓜蛋」！

上則，微生畝之譏「丘！何爲是栖栖者與？」對此，不知者一定以爲孔子忙忙碌碌、栖栖遑遑地東奔西走，準是個只會逞口才，憑借花言巧語以求仕進的「官迷」；本則，晨門之言「知其不可而爲之」，不知者也一定以爲孔子是個固執不化，明明知道「道之不行」，還是要硬著頭皮幹到底的「頑固者」！

而知之者，恰恰相反；認爲這正是孔子亟欲推行仁政德治理想，以便改變天下無道的局面，是孔子同情平民百姓，從仁出發的憂國憂民思想的具體展現；也是孔子栖栖遑遑歷十四年奔波，縱使到處碰壁，受盡白眼、譏刺，始終堅持自己信念不動搖，縱使歷盡艱難險阻，幾遭加害，仍然坦然自若的眞實寫照。

可以說：晨門的話說出了孔子一生的志和行，封人的勉勵，表達了孔子的政治理想正是平民百姓的意願和希望，人心的所向；而微生畝的諷言譏語，則從反面和盤托出了孔子爲此而栖栖遑遑，而碌碌奔波的種種磨難，正是要推行他的政治理想。

顯然，「知其不可而爲之」的精神，是對自己的信念，堅守不渝，毫不動搖的精神！是執著地追求理想，勇往直前，百折不撓的樂觀主義精神！是明知「不可」而仍然勇敢「爲之」，不畏艱險，知難而進的精神！

正是這種精神，二千餘年來，哺育並鼓舞、激勵了千千萬萬有志的中華兒女，爲著人民的利益，爲著祖國的命運，爲著自己的偉大理想和信仰，爲著攀登科學高峰……而譜寫出一曲又一曲的震撼人心的凱歌！

這種精神，絕不因爲它有某種歷史局限而可以小覷，亦絕不因爲孔子沒有實現仁政德治的理想而有遜色！

這種精神，不僅過去需要，今天需要，將來，直至人類理想社會的盡頭，也永遠需要！

這種爲著眞理、信仰和理想，「知其不可而爲之」的精神萬歲！

（5）子擊磬❶於衞。有荷❷蕢❸而過孔氏之門者，曰：「有心哉！擊磬乎！」既而曰：「鄙哉！硜硜❹乎！莫己知也，斯己❺而已矣。『深則厲，淺則揭❻。』」子曰：「果❼哉！末❽之難矣。」（十四·四二）

【譯文】

孔子在衞國，一日正在擊磬，有一個挑著草筐的人在孔子門口走過，說：「有心呀！這擊磬的聲音！」過了一回又說：「好鄙俗呀！從硜硜的擊磬聲中，聽得出來好像在說沒有人了解自己，既沒有人了解自己，那就獨善其身，爲你一己罷了。『水深，便把衣裳脫下而過；水淺，就把衣裳提起而過。』」孔子說：「很堅決呀！我沒話可以說服他了！」

【注釋】

❶磬：打擊樂器，用玉或石製成。❷荷：擔負。❸蕢：盛土的草筐。❹硜硜：石聲，堅確的意思。❺斯己：就爲自己。指獨善其身，不必再有意於爲人。❻深則厲淺則揭：引自《詩經·衞風·匏有苦葉》。喻指進退出處應該審時度勢，意在諷刺孔子「知其不可而爲之」的態度。厲：裸，脫下衣裳而過。揭：提起衣裳而過。❼果：果決。❽末：無。

【按】

孔子對己的態度是：「不患人之不己知，患其不能也。」（十四·三二）因此，反求諸己，盡其在我。這是孔子積極入世的態度，始終如一，從未改變。而荷蕢者的態度則是：既然別人不了解你，那麼，「斯己而已矣」！就是說，獨善其身，只顧自己算了，何必要去爲別人操勞、著想呢！言外之意是：你孔子，幹嚒，要那麼瞎起勁去自討苦吃！幹嚒，要熱中於從事政治，爲謀求改變「天下無道」的政治局面而碌碌奔波！幹嚒，別人對天下無道，對政治腐敗所暴露出來的貪贓枉法，爲政不清廉，民不聊生等等現象，都可以睜隻眼、閉隻眼，你就不能也睜隻眼、閉隻眼？「深則厲，淺則揭」，自當適深淺之宜，隨世俗而通權達變，不必拘泥太過。本則是荷蕢者譏孔子不識時務，未免仕進之心過切，鄙俗了！

這，也就從反面陪襯出孔子的爲人：只要認準是對人民有利，合乎義的，就絕無反顧，只求盡其在我，從而表現出「知其不可而爲之」的態度是那麼頑強，那麼執著！眞可謂「困而彌堅，老而彌篤」。

而荷蕢者能從孔子的擊磬聲中，「聞樂而知心」，聽出孔子的心志情態，知其爲非尋常之人，則荷蕢者本人爲一隱士，而且有很高的學問道德修養，亦可以想知了！

（6）楚狂接輿❶歌而過孔子，曰：「鳳❷兮鳳兮！何德之衰！往者

不可諫，來者猶可追。已而已而❸！今之從政者殆❹而！」孔子下，欲與之言。趨而辟❺之，不得與之言。（十八·五）

【譯文】

楚國的狂士接輿歌唱著走過孔子車前，唱道：「鳳凰呀！鳳凰呀！你的德行怎麼會這樣衰敗？過去的事已不能挽回，未來的還來得及改正。算了吧！算了吧！今天那些從政的人太危險了，怎能和他們共有作爲呢！」孔子走下車，想和他說話。接輿趕快躲避走開，未能和他說話。

【注釋】

❶接輿：楚國的賢者，佯狂避世而隱。❷鳳：鳳凰，古代傳說中的神鳥。世有道則見，無道則隱。接輿以鳳比孔子，認爲世無道而不能隱，爲德衰，表示惋惜。❸已而：罷了。已，止。而，語氣詞。❹殆：危險。❺辟：同「避」。

【按】

這是佯狂避世的隱者，用高歌方式喻孔子在天下無道之世，出來奔波遊說，本身就是一種不幸和悲哀：「鳳兮鳳兮！何德之衰？」既蘊涵了對孔子的無限尊敬，也流露了對統治者的無比憤慨；同時，更對孔子生不逢時，徒勞的碌碌奔波表示了無限惋惜。

「已而！已而！今之從政者殆而！」

看來，賢者身受「無道者」的迫害、肆虐，其慘痛的經歷，已無法從心頭上抹去；看來，對統治者也是看透、看絕，再也不寄予任何希望了。因此，對孔子的婉勸，可以說，正是發自肺腑的由衷之言：算了吧！算了吧！當今這班從政的人，都是一些不可救藥的、無所作爲的「混蛋」！

「來者猶可追」，還是及時地隱退下來，並不爲遲。

語氣是那麼堅定，那麼懇切，眞可說是：情悽悽，意也切切；憾深深，恨也綿綿！

這，更從一個側面說明：孔子棲棲遑遑的碌碌奔波，並非爲個人的榮祿富貴，而是爲推行仁政德治，造福於老百姓；孔子之所以「知其不可而爲之」，並非是個人的固而不化，而是他從仁出發，認爲：天下無不可爲之事，他亦無可逃之義；世不可爲是天意，他之不可不爲也是天意。因此，一切反求諸己，盡其在我。

這是孔子「五十而知天命」的思想境界所決定的！

(7) 長沮、桀溺❶耦而耕❷，孔子過之，使子路問津❸焉。長沮曰：「夫執輿❹者為誰？」子路曰：「為孔丘。」曰：「是魯孔丘與？」曰：「是也。」曰：「是知津❺矣。」問於桀溺。桀溺曰：「子為誰？」

曰：「為仲由。」曰：「是魯孔丘之徒與？」對曰：「然。」曰：「滔滔⑥者，天下皆是也，而誰以⑦易之？且而⑧與其從辟人之士也，豈若從辟世之士⑨哉！」耰⑩而不輟⑪。子路行以告。夫子憮然曰：「鳥獸不可與同羣，吾非斯人⑫之徒與而誰與？天下有道，丘不與易也。」（十八・六）

【譯文】

長沮、桀溺兩人並肩在田裏耕種。孔子經過那裏，叫子路去問渡口在哪裏？長沮說：「那個在車上執馬繮繩的是誰？」子路說：「是孔丘。」長沮說：「就是魯國的孔丘嗎？」子路說：「是的。」長沮說：「那他應該知道渡口在哪裏了。」子路再問桀溺。桀溺說：「你是誰？」子路說：「是仲由。」桀溺說：「是那魯國孔丘的門徒嗎？」子路說：「是的。」桀溺說：「你看那水流滔滔，遍天下都是一樣亂糟糟的，和誰來改變它呢？而且你，與其跟從那逃避壞人之士，還不如跟從我們這些避世隱居之士呀！」一邊說，一邊不停地耙田。子路走回來告訴孔子。孔子悵然若失地說：「鳥獸是不能和他同住在一起的，我不和那天下人同羣打交道，又和誰去打交道呢？如果天下有道，政治清明，我也不來和他們參與變革了！」

【注釋】

❶長沮、桀溺：指兩個隱士，姓名不傳。沮：沮洳，指泥沼。桀，同「傑」，指魁梧的意思。溺，指浸在水中。前者頎然而長，後者魁梧而健。❷耦而耕：兩人並肩而耕。❸津：渡口。❹執輿：執轡在手。本是子路駕車執轡，因下車問路，故由孔子代替。❺知津：指孔子周遊列國，應該知津，此語意雙關。❻滔滔：喻社會紛亂，天下烏鴉一般黑。❼以：與。❽而：同「爾」，指子路。❾辟世之士：指逃避現實的隱士，兩人自指。上句辟世之人，指子路。❿耰：覆蓋種子。⓫輟：停止。⓬斯人：指世人。

【按】

這是兩種不同人生觀所表現出的兩種不同的處世態度：長沮、桀溺這類避世而居的隱士認爲：「滔滔者，天下皆是也，而誰以易之」。是說，天下無道，政治不清明，可謂亂糟糟的、一世皆濁，天下烏鴉一般黑！誰來改變它？又誰能改變它呢？

孔子則完全相反：「天下有道，丘不與易也。」是說，正因爲天下無道，所以就要挺身而出，義不容辭地去改變它。態度明朗、堅決，滿懷豪情和自信。

前者懦怯、消極、悲觀，主張「天下無道則隱」，是一種無益於人民的、遁世的人生態度；後者勇敢、積極、樂觀，認爲越是天下無道，越應該堅定不移地與天下人同羣，去拯救水火中的老百姓，是一種有益於人民的、濟世的人生態度。

這也說明了：孔子推行仁政德治的政治理想，是畢生爲之奮鬥，終身不渝的，縱歷經艱難險阻，也始終不動搖，勇往直前的。孔子不忍人民處於天下無道中，也不認爲天下會永遠處於「無道」中，因而應該改變它。而要改變它，如果都隱居山林，只與鳥獸同羣，如果都明哲保身，不顧付出代價，作出自我犧牲，又如何去改變這天下無道的政治局面呢？「天下有道，丘不與易也」，語雖悵然若失，但鏗鏘有聲，堅決果敢，展現了孔子與「天下無道」誓不兩立的豪邁氣概！

兩種不同人生觀的兩種不同處世態度；誰昂首濶步人生？誰岸然骨立無愧人生？誰値得歌頌、贊美？應該說：是不待言而自明的吧！

（8）子路從而後，遇丈人❶，以杖荷蓧❷。子路問曰：「子見夫子乎？」丈人曰：「四體不勤，五穀不分，孰為夫子？」植其杖而芸❸。子路拱而立。止子路，殺鷄為黍而食之，見其二子焉❹。明日，子路行，以告。子曰：「隱者也。」使子路反見之。至，則行矣。子路曰：「不仕無義，長幼之節，不可廢也。君臣之義，如之何其廢之？欲潔其身而亂大倫❺。君子之仕也，行其義也。道之不行，已知之矣。」（十八・七）

【譯文】

子路跟從孔子，一次，落在後面，遇見一位老者，用拐杖挑著芸田的工具。子路問道：「你看見我的老師嗎？」老者說：「四肢不勞動，五穀分不清，知道哪個是你老師？」說罷，老者把拐杖插好就俯下身除草去了。子路拱手站在一旁。老者留子路在家裏住宿，殺了鷄，煮了黍米飯款待子路，還叫二個兒子出來相見。第二天，子路趕上孔子，告訴了這事情。孔子說：「這是一個有道德的隱士呀！」叫子路再回去見他。子路到他家，老者已出去，就和他的二個兒子說：「一個人不出仕，是不義的呀！長幼之間的禮節，也知道不能廢棄，那麼，君臣的大義又怎麼可以廢棄呢？爲了潔身自好，而把君臣的大倫弄亂了。君子所以要出仕，也只是想盡一點本分的義務罷了。至於道的不能實現，我們也早就知道了！」

【注釋】

❶丈人：老者。❷蓧：竹器，古代除草用的工具。❸芸：同「耘」，除草。❹見其二子焉：就是長幼之節不廢的表現。❺大倫：最大的倫常。朱熹說：人之大倫有五：父子有親，君臣有義，夫婦有別，長幼有序，朋友有信。

【按】

明明「道之不行，已知之矣」，而孔子仍然叫子路再回去拜見老者，曉以「君子之仕也，行其義也」的大義，告訴他：「出仕」並非爲了利祿富貴，而是把躬行大道作爲自己的責任，應該「我盡我義」；而且，即使作爲羣體中的一分子來說，賢者亦應該盡自己一份職責，出來爲羣衆做點事。如果說：在天下無道，一世皆濁的社會環境下，賢者為了潔身自好，都想逃避現實，遁世而隱居山林與鳥獸同羣，那麼，「小人道長」而不與之鬪，又何時得消？這樣，君臣之大倫又豈有不亂？

孔子委婉地曉以出仕濟世，也可謂用心良苦！

二、弟子的評論

(9) 顏淵喟然嘆曰：「仰之彌高，鑽之彌堅，瞻之在前，忽焉在後。夫子循循❶然善誘人，博我以文，約我以禮。欲罷不能，既竭吾才，如有所立卓爾❷，雖欲從之，末❸由❹也已。」(九·一〇)

【譯文】

顏淵嘆息著說：「老師的學問道德及其為人，我仰望它，愈望愈高；我鑽研它，愈鑽愈堅；一忽兒看它像在前面，一忽兒又覺得在後面。老師善於有次序地誘導我，先用文獻典籍來豐富我的知識，又以禮的實踐來約束我，使我欲罷不能。我已竭盡我的才智，但仍然見到它矗立在前面，高峻卓絕，縱然我想再向前追從，卻感到無路可從了！」

【注釋】

❶循循：有次序的樣子。❷卓爾：高峻卓絕的意思。❸末：無，沒有。❹由：途徑，路。

【按】

顏淵聰明過人，勤奮好學，尤長於深思，不但學問精深淵博，深得孔子之道的精華，而且「不遷怒，不貳過，無伐善，無施勞」，德行超羣，是孔子最喜愛，也是最得意的弟子。

本則就是他學習孔子之道的深刻體會和認識。他從切身的學習和實踐的感受中，深深覺得孔子之道和為人，有如聳入雲際的高山：仰望它，愈望愈高，高不可攀；鑽研它，愈鑽愈堅，堅不可入。又恍如飄渺的仙境：看似遠，卻是近，看若近，又在遠；一忽兒像在前面，一忽兒卻又在後面，吃不準，摸不透，難於掌握。這就是說：孔子之道及其為人，實在太崇高、太偉大了！縱然自己竭盡才智，悉心鑽研，努力攀登，猶感恍恍惚惚，無從捉摸；而孔子之善於一步步啓發誘導以「博文約禮」，就更使自己欲罷不能，「雖欲從之，末由也已」，如下面（14）子貢所說「猶天之不可階而升也」那樣，簡直是高不可及，亦即所謂「高山仰止」，心所嚮往，而力不能至的心情。

一方面，這是顏淵對孔子為人的道德學問、信仰理想，以及胸懷、氣度、人格、情操等的高度贊頌，亦是對孔子循循然善誘人的「博文約禮」之教的由衷贊美；一方面，也是對孔子之道的高不可及表示了「雖欲從之，末由也已」的感嘆：前者發自肺腑的心悅誠服之情，可謂溢於言表；後者表露於外的兢兢業業之勉，亦可謂展現無餘。

其實，精讀《論語》，細加思索、玩味，愼爲揣摩、體會，孔子之道雖高深不可及，實亦平易而近人。概要而言：入情入理，至情至理；既「博之以文」，又「約之以禮」；心則存仁，行則以義爲上；光明磊落，坦蕩無私，正如孔子所說「吾無行而不與二三子者，是丘也。」（七·二三）這樣，無論爲人處事、從政、施教，以及人際間的交往相處等等，自然也都會處於平易近人的境界之中——當然，於平易近人之中，仍然有其高深不可及之處，這就有待於各人的學問修養之功了！

（10）子禽問於子貢曰：「夫子至於是邦也，必聞其政，求之與？抑與之❶與？」子貢曰：「夫子溫、良、恭、儉、讓以得之。夫子之求之也，其諸異乎人之求之與？」（一·一〇）

【譯文】

子禽向子貢問道：「老師每到一個國家，就一定預聞這個國家的政事，是他有心求到的呢？

還是國君主動告訴他的呢？」子貢說：「是我們老師有溫和、良善、恭莊、儉約、謙讓的態度，使得國君自願告訴他，向他請教的。我們老師這種『求』，大概不同於別人的求法吧！」

【注釋】

❶與之：指國君自願告訴他。

【按】

「溫、良、恭、儉、讓」五字，生動、形象，而又如實地把孔子爲人的心胸、氣貌、情態等勾勒出來，猶躍然如見。

溫和者暖人心肺；善良者同情、關心別人；恭莊者嚴肅不侮人；儉約者克己不奪人；謙讓者諒解、容忍不傲人。孔子兼有這五種美德，已屬難能，更爲可貴的是：這已成爲孔子的習慣，能夠很自然地時時、事事、處處表露出來，讓人感到親切、溫暖、體貼、信任，和人的尊嚴在受到尊重。

這種融「溫、良、恭、儉、讓」渾然一體展現的至誠、至情態度，不僅每到一國，很自然地會得到國君的信賴，主動告訴他情況，向他求教與聞政事；而且，光輝照人，對所接觸到的每一個人，都能不用言語，就能贏得別人的信任和尊敬，也不需仰求，人們也都樂意與之親近、交談，而且自願主動地告以心音。

如果說：人際關係中，對人有所求，可以有一種「不求而自得」的方法，那麼，本則所說「溫、良、恭、儉、讓」，該就是一種最好的方法！這對於那些只知「巧言、令色」的態度，以求別人的憐憫、舍施的人來說，該是一劑清醒涼藥，也該是具諷刺意味的良好啓示。

附：陳亢問於伯魚曰：「子亦有異聞乎？」對曰：「未也……」陳亢退而喜曰：「問一得三：聞《詩》，聞《禮》，又聞君子之遠其子也。」（節錄十六．一三）（參閱三．66）

【按　語】本則是陳亢疑老師對兒子或有私厚，故問於伯魚。結果是，不但疑慮頓釋，而且通過這一問，而意外地聽到了三件事：一是應該學《詩》，二是應該學《禮》，三是君子不對兒子有私厚。前二者是言和立身的根本，後者則爲大公的基礎；特別是後者，不僅當時封建宗法社會屬難能，即今天也所見不多，爲可貴。陳亢深喜之並記此，蓋所以見孔子學養之境地，不能不爲之贊美。

附：子絕四：毋意；毋必；毋固；毋我。（九．四）（參閱一．27）

【按　語】這是弟子經過長期的詳審細察而默記心頭，得到共識後記下的眞實情況。可以從中想見孔子平時立身處世、行事的態度是：既不主觀臆測，也不武斷或固執，更不自以爲是。這是學問修養到了家，一種高尚境地的自然流露。

附：子曰：「若聖與仁，則吾豈敢？抑為之不厭，誨人不倦，則可謂云爾已矣。」公西華曰：

「正唯弟子不能學也。」（七．三三）（參閱一．5）

昔者子貢問於孔子曰：「夫子聖矣乎？」孔子曰：「聖則吾不能，我學不厭而教不倦也。」子貢曰：「學不厭，智也；教不倦，仁也。仁且智，夫子旣聖矣。」（《孟子．公孫丑上》）

【按　語】上面，都是指孔子已達到聖與仁的境界，而孔子卻始終表示不敢當，謙遜地說，只是在學不厭，教不倦方面能終其身行之而已。前者聖與仁是其名，後者學不厭，教不倦是其實。孔子所最自謙的是不敢當其名，始終不認爲自己是聖與仁；所最自負的是居其實，終一生孜孜爲之不厭，誨人不倦而不懈。

這就是孔子的爲人！孔子的最高心德！

附：太宰問於子貢曰：「夫子聖者與？何其多能也！」子貢曰：「固天縱之將聖，又多能也。」（節錄九．六）（參閱一．1）

【按　語】本則，子貢更進一步認爲孔子之「多能」，是上天要讓他成爲聖人，又使他無所不能。這說明子貢對孔子已經崇拜到了五體投地，直接與上天聯繫起來，把孔子提到「神」的高度和地位了！

儘管孔子自己並不認爲「多能」是「天縱之」的原因，而是「少也賤」的實踐結果；但在子貢，卻是通過長期的學習、思考和實踐的檢驗，才有此深刻的體會認識，才有此堅定不移的景仰、崇敬孔子的眞誠態度。證之下面四章對孔子的評論，就更能說明：這決非子貢誇張的贊揚，也非有意的過譽，而是同顏淵一樣，均爲發自肺腑的由衷之言。正如孟子所說：「子貢，智足以知聖人」。應該說，子貢的評論，是獨具慧眼、有見地的，也是可信的。

(11)衛公孫朝❶問於子貢曰：「仲尼焉學？」子貢曰：「文武之道，未墜於地，在人。賢者識其大者，不賢者❷識其小者，莫不有文武之道焉。夫子焉不學？而亦何常師❸之有？」（十九·二二）

【譯文】

衞國的公孫朝問子貢說：「仲尼的學問博而大，是從哪兒學來的？」子貢說：「文王武王的大道，並沒有墜落在地上，還在現今活著的人身上。賢人能記那些大的道，不賢的人只能記那些小的道，他們都遺留有文武之道。我們的夫子哪兒不能學習，何必一定要有固定的老師呢？」

【注釋】

❶公孫朝：衞國大夫。❷不賢者：此指「行不著，習不察」的老百姓。❸常師：固定的老師。

【按】

孔子精深淵博的學問從何而來？

從「好古，敏以求之」學習中而來，從向「賢者、不賢者」勤問、勤訪、勤學中而來。前者如「周監於二代，郁郁乎文哉！」就是通過「敏以求之」得出的結論；後者是對那些能記起歷史往事的長者、老一輩，不論各人所記的事是小是大，是提綱挈領的內容，還是「習不察」的小節目，只要遇到這樣的人，就必定詳問，只要聽到是這樣的人，也必定專訪。因爲他們都是前代文化的知情人、或印證者，可以作爲古器物和文字記載不足之處的補充。

又如孔子問禮於老聃，訪樂於萇弘，問官於郯子，學琴於師襄等等，也正是「夫子焉不學？而亦何常師之有？」的事例和佐證。

本則，子貢贊頌孔子「學無常師」的態度，也正是贊頌他能夠廣泛向羣衆學習，贊頌他做學問時能夠「博學、審問、愼思、明辨」，以及在某個問題得不到足夠的驗證時，絕不輕易下結論的求實態度。如：「夏禮，吾能言之，杞不足徵也；殷禮，吾能言之，宋不足徵也。文獻不足故也。足，則吾能徵之矣。」（三．九）

這種學無常師，而且是謹嚴、一絲不苟的、科學的求實態度，應該說：仍然是我們今天做學問、成就事業所不可缺少的。

(12) 叔孫武叔❶語大夫於朝曰：「子貢賢於仲尼。」子服景伯以告子貢。子貢曰：「譬之宮牆❷，賜之牆也及肩，窺見室家之好。夫子之牆

數仞❸，不得其門而入，不見宗廟之美，百官❹之富。得其門者或寡矣。夫子❺之云，不亦宜乎？」（十九·二三）

【譯文】

叔孫武叔在朝廷上對大夫們說：「子貢實在比仲尼更賢能。」子服景伯把這話告訴了子貢。子貢說：「譬如圍牆，我的圍牆只有肩膀高，人站在圍牆外，便可看見裏面房屋的美好。我們老師的圍牆有幾丈高，如果找不到大門走進去，便看不到裏面宗廟的美好，和房舍的多種多樣，能夠找到大門的該是太少了吧！叔孫武叔先生這樣說，不亦是很自然的嗎！」

【注釋】

❶叔孫武叔：魯國大夫，名州仇。❷宮牆：此指圍牆。宮：亦是牆。❸仞：古時七尺或八尺，叫一仞。❹百官：此指房舍多種多樣。❺夫子：此指叔孫武叔。前一「夫子」，指孔子。

【按】

圍牆有高有矮，有厚有薄：高可數丈，矮僅及肩；厚達丈餘，薄只一二尺。站在矮圍牆外看，可見室內裝飾、什物，一覽無餘；站在高圍牆外看，只能仰首壁立，望牆興嘆——就是說，如果不能得其門而入，那麼，什麼宗廟之美，房舍之絢麗多彩，以及室內瑰寶之奇異，就一概都無從得見。

以圍牆作喻，生動、形象、鮮明。子貢自謙，認爲與孔子比，簡直有如圍牆之一高一矮，實在懸殊太甚。自己室內縱然琳瑯滿目，富麗堂皇，也只是一覽無餘而已，何足稱道！而老師之道及其爲人，就自己體會認識，實在是「仰之彌高，鑽之彌堅」，太偉大了！而對於一般人來說，猶如站在數丈高的圍牆外面看牆內的寶庫，連寶庫內有哪些璀璨奪目的奇珍異寶，都無從得見，又如何能認識它的價值連城，甚至是無價的呢？

「得其門者或寡矣」，就這麼一句，委婉地點出了叔孫武叔本身就是一個不得其門而入的、淺薄的人。因此，「夫子之云，不亦宜乎？」就無怪乎他要說出如此淺薄，不足爲聽的話了！

這樣，很自然地既烘托出孔子的偉大，而叔孫武叔的淺薄、鄙陋也曝了光。子貢眞可謂不僅智足以知孔子，而且言也善於弘揚聖道。

不過，這裏值得特別提一下的是：子貢的自謙態度，是在他的名聲、地位日漸顯達，而且正是他「結駟連騎，束帛之幣以聘享諸侯，所至，國君無不分庭與之抗禮」（指各國的國君都以平等的禮節來會見他）（《史記·貨殖列傳》）的時候，世俗不免會帶著某種勢利眼光，時人的奉承也不免會夾有趨炎附勢之意，說是「子貢賢於仲尼」。子貢對此不但沒有飄飄然、昏昏然，借此虛譽來抬高自己；相反，卻以自己努力實踐的切身體會，認眞學習的深刻認識，正如《法言·問明篇》所說：「仲尼，聖人也，或劣諸子貢。子貢辭而闢之，然後廓如也。」

這態度，比那些慣於自吹自擂，有意貶低、或打擊別人抬高自己，甚至製造假象，借虛譽撈取政治資本的人，其道德境界的高尚，就要大大超過十百倍了！這固然說明孔子死後，子貢在修德建業方面的成效顯著，已達到了近聖的境界；但，也反映了孔門之多賢才，這亦正是孔子誨人不倦的豐碩成果，教育精神的偉大！

（13）叔孫武叔毀仲尼。子貢曰：「無以為也。仲尼，不可毀也。他人之賢者，丘陵也，猶可踰也。仲尼，日月也，無得而踰焉。人雖欲自絕，其何傷於日月乎？多見其不知量也。」（十九・二四）

【譯文】

叔孫武叔毀謗仲尼。子貢說：「不要這樣做吧，仲尼是不可毀謗的。別人的賢，不過像一座土山，別人還可以跨越過去；仲尼，好比是太陽和月亮，沒有人能跨越過去。有人雖然想自絕於太陽和月亮，對太陽和月亮，又有什麼傷害呢？只顯得他不自量力罷了！」

【按】

上則以牆作喻，是以喻弘揚孔子之聖，叔孫武叔表現的還只是淺薄而已；本則以丘陵與日月為譽，則是以譽捍衛孔子聖道，叔孫武叔表現的就近乎跳樑小丑了。這是說：一般的賢者，雖德才遠高於他人，但那只是有如丘陵與平地之差而已，只要他人發憤努力，堅持不懈，是完全能夠跨越丘陵，而且更能攀登高峰，而達到光輝的頂點。而孔子之賢，如道德學問，胸懷氣度，情操品格等等，亦卽孔子之道及其為人的崇高和偉大，猶如日月，是任何人無法超越的。正如下則所說「夫子之不可及也，猶天之不可階而升也」。因而也是毀謗不了的——縱然毀謗，也猶如毀謗日月，等於自絕於光明，既無損於日月的光輝，也無損於孔子的崇高形象，徒然顯露他的不自量而已。

如此義正辭嚴，正是子貢捍衛孔子聖道之不容褻瀆、不容污蔑的堅決態度。這態度不但需要有足以知孔子之智，更需要有眞理在握、思想上藐視毀謗者、一副磅礴氣概的勇。子貢都是兼而有之的。因而無論弘揚、光昌，或者捍衛孔子聖道方面，子貢都是作出了卓越的貢獻，起了極大作用的。正如司馬遷所說：夫使孔子布揚於天下者，子貢先後之也。

【備考】

《韓詩外傳》卷八曰：齊景公謂子貢曰：「先生何師？」對曰：「魯仲尼。」曰：「仲尼賢乎？」曰：「聖人也，豈直賢哉！」景公嘻然而笑曰：「其聖何如？」子貢曰：「不知也。」景公悖然作色曰：「始言聖人，今言不知，何也？」子貢曰：「臣終身戴天，不知天之高也；終身踐地，不知地之厚也。若臣之事仲尼，譬猶渴操壺杓，就江海而飲之，腹滿而去，又安知江海之深乎？」景公曰：「先生之譽得無太甚乎？」子貢曰：「臣賜何敢甚言，尚慮不及耳。臣譽仲尼，譬猶兩手捧土而附泰山，其無益亦明矣；使臣不譽仲尼，譬猶兩手杷泰山，其無損亦明矣。」景公曰：「善。」

《孟子．公孫丑上》曰：宰我曰：「以予觀於孔子，賢於堯舜遠矣。」子貢曰：「見其禮而知其政，聞其樂而知其德，由百世之後，等百世之王，莫之能爲也。自生民以來，未有夫子也。」有若曰：「豈惟民哉，麒麟之於走獸，鳳凰之於飛鳥，泰山之於邱垤，河海之於行潦，類也。聖人之於民，亦類也。出乎其類，拔乎其萃，自有生民以來，未有盛於孔子也。」

（14）陳子禽謂子貢曰：「子為恭也？仲尼豈賢於子乎？」子貢曰：「君子一言以為知，一言以為不知，言不可不慎也。夫子之不可及也，猶天之不可階而升也。夫子之得邦家者，所謂立之斯立，道❶之斯行，綏❷之斯來，動❸之斯和，其生也榮，其死也哀，如之何其可及也。」（十九．二五）

【譯文】

陳子禽對子貢說：「你是故作恭敬的吧？仲尼難道能比你更賢嗎？」子貢說：「君子只一句

話，可以顯露出是聰明；只一句話，也可以顯露出不聰明。因此，說話不可不謹愼呀！我們夫子的不可及，就像天一樣，沒有階梯可以給你升上去呀！如果我們夫子得一國君，或一卿大夫之位，那麼眞如大家所說的：教老百姓自立，老百姓就能自立；引導老百姓前進，老百姓就會跟著前進；安撫老百姓來歸附，老百姓就來歸附；鼓舞老百姓和順，老百姓就會和順。他生時，大家都尊敬、榮耀；他死後，大家都哀痛、悼念。這樣的人，如何可及得上呢！」

【注釋】

❶道：同「導」，引導，教化。❷綏：安的意思。❸動：鼓舞、鼓動。

【按】

孔子在世時，沒有能得到重用。他歷時十四年游說列國以期推行仁政德治，求達到「小康社會」的理想，也終未能實行。在政治上，可以說：孔子是「賫志而歿」，並沒有充分展現過他的才能。

儘管孔子五十一歲任魯國中都宰，五十二歲升任大司寇職的幾年中，政績卓著，「突出地表現了他作爲一個大政治家所特有的品格和才略」（見匡亞明著《孔子評傳》第二六七頁）；而且，《論語》中所闡述的「爲政」思想，更表現了孔子的眞知卓識，和孜孜爲平民百姓著想的政治遠見，是具有作爲一個大政治家的品格和才能，足以擔當重任的。但是，世人常常以是否見大用於世而評論其賢否。

本則，正是子貢有感於聖人之道弘大，不易為世人所知，聖人之德恢宏，亦難為世人所曉，因此，特設言：如果我們夫子能得到一國或一家之位而大用於世（即做到國君或卿大夫職位），那麼，必定能充分展現他的政治才能，「所謂立之斯立，道之斯行，綏之斯來，動之斯和，其生也榮，其死也哀」，而造福人類。就是說，一定能教化、引導百姓使之「己立而立人，己達而達人」；安撫、鼓舞百姓使之「近者悅，遠者聞風而來」，都能和順相處；生則與有所榮，一片融和，普天歡樂，死則共感哀切，舉國悲痛，四海同哭。

寥寥數語，勾勒而出的簡直是一幅展現大同社會的動人圖景！治國政績而達於此，亦可謂理想之至極。於此，孔子的政治才能和聖德的偉大，通過子貢之設言而顯見。

再參閱上面備考中子貢回答齊景公的話，可以說：子貢對孔子的頌揚是沒有可以再高、再過的了！對孔子的崇敬、景仰、愛戴之情，以及對聖道的信仰、虔誠的態度，也是沒有可以再復加的了！

但，這是有一個認識過程的：初拜師就學時，子貢並不覺得孔子有什麼了不起，如《論衡．講瑞篇》所說：「子貢事孔子一年，自謂過孔子；二年，自謂與孔子同；三年，自知不及孔子。當一年、二年之時，未知孔子聖也，三年之後，然乃知之。」

以後，隨著時間的推移，實踐經驗的豐富，學問的增長精深，道德修養的日進，從而對孔子之道及其為人，體會更深，認識更明，由「並不覺得孔子有什麼了不起」，而逐漸越來越覺得了不起，直到無限崇敬、景仰。正如顏淵所說的「仰之彌高，鑽之彌堅」，孔子之道是那樣的崇高；也正如上面備考中回答齊景公所問：「先生之譽得無太甚乎？」時說的：「臣賜何敢甚言，尙慮不及耳。臣譽仲尼，譬猶兩手捧土而附泰山，其無益亦明矣；使臣不譽仲尼，譬猶兩手杷泰山，其無損亦明矣」，孔子的爲人是那樣的偉大！

因此，對孔子的贊頌，應該說，是有深刻的實踐體會，有卓越的認識基礎的。也因此，把這幾則評論列爲〈子張篇〉之末，作爲殿後，顯然是後起孔門具有共識的公論之見，具有代表性和權威性。

這就無怪乎孔子死後，「唯子貢廬於冢上凡六年」，即同其他弟子一樣，子貢以孝敬父母之禮爲孔子送葬、服喪守墓三年後，又單獨廬墓三年，才悽悽離去。這種發自內心，對老師如此的悲痛、哀悼，又且「廬於冢上凡六年」的深情，不僅亘古所未見，更爲千秋後代所傳頌；無疑，這也更加說明子貢的贊譽、頌揚，絕非誇張，也非過譽，而是眞誠、懇切的由衷之言，情深、意摯的心聲坦露。一方面，是子貢「智足以知聖人」，對孔子的爲人和聖道的奧蘊、眞諦，理解得深刻、透徹而全面，因而能獨具見地，知人之所不知，識人之所不識；另一方面，子貢列「言語」科之優秀弟子，又善爲言辭，因而在弘揚、光昌孔子聖道方面，有著獨厚的優異條件，可以說，子貢是功不在小，起了不可磨滅的作用，十分可貴的。

通讀《論語》，並反覆鑽研後，每一個正直的有識之士，對司馬遷在《史記・孔子世家》篇後的贊語中，所洋溢的無限景仰之情，該都會與有同感，對這位偉大的思想巨人、教育家，深深地表示自己的景仰、崇敬之情吧！

下面就是司馬遷的贊語：

太史公曰：《詩》有之：「高山仰止，景行行止。」雖不能至，然心鄉（同嚮）往之。余讀孔氏書，想見其爲人……天下君王，至於賢人，衆矣，當時則榮，沒則已焉。孔子布衣，傳十餘世，學者宗之。自天子王侯，中國言六藝者，折中於夫子，可謂至聖矣。

【附錄】

一、孔子弟子簡介

孔門弟子人數，據《史記・孔子世家》中記載：「孔子以《詩》、《書》、《禮》、《樂》教，弟子蓋三千焉，身通六藝者七十有二人。」《史記・仲尼弟子列傳》則說「受業身通者七十有七人」。《家語・弟子解》亦作七十七人。下面是就《論語》所見的作簡要介紹。排列順序大體上根據在孔門中的地位或對後世的影響而定。

（一）顏回：姓顏，名回，字子淵，亦稱顏淵。魯人，少孔子三十歲，《論語》中見二十一次。家庭貧寒，一生跟隨孔子學習和生活，沒有做官。平時勤奮好學，「一簞食，一瓢飲，在陋巷，人不堪其憂，回也不改其樂。」不但學問淵博，而且品德高尚，「不遷怒，不貳過」，孔子贊之曰：「賢者，回也！」是孔子最喜愛，也是寄予厚望，列爲「德行」科第一名的優秀弟子，後儒列爲七十二賢之首。可惜，在四十一歲時就夭折了。

（二）子路：姓仲，名由，字子路，亦稱季路。魯人，少孔子九歲，《論語》中見四十一次。出身貧賤（卞之野人），性格粗獷，爲人耿直，從不隱瞞自己觀點，見義勇爲，果敢守信，爽朗坦蕩，一生跟隨孔子，忠心耿耿。儘管子路心直口快，經常批評孔子，但孔子最了解子路，嚴格要求，精心教育，且隨時直面責備批評，而子路則始終能夠按照孔子的教誨而躬身力行。因此，孔子特別器重，對他的評價也很高，列爲「政事」科的優秀弟子。

（三）子貢：姓端木，名賜，字子貢。衞人，少孔子三十一歲，《論語》中見三十七次。能言善辯，長於口才，列「言語」科的優秀弟子，是孔門培養出來的最善於搞外交活動的能人。子貢又善於經商，是春秋時代著名的、富比陶朱的富商；特別在宣揚孔子的學說和維護孔子崇高聲譽方面，更是作出了卓越的貢獻；而孔子死後，他守墓六年，師生情誼之深，有似父子，又勝過父子，更是爲千古傳頌的佳話。

（四）子夏：姓卜，名商，字子夏。衞人，少孔子四十四歲，《論語》中見十八次。長於文學，與子游同列「文學」科優秀弟子。子夏家庭貧寒，勤奮好學，特別對古代文獻的造詣最深，傳播《詩經》、《春秋》的貢獻也最突出；爲人勇武，好與賢己者相處；他的著名論點「學而優則仕」，曾對後世的讀書人、士產生了極大的影響。孔子死後，子夏到魏國西河地方自立門戶，收徒講學，成績卓著，其中有一大批具改革精神的人如《史記・儒林列傳》記載的田子方、段干木、吳起、李克等皆出自子夏門下，西河的人更把他當作是孔子，就可見影響之大。

（五）子張：姓顓孫，名師，字子張。陳人，少孔子四十八歲，《論語》中見二十次。子張性格開朗，爲人豁達，雍容大度，如交友，缺點方面則比較偏激（師也辟）。平時好學、深思，特別是善問。《論語》中見十三次，如問政、問何如斯可以從政矣、問仁、問行、問明、問崇德辨惑、問成人之道、問善人之道、問士何如斯謂之達、問十世可知也、學干祿等，類皆關於闡發孔子偉大思想的精髓，可謂才氣橫溢，學亦有專成。孔子死後，儒家分爲八派，「子張氏之儒」列爲最前面，就足以說明。

（六）曾子：姓曾名參，字輿，尊稱曾子，魯人，少孔子四十六歲，《論語》中見十五次。曾子至忠至信，事父母至孝，相傳著有《孝經》；爲人兢兢業業，最注重個人的道德修養，「吾日三省吾身」，正是他身體力行的名言。「夫子之道，忠恕而已矣。」（四·一五）相傳曾子著有《大學》，就儒家道統說，曾子傳子思，子思傳孟子，曾子可說是孔門主要的傳道者之一。

（七）冉求：姓冉，名求，字子有，亦稱冉有。魯人，少孔子二十九歲，《論語》中見十六次。冉求和仲弓同族，亦是微賤家族出身，長於政事，善理財，是孔門弟子中一個很有才幹的人，且又勇武善戰。雖說在任季氏宰時，曾因幫助季氏聚斂民財而受到孔子的嚴厲批評，但並沒有影響對他的看法，孔子仍然充分肯定他的才能，列爲「政事」科的優秀弟子，並位在子路之上。而冉有則始終對孔子持十分尊敬態度，無絲毫情緒；而且正是冉有說服季氏，終於由季康子迎回了在外流亡十四年的孔子。於此，亦可以想見師弟子間相知相諒之深。

（八）子游：姓言，名偃，字子游。吳人，少孔子四十五歲，《論語》中見八次。子游勤奮好學，特別熟識古代文獻，深通古禮，而被列爲「文學」科的優秀弟子。二十多歲就當了武城宰，實踐了孔子以禮樂教化治理社會的教導，深得孔子的贊揚。在戰國時，他的後學並曾形成「子游氏之儒」的學派，可見影響之大。

（九）有若：姓有名若，字子有，尊稱有子。魯人，少孔子四十三歲，《論語》中見四次。有子勤奮好學，他刻苦攻讀的精神是突出的，如《荀子．解蔽篇》說的「有子惡臥而焠掌，可謂能自忍矣。」（意即：有子爲了怕打瞌睡，常常用燙手掌的辦法來提神）這可以和後來傳爲佳話的「懸梁刺股」故事相媲美。正因爲能如此發憤苦學，所以能比較深刻地領會和理解孔子思想的蘊涵，提出了一些具有眞知卓識的著名論點，如：「禮之用，和爲貴」，「信近於義，言可復也」，「孝弟也者，其爲仁之本與！」，以及「百姓足，君孰與不足？百姓不足，君孰與足？」從而極大地豐富了儒家學說。可以說，也是孔子晚年的得意弟子。由於有子的才識高和相貌像孔子，孔子死後，弟子們曾公推他爲師，爲儒家學派的首領，後又作罷。

（十）仲弓：姓冉，名雍，字仲弓。魯人，少孔子二十九歲，《論語》中見七次。他父親是賤人，雖然出身微賤，但仲弓有獨具的才識和政治卓見，而且爲人寬宏，德行超羣，所謂「不遷怒，不深怨，不錄舊罪，是冉雍之行也。」（《孔子家語．弟子行》）因而深得孔子的賞識和器重；不但列爲「德行」科的優秀弟子，而且說他「可使南面」。

（十二）宰我：姓宰名予，字子我，亦稱宰我。魯人，少孔子二十九歲，《論語》中見五次。宰予能言善辯，長於說辭，有獨立思考的能力，更有自已獨到的見解，且具革新思想。雖然曾受到孔子二次最嚴厲的批評，但並沒有因此而洩氣、而消沉，或者因此而埋怨，而遷怒，甚至疏遠、離開孔子，宰予是始終對孔子持恭敬、稱頌態度；至於孔子，也並沒有因此就貶低、就歧視，仍然充分肯定了他的品德和才能，並列爲「言語」科的優秀弟子，位在子貢之上。這同樣說明了師弟子間的關係是融洽無間的，相知相諒之深更是十分可貴，值得大大稱頌的。

（十三）閔子騫：姓閔，名損，字子騫。魯人，少孔子十五歲，《論語》中見五次。閔子騫以德行著稱。如：孔子稱贊他「不仕大夫，不食汙君之祿」（《史記・仲尼弟子列傳》），《鹽鐵論・地廣》贊譽他「不義而富，無名而貴，仁者不爲也。故曾參、閔子不以其仁易晉、楚之富」。特別是，閔子騫表現的孝道，尤其突出，令人贊佩不已！據記載：他雖身受後母虐待，但爲愛護昆弟而自甘受苦，並爲後母的被攆而說情於父：「母在一子寒，母去三子單」，可謂感人之極！孔子贊之曰：「孝哉，閔子騫！」列爲「德行」科的優秀弟子。

（十四）原憲：姓原，名憲，字子思，亦稱原思。魯人，少孔子三十六歲，《論語》中見二次。原憲不求仕途，貧而無怨，貧而樂道，有很高的氣節。據《孔子家語》載：「孔子爲魯司寇，原憲嘗爲孔子宰（總管）。孔子卒，原憲退隱，居於衞。」《史記・仲尼弟子列傳》載：「孔子卒，原憲遂亡在草澤中。……子貢相衞，而結駟連騎，排藜藿入窮閻，過謝原憲。憲攝敝衣冠見子貢，子貢恥之曰：『夫子豈病乎』，原憲曰：『吾聞之，無財者謂之貧，學道而不能行者謂之病，若憲貧也，非病也。』子貢慙，不懌而去，終身恥其言之過矣。」其安貧樂道的精神竟至於此！

（十五）公西赤：姓公西，名赤，字子華，亦稱公西華。魯人，少孔子四十四歲，《論語》中見五次。長於祭祀之儀，賓客之禮，公西華的志趣在當司儀，即「願爲小相也」。孔子則贊識他在這方面的才能，說：「赤也爲之小，孰能爲之大？」

（十六）冉伯牛：姓冉，名耕，字伯牛。魯人，少孔子七歲，《論語》中見二次。與仲弓同爲賤族家庭出身，以德行著稱，列爲「德行」科的優秀弟子。雖然他的事迹不詳，但孟子說的「子夏、子游、子張皆有聖人之一體，冉牛、閔子、顏淵則具體而微。」（《孟子·公孫丑上》）是說子夏三人都各有孔子的一部分長處，而冉伯牛三人已大大超過，幾近於孔子了。於此，亦可想見他的德行之高。可惜，他不幸患痲瘋病而死了，孔子發爲「命矣夫！斯人也而有斯疾也！」之慨嘆。

（十七）高柴：姓高，名柴，字子羔。衞人，少孔子三十歲，《論語》中見二次。子羔「長不過六尺」（今一·五米），且「狀貌甚惡」；但很有才能，而且性格爽朗、直率，在「爲衞之士師」，即擔任衞國刑獄官時，能按法令行事，不徇私舞弊，公平執法，得到孔子的好評：「善爲吏者樹德，不善爲吏者樹怨，公行之也，其子羔之謂歟！」（《說苑·至公》）

（十八）宓子賤：姓宓，名不齊，字子賤。魯人，少孔子三十歲，《論語》中見一次。孔子贊揚他，說是「君子哉若人！」這說明其中必定有突出的，得以謂之爲君子的事迹。（參閱四·75）

（十九）公冶長：姓公冶，名長，字子長。魯人，《論語》中見一次。子長曾受冤獄，孔子認爲「雖在縲絏之中，非其罪也」，因而以其子妻之。既是弟子，也是女婿。其生卒年代、家庭情況以及經歷等，因無資料均一無所知。

（二十）南宮适：姓南宮，名适，字子容，亦稱南容。魯人，《論語》中見三次。南宮适是個「世清不廢，世濁不汚」，言語謹愼，崇尚道德的人。孔子不但稱贊他「君子哉若人！尚德哉若人！」而且「以其兄之子妻之」。

（二十一）曾點：姓曾，名點，字子晳，亦稱曾晳，卽曾參之父。魯人，《論語》中見一次。他崇拜並篤信孔子學說，思想也比較超脫，如一次各言志中，他談了自己的志趣是：「莫春者，春服旣成，冠者五六人，童子六七人，浴乎沂，風乎舞雩，詠而歸」，瀟洒、飄逸、悠哉遊哉，屬名士或狂士之類了！

（二十二）顏路：姓顏，名繇（由），字路，卽顏回之父。魯人，少孔子六歲，《論語》中見一次。其生卒年代、家庭情況以及經歷等均不詳。

（二十三）漆雕開：姓漆雕，名開，字子開。魯人，少孔子十一歲，《論語》中見一次。他曾因非其罪而受過刑，正如《孔叢子．詰墨篇》評論說的「漆雕開形殘，非行己之致，何傷於德哉！」他在學業有成時，設壇講學，後來形成了很大勢力，孔子死後儒分八派就有「漆雕氏之儒」。

（二十四）司馬牛：姓司馬，名耕，字子牛，亦稱司馬牛。宋人，生卒年不詳，《論語》中見三次。性「多言而躁」，兄弟四人，他爲最小，他二哥就是孔子周遊列國經宋國時欲加害孔子的司馬桓魋。

（二十五）公伯寮：字子周，魯人，《論語》中見一次。《史記・仲尼弟子列傳》把他排列在第二十四，但明時人們卻提出不是孔子學生的問題，並從孔廟裏把他移了出來。究竟是否？存疑。

（二十六）子服景伯：魯大夫，生卒年不詳，《論語》中見二次。有說是孔子弟子，但《史記・仲尼弟子列傳》和《家語・弟子解》均不列此人。待證。

（二十七）巫馬期：姓巫馬，名施，字子期。魯人，少孔子三十歲，《論語》中見一次。據《呂氏春秋・察賢》載：宓子賤治單父，彈鳴琴，身不下堂而單父治；巫馬期以星出以星入，日夜不居，以身親之，而單父亦治。巫馬期問其故于宓子，宓子曰：「我之爲任人，子之爲任力。任力者故勞，任人者故逸。」兩者治理單父的辦法上有異：前者以勸導教化，後者日夜操勞，事必親躬。至少說明巫馬期在任單父宰時，勤於職守，工作特別勤奮。

（二十八）孟懿子：原姓仲孫，名何忌，「懿」是謚號，是魯大夫孟僖子的長子，遵父遺言，與其弟南宮敬叔（即南宮适）事師孔子「往學禮焉」。因此，應是孔子弟子，但《史記・仲尼弟子列傳》和《家語・弟子解》，均不列此人。待證。

（二十九）陳亢：姓陳，名亢，字子禽。陳人，少孔子四十歲，《論語》中見二次。《史記・仲尼弟子列傳》無此人，《家語・弟子解》卻有其名。待證。

（三十）琴牢：姓琴，名牢，字子開。衞人，《論語》中一見。《史記・仲尼弟子列傳》無此人，《家語・弟子解》卻有其名。待證。

（三十一）孺悲：魯人。生卒年代及其家庭情形、經歷等均不詳，《論語》中一見。

（三十二）申棖，姓申，名棖，字子周。魯人，《論語》中一見。生卒年代及其家庭情形、經歷等均不詳。

（三十三）林放：魯人，《論語》中見二次。生卒年代及經歷等均不詳。《史記·仲尼弟子列傳》和《家語·弟子解》均不列此人，不過漢代文翁《禮殿圖》有他的名字和畫像。

（三十四）左丘明：魯人，《論語》中見一次。根據孔子曾引他的言行以自重，（子曰：「巧言、令色、足恭，左丘明恥之，丘亦恥之。」）應是一位早於孔子的賢者；而根據其他先儒和朱彝尊《孔子弟子考》認爲是孔子的弟子。究竟是否？存疑。

二、論語原文與本書章節對照表

篇	序次	章名	內容簡要	本書章節
學而	一	時習	學而時習之，不亦說乎！	一·7
學而	二	務本	孝弟也者，其爲仁之本與？	七·5
學而	三	鮮仁	巧言令色，鮮矣仁。	五·30
學而	四	三省	吾日三省吾身：	一·37
學而	五	千乘	道千乘之國，敬事而信，節用而愛人，	二·20
學而	六	弟子	弟子入則孝，出則弟，謹而信，	五·1附
學而	七	易色	賢賢易色；事父母能竭其力；	七·24
學而	八	威重	君子不重則不威；	八·25
學而	九	歸厚	愼終追遠，民德歸厚矣。	二·36

學而	一〇	聞政	夫子至於是邦也，必聞其政，	十・10
學而	一一	觀志	父在觀其志，父沒觀其行。	七・7
學而	一二	禮用	禮之用，和爲貴。	六・4
學而	一三	近義	信近於義，言可復也。	七・27
學而	一四	好學	君子……就有道而正焉，可謂好學也已。	一・6
學而	一五	貧富	貧而無諂，富而無驕，何如？	一・26
學而	一六	不患	不患人之不己知，患不知人也。	八・13
爲政	一	北辰	爲政以德，譬如北辰，	二・16
爲政	二	無邪	《詩》三百，一言以蔽之，曰：「思無邪」。	三・21
爲政	三	道齊	道之以政，齊之以刑，民免而無恥；	二・17
爲政	四	志學	吾十有五而志於學，三十而立，	一・9
爲政	五	無違	問孝。子曰：「無違。」	七・1
爲政	六	憂疾	問孝。子曰：「父母唯其疾之憂。」	七・2
爲政	七	能養	問孝。子曰：「今之孝者，是謂能養。」	七・3

爲政	八	色難	問孝。子曰：「色難。	七・4
爲政	九	如愚	吾與回言，終日不違，如愚。	四・33
爲政	一〇	觀人	視其所以，觀其所由，察其所安。	四・24
爲政	一一	溫故	溫故而知新，可以爲師矣。	三・44
爲政	一二	不器	君子不器。	八・30
爲政	一三	先行	先行其言而後從之。	一・47
爲政	一四	周比	君子周而不比，小人比而不周。	八・47
爲政	一五	學思	學而不思則罔，思而不學則殆。	三・43
爲政	一六	異端	攻乎異端，斯害也已。	三・45
爲政	一七	誨知	由！誨女，知之乎！知之爲知之，不知爲不知，是知也。	三・31
爲政	一八	干祿	子張學干祿。	三・11
爲政	一九	民服	舉直錯諸枉，則民服；	二・39
爲政	二〇	使民	使民敬，忠以勸，如之何？	二・41
爲政	二一	亦政	施於有政，是亦爲政，	二・38
爲政	二二	輗軏	大車無輗，小車無軏，其何以行之哉？	七・25

爲政	二三	十世	子張問：「十世可知也？」	六・3
爲政	二四	諂祭	非其鬼而祭之，諂也。	九・18
八佾	一	八佾	孔子謂季氏八佾舞於庭：「是可忍也，孰不可忍也！」	六・19
八佾	二	徹雍	三家者以〈雍〉徹。	六・20
八佾	三	禮樂	人而不仁，如禮何……如樂何？	五・28
八佾	四	林放	林放問禮之本。	六・9
八佾	五	夷狄	夷狄之有君，不如諸夏之亡也。	六・18
八佾	六	泰山	季氏旅於泰山。	四・62
八佾	七	無爭	君子無所爭。	八・20
八佾	八	繪事	……何謂也？」子曰：「繪事後素。」	三・61
八佾	九	文獻	……文獻不足故也。	六・2
八佾	一〇	既灌	禘自既灌而往者，吾不欲觀之矣。	六・21
八佾	一一	禘說	或問禘之說。	六・22
八佾	一二	如在	祭如在，祭神如神在。	九・17

八佾	一三	媚奧	與其媚於奧，寧媚於灶，何謂也？	九·14
八佾	一四	從周	周監於二代，郁郁乎文哉！吾從周。	二·1
八佾	一五	大廟	子入大廟，每事問。	六·8
八佾	一六	主皮	射不主皮，爲力不同科，古之道也。	二·64
八佾	一七	餼羊	子貢欲去告朔之餼羊。	三·65
八佾	一八	盡禮	事君盡禮，人以爲諂也。	七·22
八佾	一九	君臣	君使臣，臣事君，如之何？	七·17
八佾	二〇	關雎	〈關雎〉樂而不淫，哀而不傷。	三·22
八佾	二一	問社	哀公問社於宰我。	二·35
八佾	二二	器小	管仲之器小哉！	三·24
八佾	二三	語樂	子語魯大師樂，	三·29
八佾	二四	木鐸	……天將以夫子爲木鐸。」	十·2
八佾	二五	韶武	子謂〈韶〉：「盡美矣，又盡善也。」謂〈武〉：「盡美矣，未盡善也。」	二·61
八佾	二六	居上	居上不寬……吾何以觀之哉？	六·15

里仁	一	里仁	里仁爲美。	五・24
里仁	二	約樂	不仁者不可以久處約，不可以長處樂。	五・25
里仁	三	好惡	唯仁者能好人，能惡人。	五・15
里仁	四	志仁	苟志於仁矣，無惡也。	五・16
里仁	五	欲惡	富與貴，是人之所欲也……貧與賤，是人之所惡也。	一・21
里仁	六	未見	我未見好仁者，惡不仁者。	五・27
里仁	七	觀過	……觀過，斯知仁矣。	五・18
里仁	八	聞道	朝聞道，夕死可矣。	一・15
里仁	九	志道	士志於道，而恥惡衣惡食者，未足與議也。	八・67
里仁	一〇	比義	君子之於天下也……義之與比。	八・17
里仁	一一	懷德	君子懷德，小人懷土；	八・44
里仁	一二	放利	放於利而行，多怨。	七・66
里仁	一三	禮讓	能以禮讓爲國乎，何有？	六・13
里仁	一四	立位	不患無位，患所以立。	八・14

里仁	一五	一貫	參乎！吾道一以貫之。	一・11
里仁	一六	喻義	君子喻於義，小人喻於利。	八・42
里仁	一七	思齊	見賢思齊焉，見不賢而內自省也。	一・35
里仁	一八	幾諫	事父母幾諫，	七・12
里仁	一九	遠遊	父母在，不遠遊，遊必有方。	七・10
里仁	二〇	無改	三年無改於父之道，可謂孝矣。	七・8
里仁	二一	喜懼	父母之年，不可不知也。一則以喜，一則以懼。	七・11
里仁	二二	恥躬	古者言之不出，恥躬之不逮也。	一・46
里仁	二三	以約	以約失之者鮮矣。	七・69
里仁	二四	欲訥	君子欲訥於言而敏於行。	八・6
里仁	二五	有鄰	德不孤，必有鄰。	七・45
里仁	二六	君友	事君數，斯辱矣；朋友數，斯疏矣。	七・20
公冶長	一	公冶	子謂公冶長：「……」以其子妻之。	四・72
公冶長	二	南容	子謂南容：「……」以其兄之子妻之。	四・73

公冶長	三	子賤	子謂子賤：「君子哉若人！	四・75
公冶長	四	瑚璉	子貢問曰：「賜也何如？」……曰：「瑚璉也。」	四・55
公冶長	五	仁佞	或曰：「雍也仁而不佞。」	四・64
公冶長	六	信斯	子使漆雕開仕。對曰：「吾斯之未能信。」	四・76
公冶長	七	浮海	道不行，乘桴浮於海。	二・75
公冶長	八	武伯	孟武伯問：「子路仁乎？」	三・10
公冶長	九	孰愈	子謂子貢曰：「女與回也孰愈？」	四・57
公冶長	一〇	晝寢	宰予晝寢。	一・40
公冶長	一一	見剛	吾未見剛者。	四・77
公冶長	一二	加我	我不欲人之加諸我也。吾亦欲無加諸人。	四・58
公冶長	一三	性天	……夫子之言性與天道，不可得而聞也。	九・9
公冶長	一四	子路	子路有聞，未之能行，唯恐有聞。	四・49
公冶長	一五	謚文	敏而好學，不恥下問，是以謂之「文」也。	三・33
公冶長	一六	子產	子謂子產：「有君子之道四焉：	四・19
公冶長	一七	善交	晏平仲善與人交，久而敬之。	七・32

公冶長	一八	居蔡	臧文仲居蔡，山節藻棁，	四·8
公冶長	一九	忠清	「令尹子文……何如？」子曰：「忠矣。」「陳文子……何如？」子曰：「清矣。」	四·6
公冶長	二〇	三思	季文子三思而後行。	四·2
公冶長	二一	寧武	寧武子，邦有道則知，邦無道則愚。	四·3
公冶長	二二	狂簡	歸與！歸與！吾黨之小子狂簡，	三·42
公冶長	二三	夷齊	伯夷、叔齊不念舊惡，怨是用希。	四·5
公冶長	二四	乞醯	孰謂微生高直？或乞醯焉，	四·4
公冶長	二五	巧令	巧言令色、足恭，左丘明恥之，丘亦恥之。	七·52
公冶長	二六	言志	顏淵季路侍。子曰：「盍各言爾志？」	三·57
公冶長	二七	自訟	已矣乎！吾未見能見其過而內自訟者也。	一·53
公冶長	二八	忠信	十室之邑，必有忠信如丘者焉，	一·3
雍也	一	南面	雍也可使南面。	二·22
雍也	二	好學	哀公問：「弟子孰爲好學？」	四·40
雍也	三	辭與	子華使於齊……請粟。子曰：「與之釜。」原思爲之宰，與之粟九百，辭。	一·24

雍也	四	騂角	子謂仲弓曰：「犁牛之子騂且角，	四．63
雍也	五	三月	子曰：「回也，其心三月不違仁。	四．30
雍也	六	從政	季康子問：「仲由可使從政也與？」	三．9
雍也	七	費宰	季氏使閔子騫爲費宰。	四．66
雍也	八	伯牛	伯牛有疾，子問之，	九．11
雍也	九	陋巷	賢者，回也！一簞食，一瓢飲，在陋巷。	四．29
雍也	一〇	女畫	……力不足者，中道而廢。今女畫。	四．60
雍也	一一	爲儒	子謂子夏曰：「女爲君子儒，	四．70
雍也	一二	武城	子游爲武城宰。	四．69
雍也	一三	不伐	孟之反不伐，	四．15
雍也	一四	佞美	不有祝鮀之佞，而有宋朝之美，	七．51
雍也	一五	由戶	誰能出不由戶？	七．61
雍也	一六	文質	……文質彬彬，然後君子。	八．9
雍也	一七	生直	人之生也直，罔之生也幸而免。	七．60

雍也	一八	知之	知之者不如好之者，好之者不如樂之者。	三・32
雍也	一九	中人	中人以上，可以語上也；	三・5
雍也	二〇	樊遲	樊遲問知。……問仁。	三・52；七・38
雍也	二一	山水	知者樂水，仁者樂山。	五・13
雍也	二二	一變	齊一變，至於魯；魯一變，至於道。	二・33
雍也	二三	不觚	觚不觚，觚哉！觚哉！	二・54
雍也	二四	從井	仁者，雖告之曰：「井有仁焉。」其從之也？	八・38
雍也	二五	弗畔	君子博學於文，約之以禮，亦可以弗畔矣夫！	六・6
雍也	二六	南子	子見南子，子路不說。	九・12
雍也	二七	中庸	中庸之爲德也，其至矣乎！	七・71
雍也	二八	施濟	子貢曰：「如有博施於民而能濟衆，何如？」	五・5
述而	一	好古	述而不作，信而好古，	一・32
述而	二	默識	默而識之，學而不厭，誨人不倦，	一・30
述而	三	吾憂	德之不修……是吾憂也。	一・38

述而	四	燕居	子之燕居，申申如也，夭夭如也。	一·63
述而	五	吾衰	甚矣吾衰也，久矣吾不復夢見周公。	二·73
述而	六	志道	志於道，據於德，依於仁，游於藝。	一·10
述而	七	束脩	自行束脩以上，吾未嘗無誨焉。	三·2
述而	八	憤悱	不憤不啓，不悱不發。	三·59
述而	九	喪側	子食於有喪者之側，未嘗飽也。	一·69
述而	一〇	用行	用之則行，舍之則藏，	二·77
述而	一一	執鞭	富而可求也，雖執鞭之士，吾亦爲之；	一·23
述而	一二	子愼	子之所愼：齊、戰、疾。	九·20
述而	一三	聞韶	子在齊聞〈韶〉，三月不知肉味，	三·27
述而	一四	衞君	冉有曰：「夫子爲衞君乎?」	二·83
述而	一五	疏水	飯疏食飲水，曲肱而枕之，樂亦在其中矣。	一·22
述而	一六	學易	加我數年，五十以學《易》，可以無大過矣。	一·52
述而	一七	雅言	子所雅言。詩書執禮，皆雅言也。	三·25

述而	一八	葉公	葉公問孔子於子路。	一·4
述而	一九	敏求	我非生而知之者，好古，敏以求之者也。	三·7
述而	二〇	不語	子不語怪、力、亂、神。	九·21
述而	二一	三人	三人行，必有我師焉：	一·34
述而	二二	桓魋	天生德於予，桓魋其如予何！	九·8
述而	二三	無隱	二三子以我爲隱乎？吾無隱乎爾。	一·45
述而	二四	四教	子以四教：文、行、忠、信。	三·14
述而	二五	見聖	聖人吾不得而見之矣，	八·59
述而	二六	釣弋	子釣而不綱，弋不射宿。	一·72
述而	二七	知次	……多見而識之，知之次也。	一·33
述而	二八	互鄉	互鄉難與言，童子見，門人惑。	三·55
述而	二九	仁至	仁遠乎哉？我欲仁，斯仁至矣。	五·21
述而	三〇	知禮	陳司敗問：「昭公知禮乎？」	一·51
述而	三一	與歌	子與人歌而善，必使反之，而後和之。	一·70

述而	三二	躬行	文莫吾猶人也。躬行君子，則吾未之有得。	一・28
述而	三三	聖仁	若聖與仁，則吾豈敢？	一・5
述而	三四	請禱	子疾病，子路請禱。	九・19
述而	三五	奢儉	奢則不孫，儉則固。與其不孫也，寧固。	六・10
述而	三六	坦蕩	君子坦蕩蕩，小人長戚戚。	八・41
述而	三七	溫厲	子溫而厲，威而不猛，恭而安。	一、64
泰伯	一	三讓	泰伯……三以天下讓，民無得而稱焉。	二・7
泰伯	二	無禮	恭而無禮則勞，愼而無禮則葸，	二・37
泰伯	三	戰兢	《詩》云：『戰戰兢兢，如臨深淵，如履薄冰。』	七・70
泰伯	四	籩豆	……籩豆之事，則有司存。	八・4
泰伯	五	吾友	……犯而不校，昔者吾友嘗從事於斯矣。	四・39
泰伯	六	君子	可以托六尺之孤……君子人也！	八・37
泰伯	七	弘毅	士不可以不弘毅，任重而道遠。	八・70
泰伯	八	興詩	興於詩，立於禮，成於樂。	三・20

泰伯	九	使由	民可使由之，不可使知之。	二·45
泰伯	一〇	好勇	好勇疾貧，亂也。	五·29
泰伯	一一	周公	如有周公之才之美，使驕且吝，	七·50
泰伯	一二	至穀	三年學，不至於穀，不易得也。	三·12
泰伯	一三	篤信	篤信好學，守死善道。	一·19
泰伯	一四	在位	不在其位，不謀其政。	二·85
泰伯	一五	師摯	師摯之始，〈關雎〉之亂，洋洋乎盈耳哉！	三·28
泰伯	一六	狂直	狂而不直……吾不知之矣。	七·59
泰伯	一七	不及	學如不及，猶恐失之。	三·37
泰伯	一八	舜禹	巍巍乎，舜禹之有天下也，而不與焉！	二·15
泰伯	一九	則天	……巍巍乎！唯天爲大，唯堯則之。	二·11
泰伯	二〇	才難	……才難，不其然乎？	二·5
泰伯	二一	無間	禹，吾無間然矣。	二·9

子罕	一	罕言	子罕言利，與命，與仁。	五．31
子罕	二	達巷	達巷黨人曰：「大哉孔子！	十．1
子罕	三	麻冕	麻冕，禮也；今也純，儉，吾從衆。	六．1
子罕	四	絕四	子絕四：毋意，毋必，毋固，毋我。	一．27
子罕	五	文在	文王既沒，文不在茲乎？	九．7
子罕	六	多能	夫子聖者與？何其多能也？	一．1
			牢曰：「子云：『吾不試，故藝。』」	一．2
子罕	七	鄙夫	……有鄙夫問於我，空空如也。	三．60
子罕	八	鳳鳥	鳳鳥不至，河不出圖，吾已矣夫！	二．74
子罕	九	子見	子見齊衰者……雖少，必作，過之，必趨。	一．68
子罕	一〇	喟然	顏淵喟然嘆曰：「仰之彌高，鑽之彌堅。	十．9
子罕	一一	爲臣	子疾病，子路使門人爲臣。	九．13
子罕	一二	美玉	子貢曰：「有美玉於斯，	二．82
子罕	一三	居夷	子欲居九夷。	二．76

子罕	一四	樂正	吾自衞返魯，然後樂正，	三・26
子罕	一五	何有	……不爲酒困，何有於我哉？	一・31
子罕	一六	川上	子在川上曰：「逝者如斯夫！	三・36
子罕	一七	未見好德	吾未見好德如好色者也。	七・63
子罕	一八	一簣	譬如爲山，未成一簣，止，吾止也。	三・35
子罕	一九	不惰	語之而不惰者，其回也與！	四・35
子罕	二〇	惜乎	惜乎！吾見其進也，未見其止也。	四・37
子罕	二一	秀實	苗而不秀者有矣夫！秀而不實者有矣夫！	四・38
子罕	二二	可畏	後生可畏，焉知來者之不如今也？	三・40
子罕	二三	法語	法語之言，能無從乎？	三・50
子罕	二四	忠信	主忠信。	七・31
子罕	二五	志帥	三軍可奪帥也，匹夫不可奪志也。	一・16
子罕	二六	縕袍	衣敝縕袍，與衣狐貉者立而不恥者，其由也與？	四・47
子罕	二七	歲寒	歲寒，然後知松柏之後彫也。	一・17

子罕	二八	知者	知者不惑，仁者不憂，勇者不懼。	五·12
子罕	二九	共學	可與共學，未可與適道；	七·35
子罕	三〇	唐棣	唐棣之華，偏其反而。	五·22
鄉黨	一	鄉黨	孔子於鄉黨，恂恂如也，	一·54
鄉黨	二	朝與	朝，與下大夫言，侃侃如也；	一·55
鄉黨	三	使擯	君召使擯，色勃如也，足躩如也。	一·56
鄉黨	四	公門	入公門，鞠躬如也，如不容。	一·57
鄉黨	五	執圭	執圭，鞠躬如也，如不勝。	一·58
鄉黨	六	衣服	君子不以紺緅飾，紅紫不以爲褻服。	一·61
鄉黨	七	明衣	齊，必有明衣，布。	一·62
鄉黨	八	飲食	食不厭精，膾不厭細。	一·60
鄉黨	九	正席	席不正，不坐。	一·66
鄉黨	一〇	鄉人	鄉人飲酒，杖者出，斯出矣。	一·75
鄉黨	一一	問人	問人於他邦，再拜而送之。	一·76

鄉黨	一二	廐焚	廐焚……「傷人乎？」不問馬。	一·74
鄉黨	一三	君賜	君賜食，必正席先嘗之。	一·59
鄉黨	一四	大廟	入大廟，每事問。	一·65
鄉黨	一五	朋友	朋友死，無所歸。	一·77
鄉黨	一六	寢居	寢不尸，居不容。	一·67
鄉黨	一七	升車	升車，必正立，執綏。	一·73
鄉黨	一八	雌雉	……山梁雌雉，時哉！時哉！	一·78
先進	一	先進	先進於禮樂，野人也；後進於禮樂，君子也。	三·16
先進	二	陳蔡	從我於陳蔡者，皆不及門也。	三·15
先進	三	助我	回也，非助我者也，於吾言無所不說。	四·34
先進	四	孝哉	孝哉閔子騫！人不閒於其父母昆弟之言。	四·65；七·166
先進	五	白圭	南容三復白圭，孔子以其兄之子妻之。	四·74
先進	六	好學	……有顏回者好學，不幸短命死矣。	四·41
先進	七	請椁	顏淵死。顏路請子之車以爲之椁。	四·44

先進	八	喪予	顏淵死。子曰：「噫！天喪予！」	四·42
先進	九	子慟	顏淵死，子哭之慟。	四·43
先進	一〇	厚葬	顏淵死，門人欲厚葬之。	四·45
先進	一一	鬼神	季路問事鬼神。	九·15
先進	一二	侍側	閔子侍側，誾誾如也；	四·52
先進	一三	長府	魯人爲長府。	四·67
先進	一四	由瑟	由之瑟，奚爲於丘之門！	四·53
先進	一五	孰賢	子貢問：「師與商也孰賢？」	四·71
先進	一六	吾徒	……非吾徒也，小子鳴鼓而攻之可也。	一·41
先進	一七	柴也	柴也愚，參也魯，師也辟，由也喭。	四·51
先進	一八	屢空	回也其庶乎，屢空。	四·56
先進	一九	善人	子張問善人之道。	八·64
先進	二〇	論篤	論篤是與，君子者乎？色莊者乎？	八·36
先進	二一	兼人	……求也退，故進之；由也兼人，故退之。	三·51

先進	二二	畏匡	子畏於匡，顏淵後。	四・36
先進	二三	具臣	……今由與求也，可謂具臣矣。	七・17附
先進	二四	惡佞	……是故惡夫佞者。	一・43
先進	二五	言志	子路、曾皙、冉有、公西華侍坐。……各言其志。	三・56
顏淵	一	克己	克己復禮爲仁。	五・2
顏淵	二	仲弓	仲弓問仁。……己所不欲，勿施於人。	五・4
顏淵	三	訒言	仁者其言也訒。	五・9
顏淵	四	憂懼	君子不憂不懼。	八・1
顏淵	五	兄弟	……四海之內，皆兄弟也。君子何患乎無兄弟也。	九・2；八・3
顏淵	六	問明	子張問明。	七・43
顏淵	七	兵食	足食、足兵，民信之矣。	二・18
顏淵	八	文質	君子質而已矣，何以文爲？	八・10
顏淵	九	盍徹	哀公問……有若對曰：「盍徹乎？」	二・58
顏淵	一〇	崇德	子張問崇德辨惑。	七・40

顏淵	一一	齊景	齊景公問政於孔子。孔子對曰：「君君，臣臣，父父，子子。」	三・53
顏淵	一二	折獄	片言可以折獄者，其由也與！	四・48
顏淵	一三	聽訟	聽訟，吾猶人也。必也使無訟乎！	三・30
顏淵	一四	子張	子張問政。子曰：「居之無倦，行之以忠。」	二・26
顏淵	一五	博學	博學於文，約之以禮，	六・7
顏淵	一六	成美	君子成人之美，不成人之惡。	八・51
顏淵	一七	帥正	……政者，正也。子帥以正，孰敢不正？	五・46
顏淵	一八	患盜	季康子患盜，問於孔子。	五・47
顏淵	一九	德風	……君子之德風，小人之德草，	五・48
顏淵	二〇	聞達	子張問：「士何如斯可謂之達矣？」	八・72
顏淵	二一	舞雩	樊遲從遊於舞雩之下，	七・41
顏淵	二二	仁知	樊遲問仁。子曰：「愛人。」問知。子曰：「知人。」	七五・36・1；
顏淵	二三	問友	子貢問友。	七・33
顏淵	二四	輔仁	君子以文會友，以友輔仁。	八・10附

子路	一	先勞	子路問政。子曰：「先之勞之。」	二・51
子路	二	有司	先有司，赦小過，舉賢才。	二・21
子路	三	正名	……名不正，則言不順；	二・55
子路	四	農圃	樊遲請學稼。子曰：「吾不如老農。」	二・42
子路	五	誦詩	誦《詩》三百，授之以政，不達，	三・24
子路	六	身正	其身正，不令而行；其力不正，雖令不從。	二・49
子路	七	魯衞	魯衞之政，兄弟也。	二・34
子路	八	居室	子謂衞公子荆善居室。	四・17
子路	九	適衞	子適衞……庶……富……教。	二・57
子路	一〇	用我	苟有用我者，朞月而已可也，	二・32
子路	一一	善人	善人爲邦百年，亦可以勝殘去殺矣。	八・64附
子路	一二	王者	如有王者，必世而後仁。	二・31
子路	一三	正身	苟正其身矣，於從政乎何有？	二・50
子路	一四	退朝	冉子退朝。	四・61

子路	一五	一言	定公問：「一言而可以興邦，有諸？」	二·28
子路	一六	葉公	葉公問政。子曰：「近者悅，遠者來。」	二·24
子路	一七	莒父	子夏爲莒父宰，問政。	二·25
子路	一八	直躬	吾黨有直躬者，其父攘羊，而子證之。	七·13
子路	一九	樊遲	樊遲問仁。	五·6
子路	二〇	行己	……行己有恥，使於四方，不辱君命，可謂士矣。	八·66
子路	二一	中行	不得中行而與之，必也狂狷乎！	七·72
子路	二二	無恆	……人而無恆，不可以作巫醫。	八·65
子路	二三	和同	君子和而不同，小人同而不和。	八·46
子路	二四	鄉人	子貢問曰：「鄉人皆好之，何如？」	四·26
子路	二五	易事	君子易事而難說也。	八·50
子路	二六	泰驕	君子泰而不驕，小人驕而不泰。	八·48
子路	二七	近仁	剛、毅、木、訥近仁。	五·10
子路	二八	切偲	……切切偲偲，怡怡如也，可謂士矣。	八·69

子路	二九	即戎	善人教民七年，亦可以即戎矣。	二·66
子路	三〇	教戰	以不教民戰，是謂棄之。	二·67
憲問	一	憲問	憲問恥。	七·39
憲問	二	克伐	克、伐、怨、欲不行焉，可以爲仁矣？	五·11
憲問	三	懷居	士而懷居，不足以爲士矣。	八·68
憲問	四	危言	邦有道，危言危行；邦無道，危行言孫。	一·20
憲問	五	有德	有德者必有言，有言者不必有德。	五·14
憲問	六	南宮	南宮适……君子哉若人！尚德者若人！	二·63
憲問	七	君子	君子而不仁者有矣夫，	八·55
憲問	八	勞誨	愛之，能勿勞乎？忠焉，能勿誨乎？	七·19
憲問	九	爲命	爲命，裨諶草創之，世叔討論之，	二·29
憲問	一〇	子產	或問子產。子曰：「惠人也。」	四·18
憲問	一一	無怨	貧而無怨難，富而無驕易。	一·25
憲問	一二	公綽	孟公綽爲趙魏老則優，	四·16

憲問	一三	成人	子路問成人。	八・63
憲問	一四	公叔	子問公叔文子於公明賈曰：	四・11
憲問	一五	武仲	臧武仲以防求爲後於魯，	四・7
憲問	一六	晉文	晉文公譎而不正，齊桓公正而不譎。	二・52
憲問	一七	九合	……桓公九合諸侯，不以兵車，	二・62
憲問	一八	一匡	……管仲相桓公，霸諸侯，一匡天下，民到于今受其賜。	四・22
憲問	一九	文子	公叔文子之臣大夫僎，與文子同升諸公。	四・10
憲問	二〇	衞靈	子言衞靈公之無道也，	二・27
憲問	二一	不怍	其言之不怍，則爲之也難。	八・5後
憲問	二二	請討	……陳恒弑其君，請討之。	六・25
憲問	二三	事君	子路問事君。	七・18
憲問	二四	上達	君子上達，小人下達。	八・43
憲問	二五	爲己	古之學者爲己，今之學者爲人。	三・39
憲問	二六	寡過	……夫子欲寡其過而未能也。	四・14

憲問	二七	在位	不在其位，不謀其政。	二・85
憲問	二八	出位	君子思不出其位。	二・86
憲問	二九	恥言	君子恥其言而過其行。	八・5
憲問	三〇	自道	……子貢曰：「夫子自道也。」	一・29
憲問	三一	方人	子貢方人。	四・59
憲問	三二	患人	不患人之不己知，患其不能也。	八・12
憲問	三三	先覺	不逆詐，不億不信，抑亦先覺者，是賢乎！	八・60
憲問	三四	爲佞	……丘！何爲是栖栖者與？無乃爲佞乎？	十・3
憲問	三五	稱德	驥不稱其力，稱其德也。	七・44
憲問	三六	報怨	或曰：「以德報怨，何如？」	七・49
憲問	三七	莫知	子曰：「莫我知也夫！」	九・4
憲問	三八	伯寮	公伯寮愬子路於季孫。	九・6
憲問	三九	辟世	賢者辟世，其次辟地，	八・61
憲問	四〇	作者	作者七人矣。	八・62

憲問	四一	石門	子路宿於石門。	十・4
憲問	四二	擊磬	子擊磬於衞，	十・5
憲問	四三	諒陰	子張曰：「《書》云：『高宗諒陰，三年不言。』」	七・14
憲問	四四	好禮	上好禮，則民易使也。	二・43
憲問	四五	脩己	子路問君子。子曰：「脩己以敬。」	八・2
憲問	四六	原壤	原壤夷俟。	一・39
憲問	四七	闕黨	闕黨童子將命。	四・25
衞靈公	一	問陳	衞靈公問陳於孔子。在陳絕糧，從者病，莫能興。	一・18；二・80
衞靈公	二	多學	賜也，女以予爲多學而識之者與？	一・13
衞靈公	三	知德	由，知德者鮮矣。	七・62
衞靈公	四	無爲	無爲而治者其舜也與？	二・14
衞靈公	五	問行	子張問行。	七・42
衞靈公	六	史魚	直哉史魚！邦有道如矢，邦無道如矢。	四・13
衞靈公	七	與言	可與言而不與之言，失人。	七・37

衞靈公	八	成仁	志士仁人，無求生以害仁，有殺身以成仁。	五·17
衞靈公	九	利器	工欲善其事，必先利其器。	五·8
衞靈公	一〇	爲邦	顏淵問爲邦。	二·2
衞靈公	一一	遠慮	人無遠慮，必有近憂。	七·65
衞靈公	一二	好德	已矣乎！吾未見好德如好色者也。	七·64
衞靈公	一三	竊位	臧文仲其竊位者與？	四·9
衞靈公	一四	躬厚	躬自厚而薄責於人，則遠怨矣。	七·68
衞靈公	一五	如何	不曰「如之何，如之何」者，吾末如之何也已矣。	三·47
衞靈公	一六	小慧	羣居終日，言不及義，好行小慧。難矣哉！	三·49
衞靈公	一七	義質	君子義以爲質，	八·16
衞靈公	一八	無能	君子病無能焉，不病人之不己知也。	八·11
衞靈公	一九	沒世	君子疾沒世而名不稱焉。	八·15
衞靈公	二〇	求己	君子求諸己，小人求諸人。	八·40
衞靈公	二一	矜羣	君子矜而不爭，羣而不黨。	八·22

衛靈公	二二	言舉	君子不以言舉人，不以人廢言。	八·21
衛靈公	二三	一言	有一言而可以終身行之者乎？	一·12
衛靈公	二四	毀譽	吾之於人也，誰毀誰譽？	四·28
衛靈公	二五	闕文	吾猶及史之闕文也。	二·72
衛靈公	二六	巧言	巧言亂德。小不忍則亂大謀。	七·54
衛靈公	二七	好惡	衆惡之，必察焉；衆好之，必察焉。	四·27
衛靈公	二八	弘道	人能弘道，非道弘人。	七·46
衛靈公	二九	改過	過而不改，是謂過矣。	一·49
衛靈公	三〇	終日	吾嘗終日不食，終夜不寢，以思，無益，不如學也。	一·8
衛靈公	三一	謀道	君子謀道不謀食。	八·27
衛靈公	三二	知及	知及之，仁不能守之，雖得之，必失之。	六·17
衛靈公	三三	大受	君子不可小知，而可大受也；	八·49
衛靈公	三四	水火	民之於仁也，甚於水火。	五·19
衛靈公	三五	當仁	當仁不讓於師。	三·63

衞靈公	三六	貞諒	君子貞而不諒。	八·23
衞靈公	三七	事君	事君，敬其事而後其食。	七·21
衞靈公	三八	有教	有教無類。	三·1
衞靈公	三九	爲謀	道不同，不相爲謀。	二·84
衞靈公	四〇	辭達	辭達而已矣。	三·30
衞靈公	四一	師冕	師冕見……固相師之道也。	一·71
季氏	一	季氏	季氏將伐顓臾。	四·1；二·60
季氏	二	有道	天下有道，則禮樂征伐自天子出；	二·68
季氏	三	三桓	……故夫三桓之子孫微矣。	二·69
季氏	四	三友	益者三友，損者三友。	七·28
季氏	五	三樂	益者三樂，損者三樂。	七·48
季氏	六	三愆	侍於君子有三愆：	八·34
季氏	七	三戒	君子有三戒：	八·33
季氏	八	三畏	君子有三畏：	八·53

季氏	九	生知	生而知之者，上也；	三·6
季氏	一〇	九思	君子有九思：	八·32
季氏	一一	見善	見善如不及，見不善如探湯。	一·36
季氏	一二	千駟	齊景公有馬千駟，死之日，民無德而稱焉。	二·65
季氏	一三	異聞	陳亢問於伯魚曰：「子亦有異聞乎？」	三·66
季氏	一四	小童	邦君之妻，君稱之曰夫人，夫人自稱曰小童，	二·56
陽貨	一	陽貨	陽貨欲見孔子，孔子不見，歸孔子豚。	二·81
陽貨	二	性近	性相近也，習相遠也。	三·3
陽貨	三	不移	唯上知與下愚不移。	三·4
陽貨	四	武城	子之武城，聞弦歌之聲。	八·52 三·62 附
陽貨	五	東周	……如有用我者，吾其為東周乎！	二·3
陽貨	六	問仁	子張問仁於孔子。	五·7
陽貨	七	佛肸	佛肸召，子欲往。	三·64
陽貨	八	六蔽	由也，女聞六言六蔽矣乎？	三·46

陽貨	九	學詩	小子何莫學夫《詩》？	三・18
陽貨	一〇	伯魚	子謂伯魚曰：「女爲〈周南〉、〈召南〉矣乎？	三・23
陽貨	一一	禮樂	禮云禮云，玉帛云乎哉？樂云樂云，鐘鼓云乎哉？	六・14
陽貨	一二	色厲	色厲而內荏，譬諸小人，其猶穿窬之盜也與？	八・57
陽貨	一三	鄉原	鄉原，德之賊也。	七・55
陽貨	一四	道聽	道聽而塗說，德之棄也。	七・56
陽貨	一五	鄙夫	鄙夫可與事君也與哉？	七・67
陽貨	一六	三疾	古者民有三疾，今也或是之亡也。	七・58
陽貨	一七	巧言	巧言令色，鮮矣仁。	五・30
陽貨	一八	利口	……惡利口之覆邦家者。	七・53
陽貨	一九	無言	子曰：「予欲無言。」	九・5
陽貨	二〇	孺悲	孺悲欲見孔子，孔子辭以疾。	三・54
陽貨	二一	短喪	宰我問：「三年之喪，期已久矣。	七・15
陽貨	二二	飽食	飽食終日，無所用心，難矣哉！	三・48

陽貨	二三	尚勇	子路曰：「君子尚勇乎？」	八·54
陽貨	二四	有惡	子貢曰：「君子亦有惡乎？」	一·44
陽貨	二五	難養	唯女子與小人爲難養也，近之則不孫，遠之則怨。	八·58
陽貨	二六	見惡	年四十而見惡焉，其終也已。	三·41
微子	一	三仁	……孔子曰：「殷有三仁焉。	五·32
微子	二	三黜	柳下惠爲士師，三黜。	四·12
微子	三	季孟	齊景公待孔子，曰：「若季氏，則吾不能，以季孟之間待之。	二·78
微子	四	女樂	齊人歸女樂，季桓子受之，三日不朝。	二·79
微子	五	楚狂	楚狂接輿歌而過孔子。	十·6
微子	六	耦耕	長沮、桀溺耦而耕，	十·7
微子	七	丈人	子路從而後，遇丈人，以杖荷蓧。	十·8
微子	八	逸民	逸民：伯夷、叔齊、虞仲、夷逸、朱張、柳下惠、少連。	二·77附
微子	九	師摯	大師摯適齊，	二·71
微子	一〇	周公	周公謂魯公曰：	二·8

微子	一一	八士	周有八士：	二・6
子張	一	致命	士見危致命，見得思義，	八・71
子張	二	執德	執德不弘，信道不篤，焉能為有？焉能為亡？	七・57
子張	三	問交	子夏之門人問交於子張。	七・29
子張	四	小道	雖小道，必有可觀者焉。	八・31
子張	五	好學	日知其所亡，月無忘其所能，可謂好學也已矣。	三・38
子張	六	博學	博學而篤志，切問而近思，仁在其中矣。	五・23
子張	七	居肆	百工居肆以成其事，君子學以致其道。	八・28
子張	八	必文	小人之過也必文。	八・56
子張	九	三變	君子有三變：	八・35
子張	一〇	勞諫	君子信而後勞其民……信而後諫；	八・24
子張	一一	大德	大德不踰閑，小德出入可也。	七・47
子張	一二	洒掃	子游曰：「子夏之門人小子，當洒掃應對進退則可矣，抑末也。	三・17
子張	一三	仕學	仕而優則學，學而優則仕。	三・8

子張	一四	致哀	喪致乎哀而止。	六・12
子張	一五	吾友	子游曰：「吾友張也爲難能也，然而未仁。」	五・33
子張	一六	并仁	曾子曰：「堂堂乎張也，難與並爲仁矣。」	五・34
子張	一七	親喪	人未有自致者也，必也親喪乎！	六・11
子張	一八	孟莊	孟莊之孝也，其他可能也；	七・9
子張	一九	士師	孟氏使陽膚爲士師，問於曾子。	二・70
子張	二〇	紂惡	紂之不善，不如是之甚也。是以君子惡居下流，	八・26
子張	二一	見過	君子之過也，如日月之食焉：過也，人皆見之；	一・50
子張	二二	文武	……子貢曰：「文武之道，未墜於地，在人。	三・34；十・11
子張	二三	宮牆	……子貢曰：「譬之宮牆，	十・12
子張	二四	日月	……仲尼日月也，無得而踰焉。	十・13
子張	二五	猶天	……夫子之不可及也，猶天之不可階而升也。	十・14
堯曰	一	堯曰	堯曰：「咨爾舜！天之曆數在爾躬，允執其中。	二・10
堯曰	二	從政	子張問於孔子曰：「何如斯可以從政矣？	二・19

堯曰	三	知命	不知命，無以爲君子也；	九・1

說明：

一、「章名」引自清張岱著《四書遇》，其中〈公冶長篇〉第一章分為二。上之「三」，指第二十〈堯曰篇〉的第三，即「知命章」；下之「九・1」為本書第九章天命觀的序次1。

二、原篇章所含義理不同，有注明分別重予結構；亦有略而帶過，或者合一闡述。

滄海叢刊書目㈠

國學類

中國學術思想史論叢㈠～㈧	錢　穆　著
現代中國學術論衡	錢　穆　著
兩漢經學今古文平議	錢　穆　著
宋代理學三書隨劄	錢　穆　著
論語體認	姚式川　著

哲學類

國父道德言論類輯	陳立夫　著
文化哲學講錄㈠～㈤	鄔昆如　著
哲學與思想	王曉波　著
內心悅樂之源泉	吳經熊　著
知識、理性與生命	孫寶琛　著
語言哲學	劉福增　著
哲學演講錄	吳　怡　著
後設倫理學之基本問題	黃慧英　著
日本近代哲學思想史	江日新　譯
比較哲學與文化㈠㈡	吳　森　著
從西方哲學到禪佛教——哲學與宗教一集	傅偉勳　著
批判的繼承與創造的發展——哲學與宗教二集	傅偉勳　著
「文化中國」與中國文化——哲學與宗教三集	傅偉勳　著
從創造的詮釋學到大乘佛學——哲學與宗教四集	傅偉勳　著
中國哲學與懷德海	東海大學哲學研究所主編
人生十論	錢　穆　著
湖上閒思錄	錢　穆　著
晚學盲言(上)(下)	錢　穆　著
愛的哲學	蘇昌美　著
是與非	張身華　譯
邁向未來的哲學思考	項退結　著
逍遙的莊子	吳　怡　著
莊子新注（內篇）	陳冠學　著
莊子的生命哲學	葉海煙　著

墨子的哲學方法	鍾友聯　著
韓非子析論	謝雲飛　著
韓非子的哲學	王邦雄　著
法家哲學	姚蒸民　著
中國法家哲學	王讚源　著
二程學管見	張永儁　著
王陽明——中國十六世紀的唯心主義哲學家	張君勱原著、江日新中譯
王船山人性史哲學之研究	林安梧　著
西洋百位哲學家	鄔昆如　著
西洋哲學十二講	鄔昆如　著
希臘哲學趣談	鄔昆如　著
中世哲學趣談	鄔昆如　著
近代哲學趣談	鄔昆如　著
現代哲學趣談	鄔昆如　著
現代哲學述評㈠	傅佩榮編譯
中國十九世紀思想史(上)(下)	韋政通　著
存有・意識與實踐——熊十力體用哲學之詮釋與重建	林安梧　著
先秦諸子論叢	康端正　著
先秦諸子論叢(續編)	康端正　著
周易與儒道墨	張立文　著
孔學漫談	余家菊　著
中國近代哲學思想的展開	張立文　著
哲學與思想	胡秋原　著

宗教類

天人之際	李杏邨　著
佛學研究	周中一　著
佛學思想新論	楊惠南　著
現代佛學原理	鄭金德　著
絕對與圓融——佛教思想論集	霍韜晦　著
佛學研究指南	關世謙　譯
當代學人談佛教	楊惠南編著
從傳統到現代——佛教倫理與現代社會	傅偉勳主編
簡明佛學概論	于凌波　著

修多羅頌歌　陳慧劍　著
禪話　周中一　著
佛教哲理通析　陳沛然　著

自然科學類

異時空裡的知識追求
——科學史與科學哲學論文集　傅大為　著

應用科學類

壽而康講座　胡佩鏘　著

社會科學類

中國古代游藝史
——樂舞百戲與社會生活之研究　李建民　著
憲法論叢　鄭彥棻　著
憲法論集　林紀東　著
國家論　薩孟武　譯
中國歷代政治得失　錢穆　著
先秦政治思想史　梁啓超原著、賈馥茗標點
當代中國與民主　周陽山　著
釣魚政治學　鄭赤琰　著
政治與文化　吳俊才　著
中國現代軍事史　劉馥著、梅寅生譯
世界局勢與中國文化　錢穆　著
海峽兩岸社會之比較　蔡文輝　著
印度文化十八篇　糜文開　著
美國的公民教育　陳光輝　譯
美國社會與美國華僑　蔡文輝　著
文化與教育　錢穆　著
開放社會的教育　葉學志　著
經營力的時代　青野豐作著、白龍芽譯
大衆傳播的挑戰　石永貴　著
傳播研究補白　彭家發　著
「時代」的經驗　汪琪、彭家發　著
書法心理學　高尚仁　著

清代科舉	劉兆璸 著
排外與中國政治	廖光生 著
中國文化路向問題的新檢討	勞思光 著
立足臺灣，關懷大陸	韋政通 著
開放的多元化社會	楊國樞 著
臺灣人口與社會發展	李文朗 著
日本社會的結構	福武直原著、王世雄 譯
財經文存	王作榮 著
財經時論	楊道淮 著

史地類

古史地理論叢	錢穆 著
歷史與文化論叢	錢穆 著
中國史學發微	錢穆 著
中國歷史研究法	錢穆 著
中國歷史精神	錢穆 著
憂患與史學	杜維運 著
與西方史家論中國史學	杜維運 著
清代史學與史家	杜維運 著
中西古代史學比較	杜維運 著
歷史與人物	吳相湘 著
共產國際與中國革命	郭恒鈺 著
抗日戰史論集	劉鳳翰 著
盧溝橋事變	李雲漢 著
歷史講演集	張玉法 著
老臺灣	陳冠學 著
臺灣史與臺灣人	王曉波 著
變調的馬賽曲	蔡百銓 譯
黃　帝	錢穆 著
孔子傳	錢穆 著
宋儒風範	董金裕 著
增訂弘一大師年譜	林子青 著
精忠岳飛傳	李安 著
唐玄奘三藏傳史彙編	釋光中 編
一顆永不殞落的巨星	釋光中 著
新亞遺鐸	錢穆 著

困勉強狷八十年	陶百川 著
我的創造・倡建與服務	陳立夫 著
我生之旅	方治 著

語文類

文學與音律	謝雲飛 著
中國文字學	潘重規 著
中國聲韻學	潘重規、陳紹棠 著
詩經研讀指導	裴普賢 著
莊子及其文學	黃錦鋐 著
離騷九歌九章淺釋	繆天華 著
陶淵明評論	李辰冬 著
鍾嶸詩歌美學	羅立乾 著
杜甫作品繫年	李辰冬 著
唐宋詩詞選——詩選之部	巴壺天 編
唐宋詩詞選——詞選之部	巴壺天 編
清眞詞研究	王支洪 著
苕華詞與人間詞話述評	王宗樂 著
元曲六大家	應裕康、王忠林 著
四說論叢	羅盤 著
紅樓夢的文學價值	羅德湛 著
紅樓夢與中華文化	周汝昌 著
紅樓夢研究	王關仕 著
中國文學論叢	錢穆 著
牛李黨爭與唐代文學	傅錫壬 著
迦陵談詩二集	葉嘉瑩 著
西洋兒童文學史	葉詠琍 著
一九八四	Georgf Orwell原著、劉紹銘 譯
文學原理	趙滋蕃 著
文學新論	李辰冬 著
分析文學	陳啓佑 著
解讀現代、後現代——文化空間與生活空間的思索	葉維廉 著
中西文學關係研究	王潤華 著
魯迅小說新論	王潤華 著
比較文學的墾拓在臺灣	古添洪、陳慧樺 主編

從比較神話到文學	古添洪、陳慧樺主編
神話卽文學	陳炳良等譯
現代文學評論	亞菁 著
現代散文新風貌	楊昌年 著
現代散文欣賞	鄭明娳 著
實用文纂	姜超嶽 著
增訂江皐集	吳俊升 著
孟武自選文集	薩孟武 著
藍天白雲集	梁容若 著
野草詞	韋瀚章 著
野草詞總集	韋瀚章 著
李韶歌詞集	李韶 著
石頭的研究	戴天 著
留不住的航渡	葉維廉 著
三十年詩	葉維廉 著
寫作是藝術	張秀亞 著
讀書與生活	琦君 著
文開隨筆	糜文開 著
印度文學歷代名著選(上)(下)	糜文開編著
城市筆記	也斯 著
歐羅巴的蘆笛	葉維廉 著
移向成熟的年齡——1987～1992詩	葉維廉 著
一個中國的海	葉維廉 著
尋索：藝術與人生	葉維廉 著
山外有山	李英豪 著
知識之劍	陳鼎環 著
還鄉夢的幻滅	賴景瑚 著
葫蘆・再見	鄭明娳 著
大地之歌	大地詩社 編
往日旋律	幼柏 著
鼓瑟集	幼柏 著
耕心散文集	耕心 著
女兵自傳	謝冰瑩 著
抗戰日記	謝冰瑩 著
給靑年朋友的信(上)(下)	謝冰瑩 著
冰瑩書柬	謝冰瑩 著

我在日本	謝冰瑩 著
大漢心聲	張起鈞 著
人生小語㈠～㈣	何秀煌 著
記憶裏有一個小窗	何秀煌 著
回首叫雲飛起	羊令野 著
康莊有待	向陽 著
湍流偶拾	繆天華 著
文學之旅	蕭傳文 著
文學邊緣	周玉山 著
文學徘徊	周玉山 著
種子落地	葉海煙 著
向未來交卷	葉海煙 著
不拿耳朵當眼睛	王讚源 著
古厝懷思	張文貫 著
材與不材之間	王邦雄 著

美術類

音樂人生	黃友棣 著
樂圃長春	黃友棣 著
樂苑春回	黃友棣 著
樂風泱泱	黃友棣 著
樂境花開	黃友棣 著
音樂伴我遊	趙琴 著
談音論樂	林聲翕 著
戲劇編寫法	方寸 著
戲劇藝術之發展及其原理	趙如琳 譯著
與當代藝術家的對話	葉維廉 著
藝術的興味	吳道文 著
根源之美	莊申 著
扇子與中國文化	莊申 著
水彩技巧與創作	劉其偉 著
繪畫隨筆	陳景容 著
素描的技法	陳景容 著
建築鋼屋架結構設計	王萬雄 著
建築基本畫	陳榮美、楊麗黛 著
中國的建築藝術	張紹載 著